Andreas Breiter, Bernd Beckert,
Martin Hagen, Herbert Kubicek

**Staatliche Initiativen zur Förderung
der Informationsgesellschaft**

KOMMUNIKATIONSWISSENSCHAFT

Andreas Breiter, Bernd Beckert,
Martin Hagen, Herbert Kubicek

Staatliche Initiativen zur Förderung der Informationsgesellschaft

Multimedia-Pilotprojekte in Deutschland
und den USA in ihrem politischen Kontext

Deutscher Universitäts-Verlag

Bibliografische Information Der Deutschen Nationalbibliothek
Die Deutsche Nationalbibliothek verzeichnet diese Publikation in der
Deutschen Nationalbibliografie; detaillierte bibliografische Daten sind im Internet über
<http://dnb.d-nb.de> abrufbar.

1. Auflage April 2007

Alle Rechte vorbehalten
© Deutscher Universitäts-Verlag | GWV Fachverlage GmbH, Wiesbaden 2007

Lektorat: Brigitte Siegel / Britta Göhrisch-Radmacher

Der Deutsche Universitäts-Verlag ist ein Unternehmen von Springer Science+Business Media.
www.duv.de

Umschlaggestaltung: Regine Zimmer, Dipl.-Designerin, Frankfurt/Main
Gedruckt auf säurefreiem und chlorfrei gebleichtem Papier
Printed in Germany

ISBN 978-3-8350-6079-1

Vorwort

Die Wege in die „Informationsgesellschaft" der 1990er Jahre in den USA und in Deutschland waren nicht nur höchst unterschiedlich, was ihre staatliche Initiierung und die flankierenden Maßnahmen betraf, sie variierten auch in den Ländern zwischen verschiedenen Sektoren. In einem von der Volkswagen Stiftung von 1997-2000 geförderten Forschungsprojekt sind wir der Frage nachgegangen, welche Unterschiede und Gemeinsamkeiten sich zwischen den beiden Ländern als auch in den Bereichen Schulen, öffentliche Verwaltung und Unterhaltungsindustrie in Bezug auf die staatlichen Programme zur Förderung von „Multimedia" identifizieren lassen.

Diese Studie wurde zunächst als Abschlussbericht eingereicht und dann in einer elektronischen Version online zur Verfügung gestellt. Dabei stellte sich heraus, dass die Nachfrage nach dem Bericht anhaltend groß war. Die Abrufe auf der Internet-Seite des Instituts für Informationsmanagement Bremen GmbH zogen auch immer wieder Fragen nach einer Buchpublikation nach sich. Auf Anregung unseres Kollegen Dr. Martin Wind und mit Unterstützung des Deutschen Universitäts-Verlags haben wir uns deshalb entschlossen, die Ergebnisse in Buchform zu dokumentieren und einem größeren Leserkreis zugänglich zu machen. Wir haben uns für eine nur geringfügige Überarbeitung des Berichts entschieden, da die theoretische Einbettung unseres Erachtens nach wie vor Bestand hat und die empirischen Ergebnisse im Rückblick interessante Einblicke in die Programmförderung der 1990er Jahre bieten.

Betrachten wir die neueren Entwicklungen in der Unterhaltungsindustrie und der Verbreitung von on-demand Medien über das Internet (z.B. Video-on-Demand oder Video-Podcasts), so finden sich interessante Parallelen zu den damaligen Vorhaben, den allzu optimistischen Prognosen von Politikern und Unternehmern und der „Goldgräberstimmung" der Multimediaindustrie. Trotz des schnelllebigen Geschäfts und der radikal beschleunigten technologischen Entwicklungszyklen lassen sich bestimmte Muster identifizieren, die bereits eine Dekade zuvor erkennbar waren.

Im Bereich der öffentlichen Schulen sind die Veränderungen sicherlich langsamer erfolgt. Mittlerweile sind alle Schulen in Deutschland (und schon länger in den USA) am (breitbandigen) Netz und ihre IT-Ausstattung übersteigt mittlerweile die eines klein- oder mittelständigen Unternehmens. Die hierbei auftretenden Probleme des nachhaltigen Betriebs, d.h. des Aufbaus einer adäquaten Supportstruktur, wurden bereits Mitte der 1990er Jahre offensichtlich. Insofern eignet sich hier insbesondere ein Blick zurück auf die Bundesinitiative „Schulen ans Netz", die unter heutigen Bedingungen der „Föderalismusreform" vermutlich als zentralstaatlicher Interventionsversuch gewertet werden würde. Die öffentlichen Gebietskörperschaften sind mittlerweile alle im Internet vertreten und bei einigen werden sogar komplexe Online-Transaktionen angeboten.

Die Fokussierung des E-Government auf die Kommunikation zwischen Staat und einzelner Bürgerin bzw. einzelnem Bürgern ist mittlerweile der Kommunikation zu den Mittlern und dem inter-organisatorischen Austausch zwischen Verwaltungen gewichen – eine Entwicklung, die bereits Ende der 1990er Jahre absehbar gewesen ist.

Aus der Retrospektive lassen sich aus der vorliegenden Untersuchung einige Erkenntnisse ableiten, die auch für die heutige Entwicklung nützlich sind – nicht zuletzt liegt hiermit erstmals eine umfassende Dokumentation der Initiativen, Programme und Projekte zur Förderung von Multimedia in den USA und in Deutschland vor. Vielleicht gelingt es auch, damit die Notwendigkeit einer ähnlichen Untersuchung unter heutigen Bedingungen zu belegen. Fragestellung dabei sollte sein, inwieweit aktuelle Politikprogramme sich auf die institutionellen Rahmenbedingungen eingestellt haben und ob damit eine effektivere Steuerung von öffentlichen Medienförderprogrammen möglich ist, wie sie u.a. jüngst auf dem IT-Gipfel 2006 in Potsdam beschlossen wurden.

Bremen im Februar 2007

Prof. Dr. Andreas Breiter
Dr. Bernd Beckert
Dr. Martin Hagen
Prof. Dr. Herbert Kubicek

Inhaltsverzeichnis

Fragestellung und Aufbau 1
1   Regierungsprogramme für den Weg in die Informationsgesellschaft 3
    1.1   Einführung 3
    1.2   Die US-Initiativen zum Aufbau einer „Information Infrastructure" 6
        1.2.1   Die Hauptpunkte der Agenda for Action 6
        1.2.2   Die Metapher vom Information Superhighway 10
    1.3   Aktivitäten der Europäischen Union 12
        1.3.1   Der Bangemann-Bericht 12
        1.3.2   Erster Aktionsplan und weiterer Verlauf der EU-Aktivitäten 16
        1.3.3   Gruppe hochrangiger Experten und das Forum
                Informationsgesellschaft 17
    1.4   Initiativen in Deutschland 19
        1.4.1   Initiativen der Bundesregierung 19
        1.4.2   Die Multimedia-Gesetzgebung 22
2   Theoretische Grundlagen und Einordnung 27
    2.1   Vergleichende Analysen 27
    2.2   Von der Programmgenese zur Implementierung 28
    2.3   Politikwissenschaftliche Implementationsforschung 29
    2.4   Zur Rolle von Pilotprojekten 34
    2.5   Zum Stand der sozialwissenschaftlichen Technikforschung 38
    2.6   Theoretischer Bezugsrahmen 42
        2.6.1   Medienentwicklung als Institutionalisierung 42
        2.6.2   Drei-Ebenen-Modell der Implementierung 49
    2.7   Das empirische Feld 52
3   IT-Einsatz in Lehr- und Lernprozessen in Schulen 55
    3.1   Operationalisierung des Medienmodells für den Bereich Bildung 55
        3.1.1   Entwicklung des Technikeinsatzes in Schulen 55
        3.1.2   Lernwirksamkeit von Computermedien 56
        3.1.3   Konkretisierung des Medienmodells 58
        3.1.4   Drei-Ebenen-Modell für den IT-Einsatz
                in Lehr- und Lernprozessen 61
            3.1.4.1   Lokaler Handlungskontext 62
            3.1.4.2   Regelsetzer 62
            3.1.4.3   Rahmenbedingungen 63
        3.1.5   Wahl der Fälle 64
            3.1.5.1   Staatliche Programme (Top-Down) 65
            3.1.5.2   Handlungsstrategien im lokalen Kontext (Bottom-Up) 65
    3.2   Ausgangssituation im Bereich Bildung in Deutschland 66
        3.2.1   Schulen in Deutschland 66
        3.2.2   Verbesserung von Schule durch den IT-Einsatz 69

3.2.3   Staatliche Programme in Deutschland zur Förderung der
        IT-Nutzung in Schulen 71
    3.2.3.1   Schulen ans Netz 72
    3.2.3.2   BLK-Modellversuche 74
3.2.4   Initiativen der Europäischen Union 75
3.2.5   Initiativen der Bundesländer 76
3.3 Fallstudien Deutschland 77
  3.3.1   Baden-Württemberg 77
    3.3.1.1   Förderprogramm Baden-Württemberg medi@ 77
    3.3.1.2   BLK-Modellvorhaben 78
    3.3.1.3   Umsetzung von Schulen ans Netz 78
    3.3.1.4   Lokaler Handlungskontext: Suburbaner Schulträger 78
    3.3.1.5   Lokaler Handlungskontext: Städtischer Schulträger 81
    3.3.1.6   Rahmensetzer 84
    3.3.1.7   Bedeutung der verschiedenen Ebenen 89
  3.3.2   Hessen 92
    3.3.2.1   Förderprogramm Hessen medi@ 92
    3.3.2.2   BLK-Modellvorhaben 94
    3.3.2.3   Umsetzung von Schulen ans Netz 95
    3.3.2.4   Lokaler Handlungskontext: Ländlicher Schulträger 95
    3.3.2.5   Lokaler Handlungskontext: Großstädtischer Schulträger 99
    3.3.2.6   Rahmensetzer 102
    3.3.2.7   Bedeutung der drei Ebenen 105
  3.3.3   Bewertung der Bundesinitiative 107
    3.3.3.1   Erfolg 107
    3.3.3.2   Nachhaltigkeit 108
3.4 Ausgangssituation im Bereich Bildung in den USA 110
  3.4.1   Schulen in den USA 110
  3.4.2   Verbesserung von Schule durch den IT-Einsatz 113
  3.4.3   Bundesprogramme zur Förderung der IT-Nutzung in Schulen 114
    3.4.3.1   Technology Literacy Challenge 114
    3.4.3.2   Education Rate (E-Rate) 116
  3.4.4   Initiativen der Bundesstaaten 117
3.5 Fallstudien USA 119
  3.5.1   Illinois 119
    3.5.1.1   Förderprogramme 119
    3.5.1.2   Umsetzung der Bundesprogramme 120
    3.5.1.3   Lokaler Handlungskontext: Großstädtischer Schuldistrikt .. 120
    3.5.1.4   Lokaler Handlungskontext: Suburbaner Schuldistrikt 124
    3.5.1.5   Rahmensetzer 127
    3.5.1.6   Bedeutung der drei Ebenen 131
  3.5.2   Kalifornien 134
    3.5.2.1   Förderprogramme 134

3.5.2.2 Umsetzung der Bundesprogramme 135
3.5.2.3 Lokaler Handlungskontext: Großstädtischer Schuldistrikt .. 136
3.5.2.4 Lokaler Handlungskontext: Mittelstädtischer Schuldistrikt 140
3.5.2.5 Rahmensetzer 143
3.5.2.6 Bedeutung der verschiedenen Ebenen 147
3.4.3 Bewertung der US Bundesinitiativen 150
3.4.3.1 Erfolg 150
3.4.3.2 Nachhaltigkeit 152
4 Online-Transaktionen in Verwaltungen 157
4.1 Operationalisierung des Medienmodells für öffentliche Verwaltung.. 157
4.1.1 Komponenten des Medienmodells für Online-
Verwaltungsleistungen 158
4.1.2 Drei-Ebenen-Modell für Online-Verwaltungsleistungen 161
4.1.2.1 Lokaler Handlungskontext 162
4.1.2.2 Regelsetzer 163
4.1.2.3 Rahmenbedingungen 166
4.1.2.4 Programmkontext 169
4.2 Ausgangssituation im Bereich Öffentliche Verwaltung
in Deutschland 169
4.2.1 Öffentliche Verwaltung 169
4.2.1.1 Verwaltungsaufbau und intergovernmental relations 169
4.2.1.2 Verwaltungsaufgaben und Bürger-Verwaltungs-
Interaktion 172
4.2.1.3 IT-Einsatz 173
4.2.2 Ausgangssituation/Problemkonstellation 176
4.2.2.1 Verwaltungsreform 176
4.2.2.2 Akteure 178
4.2.3 Politische Programme 180
4.2.3.1 Info 2000 180
4.2.3.2 Schlanker Staat 183
4.3 Fallstudien Deutschland 186
4.3.1 Halbautomatische Kfz-Zulassung Gelsenkirchen 186
4.3.1.1 Politischer Kontext: Multimedia Gelsenkirchen 186
4.3.1.2 Projektbeschreibung 188
4.3.1.3 Lokale Handlungssituation 192
4.3.1.4 Rahmenbedingungen 195
4.3.1.5 Zur Bedeutung der verschiedenen Ebenen 198
4.3.2 POLIVEST – Rhein-Sieg-Kreis 199
4.3.2.1 Politischer Kontext: Der Hauptstadtbeschluss und
POLIKOM 199
4.3.2.2 Projektbeschreibung 201
4.3.2.3 Lokaler Handlungskontext 204
4.3.2.4 Rahmenbedingungen 209

4.3.2.5   Zur Bedeutung der verschiedenen Ebenen..........................211
4.3.3   MEDIA@Komm – Bremen Online Services...............................212
4.3.3.1   Politischer Kontext: Von Info 2000 zu MEDIA@Komm ...212
4.3.3.2   Projektbeschreibung..214
4.3.3.3   Lokaler Handlungskontext....................................220
4.3.3.4   Rahmenbedingungen...222
4.3.3.5   Zur Bedeutung der verschiedenen Ebenen......................226
4.3.4   Zusammenfassung Deutschland....................................226
4.3.4.1   Ergebnisse der Projekte.....................................226
4.3.4.2   Einschätzung der Zielerreichung von Info 2000..............228
4.5   Ausgangssituation im Bereich Öffentliche Verwaltung in den USA ..229
4.5.1   Öffentliche Verwaltung...229
4.5.1.1   Verwaltungsaufbau und intergovernmental relations..........229
4.4.1.2   Verwaltungsleistungen und Bürger-Verwaltungs-
Interaktion..233
4.4.1.3   IT-Einsatz..233
4.5.2   Ausgangssituation..234
4.5.2.1   Verwaltungsreform...234
4.5.2.2   Akteure...237
4.5.3   Politische Programme...238
4.5.3.1   National Performance Review.................................238
4.5.3.2   Re-engineering through Information Technology...............240
4.5.3.3   NII...241
4.5.3.4   Access America..242
4.6   Fallstudien USA..244
4.6.1   Registry of Motor Vehicles in Massachusetts....................244
4.6.1.1   Politischer Kontext: Electronic Government
in Massachusetts...244
4.6.1.2   Projektbeschreibung...246
4.6.1.3   Lokale Handlungssituation...................................251
4.6.1.4   Rahmenbedingungen...254
4.6.1.5   Die Bedeutung der verschiedenen Ebenen......................258
4.6.2   STAWRS...259
4.6.2.1   Politischer Kontext: Das Projekt STAWRS.....................259
4.6.2.2   Projektbeschreibung...261
4.6.2.3   Lokale Handlungssituation...................................264
4.6.2.4   Rahmenbedingungen...269
4.6.2.5   Zur Bedeutung der verschiedenen Ebenen......................273
4.6.3   WINGS..274
4.6.3.1   Politischer Kontext: Von GIT-S zu WINGS.....................274
4.6.3.2   Projektbeschreibung...276
4.6.3.3   Lokaler Handlungskontext....................................279
4.6.3.4   Rahmenbedingungen...282

4.6.3.5 Zur Bedeutung der verschiedenen Ebenen..........................287
4.6.4 Zusammenfassung USA 288
    4.6.4.1 Zusammenfassung der Projektergebnisse 288
    4.6.4.2 Zielerreichung von GIT-S-/AccessAmerica-Initiativen 289
5 Interaktives Fernsehen...291
5.1 Operationalisierung des Medienmodells für interaktives Fernsehen ...291
    5.1.1 Komponenten des Medienmodells für interaktives Fernsehen 291
    5.1.2 Drei-Ebenen-Modell für interaktives Fernsehen.....................295
        5.1.2.1 Lokaler Handlungskontext....................................296
        5.1.2.2 Regelsetzer...298
        5.1.2.3 Rahmenbedingungen..300
        5.1.2.4 Politisches Programm..301
5.2 Ausgangssituation: Die Entwicklung des Mediensektors
    in Deutschland...302
    5.2.1 Interaktives Fernsehen im Schnittfeld von TV und Online..........302
        5.2.1.1 Fernsehen 302
        5.2.1.2 Online/Internet...304
        5.2.1.3 Medientechnische Entwicklung.............................305
    5.2.2 Problemkonstellation für die IuK- und Medienpolitik 307
    5.2.3 Nationale Initiative: Info 2000......................................310
        5.2.3.1 Liberalisierung der Telekommunikation....................311
        5.2.3.2 Anpassung der rechtlichen Rahmenbedingungen...........312
        5.2.3.3 Koordination mit den Bundesländern........................313
        5.2.3.4 Pilotprojekte zum interaktiven Fernsehen..................315
        5.2.3.5 Initiative Digitaler Rundfunk................................315
5.3 Fallstudien Deutschland..317
    5.3.1 Stuttgart IVSS (Interactive Video Services Stuttgart)...............317
        5.3.1.1 Politischer Kontext: Auswirkungen der politischen
            Initiative auf das Projekt.....................................317
        5.3.1.2 Projektbeschreibung Grunddaten 318
        5.3.1.3 Lokaler Handlungskontext: Betreiber und
            Content Provider..321
        5.3.1.4 Lokaler Handlungskontext: Nutzungsbedingungen und
            Zielgruppe..327
        5.3.1.5 Rahmenbedingungen 329
    5.3.1.6 Prognosen 332
    5.3.1.7 Zur Bedeutung der verschiedenen Ebenen 334
    5.3.2 Infocity NRW...335
        5.3.2.1 Politischer Kontext: Auswirkungen von Info 2000
            auf das Projekt...335
        5.3.2.2 Projektbeschreibung Grunddaten 336
        5.3.2.3 Lokaler Handlungskontext: Betreiber und
            Content Provider..339

5.3.2.4   Lokaler Handlungskontext: Nutzungsbedingungen und
            Zielgruppe 342
5.3.2.5   Rahmenbedingungen 344
5.3.2.6   Prognosen 349
5.3.2.7   Zur Bedeutung der verschiedenen Ebenen 350
5.3.3   ITB Multimedia Bayern 351
5.3.3.1   Politischer Kontext: Auswirkungen von Info 2000
            auf das Projekt 351
5.3.3.2   Projektbeschreibung Grunddaten 352
5.3.3.3   Lokaler Handlungskontext: Betreiber und
            Content Provider 355
5.3.3.4   Lokaler Handlungskontext: Nutzungsbedingungen und
            Zielgruppe 360
5.3.3.5   Rahmenbedingungen 361
5.3.3.6   Prognosen 366
5.3.3.7   Zur Bedeutung der verschiedenen Ebenen 368
5.3.4   Zusammenfassung Deutschland 369
5.3.4.1   Multimedia Baden-Württemberg 370
5.3.4.2   InfoCity NRW 370
5.3.4.3   ITB Multimedia Bayern 371
5.3.4.4   Einschätzung der Zielerreichung von Info 2000 372
5.3.4.5   Fazit 374
5.4   Ausgangssituation: Die Entwicklung des Mediensektors
      in den USA 375
5.4.1   Interaktives Fernsehen im Schnittfeld von TV und Online 375
5.4.1.1   Fernsehen 375
5.4.1.2   Online/Internet 378
5.4.1.3   Medientechnische Entwicklung 380
5.4.2   Problemkonstellation für die IuK- und Medienpolitik 382
5.4.3   Nationale Initiative: NII 384
5.4.3.1   Liberalisierung der Telekommunikation 387
5.4.3.2   Anpassung der rechtlichen Rahmenbedingungen 389
5.4.3.3   Förderung des Aufbaus eines nahtlosen, interaktiven
            und anwendungsorientierten Netzes 390
5.4.3.4   Einführung des terrestrischen digitalen Fernsehens
            bis 2006 391
5.5   Fallstudien in den USA 392
5.5.1   Orlando Full Service Network 392
5.5.1.1   Politischer Kontext: Auswirkungen der NII
            auf das Projekt 392
5.5.1.2   Projektbeschreibung Grunddaten 395
5.5.1.3   Lokaler Handlungskontext: Betreiber und
            Content Provider 397

5.5.1.4.   Lokaler Handlunskontext: Nutzungsbedingungen und
            Zielgruppe 404
5.5.1.5   Rahmenbedingungen 406
5.5.1.6   Prognosen 410
5.5.1.6   Zur Bedeutung der verschiedenen Ebenen.........................411
5.5.2   @Home 411
5.5.2.1   Politischer Kontext: Auswirkungen der NII
            auf das Projekt 411
5.5.2.2   Projektbeschreibung 412
5.5.2.3   Lokaler Handlungskontext: Betreiber und
            Content Provider..413
5.5.2.4   Lokaler Handlungskontext: Nutzungbedingungen und
            Zielgruppe 422
5.5.2.5   Rahmenbedingungen 422
5.5.2.6   Prognosen 427
5.5.2.7   Zur Bedeutung der verschiedenen Ebenen.........................427
5.5.3   WebTV 428
5.5.3.1   Politischer Kontext: Auswirkungen der NII
            auf das Projekt 428
5.5.3.2   Projektbeschreibung Grunddaten 430
5.5.3.3   Lokaler Handlungskontext: Betreiber und
            Content Provider..433
5.5.3.4   Lokaler Handlungskontext: Nutzungsbedingungen und
            Zielgruppe 437
5.5.3.5   Rahmenbedingungen 440
5.5.3.5   Prognosen 444
5.5.3.6   Zur Bedeutung der verschiedenen Ebenen.........................445
5.6   Zusammenfassung USA 446
5.6.1   Full Service Network..446
5.6.2   @Home...447
5.6.3   WebTV 447
5.6.4   Einschätzung der Zielerreichung der NII 448
5.6.4.1   Liberalisierung der Telekommunikation...........................448
5.6.4.2   Anpassung der rechtlichen Rahmenbedingungen...............449
5.6.4.3   Förderung des Aufbaus eines nahtlosen, interaktiven
            und anwendungsorientierten Netzes 449
5.6.4.4   Einführung des terrestrischen digitalen Fernsehens
            bis 2006 449
5.6.5   Fazit 450
6   Ländervergleich USA und Deutschland.......................................451
6.1   Ergebnisse..451
6.1.1   Bildung 451
6.1.2   Verwaltung 453

6.1.3   Unterhaltung 455
6.2   Problemlösungsumsicht 456
6.2.1   Bildung 456
6.2.2   Verwaltung 459
6.2.3   Unterhaltung 460
6.3   Koordination 463
6.3.1   Bildung 463
6.3.2   Verwaltung 464
6.3.3   Unterhaltung 466
6.4   Gesamtansatz 469
7   Intersektoraler Vergleich 473
7.1   Organisation 473
7.2   Recht 475
7.3   Finanzierung 477
7.4   Qualifizierung 479
7.5   Infrastruktur 481
8   Zusammenfassung und Ausblick 485
9   Literatur 491

Abbildungsverzeichnis

Abbildung 1: Organisatorische Struktur für die NII 8
Abbildung 2: Organisationsstruktur Info 2000 22
Abbildung 3: Pilotprojekte in Regierungsprogrammen zur Förderung der
Anwendung in neuen Kontexten 35
Abbildung 4: Elemente eines Mediensystems im institutionellen Sinn 43
Abbildung 5: Verschiedene Diffusionsgrade und ihre Voraussetzungen 46
Abbildung 6: Infrastrukturelle Einbettung neuer Medientechnik 48
Abbildung 7: Drei-Ebenen-Modell 50
Abbildung 8: Entwicklung des Technikeinsatzes in Schulen 56
Abbildung 9: Medienmodell für den Bereich Schule 59
Abbildung 10: Drei-Ebenen-Modell für den IT-Einsatz in Lehr- und
Lernprozessen 61
Abbildung 11: Aufbauorganisation des deutschen Schulsystems 67
Abbildung 12: Aufbau US-Schulsystem 110
Abbildung 13: Ausstattungsentwicklung in den US-amerikanischen
Schulen 1994-1999 151
Abbildung 14: Beziehungen zwischen Regierung und Legislative,
öffentlicher Verwaltung und Bürgern 157
Abbildung 15: Komponenten des Medienmodells für Verwaltungsleistungen
als Online-Transaktionen 159
Abbildung 16: Drei-Ebenen-Modell für Online-Verwaltungsleistungen 162
Abbildung 17: Verwaltungsebenen in der Bundesrepublik Deutschland 170
Abbildung 18: Systemarchitektur Gelsenkirchen 190
Abbildung 19: Systemarchitektur POLIVEST 204
Abbildung 20: Systemarchitektur BOS-Pilot (stark vereinfacht) 219
Abbildung 21: Verwaltungsstruktur in den USA (vereinfacht) 230
Abbildung 22: Schematische Darstellung des Zusammenhangs zwischen
GPRA, organisatorischen Reformen und
Informationstechniknutzung. 236
Abbildung 23: Systemarchitektur ExpressLane 248
Abbildung 24: Systemarchitektur EVR 249
Abbildung 25: Organisation des IowAccess/STAWRS-Projektes 260
Abbildung 26: Systemarchitektur IowaSTAWRS 263
Abbildung 27: Projektverankerung von STAWRS in der IRS 270
Abbildung 28: Systemarchitektur WINGS 278
Abbildung 29: Das Medienmodell für den Bereich „interaktives Fernsehen" 291
Abbildung 30: Akteursmodell für den Bereich interaktives Fernsehen 296
Abbildung 31: Ablauf des Pilotprojekts Multimedia Baden-Württemberg 321
Abbildung 32: Aufbau des Pilotprojekts Multimedia Baden-Württemberg 322
Abbildung 33: Netzebenen des deutschen Kabel-TV-Netzes 330

Abbildung 34: Marktstrukturen im deutschen Kabel-TV-Markt......................345
Abbildung 35: Technische Prozesskette digitales Fernsehen 356
Abbildung 36: Pilotprojekt ITB Multimedia Bayern Blockschaubild..............357

Tabellenverzeichnis

Tabelle 1:   In der NII aufgeführte Anwendungsfelder 9
Tabelle 2:   Anwendungen, Regelungsbereiche und Zielvorgaben
               staatlicher Initiativen 14
Tabelle 3:   Einschlägige Gesetze zu Multimedia in Deutschland 24
Tabelle 4:   Schul und Schülerzahlen in Deutschland
               (Schuljahr 1997/98) 68
Tabelle 5:   Charakteristika der betrachteten Bundesländer 76
Tabelle 6:   Schul- und Schülerzahlen in den USA 112
Tabelle 7:   Charakteristika der betrachteten Bundesstaaten 118
Tabelle 8:   Phasen der Automatisierung und Informatisierung im
               öffentlichen Sektor der
               Bundesrepublik Deutschland 1950-1985 174
Tabelle 9:   Ergänzung zu Brinckmann/Kuhlmann 175
Tabelle 10:   Beispielhafter Reformkatalog 177
Tabelle 11:   Maßnahmenkatalog Info 2000 182
Tabelle 12:   Zielerreichung von Info 2000 228
Tabelle 13:   Re-engineering Projekte 240
Tabelle 14:   Fallzahlen der Online-Geschäftsvorfälle des RMV 250
Tabelle 15:   Anteil Internet von gesamt 250
Tabelle 16:   Kontakte der Bürger mit dem RMV 253
Tabelle 17:   Zahlungs- und Erklärungspflichten für Arbeitgeber
               in Iowa (Stand: 2000) 267
Tabelle 18:   Zielerreichung der GIT-S-/AccessAmerica-Initiativen 289
Tabelle 19:   Multimedia Baden-Württemberg: Geplante Anwendungen 319
Tabelle 20:   Beteiligte Unternehmen im Konsortium 324
Tabelle 21:   Vorgesehene Dienste und interessierte Content Provider 325
Tabelle 22:   Verbliebene Diensteanbieter im Pilotprojekt
               ITB Multimedia Bayern 358
Tabelle 23:   Inhalte für den „News Exchange" On-Demand Kanal 402
Tabelle 24:   Breitbandige Internetangebote in USA 425
Tabelle 25:   Übersicht über die WebTV-Angebote 433

Fragestellung und Aufbau

Alle Regierungen der westlichen Industrieländer haben in der zweiten Hälfte der 1990er Jahre Regierungsprogramme zur Förderung des Wegs in die sogenannte Informationsgesellschaft verabschiedet und mit erheblichen Mitteln ausgestattet. Inhaltlich geht es dabei neben der Förderung technologischer Forschung und Entwicklung vor allem um die Anwendung von Multimedia, digitalem Fernsehen und Internet in den Anwendungsbereichen Wirtschaft, Verwaltung, Bildung, Umwelt, Gesundheit, Verkehr u.a.m. Neuerdings werden diese Anwendungsfelder durch den Vorsatz e- vor die englischsprachige Bezeichnung des Anwendungsbereichs gekennzeichnet: e-commerce, e-government, e-learning usw. Weder die Vision der Informationsgesellschaft noch die Anwendung der Informations- und Kommunikationstechniken in den genannten Bereichen ist als Gegenstand staatlicher Förderprogramme jedoch neu. In den 1970er Jahren gab es im Zusammenhang mit Bildschirmtext und Kabelfernsehen und in den 1980er Jahren in Verbindung mit der Digitalisierung des Telefonnetzes und der Einführung von ISDN ähnliche Programme mit ähnlichen Instrumenten. Damals sprach man von Teleshopping statt e-commerce oder Telelernen statt e-learning. Neben der Technologieförderung und der Anpassung des rechtlichen Rahmens haben Pilotprojekte damals wie heute eine wichtige Rolle innerhalb der Förderprogramme eingenommen. Für sie wurden erhebliche öffentliche Mittel bereitgestellt. Damit sollte im Kleinen ausprobiert werden, was im Erfolgsfall dann in die Breite des jeweiligen Anwendungsbereichs diffundieren soll.

In den 1970er und 1980er Jahren waren viele der damals öffentlich geförderten Pilotprojekte in dieser Hinsicht nicht erfolgreich. Auch die Mitte der 1990er Jahre in Deutschland ebenfalls mit staatlicher Förderung durchgeführten Multimedia-Pilotprojekte der Deutschen Telekom oder der Landesregierungen in Baden-Württemberg und Nordrhein-Westfalen, die inzwischen fast vergessen sind, haben entweder erst gar nicht im geplanten Umfang ihren Betrieb aufgenommen oder haben noch nicht einmal den für die Pilotphase angestrebten Umfang erreicht. Obwohl dies 1997 absehbar war, wurden weitere Pilotprojekte oder Leitprojekte gestartet und auch gefördert. Im Grundsatz ist der Gedanke des Pilotprojekts oder Feldexperiments auch richtig. Während im wissenschaftlichen Zusammenhang jedoch selbstverständlich ist, dass ein Experiment ein geeignetes Design haben muss, damit es zu bestimmten gewünschten Erkenntnissen führen kann, ist dies für Pilotprojekte und Feldversuche mit neue IuK-Techniken noch nicht gleichermaßen klar.

In einer Analyse von Pilotprojekten mit alltagsorientierten Informationssystemen in den 1970er und 1980er Jahren wurde als kritischer Erfolgsfaktor für die spätere Fortführung und Diffusion die Einbettung in den jeweiligen institutionellen Kontext identifiziert. Daraus kann die Hypothese abgeleitet werden, dass Regierungsprogramme, die auf eine breite Diffusion neuer Techniken zielen, vor allem Maßnahmen beinhalten müssen, die eine solche Einbettung in den jeweiligen Anwendungskontext fördern. Diese Hypothese wird in Form eines doppelten Vergleichs konkretisiert und empirisch untersucht: Gegenstand der Analysen sind die als Multimedia bezeichneten und zunehmend auf dem Internet aufbauenden Informations- und Kommunikationstechniken. Die eine Vergleichsdimension betrifft unterschiedliche Anwendungskontexte oder -sektoren. Ob Fördermaßnahmen zu einer gelungenen Einbettung führen oder nicht, hängt auch von den jeweiligen Anwendungsbedingungen und dem Kontext ab, in dem die Einbettung erfolgen soll. Und diese Bedingungen variieren zwischen verschiedenen Bereichen zum Teil erheblich. Dem müssten Förderprogramme Rechnung tragen. Ein sektoraler Vergleich, im vorliegenden Fall der Sektoren Bildung, Unterhaltung und Verwaltung, soll diese Frage kontextspezifischer Differenzierung klären helfen.

Die zweite Vergleichsdimension bezieht sich auf die Autoren und Akteure der jeweiligen Programme und ihrer Umsetzung. Auch bei grundsätzlicher Übereinstimmung der Ziele und Aktionsfelder gibt es deutliche Unterschiede in der Entstehung, den Inhalten und der organisatorischen Umsetzung der Programme. Diese Unterschiede können durch den Vergleich von Programmen verschiedener Länder ermittelt werden. Bei dem Thema Multimedia und Internet bietet sich ein Vergleich Deutschland mit den USA an, da diese einen deutlichen Vorsprung auf diesem Gebiet haben. Aufgrund von Vorstudien wird von der Hypothese ausgegangen, dass dieser Vorsprung auch damit zusammenhängt, dass die Regierungsprogramme in den USA der erforderlichen Einbettung in die einzelnen Anwendungskontexte besser Rechnung tragen. Daraus ergibt sich für die Untersuchung folgender Aufbau:

Im ersten Kapitel werden die beiden als Ausgangspunkt dienenden Regierungsprogramme für den Weg in die Informationsgesellschaft aus Deutschland und den USA in ihren Grundzügen dargestellt. Im zweiten Kapitel werden anschließend die Fragestellung und Hypothesen in den Forschungsstand eingeordnet und in einem Bezugsrahmen für die Einbettung von Pilotprojekten in den jeweiligen institutionellen Anwendungskontext zusammengefasst. Die Kapitel 3, 4 und 5 sind dann jeweils einem der drei untersuchten Anwendungsbereiche gewidmet. Konkret werden die Fördermaßnahmen und jeweils zwei bis drei Pilotprojekte und Einzelinitiativen in Deutschland und in den USA für *Multimedia-unterstützte Lehr- und Lernprozesse in Schulen, Online-Transaktionen in der öffentlichen Verwaltung* und *interaktives Fernsehen* dargestellt und zwischen den Ländern für den jeweiligen Sektor verglichen. In Kapitel 6 werden die Ergebnisse des internationalen Vergleichs der einzelnen Sektoren zusammengefasst und auf die Ebene der nationalen Programme bezogen und in Kapitel 7 wird der These der bereichsspezifischen Differenzierung in Form eines intersektoralen Vergleichs nachgegangen. Kapitel 8 fasst die Untersuchungsergebnisse im Hinblick auf ihre wissenschaftliche und praktische Aussagekraft abschließend zusammen.

1 Regierungsprogramme für den Weg in die Informationsgesellschaft

1.1 Einführung

Seit Beginn des Einsatzes von Computern in Wirtschaft und Verwaltung in den 60er Jahren des vergangenen Jahrhunderts wird diese Technologie als Schlüssel zu wirtschaftlichem Wachstum, Wohlstand und einem besseren Leben schlechthin betrachtet und in den westlichen Industrieländern massiv staatlich gefördert. In den vergangenen 40 Jahren haben die jeweils geförderten Techniken und die geförderten Aktivitäten sich verändert. Die Grundideen sind jedoch gleich geblieben. In Deutschland ging es in den 60er Jahren zunächst darum, die Forschung und Entwicklung auf dem Gebiet der elektronischen Datenverarbeitung, dann der Mikroelektronik, in den 1970er und 1980er Jahren der Informations- und Kommunikationstechniken inklusive der Telekommunikation und in den 1990er Jahren der als Multimedia bezeichneten Konvergenz von Informationstechnik, Telekommunikation und Unterhaltungselektronik voranzubringen. Stets wurde parallel zur Forschungsförderung auch versucht, die Anwendung der jeweils neuen Techniken zu fördern. Pilotprojekte, zum Teil groß angelegte Feldversuche, waren dabei stets ein bevorzugtes Förderinstrument (vgl. u.a. Grande/Häusler 1994, Riehm/Wingert 1995).

Die Hauptmotivation für die staatliche Förderung lag neben der militärischen Bedeutung der IuK-Techniken in der Annahme, dass sie nicht nur einen eigenen Wachstumsbereich von großer Dynamik darstellen, sondern Produkt und Prozessinnovationen in den meisten Industrie- und Dienstleistungsbereichen ermöglichen und dadurch auch zu dem Wachstum beitragen. Der Computer wird mit der Dampfmaschine verglichen. Man spricht von der zweiten oder je nach Zählung auch von der dritten industriellen Revolution oder dem 5. Kondratieff-Zyklus (Nefiodow 1990). Die zunehmende wirtschaftliche Bedeutung der IuK-Techniken wird auch an ihrem Anteil an der volkswirtschaftlichen Wertschöpfung und/oder dem Anteil der im Informationssektor Beschäftigten an der Erwerbsbevölkerung gemessen. Derartige statistische Zahlen gelten als Indikatoren für den Wandel von der Industrie- zur sogenannten Informations- oder Wissensgesellschaft (Dordick/Wang 1993). Die Länder, die diesen Wandel schneller als andere vollziehen und früher zu einer höheren Verbreitung und intensiveren Nutzung dieser Techniken kommen, sollen nach vorherrschender Auffassung Vorteile im internationalen Wettbewerb haben, weil sie bessere und/oder billigere Produkte exportieren können.

Frühe Versuche internationaler statistischer Vergleiche haben mit zunehmender Globalisierung Mitte der 1990er Jahre zu einem sogenannten Benchmarking geführt. Bei den Zusammenstellungen von statistischen Indikatoren wird teilweise eingeräumt, dass man den Begriff der Informationsgesellschaft nicht genau definieren könne. Durchgängig ist eine Überhöhung der Art festzustellen, dass die Informationsgesellschaft gut informierter Menschen beschrieben wird, deren Bildung und Wissen die wichtigsten Ressourcen sind, als Indikatoren jedoch die Verbreitung von Techniken verwendet werden, die bestenfalls das Potential haben, den Menschen beim Erwerb und bei der Verwaltung von Wissen zu unterstützen, dies jedoch selbst keineswegs sicherstellen (vgl. BMWi 1997). Diese Unschärfe des Begriffs der Informationsgesellschaft und die systematische Überhöhung der Leistung der Informations- und Kommunikationstechnik ist ein grundlegendes Problem der staatlichen Förderprogramme, die die technologische Forschung und Entwicklung als Instrument für Wirtschafts- und Gesellschaftspolitik begreifen und einsetzen und ihr Ziel nie erreichen.

Eine hochrangige Expertengruppe der Europäischen Kommission hat die entsprechende Politik der EU in drei Phasen mit entsprechenden Akzentverschiebungen eingeteilt (Europäische Kommission 1997a):

▪ In der ersten Phase wurde vor allem die technologische Forschung und Entwicklung in den Herstellerfirmen und Universitäten gefördert.

▪ Dann merkte man, dass die neu entwickelten Technologien nicht intensiv nachgefragt und genutzt wurden und führte dies auf Marktzugangsbarrieren zurück, denen durch eine Politik der Deregulierung und Liberalisierung begegnet wurde.

▪ Aber auch die Deregulierung hat, von einzelnen Teilsegmenten abgesehen, nicht zu dem breiten Durchbruch und der erwarteten Nutzung in allen Lebensbereichen geführt. Nun werden sozio-kulturelle Faktoren, insbesondere technikbezogene Qualifikationen, aber auch soziale Innovationen als kritische Erfolgsfaktoren gesehen. Qualifizierungsmaßnahmen erhalten in den Förderprogrammen ein entsprechend starkes Gewicht.

Die im Folgenden betrachteten Regierungsprogramme, die Mitte der 1990er Jahre entwickelt und seitdem umgesetzt werden, kombinieren alle drei Komponenten. Sie umfassen insgesamt fünf Handlungsfelder:

1. Förderung der Forschung und Entwicklung in ausgewählten Technologielinien,

2. günstige rechtliche Rahmenbedingungen, von der Aufhebung von Marktzugangsbeschränkungen (insbesondere Liberalisierung im Telekommunikationsbereich) über die Anpassung verschiedener Rechtsbereiche zur Ermöglichung neuer Transaktionsformen oder zur Sicherung von Gewinnmöglichkeiten (z.B. beim Urheberrecht) bis zu ganz neuen Regelungen (etwa bei der IT-Sicherheit und digitalen Signaturen),

3. Qualifizierung von Arbeitskräften für die Entwicklung und Anwendung dieser neuen Techniken sowie breite Medienkompetenz auch für die Nutzung im privaten Bereich, durch Ausstattung aller Bildungseinrichtungen mit entsprechender Technik, Förderung der Entwicklung von multimedialen Lerninhalten,

4. Förderprogramme für bestimmte Zielgruppen, insbesondere Klein und Mittelbetriebe, Senioren, Frauen,

5. Pilotprojekte für neuartige Anwendungen in den Bereichen Wirtschaft, Verwaltung, Bildung, Umwelt, Gesundheit, Verkehr u.a.m.

Innerhalb der Mitgliedstaaten der EU und sogar der OECD sind die Grundkomponenten der Regierungsprogramme erstaunlich ähnlich. Die gleiche technologische Basis, ein globaler Wettbewerb multinationaler Unternehmen und der Sieg des Kapitalismus als unbestrittener Wirtschaftsordnung dürften dazu geführt haben. Unterschiedliche Kulturen und Politikstile sowie Variationen in den Wirtschafts und Machtstrukturen führen gleichwohl zu Variationen in den technologischen Förderschwerpunkten, den präferierten Anwendungsbereichen, Art und Umfang der flankierenden Maßnahmen und den symbolischen Elementen der Politik (Rhetorik, Gremien, Veranstaltungen usw., vgl. Kahin/Wilson 1997; Klumpp/Schwemmle 2000).

Detaillierte Untersuchungen sind nur bei einem Vergleich einiger weniger Programme möglich. Die noch laufende Welle der aktuellen Programme wurde 1993 mit dem Regierungsantritt von Bill Clinton und Al Gore in den USA ausgelöst, die ihr Programm nicht unter das Schlagwort von der Informationsgesellschaft stellten, sondern das Internet über den Wissenschaftsbereich hinaus zur *National Information Infrastructure (NII)* und volkstümlich formuliert zum Information Superhighway für alle Wirtschafts- und Lebensbereiche erklärten. Die Europäische Union reagierte darauf mit dem Bangemann-Bericht. In Deutschland wurde die Diskussion unter der Überschrift Multimedia geführt und hatte ein vergleichsweise stärkeres Gewicht auf digitales und interaktives Fernsehen gelegt.

Mit dem Regierungswechsel 1998 haben keine grundlegenden Veränderungen stattgefunden. Die Gesetzesnovellierungen waren zwischen der Regierung Kohl und der Mehrheit der SPD im Bundestag und den Ländern nicht umstritten bzw. abgestimmt worden. Unterschiedliche Auffassungen gab es in Bezug auf das Ausmaß und Tempo der Deregulierung und einzelner flankierender Maßnahmen. Diese werden im Abschlussbericht der Enquête-Kommission des Deutschen Bundestags zu Deutschlands Weg in die Informationsgesellschaft deutlich (Deutscher Bundestag 1998). Innerhalb weniger Monate legte die rot-grüne Bundesregierung einen Aktionsplan für Innovation und Arbeitsplätze im 21. Jahrhundert vor, der zu einem großen Teil Projekte der Vorgängerregierung fortschreibt und einige neue Akzente setzt (BMWi/BMBF 1999). Der faktischen Entwicklung entsprechend erhält das Internet mehr Aufmerksamkeit. Neu ist zudem, dass sich die Regierung selbst quantitative Ziele setzt und ein regelmäßiges Monitoring der Zielerreichung ankündigt.

1.2   Die US-Initiativen zum Aufbau einer „Information Infrastructure"

Die Vision eines neuen wirtschaftlichen und gesellschaftlichen Aufbruchs durch Telekommunikationsnetze und insbesondere durch das Internet wurde von Bill Clinton und Al Gore schon in ihrem Präsidentschaftswahlkampf 1992 engagiert vertreten. In der Fach und Verwaltungswelt wurde über die NII, in der Öffentlichkeit über den *Information Superhighway* diskutiert (vgl. ausführlicher Drake 1995). Zwar spielte die Telekommunikation eine zentrale Rolle, es ging jedoch um mehr. Im Gegensatz zu den Republikanern betonten Clinton/Gore die Notwendigkeit staatlicher Anstöße und flankierender Maßnahmen. Schon wenige Monate nach der Regierungsübernahme wurde eine Arbeitsgruppe aus hochrangigen Vertretern verschiedener Ministerien gebildet, die sogenannte *Information Infrastructure Task Force* (IITF), die vom damaligen Handelsminister Ronald H. Brown geleitet wurde. Zusätzlich wurde ein Beirat – der *Advisory Council* – mit hochrangigen Vertretern der Wirtschaft, Wissenschaft und gesellschaftlichen Gruppen einberufen. Im September 1993 legte die IITF eine Mischung aus Grundsatzpapier und Handlungsprogramm vor, die *Agenda for Action*.

1.2.1   Die Hauptpunkte der Agenda for Action

In der *Agenda for Action* (IITF 1993) wird die NII definiert als unsichtbares Netz aus Telekommunikationsnetzen, Computern, Datenbanken und Unterhaltungselektronik, das jedem Amerikaner riesige Mengen von Informationen auf Knopfdruck zur Verfügung stellt. Dadurch soll eine Informationsrevolution eingeleitet werden, die nachhaltige Veränderungen in der Art und Weise auslöst, wie die Menschen leben, arbeiten und miteinander interagieren. Als Beispiele werden die altbekannten Anwendungen Telearbeit, Teleteaching und Telemedizin genannt, die jedem überall den Zugriff auf die besten Angebote und Möglichkeiten eröffnen sollen. Gleichzeitig wird betont, dass die NII die amerikanischen Unternehmen in die Lage versetzen soll, im Wettbewerb der globalen Wirtschaft zu gewinnen und so Wachstum und Arbeitsplätze zu schaffen.

Das Handlungsprogramm schlägt einen Kurs zwischen staatlicher Eigeninitiative und rein marktwirtschaftlicher Entwicklung ein. In allen genannten Bereichen, auch in der Telekommunikation, waren und sind private Unternehmen in den USA die maßgeblichen Akteure, deren Rolle und Bedeutung anerkannt und verstärkt werden sollte. Dennoch soll der Staat (Bund, Einzelstaaten und Kommunen) diese privatwirtschaftlichen Aktivitäten unterstützen und ergänzen und wichtige Aufgaben selbst übernehmen. Diese Aufgabenzuschreibung wird im Programm in Anforderungen des Staats an sich selbst formuliert:

„1) Promote private sector investment, through tax and regulatory policies that encourage innovation and promote long term investment, as well as wise procurement of services.

2) Extend the "universal service" concept to ensure that information resources are available to all at affordable prices. Because information means empowerment, the

government has a duty to ensure that all Americans have access to the resources of the Information Age.

3) Act as catalyst to promote technological innovation and new applications. Commit important government research programs and grants to help the private sector develop and demonstrate technologies needed for the NII.

4) Promote seamless, interactive, userdriven operation of the NII. As the NII evolves into a "network of networks", government will ensure that users can transfer information across networks easily and efficiently.

5) Ensure information security and network reliability. The NII must be trustworthy and secure, protecting the privacy of its users. Government action will also aim to ensure that the overall system remains reliable, quickly repairable in the event of a failure and, perhaps most importantly, easy to use.

6) Improve management of the radio frequency spectrum, an increasingly critical resource.

7) Protect intellectual property rights. The Administration will investigate how to strengthen domestic copyright laws and international intellectual property treaties to prevent piracy and to protect the integrity of intellectual property.

8) Coordinate with other levels of government and with other nations. Because information crosses state, regional, and national boundaries, coordination is important to avoid unnecessary obstacles and to prevent unfair policies that handicap U.S. industry.

9) Provide access to government information and improve government procurement. As described in the National Performance Review, the Administration will seek to ensure that Federal agencies, in concert with state and local governments, use the NII to expand the information available to the public, so that the immense reservoir of government information is available to the public easily and equitably. Additionally, Federal procurement policies for telecommunications and information services and equipment will be designed to promote important technical developments for the NII and to provide attractive incentives for the private sector to contribute to NII development." (IITF, 1993, 9)

Ein besonderer Schwerpunkt lag auf der Öffentlichkeitsarbeit. Kurz nach der Veröffentlichung der *Agenda for Action* wurde bei der *National Telecommunications and Information Administration* (NTIA), einer nachgeordneten Behörde des Handelsministeriums, eine Web-Seite eingerichtet, die viele Dokumente, insbesondere Protokolle und Zwischenberichte der IITF, öffentlich zugänglich machte. Damit ging die NII selbst mit gutem Beispiel voran (vgl. die NII *Virtual Library* unter www.nii.nist.gov sowie www.ntia.doc.gov).

Abbildung 1:   Organisatorische Struktur für die NII

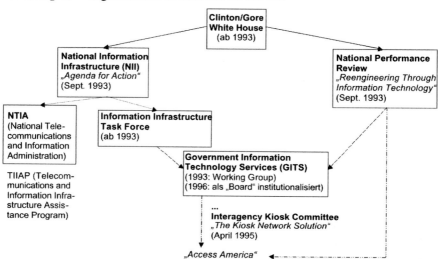

Zur Erreichung dieser Ziele werden drei organisatorische Maßnahmen ergriffen:

(1) Establish an interagency Information Infrastructure Task Force
(2) Establish a private sector Advisory Council on the NII
(3) Strengthen and streamline Federal communications and information policymaking agencies (IITF, 1993, 9).

Ein Jahr nach der Gründung legte die IITF einen ersten Fortschrittsbericht vor (IITF 1994a). Die Untergruppe für Anwendung erstellte zwei Berichte (IITF 1994b, 1994c), in denen für ein breites Spektrum von Anwendungsfeldern der damalige Stand, erstrebenswerte Fortschritte und die dazu erforderlichen Maßnahmen skizziert wurden. Dazu zählten der elektronische Handel ebenso wie Umweltüberwachung und Katastrophenmanagement oder Schulen, Bibliotheken und Kunst. Der ebenfalls noch 1993 einberufene Beirat legte im Laufe seiner dreijährigen Amtszeit insgesamt drei Berichte vor (Advisory Council 1995, 1996a, 1996b). Zum Hauptthema entwickelte sich dabei die Frage, wie ein möglichst breiter Zugang zur NII geschaffen werden kann, welche Aufgaben Schulen und Bibliotheken dabei übernehmen können und wie diese in die Lage versetzt werden können, solche Aufgaben auch zu bewältigen.

Tabelle 1:   In der NII aufgeführte Anwendungsfelder

Gesundheitswesen	Telemedizin Elektronische Beantragung und Erstattung von Versicherungs- und Unterstützungsleistungen Gesundheitsinformationssysteme zur persönlichen Vorsorge Computergestützte Krankenakten
Bürgernetze und andere Anwendungen im öffentlichen Interesse	Lokale Bürgernetze Verbreitung von Informationen des Staates, die von den Steuerzahlern schon bezahlt worden sind und nun bequemer als früher zugänglich gemacht werden können Allgemeiner Netzzugang, um eine weitere Polarisierung zwischen information haves und have-nots zu verhindern
Forschung	Förderung der Forschung zur Bewältigung der großen Herausforderungen (insbes. Klimaveränderungen, Krebsbekämpfung) sowie zur Entwicklung neuer Personentransportsysteme durch bessere Kommunikations- und Simulationsmöglichkeiten Austausch und gemeinsame Nutzung von Geräten und Anlagen über Netze Unterstützung des Austauschs von Forschungsergebnissen
Lebenslanges Lernen	Die Krise des US-Bildungssystems kann nicht durch Technik allein behoben werden. Die NII kann jedoch dabei helfen, Lernen interessanter und effektiver zu machen.
Schaffung einer Verwaltung, die besser arbeitet und weniger kostet	Aufbau eines bundesweiten Systems, das staatliche Hilfen im Sozialbereich elektronisch abwickelt Schaffung eines integrierten einheitlichen Zugangs zu allen Informationen und Dienstleistungen von Dienststellen des Bundes einschl. elektronischer Kiosk-Systeme und Bulletin Boards in den Netzen Errichtung eines nationalen Netzwerks zur Erhöhung der öffentlichen Sicherheit im Zusammenhang mit natürlichen und technischen Katastrophen Aufbau eines kompletten E-Mail-Netzes zwischen allen Regierungsstellen und der Öffentlichkeit

Die Frage des allgemeinen Zugangs (universal access) und der Weiterentwicklung des Konzepts des *Universal Service* in der Telekommunikation wurden zu einem zentralen Anliegen der IITF. Die NTIA wurde beauftragt, geeignete Möglichkeiten unter breitester Beteiligung aller gesellschaftlichen Gruppen zu erkunden und entsprechende Vorschläge zu machen, die die Regierung dann in die Telekommunikationsreform einbringen wollte.

Speziell um die genannten Anwendungen innerhalb der Bundesbehörden voranzubringen, wurde eine institutionelle Verbindung zwischen der NII und dem von Vizepräsident Gore schon früher ins Leben gerufene *National Performance Review* durch Bildung einer gemeinsamen Arbeitsgruppe hergestellt, der *Government Information Technology Services Working Group*, die später als *GIT-S-Board* institutionalisiert (und 1999 wieder aufgelöst) wurde. Inhaltlich wurden elektronische Verwaltungsleistungen in der zweiten Amtsperiode unter dem programmatischen Titel *Access America* gefördert.

Die im Rahmen der NII von den Regierungsmitarbeitern geplanten und geleiteten Projekte wurden zum einen durch technologische Projekte ergänzt, die in enger Kooperation von Wissenschaft und Industrie unter staatlicher Moderation oder loser Begleitung durchgeführt wurden. Dazu gehören die *HighPerformance Computing*-Projekte und die *Internet 2/Next Generation*-Projekte. Parallel dazu wurde ein Förderprogramm eingerichtet, mit dem Institutionen aus dem nicht-kommerziellen Bereich (Gemeinden, Schulen, Bibliotheken, Vereine und Initiativen) sich selbst in die Lage versetzen sollten, angemessene Nutzungsformen der NII zu entwickeln und zu erproben. Im Rahmen dieses *Telecommunications and Information Infrastructure Assistance Program* (TIIAP) wurden von 1994 bis 1999 mehrere hundert Projekte gefördert. Eine notwendige Bedingung für die Förderung war, dass die Antragsteller noch einmal dieselbe Summe, die sie beantragten, aus anderen Quellen selbst aufbringen mussten, die Förderung also nur 50 Prozent der Gesamtkosten betrug. Die Projektanträge und später die Zwischenberichte wurden jeweils auf der Website der NTIA veröffentlicht. Damit wurde eine breite Welle der Beschäftigung von gemeinnützigen Einrichtungen mit dem Internet und seinen Anwendungsmöglichkeiten ausgelöst. Das Programm wurde 1995 und 1999 auch extern evaluiert. 1999 wurde es mit im Wesentlichen gleichen Zielen und Strukturen in *Technology Opportunities Program* (TOP) umbenannt.

Weitere Aktivitäten der IITF und des Weißen Hauses betrafen den Bereich der De- und Reregulierung. Im Zentrum stand die Reform des Telekommunikationsgesetzes, die 1995 vor den Wahlen zum Kongress an Auffassungsunterschieden der Parteien gescheitert war und 1996 in einem erneuten Anlauf vollzogen wurde. Weitere Schwerpunkte bildeten das Urheberrecht, Datensicherungs- und Verschlüsselungsfragen („Kryptokontroverse"), die Kontrolle illegaler, diskriminierender und anstößiger Inhalte (Jugendschutz) sowie die Ausstattung von Schulen (vgl. Kubicek/Dutton/Williams 1997).

In der zweiten Amtsperiode der Clinton/Gore-Administration flaute die anfängliche Euphorie und insbesondere das große Medienecho ab. Es gab keine Punkte mehr, die politisch umstritten und spektakulär waren, aber eine Fülle konkreter Projekte mit beachtlichen Ergebnissen, auch wenn sie häufig langsamer vorankamen als geplant. Welche dies sind und woran dies liegt, soll in den folgenden Kapiteln untersucht werden.

1.2.2   Die Metapher vom Information Superhighway

Im Gegensatz zu allen früheren Versuchen ist es Präsident Bill Clinton und Vizepräsident Al Gore in ihrer ersten Amtsperiode gelungen, das Thema Informations- und Kommunikationstechniken aus dem Kreis der Expertendiskussion herauszuholen und zu einem öffentlich breit diskutierten und akzeptierten Thema zu machen. Ein wesentlicher Grund für diesen Erfolg liegt darin, dass die trockenen Themen wie Telekommunikationsnetze und Computer, Informatisierung oder Telematik auf einen für Laien verständlichen Begriff gebracht wurden: *Information Superhighway*. Diese Wortschöpfung, die Vizepräsident Gore zugeschrieben wird, erinnert an den Bau der *Interstates* – der Autobahnen in den USA – in den 50er Jahren. Er fand in gemeinsamer Anstrengung von Bund, Einzelstaaten und privatem Sektor statt und gilt in den auf dezentrale Autonomie bedachten USA als eine der ganz wenigen gelungenen Maßnahmen der Bundesregierung. Der Auf und Ausbau der NII wurde nun mit diesen *Interstates* verglichen und spielte damit auch auf deren politischen Erfolg an: Um Multimedia-Anwendungen bis in die Privathaushalte zu bringen, brauche man technisch breitere Übertragungswege, die im Gegensatz zu den Kabelfernsehnetzen Verkehr in beide Richtungen ermöglichten. Die Teilnehmer sollen nicht nur passive Empfänger, sondern auch aktive Sender sein können. Wie bei den *Interstates* komme es auf ein entsprechendes Zubringernetz an, damit alle Amerikaner von den Chancen besserer Erreichbarkeit und höherer Mobilität profitieren können. Weniger wichtig sei es, dass alle Straßen aus dem gleichen Baumaterial seien. Die *Information Superhighways* bestehen aus Glasfaser, Kupferkoaxial- und Kupferkabel sowie aus Richtfunk und Satellitenverbindungen.

Wie Kleinsteuber (1996b) betont, ist die positive Aufnahme der *Highway*-Metapher nur vor dem Hintergrund spezifischer US-amerikanischer Werte zu verstehen – die Straße gilt zum Beispiel als Symbol der Freiheit und des Pioniergeistes. Das System von *Interstates* und *Highways* (Bundesautobahnnetz) machte das Autofahren dadurch leichter, dass regionale Autobahnen miteinander verknüpft und die Beschilderung vereinheitlicht wurde. Und hier greift die Analogie zum Internet konkret. Es schafft kein völlig neues Netz, sondern verbindet und vereinheitlicht existierende Netze. In technischer Hinsicht trägt die Analogie noch weiter. In der Datenübertragung dominierte lange Zeit die Verbindung über das Telefonnetz oder Standleitungen. Die Leitungsvermittlung im Telefonnetz ist jedoch eine enorme Ressourcenverschwendung. Auf den Autoverkehr bezogen wäre dies so, als würde für jemanden, der von Bremen nach Tübingen will, mit Fahrtantritt auf der gesamten Strecke eine Spur freigehalten, bis er am Ziel ankommt. Mit dem Internet wird die Paketvermittlung und das Prinzip des Zwischenspeicherns und Weiterleitens (*store and forward*) zur Regel, das eine wesentlich bessere Kapazitätsauslastung ermöglicht: Die zu übertragenden Daten werden in kleine Pakete aufgeteilt, die nacheinander, je nach Belegung der Übertragungswege, auf unterschiedlichen Wegen übermittelt werden. Auf einem Übertragungsweg „fahren" dann Pakete ganz unterschiedlicher Absender zu ganz verschiedenen Zieladressen und sind so durchaus vergleichbar mit dem Fluss von Autos auf einer Autobahn.

Während die *Highway*-Metapher in den USA auf überwiegend positive Resonanz stieß und speziell das Thema Internet aus den Expertenzirkeln zu einem Thema der Tagespresse und jedweder Art von Institution macht, konnte sich die deutsche Übersetzung „Datenautobahn" nicht im gleichen Maß durchsetzen. Stattdessen wurde zunächst alles unter dem Begriff „Multimedia" zusammengefasst, der 1996 sogar zum Wort des Jahres gekürt wurde, und dann zunehmend unter dem Begriff „Informationsgesellschaft".

1.3 Aktivitäten der Europäischen Union

Vor den deutschen Programmen sollen die politischen Programme, Initiativen und Maßnahmen der EU kurz beschrieben werden, denn die nationalen Aktivitäten verstehen sich ausdrücklich als Teil der europäischen. Die Zielsetzung, durch Förderung der IuK-Techniken Wirtschaftswachstum und Beschäftigung zu steigern und das Zusammenwachsen der Unternehmen und Märkte in den Mitgliedstaaten der EU zu fördern, wird schon seit den 1980er Jahren verfolgt (vgl. Grande/Häusler 1994). Forschungs und Entwicklungsprogramme wie ESPRIT, RACE, ACTS, TAP und verschiedene Programme zur Förderung von Telematikanwendungen (AIM, DELTA, DRIVE) stehen dafür ebenso wie die seit Ende der 1980er Jahre betriebene Deregulierung der Telekommunikation im Sinne einer Privatisierung und Eröffnung von Wettbewerb auf allen Ebenen. 1993 veröffentlichte die Europäische Kommission ein Weißbuch mit dem Titel *Wachstum, Wettbewerb und Beschäftigung. Herausforderungen der Gegenwart und Wege ins 21. Jahrhundert.* Es betont die Bedeutung transeuropäischer Netze für die Belebung der europäischen Wirtschaft und für die Schaffung eines einheitlichen Binnenmarktes. Neben Verkehrs und Energienetzen werden die Telekommunikationsnetze ganz besonders hervorgehoben. Auf dieser Grundlage hat der Europäische Rat im Dezember 1993 – nach den Aktivitäten von Clinton und Gore – eine Gruppe hochrangiger Persönlichkeiten aus der Wirtschaft unter der Leitung von EU-Kommissar Martin Bangemann aufgefordert, einen Bericht über die erforderlichen Maßnahmen zur Bewältigung des Übergangs in die Informationsgesellschaft zu erstellen. Dieser Bericht wurde auf dem EU-Gipfel auf Korfu im Juni 1994 vorgelegt. Auf dieser Basis erstellte die Kommission im Juli 1994 einen Aktionsplan, der seitdem in regelmäßigen Abständen als rollierender Plan fortgeschrieben wird. 1995 wurde ein Forum Informationsgesellschaft aus Persönlichkeiten aus Wirtschaft, Wissenschaft und Verbänden berufen, das die öffentlichen Belange artikulieren soll. Parallel dazu wurde eine Gruppe hochrangiger Experten berufen, die einen Bericht zu den sozialen Aspekten der Informationsgesellschaft erarbeiten sollte. Weil es um die Veränderungen, die durch Computerisierung und Digitalisierung in allen Wirtschaftsbereichen ausgelöst würden, ging, wurde der Begriff „Informationsgesellschaft" für die Bemühungen der Kommission gewählt (vgl. u.a. Niebel 1997).

Die verschiedenen Aktivitäten werden vom Büro für die Informationsgesellschaft (*Information Society Project Office*, ISPO) unterstützt, das auch eine Web-Seite aufgebaut hat, über die alle Dokumente und Aktivitäten zugänglich gemacht werden (http://www.ispo.cec.be).

1.3.1   Der Bangemann-Bericht

Die Hauptbotschaft des Bangemann-Berichts (1994, 3) lautete, „dass die Europäische Union auf ihrem Weg ins Informationszeitalter auf die Marktmechanismen als treibende Kraft vertraut". Dem öffentlichen Sektor wird die Aufgabe zuge-

wiesen, Wettbewerbshindernisse zu beseitigen. Anders als bei der Verkehrsinfra-
struktur seien im Bereich der IuK-Techniken keine unmittelbaren staatlichen
Investitionen erforderlich. Das wird im folgenden Zitat deutlich:

> „Wie im Mandat des Europäischen Rates verlangt, legten wir einen Aktionsplan mit
> konkreten Maßnahmen vor, die Partnerschaften zwischen öffentlichem und privatem
> Sektor einschließen. Die Maßnahmen sollen den Markt beleben, damit dieser schnell
> die für den Erfolg kritische Größe erreicht.
> Treibende Kraft wird der private Investor sein. Monopole und wettbewerbswidrige
> Rahmenbedingungen sind die eigentlichen Hindernisse für solches private Engage-
> ment. Die Lage ist hier nämlich völlig anders als bei sonstigen Infrastrukturinvesti-
> onen – beispielsweise im Verkehrswesen, bei denen öffentliche Gelder nach wie vor
> die entscheidende Rolle spielen.
> Dieser Wirtschaftszweig entwickelt sich mit großer Geschwindigkeit. Der Markt
> wird die treibende Kraft sein. Er wird darüber entscheiden, wer gewinnt und wer
> verliert. Angesichts der Macht und Durchdringungskraft der Technologie handelt es
> sich um einen globalen Markt.
> Hauptaufgabe der Regierungen ist es, Wettbewerb zu gewährleisten. Sie müssen der
> Informationsgesellschaft auf Dauer eine starke politische Unterstützung geben, da-
> mit das Wachstum hier wie anderswo durch den Nachfragesog finanziert werden
> kann." (Bangemann-Bericht 1994, 8).

Europa sollte möglichst einheitlich und geschlossen handeln. Dies fördere
die Entwicklung eines gemeinsamen Binnenmarktes, wodurch Europa im internationalen Wettbewerb mit den USA, Japan und dem pazifischen Raum gestärkt
werden solle. Als konkrete Märkte wurden genannt:

- professionelle und geschäftliche Anwendungen wie zum Beispiel elektronischer Datenaustausch und elektronische Zahlungssysteme,
- spezielle Anwendungen für kleinere und mittlere Unternehmen,
- private Anwendungen vom Homebanking und Teleeinkauf bis zur unbegrenzten Auswahl von Unterhaltung auf Abruf,
- audiovisuelle Märkte für Unterhaltungselektronik und inhaltliche Programme.

Für die Erschließung dieser Märkte und ihr Wachstum wurden folgende
Maßnahmen als entscheidend angesehen:

- Abschaffung von Monopolen im Telekommunikationsbereich sowie Befreiung der Betreiber von politischen Auflagen (etwa Raumordnung oder Universaldienst),
- Beschränkung der Regulierung auf ein Minimum, vor allem zur Sicherstellung der Interoperabilität der Teilnetze und Dienste sowie einheitliche und
  faire Bedingungen für den Marktzugang (insbesondere Lizenzvergabe, Mit-
  benutzung vorhandener Übertragungswege),
- einheitliche rechtliche Rahmenbedingungen für einzelne Dienstleistungen,
  um einen gemeinsamen Binnenmarkt zu schaffen. Genannt werden

- Weiterentwicklung des Schutzes des geistigen Eigentums für Multimediaprodukte und Datenbanken,
- Schutz der Privatsphäre zur Sicherung des Vertrauens der Verbraucher,
- Verschlüsselung und Informationssicherheit,
- Vereinheitlichung der Regelungen zum Eigentum an Medien zwischen Meinungsfreiheit und Monopolmissbrauch, zur Sicherung von Wettbewerb und Meinungsvielfalt,
- weitere Forschungs- und Technologieförderung.

Flankiert werden sollten die Aktivitäten durch Aufklärungskampagnen, die sich vor allem an öffentliche Verwaltungen, kleine und mittlere Unternehmen sowie Ausbildungseinrichtungen richteten (Bangemann-Bericht 1994, 15). Außerdem wurde vor „einer Zweiteilung der Gesellschaft in „Wissende", die Zugang zu den neuen Technologien haben, sie problemlos nutzen und voll von ihr profitieren können, und „Nichtwissende", denen dies nicht möglich ist," gewarnt.

Neben der Gestaltung der Rahmenbedingungen empfahl die Expertengruppe staatliche Initiativen auf zehn Anwendungsgebieten und benannte dafür einschlägige Regelungsbereiche und Maßnahmen (vgl. Tab. 2). Die Maßnahmen sollten unabhängig von Kostengesichtspunkten den Nutzen der neuen Techniken demonstrieren.

Die staatlichen Initiativen sollten außerdem von vornherein in einem kommerziellen Umfeld und in möglichst großem Maßstab stattfinden, um Unternehmen eine Feinabstimmung ihrer Produkte bzw. Dienstleistungen auf die Anforderungen der Konsumenten sowie eine Abschätzung der Nachfrage zu ermöglichen. Den Städten wird dabei eine wichtige Rolle zugewiesen, weil sie durch entsprechende Anwendungen das Bewusstsein ihrer Bürger für die Vorteile der neuen Dienste schärfen können und gleichzeitig als Nachfrager für Großanwendungen Impulse für die Industrie liefern sollen.

Tabelle 2:   Anwendungen, Regelungsbereiche und Zielvorgaben staatlicher Initiativen (Quelle: Bangemann-Bericht 1994)

Anwendung (was, wie)	Besondere Aufmerksamkeit für	Konkrete Zielvorgabe
I. Telearbeit Förderung der Telearbeit zu Hause und in Satellitenbüros	Arbeitsrecht und soziale Sicherung sowie Karrieremöglichkeiten	Bis 1995 in 20 Städten Telearbeitszentren mit mind. 20.000 Arbeitnehmern; bis 1996 sollen 2 Prozent der leitenden Angestellten in Telearbeit tätig sein, bis 2000 10 Mio. Telearbeitsplätze
II. Fernlernen Förderung von Fernlernzentren durch Bereitstellung von Unterrichtsmaterial, Lehr- und Studiendienste speziell für die Zielgruppen kleine und mittlere Unterneh-	Ausbildung der Ausbilder	Bis 1995 Pilotprojekte in mindestens 5 Ländern, bis 1996 Inanspruchnahme von Fernlerndiensten durch mind. 10 Prozent der KMU und der öffentlichen Verwaltungen, Kam-

men, Großunternehmen und öffentliche Verwaltungen, Anwendungen von Fernstudientechniken in Schulen und Hochschulen		pagnen zur Sensibilisierung von Berufsverbänden und Schulverwaltungen
III. Netzwerk für Hochschulen und Forschungszentren Schaffung eines transeuropäischen Netzes mit hoher Bandbreite, hoher Auflösung und interaktiven Multimediadiensten, das Forschungszentren verbindet und Zugang zu deren Bibliotheken eröffnet.	Schutz der geistigen Eigentumsrechte	Bis 1997 sollen 30 Prozent der europäischen Hochschulen und Forschungszentren verbunden sein
IV. Telematik für KMU Förderung einer möglichst umfassenden Nutzung von Telematikdiensten (Elektronische Post, Dateitransfer, EDI usw.) durch europäische KMUs in Verbindung mit Behörden, Kunden und Lieferanten		Bis Ende 94/95 sollen transeuropäische Telematikdienste für KMU verfügbar sein. Bis 1996 sollen 40 Prozent der KMU (mit mehr als 50 Arbeitnehmern) die Telematiknetze nutzen.
V. Straßenverkehrsmanagement Einführung fortgeschrittener Straßenmanagementsysteme und anderer Verkehrsdienstleistungen (Fahrerinformation, Fuhrparkmanagement, Benutzungsgebühren usw.)		Implementierung von Systemen bis 1996 in 10 Großstädten und auf 2000 km Autobahn, bis 2000 in 30 Großstädten und dem transeuropäischen Autobahnnetz
VI. Flugsicherung Aufbau eines europäischen Kommunikationssystems für den Luftverkehr mit Boden-Boden-Verbindungen zwischen allen Luftverkehrszentralen sowie Boden-Luft-Verbindungen in einem vereinheitlichten transeuropäischen Flugsicherungssystem	Koordinierung mit dem Verteidigungssektor	Bildung eines Ausschusses aus öffentlicher Verwaltung, zivilen und militärischen Luftbehörden, Festlegung von Normen, Inbetriebnahme noch vor dem Jahr 2000
VII. Netze für das Gesundheitswesen Europaweites Netz der Netze für direkte Kommunikation zwischen Ärzten, Krankenhäusern und sozialen Einrichtungen	Schutz der Privatsphäre und Vertraulichkeit von Patientendaten	Vernetzung wichtiger privater Dienstleistungsanbieter, erste Implementierung mit Ärzten und Krankenhäusern auf regionaler und nationaler Ebene bis 1995
VIII. Elektronische Ausschreibungen Einführung elektronischer Verfahren für das öffentliche Beschaffungswesen und Aufbau eines europäischen elektronischen Ausschreibungsnetzes	Datensicherheit, ungehinderter Zugang für die KMU	In 2-3 Jahren könnten 10 Prozent der auftraggebenden Behörden elektronische Verfahren für Beschaffungszwecke einsetzen und eine „kritische Masse" bilden.
IX. Transeuropäisches Netz öffentlicher Verwaltung Verbindung der Verwaltungsnetze in Europa, damit zunächst zwischen den Verwaltungen und später auch mit den Bürgern Informationen effizient ausgetauscht und Papier durch elektronische Verfahren abgelöst wird.		Implementierung eines Netzverbundes für den Austausch von Steuer- und Zolldaten, Statistiken und Sozialversicherungsangaben, medizinischen und anderen Daten bis 1995/96
X. Informationsschnellstraßen für Städte Aufbau von Netzen, mit denen Privathaushalte Zugang zu Netzen sowie lokalen, regionalen, nationalen und internationalen Multimedia- und Unterhaltungsangeboten erhalten		Installierung und Betrieb in bis zu 5 Großstädten mit bis zu 40.000 Haushalten je Stadt bis 1997

1.3.2   Erster Aktionsplan und weiterer Verlauf der EU-Aktivitäten

Die Empfehlungen des Bangemann-Berichts wurden im Juli 1994 von der Europäischen Kommission in einem Aktionsplan „Europas Weg in die Informationsgesellschaft" übernommen. Zu den gesellschaftlichen und kulturellen Aspekten wird zusätzlich angekündigt, dass die Kommission eine hochrangige Expertengruppe zur Beratung über prioritär zu prüfende Probleme und die Eignung der entwickelten Maßnahmen einsetzen wird. Die Kommission setzte folgende Prioritäten:

- Beschäftigung und Arbeitsumfeld, unter anderem Studien und Vorschläge zu anpassungsfähigen Firmen, flexiblen Arbeitszeitmodellen, innerbetrieblicher Fortbildung, Telearbeit usw.,
- Alltags- und Freizeitverhalten sowie städtische und ländliche Entwicklungen, regionale soziale und wirtschaftliche Kohäsion in der Gemeinschaft,
- Kulturelle Identität, Verbreitung europäischer Kulturgüter, Programminhalte audiovisuelle Medien,
- sprachliche Aspekte zwischen Identität und Öffnung zu Weltmärkten.

Der Aktionsplan listet laufende Aktivitäten und deren Stand sowie neue Maßnahmen auf. Dabei wurden die Bereiche Ordnungspolitik, Technik, Gesellschaft und Kultur unterschieden. Im ordnungspolitischen Bereich gehörten zu den Maßnahmen eine Reihe von Richtlinien zur Einführung und Regulierung des Wettbewerbs in der Telekommunikation, zum Urheberrecht und zum Datenschutz sowie Grünbücher, die spätere rechtliche Regelungen vorbereiten. Zu den gesellschaftlichen und kulturellen Aspekten werden zunächst Studien angekündigt.

Die Liberalisierung und Reregulierung der Telekommunikation wurde danach umfassend betrieben. Zum 1. Januar 1998 fielen die letzten Monopole für Übertragungswege und den einfachen Telefondienst (Sprachdienst) in den Mitgliedstaaten und damit auch in Deutschland. Bei den Anwendungen sind die ehrgeizigen Ziele aber nicht erreicht worden. Dies war schon relativ früh erkennbar, so dass der Bürgermeister von Stockholm, eines der Mitglieder der Bangemann-Gruppe, 1995 eine eigene Initiative ergriff und seine Bürgermeister-Kollegen in den größeren Städten der EU zu einer „Bangemann-Challenge" herausforderte. Die zehn Anwendungsgebiete definierte er als Wettkampfdisziplinen und behauptete, dass Stockholm in allen zehn Disziplinen einen Spitzenplatz verdiene. Jede Stadt könne jedoch in jeder dieser Disziplinen Stockholm herausfordern und sich dem Urteil einer internationalen Jury stellen. Es meldeten sich etwa 30 Städte an, die bis Ende 1996 Zeit hatten, ihre Anwendungen entsprechend zu gestalten. Im Januar 1997 entschied die Jury. Im gleichen Monat wurden die Preisträger auf einer Veranstaltung mit dem schwedischen König bekanntgegeben und die Projekte im Internet dargestellt (http://www.challenge.stockholm.se). Die große Resonanz veranlasste Stockholm, anschließend die „*Global Bangemann Challenge*" auszurufen, bei der europäische Städte mit amerikanischen und asiatischen konkurrieren.

1.3.3   Gruppe hochrangiger Experten und das Forum Informationsgesellschaft

Um die sozialen Aspekte der Informationsgesellschaft besser zu verstehen und Maßnahmen zur Förderung der Informationsgesellschaft angemessen gestalten zu können, berief die Kommission eine Expertengruppe ein. Die „Gruppe hochrangiger Experten für soziale und gesellschaftliche Aspekte der Informationsgesellschaft" (HLEG) wurde aus Wissenschaftlern verschiedener Disziplinen sowie aus Vertretern der Gewerkschaften, der Arbeitgeber und Wirtschaftsverbände gebildet. Im Januar 1996 wurde ein Zwischenbericht, im April 1997 ein Abschlussbericht vorgelegt. Beide tragen den programmatischen Titel „Eine europäische Informationsgesellschaft für alle". Die Gruppe geht davon aus, dass im Zusammenhang mit grundlegenden technischen Innovationen, zumeist in einer ersten Phase, die technischen Probleme im Vordergrund des Interesses von Politik und Fachöffentlichkeit stehen, dass es dann in einer zweiten Phase um die wirtschaftliche Nutzung und die entsprechenden (wirtschafts- bzw. ordnungspolitischen Rahmenbedingungen geht. Wenn dann Diffusion und Nutzung nicht wie erwartet verlaufen und unerwartete Nebeneffekte eintreten, wird in einer dritten Phase die Bedeutung soziale Aspekte erkannt, und es werden entsprechende Anstrengungen unternommen. Die Gruppe spricht in diesem Zusammenhang von „sozialer Einbettung" der technischen Innovationen, die einen institutionellen Wandel und lebenslanges Lernen erfordert.

Die Experten warnen vor der Hoffnung, dass allein durch Investitionen in Technik nennenswerte wirtschaftliche Effekte eintreten. Sie bezweifeln die Kernthese des Bangemann-Berichts, dass vor allem der Marktmechanismus für die wirtschaftlich erfolgreiche Verbreitung und Nutzung der neuen Techniken sorgen werde. Anders als bei materiellen Gütern sei bei Informationen das Hauptproblem nicht die Knappheit, sondern das Überangebot. Dieses Überangebot erfordert neue Kompetenzen, etwa die Fähigkeit, Informationen effektiv zu suchen und auszuwählen. Solche Kenntnisse sind ein Kapital, das oft unberücksichtigt bleibt:

> „Trotz der erheblichen Anlageinvestitionen, die für einige dieser Produkte (z.B. Halbleiter) erforderlich sind, ist die materielle physische Kapitalakkumulation nicht mehr der wesentliche, komplementäre Vermögenswert für diese neuartigen Technologien. Da das Wissen darüber, wie Informationen zu nutzen sind, von der persönlichen Qualifikation sowie dem abhängt, was wir als ‚implizites' Wissen bezeichnen, ist der neue komplementäre Vermögenswert für das Wachstum und die Nutzung neuer IT die Investition in das immaterielle Kapital, das Humankapital" (Europäische Kommission 1997a, 22).

Weiter fordern die Autoren, dass die Gesellschaft insgesamt zu einer lernenden Gesellschaft werden müsse. Die geringen praktischen Fortschritte bei der Entwicklung von Anwendungen seien ihrer Meinung nach darin begründet, dass es für die Unternehmen zu wenig Anreize gibt, dauerhaft in die Qualifikation ihrer Mitarbeiter zu investieren. Denn anders als am Sachkapital hätten die Unternehmen kein Eigentum am Humankapital. Wenn sich ein auf Kosten des einen Unternehmens ausgebildeter Mitarbeiter gegen eine Gehaltserhöhung von einem anderen Unternehmen abwerben ließe, hätten er und das abwerbende Unternehmen Vorteile auf Kosten des investierenden Unternehmens. Daher müssten neue Wege gefunden werden, die Investitionen in Humankapital zu „schützen".

An die Empfehlungen dieser Expertengruppe schloss sich weitgehend das Forum Informationsgesellschaft an, das eher eine politische Beratungs- und Klärungsstelle ist und in dem Nutzer, soziale Gruppen, Informations- und Diensteanbieter, Netzwerkbetreiber, EU-Institutionen durch 128 Mitglieder repräsentiert waren. Die EU-Kommission reagierte auf die Empfehlungen der Expertengruppe und die Berichte des Forums Informationsgesellschaft mit einem erweiterten Aktionsplan mit folgenden politischen Prioritäten von gleicher Bedeutung:

1. Verbesserung des wirtschaftlichen Umfelds,
2. Investitionen in die Zukunft, Erweiterung der Wissensbasis, Lernen in der Informationsgesellschaft,
3. der Mensch im Mittelpunkt (seine Erwartungen und Sorgen, breiter Zugang der Bürger zu Dienstleistungen und Inhalten, Schutz von Verbraucherinteressen und Verbesserung der Qualität der Dienstleistungen des öffentlichen Sektors),
4. Bewältigung der weltweiten Herausforderungen (Erarbeitung weltweiter Regeln u.a. zum Urheberschutz, Einbeziehung der Entwicklungsländer).

Dieser Aktionsplan wurde im November 1996 vorgelegt und war dynamisch angelegt. Dynamisch heißt, dass er in regelmäßigen Abständen fortgeschrieben wird, wobei man aber die Historie der einzelnen Aktionen verfolgen kann und so der Gesamtüberblick erhalten bleibt. Unter Aktionen werden in erster Linie Mitteilungen und Grünbücher der EU-Kommission und Konferenzen verstanden, die mehr einen politisch-programmatischen Stellenwert haben, sowie Richtlinien der Kommission, die für die EU-Mitgliedstaaten verbindlich sind.

Nach der Neuwahl der Kommission und unter dem neuen Kommissionspräsidenten Prodi erneuerte die EU 1999 ihre Bemühungen um die Förderung der Informationsgesellschaft mit dem Programm *eEurope* (EU-Kommission 1999). Die Ziele und Handlungsfelder gleichen den vorherigen Programmen.

„eEurope soll in erster Linie:
jeden Bürger, jeden Haushalt und jede Schule, jedes Unternehmen und jede Verwaltung ins digitale Zeitalter und ans Netz führen;

ein digital mündiges Europa mit einer Unternehmenskultur schaffen, die zur Finanzierung und Entwicklung neuer Ideen bereit ist;
    gewährleisten, dass der Gesamtprozess alle Schichten erfaßt, das Vertrauen der Verbraucher gewinnt und den sozialen Zusammenhalt stärkt." (EU-Kommission 1999, 2)
Als Maßnahmenfelder sind vorgesehen:
„1. Europas Jugend ins digitale Zeitalter,
2. Billigerer Internetzugang,
3. Förderung des elektronischen Geschäftsverkehrs,
4. Schnelles Internet für Wissenschaftler und Studenten,
5. Intelligente Chipkarten für sicheren elektronischen Zugang,
6. Risikokapital für Hochtechnologie-KMU,
7. e-Teilnahme für Behinderte,
8. Gesundheitsfürsorge über das Netz,
9. Intelligenter Verkehr,
10. Regierung am Netz" (EU-Kommission 1999, 3).

Das Programm wurde durch einen Aktionsplan *eEurope 2002* konkretisiert, der im Juni 2000 beschlossen wurde und seitdem fortgeschrieben wird.

1.4 Initiativen in Deutschland

1.4.1 Initiativen der Bundesregierung

Es hat einige Zeit gedauert, bis die deutsche Bundesregierung der Clinton/Gore-Initiative und den europäischen Initiativen mit eigenen Aktionen gefolgt ist. Die deutsche Industrie sah jedoch sehr wohl, dass in den USA Industriepolitik gemacht wurde und forderte eine ähnliche Unterstützung. Ende 1994 sagte die Bundesregierung zu, den Dialog zwischen Wirtschaft, Wissenschaft und Staat zu Fragen der Forschung, Technologie und Innovation zu intensivieren. Im Frühjahr 1995 berief Bundeskanzler Helmut Kohl den Rat für Forschung und Technologie als Kern dieses Dialogs. Er bestand aus Mitgliedern aus Wissenschaft, Wirtschaft, Gewerkschaften und Politik. Als erstes wählte der Rat das Thema „Informationsgesellschaft" und übergab dem Bundeskanzler dazu im Dezember 1995 einen Bericht (Technologierat 1995).
    Inhaltlich knüpfte der Rat an Arbeiten früherer nationaler Kommissionen an, insbesondere an den Arbeiten der Kommission zur Neuordnung des Fernmeldewesens, die entsprechend den Richtlinien der EUKommission 1987 eine stufenweise Liberalisierung und Privatisierung der Telekommunikation in Deutschland empfohlen hatte und deren dritte und letzte Stufe für 1995/96 anstand (Neuordnung 1987).
    Insgesamt sprach der Rat 41 Empfehlungen (E) aus (Technologierat 1995). Sie gelten etwa der Schaffung eines national einheitlichen Medienordnungsrechts in Deutschland (E 13, E 14), der unentgeltlichen Lizenzvergabe öffentlicher Wegerechte (E 11), der Unterbindung wettbewerbswidriger Betätigungen von Energieversorgungsunternehmen und Unternehmen im öffentlichen Mehr-

heitsbesitz auf dem Telekommunikationsmarkt (E 12). Darüber hinaus werden Empfehlungen zu Schulen/Hochschulen (E 4, E 28, E 30, E 31, E 32) ausgesprochen und mit großem Nachdruck die Bedeutung von Bildung und Ausbildung unterstrichen. Es werden Beschäftigungschancen gesehen – z.b. durch Telearbeit, Telewartung, Telediagnose und Telereparatur (E 2, E 38, E 39, E 40, E 41).

Wie vom Technologierat vorgeschlagen, startete die Bundesregierung unter Federführung des Wirtschafts- und des Forschungsministerium dann auch eine „Initiative Informationsgesellschaft Deutschland" (IID) (http://www.iid.de). In diesem Rahmen entstand ein Regierungsbericht „Info 2000: Deutschlands Weg in die Informationsgesellschaft" (BMWi 1996). 1997 wurde zusätzlich das Forum „Info 2000" geschaffen, das zu ausgewählten Themen den Dialog mit der Fachöffentlichkeit suchen und Ergebnisse in die breite Öffentlichkeit bringen sollte (http://www.foruminfo2000.de). Der Regierungsbericht folgte weitestgehend den Empfehlungen des Technologierates und nennt zwölf Ziele der Bundesregierung:

1. Nutzung von Wachstums und Beschäftigungschancen;
2. Stärkung des wettbewerblichen Ordnungsrahmens auf den Märkten für informationstechnische Produkte und Dienste;
3. Intensivierung des wirtschaftlichgesellschaftlichen Dialogs;
4. Aufbau und Stärkung von Kompetenz im Umgang mit neuen Informationstechniken in allen Bereichen des Bildungswesens;
5. Sicherung des Forschungs- und Wissenschaftsstandortes Deutschland im Bereich der Informationstechnik;
6. Auf und Ausbau einer effizienten und sicheren Infrastruktur für Information und Kommunikation;
7. Nutzung moderner Informationstechniken für eine bürgernahe und effiziente Verwaltung;
8. Intensivierung der Nutzung moderner Informationstechniken in Wirtschaft und Anwendungsfeldern öffentlichen Interesses wie Verkehr, Umweltschutz, Gesundheitswesen und Bildung;
9. Gewährleistung des Schutzes und der Rechte einzelner im Umgang mit neuen Informationstechniken;
10. Verbesserung des Zugangs zu aktuellen Daten von Wissenschaft, Technik und Wirtschaft mittels elektronischer Informationssysteme;
11. Abstimmung nationaler Maßnahmen mit der Politik der Europäischen Union;
12. Gestaltung der internationalen Zusammenarbeit auf Basis der von der G7-Konferenz zur Informationsgesellschaft verabschiedeten Prinzipien (BMWi 1996).

Der Bericht beschreibt eine Reihe von Handlungsfeldern, die im Folgenden als Überblick kurz angerissen werden. Die weitere Liberalisierung der Tele-

kommunikationsmärkte fand ihren Ausdruck in der Verabschiedung eines Telekommunikationsgesetzes, das auch das letzte öffentliche Monopol – für den
Sprachtelefondienst für die Öffentlichkeit – zum 1. Januar 1998 beseitigte. Bereits im Frühjahr 1997 waren Lizenzen für neue Anbieter des Sprachtelefon-
dienstes vergeben worden, so dass diese Unternehmen ihren Marktzutritt zum 1.
Januar 1998 vorbereiten konnten. Eine neue Regulierungsbehörde, die RegTP,
trat an die Stelle des vormaligen Postministeriums; sie ist im Geschäftsbereich
des Bundesministeriums für Wirtschaft angesiedelt. Die Bundesregierung wollte
sich des Weiteren...

> „[...] für national einheitliche rechtliche Rahmenbedingungen einsetzen, die die be-
> griffliche Klarstellung und Einordnung neuer Dienste ermöglichen, international die
> Konkurrenzfähigkeit dieser Dienste fördern und Wettbewerbsverzerrungen zu Las-
> ten deutscher Anbieter vermeiden helfen. Im Rahmen der Bundeskompetenzen be-
> reitet sie – soweit notwendig – rechtliche Regelungen für das Angebot und die Nut-
> zung der neuen Informations- und Kommunikationsdienste vor, die u.a. in ein Mul-
> timediaGesetz eingehen können.
> Die Bundesregierung wird die allgemeinen Bestimmungen im Bundesdatenschutz-
> gesetz und die speziellen Datenschutzregelungen im Bereich der Telekommunikati-
> on mit Blick auf die erhöhten Anforderungen der Informationsgesellschaft anpassen.
> Die Bundesregierung wird die Auswirkungen der Informationsgesellschaft auf wich-
> tige Schutzrechte – wie z.b. Schutz geistigen Eigentums, Arbeitsrecht, Verbraucher
> und Jugendschutz – genau prüfen und den erforderlichen Handlungsbedarf klären"
> (BMWi 1996, 9).

Darüber hinaus sollte die Nutzung digitaler Signaturverfahren für den
Rechtsgeschäftsverkehr und ein bestimmter Mindestsicherheitsstandard bei informationstechnischen Systemen, die für wichtige Lebensfunktionen des Staates
und der Gesellschaft unverzichtbar seien, etabliert werden. Die Betreiber und
Anbieter von Telekommunikationsdienstleistungen sollten verpflichtet werden,
technische Schutzmaßnahmen im Interesse einer zuverlässigen Telekommunikation zu treffen. Außerdem wurde eine Bildungsinitiative, ein Forschungspro-
gramm „Innovationen für das Informationszeitalter 1997-2001" sowie „Wissenschaftliche und technische Information für das 21. Jahrhundert", eine Reform der
öffentlichen Verwaltung und die Förderung von Pilotprojekten angekündigt. Ein
interministerieller Ausschuss auf Staatssekretärsebene sollte diese Projekte koordinieren.

Abbildung 2:   Organisationsstruktur Info 2000

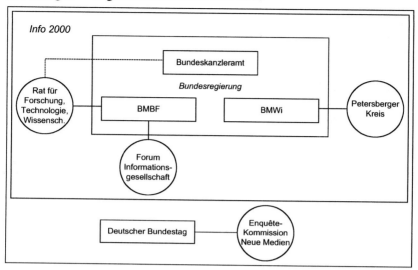

Ausdrücklich betonte die Bundesregierung die Notwendigkeit einer aufgeschlossenen Grundhaltung der Bevölkerung. Zu diesem Zweck wurde das Forum Info 2000 eingerichtet, in dem Experten und interessierte Organisationen vertreten waren. Auf Drängen der Opposition im Deutschen Bundestag wurde parallel zu den Regierungsinitiativen eine Enquête-Kommission „Die Zukunft der Medien in Wirtschaft und Gesellschaft. Deutschlands Weg in die Informationsgesellschaft" gebildet, um für den Deutschen Bundestag Empfehlungen zu erarbeiten (vgl. Deutscher Bundestag 1998).

Alle diese Gremien befassten sich mehr oder weniger mit denselben Themen, wenn auch aus unterschiedlichen Perspektiven und mit verschiedenen Schwerpunkten. Die Organisation dieser Gremien war dabei wesentlich loser gekoppelt als in den USA (vgl. Abb. 2).

1.4.2   Die Multimedia-Gesetzgebung

Im Vordergrund der Arbeit der meisten Gremien stand die seit 1996/97 angelaufene Gesetzgebung zur Telekommunikation und zu Multimedia, weitere Fragen betreffen den Urheber, den Daten und den Jugendschutz. In der politischen Diskussion und in der Fachdebatte stand dann vor allem ein Thema im Vordergrund: Klärung der Zuständigkeiten von Bund und Ländern für die Multimediatechniken wie Video-on-demand und damit die Telekommunikations- und Multimediagesetzgebung inkl. Online-Dienste. Sie fand ihren Niederschlag in zwei Bundesgesetzen und einem inhaltlich weitgehend gleichen Staatsvertrag der Bundesländer, deren wichtigste Inhalte in Tabelle 3 ausgeführt werden.

In zwei sogenannten Postreformen war die ehemalige Bundesbehörde Deutsche Bundespost organisatorisch aufgegliedert und das Fernmeldemonopol bis auf die Übertragungswege und den einfachen Telefondienst aufgehoben worden. Am 1.1.1998 fielen auch diese Monopole. Umstrittene Rechte auf Nutzung des öffentlichen Telefonnetzes, Regelungen der Verbindungen mit anderen Netzen wie dem der Deutschen Bundesbahn oder der Elektrizitätswerke, Fragen wie Nummernvergabe, Datensicherheit und Datenschutz sowie der Grundversorgung in ländlichen Regionen (Universaldienst) werden seitdem von der neu gegründeten Aufsichtsbehörde für Telekommunikation und Post (RegTP) behandelt.

In Bezug auf die Gesetzgebung zu Multimedia kam es zu einer Kontroverse zwischen Bund und Ländern über die Zuständigkeit: Bisher war der Bund zuständig für das Fernmeldewesen/die Telekommunikation im Sinne der Transportwege; die Länder waren im Rahmen ihrer Kulturhoheit für die Presse und für den Rundfunk (Hörfunk und Fernsehen) im inhaltlichen und institutionellen Sinn zuständig. Ein gemeinsamer Gesichtspunkt war dabei, die Nutzung von Massenmedien als Informationsquellen nicht unerschwinglich teuer werden zu lassen. Dies kann durch öffentlich-rechtliche Rundfunkanstalten, die über monatliche Gebühren finanziert werden, geschehen.

Dazu tragen die Sicherung von Wettbewerb (wie im Pressebereich) und das Unterhalten von öffentlichen Bibliotheken, die neben privatwirtschaftlichen Verlagen, Buch und Zeitschriftenhandel betrieben werden. Die Bundesregierung vertrat anlässlich der gesetzlichen Neuregelung die Auffassung, dass Online-Dienste Wirtschaftsgüter wie viele andere sind, für die das Gebot der Dienstleistungs und Handelsfreiheit gilt. Der Bundesminister für Bildung, Wissenschaft, Forschung und Technologie brachte seine Vorstellungen auf die Kurzform, dass zum Betrieb eines Multimediadienstes ein Gewerbeschein ausreichen müsse. Meinungsfreiheit und ungehinderter Zugang sollen allein durch den Wettbewerb gesichert werden. Besonders SPD-geführte Bundesländer wollten dagegen Online-Dienste rundfunkrechtlich regeln. Es kam dann zu einem Kompromiss, in dem die Länder auf die Einordnung der neuen Dienste als Rundfunk oder rundfunkähnlich verzichteten und damit auf ihre alleinige Zuständigkeit. Der Bund erkannte ihre Zuständigkeit für die elektronische Presse an.

Tabelle 3: Einschlägige Gesetze zu Multimedia in Deutschland

Name/Datum/Quelle	Inhalt	Geltungsbereich
Telekommunikationsgesetz (TKG) vom 25. Juli 1996 (Bundesgesetzblatt Teil 1, Nr. 39 v. 31.7.1996)	Lizenzerteilung, Universaldienst Regulierung marktbeherrschender Nummernraum und Frequenzordnung Kundenschutz, Regulierungsbehörde Fernmeldegeheimnis, Auskunft an Sicherheitsbehörden und Datenschutz, Straf- und Bußgeldvorschriften	Betreiber von Telekommunikationsnetzen und Anbieter von Telekommunikationsdienstleistungen
Begleitgesetz zum TKG vom 17. Dez. 1997, Bundesgesetzbl. I, S. 3108	Personalrechtliche Regelungen für die Regulierungsbehörde, Ermächtigung für präventives Abhören nach dem Außenwirtschaftsgesetz	
Gesetz zur Regelung der Rahmenbedingungen für Informations- und Kommunikationsdienste (Informations- und Kommunikationsdienste-Gesetz IuKDG) vom 22. Juli 1997, Bundesgesetzbl. I, S. 1870	Artikelgesetz mit folgenden Teilen: Gesetz über die Nutzung von Telediensten (Teledienstegesetz – TDG) Gesetz über den Datenschutz bei Telediensten (Teledienstedatenschutzgesetz (TDDSG) Gesetz zur digitalen Signatur (Signaturgesetz – SigG) Änderung des Strafgesetzbuchs, des Gesetzes über Ordnungswidrigkeiten, des Gesetzes über die Verbreitung jugendgefährdender Schriften, des Urheberrechts, der Preisangabenverordnung	Gilt „für alle elektronischen Informations- und Kommunikationsdienste, die für eine individuelle Nutzung von kombinierbaren Daten wie Zeichen, Bilder oder Töne bestimmt sind und denen eine Übermittlung mittels Telekommunikation zugrunde liegt (Teledienste)"
Staatsvertrag über Mediendienste (Mediendienste-Staatsvertrag) vom 20. Jan./12. Feb. 1997	Zugangsfreiheit Besondere Pflichten und Rechte der Anbieter (Verantwortlichkeit, Anbieterkennzeichnung, Inhalte, Sorgfaltspflicht, Meinungsumfragen) Werbung, Sponsoring, Gegendarstellung Datenschutz, Aufsicht (Entspricht weitgehend dem TDG und dem TDDG)	Gilt „für das Angebot und die Nutzung von an die Allgemeinheit gerichteten Informations- und Kommunikationsdiensten (Mediendienste) in Text, Ton oder Bild, die unter Benutzung elektromagnetischer Schwingungen ohne Verbindungsleitung oder längs oder mittels eines Leiters verbreitet werden".
Staatsvertrag über den Rundfunk im vereinten Deutschland (Rundfunkstaatsvertrag RStV) vom 31.8.1991 in der Fassung des 3. Rundfunkänderungsstaatsvertrags vom 26.Aug./11. Sept. 1996	Anwendungsbereich (Rundfunk) Jugendschutz, Sicherung der Meinungsvielfalt (Konzentrationskontrolle), Organisation der Medienaufsicht, Finanzierung und Werbung, Datenschutz	

Der zunächst als Multimedia-Gesetz bezeichnete Entwurf wurde als „Informations- und Kommunikationsdienste-Gesetz" (IuKDG) verabschiedet und trat zum 1.8.1997 in Kraft. Es handelt sich um ein Artikelgesetz, das insbesondere das Gesetz über die Nutzung von Telediensten (Teledienstegesetz, TDG), das Gesetz zur digitalen Signatur (SigG), das Teledienstedatenschutzgesetz sowie Änderungen des Strafgesetzbuches, des Gesetzes über jugendgefährdende Schriften, des Urheberrechtsgesetzes und anderer Gesetze umfasst.

Teledienste sind nach dem TDG „alle elektronischen Informations- und Kommunikationsdienste, die für eine individuelle Nutzung von kombinierbaren Daten wie Zeichen, Bilder oder Töne bestimmt sind und denen eine Übermittlung mittels Telekommunikation zugrunde liegt". Dazu zählen insbesondere Angebote der Individualkommunikation wie Telebanking, Telespiele oder Angebote von Waren und Dienstleistungen in elektronisch abrufbaren Datenbanken. Angebote zur Information und Kommunikation sind nur insoweit Teledienste, als „nicht die redaktionelle Gestaltung zur Meinungsbildung für die Allgemeinheit im Vordergrund steht". Das Gesetz behandelt die inhaltliche Verantwortung von Diensteanbietern sowie Anforderungen an die Preistransparenz..

Die Diensteanbieter für eigene, zur Nutzung bereitgehaltene Inhalte nach den allgemeinen Gesetzen verantwortlich (§5) und für fremde, zur Nutzung bereitgehaltene Inhalte nur dann, „wenn sie von diesen Inhalten Kenntnis haben und es ihnen technisch möglich und zumutbar ist, deren Nutzung zu verhindern". Soweit nur der Zugang zu fremden Inhalten vermittelt wird, sind die Diensteanbieter für diese überhaupt nicht verantwortlich. Redaktionelle Sorgfaltspflichten sind insoweit im TDG nicht geregelt und ebensowenig die Kennzeichnung von Werbung oder das Recht zur Gegendarstellung, weil dies unter die Gesetzgebungskompetenz der Länder für Rundfunk und Presse fällt. Falls es sich bei Telediensten um presseähnliche Dienstleistungen handelt, gelten die Bestimmungen des Medienstaatsvertrags; er beinhaltet in den Paragraphen 6, 7 bzw. 8 Sorgfaltspflichten und Vorschriften für Werbung und Sponsoring.

Das TDG sieht keine Anmeldepflicht für Anbieter oder Betreiber von Online-Diensten vor. Dagegen besteht nach dem Telekommunikationsgesetz eine Anmeldepflicht für jeden, der eine Telekommunikationsanlage betreibt. Nach § 4 TKG ist der Anmeldung bei der Regulierungsbehörde unter anderem auch ein Sicherheitskonzept beizufügen. Urheberrechte, die in den meisten Staaten gesetzlich geregelt sind, werden derzeit von Nutzern der weltweiten Netze nicht selten missachtet. Auch bestehen Multimediaanwendungen oft aus einer Kombination urheberrechtlich geschützter Werke, und solche Anwendungen sind bisher weitgehend ungeschützt. Dies betrifft z.B. Datenbanken.

Für Datenbank und Serverbetreiber, Internetprovider und Netzbetreiber gelten die Anforderungen der novellierten Verordnung über den Datenschutz für Unternehmen, die Telekommunikationsdienstleistungen erbringen (TDSV) sowie das Teledienstedatenschutzgesetz. Nach der TDSV sind Verbindungsdaten nach Ende einer Verbindung zu löschen, wenn sie nicht für besondere in der

Verordnung erlaubte Zwecke weiter verwendet werden. Dazu gehören insbesondere die Abrechnung und die Kontrolle von Störungen und Missbrauch. Für Abrechnungsdaten gelten differenzierte Vorschriften für Umfang und Dauer der Speicherung der Daten über einzelne Verbindungen.

Das Teledienstedatenschutzgesetz (TDDSG) enthält ähnliche Vorschriften für die Anbieter von Telediensten. Die Abgrenzung zwischen TDSV und TDDSG ist nicht eindeutig. Ein Anbieter von Telekommunikationsdienstleistungen nach der TDSV vermittelt auch den Zugang zur Nutzung von Telediensten und ist damit Diensteanbieter im Sinne des TDDSG. Nach beiden Vorschriften dürfen die Anbieter personenbezogene Daten nur in dem vom Gesetz erlaubten Umfang erheben und verwenden. Neu gegenüber der TDSV ist die Vorgabe, das Prinzip der Datensparsamkeit schon bei der Auswahl der technischen Einrichtungen zu beachten. Die Erhebung von und der Umgang mit personenbezogenen Daten ist detailliert geregelt, auch für Informationsangebote im WWW.

2 Theoretische Grundlagen und Einordnung

2.1 Vergleichende Analysen

Die geschilderten Regierungsprogramme in den USA, der EU und in Deutschland können in vielfältiger Weise vergleichend analysiert werden. Einige Unterschiede in den Inhalten, etwa in Bezug auf die in den Vordergrund gestellten Techniklinien (Internet versus interaktives Fernsehen), Auswahl der Anwendungsbereiche und flankierende Maßnahmen, aber auch Unterschiede in der Organisation der Programmentwicklung und -administration, der Rhetorik u.a.m. wurden bereits deutlich.

Zur Vorbereitung auf die hier zu schildernden Studien wurde u.a. eine Konferenz mit Akteuren der drei Programme im Oktober 1995 in Bremen durchgeführt, auf der auch mehrere vergleichende Betrachtungen von Wissenschaftlern angestellt wurden (Kubicek/Dutton/Williams 1997). Schneider stellte in seiner vergleichenden Analyse neben den grundsätzlichen Gemeinsamkeiten bei der Einschätzung der IuK-Techniken als Schlüsseltechnologie Unterschiede vor allem im Prozess der Programmentstehung sowie in den Programminhalten heraus (vgl. ausführlicher Drake 1995). Die NII wurde von Clinton und Gore im Wahlkampf zu dem zentralen Focus gemacht und von den Medien und anderen Gruppen positiv aufgegriffen (Schneider 1997). Es entspricht amerikanischer Praxis und der Medienorientierung, Kampagnen auf wenige und griffige Punkte zu konzentrieren. Nach Kennedys Vision, einen Mann auf den Mond zu schicken, war es nun die Vision, jedem US-Bürger die Chance zum Anschluss an den Information Superhighway zu ermöglichen. In der EU und ihren Mitgliedstaaten war die IuK-Förderung schon seit langem auf mehrere Felder und Ressorts verteilt. Es gab keine prägenden Anlässe zur Bündelung, oder sie waren in der Vergangenheit schon nicht erfolgreich. Der Bangemann-Bericht oder Info 2000 waren Teilaktivitäten, die vor allem eine gewisse Bündelung nach außen symbolisieren sollten.

In Bezug auf den Politikprozess war das Vorgehen in den USA transparenter und klarer organisiert. Das Weiße Haus war die treibende und koordinierende Kraft. Durch den Advisory Council wurden wichtige Akteure aus der Legislative und Wirtschaft eingebunden. Die Projektplanung erfolgte in Diskussion mit Public Interest Groups. Auf der Ebene der EU und in Deutschland gibt es hingegen keine gleichermaßen eindeutige und starke Führerschaft, die Prozesse, die Gremien und ihre Arbeitsergebnisse waren weniger transparent. Als Erklärungen für diese Unterschiede diskutiert Schneider (1997) kulturelle, ideologische, ökonomische und industrielle Strukturen sowie die tradierten Politikstile. Betrachtet man die Inhalte der Programme und die Regierungsaktivitäten in Bezug auf die Anpassung der rechtlichen Rahmenbedingungen näher, dann fällt auf, dass in den USA das mit dem Information Superhighway bezeichnete Internet eindeutig im Vordergrund stand, während in Deutschland unter dem Sammelbegriff Multimedia das digitale und interaktive Fernsehen eine zumindest gleich große, wenn nicht sogar größere Bedeutung hatte. Bei den Multimedia-Pilotprojekten stand in technischer Hinsicht Video-on-Demand ganz oben auf der Liste der zu erprobenden Techniken und Dienstleistungen.

Dies könnte an den unterschiedlichen Industriestrukturen liegen. Die starke Computerindustrie in den USA brauchte nach dem Ende des Wettrüstens neue große zivile Anwendungsfelder, und das Internet bot dafür eine große Chance (vgl. auch Kleinsteuber 1999b). Deutschland hat keine vergleichbare Computerindustrie, aber eine starke Medienwirtschaft mit großem politischem Einfluss. Die Bertelsmann AG und die Kirch-Gruppe waren die zentralen Gesprächspartner der Bundesregierung bei der Entwicklung der Multimedia-Politik.

2.2   Von der Programmgenese zur Implementierung

In einer Vier-Länder-Vergleichsstudie wurde versucht, diese Rolle der Industriestruktur bei der Verbreitung der verschiedenen Multimedia-Techniken empirisch nachzuweisen und dabei nicht nur die Dichotomie zwischen den USA als Internet-Land und Deutschland als Fernsehland zu betrachten, sondern mit Belgien und Großbritannien auch weniger eindeutige Zwischenstufen zu berücksichtigen (Kubicek *et al.* 2000). Eindeutige Ergebnisse konnten jedoch nicht erzielt werden. Zum Teil lag dies daran, dass nicht für alle theoretischen Annahmen geeignete statistische Daten vorlagen. Es wurde bei der Diskussion zwischen den beteiligten Forschergruppen jedoch auch deutlich, dass zwischen einem politischen Programm und den empirischen Nutzerzahlen kein direkter Zusammenhang hergestellt werden kann.

Zwar hat das Benchmarking als Erfolgsmaß für die Regierungspolitik in den letzten Jahren eher noch an Bedeutung zugenommen. Und die neuesten Programme auf EU-Ebene und auf der Ebene des Bundes formulieren ausdrücklich quantitative Ziele, die regelmäßig überprüft werden sollen. Es ist jedoch offenkundig, dass unterschiedliche Maßnahmen wie Gesetzesänderungen, Aufklärungskampagnen und Pilotprojekte mit unterschiedlichen Time Lags wirken und dass die jeweiligen Effekte von einer ganzen Reihe förderlicher und hemmender Faktoren abhängen, die zum Teil mit beeinflusst werden können, zum Teil aber auch außerhalb des Einflussbereichs von Regierungshandeln liegeDie Frage nach der Wirksamkeit von Programmen ist ja auch keineswegs neu. In der Politikwissenschaft bildet die Implementationsforschung einen eigenen Schwerpunkt. Und auch in der technikorientierten Sozialforschung und der Angewandten Informatik bildet die Implementation von Computerprogrammen seit langem einen Arbeitsschwerpunkt. Die Genese eines Programms und dessen Implementierung unterliegen verschiedenen Regimes. Dies gilt für Innovationen generell, auf der volkswirtschaftlichen Ebene genauso wie auf der betrieblichen. Deutschland steht in dem Ruf, hervorragende Forschungsleistungen zu erbringen, sie aber nicht in die breite Anwendung überführen zu können. In der betrieblichen Innovationsforschung wurde schon in den 60er Jahren festgestellt, dass die Entwicklung neuer Produktideen in einem Unternehmen von ganz anderen Organisationsstrukturen begünstigt wird als deren Umsetzung in kostengünstige Produktionsverfahren und erfolgreiche Vermarktung (Shephard 1967; Thom 1980; Hauschildt 1992, 1038).

All diese Überlegungen lassen es sinnvoll erscheinen, die Umsetzung der betrachteten Programme näher zu untersuchen. Eine frühere Überschätzung der Möglichkeiten staatlicher Steuerung ist inzwischen von einer weitgehenden Ernüchterung abgelöst worden. Eine ganze Reihe politikwissenschaftlicher Konzepte betont die geringe direkt steuernde, bestenfalls moderierende, indirekt über den Kontext wirkenden Interventionen, wenn nicht sogar eine weitgehend nur noch symbolische Wirkung ohne substanzielle Einwirkung (vgl. die Beiträge in Kubicek/Seeger 1993 sowie Grande/Häusler 1994).

2.3 Politikwissenschaftliche Implementationsforschung

Die politikwissenschaftliche Implementationsforschung bezieht sich gegenständlich auf bestimmte Politikvorhaben, insbesondere auf Programme im Sinne bestimmter politischer Handlungs und Gestaltungsabsichten und ihrer finanziellen oder institutionellen Instrumentalisierung und untersucht in diesem Zusammenhang dem „langen Marsch durch die Institutionen" (vgl. Nohlen 1987, 355). „Einbettung" wird hier verstanden als Prozess der Abstimmung von Zielvorgaben der politischen Spitze mit den Vorgaben des staatlichinstitutionellen Systems (Regulierungsbehörden, Verwaltungsvorschriften, Schulsysteme usw.). Soll ein von der Regierung initiiertes Programm die beabsichtigten nachhaltigen Effekte zeitigen, so bedarf es der entsprechenden Verankerung im jeweiligen institutionellen System.

Konzeptionell geht es bei der Implementationsforschung vor allem darum, Regelhaftigkeiten im Zusammenspiel zwischen bestimmten Merkmalen des Programms – etwa typisiert nach den vorrangig verwendeten Instrumenten, z.B. regulative Politik oder finanzielle Anreize – der Implementationsstruktur – etwa der Konstellation der an der Implementation beteiligten öffentlichen, aber auch gesellschaftlichen Akteure – und dem Adressatenfeld zu erkennen. Bei der Implementation politischer Programme sind nach Schubert (1991, 84) daher vor allem drei Gruppen von Einflussfaktoren zu beachten:

1. Besonderheiten des Programms,
2. Charakteristika der Durchführungsinstanzen und
3. Merkmale der Adressatengruppe .

Die Bestimmung konkreter Wirkungen stößt allerdings auf eine ganze Reihe von Schwierigkeiten. So weist Mayntz (1980) in der Zusammenfassung der Beiträge zur empirischen Implementationsforschung im Band „Implementation politischer Programme" darauf hin, dass es das politische Programm als konkrete und faßbare Einheit, etwa in Form genau eines Gesetzes, in der politischen Realität meistens nicht gibt. Politische Programme werden vielmehr aus einer ex post Perspektive im Forschungsprozess (re-)konstruiert und können „daher allgemeiner als ein Komplex aufeinander bezogener Maßnahmen" (Windhoff-Heritier 1980: 4 zitiert in Schubert 1991, 83) definiert werden, wie dies im ersten Kapitel auch geschehen ist.

Weil die zugrunde gelegten Programme selbst zum Maßstab der empirischen Analyse werden, kann die Implementationsforschung in aller Regel nicht auf abstrakte Maßstäbe zurückgreifen, sondern muss vielmehr mit relativen, aus dem jeweiligen Untersuchungszusammenhang her bestimmbaren Maßstäben arbeiten. Daraus leiten sich die Schwierigkeiten ab, die die Implementationsanalyse mit der Verallgemeinerbarkeit und der Theoriebildung hat. Knill/Lenschow 1999 stellen fest, dass aufgrund der Singularität von Implementationsprozessen, die in einer Vielzahl von Fallstudien zum Ausdruck kam, die anfänglich isolierte Betrachtung der Implementationsphase und die steuerungstheoretische Perspektive, d.h. insbesondere die Suche nach einer allgemeinen Implementationstheorie, im Verlauf des Forschungsprozesses aufgegeben wurde.

Die Implementationsforschung erweist sich dagegen in Bezug auf eine konzeptionelle und methodische Erneuerung der Verwaltungsforschung und darüber hinaus im Rahmen von Restriktionsanalysen bei der Durchsetzung politischer Programme als besonders ertragreich (vgl. Schubert 1991, 85). Auch Prittwitz (1994, 233) sieht in der Implementationsanalyse einen brauchbaren Ansatz, vorausgesetzt sie geschieht auf der Grundlage eines mehrdimensionalen Politikbegriffs: „Als spezifischer Untersuchungsaspekt der (mehrdimensionalen) Politikanalyse hat die Implementationsanalyse nach wie vor Bedeutung, ein Sachverhalt, der für alle Analyseschritte des Policy Cycle (Programmbildungs-, Programmstruktur-, Implementations-, Evaluations- und Lernanalyse) gilt" (Prittwitz 1994, 233 f.).

Sabatiers Aufsatz „Top-Down and Bottom-Up Approaches to Implementation Research: A Critical Analysis and Suggested Synthesis" von 1986 fasst zunächst die Ergebnisse der Implementationsforschung von Anfang der 1970er Jahre bis Mitte der 1980er Jahre zusammen. Alle untersuchten empirischen Implementationsstudien folgen nach Sabatier entweder dem Top-Down-Ansatz oder es handelt sich um Bottop-Up-Studien. Auf der Basis dieser beiden Ansätze entwickelt er einen konzeptionellen Rahmen zur Untersuchung von Politikimplementation und Politikfeldanalyse. Top-Down-Ansätze zeichnen sich danach zunächst dadurch aus, dass sie von einer Regierungsentscheidung oder einem politischen Programm ausgehen und dann folgende Fragen stellen:

- Bis zu welchem Grad waren die Aktionen der Implementationsstellen und der Zielgruppen konsistent mit den Zielen und den Vorgehensweisen des Programms?

- Inwieweit wurden die Ziele tatsächlich erreicht, d.h. inwiefern waren die Wirkungen (*Impacts*) konsistent mit den Zielen?
- Welches waren die entscheidenden Faktoren, die den Politikoutput und die Auswirkungen – sowohl in bezug auf die offizielle Politik als auch in bezug auf andere, politisch relevante Faktoren – bestimmten?
- Wie wurde das Programm auf der Basis der gewonnenen Erfahrungen modifiziert?

Auf der Basis einer systematischen Auswertung verschiedener Fallstudien zur Implementation politischer Programme, die entlang des obigen Leitfragen vorgegangen waren, formuliert Sabatier dann u.a. folgende Kriterien, die bei einer effektiven Implementation erfüllt sein müssen:

1. Klare und konsistente Ziele:
   Eindeutige und konsistente Ziele dienen als Maßstab für die Evaluation und sind wichtige rechtliche Vorgaben für alle Stellen, die mit der Implementation beauftragt sind. Dieser Punkt sollte jedoch nicht überbewertet werden. Sabatier räumt ein, dass sich bei späteren Untersuchungen herausgestellt hat, dass die Mehrzahl der Programme eine Vielzahl von teilweise widersprüchlichen Zielen verfolgte und trotzdem eine – wenngleich nicht „exzellente", so doch zumindest – „befriedigende" Zielerreichung vorweisen konnten.

2. Adäquate Wirkungstheorie
   Politikinterventionen basieren auf impliziten Annahmen darüber, wie sozialer Wandel bewirkt werden kann. Gesetze und Politikmaßnahmen müssen den unterstellten Kausalbeziehungen entsprechen und den Implementierungsstellen vermittelt werden.

3. Finanzielle Mittel
   Die Ausstattung der Implementationsstellen mit finanziellen Mitteln ist ein entscheidender Faktor für eine effiziente Umsetzung eines politischen Programms. Dies gilt auch für Regulierungsziele, weil die mit der Umsetzung beauftragten Institutionen geschultes Personal und die entsprechende technische Expertise bereitstellen müssen.

4. Rechtliche und institutionelle Struktur des Implementationsprozesses, um die Kooperation von Implementationsstellen und Adressaten sicherzustellen
   Wichtig ist hier die rechtliche Ausformung des Programms, bei der verschiedene Gesetzesmechanismen zur Anwendung kommen können, wie z.B. Bestimmungen zur Programmausführung, Sanktionen und Anreize, um Widerstand zu überwinden und die Beauftragung von Implementationsstellen, die das Programm inhaltlich unterstützen und ihm eine hohe Priorität einräumen. Bei Bundesprogrammen, deren Umsetzung auf Länder oder kommunaler Ebene erfolgt, ist der Grad der hierarchischen Integration der beauftragten Implementationsstellen von entscheidender Bedeutung (vgl. Sabatier/Mazmanian, 1981: 11 f.).

5. Engagierte und kompetente Implementationsstellen
    Wegen des unvermeidlichen eigenen Ermessensspielraums der Implementationsstellen ist es entscheidend, dass diese Stellen von den Politikzielen überzeugt sind und fähig sind, die vorhandenen Ressourcen entsprechend dieser Ziele einzusetzen.
6. Unterstützung von Interessengruppen und staatlichen Stellen
    Während des langen Implementationsprozesses ist es wichtig, dass politische Unterstützung von Interessengruppen, Regierungs- und Verwaltungsstellen aufrechterhalten wird.
7. Veränderungen der sozio-ökonomischen Bedingungen, die sich auf die politische Unterstützung oder die allgemeine Kausaltheorie auswirken.
    Diese Variable berücksichtigt, dass Veränderungen der sozio-ökonomischen Bedingungen, wie z.b. die Ölkrise oder der Vietnamkrieg dramatische Auswirkungen auf die politische Unterstützung und den unterstellten Wirkungszusammenhang haben können.

Bei den empirischen Studien, die die Grundlage für diesen Kriterienkatalog bilden, handelt es sich um mehr als 20 Implementationsstudien aus zehn Politikfeldern, wobei die meisten Untersuchungen in den Bereichen Raumordnung, Bildung und Umweltschutz durchgeführt worden sind (vgl. Sabatier 1986, 26).

Die Kritik an dieser Top-Down-Vorgehensweise setzt beim Focus auf die staatlichen Akteure an: Es werde unterstellt, dass die Programmmacher die zentralen Akteure seien und andere Akteure den Implementationsprozess nur behindern. Diese Sichtweise vernachlässige systematisch strategische Initiativen, die von der privaten Wirtschaft, unteren Verwaltungsebenen und anderen politischen oder institutionellen Subsystemen ausgehen, so Sabatier.

Der zweite Kritikpunkt wendet ein, dass es unmöglich ist, das Top-Down-Modell in Fällen anzuwenden, bei denen es sich statt um ein klar umrissenes Politikprogramm mit einer einzigen zuständigen Behörde, um einen Politikbereich handelt, in dem es eine Vielzahl von Gesetzesinitiativen und disperse Akteure gibt.

Im Unterschied zu den Top-Down-Ansätzen – die von einer Politikentscheidung ausgehen und untersuchen, inwieweit die Ziele im Verlauf der Umsetzung erreicht wurden und warum – beginnen Bottom-Up-Ansätze mit der Beschreibung des Akteurnetzwerks, d.h. der lokalen Ebene eines Politikfeldes und fragen dann nach den Zielen, Strategien, Aktivitäten und Kontakten dieser Akteure zu den institutionellen Rahmensetzern und Programmachern. Bottom-Up-Ansätze benutzen die Kontakte, die auf der lokalen Ebene nachgezeichnet werden als Vehikel, um mit Hilfe der Netzwerktechnik lokale, regionale und nationale Akteure zu identifizieren, die bei der Planung, Finanzierung und Umsetzung eines staatlichen oder nichtstaatlichen Programms beteiligt sind. Diese Vorgehensweise ermöglicht eine Untersuchungsrichtung von „unten" (untere Verwaltungsebene) nach „oben" (Programmmacher auf nationaler Ebene) sowohl von politischen Programmen als auch von Aktivitäten des privaten Sektors.

Als Beispiel für eine Bottom-Up-Studie führt Sabatier die Untersuchung von Hanf über den Zusammenhang von Energiepolitik und Umweltverschmutzung in den Niederlanden an (Hanf 1982). Durch die detaillierte Kenntnis des Politikfeldes und der Verhaltensweisen der Firmen – die durch eine gezielte Befragung der Akteure auf der lokalen Ebene gewonnen wurde – konnte Hanf nachweisen, dass der Preis alternativer Energien einen größeren Einfluss auf den tatsächlichen Schadstoffausstoß der Firmen hatte als die staatlichen Umweltschutzprogramme, die den Hebel bei Emmissionsobergrenzen ansetzten. Ein Ergebnis, so Sabatier, auf das ein „Top-Downer" schwerlich gekommen wäre. Die Vorteile der Bottom-Up-Methode lassen sich in fünf Punkten zusammenfassen:

1. Mit dem Bottom-Up-Ansatz wurde eine explizite und übertragbare Methodologie entwickelt, mit der ein Politiknetzwerk beschrieben werden kann.

2. Durch die detaillierte Kenntnis der Zusammenhänge auf der lokalen Ebene kann die Passgenauigkeit politischer Programme auf die Strategien, Problemlagen und Handlungsrationalitäten der Akteure auf dieser Ebene beurteilt werden.

3. Da die Bottom-Up-Methode über die Betrachtung von formalen Programmen hinausgeht, kann sie auch unbeabsichtigte Folgen des jeweiligen Programms erkennen.

4. Der Bottom-Up-Ansatz kann mit Programmen umgehen, die aus mehreren Politikmaßnahmen, -entscheidungen und -instrumenten bestehen.

5. Strategische Interaktionen, d.h. Einflusslogiken zwischen privaten und staatlichen Akteuren können von Bottom-Up-Ansätzen besser erfasst werden, weil sie sich stärker mit den Strategien der verschiedenen Akteure auf der lokalen Ebene beschäftigen.

Trotz dieser Stärken hat der Bottom-Up-Ansatz auch Schwächen: Seine wesentliche Schwäche besteht darin, dass er den Einfluss politischer Vorgaben zugunsten einer Überbewertung der lokalen Ebene unterschätzt und den indirekten Einfluss, den politische und institutionelle Variablen ausüben, teilweise übersieht.

Die Synthese von Top-Down und Bottom-Up-Ansatz beginnt nach Sabatier methodisch bei der Untersuchung der Akteure, Strategien und Zusammenhänge auf der lokalen Ebene, d.h. als Bottom-Up-Ansatz. Hintergrund ist die Prämisse, dass nicht einzelne Politikentscheidungen oder -programme, sondern das gesamte politische Subsystem die adäquate Analyseeinheit zur Untersuchung eines Policy-Problems in modernen Industriegesellschaften ist. Das heißt, die Synthese bedient sich zunächst der Analyseeinheit des Bottom-Up-Ansatzes – einer Vielzahl von öffentlichen und privaten Akteuren, die mit einem Policy-Problem zu tun haben – und versucht die Strategien und Perspektiven aller Hauptakteure (nicht nur der direkt am Programm Beteiligten) zu verstehen. Dann wird diese Anfangsperspektive kombiniert mit der Sichtweise des Top-Down-Ansatzes, der auf die sozio-ökonomischen Bedingungen und rechtliche Instrumente als Verhaltensgrundlage der Akteure abhebt.

Die Einbeziehung der Bottom-Up-Perspektive ist deshalb so entscheidend, weil damit der Vorstellung entgegengetreten werden kann, die Implementationsstudie würde davon ausgehen, dass das gesamte Politikfeld ausschließlich von der vertikalen Steuerung durch Programme strukturiert wird. Stattdessen ist es wichtig festzuhalten, dass politische Programme und ihre Implementation zwar die Entwicklung des Politikfeldes (hier: von neuen Mediensystemen) beeinflussen, sie aber nicht determinieren. Neben den politischen Programmen und den Mustern ihrer Umsetzung spielen die Aktivitäten, Potentiale und Strategien der „Adressaten" (hier: Schulen/Schüler, kommunale Verwaltungen/Bürger, Medienunternehmen/Mediennutzer) eine entscheidende Rolle. Diese Rolle kann durch eine detaillierte Betrachtung des Handlungskontextes dieser „Adressaten", d.h. ihrer Handlungsmöglichkeiten und -restriktionen bestimmt werden (Bottom-Up).

In einem zweiten Schritt kann dann durch die vorhandene Kenntnis des lokalen Kontextes bestimmt werden, welche Punkte ein politisches Programm abdecken sollte (hier: Restriktionen beseitigen bzw. aktive Förderung), um eine Veränderung im gewünschten Sinne zu bewirken. Diese Punkte können anschließend mit dem vorhandenen Programm und dessen Umsetzung in Beziehung gesetzt werden.

Die Kombination von Top-Down-Analyse und Bottom-Up-Erhebung, wie sie Sabatier als Ausweg aus der Eindimensionalität vorschlägt, eignet sich zwar für separate Analysen der einzelnen Bereiche (Schule, Verwaltung, Unterhaltung). Für eine sektorübergreifende, kombinierte und vergleichende Sichtweise, wie sie in der vorliegende Studie angestrebt wird, produziert dieser Ansatz allerdings zu viele Variablen. Die Vielfalt der Stellgrößen macht sich vor allem beim intersektoralen Vergleich negativ bemerkbar. Ein aussagekräftiger intersektoraler Vergleich muss deshalb über den Analyserahmen der Implementationsforschung hinausgehen und sich öffnen für Ergebnisse, die sich aus dem detaillierten Einblick, dem Wissen über die spezifischen Binnenlogiken und Wirkungszusammenhänge in den Bereichen Schule, Verwaltung und Unterhaltung ergeben. Der intersektorale Vergleich sollte sich deshalb stärker an festgestellten Gemeinsamkeiten und Unterschieden der jeweiligen Bereiche orientieren und sollte auch entsprechend dieser spezifischen Ergebnisse strukturiert sein.

2.4 Zur Rolle von Pilotprojekten

Eine Analyse der Effekte von Regierungsprogrammen kann an unterschiedlichen darin enthaltenen Handlungsfeldern oder Instrumenten ansetzen. Diese Studie untersucht Pilotprojekte (auch Modellversuche genannt), von denen unmittelbare

Anstöße für Nachahmung und Verbreitung ausgehen (Best-Practice-Beispiele) oder die unmittelbar Keimzelle und Ausgangspunkt für erfolgreiche Anwendungen sind. Die anderen Komponenten von Regierungsprogrammen können den Erfolg von Pilotprojekten mehr oder weniger fördern. Abbildung 3 soll diesen Zusammenhang illustrieren.

Im Brockhaus aus den 1970er Jahren findet man zwar nicht den Ausdruck „Pilotprojekt", wohl aber den Ausdruck „Pilot-Studie". Er kommt aus dem Englischen und bedeutet „Versuchsprogramm kleineren Maßstabs, um Leistungen und Kosten eines Gesamtprogramms unverbindlich zu erkunden, in der amerikanischen Sozialwissenschaft vorläufige, unverbindliche, aber eventuell wegweisende empirische Untersuchung mit relativ geringen Kosten" (Brockhaus 1972). Im Kontext von Telekommunikation und Medien treffen die Merkmale der Unverbindlichkeit und der geringen Kosten nicht immer zu. Aber selbst in Publikationen, die den Begriff „Pilotprojekt" im Titel führen, wird darauf verzichtet, diesen zu definieren (Schmidbauer/Löhr 1983).

Abbildung 3:   Pilotprojekte in Regierungsprogrammen zur Förderung der Anwendung in neuen Kontexten

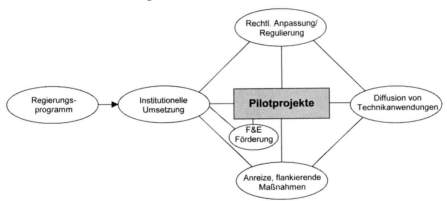

Prominent ist der Begriff durch die KtK (Kommission für den Ausbau der technischen Kommunikation) und die von ihr vorgesehenen Pilotprojekte zum Kabelfernsehen geworden. Von ihnen sollte die Einführung des kommerziellen Fernsehens abhängig gemacht und die angemessene Art der Regulierung erprobt werden.

„Da die Errichtung eines bundesweiten Breitbandverteilnetzes wegen des Fehlens eines ausgeprägten und drängenden Bedarfs heute noch nicht empfohlen werden kann und da neue Inhalte – auch solche, die nicht Rundfunk sind – erst der Entwicklung bedürfen, werden zunächst Pilotprojekte (Modellversuche) mit Breitbandkabelsystemen empfohlen" (Bundesministerium für Post und Telekommunikation 1976).

Schmidbauer und Löhr (1983) fassen die entsprechenden Ausführungen der Ktk zu dieser Empfehlung wie folgt zusammen:

„Die Projekte sollen mindestens 10.000 Privathaushalte umfassen, die in ihrer sozialen Zusammensetzung repräsentativ sind für die bundesdeutsche Bevölkerung. Es sollen unterschiedliche technische Realisierungen des Kabelnetzes, der inhaltlichen Angebote und der Endgerätekonfigurationen erprobt werden. Die Probesysteme sollten hinsichtlich ihrer technischen und betrieblichen Bedingungen vergleichbar sein und so angelegt werden, dass sie in ein künftiges regionales oder bundesweites KTV-Netz integrierbar sind. Die Projekte sollen sich sowohl auf die Erprobung des Kabelrundfunks wie auf den Test sogenannter Kabeldienste (Informations, Abruf und Dialogservice) beziehen. Ermittelt werden sollten insbesondere die Akzeptanz und die Nutzungsweisen der Teilnehmer – auch und gerade unter der Voraussetzung eines neuartigen Programmangebots. Die Teilnehmer sollten für die Benutzung des Kabelnetzes und für die Partizipation an Kabelrundfunk und Kabeldiensten solche finanziellen Mittel aufbringen, wie sie realistischerweise bei einem normalen Dauerbetrieb anfallen würden. Auf und Ausbau der Kabelsysteme sollten durch eine sozial und kommunikationswissenschaftliche Untersuchung begleitet werden."

Für die vier Kabelpilotprojekte wurden gesetzliche Grundlagen geschaffen, die Finanzierung durch eine Erhöhung der Rundfunkgebühren gesichert, Kommissionen eingerichtet, Begleitforschungsaufträge erteilt u.v.a.m. Einige Entscheidungen über die Einführung des Kabelfernsehens und die Zulassung neuer Programmanbieter wurden jedoch schon vor dem Ende der Projektlaufzeit getroffen, während andere Fragen, z.B. nach der Akzeptanz anderer Kabeldienste, auch heute nach mehr als 20 Jahren noch nicht befriedigend beantwortet sind. Daher besteht immer noch ein Bedürfnis nach Durchführung weiterer Pilotprojekte. Diesen wird eine ähnliche Funktion zugewiesen wie dem Feldexperiment in den Sozialwissenschaften: Durch einen Versuch in einem kleinen, aber repräsentativen Rahmen sollen Erfahrungen gemacht werden, die auf eine Anwendung im Großen übertragen werden können bzw. erkennen lassen, wie man dorthin gelangen kann. Akzeptanz, Nachfrage, Zahlungsbereitschaft oder ähnliche Kriterien tauchen dementsprechend in den Begründungen für die Durchführung von Pilotprojekten immer wieder auf. Teilweise wird auch erwartet, dass aus der Untersuchung der Nutzer und ihres Verhaltens im Pilotbetrieb Aussagen über die Wirkungen der Mediennutzung auf das Verhalten dieser Personen abgeleitet werden können.

Die wirtschaftlichen Erkenntnisziele sind ähnlich wie bei der Einführung eines neuen Markenartikels auf einem regional begrenzten Testmarkt. Bei den Kabelpilotprojekten kam jedoch hinzu, dass zunächst eine neue und teure technische Infrastruktur errichtet werden musste, um die Akzeptanz der eigentlichen Dienstleistungen „Kabelfernsehen" und „andere Kabeldienste" testen zu können. Denn die als Teilnehmer oder Nutzer adressierten Privathaushalte hatten und haben bis auf wenige Ausnahmen kein Interesse am Kabelanschluss an sich, sondern nur als Zugangsmöglichkeit zu bestimmten Medieninhalten. Weil diese aber über die damals existierende Telekommunikationsinfrastruktur nicht verbreitet werden konnten und weder private noch öffentliche Investoren bereit waren, ohne konkrete Planung erfolgsträchtige Angebote und ohne Grundlagen für die Abschätzung einer zukünftigen Nachfrage Investitionen in Milliardenhöhe zu tätigen, wurde der Weg über die Pilotprojekte gewählt.

Nach heutigem Verständnis kann man Pilotprojekte wie folgt charakterisieren: Der Staat finanziert dann in einem regional begrenzten Umfang die Errichtung und den Betrieb einer technischen Infrastruktur und/oder stellt die dafür erforderlichen regulativen Rahmenbedingungen her. Öffentliche und private Anbieter von Mediendienstleistungen können darüber dann ihre Angebote vertreiben und die Akzeptanz testen. Ein ebenfalls räumlich und zahlenmäßig begrenzter Teilnehmerkreis erhält die zur Nutzung erforderlichen Einrichtungen zu einem vom Erkenntnisinteresse bestimmten Preis. Die Beschränkungen und Fördermaßnahmen sind auf einen vorher definierten Zeitraum begrenzt. In der Regel wird das gesamte Geschehen, insbesondere das Verhalten der Nutzer von einer Begleitforschung analysiert, die möglichst auf andere Regionen und Nutzergruppen übertragbare sowie in die Zukunft fortschreibbare Erkenntnisse liefern soll.

Die hier skizzierte Vorstellung liegt auch der „Verordnung über die Durchführung eines Modellversuchs mit digitalem Fernsehen und neuen digitalen Kommunikationsdiensten in Nordrhein-Westfalen" (1. Medienversuchsverordnung MVVO) vom 18. Juni 1996 zugrunde. Dieser Typ von Projekten ist jedoch relativ selten geworden.

Der Begriff „Pilotprojekt" wurde und wird allerdings auch für technische Tests verwendet. So hat die Deutsche Bundespost vor der Einführung neuer Fernmeldedienste in der Regel Pilotprojekte – manchmal auch Betriebsversuch genannt – durchgeführt, in denen das Funktionieren und Zusammenspiel etwa von Vermittlungseinrichtungen, Übertragungssystemen und Teilnehmerendeinrichtungen unterschiedlicher Hersteller im Dauerbetrieb in einem regional begrenzten Raum mit einer beschränkten Teilnehmerzahl getestet wurde. Für solche technischen Tests reichten einige Dutzend Teilnehmer. Oft handelt es sich um Bedienstete der Betreiber und Hersteller. Übermittelt wurden beliebige Inhalte als Testmaterial.

Eine etwas weitergehende Art von Pilotprojekten bietet potentiellen Anbietern von Informations- und Kommunikationsdiensten die technischen Möglichkeiten, solche Angebote zu entwickeln und die technische Nutzbarkeit zu testen, um Erfahrungen mit den Produktionsbedingungen und -kosten sowie der Produktgestaltung usw. sammeln zu können. Teilnehmer sind auch dabei zumeist Mitarbeiter der Hersteller und Anbieter, auf jeden Fall jedoch keine für spätere Zielgruppen repräsentative Auswahl.

Generell kann man diese drei Arten von Pilotprojekten (technische, anbieterorientierte und nachfrageorientierte Pilotprojekte) danach unterscheiden, wie marktnahe sie im Hinblick auf Technik und vor allem Inhalte ausgerichtet sind.

Gemeinsam ist diesen drei Arten von Projekten, dass sie eine befristete Laufzeit, eine noch nicht allgemein verfügbare technische Grundlage, einen bestimmten thematischen Zuschnitt und einen beschränkten Teilnehmerkreis haben. Wenn man jedoch heute einen Überblick über relevante neue Entwicklungen gewinnen will, reicht eine Betrachtung von derartigen Pilotprojekten nicht mehr aus, weil viele Innovationen nicht mehr auf dieser Basis erfolgen. Manche Informations- und Kommunkationsdienstleistungen, für die noch vor wenigen Jahren die Errichtung einer besonderen technischen Infrastruktur für erforderlich gehalten wurde und daher Pilotprojekte geplant oder gar eingeleitet wurden, können heute aufgrund neuerer technischer Entwicklungen auch auf vorhandenen Infrastrukturen angeboten werden. Dann ist zum Test ihrer Akzeptanz auch kein Pilotprojekt im oben definierten Sinn erforderlich, sondern es handelt sich um eine Markteinführung wie bei Markenartikeln, die durchaus zunächst räumlich begrenzt sein kann.

Durch die Deregulierung im Bereich der Telekommunikation und den – zumindest in den USA – dadurch ausgelösten intensiveren Versuch der Telekommunikations- und der Kabelfernsehnetzbetreiber, in die Märkte der jeweils anderen vorzudringen, hat dieser Versuch, ähnliche Dienste auf unterschiedlichen technischen Infrastrukturen anzubieten, eine besondere Dynamik entfaltet. Außerdem hat sich das Internet in relativ kurzer Zeit als eine International weit verbreitete und technisch offene Plattform für eine ständig steigende Zahl von Informations- und Kommunikationsangeboten entwickelt. Deren Einführung folgt ganz anderen Mustern und bedarf keiner Pilotprojekte im bisherigen Sinne mehr.

2.5 Zum Stand der sozialwissenschaftlichen Technikforschung

Die sozialwissenschaftliche Technikforschung bietet erstaunlicherweise kaum Erklärungshilfen für die hier aufgeworfene Frage nach den Erfolgsfaktoren für die Nachhaltigkeit und Breitenwirksamkeit von Pilotprojekten. Vor etwa 20 Jahren haben führende Vertreter der sozialwissenschaftlichen Technikforschung in einem Memorandum dafür plädiert, neben der Forschung zu dem Anwendungsbereich Technik und Arbeit sowie Technik und Alltag die Forschung zur Technikgenese als dritte Säule auf und auszubauen. Dierkes hat in diesem Zusammenhang beklagt, dass viel über die Diffusion und wenig über die Entstehung von Innovationen geforscht werde. Dies hat sich grundlegend geändert. Die soziale Konstruktion von Technik bzw. international „Social Shaping of Technology" ist zum zentralen Paradigma der sozialwissenschaftlichen Technikforschung der 1980er und 1990er Jahre geworden. Im Gegensatz zu den zuvor herrschenden Ansätzen, in denen Technik entweder als Leistung großer Erfinderpersönlichkeiten oder als eigenen Gesetzmäßigkeiten folgend begriffen wird, wird dabei die soziale Bedingtheit und Prägung betont und teilweise sogar die Unterscheidbarkeit von Technik und Sozialem in Frage gestellt und Technik als soziale Praxis charakterisiert.

Die Entstehung neuer Techniken wird heute übereinstimmend als dynamischer Prozess analysiert, in dem neue Strukturen zwischen Technikherstellern, Nutzern, Zulieferern und institutionellen Kontextbildnern (wissenschaftliche Institute, Normungsgremien, Fachvereinigungen usw.) gebildet werden. Technischer Wandel wird in der sozialwissenschaftliche Technikforschung als evolutionärer Mechanismus verstanden, der prozedural selbstorganisierend und strukturral netzwerkförmig angelegt ist: Die gemeinsamen Gestaltungsleistungen und Lernprozesse werden „über netzwerkartige Beziehungen zwischen den technikerzeugenden, -verwendenden und -regulierenden Sozialsystemen organisiert" (Kowohl/Krohn 1995, 78).

Eine neue Technologie ist danach immer eingebettet in unterschiedliche Sozialsysteme, die in ihrem Zusammenspiel darüber entscheiden, ob sich eine neue Technologie durchsetzt oder nicht. Mit Hilfe der Theorie selbstorganisierender sozialer Netzwerke versucht die Technikgeneseforschung zu klären, wie strategiefähige Akteure ihre Handlungsprogramme derart miteinander verknüpfen, dass stabile Kooperationsbeziehungen entstehen, die die Erzeugung soziotechnischer Innovationen ermöglichen. Beispielhaft für diese Forschungsrichtung, bei der konsequenterweise Akteurskonstellationen und ihre Veränderungen im Mittelpunkt stehen, ist die Untersuchung von Weyer/Schmidt/Kirchner 1996, die sich mit dem Verlauf des Airbus-Projekts, der Geschichte des Personal Computers, der Magnetbahn Transrapid und dem Satellitenfernsehen in Europa beschäftigt. Die Analyse der Einbettung einer neuen Technologie berücksichtigt dabei jeweils unterschiedliche soziale Subsysteme – je nach dem, in welcher Phase des Entwicklungsprozesses sie sich befindet. Die Autoren unterscheiden zwischen den Phasen „Entstehung", „Stabilisierung" und „Durchsetzung". Sie weisen darauf hin, dass diese Teilschritte immer von unterschiedlichen Netzwerken mit unterschiedlichen Akteuren getragen werden, welche jeweils eigenständige Beiträge für den Prozess der Technikgenese leisten (Weyer/Schmidt/Kirchner 1996, 19). Generell steht im Zentrum des Technikgeneseansatzes also der Versuch den Gesamtverlauf der Technikentwicklung – von der Erfinder-Produzenten-Beziehung über die Durchsetzung eines dominanten Designs bis zur Hersteller-Markt-Beziehung – mit ihren jeweiligen sozialen Dynamiken zu erfassen.

Im hier betrachteten Politikfeld Multimedia und Internet entspricht diesen Ansätzen die Frage, wie das Internet-Protokoll TCP/IP und die verschiedenen Standards für das High Definition Television (HDTV) entstanden sind. Diese Untersuchungen tragen jedoch kaum etwas zum Verständnis der späteren Diffusion bei. Aus der Genese von HDTV ist nicht ableitbar, dass es später nicht diffundieren konnte. Und aus der Genese von TCP/IP ist nicht erkennbar, warum das Internet in den USA früher und intensiver genutzt wurde als in Deutschland.

Obwohl sich inzwischen verschiedene Ansätze innerhalb der Technikgeneseforschung herausgebildet haben (z.B. der sozio-ökonomische, der soziopolitische und der soziokulturelle, vgl. Rammert 1994, 1519), eignen sich die Modelle und Analyseinstrumente der Technikgeneseforschung über die Feststellung der „Embeddedness" von technischen Neuerungen hinaus nur bedingt für die Bearbeitung der hier verfolgten Fragestellung nach den Erfolgsfaktoren für eine möglichst breite und intensive Anwendung neuer Technologien, insbesondere des Internet. Die von Rammert so bezeichnete „Theorie der sozialen Einbettung" (Rammert 1990) geht von der Mehrstufigkeit der technologischen Entwicklung aus. Bei jeder Stufe der Entwicklung gibt es mehrere Optionen, wie die technische Entwicklung weiter laufen kann. Die Auswahl erfolgt dabei, das zeigen die empirischen Studien (z.b. Fahrrad, Glühbirne, TEA-Lasertechnik, Militärflugzeug u.v.m.), nicht allein nach technischen Gesichtspunkten, „but is shaped by a range of broader social, economic, cultural and political factors" (Williams 1997, 300; vgl. auch Rammert 1995). Damit werden Technologien aushandelbar (negotiable); sie entstehen in einem komplexen Handlungs- und Interaktionsprozess zwischen verschiedenen Akteurskonstellationen (Williams 1997, 302; vgl. auch Rammert 1990; Weyer/Schmidt/Kirchner 1996). Dabei könnten diese Akteurskonstellationen sich über die Zeit ändern.

Früher wurde angenommen, dass nach der Entwicklungsphase einer neuen Technik deren Diffusionsphase beginnt. Diese Diffusion kann in verschiedenen Anwendungsbereichen erfolgen, die unterschiedlich günstige Anwendungsbedingungen aufweisen. Diese sind jedoch veränderbar und werden häufig im Zuge der Einführung neuer Techniken auch verändert. Dies ist im Zusammenhang mit der Anwendung von Computern in und zwischen Unternehmen mittlerweile selbstverständlich und auch für den Einsatz neuer Techniken im Alltag zunehmend akzeptiert. Statt nach den Auswirkungen der Technik auf die Organisation oder die Kommunikation zu fragen, wird untersucht, wie Technik und Organisation abgestimmt, wie Technik in die Organisation oder das Alltagshandeln integriert werden kann, wie sich Menschen und Institutionen neue Techniken aneignen. Dabei sind diese Akteure nicht vollkommen frei.

Auf einer abstrakteren Ebene entspricht dem das Konzept eines Akteurs-Struktur-Dualismus von Giddens (vgl. Weyer/Schmidt/Kirchner 1996, 2). Akteure können durch den Aufbau von Institutionen selber strukturbildende Leistungen erbringen. Empirische Bestätigung dafür hat vor allem im Bereich von Infrastruktur und Kommunikationstechnologien die Policy-Netzwerk-Analyse (Mayntz/Schneider 1995; Schneider 1989) ergeben, die sich besonders gut bei staatlich geförderten Technologien (inhaltlich) und bei Ländervergleichen (methodisch) zur Erklärung technologischer Entwicklung eignet. Ein solcher Institutionalismus ist „ein Mittelweg" (Rammert 1995), der auch in der vorliegenden Studie seine Anwendung findet, da es sich um eine Studie über staatliche Initiativen zur Förderung der Informationstechnik im internationalen Vergleich handelt.

Die Institutionenbildung wird zur Voraussetzung für technologische Entwicklung und lässt sich als „Verschanzung von Technologien" bzw. als

„entrenchment of technologies" beschreiben (Rip/van Bilt 1988): „Technologie-
entwicklung erfordert (um nicht zu sagen: ist) ihre Einbettung in einen Kontext:
die Einpassung in physikalisch-technische und organisatorisch-institutionelle
(beispielsweise Infra-)Strukturen. ... Entrenchment ist also eine Form der technischen und organisatorisch-institutionellen Kontextualisierung einer Technologie,
mit der Gestaltungsoptionen (zum Teil dauerhaft) ausgeschlossen und andere
realisiert werden" (Rip/van den Belt 1988, 18; s. Bender 1998, 49). Dabei ist zu
beachten, dass diesem „Entrenchment" die Dynamik technologischer Entwicklung entgegensteht, die die bestehenden Institutionen unter Veränderungsdruck
setzt (vgl. Williams 1997).

Mit dieser Sichtweise wird deutlich, dass der Aushandlungsprozess und
damit Konflikte und Kooperation zwischen den Akteuren zu einer ganz zentralen
Kategorie in der Analyse technologischer Entwicklung werden (vgl. Rammert
1990). Mehr noch, Kooperation zwischen Akteuren und die Bildung entsprechender Netzwerke werden zur Erfolgsbedingung technologischer Entwicklung
(vgl. Weyer/Schmidt/Kirchner 1996).

Eine eindeutige Trennung zwischen Entwicklung und Anwendung bzw. Innovation und Diffusion ist speziell bei den unfertigen Informations- und Kommunikationstechniken nicht möglich. Auf Fleck geht der Begriff „Innofusion"
zurück, der die „feedback"-Wirkung der Diffusion auf die Innovation beschreibt:
Gemeint ist, dass technologische Innovationen gerade durch die Implementation
neuer Technologien in bestimmte Nutzungskontexte entstehen. Dabei entstehen
technologische Dynamiken, die auch den Rahmen der Trajektorien-Konzepte
sprengen. Der Prozess, in dessen Verlauf soziale Bedürfnisse und Interessen
allmählich in technische Funktionsanforderungen umgearbeitet werden, ist komplex und kompliziert zu beschreiben. Hack/Fleischmann 1991 bzw. Bender 1996
nennen ihn „De-Kontextualisierung". Dies ist jedoch eine notwendige empirische Leistung für die Beschreibung von Technologieentwicklungen. Für diese
Arbeit wichtig ist die Kehrseite dieses Prozesses. Denn der Einsatz neuer Technologie „setzt den Aufbau von vielschichtigen Anwendungs- und Nutzungsbedingungen voraus, von denen die technische Infrastruktur nur ein Teil ist" (Bender 1996, 58 „Re-Kontextualisierung"). Der Kontext der technologischen Entwicklung und damit der Einbettungsrahmen wird also Bestandteil der Technikentwicklung.

Damit sind die Nutzerbedürfnisse und ihr Einfluss auf die technologische
Entwicklung benannt, die gerade bei Medientechnologien von herausragender
Bedeutung sind. Moderne Technologien sind „Konfigurationen" und hängen
vom Kontext ihrer Anwendung ab, wie man z.B. an industriellen Fertigungsan-
lagen oder IT-Systemen, aber auch an der Verwendung des PC im Alltag sehen
kann (Williams 1997, 309 ff.; vgl. auch Rammert 1995b, 213: Fleck et al. 1990).
Die Nutzerbedürfnisse entwickeln sich dabei in Wechselwirkung mit der technologischen Entwicklung vor allem in und durch inkrementelle Innovationen. Ein-
schlägig dafür ist zum einen die vergleichende Analyse der Diffusion des Tele-

fons von Rammert und zum anderen der akteurszentrierte Ansatz von Mayntz
und Schneider (1988), wie er für die Untersuchung der Entwicklung des Bild-
schirmtextsystems (btx, engl. Videotex) auch im internationalen Vergleich verwendet wurde. Dieses Modell trägt jedoch dem speziellen medialen Charakter
des Internet und der Einbettung in unterschiedliche Anwendungskontexte noch
nicht hinreichend Rechnung. Für die Analyse der Einbettung elektronischer Medien wurde in einem früheren Projekt ein Konzept entwickelt, an dem hier angeknüpft werden kann.

2.6 Theoretischer Bezugsrahmen

Für die international und sektoral vergleichende Untersuchung der Umsetzung
von Regierungsprogrammen für den Weg in die Informationsgesellschaft wird
ein Bezugsrahmen zugrunde gelegt, der Konzepte der Medientheorie und der
Implementationsforschung kombiniert. An eigenen Vorarbeiten anknüpfend wird
das Internet als Medium im soziokulturellen Sinne begriffen, dessen Anwendung
über die Einbettung in unterschiedliche institutionelle Anwendungskontexte
erfolgt. Wenn diese Einbettung gezielt gefördert werden soll, müssen Aktivitäten
auf unterschiedlichen Ebenen eingeleitet werden. Anknüpfend an die Konzepte
von Sabatier wird dazu ein Dreiebenenmodell entwickelt.

2.6.1   Medienentwicklung als Institutionalisierung

Medien werden im Folgenden als technische Systeme begriffen, die die Funktion
besitzen, bestimmte Formen sozialer Interaktion zu reproduzieren oder zu ermöglichen. Dem entspricht nicht das bis heute weit verbreitete Medienverständ-
nis, wonach Medien als Übertragungs-, Vermittlungs- oder Speichersysteme
begriffen werden. Dieser Medienbegriff läuft Gefahr, entscheidende Differenzen
– etwa zwischen einer Zeitung und einer Telefonleitung – zu verwischen oder
auszublenden. Computer oder Telefonnetze sind aber in erster Linie Übertra-
gungssysteme und allenfalls in einem technischen Sinne Medien, da sie es erlauben, symbolisch codierte Nachrichten zu vermitteln. Im Gegensatz zu den meisten anderen technischen Artefakten sind Medientechniken sehr nutzungsoffen –
gewissermaßen „unfertige" Techniken. Das Telefonnetz konnte beispielsweise
zur Größten „Maschine" der Welt werden, ohne dass sich Fernmeldeingenieure
um die Inhalte der Telefongespräche kümmern mussten. Diese technischen Inter-
aktionssysteme kann man als „Medien erster Ordnung" bezeichnen (vgl.
Schmid/Kubicek 1994). Diese erlauben unterschiedliche Nutzungsweisen und
sind auch hinsichtlich ihrer „inhaltlichen" Verwendung nicht näher definiert. Sie
sind indessen Bestandteile von „Medien zweiter Ordnung". Diese kombinieren
u.U. mehrere Techniken und Prozesse in der Art, dass dadurch ein ganz bestimmter sinnhaftsozialer Kommunikations- oder Interaktionszusammenhang
entstehen kann. Erst wenn sich ein kollektives Einverständnis darüber entwi-

ckelt, wie und wofür ein technisches Medium funktional und inhaltlich verwendet werden soll, lässt es sich von einem Medium zweiter Ordnung sprechen. In der Entwicklung solcher Mediensysteme spielen Abstimmungsprozesse zwischen den Produzenten und Nutzern eines Medienangebots eine wichtige Rolle. Denn es müssen sich sowohl wechselseitige Erwartungen (Images) als auch Regelsysteme für das medienbezogene Verhalten und Handeln der Akteure etablieren. Dabei werden sich u.U. differenzierte Produktions-, Organisations- und Gewährleistungsapparate, aber auch unterstützende Infrastrukturen (für Abrechnung, Vertrieb, Ausbildung, Werbung, komplementäre Medien usw.) herausbilden. Die nachfolgende Abbildung 4 veranschaulicht diesen Zusammenhang.

Abbildung 4: Elemente eines Mediensystems im institutionellen Sinn (Quelle: Kubicek/Schmid 1996, 33)

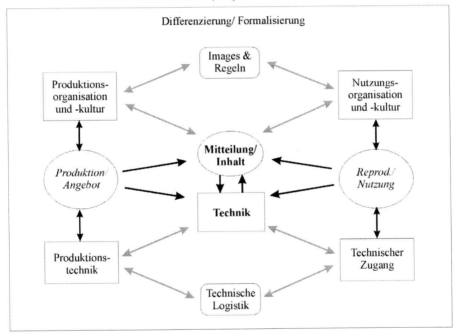

Medien in diesem institutionellen Sinn zeichnen sich also dadurch aus, dass sie „Inhalte" für einen mehr oder weniger definierten Nutzerkreis auswählen, strukturieren und in einer bestimmten technischen und symbolischen Form präsentieren. Damit ist die konkrete Nutzung keineswegs determiniert, jedoch eingegrenzt. Inhalt, Form und technische Repräsentation können erheblich variieren und sich historisch wandeln. In jeder Phase muss jedoch eine Einbettung in bestimmte Produktions- und Nutzungsstrukturen gelingen.

Auf der Angebotsseite bedeutet technische Einbettung Integration des neuen Systems in vorhandene oder ebenfalls neue Produktionsstrukturen und Logistikketten für die Beschaffung und Produktion von Inhalten mit möglichst wenigen Medienbrüchen. Auf der Nutzerseite müssen die technischen Mittel in die Nutzungsumgebung, hier speziell die Wohnungseinrichtung und die bauliche Infrastruktur, eingepasst werden können. Auf der Ebene der Inhalte müssen Anbieter und Nutzer stabile wechselseitige Erwartungen bilden in Bezug auf Strukturierungs- und Erschließungsregeln, Qualitätskriterien u.a.m. und dem Angebot ein bestimmtes Image verschaffen. Für die Nutzer müssen die Inhalte im Alltag nützlich sein, inhaltlich und zeitlich in die alltäglichen Kommunikationsroutinen eingepasst werden können sowie keine zu großen zusätzlichen Mühen bereiten.

Dieser Zusammenhang kann in der Presseentwicklung folgendermaßen illustriert werden: Neben den Druck und Satzmaschinen als den medientechnischen Sachsystemen haben sich auf der Produktionsseite auch Redaktionen für die Herstellung der „Inhalte" herausgebildet. Die Mitglieder dieser Redaktionen mussten einerseits bestimmte Fertigkeiten besitzen, was zu bestimmten Ausbildungsverfahren führte. Andererseits brauchte es auch Regeln für das „normgerechte" Verhalten der Redakteure (wie z.B. Ressort und Redaktionskonferenzen, die Praxis des „Gegenlesens" usw.) sowie für das Verhalten der Redaktionen selbst (durch Presserat, Medienrecht usw.). Redaktionen kooperieren wiederum mit Presseagenturen und unterhalten u.U. ein weit verzweigtes Netz von Korrespondenten. Damit sich die Zeitung als soziales Massenmedium entwickeln konnte, mussten außerdem Verfahren der Anzeigenakquisition und der Werbewirkungsforschung, der Abrechnung und des Vertriebs (wie z.B. Zeitungskioske) u.a.m. „erfunden" werden. Es hat Jahrzehnte gedauert, bis sich diese differenzierten Produktions- und Infrastrukturen herausgebildet haben. Aber auch auf der Nutzerseite mussten sich bestimmte Kompetenzen und Routinen im und für den Umgang mit Zeitungen entwickeln. Damit die redaktionell erstellten „Inhalte" von den Menschen auch gelesen und „verstanden" werden, war es notwendig, dass sich die Erwartungen der Leser mit den Erwartungen der Produzenten treffen. Diese wechselseitige Erwartungsstabilisierung lässt sich als ein Vorgang der Herausbildung kognitiver Schemata (z.B. Überschriften, Nachrichtengattungen usw.) und Rituale (z.B. Zeitung als Frühstückslektüre usw.) und allgemeiner formuliert, als ein Prozess der Image-Bildung beschreiben. So haben heute die Produzenten und Nutzer weitgehend identische Erwartungen an eine Illustrierte einerseits und an eine Tageszeitung andererseits sowie an die „Bild-Zeitung" auf der einen und die „FAZ" auf der anderen Seite. Die Aufzählung von Elementen eines komplexen sozialen Mediensystems ließe sich beliebig verlängern. Ähnliche Strukturen und Prozesse kann man auch für andere Medien zweiter Ordnung, insbesondere für Hörfunk und Fernsehen, benennen.

Vor diesem Hintergrund wird Medienentwicklung generell als ein Prozess der technischen und sozialen Innovation sichtbar. In Bezug auf Technikentwicklung allgemein haben Hack et al. diesen Vorgang als einen Institutionalisierungsprozess – und präziser – als einen „doppelten Transformationsprozess" der „De- und Rekontextualisierung" gefasst (vgl. Hack *et al.* 1991, 66). Danach kommt es durch die Aneignung und Einbettung eines medientechnischen Artefakts in ein institutionelles Handlungsgefüge gleichermaßen zu einer Modifikation der technischen Systeme wie auch der bestehenden institutionellen Arrangements. Institutionalisierung neuer Medientechnologien kann also zusammenfassend beschrieben werden als die Dekontextualisierung eines technischen Interaktionssystems (etwa des Computers als Werkzeug in der Mensch-Maschine-Kommunikation) und seiner sukzessiven Rekontextualisierung innerhalb neuer sozialer Handlungsgefüge (Computer als Medium für die interpersonelle Kommunikation zwischen bestimmten Nutzergruppen), die dadurch selbst mehr oder minder stark modifiziert werden. Die physikalischen Eigenschaften des Computers mögen dabei dieselben bleiben, das technische Artefakt verändert jedoch seine Gestalt in Abhängigkeit von den jeweils vorherrschenden Verwendungs- und Sichtweisen. Die Rekontextualisierung des Computers vom Arbeitsmittel zum Kommunikations- und Informationsmedium (Internet/WWW-Client) hat beispielsweise Auswirkungen auf die technische Gestaltung der Ein/und Ausgabe-Schnittstelle (Bildschirmoberfläche, Tastatur, Maus, Lautsprecher usw.) sowie auf die Übertragungsnetze. Gleichermaßen hat es auch Auswirkungen auf die kommunikativen Beziehungen und Routinen, Kompetenzen und Regeln zwischen den Nutzern (E-Mail statt Telefon oder Fax, Verwendung von „Smilies", Entwicklung neuer Kommunikationsnormen usw.).

Generell geht die Diffusionsforschung davon aus, dass die Verbreitung neuer Medien einem s-förmigen Verlauf folgt. Auf eine nur sehr langsam ansteigende erste Phase folgt eine zweite mit stark steigenden Zuwächsen, bis in einer dritten Phase die Zuwächse wieder abnehmen und eine Sättigung der Nachfrage eintritt. Diese unterschiedlichen Wachstumsraten können plausibel erklärt werden. Es gelingt jedoch nicht, vorab das absolute Niveau zu bestimmten, auf dem diese Sättigung eintritt. Dieses kann bei 20 Prozent, 40 Prozent oder auch 80 Prozent der Haushalte liegen. Eine Verbreitung bei mehr als 80 Prozent der Haushalte haben bisher nur das Telefon und das Fernsehgerät gefunden. Alle anderen Medientechniken bewegen sich weit darunter, computergestützte Systeme bei etwas über 20 Prozent. In dem erwähnten Bezugsrahmen werden idealtypisch drei verschiedene Öffentlichkeitsniveaus unterschieden, die ein Diffusionsprozess durchlaufen kann oder auf denen er auch jeweils zum Stillstand kommen kann (vgl. Abb. 5).

Abbildung 5:   Verschiedene Diffusionsgrade und ihre Voraussetzungen
                  (Quelle: Kubicek/Schmid/Wagner 1997)

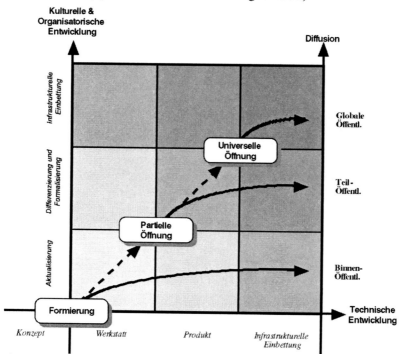

In einer ersten Phase formiert sich ein neues Medium, indem eine technische Innovation von einer kleinen Gruppe technisch interessierter und versierter Menschen selbst installiert und gewartet wird. Die Nutzung erfolgt wie in einer Werkstatt. Das Funktionieren wird nicht selbstverständlich vorausgesetzt, sondern als Erfolg gefeiert. Die kommunizierten Inhalte beziehen sich zu einem großen Teil auf die Technik selbst, jeder ist Sender und Empfänger, die Kommunikationsregeln sind nicht formalisiert, sondern werden durch Gruppennormen gebildet. Man kann von einer bestimmten Subkultur sprechen, deren Mitglieder sich durch ihre technische Kompetenz und die technikbezogenen Interessen von dem Rest der Bevölkerung unterscheiden und aus diesem Unterschied auch ihre Identität oder zumindest ihr Selbstbewusstsein entwickeln.

In einer zweiten Phase entstehen technische Produkte, die man kaufen oder mieten kann und die stabil funktionieren, deren Installation und Bedienung jedoch Fertigkeiten erfordern, die noch nicht Allgemeingut sind. Auf der inhaltlichen Ebene kommt es zu einer Differenzierung der Rollen von Anbietern und Nutzern sowie Spezialisierungen innerhalb des Kreises der Anbieter. Es entstehen unterschiedliche Angebotstypen mit entsprechenden Qualitätskriterien, die es erst ermöglichen, dass die Anbieter Erwartungen darüber bilden können, was die Nutzer von ihnen erwarten. Nur wenn es zu einer solchen Entsprechung der Erwartungen kommt, die die einzelnen inhaltlichen Angebote ein bestimmtes Image und Regelsystem entwickelt wird, kommen diese für eine Nutzung außerhalb bestimmter Subkulturen in Frage. Man kann auf dieser Stufe von der Bildung mehrerer Teilöffentlichkeiten sprechen, die sich jeweils durch ein starkes Interesse an bestimmten Themen oder Aktionen auszeichnen, bei denen sie die technischen Systeme unterstützen, so dass sich der Aufwand der Nutzung für sie lohnt. Sowohl von den erforderlichen technischen Fertigkeiten als auch der inhaltlichen Medienkompetenz her bilden diese verschiedenen Nutzerkreise jedoch noch nicht die Mehrheit der Bevölkerung.

Zu einem Massenmedium im Sinne massenhafter Verbreitung kommt es erst in einer dritten Phase. Dann bilden sich unter gleichen inhaltlichen Formaten so viele Inhalte heraus, dass für jeden etwas dabei ist und die Benutzung des Mediums selbst bietet fast jedem irgendeine Art von Nutzen (Information oder Unterhaltung, Erschließung der Wirklichkeit oder Flucht vor der Wirklichkeit, Kommunikation mit anderen oder Ersatz für Kommunikation mit anderen usw.). Technisch und inhaltlich sind die Medien in dieser Phase vielfältig in infrastrukturelle Systeme eingebettet. Die Produktion der Inhalte ist hochgradig spezialisiert und verzweigt, Vertrieb und Abrechnung sind in allgemeinere Systeme eingebunden, andere Medien helfen bei der inhaltlichen Bewertung, die Nutzerreaktionen werden regelmäßig erfasst und für die weitere Gestaltung ausgewertet. Die Technik für die Nutzer ist überall zu kaufen, die meisten Menschen können sie bedienen, jederzeit ist ein Reparaturservice erreichbar (vgl. Abb. 6).

Ein Pilotprojekt kann definitionsgemäß nicht den für die dritte Stufe skizzierten Grad der Einbettung erreichen. Diese idealtypische Skizze der vollen Einbettung lenkt den Blick jedoch auf Aspekte, die einen Keim für eine spätere Einbettung bilden können. Einbettung heißt dabei nicht nur Anpassung an das Gegebene, sondern kann auch durch evolutionäre Weiterentwicklung vorhandener Strukturen und Gewohnheiten erfolgen. Man kann auch von einer gelungenen Implementierung im wörtlichen Sinne von Einpflanzen sprechen. Ein Pilotprojekt ist mit einer Pflanze vergleichbar, die in einen Kommunikationsboden gesetzt wird und dort Wurzeln schlagen soll. Wenn dies nicht gelingt, kommt die Nahrungsaufnahme nicht in Gang, und die Pflanze geht ein. Diese Analogie trägt auch insofern, als ein Gärtner nicht hundertprozentig beeinflussen kann, ob das Einpflanzen in jedem Fall gelingt. Auch das Wachstum der Pflanzen ist nur beschränkt beeinflussbar. Der Begriff des Kultivierens erscheint daher angemessener als der des Steuerns. Für die Charakterisierung eines Pilotprojekts ist es daher nicht nur wichtig, was dort konkret passiert, sondern auch, in welchen strategischen Zusammenhang es bei maßgeblichen Akteuren eingebettet ist.

Abbildung 6:   Infrastrukturelle Einbettung neuer Medientechnik (Quelle
Kubicek/Schmid 1996, 35)

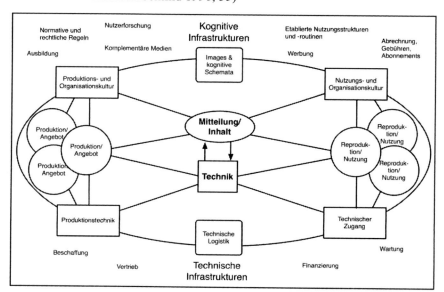

Es ist evident, dass die Bedingungen für derartige Institutionalisierungsprozesse neuer Medien etwa im Bereich der privaten Haushalte oder im Bereich der
öffentlichen Verwaltungen unterschiedlich sind. Welche Faktoren dabei jeweils
konkret zu berücksichtigen sind, kann nur durch eine vergleichende Analyse
verschiedener Anwendungsprojekte genauer beschrieben werden.

Beispielsweise existieren im Bildungsbereich weder dieselben kulturellen,
noch die gleichen rechtlichpolitischen und ökonomischen Vorgaben wie etwa im
Unterhaltungsbereich. Auch die institutionellen Zielsetzungen einer öffentlichen
Schule sind entschieden andere als etwa diejenigen eines Medienunternehmens
oder einer Kommunalverwaltung. Ebenso verschieden sind u.U. die internen
Organisations- und Gewährleistungsmechanismen sowie die Reform, Verände-
rungs- und Lernpotenziale und die jeweiligen Erwartungen der Akteure.

Auch die bestehenden oder notwendigen Infrastrukturen für die Institutionalisierung einer neuen Medientechnik sind in den jeweiligen Anwendungssekto-
ren unterschiedlich ausgeprägt. Damit sind nicht nur im engeren Sinne technische, sondern auch organisatorische und ökonomische (Vertriebsstrukturen,
Werbemarkt usw.) sowie soziokulturelle Infrastrukturen (vorhandenes Wissen,
Ausbildungsangebote, rechtliche Regelsysteme usw.) gemeint. So kann man
beispielsweise davon ausgehen, dass die Möglichkeit, US-amerikanische Unter-
haltungswaren auf großen Teilen des Weltmarkts zu konsumieren, ganz eng mit
einer nahezu homogenen Kultur, Bedürfnis und Wertestruktur in der „westli-

chen" Welt zusammenhängt. Durch die Existenz multinationaler Medienkonzerne sind überdies inzwischen auch die politisch-ökonomische Infrastrukturen vorhanden, die einer räumlichen und sozialen Diffusion neuer digitaler Unterhaltungsangebote förderlich sind. Für den Bildungs- oder Verwaltungsbereich existieren hingegen weder technisch noch kulturell oder wirtschaftlich vergleichbare Infrastrukturen.

2.6.2 Drei-Ebenen-Modell der Implementierung

Ausgehend von Sabatiers Analyse der Implementierung politischer Programme erscheint es fruchtbar für die Institutionalisierung neuer Medien in unterschiedlichen Anwendungszusammenhängen insgesamt drei Ebenen zu unterscheiden. Wenn ein neues Medium aus dem Entwicklungskontext heraus in einen neuen Anwendungskontext eingeführt werden soll, stößt es dort auf typische lokale Handlungskonstellationen aus Anwendern, Nutzern und Entwicklern. Wenn diese Einführung im Rahmen eines Pilotprojektes gefördert wird, wird dafür eine spezielle Projektkonstellation geschaffen. Bis zum Projektende muss diese Projektkonstellation in die alte oder eine veränderte lokale Akteurskonstellation überführt werden.

Als Rahmenbedingungen oder Einflussgrößen werden die Aspekte betrachtet, die einen erkennbaren und begründbaren Einfluss auf den Erfolg oder Misserfolg der neuen Techniken haben. Abstrakt können fünf Faktoren unterschieden werden:

- Recht,
- Organisation,
- finanzielle Mittel,
- Qualifikationen,
- technische Infrastrukturen.

Für die Aufrechterhaltung oder Veränderung dieser Faktoren sind in jedem Anwendungsbereich unterschiedliche Instanzen zuständig, die hier gemeinsam als Regelsetzer bezeichnet werden sollen. Nur zum Teil geben sie unmittelbar rechtliche Regelungen vor, zum Teil handelt es sich um Aufsichtsbehörden oder Ressourcengeber, die jedoch individuell die Spielregeln im lokalen Handlungskontext prägen.

- Für die Internetnutzung in Schulen sind Schulträger, Landesbildungsministerien mit nachgeordneten Einrichtungen, z.B. für die Lehrerfortbildung, zuständig.
- Für Multimedia-Dienste im Unterhaltungsbereich sind Landesmedienanstalten, die Regulierungsbehörde für Post und Telekommunikation, die Staatskanzleien der Landesregierungen in Bezug auf Staatsverträge u.a. zuständig.

- Für die öffentliche Verwaltung sind die kommunalen Gremien, die Landesinnenministerien und unterschiedliche Fachministerien und Aufsichtsbehörden, die Landesdatenschutzbeauftragten u.a. Institutionen zuständig.

Abbildung 7:   Drei-Ebenen-Modell

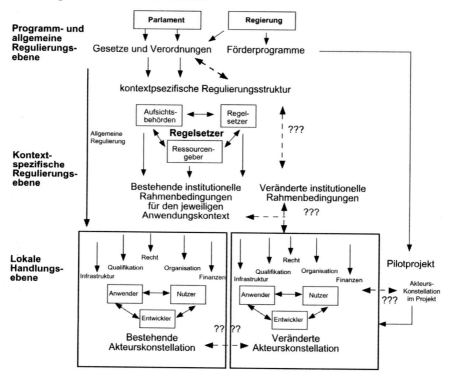

Diese zuständigen Regulierungsinstanzen sind herausgefordert, bestehende Regelungen so zu verändern, dass sie eine gewünschte Nutzung des neuen Mediums erlauben und gewährleisten, unerwünschte Nutzung hingegen unterbinden.

Nicht immer ist jedoch angesichts der Neuheit eines neuen Mediums klar, welche Instanzen im Einzelnen zuständig sind und wie weit diese Zuständigkeit geht. Wie erwähnt, bereitet gerade die Multifunktionalität von Internetdiensten als Verteil und individuelles Interaktionsmedium Schwierigkeiten bei der Zuordnung zu den bestehenden Regulierungsregimen für Rundfunk einerseits und Telekommunikation andererseits. Da die kontextspezifischen Regulierungsinstanzen ihrerseits auf der Grundlage von Gesetzen und Verordnungen tätig sind, können diese geändert werden, und die kontextspezifischen Regulierungsstruktur kann an die neuen Herausforderungen angepasst werden. Dabei taucht allerdings auch oft die Frage auf, ob die verschiedenen kontextspezifischen Regulierungsstrukturen oder allgemeine, nicht medien- oder anwendungsspezifische Regulierungen angepasst werden sollen.

Dieser Bottom-Up-Betrachtung entspricht aus der Sicht eines Regierungsprogramms eine kombinierte Strategie aus Förderprogrammen und gesetzgeberischen Maßnahmen. Wenn Pilotprojekte in bestimmten Anwendungsbereichen gefördert werden sollen, kann geprüft werden, welcher Reform oder Innovationsbedarf auf der lokalen Handlungsebene und auf der Ebene der kontextspezifischen Regulierung entsteht. Soweit dies in der Zuständigkeit der Regierung liegt, die das Programm verabschiedet, muss sie für die entsprechende Koordination auf dieser Ebene zwischen verschiedenen Ressorts sorgen. In der Regel sind jedoch auch noch andere Regierungsebenen (z.B. Länder bzw. Bundesstaaten, Regierungsbezirke bzw. Distrikte) für Einzelaspekte zuständig, so dass komplizierte Abstimmungsprozesse erforderlich werden. Diese sind nicht nur aus Gründen fachlicher Arbeitsteilung und unterschiedlicher Nähe und Sachkenntnis kompliziert, sondern zusätzlich auch noch aufgrund unterschiedlicher parteipolitischer Mehrheiten auf den verschiedenen Handlungsebenen.

Welche Faktoren dies im Einzelnen sind und welches Gewicht sie letztlich für die erfolgreiche Einbettung neuer Medien in den verschiedenen Anwendungskontexten haben, muss angesichts des geringen theoretischen und empirischen Kenntnisstandes empirisch-heuristisch ermittelt werden. Die forschungsleitenden Hypothesen können dabei wie folgt formuliert werden:

1. Der gegenwärtige gesellschaftliche Transformationsprozess hin zur Informationsgesellschaft ist als ein sozialer, politischer und kultureller Reformprozess zu verstehen, in dem es vor allem darum geht, die neuen digitalen Medientechnologien, insbesondere das Internet, in bestehende institutionelle Handlungskontexte einzubetten. Der Verlauf dieses Prozesses hängt in hohem Maße davon ab, ob es gelingt, die soziokulturellen Voraussetzungen, Überzeugungen und Erwartungen hierfür herzustellen und durch konkrete Maßnahmen abzustützen.

2. Die Entwicklung dieser Innovationsvoraussetzungen kann durch eine – im Rahmen der NII vertretene – moderierende Politik, die sich zugleich öffnet für neue gesellschaftliche Beteiligungs- und Diskussionsprozesse, effektiv unterstützt werden. Instrumentelle und/oder deregulierende Politikmuster – wie in der EU und in Deutschland (noch) vertreten – sind hingegen angesichts der zunehmenden Komplexität der zu gestaltenden soziotechnischen Systeme immer weniger wirksam.

3. Gerade die spezifische Dynamik medien- und informationstechnischer Entwicklungsprozesse lässt weder einseitig steuernde noch deregulierende Strategien als Erfolg versprechend erscheinen. Politik muss stattdessen versuchen, technische und soziale Innovationsprozesse anzuregen und zu integrieren, bestehende Initiativen und Aktivitäten zu moderieren, gesellschaftli-

che Erwartungen durch symbolische Politikformen zu beeinflussen und wirtschafts- und industriepolitische Ziele auch soziokulturell zu legitimieren.

4. In den unterschiedlichen Anwendungsfeldern medientechnischer Innovationen herrschen jeweils verschiedene Voraussetzungen, die für die Entwicklung neuer soziotechnischer Mediensysteme im Sinne einer Institutionalisierung eine entscheidende Bedeutung haben und jeweils spezifisch angepasst werden müssen.

5. Durch Pilotprojekte allein können die für die soziale Diffusion neuer Medienangebote erforderlichen Kultivierungs- und Institutionalisierungsprozesse nicht hinreichend unterstützt werden. Um dies zu erreichen, sind flankierende politische Maßnahmen auf der Ebene der konkreten Handlungsfelder, der sozialen Institutionen und der gesellschaftlichen Rahmenbedingungen notwendig.

6. Der entscheidende Erfolgsfaktor im politischen Prozess wird daher in der Koordination von konkreten Pilotprojekten und kontextbezogenen Maßnahmen vermutet. Aufgrund unterschiedlicher Strukturen in verschiedenen Anwendungsbereichen sowie aufgrund anderer politischer Prioritäten wird vermutet, dass die Koordination in einzelnen Bereichen unterschiedlich stark versucht wird und auch unterschiedlich gut gelingt. So wird erwartet, dass in Deutschland eine unmittelbare Kopplung zwischen rundfunktechnischen Innovationen in Pilotprojekten und rundfunkrechtlichen Maßnahmen eher versucht und auch realisiert wird als etwa im Zusammenhang zwischen bürgerorientierten Anwendungen in einzelnen Pilotprojekten und einer rechtlichen Absicherung eines allgemeinen Zugangs zu den technischen Systemen und inhaltlichen Informationen (z.B. Freedom of Information).

7. Diese sektoralen Unterschiede werden durch regional und national differenzierte Innovationsvoraussetzungen verstärkt. Generell wird angenommen, dass die angestrebte Kopplung neuer Medienanwendungen mit sozialen Reformprojekten in der NII-Strategie sehr viel deutlicher ist. Wie weit die in der Planungsphase zu beobachtende stärkere Kopplung auch in der Implementierungsphase fortgesetzt wird und eine breitere Diffusion begünstigt, kann nur empirisch geklärt werden.

2.7 Das empirische Feld

Die Umsetzung der Regierungsprogramme NII und Info 2000 soll, wie erwähnt, vergleichend in den drei Anwendungsbereichen Bildung, Verwaltung und Unterhaltung untersucht werden. Entsprechend dem zugrunde gelegten Drei-Ebenen-Modell mussten dazu jeweils einige Pilotprojekte ausgewählt werden, die im Rahmen der jeweiligen Programme gefördert werden. Da es nicht um eine möglichst objektive Bewertung geht, sondern um eine heuristische Erkundung von Erfolgsfaktoren, wurden nicht typische, sondern möglichst herausragende, vorbildliche Fallbeispiele gesucht. Da es dafür keine messbaren Erfolgsindikatoren gibt, erfolgte die Auswahl aufgrund von Einschätzungen verschiedener Experten aus dem wissenschaftlichen Bereich und dem jeweiligen Anwendungsbereich. Aber nicht bei allen Best-Practice-Fällen konnte ein unmittelbarer Bezug zu den Bundesprogrammen hergestellt werden. Wenn diese Fälle aufgrund von ersten Recherchen dennoch als für die Analyse der Einbettung heuristisch besonders fruchtbar eingeschätzt wurden, wurden sie in die Auswahl aufgenommen. Das Vorgehen in den drei Anwendungsbereichen wird zu Beginn der jeweiligen Kapitel geschildert.

3 IT-Einsatz in Lehr- und Lernprozessen in Schulen

3.1 Operationalisierung des Medienmodells für den Bereich Bildung

In der vorliegenden Untersuchung der staatlichen Förderprogramme geht es ausschließlich um den pädagogischen Einsatz von Multimedia im Unterricht an allgemein bildenden Schulen – der Bereich der Schulverwaltung wird wegen der inhaltlichen Nähe zu anderen Verwaltungsaufgaben ebenso wenig berücksichtigt wie die beruflichen Schulen in Deutschland, da hierzu das Äquivalent in den USA fehlt. Allen Länderinitiativen liegt die Annahme zugrunde, dass durch den IT-Einsatz sowohl signifikante Veränderungen bei den Lernresultaten (in der Regel gemessen durch standardisierten Leistungstests) – auch durch höhere Motivation bei Lehrenden wie Lernenden – als auch der Erwerb von Schlüsselqualifikationen („Medienkompetenz") erreicht werden können. Das Defizit an qualifizierten Fachkräften für Informations – und Kommunikationstechnik wird in beiden Ländern nicht erst seit der Debatte um die „Green Card" in Deutschland als dramatisch, weil standortgefährdend angesehen. Die Bedeutung von technischen Geräten steigt vielmehr in allen Berufsbereichen, weshalb die Absolventinnen und Absolventen von Schule und Hochschule über Kenntnisse im Umgang mit ihnen verfügen müssen.

3.1.1 Entwicklung des Technikeinsatzes in Schulen

Seit der Einführung von Computern in Schulen besteht die Hoffnung, mit der jeweils neuesten Technik bessere Bedingungen für Lehren und Lernen in der Schule zu erzielen. Wurde die programmierte Unterweisung an Terminals durchgeführt, die an einem Zentralrechner angeschlossen waren und konnten *Drill-&-Practice*-Programme noch mit einem halben Dutzend Geräten für die ganze Schule verwendet werden, bedurfte es bereits eines Computerraumes mit zehn bis 20 Geräten für den Informatikunterricht und ein bis zwei Computer im Fachraum für die Naturwissenschaften. Die Unterrichtsinhalte wurden in den Curricula festgehalten und Lehrkräfte dafür aus bzw. fortgebildet. Für die Schülerinnen und Schüler ging es in erster Linie um das Lernen über Computer, deren instrumentelle Nutzung und Programmierung als auch um eine kritisch reflexive Auseinandersetzung mit ihren Wirkungen.

Ende der 1980er Jahre veränderten sich die Nutzungsformen hin zu einer stärkeren Verwendung als Schreibautomaten, sowie zur Anwendung von Mal oder Zeichenprogrammen oder Simulations- und Datenbankanwendungen. Erst in den 1990er Jahren wurde damit begonnen, Computer als Lernwerkzeuge im Kontext einzelner Fächer zu verwenden. Mit dem Aufkommen von Autorenwerkzeugen für die Gestaltung multimedialer Produkte konnten Schülerinnen und Schüler eigenständige Produktionen herstellen und auch präsentieren. Durch die zunehmende interne und externe Vernetzung gewannen Internetbasierte

Dienste (vor allem E-Mail) an Bedeutung und es wurden verstärkt die kommunikativen Elemente integriert. Als Mitte der 1990er Jahre mit dem World Wide Web (WWW) ein leicht zu bedienender Internet-Dienst hinzukam, der auch den Zugriff auf weltweite Datenbestände zuließ, erwuchsen neue Aufgabenfelder. Diese Entwicklungsstufen des Technikeinsatzes sind in Abbildung 8 skizziert.

Abbildung 8:   Entwicklung des Technikeinsatzes in Schulen (Quelle: Breiter 2000: 47)

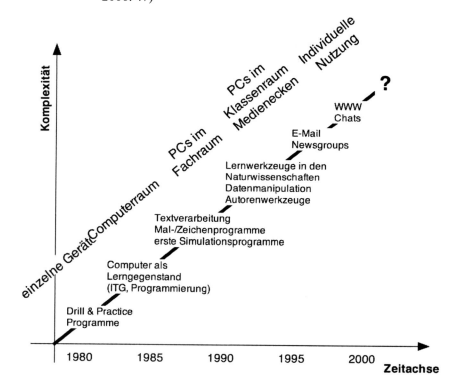

Inzwischen geht es daher um mehr, wenn von Schulen am Netz oder neuen Medien im Unterricht die Rede ist. Computer mit Internetanschluss sollen nicht nur als Lerngegenstand behandelt werden, sondern als Lernmittel in ihrer Funktion als Automat, Werkzeug und Medium in den Unterricht in allen Fächern integriert werden.

3.1.2   Lernwirksamkeit von Computermedien

In zahlreichen Studien wurde die These von der Verbesserung der Lehr- und Lernprozesse immer wieder empirisch zu belegen versucht. Seit mehreren Dekaden werden Untersuchungen durchgeführt, die neue Lehr- und Lernformen mit traditionellen Formen vergleichen. Die empirischen Untersuchungen aus den letzten zehn Jahren über den Computereinsatz in der Schule geben allerdings keine eindeutige Antwort hinsichtlich der Lernwirksamkeit. Die Resultate waren sehr unterschiedlich und konnten auch kaum miteinander verglichen werden. In Studien wurde festgestellt, dass die Motivation der Schülerinnen und Schüler (und damit ihre Anwesenheitsquote) und der Lehrkräfte deutlich gestiegen ist (Bertelsmann-Foundation 1997; Bertelsmann-Stiftung 1998). Bisher gibt es noch keine Längsschnittstudien, in denen die Motivation von Lehrenden und Lernenden bei der Arbeit mit Computern über einen mehrjährigen Zeitraum untersucht wurde. Daher bleibt die Frage offen, wie lange dieser Motivationsschub anhalten wird, wenn die Arbeit mit und an dem Computer selbstverständlich wird und dann wieder andere Aspekte im Vordergrund stehen.

In einigen Untersuchungen hat sich gezeigt, dass lernschwächere Schülerinnen und Schüler am ehesten vom Einsatz des Computers im Unterricht profitierten. Allerdings ist ungeklärt, wie stark dieser Effekt von der Betreuungssituation durch die Lehrkraft abhängt und welche Technikkonfiguration die beste Wirkung erzielt (Wenglinsky 1998). Dabei wird weder zwischen den unterschiedlichen Lerntypen noch zwischen den Geschlechtern differenziert. Gerade in diesem Bereich betonen Vergleichsstudien die Benachteiligung von Mädchen gegenüber Jungen (z.B. (Durndell/Glissov/Siann 1995; Funken/Hammerich/Schinzel 1996; Schulz-Zander 1998; Siann et al. 1990).

Ein weiteres Kernargument für die Nutzung in der Schule wird darin gesehen, dass der Unterschied zwischen Kindern aus ärmeren und reicheren Familien verringert werden kann (Aufenanger 1997; Wenglinsky 1998); (ACOT 1995; Means/Olson 1995; Rockman 1995). In einer repräsentativen Untersuchung in den USA wurde festgestellt, dass es keine Unterschiede beim Zugang zu Informations- und Kommunikationstechniken in den Schulen gibt (Wenglinsky 1998). Über diese Interpretation herrscht insbesondere in der US-amerikanischen Diskussion Uneinigkeit. So weist die Benton-Stiftung in ihren Studien immer wieder auf die drohende Spaltung der Gesellschaft in technikreiche und technikarme soziale Schichten hin (Benton-Foundation 1998). Minderheiten haben seltener Zugang zu Informationsressourcen und weniger entwickelte Kompetenzen im Umgang mit neuen Informations- und Kommunikationstechniken (auch EducationWeek 1997; EducationWeek 1998).

Unabhängig von der eingesetzten technischen Konfiguration und der konkreten Unterrichtsgestaltung lassen sich zwei Ergebnisse herausstellen, die in allen empirischen Studien betont werden:

1. Die pädagogisch didaktischen Fähigkeiten der Lehrkräfte spielen bei der Integration der Technik in ihren Unterricht eine entscheidende Rolle. Ungeachtet der spezifischen Technikkonfigurationen, der eingesetzten Software, dem Unterrichtsfach oder dem Alter der Schülerinnen und Schüler lässt sich festhalten, dass Lehrkräften eine besondere Verantwortung, gerade auch

durch die veränderten Lehr- und Lernformen zukommt. Somit hat die Lehreraus- und Lehrerfortbildung einen herausragenden Stellenwert, der mittlerweile auch in den meisten Initiativen berücksichtigt wird.

2. Bei einer Integration neuer Medien in den Unterricht kommt es nicht nur
auf deren technische Leistungsfähigkeit an, sondern auf die curricularen und
organisatorischen Rahmenbedingungen. Dazu gehören vor allem inhaltliche
und technische Unterstützungssysteme sowie Maßnahmen zur Organisationsreform im gesamten Schulsystem und die Einbeziehung des Schulumfeldes. Erst durch Anpassung der organisatorischen Bedingungen besteht
überhaupt Aussicht auf positive Wirkungen auf Lehrende, Lernende und die
gesamte Schule als Organisation. Die aktive Unterstützung durch Promotorinnen und Promotoren in der Schule, in den Schulbehörden, Ministerien
und in den Unterstützungssystemen spielt bei der erfolgreichen Umsetzung
eine wesentliche Rolle.

Der erfolgreiche Einsatz von Computern in Schulen hängt also einerseits
von der Qualifikation der Lehrkräfte ab und ist andererseits abhängig von einer
Reihe organisatorischer Rahmenbedingungen. Das hier verwendete Medienmodell bildet insbesondere den ersten Punkt ab und spezifiziert den Technikeinsatz
im Untersuchungsbereich „Schule". Im anschließend dargestellten Drei-Ebenen-
Modell geht es dann darum, die Rahmenbedingungen näher zu beschreiben.

3.1.3   Konkretisierung des Medienmodells

Im Medienmodell wird von einer Wechselwirkung zwischen Anbieter und Nutzer sowie zwischen Technik und Inhalten ausgegangen. Konkretisiert auf die
schulische Bildung stellen sich die Zusammenhänge wie in Abbildung 9 dar.

Im Kern des Einsatzes von Informations- und Kommunikationstechniken in
Lehr- und Lernprozessen steht das Verhältnis zwischen *Nutzern* (Schülerinnen
bzw. Schüler) und *Anbietern* (Lehrerinnen und Lehrern). Lehrkräfte haben die
Aufgabe, sämtliche ihnen zur Verfügung stehenden Lehrmittel zu nutzen, wobei
Informations- und Kommunikationstechniken ein neues Medium darstellen. Der
Computer als „instrumentelles Medium" (Nake 1993: 182ff) erweitert das Spektrum der unterrichtlichen Nutzung, für deren Formen zwangsläufig andere organisatorische Rahmenbedingungen geschaffen werden müssen, um sie voll ausschöpfen zu können. Es geht deshalb um mehr als die Versorgung mit Technik,
wenn von Schulen am bzw. im Netz oder neuen Medien im Unterricht die Rede
ist. Computer mit Internetanschluss sollen nicht nur als Lerngegenstand behandelt werden, sondern als Lernmittel in ihrer Funktion als Automat, Werkzeug
und Medium in den Unterricht in alle Fächer integriert werden. Das Spektrum
der Möglichkeiten zum Einsatz von IuK-Medien als Werkzeuge hat sich in den
letzten Jahren durch Multimedia-CD-ROM und Internet erheblich erweitert.
Traditionelle und multimediale Präsentations-, Interaktions- und Simulationsmög-

lichkeiten lassen sich mit neuen Formen der Telekommunikation verbinden.
Folgende Einsatzmöglichkeiten sind denkbar:

Abbildung 9:   Medienmodell für den Bereich Schule

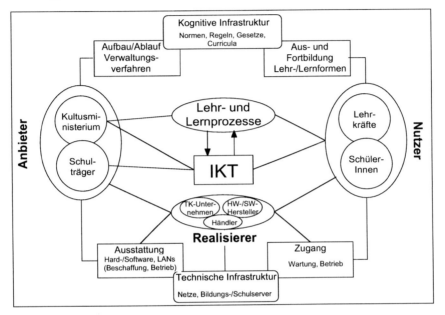

- Computer können als Automaten zum Üben und Trainieren eines definierten Lernstoffes eingesetzt werden (Vokabeltrainer oder Mathetrainer).
- Computer können mit CD-ROMs wie elektronische Bücher und ergänzend zum Unterricht in allen Fächern eingesetzt werden.
- Computer können mit Simulationsprogrammen das modellhafte Erkunden und Ausprobieren unterstützen.
- Computer können als Werkzeuge für das Schreiben und die Präsentation von Arbeitsergebnissen genutzt werden.
- Mit Computern kann das Internet als Informationsquelle genutzt werden, und daran kann gelernt werden, welche Suchstrategien effektiv sind, wie man Informationsquellen beurteilt.
- Mit Hilfe von vernetzten Computern lassen sich Kommunikations- und Kooperationsbeziehungen per E-Mail oder Videokonferenz innerhalb einer Schule und schulübergreifend zwischen Lehrenden und Lernenden herstellen.
- Vernetzte Lernumgebungen erlauben das Lernen in Hypertexten und unterstützen individuelle und explorative Herangehensweisen.

Computer könnten somit grundsätzlich Schulbücher, Arbeitshefte und Arbeitsblätter sowie Folien ergänzen und teilweise ersetzen. Ihr Vorteil besteht insbesondere darin, verschiedene Lernelemente flexibel zusammenstellen zu können. Dank der Möglichkeit der Digitalisierung von Lehr- und Lernmaterial und der wachsenden Anbindung an externe Netze wird ein schneller und ortsungebundener Zugriff möglich, wodurch mit der Zeit eine große Menge an Unterrichtsmaterialien entsteht, so dass auch Informationen zugänglich gemacht werden können, die bislang nur für einen eingeschränkten Benutzerkreis verfügbar waren.

Die Wirkung des IT-Einsatzes auf den Lehr- und Lernprozess sind nur langfristig zu bewerten und stehen bereits im Fokus zahlreicher empirischer Untersuchungen (vgl. Kapitel 3.1.2). Was bisher unterschätzt wurde, sind die organisatorischen Rahmenbedingungen, die einen nachhaltigen Einsatz bedingen, sowohl auf der Ebene der einzelnen Schule als auch auf der institutionellen Ebene. Informations- und Kommunikationstechniken als Medien für Lehr- und Lernprozesse in Schulen müssen in Wechselwirkung zwischen Technik und Inhalten gesehen werden. Auf der Seite der Technik geht es um die instrumentelle Kompetenz von Lehrenden und Lernenden zur Nutzung der *technischen Infrastruktur*. Darunter muss die IT-Infrastruktur (Hardware und Standardsoftware), die lokalen Netze in den Schulen und ihre Anbindung an das Internet subsumiert werden. Neben der Beschaffung und Bereitstellung der technischen Infrastruktur geht es um die Sicherstellung des laufenden Betriebs, um die Wartung sowie um den technischen Support. Die verschiedenen technikorientierten Aufgaben lassen sich unter den Begriff IT-Management subsumieren (vgl. Breiter 2000, 2001).

Die zentralen Variablen auf der inhaltlichen Ebene betreffen die Aufbau- und Ablauforganisation im Schulsystem – sowohl bei der Einzelschule (zwischen Schulleitung, Fachabteilungen, Schulumfeld oder *School Boards*), bei den Kommunen bzw. Distrikten (zwischen IT- und Schulabteilung sowie Bauamt) als auch bei den Ministerien auf Bundes- und Länderebene. Hier werden Strukturen aufgebaut und Regelungen getroffen, die unmittelbaren Einfluss auf das Handeln der Akteure im lokalen Handlungskontext haben (Definition von Lernzielen, curriculare Bestimmungen, Maßnahmen zur Aus- und Fortbildung). Dabei ist auf Seiten der Lehrkräfte die Motivation zum Einsatz neuer Medien im Unterricht ebenso relevant wie die der Schülerinnen und Schüler, die sich auch unter den Begriff Lehr- und Lernkultur subsumieren lassen.

Der Erfolg bzw. Misserfolg der staatlichen Förderprogramme kann sowohl an quantitativen als auch an qualitativen Kriterien festgemacht werden. Erfolg wird im Kontext des IT-Einsatzes in der Schule als Förderung eines nachhaltigen IT-Einsatzes in der Schule verstanden, d.h. es wird der Frage nachgegangen, in wieweit organisatorische und inhaltliche Strukturen aufgebaut sowie finanzielle Rahmenbedingungen geschaffen werden, die eine Fortsetzung über den ursprünglichen Förderzeitraum hinaus möglich machen.

a. quantitativ: die selbstgesteckten (expliziten und impliziten) Ziele können anhand von statistischen Parametern (Schulen mit Internet, Schüler pro PC, vernetzte Klassenräume usw.) bewertet werden. Dies muss in Beziehung zum finanziellen Umfang des Programms gesetzt werden.

b. qualitativ: die Kriterien ergeben sich aus den zu entwickelnden Erfolgsfaktoren und den Erwartungen der Akteure an einen nachhaltigen Technikeinsatz.

Zusammenfassend wird in den Fallstudien deutlich werden, welche Faktoren von ausschlaggebender Bedeutung aus Sicht der Beteiligten für eine nachhaltige Entwicklung des Projektes bzw. Programms sind, welche Bedeutung den einzelnen Bereichen zukommt und welche Maßnahmen für eine nachhaltige Entwicklung notwendig sind.

3.1.4 Drei-Ebenen-Modell für den IT-Einsatz in Lehr- und Lernprozessen

Zur Operationalisierung des Medienmodells müssen zusätzlich zur Unterscheidung zwischen Technik und Inhalt noch verschiedene Akteursebenen unterschieden werden.

Abbildung 10: Drei-Ebenen-Modell für den IT-Einsatz in Lehr- und Lernprozessen

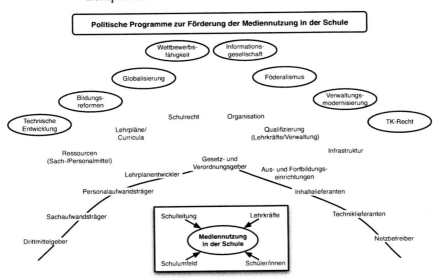

3.1.4.1   Lokaler Handlungskontext

Im lokalen Handlungskontext agieren sämtliche der Schule und ihrem direkten Umfeld zuzuordnenden Akteure. Dazu gehören neben den Lehrkräften und den Schülerinnen und Schüler die Schulleitung als Verwaltungsinstanz der Schule mit unterschiedlichen Verantwortlichkeiten in den beiden Ländern und das Schulumfeld, das sich aus Eltern und der *local community* zusammensetzt. In den Fallstudien werden Schulen untersucht und die Umsetzung der staatlichen Förderprogramme aus der Perspektive der involvierten Akteure (Schulleitung, IT-Lehrkräfte) beschrieben. Dabei geht es um den Einsatz von IuK-Medien im Unterricht, die Ausstattung unter Berücksichtigung der existierenden Förderprogramme, die Abstimmungsprozesse mit den verschiedenen Institutionen und den Umfang an finanzieller und inhaltlicher Unterstützung. Da sich eine Analyse der Wirksamkeit des IT-Einsatzes nur auf Basis von langfristig orientierten empirischen Untersuchungen erreichen lässt, wurde bei der Untersuchung der politischen Programme ein Schwerpunkt auf die staatliche Unterstützung (sowohl finanziell, inhaltlich und organisatorisch) und die Restrukturierung der schulinternen Aufbau- und Ablauforganisation (zwischen Schulleitungen, Fachbereichen und Kollegium) gelegt.

3.1.4.2   Regelsetzer

Bei den Regelsetzern im Kontext der Förderung neuer Medien in Schulen lassen sich verschiedene Akteure identifizieren, die auf kommunaler Ebene, auf der Ebene der Bundesländer bzw. Bundesstaaten und auf der Bundesebene zu lokalisieren sind. Die Aufgabe der Regelsetzer besteht darin, die geeigneten finanziellen, rechtlichen, organisatorischen, curricularen, infrastrukturellen und qualifikatorischen Rahmenbedingungen zu setzen bzw. anzupassen, um die Arbeit mit neuen Medien im lokalen Handlungskontext der Akteure in der Schule zu ermöglichen und zu verbessern. Diese Regelsetzungen sind dadurch gekennzeichnet, dass sie von den Akteuren im lokalen Handlungskontext nicht beeinflusst werden können. Die konkreten Akteure werden in den einzelnen Fallstudien benannt und unterscheiden sich von Land zu Land.

Für die finanziellen Ressourcen sowohl bei den Sach wie bei den Personalmitteln wird zwischen *Sachaufwandsträgern* (Distrikte und Kommunen) und *Personalaufwandsträgern* (Distrikte und Bundesländer) sowie *Drittmittelgebern* (Sponsoren, Bundesprogramme) unterschieden. Dort werden Entscheidungen hinsichtlich der Höhe, des Umfangs und der Dauer einer Förderung der Medienintegration in den Unterricht getroffen und wirken direkt auf die Akteure im lokalen Handlungskontext. Die *Lehrplanentwickler* (Kultusministerien und Distrikte) sind für die curricularen Rahmenbedingungen verantwortlich. Je nach Schwerpunkt und Interpretation der Lehrpläne kann von ihnen eine unmittelbare Wirkung auf die Lehrkräfte in den Schulen ausgehen. Die allgemeinen organisatorischen und rechtlichen Rahmenbedingungen für die Arbeit in den Schulen werden in beiden Ländern durch die *Gesetz- und Verordnungsgeber* (Länderparlamente, *School Boards, Governors*) bestimmt. In den Schulgesetzen sind die allgemeinen Bildungsziele verankert und die Zuständigkeiten der verschiedenen Institutionen im Schulsystem festgelegt. Änderungen in der Ablauf- und Aufbauorganisation, die durch die Bedeutung von Informations- und Kommunikationstechniken als Medien notwendig wären, sind daher nicht im lokalen Handlungskontext, in dem die Probleme auftreten, zu lösen, sondern werden in aufwendigen Abstimmungsprozessen auf der Ebene der Rahmensetzer entschieden. Um neue Medien in der konkreten Unterrichtssituation einsetzen zu können, ist eine kontinuierliche Qualifizierung der aktiven Lehrkräfte ebenso wie die Ausbildung der neuen Lehrkräfte erforderlich. Dafür sind die *Aus- und Fortbildungseinrichtungen* (sowohl staatliche als auch nicht-staatliche Organisationen) verantwortlich. Ihre Fähigkeit zur Anpassung ihrer Angebote und Curricula auf die neuen Erfordernisse in der Schule ist zu untersuchen. Für die konkrete technische Ausstattung von Schulen waren schon immer die Sachaufwandsträger verantwortlich – ihre Durchführung erfolgte durch externe Unternehmen (*Techniklieferanten*). Allerdings erfordert eine zunehmende Vernetzung der Schulgebäude und Unterrichtsräume und die Anbindung an das Internet eine Abstimmung zwischen den Lieferanten der IT-Infrastruktur und denjenigen, die für die Netzinfrastruktur (*Netzbetreiber*) zuständig sind. Außerdem haben sich durch die finanzielle Notlage der öffentlichen Haushalte immer mehr Unternehmen als Sponsoren oder in Form von Public Private Partnerships in Schulen engagiert. Deren Vorstellungen und Interessen sind daher auch bei der konkreten Einsatzsituation vor Ort zu berücksichtigen. Während vor 20 Jahren die Schulbuchverlage die alleinigen *Inhaltelieferanten* für Schulen waren, die in Deutschland und in manchen US Bundesstaaten ihre Produkte zur Verwendung im Unterricht von den Kultusministerien zertifizieren lassen mussten, sind durch die digitalen Medien neue Akteure auf den Markt gekommen und die etablierten Überprüfungs- und Genehmigungsverfahren für Lernsoftware oder Online Materialien sowie ihre Bereitstellung (durch Bildstellen oder *Clearing*stellen) sind kaum noch wirkungsvoll.

Diese verschiedenen Akteure müssen sich innerhalb der jeweiligen Institution (intraorganisational) sowie untereinander (interorganisational) und mit der Schule als lokalem Handlungskontext abstimmen und sind zudem noch an übergreifende Rahmenbedingungen gebunden, die sie aus ihrem jeweiligen Handlungsbereich heraus nur sehr eingeschränkt beeinflussen können.

3.1.4.3   Rahmenbedingungen

Die politischen Programme zur Förderung der Mediennutzung in den Schulen sind ebenso wie die Akteure auf der regelsetzenden Ebene in einem allgemeinen Kontext übergeordneter Bedingungen zu sehen, auf die sie selbst nur geringen Einfluss haben. So steht bei allen betrachteten Initiativen zur Informationsgesellschaft die Vorstellung im Vordergrund, die Bildung in den staatlichen Schulen könnten durch den IT-Einsatz nicht nur moderner werden, sondern die Fähigkeiten der Schülerinnen und Schüler auch im internationalen Vergleich verbessern und damit letztlich einen Beitrag zur Wettbewerbsfähigkeit des Landes leisten. In beiden Ländern muss vom Bildungsföderalismus als unverrückbarer Größe ausgegangen werden. Die Zuständigkeiten der Bundesländer bzw. Bundesstaaten für die allgemeinbildenden Schulen steht somit als Rahmenbedingung fest, muss aber bei der Untersuchung der Implementierung der konkreten Bundesprogramme immer mitberücksichtigt werden. In gleicher Weise gelten insbesondere in Deutschland (auch im Rahmen der Europäischen Union) bestimmte Richtlinie (z.B. für die Vergabe von öffentlichen Aufträgen oder das Beamtenrecht), die für alle Bereiche gleichermaßen gelten und damit nicht speziell für den Bildungssektor geändert werden können.

Neben den bereichsspezifischen Aktivitäten für die Förderung des Medieneinsatzes in Schulen müssen auch die verschiedenen Reformbestrebungen in den Blickpunkt gerückt werden, die keine spezifische Fokussierung auf die Technik haben, aber dennoch von hoher Relevanz für die Entwicklung im lokalen Handlungskontext sowie auf der regelsetzenden Ebene sind. So spielen die allgemeinen gesellschaftlichen Vorstellungen von einer Bildungsreform wie sie in politischen Papieren und von Kommissionen beider Länder immer wieder formuliert wurden, für die konkrete Arbeit in der Schule immer dann eine Rolle, wenn Vergleichsstudien vermeintliche Defizite in der Ausbildung offenlegen. Sofort werden Lehrkräfte, Schulleitungen und die Kultusbehörden damit konfrontiert, welche Maßnahmen sie zur Beseitigung der Missstände ergreifen werden. Parallel dazu spielt für die Sachaufwandsträger die Einführung neuer Steuerungsmodelle in der öffentlichen Verwaltung (Kosten- und Leistungsrechnung sowie *Controlling*) im Sinne einer Verwaltungsmodernisierung nicht nur verwaltungsintern, sondern auch im Umgang mit der (teilautonomen) Schule eine wichtige Rolle. Betrachtet man die rasante technische Entwicklung, so sind Schulbehörden und Schulen nicht nur auf die externe Expertise zur Beurteilung der für sie relevanten Infrastrukturen angewiesen. Darüber hinaus bringt der Einsatz von Informations- und Kommunikationstechniken neue rechtliche Herausforderungen mit sich, auf die weder die Schule noch die Schulbehörden Einfluss haben, die aber für das Handeln im lokalen Kontext von hoher Relevanz sind (z.B. Urheberschutz, Datenschutz, Jugendschutz, Medienrecht).

3.1.5   Wahl der Fälle

Es sollen alle institutionellen Akteure und ihre Abstimmungsprozesse berücksichtigt werden. Das bedeutet bei der Analyse des staatlichen Programms (Top-Down), dass sämtliche Akteure auf Bundes und Länderebene, die nachgeordneten Behörden (Kreise, Städte, Counties, Distrikte) und die jeweiligen Akteure in den Einzelschulen relevant sind. Bei der Untersuchung des lokalen Handlungskontextes vor Ort (Bottom-Up) wurde eine innovative Schule bzw. Kreis oder Distrikt ausgewählt (in der Regel aufgrund von Vorkenntnissen aus anderen Studien) und dann die darüberliegenden Institutionen bis zum Bundesstaat bzw. Bundesland betrachtet.

3.1.5.1 Staatliche Programme (Top-Down)

In den USA wurde eine Vorstudie über die Implementierung der *Technology Literacy Challenge* in vier Bundesstaaten durchgeführt (Kalifornien, Massachussetts, Illinois, Virginia). Daraus stellte sich Illinois als am besten organisiert heraus, d.h. dort wurden im Rahmen eines bundesstaatlichen Förderprogramms am umfassendsten die relevanten Bereiche aus dem Medienmodell berücksichtigt. Kalifornien war dagegen auf der bundesstaatlichen Ebene bislang ohne großangelegte Förderprogramme, dafür wurden aber in einzelnen Distrikten und Counties sehr frühzeitig Initiativen auch mit privatwirtschaftlichen Partnern begonnen.

In Deutschland wurden ebenfalls in einer Vorstudie verschiedene Programme der Bundesländer sowie ihre Umsetzung der Bundesinitiative Schulen ans Netz (SaN) untersucht (Baden-Württemberg, Bayern, Berlin, Bremen, Hessen und Nordrhein-Westfalen). Baden-Württemberg gilt sowohl bezüglich des finanziellen als auch des inhaltlichen Umfangs neben Nordrhein-Westfalen und Bayern als Vorreiter und hat weit über das Niveau von SaN hinaus Projekte gestartet. Als Kontrast zu einem Bundesland mit Eigeninitiative stand Hessen, das auf der einen Seite im Rahmen von BLK-Modellversuchen auch im Medienbereich traditionell eine bedeutende Rolle einnimmt, bei der Umsetzung eigener Förderprogramme sich aber zurückhielt und nur SaN ergänzte.

3.1.5.2 Handlungsstrategien im lokalen Kontext (Bottom-Up)

In den USA existierten bereits Mitte der 1990er Jahre Untersuchungen auf Basis von Fallstudien über Schulen, die beim Multimediaeinsatz innovativ waren. Dazu gehörte z.B. eine Schule der Primarstufe in einem großen städtischen Schuldistrikt in Kalifornien. Ausgehend von dieser Studie werden hier die Rahmenbedingungen vor Ort und im Distrikt untersucht und zugleich die Initiative des zuständigen Counties betrachtet und ihre Wirkungen analysiert. Zum Vergleich werden dann weitere Schulen hinzugezogen. Durch die dezentrale Ausrichtung des kalifornischen Schulsystems werden zahlreiche zentrale Dienstleistungen nicht mehr vom California Department of Education (CDE), sondern von *Counties* übernommen. Im Bereich der Bildungsmedien bietet das County Dienstleistungen an und dort wurden in einem städtischer Schuldistrikt Schulen besucht, um die Auswirkungen der Programme zu analysieren. In Illinois wurde ein innovativer suburbaner Distrikt und darin Schulen besucht, der zu den ersten in den USA gehörte, die ein *Innovation Challenge Grant* aus dem Bundesprogramm TLC gewann. Als Kontrast diesem Distrikt und für den Vergleich zur

Großstadt in Kalifornien wurde ein großer städtischer Distrikt ausgewählt, in dem aufgrund von Vorstudien bereits eine Schule als Vorbild verwendet wurde. In Deutschland stellt sich die Auswahl von Schulen aus der Bottom-Up-Perspektive erheblich schwieriger dar. Bisher existieren vornehmlich Initiativen einzelner Lehrkräften, systematische Ansätze der kommunalen Schulträger waren nicht zu finden. Auf Basis der im ersten Jahr durch SaN geförderten Schulen wurden zum Vergleich in Baden-Württemberg Schulen ausgewählt, bei denen auch Eigeninitiative vor SaN existierte und dann die Rahmenbedingungen bei einem Schulträger im Kreis und der kreisfreien Stadt untersucht. In Hessen wurde einerseits ein Flächenkreis gewählt, in dem andere Rahmenbedingungen für die Versorgung der Schulen als in einer Großstadt herrschen. Zudem hat der ausgewählte Landkreis frühzeitig neue Steuerungskonzepte (dezentrale Ressourcenverantwortung) eingeführt und die Schulen damit in die Pflicht genommen. Als Kontrast dazu wurde eine Großstadt gewählt, in der nach schleppendem Beginn sich erste systematische Planungsansätze entwickelt haben.

3.2 Ausgangssituation im Bereich Bildung in Deutschland

3.2.1   Schulen in Deutschland

Nach Art. 7 I GG untersteht das gesamte Schulwesen der Aufsicht des Staates. In der föderalen Struktur der Bundesrepublik Deutschland sind dafür die einzelnen Bundesländer zuständig (Art. 30 GG). Das *Bundesministerium für Bildung* (seit 1994 Teil eines größeren Ministeriums, derzeit Bildung und Forschung, BMBF) hat nur eingeschränkte Kompetenzen, die sich vor allem auf die Hochschulen sowie die beruflichen Bildung im „dualen System" beschränkt. Der Bund hat aufgrund seiner Zuständigkeit für den öffentlichen Dienst (Besoldungs und Tarifrecht) indirekten Einfluss auf das pädagogische Personal in den Schulen, obwohl Lehrerinnen und Lehrer Landesbedienstete sind.

Die *Bundesländer* haben die Verantwortung über die Gestaltung der Bildungspolitik und die Aufsicht über die Schulen. Das Kultusministerium und seine nachgeordneten Behörden haben die Verantwortung über Entwurf und Ausführung der Bildungspolitik. Dazu gehört die Aufstellung von Rahmenplänen, die Dienst, Fach und Rechtsaufsicht über das pädagogische Personal an den Schulen wie auch die Abwicklung ihrer Besoldung, die Ausbildung der Lehrkräfte und die langfristige Bildungsplanung und Schulentwicklung. Eine gewisse Vereinheitlichung der Bildungspolitik der Länder wurde durch die Einrichtung der *Ständigen Konferenz der Kultusminister* (KMK, seit 1949) erreicht. (vgl. Anweiler 1996). Dazu gehören aufgrund des Einstimmigkeitsgebots bei Beschlüssen insbesondere die gegenseitige Anerkennung von Abschlüssen von allgemein und berufsbildenden Schulen, die Abstimmung von Schul und Ferienzeiten sowie Fragen nach der Durchlässigkeit zwischen bestimmten Schulstufen und arten und die Regelungen zum Fremdsprachenerwerb. Als Koordinationsgremium zwischen dem Bund und den Ländern dient die *Bund-Länder-*

Kommission für Bildungsplanung und Forschungsförderung (BLK). Sie konzipiert und koordiniert die Weiterentwicklung des Schulwesens und fördert die Erprobung neuer pädagogischer und organisatorischer Konzepte (Modellversuche). Die Finanzierung der Modellversuche erfolgt in der Regel jeweils zur Hälfte durch den Bund und die Länder, wobei die Bundesländer Personalmittel in Form von Lehrerstunden einbringen können.

Abbildung 11:   Aufbauorganisation des deutschen Schulsystems

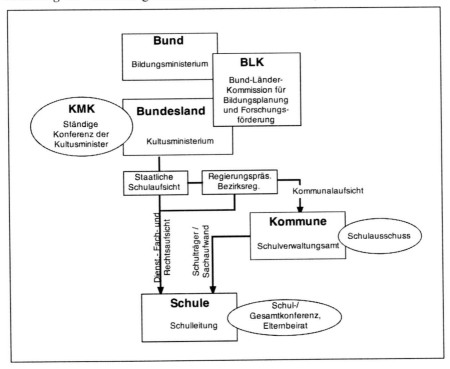

Die *Kommunen* (Landkreise, kreisfreie Städte und Gemeinden) sind die Schulträger und für die Sachausstattung, den laufenden Sachaufwand und das nichtpädagogische Personal (Sekretariat, Hausmeister) verantwortlich. Dies ergibt sich aus dem Recht auf kommunale Selbstverwaltung nach Art. 28 II GG. Ihre Zuständigkeiten hängen von den jeweiligen Bestimmungen in den Bundesländern ab. Die Schulträger unterliegen der Kommunalaufsicht, die je nach Bundesland und Gebietskörperschaft unterschiedlich geregelt ist. Die Schulträger bilden in der Regel Schulkommissionen bzw. Schulausschüsse, in denen sowohl Lehrkräfte, Schülerinnen oder Schüler sowie die Kirchen vertreten sind.

Die Rolle der Schule und damit auch die Bedeutung der *Schulleitung* steigen aufgrund verstärkter Dezentralisierung. Die Einführung der Budgetierung bei vielen kommunalen Schulträgern hat der Schulleitung eine gewisse Autonomie über den Haushalt eröffnet. Nahezu parallel dazu wird in einigen Bundesländern von der Schulen verlangt, ein eigenes pädagogisches Profil (Schulprogramm) zu erstellen. Die Rolle der Schule im Rahmen der schulbezogenen Curriculumentwicklung soll dadurch gestärkt werden. Schulleiterinnen und Schulleiter in Deutschland haben bisher traditionell sowohl direkte pädagogische Aufgaben als auch übergeordnete Managementaufgaben. Nur in großen Schulen sind sie vollständig vom Unterricht freigestellt. In den Stadtstaaten hat die *Schulkonferenz* als Gemeinschaftsgremium von Lehrkräften, Schülerinnen und Schülern, Eltern und Schulleitung seit längerem eine stärkere Bedeutung als in den Flächenstaaten und reduziert den Einfluss der Schulleitung auf Funktionen eines „Vollzugs und Kontrollorgans" (Wissinger 1996, 20). In jüngster Zeit haben auch einige Flächenstaaten, in denen bislang die Übergabe der sogenannten „Gesamtverantwortung" (also pädagogisch und administrativ) an die Schulleitung bei gleichzeitiger Beibehaltung der individuellen pädagogischen Verantwortung der Lehrkräfte erfolgte, ihre Schulgesetze novelliert und damit der Schulkonferenz als ultimatives Entscheidungsgremium unter Beteiligung der Eltern- und der Schülervertretung eine stärkere Bedeutung zugemessen.

Tabelle 4:   Schul und Schülerzahlen in Deutschland (Schuljahr 1997/98)

	Schulen	Schülerinnen und Schüler	Lehrerinnen und Lehrer
Schulkindergärten mit Vorklassen	4.217	75.679	5.364
Grundschulen	26.288	4.093.191	224.852
Hauptschulen		1.109.957	74.986
Schularten mit mehreren Bildungsgängen	1.293	383.744	25.596
Realschulen	3.485	1.224.580	73.664
Gymnasien	3.167	2.199.558	153.983
Integrierte Gesamtschulen	965	607.434	43.423
Gesamt (allgemeinbildende Schulen)	43.118	10.145.900	604.828
Verwaltungseinheiten (nach Länderstatistiken)[*]	31.113		
Berufliche Schulen (aller Art)	9.300	2.407.000	108.083
Verwaltungseinheiten (nach Länderstatistiken)[*]	2.317		
Gesamt	52.418	12.552.900	713.011
Verwaltungseinheiten (nach Länderstatistiken)[*]	33.430		

[*] Die bislang vom Statistischen Bundesamt herausgegebenen Statistiken gliedern nach Schulformen und nicht nach Einrichtungen oder Verwaltungseinheiten. Dieses Vorgehen bedingt Mehrfachzählungen. Die Statistischen Landesämter ermitteln dagegen Verwaltungseinheiten bzw. Einrichtungen (vgl. StBA 1998).

Die öffentlichen Bildungsausgaben werden nahezu ausschließlich über Steuereinnahmen der Gebietskörperschaften finanziert. Zur Gewährleistung der gleichen Lebensbedingungen erfolgt aufgrund der unterschiedlichen Finanzstärke der Bundesländer nach einem bestimmten Schlüssel ein Ausgleich (Länderfinanzausgleich, Art. 107 II GG). Dazu kommt zum Ausgleich von Unterschieden innerhalb der Bundesländer der kommunale Finanzausgleich, der in allen Bundesländern ähnlich funktioniert. Bezogen auf Gesamtdeutschland betrugen die öffentlichen Ausgaben für die Primar und Sekundarstufe 1995 2,9 Prozent des Bruttoinlandsprodukts (BIP). Einschließlich der Zuwendungen an private Einrichtungen summierten sich die Aufwendungen auf sechs Prozent aller öffentlichen Ausgaben. Insgesamt werden somit in Deutschland 3.300 US-$ für jede Schülerin und jeden Schüler in der Primarstufe und 6.200 US-$ in der Sekundarstufe bereitgestellt (OECD 1998). Die Grundmittel der öffentlichen Haushalte für Schulen und vorschulische Bildung (einschl. Unterrichtsverwaltung) teilten sich 1995 wie folgt auf die Gebietskörperschaften auf: 72 Prozent trugen die Länder, 27 Prozent die Gemeinden und ein Prozent der Bund (StBA 1998). Der größte Teil der Bildungsausgaben der öffentlichen Haushalte (ca. 70 Prozent) ist durch Personalausgaben gebunden.

3.2.2   Verbesserung von Schule durch den IT-Einsatz

Bereits Anfang der 1980er Jahre gab es die Forderung nach gesamtstaatlichen Initiativen, um die drohende „Bildungskrise" aufgrund der fehlenden Ausstattung der Bildungseinrichtungen mit Informationstechnik abzuwenden (Haefner 1982). 1983 wurde vom Bundesministerium für Bildung und Wissenschaft (BMBW) und vom Bundesministerium für Forschung und Technologie (BMFT) auf die Notwendigkeit einer informationstechnischen Grundbildung hingewiesen um die bildungspolitischen Herausforderungen der neuen Technologien bewältigen zu können (BMFT/BMBW 1984). Die KMK und die BLK konnten sich Mitte der 1980er Jahre auf ein gemeinsames Vorgehen aller Bundesländer zur Einführung der Informationstechnischen Bildung (ITB) einigen. Die curriculare Integration umfasst im allgemeinbildenden Bereich der Sekundarstufe I die informations und kommunikationstechnische Grundbildung (ITG bzw. IKG) sowie in der Sekundarstufe II Informatik als Wahl(pflicht)fach im Rahmen von Grund bzw. Leistungskursen. Inzwischen ist die ITG in allen Bundesländern und in allen Schularten eingeführt worden, wenn auch mit unterschiedlichen Konzepten (vgl. Ackermann 1992; Stritzky 1995; Tully 1994).

Die Erweiterung der Nutzungsmöglichkeit von Computern im Unterricht durch die mediale Komponente und ihre Verbreitung in allen Lebens- und Arbeitsbereichen wirkte sich auch auf die Diskussion um die Lehrpläne aus. Erste Aspekte einer Medienerziehung und die fächerübergreifende Mediennutzung wurden bereits im Gesamtkonzept der BLK für die ITG formuliert (BLK 1987, 29). Dort werden Fähigkeiten (von der kritischen Reflexion bis zur Gestaltung) zum Umgang mit Medien genannt, die in der Schule vermittelt werden sollen. Mitte der 1990er Jahre wurden diese Aspekte im BLK-Orientierungsrahmen „Medienerziehung in der Schule" bestätigt und grundlegende didaktischen Grundsätze formuliert (BLK 1995): 27f). Die Integration der Medienerziehung in den jeweiligen Fächerkontext ist allerdings in den Bundesländern unterschiedlich weit vorangeschritten (vgl. (Aufenanger 1997; Dichanz 1998).

Die Bedeutung einer Medienkompetenz wird mittlerweile nicht mehr bestritten, über ihre Ausgestaltung wird jedoch umso mehr diskutiert. In einer Delphi-Befragung wurde nach den Anforderungen des nächsten Jahrtausends an die zukünftigen Absolventinnen und Absolventen gefragt. Einheitlich gaben alle Befragten an, das Bildungsziel solle nicht nur das breite und ganzheitliche Allgemeinwissen sein, sondern insbesondere die Persönlichkeitsentwicklung (BMBF 1998, 152ff). Hohe Noten bei der Bewertung ihrer Wichtigkeit erhielten sämtliche Felder des Allgemeinwissens. Die Kenntnisse im Umgang mit Informations- und Kommunikationstechniken wurden hinsichtlich der Beherrschung von Anwendungen, die Fähigkeit zur strategischen Suche und Auswahl von Informationen und die Nutzung geeigneter Informationsquellen und Dokumentationen konkretisiert.

Über die Ausstattung der deutschen Schulen mit Informations- und Kommunikationstechniken, die sowohl für die speziellen Fächer der ITB, fächerintegriert als auch für die Medienerziehung genutzt werden können, existieren wenig statistische Daten. Da die Schulträger für die sächliche Ausstattung verantwortlich sind, gab es bis Mitte 2000 keine bundesweite Erhebung. Der Fachverband Informationstechnik (FVIT) im VDMA/ZVEI zählte 1996 110.000 Computer für die sieben Millionen Schülerinnen und Schüler an westdeutschen Schulen (FVIT 1996). Anfang 2000 wurde von der KMK eine erste landesweite Erhebung in Auftrag gegeben, deren Ergebnisse im August 2000 präsentiert wurden. Es stellte sich heraus, dass die Zahlen sehr stark zwischen den Schulformen variieren (insbesondere berufliche Schulen mit einem Schwerpunkt in Informations- und Kommunikationstechnik und Gymnasien haben eine fortgeschrittene Ausstattung). Angaben zur Zahl von Schulen mit Internetverbindung existieren ebenfalls nicht. 1996 gingen Schätzungen davon aus, dass weniger als zehn Prozent aller Schulen angeschlossen waren (Gapski 1997).

Der Druck auf die Politik, an dieser mangelhaften Ausstattungssituation etwas zu ändern, nahm seit Mitte der 1990er Jahre von verschiedenen Seiten zu. Vor allem die Wirtschaftsverbände beklagten unter Verweis auf die Entwicklungen in den USA die mangelnden IT-Kenntnisse der Absolventinnen und Absolventen. Eltern fürchteten um die beruflichen Chancen ihrer Kinder und investierten in die heimische PCAusstattung und in Computerkurse. Diese „Privatisierung der Bildung" (Tully 1994) war als Gegenmaßnahme zur inadäquaten Dienstleistung der staatlichen Bildungseinrichtungen zu sehen. Im Prinzip waren sich Wirtschaft und Politik einig, dass umfangreiche Programme aufgelegt werden müssten, um eine flächendeckende Versorgung der Schulen zu erreichen. Während sich die Wirtschaftsunternehmen nicht um die föderalen Machtspiele kümmern wollten, hatte die Bundesregierung mangels originärer Zuständigkeit kaum Handlungsspielraum. Es blieb daher unklar, wer die Ausstattung unter welchen Bedingungen auch langfristig finanziert. Deshalb blieben die Aktivitäten an wenigen Promotorinnen und Promotoren in den Schulen und bei lokal ansässigen Unternehmen hängen. Auf der Ebene der Bundesländer wurde und wird mit bildungspolitischen Themen Wahlkampf gemacht. Alle Ministerpräsidenten der Länder (und die Ministerpräsidentin von Schleswig-Holstein) und die Kultusministerinnen und minister versuchen sich mit diesem Thema zu profilieren. Auch private Stiftungen haben durch dieses Vakuum an nationalen Initiativen an Einfluss gewonnen. Gerade aufgrund ihrer Förderung von bildungsreformerischen Aktivitäten wird die Bertelsmann Stiftung als „heimliches" Kultusministerium beschrieben (z.B. Dilk 1999; Etzold 1998). Das Kooperationsprojekt von Bertelsmann Stiftung und Heinz Nixdorf Stiftung „Bildungswege in der Informationsgesellschaft (BIG)" ist seit 1996 mit acht Mio. DM die bislang umfangreichste Privatinitiative zu Bildung mit neuen Medien.

Ende 1995 hat der Deutsche Bundestag die Enquête-Kommission „Zukunft der Medien in Wirtschaft und Gesellschaft – Deutschlands Weg in die Informationsgesellschaft" eingesetzt (Deutscher Bundestag 1998). Ein Schwerpunkt lag im Bereich Bildung, der sich unter anderem auch mit der Entwicklung in den Schulen beschäftigte (Deutscher Bundestag 1997). In den Sitzungen zu diesem Themenfeld wurde die Notwendigkeit zur Förderung der IuK in Schulen betont, konkrete Handlungen ergaben sich daraus jedoch nicht.

Als Ausgangspunkt für eine Neuorientierung auf Bundesebene diente ein von der Deutschen Telekom AG unterstütztes Konzept, das unter Leitung der Gesellschaft für Informatik mit zwölf weiteren Partnern erstellt worden war und 1995 vorgestellt wurde (GI 1995). Darin wird die besondere Verantwortung der Bildungseinrichtungen zur Förderung der Medienkompetenz dargelegt. Damit Deutschland in seinem Wandel von der Industrie- zur Informationsgesellschaft seine Wettbewerbsfähigkeit erhalten und verbessern kann, müssten danach Anstrengungen zur Herausbildung eines „Informationsvorsprungs" (GI 1995, 7) unternommen werden. Als wesentliches Ziel des Projektes wurde die Aufklärung der Bevölkerung zum Abbau der Skepsis und dem Aufbau positiver Sichtweisen gegenüber den neuen Informations- und Kommunikationssystemen gesehen.

3.2.3 Staatliche Programme in Deutschland zur Förderung der IT-Nutzung in Schulen

Die Bundesregierung rief daraufhin 1996 eine „Bildungsoffensive" ins Leben. Im Rahmen der Initiative „Info 2000" wurde auf die Notwendigkeit der Vermittlung von Medienkompetenz als Schlüsselqualifikation für die Informationsgesellschaft hingewiesen. Darunter werden folgende Fähigkeiten verstanden (BMWi 1996, 62):

- die erforderlichen Geräte und Programme technisch zu handhaben,
- den Nutzen von Hard- und Software einzuschätzen,
- die Fähigkeit, aus den inhaltliche Angeboten nutzbringend und verantwortungsbewusst auszuwählen,

- die jeweilige „Mediensprache" verstehen und analysieren zu können und
- den Wirklichkeitswert der vermittelten Informationen abzuschätzen.

Daher müsse Medienerziehung zu einer „[...] zentralen Aufgabe des Bildungswesens auf allen Stufen werden." (BMWi 1996, 62). Zur inhaltlichen und didaktischen Orientierung sollte der BLK-Orientierungsrahmen zur Medienerziehung in der Schule dienen. Mangels originärer Zuständigkeit hatte sich die Bundesregierung zur Aufgabe gemacht, Länder, Kommunen, Wirtschaft, Schulbuchverlage, Netzbetreiber und Stiftungen zu kooperativen Anstrengungen aufzurufen. Zwei Bereiche wurden schwerpunktmäßig gefördert (BMWi 1996, 65):

- Angebot eines kostengünstigen Zugangs zu Netzen durch den DFN Verein,
- Start der Initiative „Schulen ans Netz" gemeinsam mit der Deutschen Telekom AG, die eine Summe von rund 35 Mio. DM in Aussicht gestellt hatte.

Zudem sollte die Förderung von Modellversuchen zur Lehreraus- und -fortbildung, zu Lehrangeboten für den Einsatz neuer Techniken und Medien, zur Medienerziehung und zu weiteren Bereichen in der beruflichen und betrieblichen Bildung fortgesetzt werden. Daneben sollten die bereits existierenden Initiativen bzw. Einrichtungen – Offenes Deutsches Schulnetz (ODS) und Schulweb (Internet-Verzeichnis aller Schulen) – weiter gefördert werden.

3.2.3.1   Schulen ans Netz

Das BMBF hatte gemeinsam mit der Deutschen Telekom AG und anderen Industriesponsoren im April 1996 unter der Schirmherrschaft von Minister Rüttgers die Initiative „Schulen ans Netz" ins Leben gerufen. Bei dem ursprünglich mit 60 Millionen DM kalkulierten Projekt (ein Drittel vom BMBF und zwei Drittel von der Deutschen Telekom AG), sollten bis zum Jahr 2000 insgesamt 10.000 deutsche Schulen an das Internet angeschlossen werden. Die Koordination übernahm der für die Laufzeit des Projektes von drei Jahren gegründete Verein „Schulen ans Netz e.V.". In der Initiative sollten konkrete Projekte gefördert werden, die in der Schule oder in der Lehrerfortbildung die Nutzung von Online-Angeboten zum Inhalt hatten. Die Schulen mussten Anträge stellen, die von einem Expertengremium nach pädagogischen Kriterien ausgesucht wurden. In der Konzeption des BMBF, wie sie allen Ausschussmitgliedern des Bildungsausschusses des Deutschen Bundestages übermittelt worden war, wurde folgendes Ziel der Initiative formuliert:

> „[...] mit der Hilfe von Unterrichtsanwendungen und des Zugangs zu den Telekommunikationsnetzen Lehren und Lernen in den Schulen an die Anforderungen der Informationsgesellschaft heranzuführen. Lehrer und Schüler können dann nicht nur die Informations- und Lernprozesse neu gestalten, sondern auch mit anderen Schulen weltweit kommunizieren und zusammenarbeiten." (BMBF 1996: 2)

Zusätzlich wurden auch die Ausstattung mit Hardware, internen Netzwerken, Lehrerfortbildung und der Aufbau der Infrastruktur gefördert. Adressaten waren entweder einzelne Schulen oder Einrichtungen der Länder bzw. Kommunen. Bei der Initiative wurden in mehreren Runden vier Projektarten unterschieden:

- Bei den *Einsteigerprojekten* erhielten die Schulen nach einem entsprechenden Antrag der einzelnen Schule oder einer Fachlehrerin bzw. eines Fachlehrers einen Computer mit ISDN-Karte, Gebührenfreieinheiten und einen kostenlosen Zugang für die Projektlaufzeit von einem Jahr zum Onlinedienst der Deutschen Telekom AG („T-Online") oder zu Onlinediensten anderer Sponsoren.

- *Modellprojekte* wendeten sich besonders an Schulen, die bereits über Erfahrungen mit vernetzten Computern verfügen. Finanziert wurden ebenfalls Gebühreneinheiten, der kostenlose Zugang zu Onlinediensten und zum Internet, Software, sowie die für die Kommunikation erforderlichen technischen Ausrüstungen.

- Die Förderung von *Fortbildungsprojekten* umfasst klassische Fortbildungsveranstaltung durch die staatlichen Einrichtungen und Vor-Ort-Fortbildung.

- Um die *Infrastruktur* für geförderte Schulen zu verbessern, wurden nicht nur Schulen, sondern auch staatliche Institutionen der Lehrerfortbildung und der Medienpädagogik gefördert. Ziele dieser Projekte waren z.B. die Einrichtung eines Landes-Schulservers, eines Bildungsservers oder die Vernetzung von Schulen innerhalb einer Region oder Stadt. Eine weitere Aufgabe der Infrastrukturmaßnahmen war die medienpädagogische, mediendidaktische und computertechnische Betreuung der geförderten Projekte, durch Fortbildungen, sowie Bereitstellung von Hilfen und Materialien zur Umsetzung und inhaltlichen Ausgestaltung der Projekte.

Zusätzlich wurden Sonderprojekte verschiedener Sponsoren als Wettbewerbe aufgelegt, hinzu kamen die Organisation von Arbeitstreffen und Konferenzen sowie der Aufbau und die Betreuung einer Online-Plattform. Zu Beginn des Programms stand der Trägerverein vor großen organisatorischen Problemen. Die Flut von Anmeldungen aus den Schulen konnte kaum bewältigt werden und die Verteilung der Geräte, Gutschriften und Online-Accounts zog sich über viele Monate hin, was zu großer Frustration bei den Schulen führte. Erst in den folgenden Vergaberunden konnte geeignete Strukturen aufgebaut werden – dieses Defizit wurde im Verein erkannt und den fehlenden Erfahrungen zugeschrieben.

Seit dem Schuljahr 1997/98 gibt es eine Sonderfördermaßnahme für Schulen der Sekundarstufe II und für berufliche Schulen, die zu Teilen aus der Initiative „Schulen ans Netz" und zu Teilen aus dem BMBF Programm zur Förderung der Nutzung von elektronischen Fachinformationen unterstützt wird („Informationsquellen in Schulen, InfoSCHUL"). Die nach einem Wettbewerb ausgewählten Projekte sollten zeigen, wie herkömmliche Lehr- und Lernmaterialien durch elektronische Informationsquellen sinnvoll ergänzt werden können (siehe (Drabe/Garbe 1997): D13-D18). Für Grundschulen wurde mit „EnterPreis" ein Internetwettbewerb ausgeschrieben, der die besten und originellsten Internetseiten von Grundschulkindern prämierte. Mit „uni@schule'99" startete der Verein einen Wettbewerb für Lehrende und Lernende an Hochschulen und Schulen. Gesucht wurden praxisnahe Unterrichtsprojekte mit neuen Medien. Für das Jahr 2000 wurde ein Förderprogramm mit einem Volumen von 400 Mio. DM (davon 200 Mio. DM für Schulen) aufgesetzt, das die Entwicklung von qualitätsgeprüfter Lernsoftware und Online-Materialien zum Ziel hatte.

Inzwischen wurden die Fördermittel in jedem Jahr deutlich aufgestockt (nunmehr insgesamt 160 Mio. DM), damit alle Schulen in Deutschland einen Internetzugang erhalten können. Seit Anfang 2000 besteht unabhängig von SaN das Angebot von T-Online, alle Schulen zum Nulltarif ans Netz anzuschließen. Nach diesem Schritt haben sich auch andere Provider zu Sonderangeboten für Schulen entschlossen.

3.2.3.2   BLK-Modellversuche

Seit den 1980er Jahren wurden zahlreiche Modellversuche der Bund-Länder-Kommission für Bildungsplanung und Forschungsförderung (BLK) zur Förderung des Computereinsatzes in den Schulen gestartet, die für die beteiligten Schulen viele Vorteile gebracht haben, deren Breitenwirkung aber beschränkt war. Zwischen 1993 und 1998 gab es verschiedene Programme und Einzelvorhaben in allen Bundesländern mit Bezug zu neuen Medien in Schulen einschließlich wissenschaftlicher Begleitung. Die Breitenwirkung der Modellversuche, die in der Regel von den Bundesländern zu 50 Prozent vor allem über Lehrerstunden finanziert wurden, lässt sich kaum beurteilen (vgl. Weishaupt 1992).

1998 wurde das neue Programm „Systematische Einbeziehung von Medien, Informations- und Kommunikationstechnologien in Lehr- und Lernprozesse (SEMIK)" gestartet und auf fünf Jahre angelegt. Darunter sind Vorhaben für alle Schulstufen und Schularten in allen Bundesländern gefasst, die sich mit dem Einsatz neuer Medien beschäftigen. Das didaktische Leitkonzept des Programms wurde in einem vorbereitenden Gutachten als problemorientiertes Lernen zwischen Instruktion und Konstruktion definiert (Mandl et al. 1998: 15ff). Grundlegend dafür sind Gestaltungsprinzipien wie Lernen anhand authentischer Probleme, Lernen in variierenden Kontexten und Lernen in Gruppen. Medien werden als innovatives *Tool* (im Sinne eines „Werkzeugs") für den Unterricht, als Anlass für die Entwicklung und Anwendung neuer Lehr- und Lernformen im Sinne der konstruktivistischen Lehr- und Lernphilosophie und als Unterrichtsgegenstand (Stichwort „Medienkompetenz") begriffen (siehe Mandl et al. 1998: 5). Dabei spielen die Lehrkräfte eine wesentliche Rolle. Aus diesen Erkenntnissen ergeben sich auch die Schwerpunkte des Programms (Mandl et al. 1998: 34ff): Lehreraus- und Lehrerfortbildung, Schulentwicklung, Entwicklung von Unterrichtskonzepten, Entwicklung und Bereitstellung technischer *Tools* sowie Curriculumentwicklung. Besonderer Wert wird dabei nicht nur auf die Konzeption und

Implementation der Vorhaben gelegt, sondern auch der Dokumentation und Evaluation.

3.2.4 Initiativen der Europäischen Union

Die deutschen Initiativen müssen in einem größeren EU-Kontext gesehen werden. Die EU Kommission hatte bereits 1994 in ihrem Aktionsprogramm zur Informationsgesellschaft (Europäische-Kommission 1994) auf die Förderung der Medienkompetenz als einen Baustein der Informationsgesellschaft hingewiesen. Mit dem dreijährigen Aktionsplan (1996-1998) für eine europäische Initiative in der Schulbildung reagierte die Europäische Kommission auf die Aufforderung des Europäischen Rates, im Rahmen des Vertrauenspaktes für Beschäftigung in Europa auch ein Programm für Schulen zu entwerfen. Dabei stützten sich die Vorschläge auf die Ergebnisse der „Task Force Multimediale Lernprogramme", die Anfang 1996 ihren Bericht vorgelegt hatte (siehe Europäische Kommission 1996b). Die Initiative umfasste drei Ziele, die im Laufe der nächsten drei Jahre verwirklicht werden sollten (Europäische Kommission 1996a: 1):

1. Den Zugang der Schulen zur Informationsgesellschaft beschleunigen, neue Möglichkeiten einer Ordnung schaffen.

1. Die Verbreitung multimedialer Unterrichtsformen fördern und eine „kritische Masse" von Anwendern, Produkten und Diensten im Bereich der multimedialen Lehrmittel schaffen.

2. Die europäische Dimension mit Hilfe der Instrumente der Informationsgesellschaft stärker in die allgemeine und berufliche Bildung einbeziehen, unter Wahrung der kulturellen und sprachlichen Vielfalt.

Die Kommission stützte sich auf bereits existierende Initiativen in den Mitgliedsländern, um Schulen an Kommunikationsnetze anzuschließen, die Lehrerfortbildung zu verstärken und geeignete Software im Sinne pädagogischer Kriterien zu entwickeln. Durch die Vorbereitung der Kinder und Jugendlichen auf die Informationsgesellschaft von morgen solle verhindert werden, dass die Spaltung in „Informationsreiche" und „Informationsarme" zu einer Schwächung der europäischen Gesellschaft insgesamt führt. Von dieser Initiative sollte eine Impulswirkung auf die Mitgliedsländer ausgehen, multimediale Bildungsprogramme verstärkt zu fördern. Trotz Aufnahme der Entwicklung multimedialer Lernprogramme in zahlreiche Gemeinschaftsprogramme stellten die finanziellen Rahmenbedingungen lange Zeit die höchste Hürde zur Verwirklichung der Vorschläge in den Mitgliedsländern dar. Konkrete Maßnahmen konnten von Brüssel nicht gestartet werden, da die Bildungshoheit der Mitgliedsstaaten und die heterogenen Bildungssysteme im Wege standen. Immerhin wurden 1998 die nationalen Regulierungsbehörden für Telekommunikation aufgefordert, Telekommunikationsanbieter zu ermutigen, Sondertarife für Schulen anzubieten und für die marktbeherrschenden Unternehmen eine Genehmigung solcher Spezialtarife zu ermöglichen – diese Möglichkeit wurde in Deutschland lange Zeit nicht wahrgenommen (Europäische-Kommission 1998). Einerseits hatte die Deutsche Telekom bis Anfang 2000 kein Interesse daran, und andererseits wollte die deutsche Regulierungsbehörde (RegTP) dies nicht vorschreiben.

3.2.5   Initiativen der Bundesländer

An der Bundesinitiative „Schulen ans Netz" haben sich im ersten Jahr alle Länder mit Ausnahme Nordrhein-Westfalens beteiligt, das zu diesem Zeitpunkt bereits ein eigenes Programm gestartet hatte („NRW-SaN: Verständigung weltweit"). NRW hatte einen Kontrakt geschlossen, durch den es die Bundesmittel direkt für das eigene Programm (nach bestimmten Vorgaben) verwenden konnte. Ein Jahr später starteten Hamburg und Schleswig-Holstein ebenfalls ein eigenes Programm. Zusätzliche Länderinitiativen existieren seit 1996 in zehn Bundesländern (Baden-Württemberg, Bayern, Bremen, Hessen, Niedersachsen, Rheinland-Pfalz, Saarland, Sachsen, Sachsen-Anhalt und Thüringen), wobei ihr Umfang stark variiert. Auch bei diesen Initiativen ist es das Ziel, den Ausstattungsstand der Schulen zu verbessern und allen Schulen den Zugang zum Internet zu ermöglichen, sei es durch Bereitstellung einer landesweiten Infrastruktur (Baden-Württemberg oder Bremen), durch regionale Provider bzw. Bürgernetze (Bayern) oder durch Vereinbarungen mit regionalen und überregionalen Telekommunikationsanbietern. Die Schulträger und ihre Spitzenverbände wurden erst dann einbezogen, als in der öffentlichen Diskussion heftige Kritik an der Verlagerung der Folgekosten auf die Kommunen geübt wurde. SaN sollte eine Initialzündung für diejenigen Schulen darstellen, bei denen bisher kein Netzzugang vorhanden war.

Tabelle 5:   Charakteristika der betrachteten Bundesländer

	Öffentliche Schulen (1997/98)	Schüler/innen (1997/98)	Lehrer/innen (1997/98)
Baden-Württemberg (4 Oberschulämter, 35 Landkreise, 9 kreisfreie Städte) Ausgaben für Schulen: *9,7 Mrd. pro Jahr*			
Allgemein bildender Bereich	5.727	1.261.389	81.161
Beruflicher Bereich	639	348.841	18.632
Gesamt	*6.366*	*1.610.230*	*99.793*
Hessen (3 Regierungsbezirke, 21 Landkreise und 5 kreisfreie Städte) Ausgaben für Schulen: *5,5 Mrd. pro Jahr*			
Allgemein bildender Bereich	3.084	642.326	43.355
Beruflicher Bereich	2.538	178.661	7.761
Gesamt	*5.622*	*820.987*	*51.116*

Quellen: Statistisches Landesamt Baden-Württemberg 1998, Statistisches Landesamt Hessen 1998, Statistisches Bundesamt 1998

Um die Umsetzung der Bundesinitiative in den Bundesländern zu analysieren und gleichzeitig eine Vergleichbarkeit zu den US-amerikanischen Fällen zu gewährleisten, wurden mit Hessen und Baden-Württemberg zwei Flächenländer ausgewählt.

3.3 Fallstudien Deutschland

3.3.1 Baden-Württemberg

3.3.1.1 Förderprogramm Baden-Württemberg medi@

Nach den Landtagswahlen 1996 wurde die Einsetzung eines Medienrates beschlossen, der sich aus Vertretern der betroffenen Ministerien, Unternehmen, öffentlichen Einrichtungen und den kommunalen Spitzenverbände zusammensetzte. Begonnen wurde mit dem vom Ministerrat 1997 gestarteten Landesprogramm „Baden-Württemberg medi@" für die Dauer der Legislaturperiode bis 2001. Das Programm und einige Projekte sind durch eine enge Kooperation zwischen Land und Wirtschaft gekennzeichnet. An erster Stelle sind darunter die 15 Gemeinschaftsprojekte als „Public-Private-Partnerships" mit der Deutschen Telekom AG (DTAG) zu nennen und die enge Kooperation mit dem aus Unternehmen, Institutionen und privaten Trägern im Mai 1997 gegründeten Verein „Baden-Württemberg: Connected" unter der Geschäftsführung der Medien- und Filmgesellschaft (MFG).

Zu Beginn der Initiativen wurde 1996 die Ausstattungssituation der weiterführenden Schulen mit Computern und Netzwerken im Auftrag des Ministeriums für Kultus und Sport durch das Landesinstitut für Erziehung und Unterricht (LEU) erhoben (Caspar 1997). Der Großteil der etwa 45.000 pädagogisch genutzten Rechner war nicht multimediafähig (386er und 486er), und die Fachräume waren überwiegend weder intern noch extern vernetzt. Über 80 Prozent der Rechner in Computerräumen wurden für Informatik oder ITG genutzt. Der Zugang zu externen Datenquellen war 1996 an weniger als zehn Prozent aller Schulen möglich. Dennoch lag Baden-Württemberg im Vergleich zu den meisten Bundesländern hinsichtlich der Ausstattung der Schulen weit vorne.

Im Rahmen des Teilprogramms „edumedi@" mit insgesamt 48 Projekten fallen Projekte des Kultusministeriums für den Schulbereich und des Wissenschafts¬ministeriums für den Hochschulbereich und Bibliotheken. Die Aktivitäten des Kultusministeriums firmierten auch unter dem Namen „Medienoffensive Schulen", die sich bis 2001 folgende Schwerpunkte gesetzt hat:

- Infrastruktur (Landesnetz, Schulausstattung mit Multimedia-PCs, Bildungsserver, Onlineforum),
- Lehrerbildung (Aus- und Fortbildungsprojekte und Ausstattung der staatlichen Akademien und Studienseminaren),
- Inhalte (innovative Schulprojekte, Medienerziehung, Lernsoftware).

3.3.1.2   BLK-Modellvorhaben

Im laufenden Programm SEMIK (siehe Kapitel 2.3.2) besteht bisher nur eine Beteiligung an dem Verbundprojekt „Weiterentwicklung des Lernens insbesondere in der Sekundarstufe II durch systematische Einbeziehung von Medien, Informations- und Kommunikationstechnologien" zusammen mit Nordrhein-Westfalen, dem Saarland und Sachsen. Der Versuch, die Mediendatenbank (Onlineforum Medienpädagogik) durch die BLK fördern zu lassen, scheiterte. Neben SEMIK gab es Beteiligungen an weiteren Programmen vor allem in der beruflichen Bildung, die in diesem Kontext nicht weiter berücksichtigt werden können.

3.3.1.3   Umsetzung von Schulen ans Netz

Aufgrund des guten Ausstattungsstands konnten sich überproportional viele Schulen im ersten Jahr als SaN-Modellschulen beteiligen, da sich die von SaN geförderten Modellprojekte an vorgelegten Konzepten – und damit auch an der vorhandenen Ausstattung – orientierten und nicht nach einem definierten Schlüssel vergeben wurden. In der zweiten und dritten Runde von SaN wurden im Rahmen der Kooperation zwischen Land und Deutscher Telekom AG weitere Schulen gefördert. Das Land verwendete die ihm nach dem Königsteiner Schlüssel zustehenden Mittel nur für die Gebührengutschriften. In Ergänzung dazu verwendete es die Mittel aus dem Kooperationsprojekt mit der DTAG für die Hardwareausstattung. So konnten fast dreimal so viele Schulen gefördert werden. Die Vereinbarung sah allerdings vor, dass die Mittel der DTAG nicht für Verbindungs und Providergebühren verwendet werden können, da das Land aufgrund der Vereinbarung mit dem Landesforschungsnetz BelWü (siehe Kapitel 3.5.4) einen kostenlosen Internetzugang zur Verfügung stellt und damit in direkter Konkurrenz zum Angebot der DTAG über „Schulen ans Netz" stand. Mit dieser Vereinbarung wurden alle weiteren Beziehungen zu SaN eingestellt.

3.3.1.4   Lokaler Handlungskontext: Suburbaner Schulträger

Der Schulträger verwaltet insgesamt sieben Schulen (ein Gymnasium, eine Realschule, drei Grund- und Hauptschulen sowie zwei Grundschulen). Die Schulen verfügen über ihren eigenen Sachhaushalt, über den sie vollständig bestimmen können. Im Zuge der gestiegenen Folgekosten durch IT wurden die Schulbudgets ebenfalls erhöht – höhere Ausgaben für die IT-Folgekosten müssen nicht durch Einsparungen in anderen Bereichen kompensiert werden. Im Rahmen der Haushaltsberatungen werden von den Schulen Forderungen gestellt, über die dann der Gemeinderat entscheidet. Spezifische Ausstattungsprogramme für IT gab es bisher nicht. Der Schulträger bietet Hilfestellungen für technische Fragen und sieht sich selbst als Vermittler. Die Schulen müssen aus ihrem Budget auch die Kosten für den technischen Support leisten. In der Regel haben sie Vereinbarungen mit Firmen, die sie betreuen (es gilt die Auflage mit dem billigsten aus drei Angeboten). Der Schulträger gibt allerdings auch Hinweise auf qualifizierte

Firmen. Bisher gibt es nach Aussage der Schulverwaltung keinerlei negative Erfahrungen. In den Grundschulen, die jetzt erst beginnen, leistet (noch) die zuständige Sachbearbeiterin den technischen Support – sie ist allerdings nur am Rande mit Schulen beschäftigt, was für alle Beteiligten keine auf Dauer zufriedenstellende Lösung darstellt. Die weiterführenden Schulen verfügen alle über mindestens einen vernetzten Computerraum mit Internetzugang über das Landesnetz. Allerdings existiert bislang keine Hausvernetzung zwischen den einzelnen Computerräumen. In den Grundschulen sind nur stand-alone Geräte vorhanden, der Großteil sind Altgeräte der Schulverwaltung, die im Zuge der Umstellung des Behördenpools an die Schulen verteilt wurden. Auch die Grundschulen nutzen den kostengünstigen Zugang über BelWü – es existiert kein eigenes Behördennetz. Schwierigkeiten gibt es bei der Verkabelung der alten Gebäude, bei Sanierungen werden grundsätzlich Leerrohre gezogen, um eine spätere Hausvernetzung zu ermöglichen. Das Rathaus arbeitet hier eng mit einem Ingenieurbüro zusammen.

Probleme mit SaN gab es von Seiten der Schulverwaltung nicht. Die Schulen wurden ermutigt sich zu bewerben, erledigten ansonsten aber alles selbständig und mussten auch alle Folgekosten tragen – einige der Grundschulen haben allerdings Hilfe bei der Antragstellung erbeten. Die Landesinitiative wurde ebenfalls kaum wahrgenommen. Dem Informationsmaterial konnte entnommen werden, dass Schulen Anspruch auf einen Multimedia-PC haben, alles weitere wurde von den Schulen direkt bearbeitet. Auch der Amtsleiter war nur am Rande über den Städte- und Gemeindebund eingebunden. Die Netzwerkberaterinnen und berater, die vom Kultusministerium ausgebildet wurden, werden in Zukunft in die Gespräche zwischen Schulträger und Schulleitungen eingebunden, wenn es um die Vernetzung geht. Bisher gibt es noch keine Verabredung über die zukünftige Ausgestaltung des technischen Supports für die Netzwerke – es wird auf die Vereinbarung zwischen Land und kommunalen Spitzenverbänden gewartet. Der Schulträger verfügt über kein langfristiges abgestimmtes IT-Konzept und verlangt auch keines von seinen Schulen.

Schulischer Kontext (Realschule): In der Realschule (1.200 Schülerinnen und Schüler) gibt es zwei vollständig ausgestattete Räume, ein dritter wird gerade im Rahmen der Erweiterungsbaumaßnahmen gemeinsam mit dem Gymnasium im Schulzentrum geplant. Hierfür sind bereits die entsprechende Kabelschächte vorgesehen und die Kabel auch schon verlegt. Die Schule hat zwei Zugänge zum Internet. Zum einen über den Server einer benachbarten wissenschaftlichen Einrichtung, der über einen privaten Kontakt des Schulleiters bekommen wurde, zum anderen per Router an das Landesnetz BelWü. Von den 45 Lehrkräften der Schule unterrichten acht leitfachorientierte ITG. Die Schule nimmt seit einigen Jahren am weltweiten Umweltprojekt GLOBE teil, bei dem Umweltdaten an einen Zentralrechner in den USA übermittelt werden und die Schulen dafür kostenlos Satellitenaufnahmen zur Verfügung gestellt bekommen. Ansonsten werden vornehmlich im Chemie- und Technikunterricht an einem

Rechner Experimente und Schaltkreise vorgeführt. Sämtliche zusätzlich angebotenen Arbeitsgemeinschaften außerhalb der Unterrichtszeiten sind ausgebucht („ich könnte fünf AGs parallel durchführen").

Im Lehrerzimmer steht ein Computer zur Verfügung, der in erster Linie von den Lehrkräften für ITG und den Naturwissenschaften genutzt wird. Zunehmend besteht auch das Interesse aus anderen Fachgebieten an der Nutzung, insbesondere durch Referendare. Die Lehrerfortbildung wurde bislang ausnahmslos privat durchgeführt und auch finanziert. Die Klagen der Kolleginnen und Kollegen sind groß, da sie nicht nur ihre Freizeit investieren, sondern auch selbst zahlen müssen. Der Schulleiter versucht, durch Ermäßigungsstunden die Last ein wenig zu reduzieren, sieht dies aber auch nur als kleine Aufmerksamkeit mit Symbolcharakter und nicht als wirksame Entlastung. Vor zwei Jahren konnte ein Techniker für drei Wochenstunden gewonnen werden. Ob allerdings der Lehrbeauftragte im nächsten Schuljahr noch weiterbeschäftigt werden kann, ist unklar. Hier gilt die Klage gegenüber dem Schulträger, die sich in keiner Weise bereit erklärt, der Schule finanziell unter die Arme zu greifen. Die Wartung der Geräte wird immer häufiger von den Schülern (Schülerinnen beteiligen sich seltener) durchgeführt. Den zuständigen Mitarbeitern bei der Stadtverwaltung wird fehlende Kompetenz vorgeworfen. Der Schulleiter betonte immer wieder, wie wenig Interesse beim Schulträger vorhanden sei, die Erfahrungen der Schule in seine Planung mit aufzunehmen.

Die Erfahrungen mit SaN waren sehr uneinheitlich. 1996 war GLOBE der Anlass zur Förderung als Einsteigerschule in der ersten Bewerbungsrunde. Der Versuch, als Projektschule gefördert zu werden, wurde als aussichtslos erachtet. Nach einer Verzögerung von sechs bis sieben Monaten wurde dann ein Rechner mit inkompatibler Netzwerkkarte zum bestehenden System geliefert, dazu ein ISDNZugang (der schon vorhanden war), einen kostenlosen Zugang zu TOnline, der nicht gebraucht wurde und eine Geldspende von 1.000 DM auf drei Jahre für die Telefonkosten, die bereits nach drei Monaten aufgebraucht worden waren. Alle Versuche, die Sachmittel in Gutscheine für laufende Kosten umzuwandeln, schlug fehl. Der Rechner wurde auf Kosten der Schule mit der entsprechenden Hardware ausgestattet. Hinzu kamen anhaltende Schwierigkeiten mit der DTAG, da der seit einigen Jahren bestehende ISDNAnschluss teilweise fehlerhaft abgerechnet wurde und somit Verbindungskosten in Höhe von 900, DM pro Monat angefallen waren, obwohl der Router vom Netz war.

Die Zusammenarbeit mit dem Oberschulamt ist aus Sicht der Schule ebenfalls verbesserungswürdig. Seit zwei Jahren wird dort ein Arbeitskreis organisiert, an dem auch Lehrkräfte der Schule teilnehmen. Alle anderen Fortbildungsmaßnahmen, insbesondere auch Kurse, nach deren Absolvierung erst die Wahrnehmung weiterer Schulungsangebote und auch der Unterrichtseinsatz gestattet ist, seien in der Regel auf so niedrigem Niveau, dass weder Schulleiter noch Fachlehrer daran teilnehmen wollten. Nach Meinung des Schulleiters wird die „Medienoffensive" zur Lehrerfortbildung verpuffen, weil zu wenig Wert auf die Erfahrungen von Schulen gelegt wurde, die bereits den Technikeinsatz seit längerem in den Unterrichtsablauf und die Schulorganisation integriert hätten („die Lehrerfortbildung wird von Dilettanten gemacht").

3.3.1.5 Lokaler Handlungskontext: Städtischer Schulträger

In der Stadt gibt es 93 öffentliche Schulen mit 40.000 Schülerinnen und Schüler. Vor etwa zehn Jahren wurden erste Schritte zu einer technischen Ausstattung der weiterführenden Schulen eingeleitet. Nach einer Empfehlung des Kultusministeriums sollte an jeder Schule für die ITG ein Raum mit acht Schüler und einem Lehrerarbeitsplatz eingerichtet werden. Seit dieser Zeit beschränkte sich die Stadt als Schulträger auf diese Ausstattung, angepasst an die technischen Neuerungen. Grundschulen sind bis heute ausgeschlossen, da keine verbindlichen Richtlinien des Kultusministeriums existieren. Erst seit wenigen Jahren ist ein Stimmungswechsel aufgrund der öffentlichen Diskussion zu verzeichnen. Auch die politische Spitze fordert mehr Internetangebote für Schulen und auch die Dezernatsleitung stellt mittlerweile die Bedeutung neuer Medien als Schlüssel für die zukünftige Entwicklung in den Vordergrund („Technologieregion"). Beim Oberbürgermeister wurde ein Medienbüro als Stabsstelle eingerichtet, das als Ansprechpartner für Schulen in technischen und organisatorischen Fragen dienen soll. Der Schulträger hat sich zur Aufgabe gemacht, für eine einigermaßen gerecht verteilte Ausstattung an allen Schulen sorgen. Aufgrund der in den letzten Jahren von den Schulen angeschafften bzw. gespendeten Geräte, gibt es beim Schulträger keine zuverlässigen Informationen über den aktuellen Ausstattungsstand und somit keine valide Planungsgrundlage. Daher wird durch ein externes Gutachten eine Bestandsaufnahme vorgenommen. Begonnen wird bei den Gymnasien, und es soll pro Schule einen Plan erstellt werden, in dem sowohl die Qualifikation und das Interesse der Lehrkräfte als auch die Lehrplangestaltung berücksichtigt werden soll, um nicht desinteressierte Schulen mit zu viel und interessierte Schulen mit zu wenig Technik auszustatten. Bis 2002 sollen alle Schulen – bis auf die Grundschulen – intern vernetzt werden und eine adäquate Hardwareausstattung erhalten. Dafür wurden jeweils 1,3 Mio. DM für Hardware und für die Netzwerke in den Haushalt eingestellt. Die Netzwerke sollen homogenisiert werden – hier herrscht noch Widerstand aus den Schulen, die individuelle Konzepte verfolgen wollen. Die Schulen erhalten einen kostenlosen Zugang zum Internet über das Behördennetz (bereitgestellt und gewartet von den Stadtwerken). Die Beschaffung wird bisher nicht zentral organisiert, da die Forderungen von den Schulen zu unterschiedlich sind. Es gibt aber durchaus Überlegungen, eine zentrale Ausstattungsstelle zu schaffen, insbesondere weil der Städtetag einen Rahmenvertrag für Hardwareausstattung plant.

Das Konzept des Schulverwaltungsamtes geht davon aus, dass zukünftig private Unternehmen für die Hardware- und Netzwerkbetreuung an den Schulen sorgen werden, um die Lehrkräfte zu entlasten. Die Vorschläge werden derzeit vom Schulverwaltungsamt überprüft. Beim Schulträger ist für die technische Betreuung weder qualifiziertes Personal vorhanden noch der politische Wille und die finanziellen Ressourcen zur Schaffung einer neuen Abteilung. Das Schulverwaltungsamt unterstützt seit einiger Zeit einen privat gegründeten Verein, der eine technische und inhaltliche Unterstützung der Schulen durch Lehrkräfte anbietet.

Spenden sind bei der Stadt willkommen, allerdings wurde die Erfahrung gemacht, dass größere Unternehmen ihren „Elektronikschrott" an die Schulen abliefern, dafür Spendenquittungen kassieren und dann noch Öffentlichkeitsarbeit betreiben. Den Schulen ist oftmals mit den veralteten Geräten nicht geholfen, sie haben mehr Arbeit und Kosten mit der Umstellung auf ihre Zwecke. Eine Kooperation mit dem Oberschulamt oder dem staatlichen Schulamt gibt es bislang nicht. Der Abstimmungsprozess zwischen inhaltlichen und technischen Fragen ist langwierig, wird von beiden Seiten aber als partnerschaftlich bezeichnet. Die „Medienoffensive" des Landes wird begrüßt, teilweise fließen auch Mittel an die Schulträger zur Ausstattung der Schulen. Der größte Teil wird für die Lehrerfortbildung verwendet.

SaN war als Auslöser für eine veränderte Herangehensweise sehr willkommen, allerdings erwuchs daraus eine Nachfrage der Schulen nach hochwertiger Ausstattung, der vom Schulträger nicht befriedigt werden konnte. Je umfangreicher die Ausstattung an den einzelnen Schulen, desto aufwendiger ist die Betreuung und kann nicht mehr alleine von Lehrkräften bewältigt werden. Die Form der Vergabe durch SaN wurde heftigst kritisiert, da sie an den Schulträgern vorbei abgewickelt wurde und die Folgekosten von den Schulträgern übernommen werden müssen.

Schulischer Kontext (Gymnasium): Das Gymnasium verfügte bis Ende 1996 über neun Einzelplatzrechner in einem Sprachlabor, in dem auch regulärer Unterricht stattfand. Als Internetzugang wurde ein zeitlich befristeter *Account* der Universität benutzt, der allerdings nur über einen Rechner genutzt werden konnte. Als SaN-Einsteigerprojekt erhielt die Schule einen weiteren Multimedia-PC und einen Zugang über T-Online, der aber nicht benötigt wurde. Zum folgenden Schuljahr wurden aus dem Schuletat mit Unterstützung des Schulträgers zwölf neue Rechner gekauft. Mit finanzieller Hilfe der Fördergemeinschaft der Schule und eines Sponsors konnten die neuen Rechner vernetzt werden, und der von SaN gestellte Rechner wurde zu einem Server ausgebaut.

Der Fachraum wird von ITG-Kursen und im Unterrichtsfach Informatik genutzt. Unter der Aufsicht von Lehrkräften können Schülerinnen und Schüler darüber hinaus in anderen Fächern individuell im Netz surfen und sich Informationen besorgen. Um die große Nachfrage zu befriedigen, gibt es zusätzlich für Schülerinnen und Schüler der Klassen 5 und 6 (hier findet noch kein ITG bzw. Informatik statt) eine Computer AG. Diese Angebote hängen aber von einzelnen engagierten Kolleginnen und Kollegen ab. Nach Einschätzung des Fachabteilungsleiters ist das Kollegium ohnehin stark belastet und zeigt daher nur zögerlich Bereitschaft, sich schulintern weiterzubilden. Die Fortbildungen vermitteln vor allem Basiskenntnisse, nur selten wird die Integration in den Unterricht thematisiert. Kleinere Reparaturen und Installationen werden vom Netzadministrator vorgenommen, größere Reparaturen und Installationen werden von einer Firma durchgeführt. Derzeit wird versucht, eine Gruppe von Lehrkräften aufzubauen, um die Aufgaben besser zu verteilen.

Bei der Lieferung des Rechners von SaN traten Verzögerungen von sechs Monaten auf. Aufgrund der fehlenden Abstimmung mit der existierenden Konfiguration entstanden zusätzliche Kosten, um den Rechner als Server zu nutzen. Die Kosten wurden aus dem Schuletat bezahlt. Nach Abschluss des Projektes wurde ein Bericht erstellt, in dem die ganze Schule mehrere Projekttage unter ein Motto stellte und diese Berichte dann für das Internet aufbereitete. Nach Aussage des Fachabteilungsleiters waren nur wenige Lehrkräfte aktiv daran beteiligt.

Die Landesinitiative wird überwiegend positiv bewertet, aber die Einbettung in den Schulalltag brauche viel Zeit: „Die Offensive scheint sich erst langsam ins Bewusstsein der Lehrer fortzupflanzen". Die Fortbildungen würden angenommen, sind aber nach Berichten der Teilnehmenden nicht adäquat auf konkrete Unterrichtssituationen ausgerichtet. In den Lehrplänen sei dagegen noch wenig passiert. Dank der verbesserten Lehrerausbildung kämen ReferendarInnen vom Seminar schon mit einiger Vorbildung. Die Nichtabsetzbarkeit multimediafähiger Rechner beim Finanzamt von Lehrkräften wird als hemmend betrachtet.

Schulischer Kontext (Realschule): Die Realschule (272 Schülerinnen und Schüler) verfügt seit Anfang 1997 über einen neu ausgestatteten vernetzten Computerraum, der dank der Förderung als SaN-Einsteigerprojekt auch ans Internet angebunden werden kann. Ausgangspunkt der Bewerbung war ursprünglich ein Projekt zur Vorbereitung einer Klassenfahrt ins europäische Ausland. Aufgrund organisatorischer und technischer Probleme hat sich die Zielsetzung mehrfach gewandelt. Mittlerweile gestalten Schülerinnen und Schüler eine Homepage der Schule im Rahmen der Image-Kampagne des Stadtviertels. Inzwischen gibt es weitere Kolleginnen und Kollegen, die das Internet ebenfalls im Unterricht nutzen. „Insofern hat sich die SaN-Förderung gelohnt, weil sie auch außerhalb ihres ursprünglichen Rahmens Perspektiven für den Unterricht geöffnet hat", berichtete ein Lehrer. Aus Zeitmangel findet kaum Fortbildung statt, und auch der Unterrichtseinsatz außerhalb von Projektgruppen ist gering. Das Kollegium besteht aus vielen älteren Lehrkräften, die als nicht besonders innovationsfreudig gelten.

Die Einrichtung des Internetanschlusses über SaN wurde ausnahmslos von einer Lehrkraft mit externer Unterstützung durchgeführt. Der zusätzliche Aufwand für die Netzwerkverwaltung wurde bisher in keiner Weise weder von der Schule noch von der Behörde honoriert. Die Lehrkraft bekommt nur eine Ermäßigungsstunde für die Beratung und Schulung des Kollegiums sowie die Wartung von 16 vernetzten und einigen einzelnen Computern. Für den technischen

Support sorgt auch ein Verein, der von Lehrkräften in der Stadt eingerichtet wurde. Er hilft bei der Installation von Netzwerken und berät bei Problemen. Die Erfahrungen mit SaN waren überwiegend positiv. Nach der umständlichen Antragstellung, die auch noch innerhalb kürzester Zeit abgewickelt werden musste, kam die Lieferung der Geräte wie geplant bzw. versprochen. Aus der Landesinitiative gab es bisher einen Multimediacomputer, der allerdings fehlerhaft montiert war. Darüber hinaus war die Schule vom Land enttäuscht: „Ich habe schöne, eigentlich brauchbare fachlich/didaktisch gut aufbereitete Unterrichtsvorschläge in einem schönen Ordner bekommen, aber niemand ist daran interessiert." Hilfe aus dem Schulumfeld oder von der Universität gab es nicht. Die Kooperation mit dem Schulträger funktioniert nach gewissen Anlaufschwierigkeiten ganz gut, beschränkt sich aber darauf, dass die Stadt der Schule ihr ISDN-Behördennetz für die Internet-Nutzung kostenlos zur Verfügung stellt.

Unterstützung durch die staatliche Schulaufsicht: Das zuständige Oberschulamt engagiert sich seit Jahren für den Einsatz von neuen Medien in den weiterführenden Schulen. Dabei werden vor allem Fortbildungen nach dem Multiplikatorenprinzip angeboten. Ausgelöst durch die landesweite Fortbildungsinitiative werden in schulartübergreifenden Grundkursen Multimediaberaterinnen bzw. berater ausgebildet. Eine Vertiefung findet dann im Aufbaukursen statt, die von Multiplikatoren durchgeführt werden. Zusätzlich bietet die Koordinierungsstelle die Möglichkeit, in regionalen Arbeitskreisen die Erfahrungen und Ergebnisse auszutauschen und Unterrichtsvorhaben zu entwerfen. Der Arbeitskreis Internet erörtert Fragen der technischen Anbindung von Schulen und Lehrkräften. Jede Lehrkraft im Oberschulamtsbereich kann auf Antrag einen gebührenfreien Zugang zum Internet erhalten. Mittlerweile sind über 3.200 Lehrkräfte an dem Projekt beteiligt. Im dritten Arbeitskreis werden Kurse für die Netzwerkberaterinnen und berater ebenfalls durch Multiplikatoren angeboten. Ziel ist es, dass die Teilnehmenden die lokalen Netzwerke an den Schulen betreuen können. Wesentlicher Inhalt dieser Fortbildungen sind auch Fragen der Anbindung der lokalen Netzwerke an das Internet.

3.3.1.6   Rahmensetzer

Recht: Im Schulgesetz sind die Zuständigkeiten zwischen Personal und Sachaufwandsträger (§ 28 BWSchuG) ebenso geregelt wie die verschiedenen Ebenen der Schulaufsicht (§§ 33ff BWSchuG). Neben diesen schulorganisatorischen Aspekten (siehe folgendes Kapitel) gelten für die Schulen und Schulträger im Hinblick auf den IT-Einsatz noch weitere rechtliche Rahmenbedingungen. So ist im Gesetz über die Bildstellen in Baden-Württemberg (BildstG) allgemein festgelegt, welche Aufgaben die Landesbildstellen zu erfüllen haben. Derzeit wird hier an eine neue Ausrichtung gedacht, die deutliche Auswirkungen nicht nur auf die Arbeit in den Bildstellen, sondern auch bei der Betreuung der Schulen haben wird. Hinsichtlich der Entlastung der Schulträger bei der Bewältigung des Sachaufwandes in den Schulen wurde durch eine neue Rechtsverordnung der Beitrag der Eltern für Lernmittel geringen Wertes erhöht, die auch außerhalb des Unterrichts genutzt werden können.

Neben den finanziellen und organisatorischen Aspekten spielen die curricularen Rahmenbedingungen eine wesentliche Rolle. Baden-Württemberg verfolgte bei der Einführung der ITG Ende der 1980er Jahre das Leitfachprinzip, d.h. die Integration der ITG in Trägerfächer, in denen je nach Fach Kenntnisse über Logik, Anwendungen und Folgen vermittelt werden sollen (vgl. Tully 1994: 166ff). Dabei wurden für die verschiedenen Schularten unterschiedliche Anforderungen in den Lehrplänen festgelegt. In den weiterführenden Schulen sollen ab Klasse 9 die instrumentellen Grundfertigkeiten im Rahmen des Mathematikunterrichts (Realschule, Gymnasium) bzw. Technik (Hauptschule) vermittelt und die gesellschaftlichen Folgen im Fach Gemeinschaftskunde behandelt werden (vgl. Tully 1994: 170ff).

In den derzeitigen Bildungsplänen wird an vielen Stellen der Einsatz von Computerprogrammen empfohlen. Nach Aussage des Kultusministeriums sollen sie aber erst dann geändert werden, wenn ein pädagogischer Mehrwert gezeigt werden konnte und die Lehrkräfte die entsprechenden Kompetenzen mitbringen. Daher finden in allen Schulformen Erprobungen statt. So lange können die Lehrkräfte die bestehenden Freiräume in den Rahmenplänen nutzen (verstärkte Projektarbeit, Abkehr vom 45-Minuten-Takt usw.) und mit neuen Medien fächerintegriert arbeiten.

Organisation: In Baden-Württemberg sind die Gemeinden *Schulträger* der Grund und Hauptschulen, der Realschulen, der Gymnasien und der Sonderschulen. Die Land- bzw. Stadtkreise sind Schulträger für die beruflichen Schulen aller Schularten. Die Schulaufsicht (Dienst-, Fach- und Rechtsaufsicht) ist dreigeteilt: Untere Schulaufsichtsbehörde ist das staatliche Schulamt für alle in ihrem Schulaufsichtsbezirk liegenden Grund-, Haupt- und Realschulen sowie der Sonderschulen. Ihnen übergeordnet als obere Schulaufsichtsbehörde ist das Oberschulamt (für Gymnasien auch mit Fachaufsicht). Oberste Schulaufsichtsbehörde ist das Ministerium für Kultus und Sport. Das Landesinstitut für Erziehung und Unterricht (LEU) arbeitet im Auftrag des Ministeriums für Kultus und Sport. Es soll Erkenntnisse der Forschung und Erfahrungen aus der Praxis für die Schule nutzbar zu machen und bei der Weiterentwicklung des Schulwesens zu helfen. Das Landesinstitut gliedert sich in drei Abteilungen, die interdisziplinär zusammengesetzt sind. Die meisten Mitarbeiterinnen und Mitarbeiter sind Lehrkräfte der verschiedenen Schularten, die sich fachlich und pädagogisch besonders qualifiziert haben. Mehr als die Hälfte von ihnen ist teilzeitbeschäftigt und zur Bearbeitung bestimmter Projekte befristet tätig. Das LEU bietet Einführungen in multimediale Lernprogramme und Softwarebeurteilungen zu ausgewählten Lernsoftwareprodukten an.

Es gibt für beide Landesteile (Baden und Württemberg) jeweils eigene Landesbildstellen, denen wiederum Kreis- bzw. Stadtbildstellen unterstellt sind.

Organisiert sind die Bildstellen als öffentlichrechtliche Anstalten in gemeinsamer Trägerschaft des Landes und der Kommunen. Das Gesetz über die Bildstellen in Baden-Württemberg (BildstG) legt in § 1 allgemein fest, dass die Landesbildstellen Aufgaben erfüllen, die sich aus der Verwendung von audiovisuellen Medien in der Erziehungs und Bildungsarbeit der öffentlichen Schulen ergeben. Die Landesbildstelle Baden ist eher gering motiviert, während Württemberg (zugleich Stadtbildstelle Stuttgart) sehr offensiv auch als Dienstleistungszentrum für audiovisuelle Medien für den privaten und öffentlichen Bildungsbereich auftritt. Dort gibt es das Angebot der Medienrecherche, und die Rechercheergebnisse können in Württemberg auch online bestellt werden. Nach Aussage der Kultusministerin sollen die Landesbildstellen die Medienoffensive unterstützen und dabei verstärkt zusammenarbeiten. Dies soll durch einen Kooperationsvertrag geregelt werden, der eine engere Zusammenarbeit im Verwaltungsbereich, bei größeren Investitionen, bei der Abstimmung von Fortbildungen und im Bereich Internet vorsieht.

Für die Organisation und Betreuung der Bildungsoffensive wurden auch organisatorische Veränderung im Kultusministerium durch die Einrichtung des Medienreferates als Unterabteilung im Bereich Bildungsplanung Mitte 1997 mit drei neuen Mitarbeiterinnen und Mitarbeitern getroffen. Sie ist für die Abwicklung der Medienoffensive und für die Technik und die Entwicklung neuer Lehr- und Lernsysteme verantwortlich. Die Zuständigkeiten sind für die Schulen nicht immer transparent. Dem Medienreferat zugeordnet sind die beiden Landesbildstellen, die auch in Konkurrenz zu Abteilungen im Kultusministerium stehen. Das Referat Lehrerfortbildung gehört zur Abteilung Lehrerbildung und Weiterbildung und ist verantwortlich für die Konzeption von Schulnetzen und die Ausbildung der Netzwerkberaterinnen und -beratern.

Finanzierung: Baden-Württemberg medi@ umfasst einen Landesanteil von 538 Millionen Mark für die Dauer der Legislaturperiode bis 2001, die durch den Verkauf von Landesanteilen finanziert wird. Die Gemeinschaftsprojekte mit der Deutschen Telekom AG haben ein Gesamtvolumen von 35 Mio. DM. Für das Teilprogramm „edumedi@" investiert das Land rund 270 Millionen Mark. Zusätzlich wurden für die „Medienoffensive Schulen" weitere 55 Mio. DM auf vier Jahre bereitgestellt. Um allen Schulen den Zugang zum Internet zu ermöglichen, wurde in Abstimmung mit den Schulträgern ein Ausstattungsprogramm mit einem Volumen von ca. neun Mio. vereinbart, das in zwei Ausschreibungsrunden kostenlos einen Multimedia-PC an die Schulen bringt und gleichzeitig seine Wartung und gegebenenfalls Reparatur sicherstellt. In der ersten von zwei Ausstattungsrunden haben fast 90 Prozent der weiterführenden Schulen und zwei Drittel der Grund- und Sonderschulen einen Antrag gestellt. Dafür wurde in einer europaweiten Ausschreibung ein Anbieter gefunden. Dem Antrag der Schule musste die unterschriebene Zustimmung des Schulträgers beigefügt sein, dass eventuell anfallende Kosten für einen ISDN-Zugang und anfallenden Telefongebühren bzw. Folgekosten zu übernehmen sind. Im Rahmen der innovativen

Schulprojekte werden fast zwölf Mio. DM (davon 1,25 Mio. DM von der DTAG) in drei Arten vergeben:

a. Wettbewerb um Start-, Pilot- und Softwareprojekte: Förderung vom Hard und Software, Zuschüsse für Telekommunikationskosten und für den Aufbau interner und externer Netzwerkverbindungen (20 Prozent der Mittel, 1997: 600 Schulen).
b. Wettbewerb um Modellprojekte („pädagogische Leuchttürme").
c. Kooperationsvereinbarung mit Schulen ans Netz (Verwendung der zustehenden SaN-Mittel für weitere Hardwareausstattung der Schulen)

Zum Sonderprogramm des Landes und den Gemeinschaftsprojekten kommt in enger Abstimmung mit den Vertretern der kommunalen Landesverbände im Medienbeirat die Modernisierung der vorhandenen PC-Grundausstattung. Aus Mitteln des kommunalen Investitionsfonds sollen jährlich 25 Mio. DM zur Aufstockung der Sachkostenbeiträge der Schulträger umgeschichtet werden. Ziel ist es, diese Mittel kontinuierlich jedes Jahr für die Neuausstattung bzw. Modernisierung der vorhandenen Geräte zu nutzen. Seit Mitte 1999 gibt es Diskussionen zwischen Kultusministerium und Elternverbänden hinsichtlich der Beteiligung der Eltern am Computerkauf.

Infrastruktur: Bereits vor dem Start von SaN hat das Land den Aufbau eines landesweiten Datennetzes für Bildungseinrichtungen (BelWü – Baden-Württemberg Extended LAN) vorangetrieben. Fünf Mio. DM aus „Edumedi@" fließen aus dem Kooperationsprojekt zwischen Kultus- und Wissenschaftsministerium in den Ausbau der bereits vorhandenen technischen Infrastruktur in der Fläche. Über BelWü erfolgt der Anschluss aller Schulen zum Ortstarif mit einer breitbandigen Verbindung zum Internet. Seit 1997 gibt es über das gesamte Land verteilte Aufpunkte, über die sich Schulen einwählen können. Für den Zugang über das BelWü wird für staatlich anerkannte Schulen aus Baden-Württemberg derzeit keine Gebühr erhoben, es wird aber über eine monatliche Pauschale nachgedacht.

Seit Beginn des Schuljahres 1997/98 wurde der *Landesbildungsserver* vom LEU aufgebaut, um schulisch relevante Informationen, Unterrichtsmaterialien und Unterrichtsbeispiele zur Verfügung zu stellen. Zusätzlich sollen in Kooperation mit Rundfunkanstalten, dem Zentrum für Kunst und Medientechnologie (ZKM) und den Pädagogischen Hochschulen Unterrichtsbausteine entwickelt werden, die allen interessierten Lehrenden zur Verfügung gestellt werden können. Dazu gehört auch eine Kooperation mit der DTAG zum Aufbau eines Online-Forums Medienpädagogik und ein Auftrag an das Institut für Film und Bild in Wissenschaft und Unterricht (FWU) zur Erstellung einer CD-ROM zu Themen der Medienerziehung, die im Bildungsplan verankert sind.

Neben kleineren Softwareprojekten, die an den Schulen laufen, sollen Modellversuche an Stützpunktschulen durchgeführt werden, um Erfahrungen mit auf dem Markt erhältlicher Lernsoftware zu gewinnen. Die Versuche in allen

Schularten zielen auf eine große Breitenwirkung. Neben dem Test existierender Lernsoftware im Unterrichtsalltag wird auch die weitere Beteiligung an der bundesweiten Initiative zur Software-Begutachtung (SODIS) gefördert. Ferner werden über den Landesbildungsserver Software-Begutachtung und Empfehlungen geordnet nach Fächern, Lehrplaneinheiten und Schularten bereitgestellt. Darüber hinaus soll auch eigene Lernsoftware in Kooperation mit weiteren Partnern entwickelt werden. Ein Hauptprojekt ist die Entwicklung einer Medienbank, in der alle pädagogisch relevanten Multimedien sowohl schulintern als auch schulübergreifend, d.h. netzbasiert, verwaltet werden können. In einem ersten Schritt wird eine Struktur für ein Grundprogramm aufgebaut, mit dem dann jedes beliebige Thema multimedial aufbereitet und präsentiert werden kann. Diese Datenbank soll an den Schulen gefüllt werden, um dann später auch eine Verbindung mit anderen, bundesweit angebotenen Medienbanken herzustellen. Nachdem das Projekt als BLK-Modellversuch zwar Anklang, aber keine finanzielle Unterstützung aller Bundesländer fand, wird die inhaltliche Gestaltung derzeit in Kooperation mit Bayern, Rheinland-Pfalz und Sachsen durchgeführt.

Neben den staatlichen Einrichtungen hat sich bereits 1997 ein Verein aus aktiven Lehrkräften zusammengefunden mit dem Ziel der „Nutzbarmachung des Internets als Lern und Lehrhilfe für alle Schulformen und für außerschulische Bildungsarbeit im deutschsprachigen Raum." Die Zentrale für Unterrichtsmedien im Internet (ZUM) gibt Unterstützung in verschiedenen Bereichen von der Erstellung und Verbreitung von Arbeitsmaterialien über die Organisation des Erfahrungsaustauschs bis zur Zusammenarbeit und Koordinierung mit anderen Gruppen und Initiativen mit ähnlicher Zielsetzung im In- und Ausland und wird mittlerweile auch vom Kultusministerium unterstützt.

Lehreraus- und Lehrerfortbildung: Der erste Teil der *Ausbildung* neuer Lehrkräfte findet entweder an den Universitäten oder an einer der sechs Pädagogischen Hochschulen in Baden-Württemberg statt. Für den zweiten Teil sind – je nach Schulform – die insgesamt 12 staatlichen Seminare für schulpraktische Ausbildung verantwortlich. Im Rahmen von edumedi@ wurde in Abstimmung mit den Einrichtungen in einem Kooperationsprojekt mit der DTAG (4,3 Mio. DM, jeweils 50 Prozent) ein Multimedia-Fachraum in allen 41 Lehrerbildungsseminaren eingerichtet, um sowohl eine Grundausbildung zu ermöglichen als auch die Integration in die fachdidaktischen Ausbildungen zu erreichen. Dazu wird im Zuge der Novellierung der Prüfungsordnungen auch eine Integration medienspezifischer Schwerpunkte in die erste Ausbildungsphase erfolgen. In Kooperation mit der DTAG sind bereits die Vorarbeiten für die Ausstattung der Seminare abgeschlossen und jeweils ein fächerübergreifender Koordinator vor Ort benannt. Jeweils zwei Vertreter pro Seminar sollen zu Multimedia-Beratern weitergebildet werden und die Räume auch für die Qualifizierung der Multimedia-Berater verwendet werden. Zu Beginn gab es auch erhebliche technische Probleme bei der Einrichtung der Studienseminare: das Unternehmen schickte unerfahrene Mitarbeiter.

Die zentrale Lehrerfortbildung wird durch das Kultusministerium über drei staatliche Akademien abgewickelt. Für regionale Fortbildungen sind die Oberschulämter bzw. die staatlichen Schulämter zuständig. Der Druck auf die Lehrkräfte, sich selbst fortzubilden, wird immer stärker. So wird erwartet, dass sie ihre Ferienzeiten dafür verwenden, was aber kaum erreichbar ist und so nur ein Bruchteil der Lehrkräfte die Angebote wahrnehmen. Das Kultusministerium vertritt ein klassisches Fortbildungskonzept auf drei Stufen: Basiskenntnisse, fachdidaktischer Einsatz, projektbezogener Einsatz. Im Rahmen des Kooperationsprojekts mit der DTAG stehen für die Lehrerfortbildung elf Mio. DM zur Verfügung. Die Mittel der DTAG (1,35 Mio. DM) werden zusammen mit einem gleich großen Landesanteil für die Ausstattung der staatlichen Akademien mit multimedialen Schulungsräumen und der vier Oberschulamtsbezirke an zwölf regionalen Standorten mit je 12 vernetzten multimedialen Arbeitsplätzen verwendet (hier gab es große Startschwierigkeiten mit der Vernetzung und bei der Kooperation mit den beteiligten Unternehmen). Die Landesmittel in Höhe von acht Mio. DM werden für die Schulung von ca. 4.000 Multimedia-Beraterinnen und -Berater als schulinterne Multiplikatoren (mit Unterstützung durch regionale Arbeitskreise Internet an den vier OSÄ) und ca. 1.500 Netzwerk-Beraterinnen und -Berater verwendet, die technische bzw. methodisch-didaktische Kompetenzen erhalten sollen. Den Zuschlag für die Durchführung erhielt IBM, wobei zu Beginn bei der Schulung der Multimedia-Berater größere Probleme auftraten, da die Lehrkräfte des Unternehmens sich nur bedingt auf die Klientel eingestellt hatten. Die Multiplikatoren erhalten Stundenanrechnung, bei den Netzwerkberatern wird angenommen, dass ein Drittel der Arbeiten schulische, zwei Drittel eher technische Aufgaben sind, die in den Zuständigkeitsbereich der Schulträger fallen. Die Ermäßigungsstunden werden nach der Anzahl der PCs gestaffelt.

3.3.1.7 Bedeutung der verschiedenen Ebenen

Der Ministerpräsident und die Kultusministerin von Baden-Württemberg forcieren persönlich die Medienoffensive. Die Kultusministerin steht hinter den Projekten und treibt sie voran. Untermauert wird ihr persönliches Interesse beispielsweise dadurch, dass alle Ausschreibungen, die an Schulen verteilt werden, von ihr persönlich unterzeichnet werden. Das Verhältnis zwischen Lehrerschaft und Kultusministerium war unter ihrem Vorgänger sehr gespalten. Es herrschte eine Misstrauenskultur und bei den Lehrkräften Angst vor Mehrbelastungen und Diffamierung durch den obersten Dienstherrn.

Mitte 1999 wurde vom Staatsministerium ein Leitbildentwurf für den Medienstandort Baden-Württemberg vorgestellt, der von der MFG entwickelt worden war (MFG 1999). Dabei werden Empfehlungen zur Standortentwicklung genannt. Als Schlüssel wird die Herausbildung der Medienkompetenz aller Bürgerinnen und Bürger gesehen – allerdings ohne Hinweis darauf, wie diese erreicht werden soll. Die Wirtschaft solle die Potenziale nutzen. „Wir wollen das modernste Land in Europa sein und dabei menschlich bleiben – auch und gerade in der Informationsgesellschaft". (MFG 1999: 5). Für den Bereich der Medienbildung wird auf die Medienoffensive verwiesen und von der vierten Kulturtechnik des Online-Recherchierens ausgegangen. Weitere Ziele sollen sein (MFG 1999: 25ff):

- Grundlegende Öffnung der Schulen für neue Medien durch die Ausstattung mit leistungsfähiger Informationstechnik und interaktiven Lernprogrammen
- Verfügbarkeit von multimediafähigen PCs an allen Schulen bis 2000,
- Ausbau und Intensivierung der Lehrerfortbildung und Erweiterung der Lehrpläne um medienspezifische Themen.

Ende 1999 zog die Landesregierung eine positive Bilanz aus den Anstrengungen. So hat eine Stichprobe ergeben, dass bereits alle Berufsschulen, 84 Prozent aller weiterführenden allgemeinbildenden Schulen, zwei Drittel aller Sonderschulen und 38 Prozent der Grundschulen über einen Internetanschluss verfügen. Elf multimediafähige Computer stehen im Durchschnitt an den weiterführenden Schulen. Im Mittel besitzt eine Grundschule eineinhalb Rechner (Stuttgarter Nachrichten vom 17.12.99).

Schulen ans Netz hat die Landesinitiativen zwar motiviert, danach wurde aber weit darüber hinausgegangen und die Kooperation fand nur noch sehr beschränkt statt. Die Verbindung zwischen Kultusministerium und DTAG im Land war wesentlich erfolgreicher. So existieren zum Beispiel für die Förderung von Lehrerfortbildungsprojekten Auflagen für die Bundesländer, die mit der Realität wenig zu tun haben. So dürfen Veranstaltungen nur für SaN-geförderte Schulen angeboten werden, was aufgrund des Gleichheitsgrundsatzes rechtlich nicht möglich ist. Die Abrechnung findet pro Lehrkraft statt, was einen hohen Verwaltungsaufwand erzeugt hat, zudem wurden die Reisekosten nicht einkalkuliert, und die Lehrkräfte mussten die Teilnahme selbst bezahlen. Auch die Fachtage von SaN waren schlecht organisiert, da die Fachabteilungen der Kultusministerien nicht beteiligt wurden und erst spät zu einem Beitrag aufgefordert wurden. Daraus resultierte ein versteckter öffentlicher Druck, der zu Lasten der Länder gegangen ist. Insgesamt ist die Initiative unprofessionell organisiert worden, da sie zeitlich und technisch zu unflexibel war, um die Bedürfnisse der Schulen zu berücksichtigen. Die Oberschulämter (OSÄ) spielen eine sehr aktive Rolle, die zu wenig berücksichtigt wurde. Die erste Ausschreibungsrunde lief an den OSÄ vorbei, die Anträge der Schulen wurden direkt an das Kultusministerium geleitet, wo eine Auswahl getroffen wurde – meist ohne Kenntnis der Schulsituation. In der zweiten Runde wurden auch die OSÄ aufgrund ihres Protestes stärker einbezogen. Dort wird SaN als „Anfüttern" der Schulen angesehen, da keine weitere Hilfe über das Projekt hinaus angeboten und auch nicht für die Folgekosten aufgekommen wird. Schulen freuten sich über das Angebot, wissen häufig aber weder, was sie technisch noch inhaltlich mit dem Rechner anfangen sollen, so ein Kommentator. Aus der Sachmittelförderung erwuchsen dann Ansprüche an die Schulträger, die in dieser Form nicht erfüllt werden können.

In Bezug auf die Rahmenbedingungen ist herauszustellen, dass Baden-Württemberg über eine exzellente technische Infrastruktur verfügt (BelWü), die es allen Schulen zu günstigen Kosten ermöglicht, das Internet zu nutzen. Frühzeitig wurden Akzente in der Lehrerfortbildung gesetzt (Multimedia- und NetzwerkberaterInnen), die parallel zu den Ausstattungsprogrammen stattfanden. Für die zweite Phase der Lehrerausbildung wurden in Kooperation mit der DTAG Projekte gestartet und die Ausstattung der Studienseminare vorangetrieben. Bei der Lehrerausbildung an den Hochschulen wurde ebenfalls frühzeitig begonnen, neue Medien zu integrieren. An der Lehrerfortbildung gibt es allerdings auch Kritik, da sie häufig ohne Berücksichtigung der vor Ort erworbenen und vorhandenen Kenntnisse stattfindet und Lehrkräfte zu Netzwerkberater ausgebildet werden, statt professionelle Techniker einzustellen. Hier wird eine verstärkte Zusammenarbeit zwischen Schule, Schulträger und Fortbildungseinrichtungen gewünscht. Die Bildstellen befinden sich in einer Umbruchsituation, und es ist noch nicht absehbar, ob sie die Anforderungen hinsichtlich der Integration neuer Medien in ihr Angebotsportfolio in Zukunft erfüllen können. Die Kooperation mit den Universitäten geht sehr schleppend (die Informatik ist zu praxisfern und die Pädagogik zu technikfeindlich) – hier besteht der Wunsch zu einer engeren Kooperation von Seiten des Kultusministeriums und Abstimmungsbedarf mit dem Wissenschaftsministerium.

Gegenüber dem Kultusministerium beschwerten sich die Lehrkräfte (und auch der Schulträger) darüber, dass bislang die inhaltliche Ausgestaltung des Computereinsatzes nicht geklärt sei und auch vom Land keine Vorgaben für die Lerninhalte gegeben würden (Curriculumentwicklung). Bisher bewegt sich die Mittelvergabe in einem Teufelskreis, da Hardware nur bei geeigneten Inhalten finanziert wird, während die Lehrkräfte zu Recht darauf hinweisen, dass sie Inhalte erst entwickeln können, wenn ihnen die entsprechende Ausstattung zur Verfügung steht. Aus dieser Falle versuchen die Schulträger herauszukommen. Bei Grundschulen ist die Lage besonders problematisch. Die Schulträger erhalten keine Sachkostenbeiträge bzw. Medienzuschläge vom Land, weil Grundschulen von den Kommunen abgedeckt werden müssen und außerdem inhaltliche Vorgaben fehlen. Schulträger in ländlichen Regionen sind völlig überfordert mit der Planung von Netzen und der adäquaten Ausstattung der Schulen. Die Beschaffung wird von Personen ohne weitreichende IT-Kenntnisse durchgeführt und die haben wenig Chancen sich zurückzuversichern, was in den Schulen benötigt wird: „Die Händler versprechen viel und hauen die Behörde über's Ohr".

Die Zusammenarbeit zwischen Land und kommunalen Spitzenverbänden ist sehr gut, hier herrscht offensichtlich ein ähnliches Verständnis, wenn auch die Verhandlungen über die Mittelzuweisungen hart geführt werden. Dank der Einbeziehung der kommunalen Spitzenverbände zu Beginn der Initiative konnten die Barrieren aufgrund der geteilten Zuständigkeit überwunden werden. Die

Spitzenverbände erwarten einen Nachweis des Mehrwertes, danach seien sie auch zu weiteren Investitionen bereit (was auch ein Argument zur Verzögerung ihrer eigenen Beteiligung ist). Der Städtetag Baden-Württemberg hat Ende 1999 einen Beschluss gefasst, in dem eine enge Kooperation von Land und Schulträger beschlossen wurde. Aus Sicht der Schulen ist allerdings mehrfach betont worden, dass zentrale Beschaffungsrunden zu selten auf die Bedürfnisse der einzelnen Schulen eingehen und dadurch auch in nicht passende Netzkomponenten investiert.

Großer Wert wird auch auf die Einbeziehung von regionalen Großunternehmen im Rahmen von Public-Private-Partnerships gelegt. Aus Sicht des Kultusministeriums ist die Zusammenarbeit nicht immer einfach und hat auch viel Zeit gekostet. Dennoch konnte auf diese Weise eine zusätzliche Förderung für die Schulen erreicht werden. Es hat zwei Jahre gedauert, bis durch ständiges Mahnen von Seiten der Schulen die Notwendigkeit einer Netzwerkbetreuung auch im Kultusministerium erkannt wurde. Ein großes Problem sind allerdings die Händler vor Ort. Sie haben bisher wenig Erfahrung mit Schulen und präferieren vor allem Standardprodukte. Daher sollen spezielle Händlertagungen durchgeführt werden. Ein zweites Problem besteht darin, dass die Betreuer vor Ort oftmals die Räume abgeschlossen haben, weil sie Angst vor ungewollten Systemveränderungen durch Kolleginnen und Kollegen wie Schülerinnen und Schüler hatten, die ihnen zusätzliche Arbeit machten – hier sollen die Netzwerkkonzepte Hilfestellungen leisten.

In den Schulen fungieren die Lehrkräfte als IT-Koordinatoren und Netzwerkadministratoren, die vom Land ausgebildet wurden und in geringem Maße Ermäßigungsstunden erhalten. Die Hoffnung, über sie eine Multiplikatorwirkung zu erzeugen, hat sich bisher nicht erfüllt – es bleiben die Technikexperten. Schulleitungen haben nur wenig Anreize (und Verpflichtung), sich dem Thema zu widmen – in Zukunft sollen aber Fortbildungskonzepte speziell für diese Gruppe entwickelt werden.

3.3.2   Hessen

3.3.2.1   Förderprogramm Hessen medi@

Hessen hat wie die meisten anderen Bundesländer Mitte der 1980er Jahre eine umfangreiche Ausstattungsinitiative an weiterführenden Schulen gestartet, um eine Grundversorgung mit Computerräumen für die informations- und kommunikationstechnische Grundbildung (IKG) sowie für das Fach Informatik zu erreichen. Seitdem wurden die Geräte in Zyklen von fünf bis sieben Jahren ausgetauscht und vereinzelt auch lokale Netzwerke aufgebaut.

Eine landesweite Erhebung des Kultusministeriums zur informationstechnischen Bildung im Schuljahr 1994/95 ergab ein Defizit an Computern und Internetanschlüssen insbesondere an Grund- und Sonderschulen (HKM 1996). In den allgemeinbildenden Schulen standen durchschnittlich zehn Computer zur Verfügung, wobei nur etwa ein Drittel als multimediafähig eingestuft wurde, und weniger als ein Viertel der Schulen hatte ein Schulnetz. Bis auf Sonderschulen waren Computer in Klassenräumen selten zu finden, sondern vornehmlich in einem eigenen Fachraum aufgestellt. Vor diesem Hintergrund wurde Ende 1997 das ursprünglich auf zwei Jahre (bis zum Ende der Legislaturperiode) angelegte Förderprogramm Hessen Medi@ gestartet, das von der im Frühjahr 1999 neu gewählten Landesregierung fortgesetzt wurde. Etwa zehn Prozent der Mittel wurden für den Schulbereich bereitgestellt. Mit dieser Initiative sollen öffentliche und private Aktivitäten zur Entwicklung und Nutzung neuer Informations- und Kommunikationstechniken gebündelt und multimediale Anwendungen in acht Teilbereichen gefördert werden. Im Bereich „Telematik in Bildung und Wissenschaft" werden insgesamt 38 Projekte gefördert. Darunter fällt die Initiative „Schule 2010" als Gemeinschaftsaktion der hessischen Landesregierung und hessischer Unternehmer. Ein erstes Ergebnis war HOPS („Hessen OnLine Partner Schule") mit dem Ziel, eine Kommunikationsplattform für die Zusammenarbeit von Schule, Schulträger, Land und Wirtschaft zu schaffen. Dafür wurde eine regionale Struktur in Form von Public-Private-Partnerships durch die sogenannten „HOPS-Clubs" geschaffen und von einer PR-Agentur, die auch für die Vermarktung der gesamten Initiative verantwortlich ist, aufgebaut. Träger der Initiative ist der Verein „Technologiepartnerschaft Schule Wirtschaft", in dem verschiedene Ministerien, die kommunalen Spitzenverbänden, die hessischen Unternehmerverbände und die IHK vertreten sind. HOPS sollte den Boden für eine stärkere Kooperationsbereitschaft der Unternehmen bereiten. Beim Aufbau der regionalen Struktur haben sich bisher über 50 Clubs mit mehr als 600 Mitglieder gebildet – unklar ist allerdings, was sie genau machen bzw. bisher erreicht haben. Als konkretes operatives Geschäft sollte auf Landesebene die Sammlung gebrauchter Geräte von Unternehmen, ihre Aufbereitung und die Verteilung an Schulen realisiert werden. Dies schlug zuerst mit nur zwei Beschäftigten völlig fehl. Im Jahr 2000 gab es einen Vertrag zwischen HOPS und einem professionellen PC-Broker, der die Logistik übernimmt. Dafür erhält er einen gewissen Anteil (zwischen 20 und 30 Prozent) der eingesammelten Geräte für die eigene Verwertung. Ende des Jahres wurde über die Zukunft von HOPS entschieden (das Land trägt weiterhin die Kosten von zwei Mitarbeitern). Im HKM existiert die Idee, die Unternehmen enger an den Verein zu binden und von ihnen eine Mindestzahl an zu spendenden Geräten zugesagt zu bekommen. Dadurch würde HOPS eine Planungssicherheit erhalten, da dann in jedem Jahr eine bestimmte Anzahl von Geräten (zwei bis drei Jahre alt) zusätzlich zu den Leistungen der Schulträger vom Land an die Schulen ausgeliefert werden könnten. Im Jahr 2000 erreichten Wirtschafts- und Kultusministerium zusammen mit den hessischen Wirtschaftsverbänden, dass 10.000 zusätzliche Gebrauchtcomputer verfügbar wurden. Für jeden in Eigeninitiative erworbenen Computer erhielt die Schule einen weiteren hinzu.

Im Rahmen von Hessen Medi@ wurde auch ein Landessonderprogramm gestartet, aus dem alle Schulen einen multimediafähigen PC sowohl für den Verwaltungsbereich als auch für die pädagogische Arbeit erhalten haben. Dazu gibt es weitere Infrastrukturfördermaßnahmen (Bildungsserver, regionale Medienzentren, Support-Zentrum, Schulserver). Die Zielrichtung dieser Projekte war sowohl die Erweiterung der Kompetenzen bei den Lehrkräften und ihre Unterstützung beim unterrichtlichen Einsatz neuer Medien als auch die Leistung eines Beitrages des Landes zur Ausstattung der Schulen und damit der pädagogischen Nutzung der IT.

3.3.2.2   BLK-Modellvorhaben

Hessen gilt als eines der aktivsten Bundesländer bei der Durchführung von BLK-Modellversuchen. Der Modellversuch LESE („Multimediale Lernwerkstatt als Hilfe zur kooperativen Selbstorganisation in Schulen") hatte zum Ziel, die Arbeit der Lehrkräfte mit Hilfe von Informations- und Kommunikationstechniken effektiv zu unterstützen und durch Lernwerkstätten neue Unterrichtsformen zu praktizieren. Der Modellversuch „Integrative Medienerziehung mit multimedialen interaktiven Systemen (IMMIS)" sollte einen Beitrag zur Gestaltung einer Medienerziehung im Sinne der Herausbildung von Medienkompetenz leisten. Dabei wurden Schulen ausgewählt, die in der Medienerziehung einen besonderen Schwerpunkt ihres Schulprogramms setzen wollen. Im Modellversuch sollte untersucht werden, wie Ziele und Inhalte der Medienerziehung mit Hilfe geeigneter interaktiver Systeme schülergerecht umgesetzt werden können.

Die Modellversuche wurden frühzeitig mit der Landesinitiative verknüpft, z.B. dadurch, dass die Schulträger zusätzliche Landesmittel zur Ausstattung der Selbstlernzentren zur Verfügung gestellt bekamen. Ende 1998 hat sich Hessen mit dem Vorhaben „Neue Lernwelten in Schule und zweiter Phase der Lehrerausbildung" an dem BLK-Programm SEMIK beteiligt. Ziel des Projektes ist der Erwerb der erforderlichen didaktischen und methodischen Kompetenz zur Nutzung des pädagogischen Potentials neuer Medien bei den Lehrerinnen und Lehrern. Es soll sichergestellt werden, dass neu eingestellte Lehrerinnen und Lehrer diese Kompetenz in Zukunft mitbringen und daher wird bereits in der Ausbildung der IT-Einsatz berücksichtigt. Im Rahmen des Vorhabens sollen Konzepte und Materialien zur Durchführung entsprechender Ausbildungsveran¬staltungen erprobt und dokumentiert werden. Dabei werden drei Schwerpunkte verfolgt: Schulentwicklung, Entwicklung von Unterrichtskonzepten sowie Lehrerausbildung. Die Konzepte sollen durch die Zusammenarbeit von Ausbildern mit Mentoren und Referendaren in verschiedenen Aufgabenfeldern entwickelt werden, unterstützt durch die Schulleitung und Personen aus Wissenschaft und Bildungsplanung.

3.3.2.3 Umsetzung von Schulen ans Netz

Hessen hatte zwar frühzeitig Kenntnis von der Bundesinitiative, konnte aber die Implementierung wie alle anderen Bundesländer nicht beeinflussen. Hessische Schulen wurden vom Kultusministerium aufgefordert, sich an den ersten Ausschreibungsrunden zu beteiligen, was aufgrund der Verzögerungen beim Trägerverein zu vielen Beschwerden führte. Erst nach zwei Ausschreibungsrunden hatte sich das Verfahren so weit eingespielt, dass die Kooperation einigermaßen funktionierte. Das Land unterstützt mittlerweile die Schulen bei ihrer Bewerbung, sicherte sich aber per Erlass gegenüber den Schulträgern hinsichtlich der Übernahme von Folgekosten ab. Erst 1999 konnte dann eine Verzahnung zwischen Landes- und Bundesprogramm erreicht werden. Die PCs werden seither vom Land finanziert, die Internetanschlüsse vom Schulträger unter Zuhilfenahme der Förderung aus SaN. Der hessische Bildungsserver wird als ein Infrastrukturprojekt ebenfalls im Rahmen von SaN gefördert. Nach Auslaufen von SaN wird dem Verein keine weitere Funktion mehr zugewiesen. Im Nachhinein sei deutlich geworden, dass die Art der Einbeziehung der Länder und der damit verbundene Mehraufwand zu keinem besseren Ergebnis geführt habe.

3.3.2.4 Lokaler Handlungskontext: Ländlicher Schulträger

Der Landkreis (90 Schulen) war einer der ersten in Hessen, der eine weitreichende Budgetierung einführte (seit zwei Jahren auch mit gegenseitiger Deckungsfähigkeit bei den Betriebsmitteln einschließlich Übertragung ins Folgejahr). Die Schulen haben seither ihren eigenen Haushalt, müssen einen Finanzplan aufstellen und am Ende jedes Schuljahres ihre Aufwendungen dokumentieren. Auf der einen Seite ermöglicht die Budgetierung eine größere Verantwortung der Schulgemeinde, auf der anderen Seite fehlen dem Schulträger Ressourcen für wichtige Querschnittsaufgaben. So hat der Kreis keine Übersicht über die aktuelle Ausstattung und daher auch keine Planungsgrundlage.

Das Schulverwaltungsamt sieht sich als Vermittler und Berater der Schulen – es gibt Ausstattungsempfehlungen und Vorschläge für Händler. Bei größeren Anschaffungen wird die notwendige Ausstattung gemeinsam mit den Schulen diskutiert und zusammengestellt. Neue Geräte werden aus dem allgemeinen Haushalt für Neuanschaffungen für alle Bereiche finanziert – es gibt keinen zusätzlichen Haushaltsposten für IT in Schulen. Gegenstände über 800 DM werden nach wie vor zentral beschafft. Die Kosten für die Rechner über den Computerraum hinaus werden vom Schulträger nur dann übernommen, wenn die Schulen einen eigenen Beitrag leisten und in Zukunft auch ein IT-Konzept vorlegen. Netzwerke können auch über den Bauhaushalt durch die Schulen selbst bezahlt werden. In Zukunft soll ein separater Etat von ca. 100.000 DM für „Online-Projekte" bereitgestellt werden und die Betriebsmittel wegen der InternetKosten angehoben werden. Der Kreis unterstützt Schulen immer dann, wenn sie ein inhaltliches und finanzielles Konzept vorlegen und eigene Mittel bereitstellen.

Als Daumenwert gilt etwa ein Drittel vom Kreis, der Rest durch die Schule – bei Gymnasien hat das bisher sehr gut geklappt. In Ausnahmefällen geht die Unterstützung des Kreises darüber hinaus (z.B. Server-Anschaffung). Sofern die Summe der Zuwendung unter 10.000 DM liegt, überweist der Kreis das Geld in der Regel dem Schulförderverein, der dann den Einkauf tätigt.

Die Schulen sind auf unterschiedliche Art technisch an das Internet angebunden. Manche über SaN, andere über einen lokalen Provider und die dritte Gruppe nutzt den Zugang über die Fachhochschule. Den Schulen steht offen, wie sie ihre internen Netzwerke einrichten. Der Schulträger empfiehlt die Beauftragung eines Unternehmens, häufig machen es die Schulen allerdings selbst (mit allen Problemen, die dabei entstehen können) und finanzieren es aus ihrem Bauhaushalt. Hier wünscht sich der Schulträger eine stärkere Standardisierung. Die laufenden Kosten für Betrieb und Wartung müssen von den Schulen aus ihrem Budget getragen werden. Dafür gibt es verschiedene Möglichkeiten. Entweder die Schulen greifen auf einen vom Kreis empfohlenen lokalen Händler zurück, oder die Lehrkräfte helfen sich selbst (das ist die Regel). Versuche, zusammen mit der Fachhochschule einen „Support Center" aufzubauen, sind vorerst gescheitert.

SaN wird durchgehend schlecht bewertet: die gelieferten Geräte waren teilweise defekt, teilweise passten sie nicht in die Konfiguration der Schule. Da die Rechner als Spende gelten und dann den Schulen gehören, hatte der Kreis wenig Einfluss, musste aber die Wartungskosten übernehmen. Daher wurde jede Schulbewerbung vom Dezernatsleiter unterschrieben (im Gegenzug durfte die Deutsche Telekom AG Leitungen im Kreis legen). Es wurden etwa zehn Schulen gefördert, die erhebliche Anfangsschwierigkeiten mit der Technik hatten und sich darüber beim Schulträger beschwerten. Die erste Ausschreibung des Landesprogramms ging ebenfalls am Bedarf des Schulträgers vorbei. Er wurde erst spät über das Vorhaben informiert und hatte keinen Einfluss auf die Ausstattung der Geräte: „Die Ausschreibung war schon getan, bevor die Schulträger informiert wurden". Eine Verteilung der Mittel ähnlich wie beim kommunalen Finanzausgleich wäre dem Landkreis lieber gewesen, da dort mehr Informationen über die Bedürfnisse der Schulen vorliegen. Das Argument, einen niedrigen Preis über die Menge erzielen zu können, war ebenfalls zu schwach. Die Geräte haben viele Fehler und waren offensichtlich Billigware. Die 5-Jahres-Vor-Ort-Garantie war kaum praktizierbar, da die Firma unzuverlässig und zu weit weg war. Außerdem wurde den Schulen gestattet, die Geräte zu öffnen, so dass im nach hinein nicht mehr nachvollzogen werden kann, wessen Bauteil bzw. Eingriff den Fehler verursacht hat. Die Kooperation mit dem Support-Bereich des HeLP war solange hervorragend, bis den Beratern vom HeLP die Reisekosten gestrichen wurden und sie nicht mehr die Schulen vor Ort betreuen konnten. Es gibt Beispiele, wo Lehrkräfte mit ihrem Server zur PI Regionalstelle gefahren sind, ihn dort unter Anleitung konfiguriert und wieder zurück transportiert haben. Die Regionalstelle des PI und die ehemalige Kreisbildstelle sind bemüht, haben aber lange Zeit aufgrund personeller und qualifikatorischer Engpässe keine Unterstützung für die Schulen geben können. Erst durch eine Neubesetzung der Leitung in 2000 wurde Hilfe versprochen.

Über Schulungsmaßnahmen findet weder eine Abstimmung zwischen Land und Kreis statt, noch eine gemeinsame Aktivität hinsichtlich der technischen und inhaltlichen Betreuung der Technik in den Schulen. Die Schulen, die eine Förderung des Kreises erhalten wollen, müssen ein Konzept vorlegen und den größeren Anteil der Kosten tragen. Dieses Konzept beinhaltet allerdings noch keine langfristige Planung, sondern orientiert sich am Status quo. Was fehlt, sind Unterstützungssysteme für die Erstellung eines solchen Planes und Fortbildungen für Schulleitungen sowie eine Vision bzw. konkrete Zielvorstellungen beim Schulträger selbst (Wo soll es hingehen? Was brauchen Schulen in Zukunft und wie lässt sich das finanzieren?). Selbst ohne größere Unterstützung des Landes ist es hier gelungen, die Ausstattung der Schulen langsam aufzubauen und ihnen bedarfsorientiert zu helfen. Die Frage ist allerdings, was passiert, wenn in den nächsten Jahren sehr viele Schulen mit einem Konzept ankommen und die finanziellen Mittel eher zurückgehen als steigen? Ein weiteres Problem liegt in der Betreuung der Schulen. In der Regel ist die Schule auf sich alleine gestellt. Hier werden in Zukunft neue Lösungen erforderlich sein, da mit einer steigende Verbreitung der Rechner der Betreuungsaufwand stetig zunimmt und nicht mehr von einzelnen Lehrkräften, insbesondere in kleineren Schulen und/oder Grundschulen bewältigt werden kann.

Schulischer Kontext (Grundschule): In dieser kleinen Grundschule (200 Schülerinnen und Schüler) gibt es seit zwei Jahren vier Gebrauchtgeräte, die als Spenden in Klassenräume gestellt wurden. Der Internetanschluss liegt im Büro der Schulleitung. Durch das Landesprogramm erhielt die Schule zusätzlich drei multimediafähige Rechner (einen für administrative und zwei für die pädagogische Nutzung). Nach längerer Überlegung und Aushandlung mit dem Kollegium wurde ein Multimedia-PC mit Farbdrucker in das Lehrerzimmer gestellt. Mittlerweile ist das Gerät wieder abgebaut und aufgrund des Platzmangels zusammen mit den neuen PCs in einen kleinen Raum im Verwaltungstrakt platziert worden. Die Einrichtung des Internetzugangs war langwierig und kompliziert. Durch die Umstellung auf ISDN konnte der ursprünglich beantragte Account nicht mehr genutzt werden und auch die Hotline konnte nicht weiterhelfen.

Sehr vereinzelt wird in Kleingruppen im offenen Unterricht an Programmen zum Spracherwerb gearbeitet. Mehr geht bisher noch nicht. Die Nutzung des Internet für pädagogische Zwecke im Unterricht ist undenkbar, weil die technische Infrastruktur nicht vorhanden ist und vor allem die Konzepte und Materialien fehlen. Im Kollegium besteht kaum Interesse (relativ hoher Altersdurchschnitt und die jüngeren Kolleginnen sind ebenfalls nicht interessiert oder haben andere Schwerpunkte). Nur die Schulleitung drängt, sie wird aber nicht unterstützt. Fortbildung fand nicht statt, erst 1999 wurden erste Kurse überhaupt angeboten. Nur Dank der Hilfe eines abgeordneten Lehrers einer Sonderschule, der privates Interesse an der Technik hat, konnten die wenigen Geräte funktionsfähig gehalten werden. Die Nähe zu einer größeren weiterführenden Schule ermöglicht zwischenzeitlich einen Hilferuf, gleiches gilt für einen persönlichen Kontakt zur Regionalstelle des Pädagogischen Instituts. Auch der Schulträger hat schon öfter seine Techniker vorbeigeschickt, es kann aber durchaus sein, dass die Geräte wochenlang defekt herumstehen.

In den ersten beiden Ausschreibungsrunden bei SaN wurden die gestellten Anträge abgelehnt. In der Schule fehlte bereits für die Antragstellung das technische Know-how, obwohl es durchaus inhaltliche Vorstellungen zum IT-Einsatz gab. Die Beziehung zum Schulverwaltungsamt ist sehr gut, von dort gibt es immer wieder Unterstützung und auch kleinere technische Hilfen oder einen ausrangierten Drucker. Das zuständige staatliche Schulamt ist aus Sicht der Schule untätig, dort wird bisher überhaupt kein Handlungsbedarf gesehen.

Schulischer Kontext (Gymnasium): Bis 1999 hatte die Schule (1.500 Schülerinnen und Schüler) einen Computerraum mit alten Geräten. Seitdem hat sie sich intensiv selbst bemüht, ihre Hardwareausrüstung im Informatikraum zu verbessern. Mittlerweile verfügt sie über 18 vernetzte PCs. Über SaN konnte ein weiterer Rechner als Router installiert werden, nachdem zahlreiche Änderungen am Gerät vorgenommen worden waren. In Zukunft sollen in der Bibliothek Rechner aufgestellt werden, mit denen Schülerinnen und Schüler gegen Bezahlung ins Internet können. Die Aktivitäten wurden von Anfang von der Schulleitung und den Eltern aktiv mitgetragen. Da die Schule zu weit vom Ballungszentrum entfernt liegt, können Schülerinnen und Schüler sich nur selten Informationsmaterial aus Bibliotheken beschaffen oder Internet-Cafés besuchen. Daher steht die Informationsbeschaffung für Lernende und Lehrende im Mittelpunkt. Zielgruppe des beantragten SaN-Projektes waren Schülerinnen bzw. Schüler der Oberstufe (und in Einzelfällen auch aus der Mittelstufe), die problemorientiert Daten und Informationen aus dem Internet nutzen sollen. Die Internet-AG übernahm die Gestaltung der Homepage. Mit der Partnerschule in Peru konnte Ende 1999 erstmals ein E-Mail-Kontakt aufgenommen werden. Die Schulzeitung soll in Zukunft ebenfalls online abrufbar sein. Die Schulleitung will demnächst auch ihre Rundbriefe an die Eltern und Schüler im Netz bereitstellen. Ebenso werden Berichte und Bilder von Ereignissen im Netz veröffentlicht.

Im Verlauf des Jahres 1999 stieg die Akzeptanz der Internetnutzung im Kollegium deutlich an. Mehrere Kolleginnen und Kollegen verwenden das Internet zur Beschaffung von Unterrichtsmaterial und geben auch gezielte Arbeitsaufträge an Schülerinnen und Schüler. Schulinterne Fortbildungsveranstaltungen gibt es allerdings selten, in der Regel werden privat finanzierte externe Schulungen besucht. Die Durchführung des SaN-Projektes wurde immer wieder verzögert durch technische Probleme, wie die Verlegung einer ISDN-Leitung, die Abstimmung mit der Telefonanlage der Schule und die Installation einer neuen Telefonanlage. Ansonsten gab es eine große Begeisterung an der Schule und die Initiative wurde gerne gesehen. Der Beziehungen zum Schulträger sind aufgrund

der Entfernung zur Kreisstadt nur sehr lose. Mehr Kontakt gibt es zur Stadtverwaltung, die aber nicht zuständig ist.
   Unterstützung durch die staatliche Schulaufsicht: Das staatliche Schulamt
hat aufgrund mangelnden Interesses und fehlender Motivation nichts zur Unterstützung der Vernetzung in diesen Schulen beigetragen. Stärker involviert ist die
Regionalstelle des Pädagogischen Instituts. Sie organisiert Fortbildungen und
hilft Schulen bei der inhaltlichen und technischen Konzeption ihres Technikeinsatzes.

3.3.2.5   Lokaler Handlungskontext: Großstädtischer Schulträger

Nach Jahren der Beschränkung auf die gesetzlich vorgeschriebene Ausstattung
und Erneuerung der Computerräume in den weiterführenden Schulen hat die
Stadt als Schulträger (160 Schulen) Ende der 1990er Jahre begonnen, zusätzliche
Hilfen für die Schulen zu organisieren. Förderlich war dabei die seit einigen
Jahren existierende Budgetierung. Als nachteilig erwies sich allerdings, dass
nunmehr keine Informationen über die Ausstattung der Schulen beim Schulträger
vorliegen, weil viele Schulen eigene Anschaffungen tätigen können und zudem
viele gespendete Geräte an den Schulen zu finden sind, wodurch künftige Planungen erschwert werden. Schulen, die ein eigenes Konzept vorweisen können
oder auch im Rahmen von Schulen ans Netz als Modellprojekte akzeptiert worden sind, können von der Stadt mit einer weiteren Unterstützung rechnen. Entscheidend ist die Vorlage eines pädagogischen Nutzungskonzepts. Bislang werden PCs zentral beschafft, was aufgrund der Produktinnovationszyklen häufig zu
Problemen führt. Es existiert eine erhebliche Diskrepanz zwischen dem angebotenen Preis und dem Marktpreis zum Zeitpunkt der Vergabe. Daher wird versucht, durch eine Mindestspezifikation der rasanten Leistungsentwicklung auf
dem IT-Sektor gerecht zu werden und gleichzeitig nach der Vergabe mit dem
Anbieter über die Stückzahlen zu verhandeln.
   Die Stadt verfügt über ein eigenes Behördennetz, an das einige Schulen angeschlossen sind. Daher wurde bei Schulen, die sich bei SaN als Einsteiger oder
Modellprojekte beworben hatten, der städtische Telefonanschluss und nicht der
gesponserte ISDN-Anschluss verwendet und die Gebührengutschriften verrech-
net. Zu Beginn der Aktivitäten offerierte die Universität über ihr Hochschulre-
chenzentrum einen kostenlosen Internetzugang. Dieses Angebot wurde erst aufgrund von Unstimmigkeiten zwischen Land und Universität zurückgezogen.
Einige Monate später konnte dann doch ein Vertrag zwischen Stadt und Universität geschlossen werden, wonach die Schulen zu einem monatlichen Festpreis
angebunden werden konnten.
   In der Stadt existiert ein spezielles Koordinationsgremium zwischen dem
Schulträger und gewählten Vertreterinnen und Vertretern der Schulen. Dort wird
über die Budgetierung entschieden und Sonderprogramme und -maßnahmen
diskutiert. Dazu gibt es einen Grundschulkreis, der sich speziell mit Ausstat-

tungs- und Nutzungskonzepten beschäftigt und eng mit dem Pädagogischen Institut kooperiert. Das größte Defizit wird in einer strukturierten Vor Ort Hilfe gesehen. Die Universität kann und will das nicht leisten. Bisher gibt es nur über die IT-Abteilung der Stadt und das Pädagogische Institut eine gewisse Unterstützung. Geplant ist für 2000/2001 eine externe Beratung bei der Erstellung eines langfristigen IT-Plans.

Zu Beginn der Bundesinitiative gab es keinerlei Information über das Projekt, geschweige denn eine Abstimmung zwischen der Stadt und dem SaN-Verein. Nach der Bewerbung der Schulen musste sich dann die Stadt verpflichten, die Kosten für die ISDN-Anschlüsse zu übernehmen. Das Ausstattungsprogramm des Landes wird dagegen sehr positiv aufgenommen, was dem Schulträger fehlt, ist eine Vereinbarung über die Folgekosten (v.a. Support). Weder die Wartung noch die Versicherung und die gegebenenfalls spätere Entsorgung der Geräte scheinen sichergestellt. Vertreter der Stadt haben sich an den Sitzungen der gemeinsamen Konzeptgruppe von Land und Schulträgern beteiligt – hier gibt es große Hoffnungen auf eine Einigung.

Schulischer Kontext (Grundschule mit Förderstufe): An der kleinen Grundschule mit Förderstufe (250 Schülerinnen und Schüler) wird seit etwa vier Jahren in Klassen mit Computern gearbeitet. Mittlerweile stehen in allen Klassen zwei Computer und jeweils zwei Klassen teilen sich einen Drucker. Die meisten Computer sind gespendet worden. Durch die SaN-Förderung wurde ein zusätzlicher Raum mit zunächst einem Multimediarechner, später (durch eine zusätzliche Förderung durch den Schulträger) mit weiteren Rechnern eingerichtet. Der Raum, in dem die Rechner stehen, ist relativ klein und wird von Arbeits- und Fördergruppen und einem E-Mail-Projekt einer vierten Klasse genutzt. Er wird gerade umgeräumt und es sollen im Verbund mit der Bücherei verschiedene Lernecken eingerichtet werden. In der Grundschule werden die Computer in den offenen Anfangszeiten oder im Unterricht zur Textverarbeitung genutzt. In der Förderstufe gibt es Computerkurse, in denen die Handhabung systematisch geübt wird. Die Schülerzeitung wird ebenfalls online gestellt und ein E-Mail-Kontakt mit einer anderen Grundschulklasse hat sich etabliert (Fortsetzungsgeschichte). Eine Kollegin aus der Förderstufe setzte das Internet im Rahmen eines speziellen Unterrichtsthemas als Quelle der Informationsbeschaffung ein. In Zusammenarbeit mit einem Verein wurde durch eine Lehrerin eine Fortbildung für das Kollegium organisiert und durchgeführt. Die Kolleginnen und Kollegen sind eher indifferent. Nach Aussage der SaN-Projektleiterin finden sie es gut, aber die wenigsten wollen sich selbst damit beschäftigen. Interne Fortbildungen werden gerne angenommen.

Das Antragsverfahren bei SaN und die Auslieferung der Geräte hat sehr lange gedauert. Bei einigen Geräten gab es technische Probleme, sie mussten zurückgesandt werden. Die Verlegung des ISDN-Anschlusses verzögerte sich ebenfalls um einige Monate. Die Eltern unterstützen die Einrichtung des Medienraumes ebenso wie die Ausstattung der Klassen und helfen bei der Installation der Software. Für Sponsorensuche und Zusammenarbeit mit externen Partnern bleibt dagegen keine Zeit. Ein großes Problem sind die technischen Schwierigkeiten, die beim täglichen Umgang mit den Geräten auftreten – es fehlt eine Vor-Ort Betreuung. Die Wartung der Geräte obliegt einer Person in der Schule, die dafür höchstens eine Freistellungsstunde erhält, aber eine Vielzahl an Stunden aufbringen muss.

Die Angebote des Landes werden kaum genutzt, weil sie zu wenig auf Grundschulen zugeschnitten sind. „Theoretisch gibt es einige Angebote des Landes, praktisch macht man besser alles alleine", so ein Kommentar. Die Lehrerfortbildung sei zu sehr auf Kurse zu bestimmten Softwarepaketen ausgerichtet. Die Bildungsserver bieten zwar Hilfen an, aber oft braucht man eine Person, die vor Ort hilft und die Bedingungen an der Schule kennt. Die Kooperation mit dem Schulträger war bisher sehr gut, dort war man der Idee sehr zugetan und hat die Schule unterstützt. Allerdings gibt es noch keine einheitliche Regelung für den Netzzugang für alle Schulen, so dass sich jeder selbst kümmern muss, damit die Kosten möglichst niedrig gehalten werden können.

Schulischer Kontext (Gymnasium): Das innenstädtische Gymnasium mit 1.500 Schülerinnen und Schüler verfügt über zwei Computerräume und einen weiteren Raum für die gesellschaftswissenschaftlichen Fächer, der mit Computern ausgestattet ist. Der erste Computerraum wurde mit Hilfe der Eltern modernisiert und ans Internet angebunden. Ein zweiter Computerraum konnte über das Landesprogramm modernisiert werden. Durch die Förderung von SaN besteht seit Februar 1997 die Möglichkeit für Schülerinnen und Schüler, an einem Rechner im Internet zu arbeiten. Durch die Arbeit eines Kollegen ist die Homepage der Schule entstanden, in deren Rahmen auch Referate und Arbeitsergebnisse Platz gefunden haben. Die Schule beteiligt sich auch mit einer computergestützten Wetterstation an der Wetterdatenerfassung im Rahmen des „GLOBE Projektes". Die Schulleitung zeigt sich zwar sehr interessiert, reagierte aber auf die Anstrengungen einzelner Lehrkräfte zunächst abwartend. Im Kollegium herrschte dagegen große Skepsis, obwohl alle Informationen über das Projekt auf den Konferenzen verteilt wurden. Die Nutzung der Räume war daher zunächst auf wenige Personen beschränkt. Die Möglichkeiten des Internet wurden neben den Lehrkräften aus dem gesellschaftswissenschaftlichen Fachbereich auch allen anderen interessierten Kolleginnen und Kollegen im Rahmen schulinterner Fortbildung vorgestellt. Die technische Betreuung lag zunächst ausnahmslos bei einem Lehrer. Mit dem Schulträger oder externen Personen gab es keine Zusammenarbeit. Sehr schnell stellte sich heraus, dass es nicht damit getan war, den Rechner zur Verfügung zu stellen: die technischen Detailprobleme erwiesen sich für Anfängerinnen und Anfänger immer wieder als zeitaufwendig und frustrierend. Technische Schwierigkeiten belasteten durchgängig die Arbeit. Die Anlaufschwierigkeiten, mit denen der SaN-Verein zu kämpfen hatte, traf die Konzeption der Schule im Kern, weil sie formal und inhaltlich auf ein Schuljahr zugeschnitten war. Stattdessen war es über ein Jahr nicht möglich, präzise Hin-

weise zu erhalten, auf welchen Projektbeginn man sich überhaupt einstellen
könne. Nachfragen konnten nur per E-Mail gestellt werden. Briefliche und telefonische Kontaktaufnahmen blieben frustrierend erfolglos. Dem Verein wurde
mangelhafte Organisation vorgeworfen.

Das Resümee des Projektes ist gemischt: die Bewerbung um die SaN Förderung hat auf der einen Seite den Erfahrungsbereich der Beteiligten erweitert, auf
der anderen Seite waren aber die Erwartungen technischer wie inhaltlicher Art
anfangs zu hoch gesteckt – auch aufgrund der sehr optimistischen Aussagen in
der Werbekampagne von SaN zu Beginn der Ausschreibung. Der Projektleiter ist
mittlerweile froh ist über den Abschluss des Projektes: der zusätzliche Zeitauf-
wand stand in keinem sinnvollen Verhältnis zum erreichten Ergebnis.

Unterstützung durch staatliche Schulaufsicht: Im staatlichen Schulamt gibt
es keine Motivation und kein Interesse an einer Unterstützung. Stärker involviert
ist das Pädagogische Institut. Dort werden idealtypische Netzwerkkonzepte
entwickelt, Fortbildungen angeboten und auch Support geleistet.

3.3.2.6   Rahmensetzer

Recht: Im Hessischen Schulgesetz wurde von der damaligen SPD-
Landesregierung 1997 eine Neuorganisation der Unterstützungsstruktur und der
Schulaufsicht (§§ 93ff HSchuG) vorgenommen. Dabei wurde zum einen durch
die Zusammenlegung der verschiedenen Einrichtungen im Hessischen Landesinstitut für Pädagogik eine Bündelung der Aktivitäten – und eine Kostenersparnis
angestrebt, zum anderen sollte die Reduzierung auf zwei Schulaufsichtebenen zu
einer Vereinfachung der Verwaltungsverfahren führen. In wie weit das gelungen
war, ist kaum abzuschätzen. In Hessen wurde bei jedem Regierungswechsel auch
das Schulgesetz geändert. Mit dem Antritt der neuen CDU-Landesregierung
Anfang 1999 wurde das Schulgesetz durch das „Erste Gesetz zur Qualitätssicherung in hessischen Schulen" ergänzt. Darin wurden vorherige Maßnahmen wieder zurückgenommen und neue Stundentafeln für die Grundschule („mit festen
Öffnungszeiten") verabschiedet und die Vergleichbarkeit der Leistungen durch
zentrale Tests anvisiert. Bei den Unterrichtsfächern wird im Hessischen Schulgesetz explizit die informations- und kommunikationstechnische Grundbildung
(IKG) und Medienerziehung als ein Aufgabengebiet genannt, das auch fächer-
übergreifend unterrichtet werden kann (§6 Abs. 4 HSchulG). Bei der IKG hat
sich eine Mischform aus Leitfachprinzip und Projektunterricht durchgesetzt, das
heißt, es soll auf der einen Seite eine Projektarbeit im Rahmen des fächerverbin-
denden Unterrichts bzw. auf der anderen Seite ein fächerverbindender projekt-
orientierter Unterricht stattfinden (vgl. Tully 1994: 166f). Mit dem Antritt der
neuen Landesregierung ist auch eine Überarbeitung der Lehrpläne vorgesehen
worden. Insgesamt ging die Entwicklung in Richtung zentraler Abschlussprü-
fungen und stärkerer Verbindlichkeit. Die Reformen des Lehrplans gehen jedoch
nicht soweit, dass Methoden explizit für die Fächer erwähnt bzw. festgelegt

werden. Weiterhin obliegt es der einzelnen Lehrkraft, die formulierten Ziele mit allen zur Verfügung stehenden Methoden zu erreichen. Unter Umständen macht eine Verankerung des IT-Einsatzes in der Präambel als Signal einen Sinn. Die überarbeiteten Lehrpläne für IKG, Informatik und Medienerziehung enthalten ebenfalls keinen expliziten Methodenvorschlag. Ein großes Problem wurde durch die Abschaffung der Arbeitslehre in den Gymnasien geschaffen, in der traditionell auch IT Grundkenntnisse vermittelt wurden. So beginnen die Schülerinnen und Schüler der Gymnasien frühestens in Klasse 8 mit dem IKG-Unterricht und verlieren den Anschluss an das, was schon in der Grundschule erarbeitet wurde.

Organisation: In Hessen sind die Landkreise bzw. kreisfreien Städte Schulträger für alle Schularten. Bis 1997 war die Zuständigkeit bei der Schulaufsicht (Fach-, Dienst- und Rechtsaufsicht) auf drei Ebenen verteilt: Kultusministerium (oberste Ebene), Regierungspräsidien (mittlere Ebene) und staatliche Schulämter (untere Ebene). In der Novellierung des Hessischen Schulgesetzes wurde 1997 die mittlere Schulaufsichtsebene gestrichen, d.h. die Schulabteilungen der Regierungspräsidien fielen weg und wurden den staatlichen Schulämtern zugeordnet.

Der zweite Teil der Novellierung umfasste die Neuordnung der Unterstützungssysteme. Dabei wurden das Hessische Institut für Lehrerfortbildung (HILF), das Hessische Institut für Bildungsplanung und Schulentwicklung (HIBS), die Staatliche Landesbildstelle sowie die Hessische Erwachsenenbildungsstätte zum Hessischen Landesinstitut für Pädagogik (HeLP) zusammengefasst. Hierbei gab es erhebliche Anfangsschwierigkeiten. Das HeLP soll in Zukunft budgetiert werden, die Kosten-/Leistungsrechnung soll eingeführt werden und es wird an die Auslagerung einzelner Dienstleistungen gedacht. Nach dem Hessischen Schulgesetz hat das HeLP die Aufgabe, die Entwicklung aller hessischen Schulen zu unterstützen und zu fördern. Das HeLP ist unmittelbar dem Hessischen Kultusministerium unterstellt. Es ist in sechs Pädagogische Institute mit Regionalstellen aufgeteilt, die sich gleichmäßig über das Land verteilen. Sie stimmen sich ab mit den staatlichen Schulämtern, den Studienseminaren und Hochschulen und koordinieren ihre Arbeit landesweit. Sie spielen eine wichtige Rolle bei der Entwicklung von Medienkonzepten und bei der Fortbildung. Dem HeLP obliegt zudem die Fachaufsicht über die Stadt- bzw. Kreisbildstellen. Im Kultusministerium gibt es ein personell unterbesetztes Medienreferat, das sich um die Umsetzung der Programme, die Koordination mit den Schulträgern, um die Lehrerfortbildung und um die BLK-Modellversuche kümmert. Ansonsten sind die medienspezifischen Aufgaben auf zahlreiche Referate und Abteilungen verteilt.

Finanzierung: In den Jahren 1998 und 1999 gab es ein Sonderprogramm zur „Verbesserung der Ausstattungsstandards der Schulen in Hessen" mit einem Volumen von zehn Mio. DM, das mit den kommunalen Schulträgern abgestimmt wurde. Dabei sollte jede hessische Schule je einen Multimedia-PC für den Verwaltungsbereich und für den pädagogischen Einsatz erhalten. Die kommunalen

Schulträger hatten die Aufgabe, den Internetanschluss zu realisieren und die Folgekosten zu tragen. Die Mittel stammen aus einer Umschichtung im kommunalen Finanzausgleich. Die Zusammenarbeit zwischen Land und kommunalen Schulträgern in verschiedene Gremien wäre vor wenigen Jahren noch undenkbar gewesen. Der kritische Punkt ist allerdings immer noch die Frage nach dem technischen Support. Die kommunalen Spitzenverbände verlangen eine stärkere Beteiligung des Landes an der Ausstattung der Schulen und den laufenden Kosten (z.B. für Wartung und Personal). Hier stehen die Verhandlungen noch am Anfang.

Infrastruktur: In Hessen existiert kein Landesnetz für Bildungseinrichtungen an das alle Schulen bzw. Schulbehörden angeschlossen werden könnten. Hier ist jeder Kreis bzw. jede kreisfreie Stadt auf sich gestellt. Dabei haben die Städte den Vorzug von existierenden Behördennetzen, über die auch Schulen angebunden werden können. Die Kreise müssen sich auf die Angebote der Deutschen Telekom AG oder anderer Provider stützen. Im Rahmen von Hessen Medi@ bzw. durch das HeLP wurde ein Bildungsserver und ein Schulserver aufgebaut. Der Bildungsserver hat zum Ziel, „[...] eine Qualitätsverbesserung von Lernen und Arbeiten in der Schule auszuloten, neue Arbeits und Kommunikationsstrukturen anzuregen und einen wesentlichen Beitrag zur Vermittlung von Medienkompetenz – bei Schülerinnen und Schülern ebenso wie bei Lehrerinnen und Lehrern – zu leisten. Gleichzeitig ist er für Aufgaben von Bildungsplanung und Schulentwicklung ein Instrumentarium für landesweit zu organisierende Informationsprozesse." Der Schulserver ist eine zusätzliche Internetdienstleistung und wurde zu Beginn des Jahres 2000 in Betrieb genommen. Er bietet der den Vorteil, Schulen Informationen elektronisch zustellen zu können. Jede Schule, die sich anmeldet, erhält eine eigene Adresse. Für die Schulen soll der Schulserver eine Informations- und Kommunikationsplattform darstellen, der mit Hilfe der HOPS Zentrale aufgebaut wurde. Fernziel ist der Ersatz traditioneller Informationswege durch elektronische Mitteilungen über das Internet (bei 95 Prozent Anschlussdichte soll es nur noch elektronische Mitteilungen geben).

Zur inhaltlichen Unterstützung der Schulen spielten bislang bei den traditionellen Medien die Landesbildstelle und die Kreis bzw. Stadtbildstellen eine wichtige Rolle. Für die Bewältigung der Herausforderung der neuen Medien werden sie als zu wenig kompetent eingestuft – ihre Zukunft ist ungewiss. Als Ergänzung wurden bisher acht regionale Zentren für Medienkompetenz eingerichtet (zumeist bei den Pädagogischen Instituten des HeLP). Sie sollen neue didaktisch methodische Ansätze in der Lehrerbildung entwickeln und bereitstellen. Als zentrale Einrichtung für den technischen Support wurde das Support-Zentrum beim PI Frankfurt eingerichtet, das verschiedene Dienstleistungen anbietet: Von Hilfen bei Konfigurations- und Installationsproblemen von lokalen Netzen und Internetanbindungen über Einrichtung und Erprobung beispielhafter IT-Lösungen an Referenzschulen mit unterschiedlichen Schulformen und Profilen, Hilfen bei der Ausschreibung und Beschaffung von Hard und Software,

Aufbau eines Fernwartungssystems für vernetzte Schulen, bis zu Schulungsangeboten zu aktuellen Themen.

Lehreraus- und Lehrerfortbildung: Bei der Ausbildung neuer Lehrkräfte sind für die erste Phase die Universitäten, für die zweite Phase die staatlichen Schulämter und die Studienseminare inhaltlich, die Regierungspräsidien rechtlich verantwortlich. Daher spielt auf der obersten Ebene die Verzahnung zwischen Wissenschafts- und Kultusministerium eine wichtige Rolle. Bisher wird an den vier ausbildenden Universitäten des Landes sehr unterschiedlich mit neuen Medien im Unterricht umgegangen – eine landesweite Initiative zur Verbesserung der Lehre bzw. der Ausstattung von Universitäten und Studienseminaren gibt es nicht. Im Rahmen des BLK-Modellvorhabens (siehe Kapitel 4.1.4) sollen Konzepte erprobt und beispielhafte Veranstaltungen durchgeführt werden. Durch die Zusammenarbeit von Ausbildern mit Mentoren und Referendaren in verschiedenen Aufgabenfeldern, unterstützt durch die Schulleitung und Personen aus Wissenschaft und Bildungsplanung sollen neue „Lernwelten" entwickelt und erprobt werden.

Die Lehrerfortbildung ist eine der drei zentralen Aufgaben des HeLP. Die meisten Kurse für Lehrkräfte werden durch die Regionalstellen der Pädagogischen Institute durchgeführt. So gibt es in beiden betrachteten Schulamtsbezirken Fortbildungen zu Basiskenntnissen (Programmnutzungskompetenz), zu medienpädagogischen Themen bzw. zur Unterrichtsintegration neuer Medien – die Anmeldung kann sogar online erfolgen. Auch die Lehrerfortbildung soll in Zukunft verstärkt ausgelagert werden. Wie das genau aussieht, darüber herrscht noch große Ungewissheit. Allen Beteiligten ist klar, dass es zu dem Ausstattungsprogramm ein Begleitprogramm zur Lehrerbildung geben muss. Unklar ist dessen Finanzierung. Das Medienreferat beim HKM schlägt eine mehrstufige Fortbildung von der instrumentellen Nutzung bis zur fachdidaktischen Integration vor, die mehrere Jahre in Anspruch nimmt und kontinuierliche Teilnahme und finanzielle Beteiligung der Lehrkräfte erfordern würde. Gerade der letzte Aspekt ist der zeitlich und inhaltlich anspruchsvollste, wird aber als Schlüssel zur Integration der Medien in die Fächer angesehen und leistet somit auch einen Beitrag zur Qualitätssicherung und nachhaltiger Wirksamkeit der eingesetzten staatlichen Mittel. Ein Schwerpunkt wird dabei der schulinternen Lehrerfortbildung zugewiesen – allerdings steht noch nicht fest, wie Multiplikatoren ausgebildet werden sollen und wie Schulen bei ihrer internen Planung unterstützt werden können.

3.3.2.7   Bedeutung der drei Ebenen

Weder die derzeitige Kultusministerin noch ihr Vorgänger haben dem IT-Einsatz in Schulen einen herausragenden Stellenwert beigemessen. Beide waren bzw. sind aufgeschlossen, haben aber andere Schwerpunkte gesetzt: derzeit gilt der Unterrichtsgarantie und damit der Einstellung neuer Lehrkräfte die oberste Priorität, dann kommt die Qualitätssicherung durch zentrale Abschlüsse. Allerdings muss berücksichtigt werden, dass große Ankündigungen wie in anderen Bundesländern nur dann haltbar sind, wenn die entsprechenden Mittel auch dafür bereitgestellt werden. Das ist in Hessen aufgrund der Prioritätenliste für den IT Bereich noch nicht der Fall. Im Kultusministerium ist viel vom Engagement weniger Personen abhängig. Das Medienreferat ist personell unterbesetzt und kann daher nur begrenzt die Aufgaben bewältigen.

Bei den Schulträgern ist die Initiative ebenfalls von wenigen Promotoren abhängig, deren Handlungsoptionen begrenzt sind. Dennoch gibt es immer wieder „findige" Verwaltungskräfte, die Sponsoren aufgetrieben haben und den engen Kontakt mit den Schulen suchen und damit auch näher an den spezifischen Bedürfnissen der Schule sind. An allen Schulen zeigt sich das gleiche Bild: Es war immer nur eine Lehrkraft, an der die Projektarbeit hängen blieb. Wo die Schulleitung Engagement zeigte, gab es eine Chance für die Verbreitung.

Schulen ans Netz hat die Landesinitiativen in Hessen erst ins Rollen gebracht. Trotz des bemängelten Abstimmungsprozesses hatte SaN eine Katalysatorwirkung. Das komplizierte Ausschreibungsverfahren verursachte eine Zusatzbelastung aller Prozessbeteiligten. Der Vorschlag Hessens, den Ländern das Geld zu geben, die dann auf bekanntem Wege die Verteilung übernehmen, wurde nicht realisiert. Stattdessen mussten die Antragsteller sogar bei den Einsteigerprojekten technische Details angeben, die sie gar nicht wissen konnten und die für die Vergabe letztlich unerheblich waren. Hintergrund war nach Aussage des Landesvertreters die Vorstellung der SaN Geschäftsstelle, dass Schulen in Zukunft eigene Netze aufbauen sollten und dafür die notwendigen Daten überhaupt erst erfasst werden müssen.

Zwischen den Schulen ist durch die Art und Weise der Mittelvergabe ein starker Wettbewerb entstanden, der sich zudem noch zwischen Schule und Schulträger aufgebaut hat – wer bekommt wie viel, warum? Die mangelnde Abstimmung zwischen Bund, Land und Kommune zeigt sich z.B. bei der Rechnerkonfiguration. Sowohl die Rechner über SaN als auch die Rechner aus dem Landesprogramm hatten eine ISDN-Karte. Da viele Schulen bereits ein internes Netz aufgebaut hatten, blieben zahlreiche ISDN-Karten ungenutzt.

Hinsichtlich der Rahmenbedingungen hat es das Land verpasst, frühzeitig für eine einheitliche Netzinfrastruktur zu sorgen und hat dies stattdessen den Schulträgern bzw. den Sponsoringaktionen überlassen. Im Bereich der Lehreraus- und Lehrerfortbildung gibt es zahlreiche Aktivitäten, die allerdings noch aufeinander abgestimmt werden müssen. Die Pädagogischen Institute des HeLP tragen die Fortbildungen, sind aber derzeit in ihrem Bestand gefährdet. Die Reform der Lehrerausbildung spielt bis auf das BLK-Modellvorhaben keine Rolle – die Universitäten können oder wollen nicht, die fachlich zuständigen Schulaufsichtsbehörden sind eher zurückhaltend. Die Studienseminare glänzen auch nicht gerade mit Engagement – hier gibt es nur wenige Ausnahmen. Dort geht es in erster Linie um pädagogisch pragmatische Fragen (auch rechtliche Aspekte in der Referendarsprüfung). Meistens sind die Leitungen der Studienseminare erfahrene Lehrkräfte, die bisher nur selten mit neuen Medien gearbeitet haben.

Das Lehrerfortbildungsangebot ist begrenzt und es besteht weitere Gefahr durch Outsourcing von HeLP-Dienstleistungen. Die Bildstellen geraten durch die zunehmende Verbreitung neuer Medien stark unter Beschuss. Es gibt Tendenzen, sie ganz aufzulösen. Die dort vorhandenen Kompetenzen reichten nach Aussage der Vertreter des Landes und der Kommunen nicht mehr aus, um den Ansprüchen der Schulen und auch der übergeordneten Dienststellen zu genügen. Der zentrale technische Support durch das PI Frankfurt ist hochkompetent aber zu wenig, um flächendeckende Unterstützung zu gewährleisten, daher experimentiert jeder Schulträger. Sie sind zwar engagiert, aber ihnen fehlt nicht nur das Geld, sondern auch das Know how. Die Lehrpläne sind gerade erst überarbeitet worden, eine deutliche Hinwendung zur Integration von neuen Medien in den Unterricht konnte dabei nicht erreicht werden – im Gegenteil, die Auflösung von Arbeitslehre in den Gymnasien führt zur Situation, dass Schülerinnen und Schüler aus der Grundschule gegebenenfalls drei Schuljahre warten müssen, bis sie wieder mit Computer und Internet arbeiten können.

Große Hoffnung wird in der Vereinbarung zwischen Kultusministerium und kommunalen Schulträgern für die langfristige Förderung des Medieneinsatzes in Schulen gelegt. Dank der Initiative des Medienreferates beim HKM gibt es erstmals eine Koordinationsgruppe zwischen Land und Schulträger. Zusätzlich wird davon ausgegangen, dass nur eine veränderte Organisations- und Finanzierungsstruktur in den Schulen zu einer Einbettung des Medieneinsatzes in den Unterricht und damit zu einer nachhaltigen Wirkung führen wird. Daher erhofft man sich von den Pilotprojekten zur Vollbudgetierung einen neuen Schub in diese Richtung. Die HOPS-Initiative bildet einen Rahmen für lokale Aktivitäten, die allerdings wieder von dortigen Promotoren und von der Infrastruktur abhängig ist. Daher gibt es sehr unterschiedliche Entwicklungen. Problematisch ist die Konzentration von HOPS auf Gebrauchtgeräte statt einer gemeinsamen Aktion zum Erwerb bzw. Leasing von Neugeräten. In den Schulen gibt es nur wenige Lehrkräfte, die sich einer nachhaltigen Planung des Technikeinsatzes widmen – von der Schulleitung kommt zu wenig Unterstützung. Die Zahl der Ermäßigungsstunden ist derart niedrig, dass immer Drohungen gegenüber den Schulträger artikuliert werden, den Netzbetrieb vollständig einzustellen.

3.3.3 Bewertung der Bundesinitiative

3.3.3.1 Erfolg

Misst man den Erfolg der Initiative „Schulen ans Netz" an den explizit selbstgesteckten Zielen, so wird es spätestens im Jahr 2001 gelungen sein, alle deutschen Schulen ans Internet anzuschließen. Dazu tragen allerdings auch die veränderten Bedingungen durch eine Rechtsverordnung der EU und die zahlreichen, von SaN unabhängigen Initiativen in den Ländern bei. Hinzu kommt das

Bestreben, weitere Aktivitäten in den Bundesländern zu initiieren, was in den meisten Fällen gut gelungen ist, die sich aber mittlerweile deutlich vom Bund distanzieren. Die impliziten Ziele wie Qualifizierung der Lehrkräfte und die Bereitstellung multimedialer Unterrichtsmaterialien ist nur teilweise gelungen. Auch die erhoffte engere Zusammenarbeit zwischen Lehrkräften und Schülerinnen und Schüler verschiedener Schulen ist bis auf wenige Ausnahmen nicht erfolgt. Dies erfordert zuerst inhaltliche und organisatorische Strukturen und danach die technische Realisierung.

Obwohl aus der Bundesperspektive nicht der Zugriff auf die Lehrkräfte erfolgen kann, wurde aufgrund der mangelhaften Bereitschaft zur Abstimmung mit den Ländern und vor allem den Kommunen eine negative Grundhaltung gegenüber dem Bundesprogramm erzeugt und Vorurteile bestätigt. Künftige Bundesinitiativen im Bildungsbereich werden darunter zu leiden haben, insbesondere dann, wenn sie zusammen mit privaten Partnern organisiert sind. Die Bundesländer sind sehr skeptisch geworden, was auch die Zurückhaltung bei der konkreten Umsetzung von Projekten im Rahmen der „Initiative D21" oder anderen Aktivitäten des Bundes beweist.

3.3.3.2   Nachhaltigkeit

Aufgrund der Trennung zwischen Personal- und Sachaufwandsträger, mussten sowohl Bundes als auch alle Länderinitiativen auf die schulgesetzlichen Bestimmungen Rücksicht nehmen. Dies verursachte einen erheblichen Abstimmungsbedarf, der bislang in vielen Bundesländern den Spielraum für weitreichende Ausstattungsmaßnahmen und vor allem eine nachhaltige Entwicklung unter Berücksichtigung der Folgekosten verzögert hat. Das BMBF hatte bei der Formulierung der Bundesinitiative offenkundig kein Interesse an einer Verteilung der gesamten Mittel nach dem Königsteiner Schlüssel – wie von den Ländern vorgeschlagen – da der Bund nicht die Hoheit und damit auch den politischen Werbeeffekt verlieren wollte. Auch die Deutsche Telekom AG wollte „unbürokratisches Handeln". Als Kompromiss wurden 30 Prozent der Mittel (für die Einsteiger- und die Lehrerfortbildungsprojekte) nach dem Königsteiner Schlüssel an die Länder verteilt mit bestimmten Auflagen, wie sie zu verwenden seien. Die Ländervertreter saßen in einem Ausschuss zur Begutachtung der Anträge für Modellprojekte (nach Vorselektion), ein Instrument zur Verzahnung zwischen Landesinitiativen und Bundesinitiative gab es zu Beginn nicht. Vor allem zeigte sich im weiteren Verlauf der Implementierung, dass es ein großer Fehler war, die Vertreter der Schulträger nicht einzubeziehen, da von dort die größten Proteste kamen. Wenn ausgiebiger über einen Zeitraum von einem Jahr unter Beteiligung der Länder und der kommunalen Spitzenverbände geplant worden wäre, hätte es bessere, d.h. nachhaltige Wirkung erzielen können – so bleibt es bei einem ersten Versuch einer Initiative. Die mangelhafte Abstimmung mit den Bundesländern verursachte einen Doppelaufwand und verhinderte an vielen Stellen eine inhaltliche und organisatorische Verschmelzung zwischen Bundes und Landesinitiative.

Der Initiative hätte eine stärkere Unterstützung auf der höchsten politischen Ebene (bei Bund und Ländern) sehr geholfen. Die Präsentation durch den Forschungsminister und das PR-getriebene Engagement des Telekom-Chefs waren zu wenig, um weitere Sponsoren zu gewinnen und ein positives Bild in der Lehrerschaft zu vermitteln. Von den kleineren Schulen (vornehmlich Grund-, Haupt- und Sonderschulen) wurden die hohen Antragshürden aufgrund des komplizierten Antragsverfahrens beklagt. Dies vermittelte den in der Schulgemeinde wohlbekannten Anschein, als ob diejenigen Schulen bevorzugt werden sollten, die ohnehin schon über eine gute Ausstattung und ausreichende Kenntnisse verfügten. Die großen Anfangsschwierigkeiten bei der Versorgung der Antragssteller steigerten dieses grundlegende Misstrauen gegenüber dem Trägerverein und dessen intransparenten Entscheidungsstrukturen – die verspätete Lieferung unpassender Hardware bestätigte diesen Eindruck. Die Initiative schürte Hoffnungen bei den Schulen, die nicht erfüllt werden konnten, was als Beschwerde entweder auf die Initiative oder auf die nicht beteiligten Schulträger zurückwirkte. Die jährlichen Tagungen waren schlecht organisiert und liefen auf Werbeveranstaltungen der Großsponsoren hinaus. Inhaltlich waren sie nur bedingt geeignet, dafür eröffneten sie aber die Chance des Gedankenaustauschs zwischen den interessierten Lehrkräften (Teilnehmer waren 80 Prozent Männer aus dem Informatikbereich). Nachdem die organisatorischen Anfangsschwierigkeiten behoben waren, konnte eine zügige Versorgung aller Antragsteller auch dank der Einbindung weiterer Sponsoren erreicht werden. Die hohe Sichtbarkeit der Initiative entfachte einen ersten Ansturm und bewirkte die Nachahmung auf der Landesebene.

Zusammenfassend lässt sich konstatieren, dass „Schulen ans Netz" für eine Bundesinitiative im Schulbereich sehr wirkungsvoll hinsichtlich der originären Zielsetzung war („10.000 Schulen ans Netz"). Eine nachhaltige Förderung war nicht Teil der Initiative, allerdings führte ihre starke Konzentration auf das Internet zu einer falsche Akzentuierung („Internet = Bildung"). Das Engagement der Deutschen Telekom AG war finanziell sehr wertvoll, obwohl der Bund immerhin noch mit 40 Prozent beteiligt war. Obwohl Fortbildung einen Schwerpunkt darstellte, fehlte hier die inhaltliche und organisatorische Abstimmung mit den Einrichtungen der Länder. Die inhaltlichen Angebote auf dem Server (Lehrer-Online) duplizierten die Bemühungen der Landesbildungsserver und anderer Aktivitäten (ODS, DBS).

Wenn die Bundesinitiative als ein Startversuch betrachtet wird, so kann von einer Aufbruchstimmung gesprochen werden, die von ihr in den Schulen ausging. Was fehlt, ist eine nachhaltige wirkungsvolle Fortsetzung in allen Feldern des IT-Einsatzes in Zusammenarbeit mit den Ländern und den kommunalen Schulträgern. SaN hat einen Flickenteppich mit heterogener Ausstattung hinterlassen, für deren Folgekosten die kommunalen Schulträger zu sorgen haben.

3.4   Ausgangssituation im Bereich Bildung in den USA

3.4.1   Schulen in den USA

In der US-amerikanischen Verfassung sind weder „Erziehung" noch „Ausbildung" explizit erwähnt, daher haben folglich die einzelnen Bundesstaaten die Verantwortung für die Einrichtung und Verwaltung des Bildungswesens. In der Realität besteht die Situation, dass sowohl die Bundesregierung als auch die Regierungen der Bundesstaaten und die lokalen Schulbehörden für die Kontrolle und Finanzierung der Schulen zuständig sind. Grundlegendes Merkmal ist die starke demokratische Legitimierung der Repräsentanten der Schulaufsicht auf jeder Ebene. Je nach Bundesstaat wird der *State Superintendent* gewählt oder vom *State School Board* ernannt. Der Regional oder *County Superintendent* wird fast immer gewählt, der *District Superintendent* in der Regel von einem gewählten *Local School Board* ernannt bzw. eingestellt. Mit Ausnahme des Bundesstaates Hawai'i haben alle Staaten einen vergleichbaren Verwaltungsaufbau.

Abbildung 12:   Aufbau US-Schulsystem

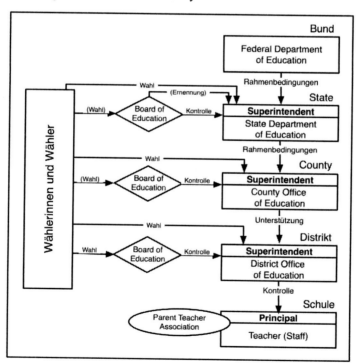

Das „*State Board of Education*" ist das für die Schulpolitik zuständige Organ des Staates. Es setzt die Ziele, Prioritäten und Vorschriften fest, die mit den Gesetzen des jeweiligen Bundesstaates in Einklang zu stehen haben und verbindlich für die örtlichen Schulbehörden sind. Die Mitglieder des *Boards* werden in den meisten Bundesstaaten vom Gouverneur ernannt, in anderen von der gesetzgebenden Körperschaft ausgewählt oder von den Bürgerinnen und Bürgern des Bundesstaates gewählt. Der Bundesstaat hat die Abwicklung des Schulwesens an die Distrikte abgetreten, d.h. dort wird sowohl der Personal als auch Sachaufwand getragen.

Die Schulen sind weitgehend eigenständig, die Schulleitung hat in Abstimmung mit den Gremien Entscheidungsbefugnisse über Haushalt und Personal. Unterhalb des *Superintendent of Schools* wird der Schuldirektor oder die Schuldirektorin („*Principal*") vom Superintendent und dem *Local School Board of Education* berufen (in einigen Distrikten auch auf Zeit ernannt). Die *Principals* haben sowohl die Verantwortung über das Budget als auch über das pädagogische und das nichtpädagogische Personal. In der Regel sind sie vom Unterricht freigestellt (bis auf sehr kleine Schulen) und wirken als eine Art Schulmanager. Die „*Parent Teacher Association* (PTA)" spielt als Beratungs und Informationsgremium auf der Ebene der Einzelschule eine wichtige Rolle, sie besitzt allerdings kein formales Mitbestimmungsrecht. Der Schulleiter bzw. die Schulleiterin evaluiert in regelmäßigen Abständen (ein bis zwei Jahre) die Lehrkräfte durch Unterrichtsbesuche und erstellt formale Berichte. Von diesen Bewertungen sind auch der Aufstieg und damit die Bezahlung der Lehrerinnen und Lehrer abhängig.

Der Einfluss des Bundes hat seit den 1970er Jahren kontinuierlich zugenommen, nachdem wieder ein eigenes Bildungsministerium auf Bundesebene eingerichtet worden war (Landers 1981). Die Hauptaufgabe des *U.S. Department of Education* besteht darin, den vom Kongress bewilligten Haushalt zu verwalten, richterliche Entscheidungen auf dem Erziehungssektor auszuführen, die Bürgerrechte und Chancengleichheit im Bildungswesen durchzusetzen und die Qualität der Erziehung mittels Untersuchungen, Auswertungen und Verbreitung von Informationen zu verbessern. Mit dem Haushalt des Bundes sollen der Bau von Schulen unterstützt, die Entwicklung neuer Unterrichtsprogramme gefördert und die Lehrerausbildung und Förderung von berufsorientierten Studiengängen vorangetrieben werden. Damit verstärkte sich die staatliche Einflussnahme auf Bildungs- und Erziehungsfragen. Bereits 1965 wurde ein Gesetz (*Elementary and Secondary Education Act*, ESEA) verabschiedet, das die Zustimmungspflicht des *U.S. Department of Education* bei kommunalen Projekten vorschrieb, wenn Bundesmittel für Benachteiligte, Behinderte, Sprachminoritäten und Umsiedlerkinder angefordert wurden. Im ersten Abschnitt des Gesetzes (Title 1) werden die Fördermaßnahmen des Bundes für benachteiligte Gruppen definiert, die dann im Reformgesetz von 1994 (*Improving America's Schools Act*, IASA) bestätigt wurden. Als Faustregel für die „Armutsquote" gilt die Anzahl der Schülerinnen und Schüler, die Anspruch auf ein freies Mittagessen haben, was wiederum die Finanzkraft der Familien widerspiegelt. Als Teil des IASA wurde neben der Förderung benachteiligter Regionen auch die Richtlinie zur Umsetzung von Maßnahmen zur Förderung der Technikausstattung in Schulen beschrieben. Im dritten Abschnitt des IASA wurde festgelegt, welche Auflagen lokale Behörden zu erfüllen haben, wenn sie Mittel des Bundesstaates erhalten wollen.

Tabelle 6:   Schul- und Schülerzahlen in den USA

	Schulen (1996/97)	Schülerinnen und Schüler (1996/97)	Lehrerinnen und Lehrer (1993/94)
Elementary Schools	60.808	31.894.000	1.331.281
Secondary Schools	20.282	12.214.000	1.230.013
Kombinierte Schulen	2.764	k.A.	k.A.
Total	83.854	44.109.000	2.561.294

Quellen: NCES 1997a,b

Die Finanzierung in den USA erfolgt in der Regel aus der Vermögenssteuer, für Sonderausgaben können spezielle bildungsbezogene kommunale Schuldverschreibungen („Bonds") ausgegeben werden, sofern die Mehrheit der Bürgerinnen und Bürger zugestimmt hat. Die staatlichen Ausgaben für Bildung betrugen 1995 3,5 Prozent des US-amerikanischen Bruttoinlandsproduktes (BIP) (OECD 1998). Die gesamten Zuwendungen der Gebietskörperschaften auch an private Einrichtungen lagen bei fast zehn Prozent der gesamten öffentlichen Ausgaben, so dass pro Schülerin und Schüler an Elementary Schools 5.300 US-$ und an Secondary Schools 6.800 US-$ investiert wurden. Die Ausgaben von insgesamt 248,5 Mrd. US-$ (1995) verteilten sich wie zu 42 Prozent auf die Bundesstaaten, zu 41 Prozent auf die Schuldistrikt, zu sechs Prozent auf den Bund, und zehn Prozent wurden durch private Einrichtungen getragen (U.S. Federal Department of Education zit. n. (McKinsey&Co. 1995): 38). Der größte Anteil (60 bis 70 Prozent) wird wie in anderen Ländern für die Lehrergehälter gebraucht. Die Höhe der Bundeszuschüsse an die einzelstaatlichen Bildungsetats hängt von zahlreichen Faktoren ab (Zahl der Kinder pro Staat, die aus einkommensschwachen Haushalten stammen oder Minderheiten angehören). Die Bundesstaaten verwenden Steuereinkünfte aus Körperschafts-, Einkommens-, Verkaufs- und Verbrauchssteuern (manchmal auch Lotterieeinnahmen), die Kommunalverwaltungen nutzen in der Regel die Vermögenssteuer. In den meisten Bundesstaaten werden die Bürgerinnen und Bürger des Schuldistrikts aufgefordert, über den Vermögenssteuersatz die Schulen mit zu finanzieren oder direkt in den Schuletat zu zahlen.

3.4.2   Verbesserung von Schule durch den IT-Einsatz

Wesentlichen Einfluss auf die Bildungspolitik und damit die Aktivitäten der Bundesregierungen hatte der Bericht der *National Commission on Excellence in Education* (NCEE) von 1983 (NCEE 1983). In *A Nation at Risk* wurde in dramatischen Worten auf Wettbewerbsnachteile der USA im internationalen Vergleich aufgrund von Ausbildungsdefiziten hingewiesen. Es wurde eine fundamentale Kritik an der Situation des Bildungswesens und insbesondere der mangelhaften durchschnittlichen Leistungen der Schülerinnen und Schüler geübt und radikale Veränderungen eingefordert.

„If an unfriendly foreign power had attemtped to impose on America the mediocre educational performance that exists today, we might well have viewed it as an act of war. As it stands, we have allowed this to happen to ourselves." (NCEE 1983: 3)

Mehr als zehn Jahre später wurde das Defizit an qualifizierten Fachkräften für Informations- und Kommunikationstechnik als standortgefährdend angesehen und war Anlass für dramatische Prognosen.

„With reading, writing, and arithmetic, technology has become the nation's 'new basic'. Our children's future, the future economic health of the nation, and the competence of America's future workforce depend on our meeting this challenge." (DoE 1996): 7).

Mitte der 1990er Jahre hatten bereits 50 Prozent aller US amerikanischen Schulen einen Zugang zum Internet, aber nur acht Prozent aller Klassen- und Fachräume. Neun Schülerinnen bzw. Schüler teilten sich einen Computer, der ihnen in aller Regel ausschließlich in einem speziellen Computerraum zur Verfügung stand und von denen drei Viertel veraltet waren. Alle empirischen Untersuchungen stellten eine Ungleichheit zwischen Schulen bzw. Distrikten in reichen und in ökonomisch benachteiligten Gegenden fest. Daher beauftragten Präsident und Vizepräsident verschiedene Expertengremien zur Erstellung von Empfehlungen, wie zum einen die ungleiche Verteilung reduziert, die immer noch als zu niedrig beurteilte Zahl der Schulen am Netz erhöht und wie die Qualität der Schulen durch den Einsatz von Informations- und Kommunikationstechniken verbessert werden könnte.

Das Weiße Haus hat frühzeitig die Initiative zur Schaffung einer vergleichbaren Ausstattung der Bildungseinrichtungen im gesamten Land ergriffen, teilweise bevor der Druck aus Industrie und Wirtschaft kam – die Bundespolitik war hier die treibende Kraft. Stiftungen und Unternehmen offerierten eigene Programme. Die Wirtschaft forderte kompetente Absolventinnen und Absolventen, die Lehrergewerkschaften sahen darin eine Chance, das Bildungssystem insgesamt zu reformieren und die Interessensvertretung der Schulverwaltungen und der *School Boards* hielten das Eingreifen des Bundes für zwingend erforderlich, damit die Finanzierung nicht nur zu Lasten der Distrikte und Schulen geht. 1993 wurde mit der NII die Voraussetzung für den Aufbau einer landesweiten technischen Infrastruktur auch für den Schulbereich geschaffen. Die NII setzte einen starken Akzent auf *Distance Learning*, mit dem Ziel, die besten Lehrenden und die besten Unterrichtsmaterialien auch in geographisch abgelegenen Gebieten der USA verfügbar zu machen. Die *Information Infrastructure Task Force* (IITF) schreibt in ihrer *Agenda for Action*:

> „Development of the NII can help unleash an information revolution that will change forever the way people live, work, and interact with each other [...]. The best schools, teachers and courses would be available to all students, without regard to geography, distance, resources, or disability." (IITF 1993): 3)

Im ersten Fortschrittsbericht der IITF von 1994 wird auf den Erfolg des *Distance Learning* durch die NII hingewiesen:

> „The NII is helping to prepare our children for the knowledge-based economy of the 21st century. The NII connects classroom learning with the outside world. (...) Computers and network access in the schools help prepare students for today's job market, which demands a labor force that is wellinformed and computer literate."
> (IITF 1994): 1)

Im ersten Bericht des Beratungsgremiums des Präsidenten *NII Advisory Council* (NIIAC) vom März 1995 wird hinsichtlich der Anwendungen im Bildungsbereich die Verantwortung der Bundesregierung zu ihrer Erfüllung betont (NIIAC 1995). Dazu gehört die Verbindung aller Schulen mit der NII, die Anpassung der Curricula an die neuen Lehr- und Lernformen sowie die Entwicklung von Konzepten für das lebenslange Lernen.

3.4.3   Bundesprogramme zur Förderung der IT-Nutzung in Schulen

Auf der Basis der NII und nach Drängen von Unternehmen und *Pressure Groups* war es 1996 nach intensiven einjährigen Verhandlungen zwischen dem USDoE und den Bundesstaaten gelungen, sich auf gemeinsame Initiativen zu einigen. Vorausgegangen war ein verstärktes Engagement des Präsidenten und Vize-Präsidenten. Resultat der Aktivitäten des Präsidenten und des Bildungsministeriums auf Bundesebene waren zwei umfangreiche Förderprogramme. In Ergänzung zu den beiden Bundesprogrammen gab es weitere Initiativen, die teilweise von einzelnen Bundesstaaten auch zeitlich früher ausgingen oder in Form von PPP aufgebaut wurden (DoE 1996). Zur Unterstützung der Infrastruktur in den Schulen wurden zusätzlich von anderen Bundesministerien landesweite Förderprogramme angeboten (vgl. Breiter 2000).

3.4.3.1   Technology Literacy Challenge

Die Technology Literacy Challenge (TLC) unterstützte ausgehend von der Bundesebene sowohl die Bundesstaaten als auch Distrikte bis hin zu einzelnen Schulen in Höhe von insgesamt zwei Mrd. US-$ in den Jahren 1996 bis 2000. Das DoE hatte Mitte 1996 die strategische Zielsetzung der Bundesregierung für die Förderung von IT an Schulen als „Technology Literacy Challenge" (DoE 1996) formuliert. Mit Hilfe des Programms sollten die Bundesstaaten und die Schuldistrikte eigene Initiativen ins Leben rufen. Vier Elemente standen dabei im Vordergrund (DoE 1996):

1. Lehreraus- und -fortbildung: Die Verbesserung des technischen Wissensstandes bei Lehrerinnen und Lehrern wurde als Schlüssel zur Integration von neuen Informations- und Kommunikationstechniken im Klassenraum und für die Vermittlung an die Schülerinnen und Schüler verstanden.

2. Computerausstattung: Alle Lehrerinnen und Lehrer und alle Schülerinnen und Schüler sollten die neuesten multimediafähigen Geräte zur Verfügung haben. Angestrebt wurde pro Schule durchschnittlich ein PC für fünf Schülerinnen und Schüler.

3. Internetverbindung: Jeder Klassenraum in allen Schulen des Landes sollte eine Verbindung zum Internet erhalten.

4. Software und Online-Material: Durch Zusammenarbeit von öffentlichen Einrichtungen und privaten Unternehmen sollten geeignete, d.h. qualitativ hochwertige Produkte entwickelt werden, die einen direkten Bezug zum Curriculum haben sollten.

Bei der TLC wurde unterschieden zwischen den *Technology Innovation Challenge Funds*, die quotiert nach einem speziellen Schlüssel an die Bundesstaaten verteilt wurden, und den *Technology Innovation Challenge Grants*, die im Wettbewerb an Konsortien vergeben wurden. Die Bundesstaaten erhielten ihren Anteil an den TLC Funds, sofern sie einen langfristig ausgerichteten Technologieplan vorlegten. Der Verteilungsschlüssel richtete sich nach dem sozioökonomischen Status der Schule. Die Bundesstaaten mussten die Mittel dann im Wettbewerb an die Distrikte oder an Konsortien weitergeben. Aufgrund der Statuten des IASA mussten die Distrikte sicherstellen und nachweisen, dass die Verwendung der Bundesmittel nicht zur Reduzierung ihrer eigenen Aufwendungen führte. Mit dem TLC Funds sollte den Bundesstaaten ein Initialfinanzierung zur Verfügung stehen. Die Bundesregierung versuchte neben der Koordination auch die Einrichtung von Workshops zu fördern, in denen interessierte Lehrkräfte, Vertreterinnen und Verteter von Schulbehörden, Hersteller und Wissenschaft über ihre Erfahrungen berichten und diskutieren sollten. Die Distrikte standen in der Verantwortung, sowohl die Planung als auch eine gewisse Führungsrolle zu übernehmen. Dabei wurde erhofft, das Schulumfeld („*local community*") in die Anstrengungen miteinbeziehen zu können. Insbesondere in der Lehrerausbildung wurden Initiativen erwartet, die zu einem höheren Ausbildungsniveau führen sollten. Zudem sollten Schuldistrikte ihre Marktmacht als Käufer von Soft- und Hardware einsetzen. Die Bewerber hatten darauf zu achten, dass die Software an den Vorgaben der Curricula orientiert war. Unter Einbeziehung der Universitäten sollte die Qualifizierung verbessert und auch Methoden zur Bewertung der Lernsoftware weiterentwickelt werden. Für die Evaluation der TLC Funds wurden in jedem Jahr über eine halbe Million US-$ zur Verfügung gestellt. Beauftragt wurden verschiedene Forschungseinrichtungen mit unterschiedlichen Evaluationsschwerpunkten (Koordination zwischen Bund und Bundesstaaten, Wirkungen von neuen Medien auf Lernen und Lehren, Fortbildungskonzepte, curriculare Maßnahmen usw.).

Im Wettbewerb um die wenigen „*Technology Innovation Challenge Grants*" konkurrierten Konsortien, die aus Schulen, Distrikten, Museen, Universitäten mit Partnern aus der Wirtschaft bestanden. Die Förderdauer betrug fünf Jahre mit durchschnittlich 1,5 Mio. US-$ pro Jahr. Als Voraussetzung wurde ebenfalls ein Technologieplan erwartet, in dem die curricularen und pädagogischdidaktischen Einsatzmöglichkeiten, die technische Realisierung sowie geeignete Finanzierungsmöglichkeiten für die Erstinvestitionen und die nachhaltige Sicherung der laufenden Kosten (für Support und Qualifizierung) unterbreitet werden mussten. Im Schuljahr 1998/99 wurden ausnahmslos Projekte gefördert, die Fortbildung von Lehrkräften, Verwaltungskräften sowie Bibliothekarinnen bzw. Bibliothekaren umfassten, wobei mindestens ein Schuldistrikt Teil des Konsortiums sein musste und dieser gleichzeitig den Nachweis erbringen musste, dass dort ein hoher Anteil von Schülerinnen und Schülern unterhalb der Armutsgrenze lebt.

3.4.3.2   Education Rate (E-Rate)

Auf der Basis des Telekommunikationsgesetzes von 1996 wurden Vereinbarungen über die Einrichtungen eines Universaldienstes im Telekommunikationsbereich getroffen. So wie vor über 60 Jahren allen Bürgerinnen und Bürgern der Zugang zu einem Telefon bei erschwinglichen Kosten durch das damalige Telekommunikationsgesetz eröffnet wurden, garantiert die Revision jeder Bürgerin und jedem Bürger einen kostengünstigen Telefonanschluss und einen Internet-Zugang (für eine Übersicht zur Geschichte des Universaldienstes und die Neugestaltung des Telekommunikationsgesetzes siehe (Dutton 1996; Kahin/Keller 1995; Kubicek 1996). Das gilt nicht nur für die Bürgerinnen und Bürger, sondern auch für alle Schulen und Bibliotheken (NIIAC 1996). Die Netzbetreiber müssen Bildungseinrichtungen und Bibliotheken anschließen oder einen Anteil in einen Fonds einzahlen. Von der Regulierungsbehörde (FCC) wurde die *Schools and Libraries Corporation* (SLC) beauftragt, die Verteilung der Mittel aus dem *Universal Service Fund* zu organisieren. Insgesamt sollten 2,25 Mrd. US-$ pro Jahr für die Verbindung zum Internet und für den Aufbau schulinterner Netzwerke bereitgestellt werden. Die Klassifikation der Förderhöhe erfolgte über eine Rabattmatrix gemäß Armutskriterium nach IASA. Zudem erhalten Schulen in ländlichen Gebieten aufgrund der schlechteren Infrastruktur einen höheren Rabatt als Schulen in Städten.

Die *Public Utilities Commissions* (PUC) der Bundesstaaten haben die Regelungen, die von der FCC vorgeschlagen wurden, in eigenes Recht umgesetzt. In der ersten Runde der E-Rate (1997) wurden mehr als 30.000 Bewerbungen eingereicht, die insgesamt ein Volumen von zwei Mrd. US-$ umfassten. Die SLC hatte in der ersten Runde alle Bewerbungen ob ihrer Eignung hinsichtlich der gesetzten Kriterien überprüft. In der Evaluation der ersten Bewerbungsrunde stellte sich heraus, dass insbesondere kleine und mittelgroße Schulen und Schulen in ärmeren Distrikten (fast ein Drittel) profitierten.

Die Höhe und die Verfahrensweise, insbesondere die Rolle der SLC waren immer wieder in die Diskussion geraten. Die Summe hatte sich zwischenzeitlich auf etwa 1,3 Mrd. US-$ reduziert, da die Telekommunikationsunternehmen sich weigerten, die Kosten für interne Netzwerke zu übernehmen, die sie selbst gar nicht bereitstellten und von deren Aufbau sie daher auch nicht profitieren konnten. Die Vereinigung der Steuerzahler vermutete hinter der E-Rate versteckte Steuern und opponierte ebenfalls. Dazu kamen Beschwerden über die Intransparenz der Arbeit der SLC. Die FCC hatte daraufhin eine Verbesserung der Administration des Programms in Aussicht gestellt. Im Januar 1999 wurde die SLC zu einer Abteilung (*Schools and Libraries Division*, SLD) der *Universal Service Administrative Company* (USAC), zu der sie mit der *Rural Health Care Corporation* zusammengelegt worden war. Nach langanhaltenden Streitigkeiten zwischen Kongress und FCC (sie untersteht der Bundesregierung und ist dem Kongress nicht unterrichtungpflichtig) und der Umstrukturierung der Administration des Programms wurden 1999 wieder insgesamt 2,25 Mrd. US-$ eingesetzt. Im Frühjahr 1999 berichtete die SLD, dass in der zweiten Runde mehr als 32.000 Schulen und Bibliotheken ihre Anträge eingereicht hätten, was das Antragsvolumen auf über 2,5 Mrd. US-$ hob– mehr als der vereinbarte Deckelbetrag. Alle antragstellenden Schulen und Distrikte mussten einen Technologieplan vorlegen, der – ähnlich der TLC – bestimmten Kriterien genügen musste. Die Pläne mussten von den Behörden der Bundesstaaten genehmigt werden (die SLD machte aber Stichproben). Zusätzlich mussten die Bundesstaaten und die Distrikte darlegen, welche zusätzlichen Dienstleistungen sie anbieten wollten und wie diese der Verbesserung der Lehr- und Lernsituation an den Schulen dienen sollten.

Zu Beginn des Präsidentschaftswahlkampfes (bzw. dem Nominierungswahlkampf der Kandidaten) geriet die E-Rate erneut in Diskussion, weil die Republikaner (trotz grundsätzlicher Unterstützung des Programms) darin einen Vorteil des designierten demokratischen Kandidaten (und noch Vizepräsidenten) Al Gore sahen, der das Programm mit auf den Weg gebracht hat und es selbst für Wahlkampfzwecke nutzt. Diese Politisierung hat dem Programm erheblichen Schaden zugefügt.

3.4.4 Initiativen der Bundesstaaten

Da im föderativen System der USA die Bundesstaaten die alleinige Entscheidungsbefugnis über Bildung haben, wurden auch in den meisten Bundesstaaten eigene Anstrengungen unternommen – teilweise sogar zeitlich vor den Aktivitäten des Bundes. In einigen Bundesstaaten ist die TLC aber dennoch die bedeutendste Quelle für Technikförderung an Schulen, während sie in anderen Bundesstaaten nur einen kleinen Teil ausmacht. Mittlerweile haben sich alle Bundesstaaten an der TLC beteiligt, d.h. einen Technologieplan erstellt und die Anforderungen an die Distrikte und Schulen formuliert. Allerdings bestehen erhebliche Unterschiede in der Koordination der Initiative auf der Bundesebene mit den Initiativen der jeweiligen Bundesstaaten (AIR 1999). Obwohl die Grundsätze der Ausschreibung festlegen, dass möglichst große und langfristig angelegte Projekte von den Bundesstaaten zu fördern seien, gibt es Bundesstaaten, die *Grants* nach dem „Gießkannenprinzip" vergeben. Andere Bundesstaaten fördern nur Schulen bzw. Distrikte, die mit einem Konzept aufwarten können, das auch externe Partner (Unternehmen, Museen usw.) finanziell einbindet. Die dortigen Initiativen greifen das Prinzip der Mischung aus direkten Zuweisungen, Vergabe nach dem Wettbewerb und *Matching Funds* auf und ergänzen dadurch die Bundesmittel. Die Distrikte als Sachaufwandsträger der Schulen haben sich neben den Zuweisungen durch den Bundesstaat auch eigener Mittel bedient. So wurden in reicheren Distrikten *Bonds* (Schuldverschreibungen) ausgegeben oder über eine Erhöhung der Vermögenssteuer entschieden, mit deren Hilfe die technische Infrastruktur in den Schulen finanziert wurde und wird.

Um die Implementierung der TLC durch die Bundesstaaten zu verstehen, ist es notwendig, die Verfahren und Auflagen zu untersuchen, die von den Behörden des Bundesstaates vorgeschlagen und durchgesetzt wurden. Auf der anderen Seite stehen die Empfänger und Nutznießer der Fördermaßnahmen, Distrikte und Schulen, deren spezifische Bedingungen vor Ort ausschlaggebend für die zielgerichtete und effektive Nutzung der Mittel waren. Daher wurden in beiden Bundesstaaten jeweils zwei Distrikte und innerhalb der Distrikte verschiedene Schulen befragt. Die Charakteristika der betrachteten Bundesstaaten zeigt Tabelle 7:

Tabelle 7:   Charakteristika der betrachteten Bundesstaaten

Bundesstaat	Distrikte *Schulen* (1996/97)	SchülerInnen *LehrerInnen* (1996/97)	Armutsgrad[1]
Illinois	926 *4.168*	2.000.550 *119.814*	20 Prozent
Kalifornien	999 *7.981*	5.513.045 *270.494*	25 Prozent

Quellen: National Center for Educational Statistics 1997, 1998 (Lehrkräfte), CCSSO 1998 (alles andere),

[1] Anteil der Kinder unter 18 Jahre, die unterhalb der Armutsgrenze leben (definiert vom U.S. Bureau of Census).

3.5 Fallstudien USA

3.5.1 *Illinois*

3.5.1.1 Förderprogramme

Die technische Ausstattung der Schulen in Illinois lag Mitte der 1990er Jahre deutlich hinter dem US-amerikanischen Durchschnitt: 17 Schülerinnen und Schüler teilten sich einen Computer, ein Drittel der Schulen und nur ein Zehntel aller Klassenräume hatten einen Internetzugang (State of Illinois: K12 Information Technology Plan. 1996, Education Week 1997). Vor diesem Hintergrund wurde 1996 von einer Arbeitsgruppe des ISBE ein Vier-Jahres-Technologieplan entwickelt, der später auch von den *State Commissioners* akzeptiert wurde. Dort findet sich auch die Vision für die zukünftige Ausrichtung des Schulsystems in Illinois:

> „All students in Illinois should be empowered to be creative, independent thinkers, equipped with the skills and understandings that will enable them to become lifelong learners, productive workers and contributing citizens." (ISBE 1996: vii)

Um dieses Ziel zu erreichen, sollte insbesondere die Ausstattung der Schulen mit IT und ihre Nutzung vorangetrieben werden, da sie als notwendige Bedingung für die Weiterentwicklung der Schule erachtet wurden. Aus einer Bestandsaufnahme ging hervor, dass es eine ungleiche Verteilung innerhalb des Bundesstaates gibt. Daraufhin wurden insbesondere Programme gefordert, die sich an benachteiligte Regionen wenden. Insgesamt wurden folgende sechs Projekte vorgeschlagen:

- Aufbau von sieben *Learning Technology Hubs* (LTHs) zur technischen Unterstützung von Distrikten, für die Lehrerfortbildung und als Plattform für den Informationsaustausch,
- Ausbau des bundesstaatsweiten Telekommunikationsnetzwerkes für Bildungseinrichtungen „Linc-On", um Schulen kostengünstige Internet-Verbindung zu ermöglichen,
- Bereitstellung staatlicher Fördermittel für ausgewählte Schulen zur Realisierung von *Online Curriculum Projects*,
- Start eines Kooperationsprojektes mit den Museen des Bundesstaates (*Museums in the Classroom*) zur Entwicklung interaktiver Online-Projekte mit museumspädagogischer Aufbereitung,
- Unterstützung der Technikplanung von ökonomisch schwachen Distrikten durch Komplementärmittel,
- Bereitstellung staatlicher Fördermittel für Distrikte als Schlüsselzuweisung, die auch durch Eigenmittel ergänzt werden müssen (*Technology Integration Project* TIP).

3.5.1.2   Umsetzung der Bundesprogramme

Für die Umsetzung der Bundesprogramme erhielt Illinois seit 1997 insgesamt 45 Mio. US-$ als Bundeszuweisung aus dem *Technology Literacy Challenge Fund*. Die *Learning Technology Hubs* (LTHs) wurden damit beauftragt, den erforderlichen Wettbewerb um die Bundesmittel zu organisieren. Für die Bewerbung um die Mittel wurden an die Distrikten und Schulen neben den allgemeinen Richtlinien des Bundes noch zusätzliche Anforderungen gestellt. Alle Bewerber mussten in ihren Anträgen nachweisen, wie sie die curricularen Vorgaben (*State Standards*) auf der einen Seite und das neue pädagogisch-didaktische Paradigma des *Engaged Learning* auf der anderen Seite berücksichtigen wollen. Zusätzlich gab es für die Bewerber folgende Auflagen: mindestens 25 Prozent (seit 1999 sogar 30 Prozent) der Mittel müssen für Lehrerfortbildung, nicht mehr als 50 Prozent dürfen für Hardware und mindestens 20 Prozent müssen für Software und Lehr- und Lernmittel ausgegeben ausgeben werden.

Da nach den Statuten des TLCF die Höchstförderung pro Distrikt bei 225.000 US-$ lag, hätte Chicago als größter Schuldistrikt prozentual am wenigsten erhalten. Durch die Konstruktion über die sieben LTHs (Chicago bildet einen LTH), die ihre Mittel auf Basis der gängigen Schlüssel (Zahl der Distrikte, Schülerinnen und Schüler, Armutsquote usw.) erhielten, konnte die Summe für Chicago (nach Absprache mit den anderen LTHs) deutlich erhöht werden. Die Schuldistrikte bewarben sich um die Mittel innerhalb ihrer Regionen (in Chicago konkurrierten die Schulen direkt untereinander). Dabei wurden drei Formen der Zuteilung unterschieden: „Single District Awards" für einzelne Distrikte, „Regional Awards", um die sich mehrere Distrikte innerhalb einer Region oder regionsübergreifend bewerben können und wenige, dafür aber hoch dotierte „Statewide Awards" für Distrikte aus mehr als einer Region. Auf diese Weise konnten sich auch diejenigen Distrikte beteiligen, die nur aus einer Schule bestehen.

Beim Wettbewerb um die *Technology Innovation Challenge Grants* waren seit 1995 vier Konsortien aus Illinois erfolgreich. Der Bundesstaat hatte die Bewerbungen inhaltlich unterstützt. In zwei Konsortien war das ISBE direkt als Partner beteiligt. Für die Bewerbungen für die E-Rate-Rabatte leistete der Bundesstaat Hilfestellungen für das Ausfüllen der Formulare und genehmigte die Technologiepläne.

3.5.1.3   Lokaler Handlungskontext: Großstädtischer Schuldistrikt

Der Schuldistrikt zählt mit 600 Schulen und insgesamt 431.000 Schülerinnen und Schülern zu den größten Schuldistrikten der USA. Anfang der 1990er Jahre wurden durch das Schulreformgesetz allen Schulen eine weitreichende Autonomie zugewiesen wurde, die innerhalb des US-amerikanischen Schulsystems eine Ausnahmestellung einnimmt. Der Distrikt hat nur noch begrenzte Mittel und Kapazitäten. In den Schulen haben die gewählten *Local School Councils* (LSC) die alleinige Entscheidungsbefugnis über den Schulhaushalt, den Lehrplan (innerhalb der State Standards), und das LSC stellt auch die Schulleiterin bzw. den Schulleiter für eine Amtszeit von jeweils fünf Jahren ein. Im LSC besteht eine Stimmenmehrheit der Eltern gegenüber Lehrkräften, Schulleitung, Vertreterinnen bzw. Vertretern der *Local Community* (in High Schools sind zudem Schülerinnen bzw. Schüler vertreten). Diese Dezentralisierung erfolgte nach einer Reihe von Korruptionsfällen und Missmanagement in der Schulverwaltung, und es war damit die Hoffnung verbunden, dass auf diese Weise die Schulfinanzierung besser kontrolliert und die Qualität der Schulen durch ihre Eigenständigkeit verbessert würde.

Im Distrikt gibt es verschiedene Förderprogramme für die IT-Ausstattung von Schulen, teilweise verbunden mit Bauvorhaben. Aus dem TIP Programm des Bundesstaates erhält der Distrikt über die nächsten drei Jahre (1999-2001) insgesamt 17 Mio. US-$, die dann noch um den gleichen Betrag ergänzt werden müssen. Bei der Vernetzung der Schulen besteht das große Problem, dass der Zustand der Schulgebäude eine interne Vernetzung mit Kabeln kaum zulässt – 40 Prozent der Gebäude sind älter als 50 Jahre. Für die curriculare Weiterentwicklung hat sich der Distrikt als Konsortialpartner erfolgreich um ein *Technology Innovation Challenge Grant* beworben. Dabei geht es um den gemeinsamen Aufbau eines Systems für Videokonferenzen zur Entwicklung des Curriculum für Naturwissenschaften und Mathematik.

1999 wurde ein Technologieplan von einem externen Berater geschrieben, der bei allen betroffenen Abteilungen des Distrikts eine Abstimmung der Interessen und Vorstellungen erreichen sollte, aber von den meisten Beteiligten nicht ernst genommen wurde. Nach Ansicht der Leiterin des LTH gab es die Zielsetzung, den Technologieplan so vieldeutig wie möglich zu formulieren, um es allen recht zu machen. Das Dilemma des Entscheidungsgremien im Distrikt besteht darin, auf der einen Seite einen brauchbaren (und genehmigten) Technologieplan vorweisen zu können, der für alle Bewerbungen verwendet werden kann und dabei andererseits die Interessen und Rechte der autonomen Schulen und ihrer LSC zu berücksichtigen. Da der Technologieplan von der IT-Abteilung in Auftrag gegeben wurde, fehlte im ersten Entwurf die curriculare Einbettung der Technik und wurde erst auf Drängen der Abteilung „Learning Technologies" (seit 1996) im Bereich „Curriculum & Instruction" überhaupt aufgenommen. Die dortigen Unterstützungsteams („Technology Resource Network") geben Hilfen zum Technikeinsatz und zur Umsetzung von schulinterner Lehrerfortbildung. Jährlich werden etwa 30 Lehrkräfte zu Multiplikatoren ausgebildet. Zusätzlich gibt es eine Kooperation mit anderen zentralen Diensten, die technikbezogene Dienstleistungen für die Schulen anbieten (z.B. Richtlinien für den Aufbau der Infrastruktur, Händlerlisten und Entwicklung zukunftsorientierter Netzwerkkonzepte). Da die Schulen autonom sind, müssen sie sich nicht an diese Richtlinien halten, allerdings bietet der Distrikt nur Support für dort genannte Hardware und Infrastruktur. Durch die autonome Stellung der Schulen ist ein Dilemma entstanden: der Distrikt kann kaum noch Querschnittsaufgaben wahrnehmen, zu denen u.a. anderem auch die Betreuung der technischen Ausstattung der Schulen gehören könnte. Dies wird nahezu unmöglich, wenn an jeder Schule eine unterschiedlich geartete Ausstattung, Infrastruktur oder Netzwerkanbindung existiert und diese jeweils individuell zusätzliche Vereinbarungen mit Händlern über Wartung und Support getroffen haben.

Der Distrikt hat beschlossen, bis zum Jahr 2000 alle Schulen ans Internet anzuschließen. Darüber hinaus finden sich keine konkreten Zielvorgaben im Technologieplan. Allen Beteiligten im Distrikt ist klar, dass es einer grundlegenden Revision des Planes bedarf, um bei künftigen Bewerbungen Erfolg zu haben. Sehr viel Wert wird auf die Einbindung von Sponsoren gelegt. Da bei den Schulen aufgrund ihres Umfeldes erhebliche Unterschiede in der Unterstützung durch Unternehmen bestehen, hat der Distrikt bestimmt, dass alle Spenden zuerst zentral gesammelt und bewertet und danach wieder an die Schulen verteilt werden. Die Schulen wurden aufgefordert, einen Technologieplan zu erstellen, um sich ebenfalls um Mittel des Bundes bzw. Bundesstaates bewerben zu können. 1999 verfügten nur ein Drittel der öffentlichen Schulen über einen genehmigten Technologieplan. Aus diesem Grund hat der Distrikt stellvertretend für alle Schulen den Antrag auf Rabatte durch die E-Rate gestellt. Die Schulen erhalten ihren Anteil gemäß den Kriterien je nach Armutsquote und müssen sich beim Distrikt bewerben, der die Anspruchsberechtigung prüft und die Höhe des jeweiligen Rabattes ermittelt. Durch die dezentrale Entscheidungsstruktur und den Aufbau des Schulsystems kommt es immer wieder zu Abstimmungsproblemen zwischen Distrikt, Schulleitung und LSC. In Zukunft sollen Workshops angeboten werden, in denen das Schreiben von Anträgen und die IT-Planung für Entscheidungsträger in der Schule und im Distrikt trainiert wird.

Der Distrikt und der zuständige LTH versuchen seit 1998 verstärkt Fortbildungen für Lehrkräfte anzubieten (Basisfertigkeiten und Unterrichtsintegration). Die bisherigen Kurse werden von einer ausgelagerten „Teacher Academy" angeboten, die ihrerseits weder Know-how noch Personal hat, um den erweiterten Anforderungen zu genügen. Erst der Aufbau des LTHs und dessen personelle Ausstattung ermöglicht eine Erweiterung der Angebote. Nach Auskunft des Distriktes gäbe es zwar mittlerweile genügend Kurse, aber immer noch seien zu wenige Lehrkräfte daran interessiert. Es gibt sogar Bemühungen, für die Teilnahme eine Aufwandsentschädigung zu zahlen.

Schulischer Kontext: Middle School: Die Schule (700 Schülerinnen und Schülern) verfügt mittlerweile über mehr als 100 PCs in zwei Computerräumen, in einem frei zugänglichen Medienraum, in fast allen Klassenräumen sowie in der Schulbibliothek. Der Großteil der Geräte ist veraltet und wurde durch eine Spende an die Schule gebracht. Die Rechner sind per Standleitung über das zuständige LTH ans Internet angebunden. Durch den Einfluss des LSC gab es am Anfang langwierige Entscheidungsprozesse bei der Technikeinführung. Seit der politische Druck und die Motivation durch Präsident und Vizepräsident erfolgt, gab es eine breite Unterstützung. An der Schule hat die Schulleitung zusammen mit der IT-Koordinatorin und einem Team aus Eltern, Lehrkräften und externen Beratern einen Technologieplan entwickelt und jedes Jahr fortgeschrieben. Mitte 1997 konnte gemeinsam mit drei weiteren Schulen, verschiedenen Unternehmen und Museen ein *State Grant* aus dem *Technology Literacy Challenge* Fund gewonnen werden. Ziel des Projektes ist die kooperative Entwicklung von Unterrichtsplänen in Zusammenarbeit mit Museen. Dabei wird ein Viertel der 135.000 US-$ für Fortbildungsmaßnahmen ausgegeben. Der Einsatz von Computern und Internet im Unterricht ist streng an das Curriculum und die pädagogischen Vorgaben des ISBE (*Engaged Learning*) gebunden. Er findet in allen Fächern integriert statt, allerdings vornehmlich in Mathematik und den naturwissenschaftlichen Fächern. Das Kollegium ist weitgehend aufgeschlossen gegenüber der Technik, wenngleich es Ausnahmen gibt. Insgesamt handelt es sich vornehmlich um Initiativen einzelner Personen. Die meiste Ablehnung ist versteckt, aufgrund der nunmehr existierenden öffentlichen Diskussion (ausgehend vom Präsidenten) um neue Technologien, trauen sich einige Lehrkräfte nicht mehr, dagegen zu opponieren. Um die Lehrkräfte durch Fortbildung auf den Einsatz des Computers im Unterricht als Bestandteil des Curriculum vorzubereiten, wurden die Schulzeiten umstrukturiert. Die Schule beginnt nunmehr jeden Tag zehn Minuten früher und dafür erhalten die Lehrkräften einen freien Tag alle 14 Tage zur Weiterbildung.

In der Middle School werden die PCs und das Netzwerk ausschließlich von der IT-Koordinatorin betreut, gewartet und repariert. Sie wird nach wie vor als Lehrerin bezahlt und hat auch noch Unterrichtsverpflichtung. Bereits seit zwei Jahren wird versucht, Geld für ihre Stelle zu akquirieren. Hilfe vom Distrikt gibt es keine. Nach Aussage der Schulleitung blockieren die Ausstattungsstandards eher die Entwicklung an den Schulen. Ebenfalls stark kritisiert wurden die hohen Anforderungen für eine Bewerbung um staatliche Mittel vom Distrikt, vom ISBE oder vom Bund. Für jede Ausschreibung müssten andere Anträge geschrieben und der Technologieplan ergänzt bzw. verändert werden. Durch diese Hindernisse besteht eine hohe Frustration aller beteiligten Lehrkräfte bei zukünftigen Bewerbungen.

Die Kooperation mit einem ortsansässigen Unternehmen war bis zur Einführung der technischen Standards des Distrikts sehr erfolgreich. Das Unternehmen würde sich gerne weiter engagieren, es steht aber nicht auf einer Liste genehmigter Kooperationspartner und darf daher keine weiteren Spenden an die Schule abgeben. Wenn immer Schulen eine Spende erhalten, werden sie aufgefordert, dies dem Distriktbüro zu melden, damit dort darüber Buch geführt und gleichzeitig auch vor unbrauchbaren Spenden gewarnt werden kann – aus Sicht der Schule ein großes Hindernis. Einer langfristigen Planung steht nach Aussage der Schulleitung auch das Fehlen eines offiziell genehmigten Technologieplans des Distrikts im Wege. Es ist unklar, in welche Richtung der Distrikt gehen will. Starke Kritik wird auch an den *Regional Offices of Education* geübt, sie beschäftigten sich nicht mit Technik, so dass von dort nur wenig Hilfe erwartet werden kann – positiv wird dagegen der LTH bewertet.

Schulischer Kontext (High School): Die High School liegt im Süden der Stadt mit einem Anteil von über 80 Prozent der 3.500 Schülerinnen und Schüler aus Spanisch sprechenden Elternhäusern. Im 1996 verabschiedeten Technologieplan wird die vollständige Einbindung der Technik in das Curriculum als oberstes Ziel formuliert. Bei der Formulierung der Ziele wurde darauf geachtet, dass sie zum einen inhaltlich in Einklang mit den *State Standards* sind und andererseits den Vorgaben der technischen Standards des Distrikts entsprechen. Unterstützt von den Eltern und dem LSC wurde ein Teil der finanziellen Ressourcen umgewidmet. In der Schule stehen den Schülerinnen und Schüler über 500 PCs in verschiedenen Räumen (Computerraum, Medienlabor, Fachräume) zur Verfügung (ein Fünftel älter als fünf Jahre), die vollständig miteinander vernetzt sind. Die Schule dient als ein regionaler Internet-Hub für weitere Schulen und ist dann per Standleitung über das LTH ans Internet angebunden. Der IT-Einsatz findet in allen Unterrichtsbereichen statt. Dabei wird sehr viel Wert auf die Berufsqualifizierung der Schülerinnen und Schüler in den höheren Klassen gelegt. Die Schule hat sich an verschiedenen Projekten beteiligt, die sich mit „Telelearning" beschäftigten. Die Lehrerfortbildung findet vornehmlich in der Schule statt – als Multiplikatoren wirken die Technology Coordinator, die auch für die Wartung und den Betrieb des Netzes zuständig sind. Ein großes Problem für eine Ausweitung der Aktivitäten sind die maroden Gebäude und das Stromnetz, das nicht mehr ausreichend Kapazität vorhält. Aufgrund der Größe der Schule und ihrer finanziellen Eigenständigkeit gibt es nur wenige Verbindungen zum Distrikt. Sehr viel besser wird die Zusammenarbeit mit dem LTH gesehen, weil dort neben der technischen Infrastruktur auch inhaltliche Hilfen erwartet werden können.

3.5.1.4   Lokaler Handlungskontext: Suburbaner Schuldistrikt

In diesem Distrikt (Pre-K12), ca. 80 km außerhalb von Chicago gelegen, besuchen 14.000 Schülerinnen und Schüler die 21 Schulen (davon eine *High School*). Fast die Hälfte der Bevölkerung stammt aus Lateinamerika und es gibt eine hohe Fluktuation von Schülerinnen und Schülern (bis zu 40 Prozent kommen und gehen jedes Jahr). Aufgrund der schlechten finanziellen Lage des Distrikts wechseln zudem häufig Lehrerinnen und Lehrer an andere Distrikte, die höhere Gehälter zahlen. Der Distrikt verfügt nach längerer Auseinandersetzung mit dem *School Board* über einen genehmigten Technologieplan. Er nimmt direkten Bezug auf die State Standards und fokussiert sehr stark auf *Engaged learning*. In drei Phasen werden die Maßnahmen zur Erreichung der *State Standards* auf der einen Seite und zur Verbesserung der Schulen insgesamt auf der anderen Seite dargelegt. Der Technologieplan wurde auch unter der Maßgabe geschrieben, dass er in Zukunft für alle Bewerbungen auf Fördermittel verwendet werden kann.

Der Distrikt war 1996 einer der ersten in den USA, der als Teil eines Konsortiums durch ein *Technology Innovation Challenge Grant* mit insgesamt fünf Mio. US-$ gefördert wurde. Der Antrag wurde von einem Team aus Lehrkräften, Eltern und Technikexperten des Distrikts geschrieben. Allerdings konnten nach Aussage des Distrikts die strengen Auflagen für eine Bewerbung nur Dank externer Experten (*North Central Regional Educational Laboratory*, NCREL) erfüllt werden. NCREL wurde dafür bezahlt und auch mit der Evaluation des Projektes beauftragt. Das Ziel des Projektes ist die Förderung der Integration neuer Medien in den Mathematikunterricht und in die naturwissenschaftlichen Fächer, wobei sehr viel Wert auf die Umsetzung des Konzeptes des *Engaged Learning* nach der konstruktivistischen Lerntheorie gelegt wird. Durch den Gewinn des Wettbewerbs konnte insbesondere die Ausstattung der Fachräume verbessert werden. Der Distrikt verfügt über ein eigenes Netz und ist auch Internet Provider für seine Schulen. Bevor die Hardware an die Schulen geliefert und Netzwerke aufgebaut wurden, mussten die Fachkollegien für Mathematik und Naturwissenschaften kleine Gruppen bilden und inhaltliche Schwerpunkte für die Integration der Computer in den Unterricht entwickeln. Alle Schulen hatten zudem die Auflage, einen Technologieplan zu erstellen

Im Distrikt wird seit Anfang der 1990er Jahre in einer Unterabteilung des *Office for Curriculum & Instruction* die Förderung des Technikeinsatzes vorangetrieben. Die erfolgreiche Bewerbung um den *Technology Innovation Challenge Grant* konnte nur Dank der Rückendeckung des *Superintendents* erfolgen, das School Board blockierte die Planungen und verzögerte sie um ein Jahr. Mit dem neu gewählten *Superintendent* wurde es noch schwieriger, da er überhaupt kein Interesse an IT hatte und sämtliche Ausstattungspläne stoppen wollte. Mittlerweile hat das *School Board* gewechselt und damit verringerte sich auch die Opposition gegen die Pläne – jetzt ist auch der Superintendent dafür. Zur inhaltlichen Unterstützung werden jedes Jahr drei bis vier Lehrkräfte in das Büro des Distriktes abgeordnet, um Lehrpläne für ihre Fächer zu entwickeln. 1999 wurde dieses Modell gestoppt, da diese Lehrkräfte dringend in ihren Schulen gebraucht wurden, um dort als Multiplikatoren zu arbeiten. Für technische Fragen gibt es eine enge Zusammenarbeit innerhalb des Distrikts zwischen der IT-Abteilung und der Curriculumabteilung, was bislang nicht selbstverständlich war.

Die Implementierung des Projektes zog sich aus verschiedenen Gründen in die Länge. Zum einen wurde in zahlreichen älteren Schulgebäuden Asbest gefunden, was den Aufwand und die Kosten der Hausverkabelung deutlich erhöhte. Ein zweites Problem trat dadurch auf, dass die beauftragten Firmen für die Verkabelung nacheinander Pleite gingen und der Distrikt keine Möglichkeiten hatte, das Geld zurückzufordern. Es wurde dem billigsten Angebot zugestimmt, ohne überhaupt überprüfen zu können, in wie weit es realisierbar ist – hier fehlte es aufgrund der technischen Komplexität des Vorhabens an Know-how im Distrikt.

Insgesamt dauerte es fast den gesamten Projektzeitraum von fünf Jahren, bis das Netzwerk aufgebaut werden konnte. Mittlerweile gibt es breitbandige Funkverbindungen, die Videokonferenzen zwischen den Schulen erlauben, was über die E-Rate finanziert wurde. Probleme gibt es nach wie vor bei der Systembetreuung. Die eingestellten Netzwerkspezialisten wurden nach kurzer Zeit von Firmen abgeworben. So steht der Distrikt wieder vor dem Problem, qualifizierte Mitarbeiterinnen und Mitarbeiter zu gewinnen, die über das nötige Wissen verfügen.

Aufgrund der zeitlich limitierten Anschubfinanzierung durch den Challenge Grant besteht in den nächsten Jahren die Gefahr, dass einige der Projekte gestoppt bzw. begrenzt werden müssen. Um dies zu verhindern, wurde bereits frühzeitig nach weiteren Einnahmequellen gesucht und diese in eine langfristige Investitionsplanung integriert. Um die lokale Gemeinschaft als Partner und Unternehmen als Sponsoren zu gewinnen, wurden eigene Messen und Veranstaltungen organisiert, bei denen die Schulen ihre Ergebnisse präsentieren konnten.

Der Distrikt bietet Fortbildungskurse an, die sowohl auf die Lehrkräfte als auch auf die Bibliothekarinnen und Bibliothekare in den Schulen zielen, die als wichtige „Verbündete" in der Verbreitung der Mediennutzung angesehen werden. Seit dem Schuljahr 1999/2000 existieren neue Lehrpläne für die Natur und Sozialwissenschaften, in denen eine regelmäßige und integrierte IT-Nutzung verpflichtend genannt wird. Die IT-Koordinatorin ist eine Schlüsselfigur (Prozesspromotorin). Sie wirkt ausgleichend zwischen Technikern, Lehrkräften und vor allem dem School Board, das lange Zeit gegen eine Investition in die Technik war: „We have experienced a tremendous turn around with our school board and superintendent. We have support as we revise our district technology and learning plan and move the issue of sustaining equipment, personnel, and staff development out of grant allocations into the general operating funds." (IT-Koordinatorin). Die Unterstützung des Bundes bei der Umsetzung des Challenge Grant wurde wenig positiv gesehen. Es wurden auf der einen Seite regelmäßig Berichte ohne klare Zielsetzung erwartet, und nach deren Einreichung gibt es offenbar keine Rückkopplung. Seit Beginn des Projektes wurden Besuche angekündigt, die bisher noch nicht erfolgt waren. Desweiteren wurde beklagt, dass die Projektfinanzierung des Bundes nicht kongruent mit den Verfahren des Distriktes ist. So erhält der Distrikt die Bundesmittel pro Kalenderjahr, während sowohl der Distrikt als auch die Schulen nach dem Schuljahr kalkulieren, was bereits zu erheblichen Koordinationsproblemen geführt hat. Die Vorhaben sind nach Angaben der IT-Koordinatorin reine Vorzeigeprojekte, in denen zu wenig Wert auf die lokalen Bedingungen gelegt würde. Die Kooperation zwischen Bundesstaat, LTH, County und Distrikt klappt dagegen sehr gut.

Die Bewerbung des Distriktes für seine Schulen um Rabatte für Telekommunikationsdienstleistungen und interne Vernetzung im Rahmen der E-Rate war nach den Worten der IT-Koordinatorin ein „organisational desaster". Die Auflagen waren schwer nachzuvollziehen, und das Ausfüllen der Formulare war trotz der Hilfen durch das ISBE kaum zu schaffen. Die Zusammenarbeit mit dem lokalen Netzbetreiber im Rahmen der E-Rate war mit vielen Hindernissen verbunden. Obwohl der Distrikt Anspruch auf einen Rabatt von 71 Prozent hat, wurde vom Netzbetreiber bislang noch keine Reduzierung der Telefonrechnung duchgeführt. Es ist immer noch unklar, wie die Diskussion zwischen Distrikt und Unternehmen ausgeht, was insbesondere die Grundschulen daran hindert, sich ans Internet anzuschließen.

Schulischer Kontext (Middle School): Die Schule (721 Schülerinnen und Schüler) gehört zu den Vorzeigeschulen des Distriktes, da sie sehr früh in den Planungsprozess für den *Technology Innovation Challenge Grant* einbezogen wurde. Die Schule dient als Multiplikator für die anderen Middle Schools. Über die Bundesmittel wurden dort ein zwei weitere Computerräume und die Räume für die Naturwissenschaften ausgestattet. Die Rechner sind an ein Schul-LAN angeschlossen und haben alle Zugang zum Internet per Standleitung über den Distrikt als Provider. Die Schulleitung ist sehr engagiert und fördert die schulinterne Fortbildung für alle Lehrkräfte. Mittlerweile werden die PCs in allen Unterrichtsbereichen eingesetzt und es gibt darüber einen breiten Konsens im Kollegium. Im Kern steht die Integration in das Curriculum. In speziellen Technikklassen werden in den siebten Klassen Anwendungsprogramme und die Arbeit mit einem Autorenwerkzeug eingeübt. Die achten Klassen wiederholen die Aufgaben und arbeiten an eigenen „Forschungsprojekten" in den Naturwissenschaften. Dazu gibt es eine Schulzeitung und das Jahrbuch, die am Computer entworfen werden.

Bisher hat die Schule noch keinen Technologieplan, ist aber bestrebt, in Laufe des nächsten Schuljahres mit Hilfe des Distriktes einen zu erarbeiten. Die Zusammenarbeit zwischen Schule und Distrikt ist sehr eng. Die Schule hatte in den ersten Jahren Lehrkräfte an den Distrikt angeordnet, die jetzt als Fachleiter in der Schule arbeiten und für die schulinterne Fortbildung verantwortlich sind. In der Schule arbeitete bis zum letzten Jahr eine „Computer Lab Aide" auf halber Stelle, die seit dem Schuljahr 1999/2000 auf eine volle Stelle ausgebaut wurde. Ihr obliegt der Betrieb und die Wartung des gesamten Netzwerkes und sie hilft auch bei Problemen in anderen Schulen des Distrikts. Der Distrikt bietet in jedem Sommer Kurse für die IT-Koordinatoren an, die gemeinsam mit den Technikern des Distrikts auch für die Funktionsfähigkeit des distriktweiten Netzes sorgen. Die Schule orientiert sich vornehmlich an den Vorgaben des Distriktes, übergeordnete Aktivitäten wurden bislang noch nicht wahrgenommen.

3.5.1.5 Rahmensetzer

Recht: Im Education Act von Illinois sind die Grundlagen des Schulwesens formuliert. Darin verankert sind die Strukturen und Aufgaben der verschiedenen institutionellen Ebenen, die Finanzierungsformen (vor allem die Förderung der benachteiligten Distrikte und Schulen – Chapter 1) sowie die Richtlinien für die Ausbildung, Einstellung und Bezahlung neuer Lehrkräfte. Für die Fallstudien haben insbesondere die curricularen Richtlinien im Hinblick auf eine Integration der neuen Medien in den Unterricht eine wesentliche Bedeutung. Bereits Mitte der 1980er Jahre hatte Illinois als einer der ersten US-Bundesstaaten allgemeinverbindliche *State Goals for Learning* verabschiedet. Zuvor waren Ziele und Methoden der Schulbildung ausnahmslos in der Verantwortung des Distriktes bzw. der einzelnen Lehrkräfte. Die Standards sind relativ allgemein gehalten und sollen ausdrücken, welche Fähigkeiten von den Schülerinnen und Schülern erwarten werden. Mit Hilfe der Standards soll auch die Leistungsentwicklung der Schülerinnen und Schüler besser verfolgt werden und die verwendeten staatlichen Prüfungsverfahren wie z.B. der *Stanford Achievement Test* (SAT) sollen damit abgestimmt sein. 1997 wurden die *ISBE Learning Standards* erstmals überarbeitet und für die sieben Kernfächer festgelegt. In der neuen Fassung spielt der Einsatz von Informations- und Kommunikationstechniken eine wichtige Rolle, allerdings immer nur als integrierter Bestandteil der Fachcurricula, wofür sich die Abteilung *Learning Technologies* im ISBE verantwortlich zeichnete.

Die enge Zusammenarbeit des ISBE mit dem NCREL hat dazu geführt, dass mittlerweile das Konzept des *Engaged Learning* als eine Art Pseudo-Standard eingeführt wurde. Alle Förderanträge werden auch auf die Erfüllung dieses Kriteriums hin bewertet. In enger Zusammenarbeit mit dem NCREL wurden Kriterien entwickelt, die für ein schülerorientiertes, aktiv selbstgesteuertes Lernen kennzeichnend seien. Dies erfordert ein langfristiges Konzept. Die politischen Entscheidungsträger im Bildungsbereich sind allerdings weniger an langfristigen Ergebnissen interessiert, sondern eher an „quick fixes", die ihre Wiederwahl sichern – dies wurde von den Akteuren sehr unterschiedlich bewertet. Während die Vertreterinnen des ISBE diese Beobachtung nicht teilten, wurde es von den befragten Distrikten wie auch den Schulen genauso empfunden.

Organisation: Das Schulsystem in Illinois teilt sich auf vier Ebenen. Zentrale Schulbehörde ist das Illinois State Board of Education (ISBE), dem der State Superintendent als Verwaltungsleiter vorsteht und der vom State Board ernannt wird. Die Mitglieder des State Board werden wiederum vom State Governor ernannt. Auf der Ebene des Bundesstaates nimmt die 1994 gegründete Abteilung *Learning Technologies* als eine von sechs Abteilungen die Aufgaben zur Planung von Programmen und ihre Koordination mit den Counties, Distrikten und dem Bund, sowie die Integration von Technikeinsatz ins Curiculum und die Konzeption der Lehrerfortbildung wahr. Bis 1997 war sie eine Stabsabteilung, danach war die Stelle zwei Jahre vakant und erst Mitte 1999 wurde sie als eine Linienabteilung neu besetzt.

Auf regionaler Ebene existieren zwei Mittelbehörden für die insgesamt 102 Counties, die allerdings nicht direkt dem ISBE unterstehen: 45 *Regional Offices of Education* mit einem gewählten Superintendent und vier „Intermediate Service Centers (ISC)" ohne Superintendent. Die ROEs spielen eine wichtige Rolle, da ihre gewählten Repräsentanten zumindest zum Teil in Konkurrenz zum State Superintendent stehen und vom ISBE auch nicht direkt kontrolliert werden können. Allerdings werden die Regionen über Schlüsselzuweisungen durch den Bundesstaat finanziert, was dem ISBE ein Machtinstrument in die Hand gibt. Die ROEs sind verantwortlich für Querschnittsaufgaben wie die Zertifizierung von Lehrkräften, Kontrolle und Rechtsberatung im Auftrag des ISBE, Berufsbildung, Lehrerfortbildung sowie Erwachsenenbildung. Sie werden sowohl von Seiten der Distrikte als auch vom ISBE immer wieder in Frage gestellt, haben aber aufgrund ihrer demokratischen Legitimation ein hohes Ansehen bei den Wählerinnen und Wählern. Bei 35 ROEs wurden zur Koordination der Technikprogramme des Bundesstaates sogenannte „Technology Points of Contact" eingerichtet, deren Aufgaben in der Lehrerfortbildung, beim technisches Support als auch in der Unterstützung bei Planungsprozessen liegen.

Ein Versuch, die ROEs besser zu kontrollieren, war die Einrichtung der sieben überregionalen *Learning Technology Hubs* im Rahmen des State Technology Plan. Sie wurden auch eingerichtet, weil es finanziell nicht möglich war, allen 49 ROEs/ISCs Mittel zur Verfügung zu stellen. Diese Konstruktion ermöglichte sowohl die Unterstützung für die LTHs von den ROEs als auch die indirekte Kontrolle der Programmimplementierung durch das ISBE – im Falle einer Missachtung der LTHs durch die ROEs wurde bisher erfolgreich vom ISBE eine Verlagerung der Verantwortung auf andere Institutionen angedroht. Die LTHs spielen bei der Implementierung der bundesstaatlichen Programme ebenso eine große Rolle wie bei der Umsetzung der Bundesprogramme. Auf der Ebene der Distrikte wird der Superintendent in der Regel vom Local School Board gewählt und ist der Verwaltungsleiter des Distrikts.

Finanzierung: Im ersten Technologieplan des Bundesstaates wurden für die verschiedenen Projekte (siehe Kapitel 7.1) insgesamt 500 Mio. US-$ für einen Zeitraum von vier Jahren kalkuliert – teilweise waren dies Mittel der Bundesstaates, teilweise waren Komplementärmittel der Distrikte einbezogen worden. Die hohen finanziellen Forderungen, die im Technologieplan enthalten waren, wurden nicht erfüllt. 1996 wurde von den bewilligten 15 Mio. US-$ ein großer Teil für die Einrichtung und Ausstattung der LTHs ausgegeben. 1997 verabschiedeten die State Governors einen Etat von insgesamt 30 Mio. US-$, 1998 von 44 Mio. US-$ und 1999 von 46 Mio. US-$ – etwa die Hälfte der beantragten Summe. Schenkt man dem heutigen stellvertretenden Superintendent Glauben, so ist das State Board ausgesprochen zufrieden mit dem Niveau der staatlichen Förderung, auch wenn die Forderungen des Technologieplans bei weitem nicht eingehalten wurden. Seit 1998 hat sich auch in der Vergabeform der Mittel eine Veränderung ergeben. Mit Ausnahme des Projektes *Museum in the Classroom* werden die staatlichen Mittel als direkte Zuweisungen für den Aufbau der technischen Infrastruktur an die Distrikte vergeben (*Technology Integration Project*). Beginnend mit dem ökonomisch schwächsten Viertel der Distrikte, sollen in den kommenden Jahren die nächsten Viertel mit jeweils insgesamt 25 Mio. US-$ gefördert werden. Jeder Distrikt erhält 25.000 US-$ als Basisbetrag und zusätzlich 75 US-$ pro Schülerin und Schüler. Die Distrikte müssen die bundesstaatlichen Mittel mit einer Eigenleistung ergänzen (für jeden „State-Dollar" einen „District-Dollar"). An die Verwendung der Mittel sind bestimmte Voraussetzungen geknüpft. So dürfen analog zu den Bestimmungen für die Mittel aus der TLC höchstens 50 Prozent für Infrastruktur und Ausstattung ausgegeben werden, mindestens 25 Prozent (mittlerweile 30 Prozent) für Lehrerfortbildung und 25 Prozent für Software und Lernmittel. So konnte ein einheitlicher Kriterienkatalog für die Vergabe der Mittel des Bundesstaates und des Bundes erreicht werden.

Im *School Technology Revolving Loan Program* werden in einem Zyklus von drei Jahren insgesamt 60 Mio. US-$ für die Verbesserung der Infrastruktur (Installation von LANs/WANs, Elektrik in Verbindung mit IT-Einsatz) ausgegeben. Dabei werden in einem Zyklus von drei Jahren zuerst die Kindergärten und Schulen bis Klasse 4, danach von Klasse 5 bis 8 und zum Schluss Klasse 9 bis 12 versorgt; danach beginnt der Zyklus von vorne. Die Mittel werden als dreijährige Darlehen mit niedriger Verzinsung (ca. 2,5 Prozent p.a.) bis zu einer Höhe von maximal sechs Mio. US-$ an die Distrikte vergeben, die sie innerhalb der ersten sechs Monate verwendet haben müssen. Die Zinserträge und die Einnahmen aus Strafen für Überziehung werden in einen Darlehensfonds eingezahlt und wieder in den Kreislauf einbezogen.

Infrastruktur: Im Rahmen des Technologieplans wurde ein großer Teil der Mittel (40 Mio. US-$) für den Auf- und Ausbau des bundesstaatsweiten Netzwerkes („Linc-On") verwendet. „Linc-On" verbindet alle Bildungseinrichtungen kostenlos mit dem Internet, bietet alle gängigen Dienste und breitbandige Übertragungsmöglichkeiten (Videoconferencing, Videoübertragung, digitales TV) und ermöglicht darüber hinaus auch den Datenaustausch zwischen Verwaltungen. Das Konzept wurde mittlerweile in das *Illinois Century Network (ICN)* überführt. Beginnend im Jahre 1999 werden in fünf Jahren 343 Mio. US-$ in die Weiterentwicklung des Netzwerkes investiert werden. Das ISBE unterhält keinen eigenen Bildungsserver, sondern hat verschiedene Angebote kommerzieller Dienstleister zertifiziert und stellt sie den Schulen kostengünstig zur Verfügung. Als Einrichtung zur Unterstützung der Schulen steht das vom Bund finanzierte NCREL zur Verfügung, das durch seinen Sitz in der Nähe von Chicago zahlreiche Modellprojekte zur Erprobung neuer Lehr- und Lernformen mit Medien in Illinois gestartet hat und auch das ISBE bei der Programmentwicklung beraten hat.

Lehreraus- und Lehrerfortbildung: Verantwortlich für die Lehrerausbildung sind die Universitäten und spezielle Teacher Colleges. Wie andere US-Bundesstaaten auch, erwartet Illinois in der nächsten Dekade einen großen Lehrermangel (80.000 freie Stellen) aufgrund steigender Schülerzahlen und der Verrentung vieler beschäftigter Lehrkräfte. Um diesem Mangel entgegen zu steuern, werden bereits heute neue Lehrkräfte angeworben, die häufig noch keine oder nur elementare IT-Kenntnisse haben, da die Vorbereitungskurse noch nicht flächendeckend auf diese erweiterten Fähigkeiten Rücksicht nehmen (können).

Die schnelle Reaktion wird auf der einen Seite zahlreiche junge Lehrkräfte an die Schulen bringen, die allerdings nicht über die geforderten Kompetenzen verfügen, da sie nicht Teil ihrer Ausbildung waren. Sie dann zusätzlich mit der integrierten Nutzung von Informations- und Kommunikationstechniken vertraut zu machen, ist eine gewichtige Aufgabe. In den Teacher Colleges und den Universitäten werden in allen Kursen angehende Lehrkräfte mit dem Paradigma des *Engaged Learning* vertraut gemacht, und seit dem akademischen Jahr 1999/2000 wurden sie auch gezwungen, sich Basiskenntnisse im Umgang mit den IT anzueignen. Allerdings fehlen für eine fachdidaktische Einführung in die integrierte Nutzung der IT nach übereinstimmenden Aussagen des ISBE und der Verantwortlichen in den Distrikten und Schulen die geeigneten Dozentinnen und Dozenten an den Universitäten bzw. Colleges ("institutions of the K-12 sector are driving the agenda, not universities or colleges").

Das ISBE legt sehr viel Wert auf den Ausbau der Lehrerfortbildung. Durch die Auflage des Bundesstaates, mindestens ein Viertel der staatlichen Mittel für die Fortbildung des Kollegiums zu verwenden, wird diesem Bereich eine Priorität eingeräumt. Dabei wird ein gemischtes Konzept verfolgt aus schulinterner Fortbildung und staatlich organisierter Fortbildung durch den Distrikt, die Counties oder die LTHs – hier insbesondere die Ausbildung von Multiplikatoren. Die Qualität variiert sehr stark. Während in manchen Distrikten die Kurse ausgebucht sind, weil die Angebote ihrer Ansicht nach auf hohem Niveau und gleichzeitig passend zum Schulalltag (d.h. fachbezogen) sind, finden in anderen Distrikten nur Schulungen für die Basiskenntnisse in Office-Paketen statt, und der Rest wird den Schulen überlassen.

3.5.1.6   Bedeutung der drei Ebenen

In allen Schulen und bei beiden Distrikten wurde herausgestellt, dass ohne die Fördermaßnahmen des Bundes, seien sie technikbezogen oder zur Unterstützung sozial schwacher Schülerinnen und Schüler, viele der Schulen in großen städtischen Schuldistrikten überhaupt nicht über eine Computerausstattung verfügen würden. Entweder bekommen sie eine direkte Förderung oder sie haben sich an Wettbewerben beteiligt – für die wiederum ein umfangreiches Know-how zur Bewerbung vorhanden sein muss (ein Kreislauf). Für Schulen aus ärmeren Stadtvierteln besteht die Möglichkeit, die Title-1-Zuweisungen auch für den Kauf von Hard und Software zu nutzen bzw. über die E-Rate eine interne Vernetzung sowie eine Verbindung zum Internet erhalten. Für Schulen in den "inner cities" ist die Hilfe des Bundes und des Bundesstaates unerlässlich.

Im Kern der Initiativen in Illinois steht neben den Förderprogrammen vor allem eine umfassende langfristig angelegte Agenda zur Reform des Schulsystems. Diese Agenda wurde durch *Leadership* auf der obersten Ebene (*State Superintendent*) gestützt und vornehmlich von einer Person (Leiterin *Learning Technologies*) vorangetrieben. Ihr gelang es, nachhaltige Strukturen aufzubauen, die eine Fortsetzung der Initiativen auch nach ihrem Weggang kurze Zeit später ermöglichten. Dazu gehört die Einbindung aller Kräfte des Bundesstaates unter einer gemeinsame Zielsetzung („vision building"). Diese Vision wurde dann durch die *Learning Standards* und die darin enthaltenen Konzepte zur integrierten Nutzung von IT für die Schulen und Lehrkräfte operationalisiert. Die Standards werden mit den Prüfungsverfahren abgestimmt, um sicherzustellen, dass neue Lehr- und Lernkonzepte wie *Engaged Learning* als Leitbild auch angemessenen Platz in der Bewertung finden. Da der Technologieplan ein „politisches Dokument" (Zitat ISBE) mit langfristiger Perspektive ist und nicht der verbindliche Haushaltsplan, wurden bereits bei der Vorlage vor dem Parlament Kürzungen eingearbeitet, da allen bewusst war, dass zusätzliche Mittel für Technik in Schulen zwangsläufig zu einer Reduzierung der Mittel an andern Stellen führen würde. Nach Aussage der ehemaligen Abteilungsleiterin von *Learning Technologies* war sehr viel Überzeugungs- und Lobbyarbeit zu leisten, um die Abgeordneten von einer Zustimmung zum Technologieplan zu überzeugen. Dazu hatte sie damals auch engen Kontakt zu den großen Wirtschaftsunternehmen im Bundesstaat, um sie kontinuierlich über den Stand der Planungen zu informieren und ihre Expertise einzuholen. Diese Zusammenarbeit zwischen Staat und Wirtschaft ist allerdings sehr langsam angelaufen, da der Staat die Unternehmen erst wieder zur Mitarbeit gewinnen musste, nachdem in den Jahren zuvor die Wirtschaft „desillusioniert" von der Innovationsfähigkeit des Schulsystems gewesen war. Auch das Engagement des *State Superintendent* war eine notwendige Bedingung für das Gelingen eines umfangreichen Förderprogramms im Rahmen eines ganzheitlichen Reformkonzeptes. In seiner „State of the State Message" bezog er das Thema immer ein, was nach Aussage der Mitarbeiterinnen und Mitarbeiter des ISBE sehr hilfreich für die Fortsetzung der Initiativen war.

Das ISBE sieht seine wesentliche Aufgabe in der Bereitstellung der Infrastruktur, in der Definition inhaltlicher Standards und in der Unterstützung der Schulen und Distrikte bei der Technikplanung. Durch die Auflagen bei der Bewerbung um die staatlichen Mittel konnte zudem (formal) erreicht werden, dass mindestens 30 Prozent für Lehrerfortbildung eingesetzt werden. Die Schulen erhalten sowohl curriculare und pädagogisch didaktische Unterstützung als auch Hilfen zur Technikplanung.

Durch die regionale Koordination der Förderprogramme über die sieben LTHs konnte eine relativ faire Verteilung der staatlichen Mittel erreicht werden. Sowohl der größte Distrikt (Chicago) als auch viele kleine, ärmere Distrikte konnten auf diese Weise eine Unterstützung erhalten. Allerdings wurde durch die Einrichtung der LTHs als Zwischeninstanz ein zusätzlicher Koordinationsaufwand geschaffen. Die Abstimmung zwischen ISBE, LTH, Region und Distrikt scheint bislang erfolgreich zu verlaufen, auch wenn sich die Regionen nur ungern von der zentralen Bildungsbehörde auf diese Weise kontrollieren lassen möchten. Nach Aussagen der Regionen kann es hier in absehbarer zu einem Machtkampf kommen. Trotz der Betonung der Bedeutung der Lehrerfortbildung findet bei der Lehrerausbildung erst langsam eine Umdenken statt, was vom ISBE vor allem auf die mangelhafte Vorbereitung durch Colleges und Universitäten geschoben wird. Erst seit Mitte 1999 und dank eines neuen Superintendent wird die Notwendigkeit gesehen, die verschiedenen Boards (Higher Education, Schools und Community College) zusammenzubringen und das Vorgehen miteinander abzustimmen. Anfang 1999 gab es erste Treffen zwischen den beteiligten Abteilungen, nachdem der neue State Superintendent dies als eine dringende Aufgabe anerkannt hatte. Ziel ist es nun, ein gemeinsames Konzept vom Vor Kindergarten bis zum Bachelor Grad (Pre-K15) zu erstellen, in dem die Nutzung neuer IT auch eine Rolle spielen soll. Da die traditionellen Institutionen für die Lehrerfortbildung überfordert sind, auch finanziell, wird sehr viel Wert auf schulinterne Maßnahmen gelegt, und mit den LTHs wurde eine neue Vermittlungsinstanz geschaffen, die diese neuen Aufgaben wahrnehmen kann.

Die strikten Standards stehen in einem gewissen Widerspruch zu den Prinzipien des *Engaged Learning*. Während auf der einen Seite höherer Leistungen anhand von standardisierten Tests (in den Hauptfächern) gemessen werden, sollen auf der anderen Seite, aktive, selbstgesteuerte Lernprozesse und „soft skills" gefördert werden. Für beides kann der Computer und das Internet ein Mittel darstellen – hier treffen innerhalb der Behörde und sicher auch innerhalb der Lehrerschaft zwei grundlegende Positionen aufeinander.

Als Koordinationsinstrument für Bewerbungen um staatliche Fördermittel und zur Koordination zwischen Bundesprogrammen und Programmen des Bundesstaates dient der Technologieplan, in dem Angaben zur pädagogischen Einbindung der Technik, zur schulinternen Lehrerfortbildung, zum Budget und über zusätzlichen Einnahmequellen sowie zur Zusammenarbeit mit dem Schulumfeld gemacht werden müssen. Den beteiligten Personen im ISBE ist sehr wohl klar, dass die eingereichten Pläne nicht immer der Realität in den Schulen bzw. Distrikten entsprechen („often fairy-tales"). Dennoch wird die IT Planung vor allem als langfristig angelegte Strategie zur Schulentwicklung – verbunden mit der Hoffnung auf Qualitätsverbesserung – verstanden. Die Voraussetzungen hinsichtlich der Vorlage eines Technologieplanes konnten nicht von allen Schulen erfüllt werden. Zum Zeitpunkt der ersten Antragswelle hatten viele Schulen und Distrikte keinen genehmigten Technologieplan, was sie an einer Bewerbung um die Bundesmittel hinderte.

Durch die Überbetonung des Plans wird der eigentliche prozessuale Charakter der Planung in gewisser Weise konterkariert. Ohne Plan keine Bewerbung, dadurch heuern Schulen externe professionelle Antrags- und Planschreiber an oder kaufen ein Softwareprodukt, das ihnen einen Plan schreibt oder übernehmen ihn von einer anderen Schule. Damit werden die ohnehin schon ökonomisch benachteiligten Schulen und Distrikte weiter benachteiligt, weil die Qualität ihrer Pläne, sofern sie überhaupt über einen genehmigten verfügen, deutlich hinter denen der finanziell besser gestellten zurückbleibt. Obwohl in den Regularien des Bundes vorgesehen, wurden vom ISBE bei der Bewertung der Anträge keine

Rücksicht auf die vorhandene technische Ausstattung in den Schulen genommen, um so die „technologically disadvantaged schools" speziell zu fördern. In den besuchten Distrikten wurde betont, dass dies zu einer weiteren Benachteiligung der bedürftigen Distrikte geführt hätte, da sie sich keine professionellen Antragschreiber leisten konnten.

3.5.2   Kalifornien

3.5.2.1   Förderprogramme

Mitte der 1990er Jahre ergab eine Erhebung des California Department of Education (CDE), dass die Schulen in ihrer Ausstattung weit hinter dem US-amerikanischen Durchschnitt zurücklägen. Nur fünf Prozent der Schülerinnen und Schüler hatten Zugang zu Internet, auf jedes zumeist veraltete Gerät kamen über 70 Schülerinnen und Schüler (C3-Report 1996, Education Week 1997). Vor diesem Hintergrund hatte der damalige State Superintendent eine Task Force eingerichtet, die Lösungen entwickeln sollte. Die Arbeitsgruppe definierte in ihrem Bericht „Connect, Compete, and Computer (C3)" vier Ziele, die bis 2000 erreicht werden sollten (CDE, 1996):

- Reduzierung des Verhältnisses von Schüler pro Computer auf vier zu eins,
- Telekommunikationszugänge in allen Klassenräumen und Bibliotheken,
- Technik zum integralen Bestandteil von Lernen und Lehren machen,
- Verbesserung der Testergebnisse in Lesen und Mathematik (Erreichen der oberen Hälfte der US Bundesstaaten).

Die Kosten wurden auf vier Jahre berechnet und Benchmarks für jeden Bereich des Technologieplanes festgeschrieben. Parallel zu den Bemühungen des Bundesstaates wurden zuerst vom DEC, später auch von anderen namhaften Computerunternehmen die *Netdays California* ins Leben gerufen. Im Sinne einer PPP halfen Freiwillige bei der Verkabelung von Schulgebäuden und ihrem Anschluss ans Internet. Diese Initiative wurde in den Folgejahren wiederholt und fand auch seine Nachahmer in anderen Bundesstaaten und wurde 1998 nicht nur vom Bund, sondern auch in Europa übernommen. Aus dem C3-Programm ergaben sich zwei Teilprojekte, die teilweise zentral vom CDE, teilweise dezentral organisiert wurden.

- Digital High School (DHS) mit dem Ziel alle High Schools mit modernen Computern und Netzwerkverbindungen auszustatten. Alle teilnehmenden Schulen mussten die staatlichen Mittel mit eigenen Mittel einszueins ergänzen. Jede Schule musste außerdem einen Technologieplan vorlegen, in dem ausführlich beschrieben werden sollte, was wie zu welchem Zeitpunkt mit den Mitteln erreicht werden sollte. Mittlerweile hat die Hälfte der High Schools eine Förderung erhalten. Das Programm soll nach den Vorstellungen des CDE in Zukunft auch auf Middle Schools und Elementary Schools ausgedehnt werden.

- School-Based Educational Technology Grants als Wettbewerb für alle Schulen. Jedes Jahr werden etwa 30 Schulen gefördert, die Distrikte haben Komplementärmittel einzubringen.

3.5.2.2   Umsetzung der Bundesprogramme

Die Mittel aus dem TLC Fund werden im Wettbewerbsverfahren an die Distrikte vergeben. Jede Bewerbung muss von einem Distrikt stellvertretend für ein Konsortium aus Colleges, Universitäten und Unternehmen gestellt werden. Dazu ist die Vorlage eines *Local Improvement Plan* notwendig. Als Ergänzung zu den Auflagen des Bundes muss mindestens ein Viertel der Mittel für die Lehrerfortbildung zur Verfügung stehen. Antragsberechtigt sind diejenigen Distrikte, in denen mehr als 40 Prozent der Schülerinnen und Schüler Anspruch auf kostenloses oder ermäßigtes Mittagessen haben oder über eine geringe Technikausstattung verfügen. Die Bewerbungen werden vom CDE überprüft. Beim Educational Technology Office des CDE laufen die Fäden zusammen und es wird Unterstützung für die Bewerbung gegeben. Die Mittelzuteilung aus der TLC wird regional organisiert, d.h. jede Region erhält so viele Bundesmittel, wie ihr gemäß Title 1 zustehen. Die Höhe der Grants soll ausreichend sein, um damit für eine langfristige Entwicklung zu sorgen (im Durchschnitt derzeit etwa eine Mio. US-$ pro Jahr über fünf Jahre). Auch wenn keine ergänzenden Mittel von den Distrikten eingebracht werden müssen, sind die Bewerber verpflichtet, die finanzielle Beteiligung der Konsortialmitglieder offen zu legen. In der zweiten Hälfte jedes Jahres müssen die Konsortien ihren Stand in einem „Performance Report" darlegen und erneut die Mittel beantragen, die sie in ihrem ursprünglichen Plan für das kommende Jahr eingerechnet hatten. Durch dieses aufwendige Verfahren soll aus Sicht des Bundesstaates erreicht werden, dass die Distrikte sich selbst regelmäßig kontrollieren und das CDE eine Übersicht über die geleistete Arbeit erhält.

Bereits vor dem Start der E-Rate konnte die California Public Utilities Commission (CPUC) spezielle Mittel für den Ausbau der Telekommunikationsinfrastruktur in Schulen und anderen Bildungseinrichtungen vergeben. Insbesondere diejenigen Schulen und Distrikte sollten bevorzugt werden, die noch über keine oder nur eine minimale Ausstattung verfügten. Der *Teleconnect Fund* fördert im Gegensatz zur E-Rate ausschließlich Telekommunikationskosten, allerdings ohne Restriktionen (kein Technologieplan, kein Armutskriterium). Im Rahmen der Umsetzung der E-Rate haben Schulen eine große Freiheit, was sie mit den Rabatten genau machen. Das CDE gibt Hilfen hinsichtlich der Bewerbung. Die Antragsteller müssen sich selbst nur bescheinigen, dass sie überhaupt antragsberechtigt sind, und sie müssen über einen genehmigten Technologieplan verfügen.

3.5.2.3   Lokaler Handlungskontext: Großer städtischer Schuldistrikt

Der Schuldistrikt (K-12) gehört zu den größten Schuldistrikten der USA (645 Schulen, 1,5 Mio. Schülerinnen und Schüler, 70.000 Lehrkräfte). Zur Förderung des Technikeinsatzes hat sich Mitte der 1990er Jahre eine Unterabteilung gebildet (*Instructional Technology*), die zuerst Teil der IT-Abteilung war, seit 1998 aber Teil der Curriculumabteilung geworden ist. Dies hat nach Aussage der dort abgeordneten Lehrkräfte zu einem deutlichen Schub für die Schulen geführt, da nunmehr auch eine pädagogische Unterstützung neben der technischen Ausstattung erfolgt. Der Distrikt offeriert allen Schulen den kostenlosen Zugang zum Internet. Die Hardware wird vom Distrikt zentral eingekauft und über ein Zentrallager an die Schulen verteilt. Das Netz ist in Clustern organisiert, d.h. eine High School bildet den Mittelpunkt des Clusters und alle anderen Zuliefererschulen („feeding schools") gruppieren sich darum. Für jeden Cluster wurde ein IT-Koordinator freigestellt, um die Abstimmung zwischen den Schulen und dem Distrikt zu realisieren. In Zukunft möchte der Distrikt ein zentrales Netzwerk aufbauen, um die Inselbildung in den Einzelschulen mit ihrer heterogenen Ausstattung zu verhindern. Bislang gibt es aber heftigen Widerstand der Schulen und insbesondere der Cluster-Mittelpunkte.

Der Distrikt verfügt bisher über keinen abgestimmten pädagogisch orientierten IT-Plan. Seit 1997 fordern der Superintendent und das School Board (auch aufgrund des wachsenden Drucks von Seiten des County und des CDE) die Erstellung eines strategischen Technologieplans für den Distrikt, der sowohl die pädagogische als auch die administrative Nutzung berücksichtigen soll. Mitte 1999 gab es einen ersten Entwurf, der mit Unterstützung einer Unternehmensberatung erstellt wurde, aber noch keine Hinweise auf die curriculare Integration enthält. Die Schulen müssen einen Technologieplan erstellen, eigene Mittel einbringen und das Schulumfeld einbeziehen. In jedem Plan muss deutlich werden, dass höchstens die Hälfte der Mittel für Hardware, mindestens je ein Viertel für Lehrerfortbildung und für technischen Support ausgegeben wird. Zu Beginn wird von den Schulen nur ein zweiseitiges Papier erwartet, in dem die grundlegenden Aspekte dargelegt werden müssen. Ein Großteil der Mittel des Distrikts stammt aus einer Anleihe in Höhe von insgesamt 2,6 Mrd. US-$ (davon 60 Prozent vom Bundesstaat). Diese Mittel waren für die Renovierung der Schulgebäude bestimmt, dürfen aber auch für die interne Verkabelung und den Anschluss ans Internet verwendet werden.

Für die Fortbildung der Lehrkäfte finanziert der Distrikt fünf Schulungszentren. Die Veranstaltung sind gebührenfrei – sie wurden ursprünglich über einen Bundesprogramm und über Spenden finanziert. Die Teilnahme an den Veranstaltung bringt für die Lehrkräfte „credit points". Für die technische Unterstützung der Schulen wurde im Sommer 1999 erstmals eine telefonische Hotline eingerichtet. Bis dahin war es Aufgabe der IT-Koordinatoren in den Schulen, teilweise unterstützt durch die IT-Abteilung des Distrikts.

Wichtig sind nach Aussage aller Betroffenen die Bundesmittel, die über Title 1 an die Schulen vergeben werden. Der Distrikt erhält einen E-Rate-Rabatt von durchschnittlich 80 Prozent. Da die Telefongebühren der Schulen bisher noch zentral vom Distrikt getragen wurden, hat der Distrikt auch stellvertretend für alle Schulen die Rabatte beantragt. Mit dem Geld wurde die Verkabelung der Schulen mit einer Standleitung finanziert. Aus der Anleihe wurde dann die interne Vernetzung bezahlt. Hier gibt es allerdings große Abstimmungsprobleme zwischen Distriktanleihe und E-Rate, die in manchen Fällen dazu führte, dass Schulen, die aus der Anleihe gefördert wurden, ihre Kabel wieder herausrissen, um antragsberechtigt für E-Rate zu sein. Der Distrikt war aufgrund der vielen Terminverschiebungen bei der E-Rate und eigener Probleme nicht in der Lage, innerhalb der vorgeschrieben Zeit die Mittel abzurufen und zu verbrauchen. Die Schwierigkeiten resultierten insbesondere aus Koordinationsproblemen mit den beiden Netzbetreibern Pacific Bell und GTE. Die meisten Leitungen in den Schulen werden über Lucent Technologies (Tochter von Pacific Bell) bereitgestellt. Für die wenigen Leitungen über GTE wollte das Unternehmen nicht die Kosten für die interne Vernetzung mittragen.

Schulischer Kontext (Elementary School): Seit Anfang der 1980er Jahre gilt die Schule (1.900 Schülerinnen und Schüler) als Modellschule für den Einsatz neuer Medien. Zuerst wurde die Schule vom Bundesstaat und vom Distrikt ausgestattet. Seitdem gibt es keine direkten Zuweisungen mehr, sondern die Mittel müssen selbständig akquiriert werden. Dafür wurde ein Technologieplan geschrieben. Computer stehen in nahezu jedem Klassenraum, die mit dem Schul LAN verbunden sind und in zwei Computerräumen. Ziel ist es, alle Klassenräume zu vernetzen und mit drei bis vier PCs auszustatten. Für die Internetverbindung sorgt die nahegelegene High School. Die Überzeugungsarbeit der Kolleginnen und Kollegen in der Schule war nicht sehr aufwendig, da die Schule sich seit langem mit IT beschäftigt und dafür auch im Distrikt bekannt ist. Aus den Zuschüssen durch den Bund (99 Prozent der Kinder bekommen kostenloses Mittagessen) werden Lehrkräfte teilweise für schulinterne Kurse freigestellt. Heute können alle Lehrkräfte mit dem Rechner umgehen und ihn auch in den Unterricht einbeziehen. Zu Beginn wurden die Kurse vom IT-Koordinator durchgeführt, mittlerweile gibt es Mentoren, die den Kolleginnen und Kollegen helfen. Die Teilnahme war freiwillig, es wurde aber darauf hingewiesen, wie wichtig der curriculumsbezogene Einsatz neuer Medien sei. Lehrkräfte erhalten Bonuspunkte für ihre Karriere, wenn sie an Fortbildungsmaßnahmen teilnehmen. Der Druck aus dem CDE und dem Distrikt sowie von den Eltern auf die Lehrkräfte ist sehr groß. Für die technische Betreuung wurde ein IT-Koordinator mit sechs Ermäßigungsstunden bestellt, der teilweise aus Schulmitteln, teilweise auch aus Mitteln des Bundesstaates bzw. aus Bundesmitteln bezahlt wird. Ihm zur Seite steht ein „Technical Aide" und gemeinsam mit Schülerinnen bzw. Schülern aus höheren Klassen wurden die Verkabelung durchgeführt und Installationen sowie Wartung abgewickelt. Unterstützung aus dem Distrikt gab es nicht. Für die Eltern und andere Mitglieder der *local community* werden Nachmittagskurse angeboten, um sich selbst fortzubilden oder den Technikeinsatz für ihre Kinder kennenzulernen. Die Resonanz ist sehr groß, da kaum ein Haushalt über eine eigene Rechnerausstattung verfügt. Die Hilfe schafft sowohl Begeisterung für die Lernerfolge der Kinder, bringt Spenden von lokalen Initiativen und hat auch schon Eltern bei der Suche nach einem Job geholfen. Darüber hinaus können sich die Eltern über die Schule ins Internet einwählen.

Schulischer Kontext (High School): Lange bevor die Netdays in Kalifornien anliefen, wurde in der Schule (4.600 Schülerinnen und Schüler) bereits der Computerraum durch Freiwillige vernetzt und einige Klassenräume mit zwei bis drei Computern ausgestattet. Mittlerweile verfügt die Schule über drei Computerräume (ein großer mit 50 PCs und zwei kleine mit jeweils 20 PCs). Die Mittel für die Infrastruktur stammen sowohl vom Bund (Title 1) als auch vom Distrikt. Die lokalen Elektrizitätswerke halfen bei der Verkabelung, d.h. sie stellten kostenlos die Kabel bereit und standen für Rückfragen zur Verfügung. Die Schule verfügt als Mittelpunkt eines Clusters über eine Standleitung zum Distriktbüro. Die Bildungsziele sind sehr niedrig gesteckt, es bestehen kaum Erwartungen an einen gesteigerten Lernerfolg. Vielmehr stehen die verbesserten Chancen auf einen Job im Vordergrund, wenn die Kinder mit Computerkenntnissen die Schule verlassen. Teilweise wurden bereits Kooperationen mit Unternehmen gebildet, die gut qualifizierte Schülerinnen und Schüler für Nebentätigkeiten angeworben haben.

Damit die Begeisterung nicht nach ein bis zwei Jahren verfliegt, werden die Lehrkräfte schulintern fortgebildet. Dank des privaten Engagements der beiden IT-Koordinatoren herrscht mittlerweile im Kollegium eine Atmosphäre der Akzeptanz neuer Medien. Kenntnisse im Umgang und in der Integration ins Curriculum haben die Lehrkräfte durch Workshops erworben, die an der Schule angeboten werden. Für den technischen Support wurde zunächst überlegt, einen „Technology Officer" aus dem Kollegium zu bestellen und dafür eine volle Lehrerstelle umzuwandeln. Im „Technology Committee" der Schule, in dem neben Technikexperten auch viele Skeptiker sitzen (Eltern, Schülerinnen und Schüler, Schulleitung und Lehrkräfte) und bei dem das Konsensprinzip herrscht, wurde beschlossen, das Geld eher für Sicherheit in der Schule als für Technik auszugeben. Die Wartung des Netzwerkes und alle Neuinstallationen werden daher von den teilweise freigestellten IT-Koordinatoren (zehn Stunden) mit Unterstützung durch Freiwillige durchgeführt.

Staatliche Programme werden mit großer Skepsis betrachtet. Durch das Zuständigkeitsgerangel zwischen County und Distrikt und die bisher inkompatible Vorstellungen wurden sämtliche lokalen Initiativen aus Sicht der Schule durch den Distrikt blockiert. Obwohl das County interessiert ist, kann es kaum direkt eingreifen. So hätten die Netdays zwar für Schulen ohne vorhandene Infrastruktur eine Verkabelung gebracht, ein Einsatz der nunmehr vernetzten Rechner ohne die Ausbildung der Lehrkräfte wird allerdings als wenig erfolgreich erachtet.

Daher war die Schule auch nicht beteiligt. Die Unterstützung der Eltern und der lokalen Gemeinschaft ist groß. Es gibt immer wieder Spenden und die Eltern erhoffen sich durch die Computerkenntnisse bessere Berufschancen für ihre Kinder. Dafür arbeitet die Jobvermittlungsstelle der Stadt eng mit dem Schulbüro zusammen, wo die Qualifikationen der Kinder und Jugendlichen registriert werden. Zusätzlich werden Kurse für Eltern in der unterrichtsfreien Zeit angeboten und ihnen der kostenfreien Internetzugang über die Schule ermöglicht. Insgesamt hat es zehn bis 15 Jahre gedauert, eher eine Situation entstanden ist, in der sich der Technikeinsatz im Unterricht, in der Schulverwaltung und für die Lehrerinnen und Lehrer etabliert hat.

Unterstützung durch das County Office: Die Arbeit in der Schule wird neben dem Distrikt auch durch die Aktivitäten des County beeinflusst. Die betrachteten Schulen gehören zum größten und einflussreichsten County in Kalifornien (insgesamt 1.700 Schulen mit 1,5 Mio. Schülerinnen und Schülern). Ausgangspunkt für eine systematische Beschäftigung mit dem IT-Einsatz im County war die rückständige Ausstattung der Schulen. Bereits 1995 wurde eine Arbeitsgruppe mit einer Bestandsaufnahme und der Entwicklung eines Planungs- und Organisationskonzeptes beauftragt. Aus der umfangreichen Bestandsaufnahme heraus wurde ein Arbeitsplan definiert, um folgende sechs Ziele in fünf Jahren zu erreichen (*Technology for Learning, TfL*, 1997):

- Fortbildung für 60.000 Lehrkräfte und 30.000 Eltern,
- Schüler-Computer-Verhältnis von 4 zu 1,
- Breitbandige Anbindung von 50.000 Klassenräumen,
- flankierende gesetzliche Massnahmen zur Dezentralisierung der Schulorganisation (mehr Flexibilität),
- Einbeziehung des Schulumfeldes und der Eltern,
- Evaluation des Technikeinsatzes hinsichtlich der Steigerung der Lernleistungen.

In einem ersten Schritt wurden in der TfL-Initiative alle Schulen mit Computerräumen und Internetzugang ausgestattet. Das County Office sieht sich in erster Linie als Vermittler zwischen Bund, Bundesstaat und Distrikten bzw. Schulen. Dabei geht es insbesondere um die Unterstützung kleinerer Distrikte, die Kooperation mit dem großen städtischen Distrikt ist ohnehin problematisch. Bis 1999 gab es große Probleme bei der Zusammenarbeit mit dem größten Distrikt. Nach Ansicht des County führt er ein Eigenleben („it's a mess") und agiert häufig ohne Absprache mit dem County direkt mit dem CDE bzw. dem CTAP. Die Rivalität der beiden Superintendents trug auch zu einer Entfremdung bei. Erst seit Beginn der TfL und dem Engagement des Projektleiters beim County werden die Beziehungen besser. Das County hilft mittlerweile dem Distrikt bei Bewerbungen um Bundesmittel und war bei der Verteilung der Mittel aus der TLC als Mittler tätig.

Zum CTAP bestehen sehr gute Kontakte, da das County durch seine Größe Einfluss hat (1999 war der Projektleiter der TfL auch Vorsitzender von CTAP). Der Kontakt zum CDE ist dagegen zwiespältig. Durch die Rezentralisierung mit Hilfe von *State Learning Standards* stehen Bundesstaat und Counties in Konkurrenz zueinander. Der Distrikt hätte als größter Distrikt auch den Großteil der Mittel einstreichen können (acht der insgesamt neun Mio. US-$). Das County schlug folgendes Vorgehen vor: Der Distrikt kämpft im Wettbewerb um die komplette Summe, dann aber ohne Unterstützung durch das County oder er beantragt nur sechs Mio. US-$ und der Rest kommt den anderen Distrikten zugute. Es wurde die zweite Lösung realisiert.

Das County Office organisiert Fortbildungen insbesondere für diejenigen Distrikte, die aufgrund ihrer Größe und ihrer Ressourcen keine eigenen Angebote bereitstellen konnten. In einer PPP („TfL Technology Teacher Leader Project") werden in regionalen Zentren Lehrkräfte im Umgang mit der Technik fortgebildet und auf die Integration in den Unterricht vorbereitet. Die Teilnehmenden erhalten dafür Geld oder Stundenreduzierungen – auf diese Weise werden Anreize zu Teilnahme geschaffen. Das Konzept arbeitet mit Multiplikatoren. Sie sollen auf drei Ebenen (County Leadership, Transfer in die Regionen und Distrikte und dann zu den Lehrkräften) arbeiten und dabei insbesondere auch den Planungsprozess zur Erstellung eines IT-Konzeptes moderieren. Nach Aussage des County konnte die erste Stufe leicht erreicht werden, sehr viel problematischer ist der Transfer in die Regionen – bisher verfügen erst fünf der 14 Regionen über ein eigenes *Technology Teacher Leader Project*.

3.5.2.4   Lokaler Handlungskontext: Mittelstädtischer Schuldistrikt

Der Distrikt ist der größte PreK-8 Schuldistrikt in Kalifornien (41 Schulen, 27.000 Schülerinnen und Schüler, 1.500 Lehrkräfte). Anfang der 1990er Jahre wurde durch eine Organisationsreform die Verantwortung über den Schulhaushalt auf die Schulleitung übertragen. Dies erhöhte das Interesse der Schulen an einer eigenen IT-Planung, um eine langfristige Perspektive auch aus Budgetgründen zu haben. Seit 1995 existiert ein distriktweiter Technologieplan, der alle zwei Jahre aktualisiert wird. Er wurde maßgeblich durch Lehrkräfte aus verschiedenen Schulen gemeinsam mit dem Distrikt entwickelt. Beim offenen Planungsprozess wurde versucht, möglichst viele Meinungen und Ideen zu integrieren. Auf dieser Basis wurden der Ausstattungsbedarf und die Gesamtkosten ermittelt und das Vorhaben auf vier Jahre verteilt. Die erste Fassung wurde an alle Schulleitungen zurückgegeben und um Kommentare gebeten. Insgesamt dauerte dieser Prozess etwa sechs Monate, bevor der Technologieplan vom School Board genehmigt wurde. Insbesondere das School Board musste vom Nutzen des IT-Einsatzes überzeugt werden. Dank des Engagements des damaligen *Superintendent* konnten nicht nur die Mitglieder des Board überzeugt, sondern auch zahlreiche Unternehmen und Sponsoren gefunden werden.

Im Technologieplan wird ein starker Akzent auf die Lehrerfortbildung gelegt. Darin wurde insbesondere eine neue Abteilung beim Distrikt für „Technology and Multimedia" gefordert, die allerdings bis heute nicht eingerichtet worden ist. Der Distrikt hat vier Abteilungen, die bei der Unterstützung der Schulen beim Technikeinsatz zusammenarbeiten: IT, Beschaffung, Curriculum sowie Unterricht und Fortbildung. Der Superintendent wird vom School Board eingestellt und hat in den letzten drei Jahren mehrfach gewechselt. Es gibt die Position eines IT-Koordinators, die aber seit geraumer Zeit vakant ist, da der Superintendent über eine Neubesetzung entscheiden muss. 1997 wurde eine umfangreiche Unterstützung des IT-Einsatzes in Schulen beschlossen, und mindestens fünf Prozent aller Mittel sollten dafür bereitgestellt werden. Ein Viertel der Mittel sollen für die Fortbildung der Lehrkräfte ausgegeben werden, die sich an den fächerintegrierten Einsatz orientieren und nicht die Technik als Gegenstand behandeln.

Für die Konzeption, Implementierung und Betreuung des distriktweiten Netzwerkes und die technische Unterstützung der Schulen sorgt die IT-Abteilung des Distriktes. In jeder Schule gibt es mindestens einen IT-Koordinator, der bzw. die Ermäßigungsstunden für die Tätigkeit erhalten und auch die schulinterne Fortbildung übernimmt. Die Zusammenarbeit mit dem County ist sehr gut, was auch an der örtlichen Nähe (andere Straßenseite) liegt. Die Bewerbungen um die E-Rate und alle technische Details werden von der IT-Abteilung organisiert. Hier herrscht große Zufriedenheit unter den Schulen, die E-Rate wird als „mind changer" angesehen, wodurch innovative Vorhaben in den Schulen überhaupt erst angestoßen werden konnten. Vom Distrikt wird eine aktuelle Liste der möglichen Förderprogramme für die Schulen erstellt, einschließlich Bewerbungsunterlagen und Kriterien und dafür auch Unterstützung angeboten.

Schulischer Kontext (Magnet School): Die Schule (400 Schülerinnen und Schüler) wurde vor vier Jahren außerhalb der Stadt in der Wüste neu gebaut und als Magnet School (verlängerte Unterrichtszeiten plus Betreuung) eingerichtet. Sie dient sowohl dem Distrikt als auch dem County als Modellschule. Das Kollegium ist relativ jung und aufgrund der Ausrichtung als Magnet School, in der an Nachmittagen spezieller Unterricht (hier in Naturwissenschaften) angeboten wird, sind kleine Klassen üblich. Die Schule verfügt über einen genehmigten Technologieplan. In jedem Klassenraum steht ein Computer, die Klassenräume sind untereinander vernetzt und haben nach Unterzeichnung einer "acceptable use policy" Zugang zum Internet. Zusätzlich gibt es einen Computerraum, der für lehrergesteuerten Unterricht und Lehrerfortbildung genutzt wird. In jeder Klasse stehen ein Fernseher, ein Videogerät und eine digitale Kamera. Darüber hinaus gibt es ein zentrales Video- und TV-Verteilzentrum und einen Medienraum, von dem aus alle gewünschten Bildungssendungen mitgeschnitten, vervielfältigt und gesendet werden können. Das Verteilsystem und der Computerraum wurden durch die Unterstützung von Sponsoren eingerichtet. Über die

Anschaffung der Geräte wird in einem „Technology Committee" entschieden, das aus Lehrkräften, Eltern und der Schulleiterin besteht.

Der Computer wird in allen Fächern, aber nur durch wenige Lehrkräfte eingesetzt. Im Technologieplan sind Mittel vorgesehen, um Lehrkräfte für Fortbildungen vom Unterricht freizustellen. Sie erhalten sowohl für schulinterne wie auch schulexterne Schulungen „credentials". Der Einsatz des Computers und des Internet ist strikt an das Curriculum gebunden. Die Lehrkräfte können von zu Hause kostenlos auf das Internet zugreifen. In Arbeitsgruppen an der Schule (bezahlte Zeit) werden regelmäßig curriculare Aspekte diskutiert und ein Erfahrungsaustausch vorangetrieben. Sämtliche technischen Geräte sowie die Schul-Homepage werden von der IT-Koordinatorin verwaltet, gewartet und eingerichtet. Ohne ihr privates Engagement läuft an der Schule nichts.

Die Schule betreibt intensive Werbung, um sowohl Kinder und Eltern anzulocken, die Vorzüge der Schule zu demonstrieren als auch um Sponsoren anzuziehen. Die Eltern unterstützen ebenfalls den Technikschwerpunkt der Schule, nachdem sie in zahlreichen Workshops über die Einsatzmöglichkeiten informiert wurden und dies bei Tagen der offenen Tür selbst ausprobieren konnten. Die Eltern haben einen Sponsorenpool gebildet, über den die Zuwendungen von Privatorganisationen laufen (sonst müsste der Distrikt eingeschaltet werden). Es besteht in der Schule die volle Unterstützung durch die Schulleiterin. Die Projektanträge werden in der Regel von einer Person geschrieben. Allerdings reicht die Zeit mittlerweile nicht mehr aus, um alle Technik zu betreuen. Derzeit ist die Schaffung der Stelle eines *Technology Officers* geplant.

Unterstützung durch das County Office: Der Distrikt ist einer von 48 Distrikten des County. Dort hat der Superintendent frühzeitig den Computer- und Interneteinsatz in der Schule als zentrales bildungspolitisches Ziel formuliert. Seine Visionen haben bis heute viele Türen geöffnet, und er hat auch die skeptischen Mitglieder des *School Board* immer wieder überzeugen können. Aufgrund der dezentralen Struktur in Kalifornien und der Größe des County verfügt der *Superintendent* und das *School Board* über relativ viel Einfluss auf die Bildungspolitik des Bundesstaates. Neben dem Superintendent gibt es sowohl ein sehr aktive Abteilung *Learning Technologies* die dem „Instructional Office" untersteht und eine mächtige IT-Abteilung, die in ständiger Konkurrenz zueinander stehen. Bevor die Abteilung *Learning Technologies* entstanden war, wurden vor allem stark technikorientierte Vorhaben umgesetzt.

Das County dient als Koordinator für die staatlichen Mittel, die über CTAP an die Distrikte und Schulen vergeben werden. Das County verfügt über ein eigenes Netzwerk, über das alle Schulen nicht nur das Internet, sondern auch Bildungsfernsehen und andere Dienste nutzen können. Das County hatte frühzeitig einen abgestimmten Technologieplan, in dem auch die weiteren technischen Ausbaupläne dargelegt sind. Aus Sicht der pädagogischen Abteilung erscheint dieser Plan, der von der IT-Abteilung mit wenig Einfluss durch das Curriculum Department aufgestellt wurde, allerdings als zu technikorientiert.

Das County bietet Fortbildungskurse für die Lehrkräfte an, die teilweise in Form von Sommerkursen stattfinden. Die Teilnahme an den Kursen ist kostenlos, die Lehrkräfte erhalten dafür „Credit Points". In der Regel stehen allen Lehrkräften drei bis vier Tage für die Fortbildung zur Verfügung, den Rest müssen sie in ihrer Freizeit machen. Es wird geschätzt, dass es mindestens zwei Jahre dauern wird, bis alle Lehrkräfte so geschult worden sind, dass sie neue Medien im Unterricht pädagogisch sinnvoll einsetzen können. Die IT-Abteilung bietet Netzwerkdienste an, die von der Betreuung der schulinternen bzw. distriktweiten Netzwerke bis zum County-WAN reichen. Dazu kommen Reparaturdienste durch spezielle Supportteams für Hardware und Netzwerkverbindungen. Das LT Department unterstützt die Schulen beim pädagogischen Einsatz der technischen Infrastruktur. Es gibt ein Lernzentrum (mit PC-Labor, Videoschnittplätzen usw.), in denen auch Fortbildungsveranstaltungen abgehalten werden. Dort können idealtypische Ausstattungsvarianten inkl. Software und deren Vor- und Nachteile für spezifische Unterrichtsorganisationen unter Anleitung ausprobiert werden.

3.5.2.5 Rahmensetzer

Recht: Während der letzten zehn Jahre hat sich das Schulsystem in Kalifornien radikal verändert. Mit dem „Local Schools Empowerment Act" von 1994 wurde die Verantwortung über die Schulverwaltung und die Schulpolitik vom CDE zu den Counties und den Distrikten verlagert. Dadurch verlor das CDE viele seiner Querschnittsaufgaben, die auf die Regionen, die Counties und teilweise auch auf größere Distrikte verteilt wurden. Die Macht der Counties und ihrer Interessensvertretung („California County Superintendents Educational Services Association, CCSESA") ist seitdem erheblich gestiegen. Sie bieten zentrale Dienstleistungen im Auftrag des Bundesstaates an. So übernimmt beispielsweise ein County die Ausstrahlung des Schulfernsehens für ganz Kalifornien. Für eine bestimmte Periode werden durch einen Wettbewerb Aufträge an Counties z.B für die Unterstützung der Distrikte bei der Umsetzung von Technikprogrammen vergeben. Für die nächsten drei Jahre wurden im Juli 1999 Dienstleister für ehemals zentrale Aufgaben gesucht, die in enger Zusammenarbeit mit dem CDE ETO erfüllt werden sollen.

Im *Education Act* werden die Aufgaben und Zuständigkeiten der verschiedenen institutionellen Akteure und die Finanzierung des Schulwesens insbesondere für die benachteiligten Distrikte und Schulen festgelegt. Bereits vor dem Start der E-Rate wurde die *California Public Utilities Commission (CPUC)* gesetzlich autorisiert, spezielle Mittel für den Ausbau der Telekommunikationsinfrastruktur in Schulen und anderen Bildungseinrichtungen zu vergeben. 1995 hat die CPUC neue Regeln für das kalifornische Universaldienstprogramm aufgestellt. Alle Netzbetreiber innerhalb des Bundesstaates (einschließlich Funknetze) müssen sich an einem Fonds beteiligen und die „end-user surcharge" (keine Steuer, weil die CPUC keine Steuern erheben darf) direkt abführen.

Hinsichtlich der curricularen Rahmenbedingungen herrscht in Kalifornien kein einheitliches Bild. In den Reformen des Schulwesens in Kalifornien in den letzten zehn Jahren wurde ein Schwerpunkt auf die Reorganisation des Curriculums gelegt. Dabei ging es um die Formulierung von Richtlinien für die Hauptfächer mit dem Ziel der Verbesserung vor allem der Leistungen der Schülerinnen und Schüler in Mathematik und den Naturwissenschaften. Die Leistungen werden in standardisierten Tests gemessen. Das State Board und das CDE haben sich auf neue Standards geeignet, in den auch neue Medien als integrativer Bestandteil eine wichtige Rolle spielen sollen. 1998 wurde ein neues Programm zum Vergleich der Bewertung von Schülerleistungen eingeführt. Im Frühling jedes Jahres müssen alle Schülerinnen und Schüler Kaliforniens von Klasse 2 bis 11 am SAT 9 Test teilnehmen. STAR („Standardized Testing and Achievement Reporting") hatte allerdings nach Aussage der Direktorin des *Educational Technology Office* (ETO) des CDE keine direkte Verbindung zu den State Standards, sondern sollte die Datensammlung und Übermittlung vereinfachen. Die Welle der Rechenschaftspflicht, die durch den Gouverneur Mitte der 1990er Jahre ins Rollen gebracht wurde führt dazu, dass bereits bestimmte Mindestpunktzahlen zum Bestehen definiert worden seien (in US amerikanischen Schulen gibt es de facto kein „Sitzenbleiben"). In den meisten Distrikten werden die State Standards regelmäßig mit den gängigen Tests überprüft (SAT 9 und STAR). Zusätzlich zu den State Standards die für Klassen 1 bis 12 festgelegt sind, gibt es eigene Tests für die Stufen 3, 5 und 8, deren Niveau angeblich weit über den State Standards liegt. Bisher haben diese Standards noch keine verpflichtende Nutzung von IuK-Medien integriert.

Organisation: Auf der Ebene des Bundesstaates steht dem California Department of Education (CDE) der State Superintendent vor, der alle vier Jahre vom Volk gewählt wird. Kontrolliert werden beide durch das State Board of Education, deren Mitglieder vom Gouverneur ernannt werden. Beim CDE ist das Educational Technology Office (ETO) für die Organisation und Implementierung der bundesstaatlichen Technikprogramme für Schulen verantwortlich. Das ETO ist eine Unterabteilung der IT-Abteilung, arbeitet aber nach eigenen Aussagen eng mit der Curriculum and Instructional Leadership Branch zusammen. Seit Anfang der 1990er Jahre ist bei den elf Regionen jeweils ein Zentrum angesiedelt worden, die das *California Technology Assistance Project (CTAP)* tragen. CTAP ist nicht nur für die Programme des Bundesstaates, sondern auch für die Verteilung der Bundesmittel verantwortlich. In jeder der elf Regionen ist ein Plan entwickelt worden, wie die wirksame IT-Nutzung in der Schule unterstützt werden kann. Ziel ist es, dass die elf Regionen eng miteinander kooperieren und sowohl Counties als auch Distrikte unterstützen.

Zwischen Bundesstaat und Distrikt gibt es insgesamt 57 County Offices of Education, deren Superintendents in nahezu allen Fällen ebenfalls vom Volk gewählt werden. Sie unterstützen die Distrikte vor allem in den Bereichen der Haushaltsführung, der Curriculumentwicklung und Lehrerfortbildung, sowie in der Personalverwaltung. Die Counties müssen diese Basisdienste erbringen, alle weiteren Maßnahmen (z.b. eigene Förderprogramme) hängen von den Schwerpunkten des jeweiligen Superintendent ab. Innerhalb der Counties finden sich analog zu den Distrikten separate Abteilungen für IT bzw. für Curriculum und in vielen Fällen einen eigenen *Educational Technology* Bereich. Die Distrikte verfügen in der Regel über eine IT-Abteilung und eine Curriculumsabteilung, deren Aufgaben hinsichtlich des IT-Einsatzes koordiniert werden müssen. In den meisten Distrikten existiert hierfür die Position des District Technology Coordinator, manche Distrikte haben seit Mitte der 1990er Jahre eine eigene Unterabteilung für *Educational Technology*, die entweder bei der IT-Abteilung oder bei der Curriculumabteilung angesiedelt ist.

Finanzierung: Zur Finanzierung des ersten State Technology Plan wurde ein Bedarf von etwa sechs Mio. US-$ ermittelt, wofür verschiedene Quellen diskutiert wurden: Erhöhung der Mehrwertsteuer, spezielle Steuern auf Videokassetten, Software, Computer und Peripheriegeräte, Bonds auf lokaler und regionaler Ebene, einen Aufpreis für Telekommunikationsverbindungen und weitere Steuern. Insbesondere durch eine Anleihe, die 1994 vom Senat genehmigt wurde, konnte bis 1999 insgesamt 2,4 Mrd. US-$ für die Förderung der Netzinfrastruktur (vor allem Renovierung und Neubauten, aber auch für die Verkabelung) genutzt werden. Zusätzlich besteht für Distrikte die Möglichkeit, ihre TK-Infrastruktur über Anleihen beim Bundesstaat zu finanzieren. Die Rückzahlung erfolgt über die ihnen zustehenden Einkünfte aus der staatlichen Lotterien. Voraussetzung ist in beiden Fällen die Erstellung eines Technologieplans und seine Genehmigung durch das School Board. Das Programm Digital High Schools umfasst seit 1998 ca. 297 Mio. US-$. Die Finanzierung soll partnerschaftlich zwischen Distrikt, Bundesstaat und externen Einrichtungen und Unternehmen erfolgen. Die ausgelosten Schulen erhalten im ersten Jahr einen Grundbetrag pro Schülerin und Schüler für Verkabelung, Hardware, Lernprogramme und Fortbildung. Nach dem ersten Jahr erhalten sie weitere Mittel, die sie ausschließlich für Fortbildung sowie Wartung und Support verwenden dürfen. Für die School-Based Educational Technology Grants wurden insgesamt 7,5 Mio. US-$ zur Verfügung gestellt. Mindestens ein Drittel muss für Lehrerfortbildung, Planung oder Evaluation ausgegeben werden. Jedes Jahr werden etwa 30 Schulen gefördert. Aus den TLC Funds hat Kalifornien seit 1997 insgesamt 113 Mio. US-$ erhalten. Davon wurden im Schuljahr 1998/99 insgesamt acht Mio. US-$ für Lehrerfortbildung bereitgestellt. Die Mittel werden an die Distrikte nach Schülerzahlen von der vierten bis zur achten Klasse vergeben. Zur Förderung der IT Infrastruktur wurden im ersten Jahr (1997) aus dem Teleconnect Fund 50 Mio. US-$ ausgeschüttet, die über einen Aufpreis (0,41 Prozent) auf die monatliche Telefonrechnung in diesem Jahr eingenommen wurden. Davon erhielten die

Schulen und Bibliotheken vier Fünftel. Von der E-Rate erhält Kalifornien jährlich zusätzlich etwa 225 Mio. US-$.

Infrastruktur: In Kalifornien existiert kein landesweites Kommunikationsnetz für Bildungseinrichtungen – es gibt allerdings die Rabatte über den Teleconnect Fund. Das Project „GoldenNet" im Umfang von 10,5 Mio. US-$ fördert den Aufbau einer Netzinfrastruktur für 15 ländliche Counties und ihre Distrikte, die bislang keinen Zugang zum Internet haben (sowohl für pädagogische als auch administrative Anwendungen). Die jeweiligen Büros in den Counties dienen dann als Hubs für die Distrikte und Schulen bis hin zu den Klassenräumen. Zur Durchführung des Projektes wurde die CCSESA beauftragt. Mit der finanziellen Hilfe des CTAP sollen in Zukunft alle Standards und das dazu notwendige Lehr- und Lernmaterial online zur Verfügung gestellt werden. Das Projekt SCORE („Schools of California On Line Resources for Education") hält in einer Datenbank, die über das WWW abrufbar ist, Materialien für die Hauptfächer (Mathematik, Naturwissenschaften, Geschichte bzw. Sozialkunde und Fremdsprachen) bereit. Die WWW-Seite enthält Links zu Quellen, die bereits von anderen Lehrkräften bewertet wurden. Jedes Fach und die Erstellung der zugehörigen Materialien wird von einem anderen County betreut. Hinsichtlich der Qualität der bereitgestellten Materialien ist ein heftiger Streit zwischen den Counties und dem CDE entbrannt. Während das CDE bemängelt, dass die Quellen weder pädagogisch adäquat noch inhaltlich an den Standards orientiert seien, halten die Counties dagegen, dass es sich hier um einen erneuten Versuch des CDE handele, bestimmte Aufgaben an sich zu ziehen und damit die Zentralmacht wieder zu vergrößern.

Zur weiteren Unterstützung der Schulen in ihrer pädagogischen Arbeit mit neuen Medien gibt es das seit 15 Jahren etablierte „California Instructional Technology Clearinghouse". Dort werden elektronische Lehr- und Lernmaterialien in Zusammenarbeit mit Lehrkräften für jedes Fach evaluiert. Das Clearinghouse gibt allerdings nur Empfehlungen, die zuvor in ihren Evaluationsrichtlinien definiert worden sind. Die Mitarbeiterinnen und Mitarbeiter arbeiten eng mit Schulbuchverlagen zusammen, um die Empfehlungen gleich in die Produkte einfließen lassen zu können. Aus Sicht der Schulen erscheint dies als ein zuverlässiges System, allerdings wird bemängelt (auch hier eine Parallele zu Deutschland), dass im Clearinghouse zu langsam auf neuere Entwicklungen reagiert würde.

Lehreraus- und Lehrerfortbildung: Die Verantwortung für die Lehrerausbildung liegt bei den Universitäten und Teacher Colleges. Kalifornien hat, wie andere Bundesstaaten auch, ein großes Rekrutierungsproblem von neuen Lehrkräften. Zum ersten wird in fünf bis zehn Jahren eine große Pensionierungswelle der in den 1970er Jahren massenhaft eingestellten Lehrkräfte erwartet und zum zweiten hat das Gesetz zur Reduzierung der Klassengrößen einen Bedarf ausgelöst, der bisher nicht gedeckt werden kann (20.000 Lehrkräfte pro Jahr, das sind etwa doppelt so viele, wie es bisher Absolventinnen und Absolventen gibt). 1997 unterzeichnete der damalige Gouverneur ein Gesetz, das ab dem Jahr 2000 alle neuen Lehrkräfte über Kenntnisse in der Integration des Computers in den Unterricht verfügen müssten, um zum Schuldienst zugelassen zu werden. In der Zwischenzeit bereitet die zuständige *Commission on Teacher Credentialing* (CTC) Ausbildungspläne vor, in denen verankert wird, was genau IT-Basiskenntnisse für angehende Lehrkräfte sind und wie sie überprüft werden können.

Der Bundesstaat fördert von zentraler Stelle die Lehrerfortbildung, wobei ihre Implementierung und Ausgestaltung den Counties, den Distrikten und vor allem den Schulen obliegt. 1998 wurde vom CDE ein spezielles Programm für die Fortbildung von Lehrkräften aufgesetzt, die in den Klassen vier bis acht unterrichten. Für die Distrikte bestehen zwei Auflagen: Zum einen müssen sie sicherstellen, dass alle Lehrkräfte die Möglichkeit zur Teilnahme an den Veranstaltungen gegeben wird und die dafür notwendige technische Ausstattung zur Verfügung steht. Zum zweiten müssen sich die Fortbildungen eng an den State Standards orientieren und die teilnehmenden Schulen müssen die bestehenden gesetzlichen Richtlinien beachten, was bedeutet, dass sie einen Technologieplan aufstellen müssen und darin darlegen, wie die Technik in den Unterricht integriert und die Fortbildung realisiert werden soll. Obwohl der Bundesstaat sehr viel Wert auf die Planung der pädagogischen und technischen Entwicklung der Schule legt, gibt es nur wenige vorbereitende Kurse für Schulleitungen oder Lehrkräfte. Die Mittel für Fortbildungen werden fast ausnahmslos für Lehrkräfte eingesetzt, nicht für Administratoren. Es gibt zwar seit einiger Zeit ein Basistraining in IT-Management, das im Rahmen eines mehrtägigen Seminars mit Videokonferenz durchgeführt wird, das aber bisher wenig Erfolg vorweisen kann.

3.5.2.6   Bedeutung der verschiedenen Ebenen

Der Gouverneur ist ein Aktivposten. Da aber die Rolle des State Department sehr begrenzt ist, kann von dort auch nicht viel getan werden. Wichtiger sind die County und die District Superintendents. Hier hängt es stark davon ab, ob die eigene Wiederwahl durch die Werbung mit neuen Medien an Schulen gesichert werden kann. In den letzten Jahren war dies der Fall, daher gab es von dort auch Rückendeckung für die Akteure in den Schulen und der Verwaltung. Allerdings kann sich dies nach Einschätzung aller Beteiligten auch schnell ändern, wenn es nicht in den nächsten fünf Jahren zu einer deutlichen Verbesserung der Schülerleistungen in den standardisierten Tests durch den IT-Einsatz kommt.

Für das Education Technology Office im CDE besteht das Problem der Zuordnung zur IT-Abteilung. Obwohl die Personalstruktur gemischt ist, gelten sie als Techniker und empfinden eine ständige Benachteiligung gegenüber dem Instruction Department („IT has it bad, curriculum always gets support"). Mit einem neuen Gesetz soll dem CDE wieder mehr Aufgaben zukommen. So soll das CDE auch die Organisation von CTAP übernehmen und dies den Counties abnehmen, was auch erbitterten Widerstand stößt. Früher war CTAP gemeinschaftlich durch die Counties organisiert worden (CCSESA), heute dominiert das CDE. Der Drang nach einer Rezentralisierung von Aufgaben durch das CDE zur (angeblich) besseren Koordination (und für „State Leadership") führt zu ständigen Machtkämpfen mit den eigenständigen und mächtigen Counties (und den großen Distrikten).

Für die Größe des Bundesstaates kann die Verteilung der Bundesmittel als sehr effektiv eingeschätzt werden, da eine bereits existierende Struktur mit dem CTAP dafür genutzt werden konnte. Allerdings ist im Unklaren geblieben, ob die Programme mit der TLC abgestimmt werden oder ob sie parallel nebeneinander herlaufen. Die Distrikte (und auch die Counties) sehen in der Vergabeform der TLC Funds einen weiteren zentralen Kontrollmechanismus, den sie nicht mögen und die Möglichkeit, weniger erfolgreichen Projekten schnell die Mittel kürzen zu können. Die Anforderungen zur Teilnahme an den Programmen sind relativ niedrig, meistens handelt es sich ohnehin um Schlüsselzuweisungen. Dennoch wird von allen Antragstellern ein Technologieplan verlangt. Darin muss nicht nur das pädagogische Konzept und die organisatorische Einbettung verdeutlicht, sondern auch ein Fortbildungsplan erstellt werden, für den mindestens ein Viertel der Mittel bereitgestellt werden müssen. Insofern hat auch Kalifornien die Empfehlungen des Federal Department of Education berücksichtigt. Die laufenden Kosten sind in allen Programmen bereits integriert, d.h. den Schulen und Distrikten steht ein Budget zur Verfügung, in dem auch Kosten für die Wartung, Reparatur und den Ersatz vorgesehen sind. Allerdings bestehen erhebliche Koordinationserfordernisse bei der Abstimmung zwischen speziellen Programmen des Distrikts und den Programmen des Bundes bzw. des Bundesstaats.

Die starke Eigenständigkeit Kaliforniens und die Distanz zu Washington sowie eine mangelhafte Abstimmung hat sowohl bei der TLC als auch bei der E-Rate dazu geführt, dass die State Programs teilweise parallel oder überlappend organisiert wurden. Insbesondere das Gezerre um die E-Rate Rabatte hat zu großen Mißverständnissen geführt. Die Verantwortlichen im CDE fühlen sich von Washington nicht gefragt. Laut CPUC ist das Verfahren der E-Rate weder für die Schulen bzw. Distrikte noch für die Netzbetreiber transparent – daher auch die Fortführung des eigenen Programms – es gibt eine starke Konkurrenz zwischen Bundesstaat und Bund.

Die Koordination zwischen dem Teleconnect Fund und der E-Rate gestaltet sich schwierig. Es war zu Beginn der E-Rate unklar, welcher Rabatt zuerst gezahlt wird. Das ist insofern bedeutsam, weil zum einen darüber entschieden wird, wer was zahlt, zum anderen wird darüber auch die Höhe des Rabattes bestimmt. Das zweite Problem liegt darin, dass die E-Rate auch den Aufbau interner Netzwerke unterstützt, der „Teleconnect Fund" aber nur für ausgehende Leitungs- und Verbindungskosten verwendet werden darf. Im Juli 1999 wurde das Verfahren dann endgültig beschlossen: zuerst E-Rate und vom Rest gibt es 50 Prozent Rabatt über den Teleconnect Fund. Innerhalb des Bundesstaates bestehen weiterhin Probleme zwischen CDE und CPUC, auch wenn beide Seiten immer wieder die gute Partnerschaft betonen. Ein weiteres Problem liegt in der Rückerstattung der Rabatte aus dem Fonds. Diese gestaltet sich äußerst schwierig, da bislang regelmäßig die Abrechnungsverfahren geändert wurden, was wieder kostspielige Umstellungen in den Firmen bei der hausinternen Software zur Folge hatte.

Gleichzeitig wurde aber auch sichtbar, dass es auch innerhalb des Bundesstaates an Koordinationsmechanismen zwischen den verschiedenen Institutionen mangelt, die mit Technik, Pädagogik und Organisation zu tun haben. Die Lehrerfortbildung wird nicht mehr zentral koordiniert, sondern obliegt den Counties und den Distrikten. Dadurch gibt es eine ungleiche Verteilung der Kompetenzen innerhalb des Bundesstaates – in der Regel abhängig von der Finanzkraft der Distrikte.

Von Vorteil sind die Anreize für die Karriere der Lehrkräfte bei Teilnahme an den Kursen. Nach Aussage der Verantwortlichen im CDE bestehen noch erhebliche Widerstände in den Kollegien gegen die Nutzung von Computer und Internet im Unterricht. Sie seien oft nicht bereit, ihre Lehrformen zu verändern und dabei auch über ihre eigene Rolle und die Rolle der Schülerinnen und Schüler nachzudenken. Da helfe auch keine ausgiebiges Fortbildungsprogramm, sondern nur die Zeit, so ein Interviewpartner. Die Schulkultur müsse sich langsam verändern und dafür sei es förderlich, dass die Pflicht zur Planung bestünde. Die von den meisten Distrikten und Counties bevorzugten Konzepte mit Multiplikatoren würden eher die traditionellen Unterrichtsformen (vor allem lehrerzentrierter Unterricht) zementieren, da dort etablierte Lehrkräfte (und die seien in den seltensten Fällen die innovativsten) ihren Kolleginnen und Kollegen in der Regel ihre eigenen Vorstellungen von Lehren und Lernen vermitteln würden. Die Ansätze der Multiplikatorenschulung sind bisher sehr erfolgreich, allerdings besteht erhebliche Skepsis bei der Ausdehnung der Schulungen in die Fläche. In der Lehrerausbildung ist der Bundesstaat bemüht, neue Inhalte und die Medienintegration voran zu treiben, bisher mit geringem Erfolg.

Auch bei den State Standards gibt es erheblichen Abstimmungsbedarf zwischen State, County, Distrikten und Schulen. Auf jeder Ebene werden die Standards unterschiedlich interpretiert und neue Test mit eigenen Maßstäben definiert und in der Schule im Klassenraum von den Lehrkräften individuell umgesetzt. Es fehlt ein einheitliches Leitbild, d.h. eine inhaltliche pädagogisch didaktische Zielsetzung für den Technikeinsatz. Es wird immer noch leidenschaftlich über Sinn und Unsinn dieser strengen Standards diskutiert. Die Kritiker der State Standards, die vor allem in den Schulen und Distrikten sitzen, argumentieren, dass alle Unterrichtsbemühungen sich nur noch in Richtung der Testergebnisse bewegten. Diese Hürden seien aber vor allem in Distrikten mit einem hohen Anteil von Schülerinnen und Schülern aus ökonomisch benachteiligten Familien viel zu hoch. Von den Counties wird die fehlende Abstimmung zwischen den State Standards und den County Standards bemängelt. Die Lehrkräfte in den Schulen wissen häufig nicht, wonach sie sich richten sollen. Aus Sicht des Counties gibt es zwei grundlegende Position zu den State Standards: die eine Gruppe unterstützt die strikten Richtlinien, die durch standardisierte Tests überprüft werden können, die andere Gruppe präferiert Methoden wie exploratives oder schülerzentriertes Lernen.

Die Anforderungen an die Technologiepläne sind sehr niedrig. Es werden auch kaum Hilfen für ihre Erstellung gegeben. Häufig ist es nur ein Stück Papier und die für eine Genehmigung zuständigen District und County Superintendents haben aus wahltaktischen Gründen oft Angst, ihre Zustimmung zu verweigern. So landen beim CDE Pläne, die erhebliche Defizite haben: 70 Prozent der eingereichten und von den Distrikten bzw. Counties genehmigte Pläne werden vom CDE nicht anerkannt. Der unkritische Review Prozess führt dazu, dass sich in den Technologieplänen sich immer wieder Absätze wiederholen. In den Schulen wird die Qualifizierung von Technology Coordinators als Schlüssel für die Verbreitung angesehen. Sie erhalten sowohl Anreize in Form von Ermäßigungsstunden als auch „Credit Points", die für ihre Karriere von Bedeutung sind. Die technische Unterstützung der Schulen wird sowohl durch den Distrikt als auch durch die großzügige Freistellung von Lehrkräften als gut eingeschätzt. Die Unterstützung durch die Eltern der Schule und die lokale Gemeinschaft ist sehr groß. Das Interesse der Eltern besteht vor allem darin, dass ihre Kinder eine bessere Chance auf dem Arbeitsmarkt erhalten, wenn sie über Computerkenntnisse verfügen, daher wird auch die meiste Zeit im Computerraum für berufspraktische Elemente genutzt.

3.4.3   Bewertung der US Bundesinitiativen

3.4.3.1   Erfolg

Durch die Technology Literacy Challenge und das E-Rate-Programm der Bundesregierung und die parallel gestarteten Initiativen der Bundesstaaten hat sich die Ausstattungssituation mit moderner Hardware und Internetanschlüssen an den Schulen deutlich verbessert. Aus dem zahlreich vorhandenen Datenmaterial über die Ausstattung in den USA lassen sich folgende vier Verläufe darstellen (Abbildung 13).

Probleme bestehen immer noch hinsichtlich der gleichen Verteilung auf arme und reiche Schulen. Daraus resultiert der immer stärker werdende Fokus auf diesen Bereich im Laufe der Initiative. Diese Zielrichtung des Programms ist in der „Non-regulatory guidance" klar formuliert worden:

> "A key purpose of the program is to enable the States to assist school systems that have the highest numbers of percentages of children in poverty and demonstrate the greatest need for technology".

Ein großes Problem besteht darin, wie die Bedürftigkeit gemessen wird. Auf der einen Seite geht es um ökonomische Kriterien (Anteil der Schülerinnen und Schüler, die aus Familien kommen, die unterhalb der Armutsgrenze leben), auf

der anderen Seite geht es um technische Kriterien (Ausstattungssituation, Schülerinnen und Schüler pro Computer usw.) – In einigen Fällen in Kalifornien
haben Schulen Kabel wieder aus der Wand gezogen, die von Eltern installiert
worden waren, um als „technologisch bedürftig" zu gelten.

Abbildung 13:   Ausstattungsentwicklung in den US-amerikanischen Schulen
1994-1999

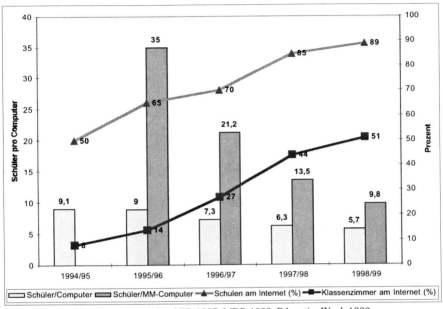

Quellen: MDR 1997; NCES 1997a; QED 1997, MDR 1999, EducationWeek 1999

Nach Aussage der Bundesstaaten gibt es Distrikte, die zwar ökonomisch
arm, aber technologisch reich sind. Dies liegt zum einen an Einzelpersonen, die
in der Lage sind, sämtliche zur Verfügung stehende Quellen zu erschließen, zum
anderen darin, dass Bundesmittel für ärmere Schulen und Distrikte (nach Title 1
und Title 3 des IASA) auch für Hard bzw. Software verwendet werden können,
die dann allen Schülerinnen und Schülern zugute kommen. Technikreiche Schulen und Distrikte sind allerdings nicht notwendigerweise diejenigen, in denen die
Integration in den Unterricht am fortgeschrittensten ist. Das alleinige Zählen von
Rechnern und Internet-Anschlüssen sagt noch nichts über die Qualität des Einsatzes aus.

3.4.3.2   Nachhaltigkeit

Der finanzielle und zeitliche Aufwand zur Initialisierung und Fortführung eines Technikprojektes ist so groß, dass eine notwendige Breitenwirkung innerhalb des Kollegiums nur dann möglich ist, wenn ein Großteil der Ausgaben über mehrere Jahre gedeckt ist und die Schule sich vornehmlich auf die pädagogisch-didaktische Integration in den Unterricht konzentrieren kann. Dann erst ergibt sich eine Wirkung der eingesetzten Mittel. Daher wurden möglichst großzügig finanzierte Projekte statt vieler kleiner Projekte mit geringen Mitteln („Gießkannenprinzip") gefördert.

Um langfristige Erfolge zu erreichen, sollten nach Maßgabe der TLCF in den Bundesstaaten gewisse Strategien implementiert sein. Erstens müssen alle Bundesstaaten, die sich um eine Finanzierung bewerben, langfristige Strategien zur Finanzierung von Informations- und Kommunikationssystemen in der Schule vorweisen und zweitens zeigen, wie Unternehmen, Stiftungen, Eltern, Universitäten und andere öffentliche oder private Einrichtungen am fortlaufenden Planungs- und Implementationsprozess teilhaben können und diesen unterstützen. (U.S. Department of Education 1996, "Non-regulatory guidance"). Was fehlt, ist eine stärkere Unterstützung durch die Schuldistrikte und das Schulumfeld.

Die Koordination mit anderen Förderprogrammen, deren Fokus nicht direkt auf Technik liegt (Star Schools, Reform Initiatives usw.) bzw. mit staatlichen Infrastrukturprogrammen, die nicht direkt auf die unterrichtliche Nutzung von Informations- und Kommunikationstechnik abzielen (TIIAP, Department of Agriculture) ist noch zu verbessern. Nur wenige Schulen und Distrikte kennen alle Fördertöpfe, hier bedarf es noch der weiteren Aufklärung und der Harmonisierung zwischen den Programmen. Technologiepläne dienen als Koordinationsinstrumente, das U.S. Department of Education hat die Aufgabe, die Anforderungen besser abzustimmen, die bei den verschiedenen Programmen (Challenge Grants, Funds und E-Rate) vorausgesetzt werden. Zahlreiche Distrikte und Schulen beschwerten sich über Doppelarbeit bei der Bewerbung um Bundesmittel je nach Programm und zusätzliche Auflagen bei den Programmen des Bundesstaates.

Aus den Gesprächen mit den Distrikten wurde deutlich, dass einige unter ihnen es schwer haben werden, über die Förderdauer hinaus eine derartige Fokussierung auf den IT-Einsatz im Unterricht durchzuhalten. Im Waukegan District wird bereits zwei Jahre vor Ende des Programms begonnen zu sparen, so dass mindestens ein bis zwei Jahre davon gelebt werden kann und in dieser Zeit es möglich sein wird, zusätzliche Fördermittel zu erhalten bzw. Sponsoren zu finden. Überall dort, wo finanzstarke ortsansässige Unternehmen fehlen, die auch noch ein Interesse an der Förderung von IT in Schulen haben, steht die Chance für eine Nachhaltigkeit eher schlecht. Die besuchten großen Distrikte können zwar mit zahlreichen PPP aufwarten, doch die Zahl der Schulen bzw. Schülerinnen und Schüler lässt auch dort eine gleichmäßige Verteilung der eingeworbenen Mittel kaum zu, so dass am Ende doch wieder jede Schule auf sich selbst gestellt ist.

Trotz der beobachtbaren Unterschiede zwischen und innerhalb der Bundesstaaten wurde deutlich, dass viele Initiativen an Einzelpersonen hängen, die Dinge vorantreiben und auch die gewünschte Breitenwirkung erzielen. In Illinois war es das Verdienst der ehemaligen Direktorin des Learning Technology Departments, dass es zum einen diese Abteilung überhaupt gab und zum zweiten, dass Dank dieser Abteilung die ehrgeizigen Ziele des Technologieplanes des Bundesstaates zumindest in Teilen umgesetzt werden konnten. Ein ständiger Wechsel der State Superintendents, die jeweils für sich eigene Schwerpunkte setzen – die nicht immer deckungsgleich mit den Interessen der Verwaltung sind, macht es umso notwendiger, dass eine gewisse Kontinuität das Verwaltungshandeln bestimmt. In Kalifornien waren es die zuständigen Entscheidungsträger im CDE, aber vor allem die aufgrund des dezentralisierten Schulsystems mächtigen County Superintendents, die das Thema *Educational Technologies* (teilweise auch aus wahltaktischen Gründen) vorangetrieben haben. Auf der Ebene der Distrikte war zu beobachten, dass zwei Distrikte mit ähnlichen Startvoraussetzungen sich in völlig unterschiedliche Richtungen entwickelten, da nur in einem Distrikt der *Technology Coordinator* mit Rückendeckung durch den Superintendent das Konzept (Technologieplan) entwickelt und die Implementierung angestoßen hat.

Auch in den Schulen hängt sehr viel von einzelnen Lehrkräften (häufig *Technology Coordinator*) ab, die den schulinternen Planungsprozess gestalten und für beispielhafte Einsatzkonzepte sorgen sowie die Koordination mit dem Distrikt organisieren. Ohne Rückendeckung durch die Schulleitung, so wurde deutlich, lassen sich allerdings keine Projekte nachhaltig in die Schulorganisation einbetten. Obwohl die Bundesstaaten die Bundesprogramme in unterschiedlicher Art und Weise ausgestaltet haben, hat der Bund die grundlegende Richtung der Förderung durch Vorgabe bestimmter Kriterien anzugeben. Das geht nur in enger Abstimmung mit den Bundesstaaten, auf keinen Fall ohne sie oder an ihnen vorbei. Die Flexibilität des Bundesprogrammes konnte so den Anforderungen des Bundes entsprechen und zugleich die Eigenständigkeit der Bundesstaaten bewahren. Allerdings gibt es auch Nachteile dieser Konzeption: zum einen dauerte die Einigung über die TLCF fast ein Jahr und hing an wenigen Personen. Es ist daher anzuzweifeln, ob ein solcher „Kraftakt" auch ein zweites Mal gelingt. Die Rolle des Bundes wurde in den meisten Distrikten als außerordentlich positiv angesehen. Aber die große Flexibilität der Mittlervergabe lässt beinahe alle Implementierungsformen zu, was später der ursprünglichen Intention des Programms entgegenläuft. So haben beispielsweise andere – hier nicht untersuchte Bundesstaaten – die Bundesmittel direkt als Zuweisungen vergeben oder sie in so kleine Stücke zerteilt, dass von „reasonable size, duration, scope and quality" kaum die Rede sein konnte. Es wird daher von großer Bedeutung sein, wie die Bundesstaaten ihre Mittel an die Distrikte weiter geben. Daher hat das U.S. Department of Education auch mehrere unabhängige Evaluationsstudien in Auftrag gegeben, um die Wirkungen der TLCF auf die Distrikte untersuchen zu lassen. Gleichermaßen wird es davon abhängen, ob die Bundesstaaten zusätzliche eigene Förderprogramme auflegen, die als Ergänzung bzw. Ausweitung der Bundesprogramme gelten können. Hier hat Illinois sehr viel Geld investiert, während sich Kalifornien vornehmlich auf die Aktivitäten der Counties verlassen hat, die teilweise im Auftrag des CDE eigene Initiativen gestartet haben.

Bei der E-Rate gab es zahlreiche Diskussion innerhalb der Behörden. Glaubt man der SLD, so empfinden Schulen und Bibliotheken den Prozess der Antragstellung als sehr bürokratisch und kompliziert (siehe Forms 470/471). Es ist immer noch nicht eindeutig, was alles abgedeckt ist und wie die Rabatte verwendet werden können. Alle Anträge gelten nur für ein Jahr und sind dann wieder von neuem zu stellen. Neben den Stichproben, die vor Ort von der SLD durchgeführt (bzw. zumindest angedroht) werden, hat die FCC eigene Kontrollinstrumente entwickelt, die aber noch nicht im Einsatz sind. In einigen Distrikten, so wurde berichtet, werden die Ersparnisse aus der E-Rate-Rabatten entgegen den Vorgaben nicht für IT sondern z.B. für Renovierungen verwendet – unklar ist, wie dies kontrolliert werden kann. In einem Bericht an das Committee on Commerce, Science, and Transportation des U.S. Senats hat das *General Accounting Office* (GAO) im März 1999 die Probleme bei der Verwaltung des E-Rate Programms angemahnt. Aufgrund dieses Berichts hatte der Chairman der FCC die Freigabe der Fördermittel um mehrere Monate verzögert. Die Kritikpunkte galten vor allem der Überprüfung der Anspruchsberechtigung der Bewerber und dem Verfahren, wie die Rabatte letztendlich festgelegt werden. Auf den ersten Punkt reagierte die SLD sehr schnell durch manuelle Nachprüfung aller Bewerbungen. Der zweite Aspekt ist sehr viel komplizierter und hängt mit der Berechnungsart der Rabatte zusammen. In der Datenbank der SLD ist die Zahl der Schülerinnen und Schüler enthalten, die pro Schule derzeit am „School Lunch Program" teilnehmen, nicht aber diejenigen, die anspruchsberechtigt sind – dies ist aber die Maßzahl der FCC gemäß der Universaldienstvereinbarung im Telekommunikationsgesetz. Ein weiteres Problem zeigte sich bei der Umwandlung des Abrechnungszeitraums vom Kalender zum Fiskaljahr, was die Bewerbungsfristen für die erste Runde von zwölf auf 18 Monate verlängerte und so erhebliche Zeitverzögerungen bei den Schulen und Distrikten verursachte (die teilweise selbst noch einmal anders kalkulieren). Das GAO kritisierte auch die fehlende Zielsetzung, die mangelhaften internen Kontrollmechanismen und Evaluationsverfahren der SLD, die seit GPRA notwendig geworden sind und das, obwohl dies auf der Seite der Bewerber explizit verlangt wurde. Das GAO kritisierte abschließend noch die unzureichenden Verfahren zur Rückerstattung der Ausgaben der lokalen Händler und Telekommunikationsunternehmen. Durch die ständige Verschiebung der Mittelfreigabe und die Änderung des Berechnungsmodus fehlte den Unternehmen die Handlungssicherheit.

Zusammenfassend kann man trotz der Schwierigkeiten im Detail bei der Implementierung der beiden Bundesprogramme von einem großen Erfolg sprechen, da einerseits nachhaltig die Schulen erreicht worden sind, deren Ausgangsposition eher nachteilig war, und andererseits innovative Pilotprojekte gestartet werden konnten. Als Kernpunkt steht dabei der Technologieplan als Koordinationsinstrument auf allen Ebenen des Schulsystems in Vordergrund. Wenn Planung, Organisation und Steuerung des IT-Einsatzes auf diese Weise in den Schulen institutionalisiert wird, kann von einer nachhaltigen Integration neuer Medien auch über den eigentlichen Förderrahmen hinaus ausgegangen werden.

4 Online-Transaktionen in Verwaltungen

4.1 Operationalisierung des Medienmodells für öffentliche Verwaltung

Im politischen System gibt es ein Dreiecksverhältnis zwischen Regierung und Legislative, der öffentlichen Verwaltung- und den Bürgern einschließlich der Wirtschaftsunternehmungen, die von den Bürgern unternommen werden (so auch GI/VDE 2000, 4; Breitling et al. 1998, 93; KGSt 1996). Bürger wählen Regierungen und Legislativen. Als Souverän wählt das Volk Regierung und Legislative und ist so mittelbar an der Entscheidung über die Aufgaben der öffentlichen Verwaltung beteiligt. Im Alltag freilich ist der Bürger eher Herrschaftsobjekt denn -subjekt. Regierung und Legislative formulieren, erlassen bzw. verabschieden Gesetze und Verordnungen, die die inhaltlichen Aufgaben der Behörden regeln (s.o.). Zum Teil regeln sie auch deren Organisation und grundsätzlich die Finanzierung und Budgetierung in den Haushalten. Bürger und öffentliche Verwaltung interagieren im Rahmen der Verwaltungsaufgaben, die von der Politik formuliert worden sind. (vgl. Abb. 14). Auf Systeme zur Unterstützung der internen Interaktionen zwischen Regierung/Legislative und öffentlichen Verwaltungen, wie z.B. Ratsinformationssystemen, wird hier nicht eingegangen. Untersucht werden Online-Verwaltungsleistungen, die zwischen Bürgern und Verwaltungen ausgetauscht werden.

Abbildung 14: Beziehungen zwischen Regierung und Legislative, öffentlicher Verwaltung und Bürgern

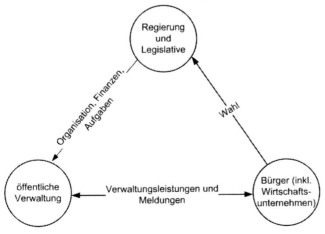

Online-Verwaltungsleistungen sind aus funktionaler Sicht in Informations-, Kommunikations und Transaktionsleistungen zu differenzieren (s. beispielhaft für viele Kubicek 1997, 32) (Backhaus/Voeth 1997, 50,51; KGSt 2000, 48 ff.;

Bütow/Floeting 1999, 31). Online-Informations- und Online-Kommunikations-systeme unterstützen inhaltlich und formal freie, rechtlich nicht bindende oder nicht auf die Regelung von Einzelfällen bezogene Interaktionen. Zum Beispiel hält ein Informationssystem Öffnungszeiten von Behörden, Formulare, Gesetzes-texte usw. auf elektronischen Publikationsmedien und/oder Datenbanken vor. Ein Kommunikationssystem kann Beratungen oder Nachfragen über elektroni-sche Kommunikationsformen, z.B. E-Mail, ermöglichen.

Online-Transaktionssysteme bezeichnen die informationstechnische Unter-stützung von rechtlich bindenden Interaktionen in inhaltlich und formal vorge-schriebenen Einzelfällen zwischen Behörden und Bürgern (Hagen 2001). Tech-nisch ermöglichen sie die Authentifizierung und vertrauliche Übertragung von Anträgen, Meldungen und anderen Nachrichten sowie ggf. die Bezahlung damit verbundener Gebühren. Online-Transaktionssysteme verringern die Anzahl von Medienbrüchen oder vermeiden diese im Optimalfall ganz. Beispiele für Online-Transaktionssysteme sind die Beantragung und/oder Ausstellung eines Kfz-Scheins, der Bauantrag und/oder die Erteilung einer Baugenehmigung oder die Abgabe der Steuererklärung und/oder die Zustellung des Steuerbescheides über das Internet. Im Rahmen dieses Forschungsprojektes wurden nur Online-Transaktionssysteme, nicht aber Online-Informations- oder -Kommunikations-systeme untersucht.

4.1.1   Komponenten des Medienmodells für Online-Verwaltungsleistungen

Online-Verwaltungsleistungen können als ein neues „Medium" im Sinne des in Kapitel 2 erläuterten Medienmodells verstanden werden. Ihre „medialen" Komponenten im Sinne des Medienmodells aus Kapitel 2 sollen im Folgenden beschrieben werden (vgl. Abb. 15).

Online-Verwaltungsleistungen: Online-Verwaltungssysteme bestehen aus inhaltlichen Verwaltungsleistungen und ihrer technischen Unterstützung. Sie werden von Behörden und Bürgern zur Abwicklung von Verwaltungsverfahren bzw. zur Erfüllung gesetzlich vorgesehener Meldepflichten eingesetzt.

Abbildung 15:   Komponenten des Medienmodells für Verwaltungsleistungen als
Online-Transaktionen (schwarz = Anwender; grau = Nutzer)

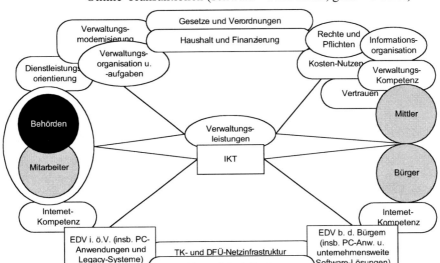

Beteiligte Rollen: Anbieter bzw. Anwender im informationstechnischen
Sinn sind dabei die Behörden, i.d.R. deren Leitung. Zu den Nutzern gehören die
Behördenmitarbeiter. So weit gleichen Online-Transaktionssysteme herkömmli-
chen IT-Anwendungen in der öffentlichen Verwaltung. Zu den Nutzern gehören
aber auch die Bürger, worunter auch Freiberufler, Unternehmen, Vereine u.a. zu
verstehen sind. Hier liegt ein Unterschied, der auch die Charakterisierung von
Online-Transaktionssystemen als Medien rechtfertigt: Sie sind Softwarelösungen
für gelegentliche Nutzer, deren Verhalten sich von demjenigen professioneller
Nutzer unterscheidet (vgl. Kubicek/Taube 1994). Bürger können z.B. nicht zur
Nutzung der Online-Transaktionen gezwungen werden. Sie lassen sich nicht wie
professionelle Nutzer schulen und können mit Nichtbenutzung auf Bedienungs-
schwierigkeiten oder bei Nichtinteresse reagieren.

Eine besondere Rolle haben die „Mittler", die im Auftrag ihrer Kunden pro-
fessionell mit Verwaltungen interagieren. Dazu gehören z.B. Freiberufler wie
Rechtsanwälte, Notare, und Steuerberater, aber auch bestimmte Unternehmen
wie Autohändler und Zulassungsdienste, die Kfz-Zulassungen abwickeln. Sie
können Online-Transaktionssysteme alleine oder mit ihren Kunden zusammen
benutzen (wenn z.B. eine digitale Signatur des Kunden auf einer Steuererklärung
von einem Steuerberater an die Finanzbehörde weitergeleitet wird).

Organisation und Aufgaben: Jede Behörde, aber auch jeder Mittler ist durch eine besondere Aufbau und Ablauforganisation gekennzeichnet, um die ihr oder ihm übertragenen Aufgaben durchzuführen. Dieser Aufbau ist durch Gesetz und Verordnungen in Grundzügen bestimmt. Aus diesen ergeben sich auch Rechte und Pflichten aller Beteiligten. Einfache Bürger organisieren ihre Informationen desweiteren in unterschiedlicher Art und Weise. Einige halten diese bereits elektronisch vor, z.b. wenn sie Online-Banking, Steuererklärungs- und andere Software benutzen. Andere halten die Informationen nur auf Papier vor. Soweit es sich um Freiberufler, Unternehmen, Vereine u.ä. handelt, sind auch deren Organisation und ihre Aufgaben zu berücksichtigen.

Gesetze und Verordnungen: Gesetze und Verordnungen regeln wichtige formale und inhaltliche Anforderungen an Verwaltungsverfahren und Meldepflichten. Sie müssen von Regierungen und Parlamenten verabschiedet werden. Behörden und Realisierer sind an diese Regelungen gebunden. Ausnahmeregelungen oder gar Änderungen müssen politisch umgesetzt werden.

Haushalt und Finanzen: Neben der formalen und inhaltlichen Regelung von Sachverhalten sind der Haushalt und die Budgetierung die wichtigsten Gestaltungsmittel der Politik und der öffentlichen Verwaltung. Dies gilt besonders angesichts knapper Kassen, mit denen die öffentlichen Verwaltungen aller Industriestaaten im Zuge globaler wirtschaftlicher Veränderungen in den 1990er Jahren zu kämpfen haben bzw. hatten. Die Verfügbarkeit von Ressourcen muss zur Projektinitiation und zur Fortführung bzw. Institutionalisierung des Projektes sichergestellt werden.

IT-Einsatz: Die Nutzung speziell von Online-Transaktionssystemen hängt zudem wesentlich von der IT-Ausstattung der Behörden und Bürger ab. Wichtig ist dabei, ob auf bestehende IT-Anwendungen aufgesetzt werden kann oder sogar muss. Bestehende IT ist zudem einer der Hauptgründe für Online-Transaktionssysteme, die Medienbrüche besonders bei der Kommunikation zwischen Behörden und Bürgern vermeiden sollen. In der öffentlichen Verwaltung handelt es sich dabei zumeist um sogenannte „Legacy-Systeme", also schon seit relativ langer Zeit im Einsatz befindliche Datenverarbeitungs¬systeme auf Großrechnerbasis. Beispiele dafür sind das Einwohnermelde-, Kfz-, und Steuerwesen. Dazu kommen PC-Anwendungen, insbesondere Standardbürosoftware (Textverarbeitung, Tabellenkalkulation, Netzwerkunterstützung wie Exchange oder Lotus Notes). Auf der Bürgerseite gibt es ebenfalls solche PC-Anwendungen. Dazu gehören Textverarbeitung und Tabellenkalkulation und bei Freiberuflern und Unternehmern spezielle Unternehmenssoftware.

Kosten-Nutzen-Abschätzung und Vertrauen: Aus Sicht der Bürger und Mittler muss der Nutzen eines Online-Vertriebsweges von Verwaltungsleistungen den Kosten gegenübergestellt werden. Beschleunigungen und Vereinfachungen stehen dabei u.U. Mehraufwand für die Einrichtung der Online-Anbindung, Gebühren für Signaturkarten und elektronische Zahlungsmethoden, sowie der subjektive (oder auch objektive) Verlust des Vertrauens in die Sicherheit der Verwaltungsinteraktion gegenüber.

Internet-Kompetenz, Dienstleistungsorientierung und Verwaltungskompetenz: Online-Transaktionssysteme erfordern entsprechende Internetkenntnisse auf Seiten der Anwender, Nutzer und Realisierer. Defizite bei einer der drei Gruppen haben einen negativen Effekt, sei es, dass sachgerechte Entscheidungen nicht getroffen werden können (auf Seite der Anwender), dass es zu Akzeptanzproblemen kommt (auf Seite der Nutzer), oder dass eine Umsetzung am mangelnden Know-how der damit beauftragten Mitarbeiter der öffentlichen Verwaltung scheitert. Die Verwaltung muss zum Betrieb der Online-Transaktionssysteme eine spezielle Dienstleistungsorientierung einnehmen, die den Kundenservice auf elektronischem Weg eine besondere Bedeutung zuordnet. Zugleich müssen die Bürger über eine besondere Verwaltungskompetenz verfügen. Sie müssen in der Lage sein, die Online-Anträge selbständig formal und inhaltlich korrekt ausfüllen zu können. Entsprechend des jeweils vorhandenen Kompetenzniveaus müssen Hilfestellungen online, persönlich oder via Call-Center, geleistet werden.

Technische Infrastrukturen: Online-Transaktionssysteme sind auf die technische Infrastruktur von TK-Netzen angewiesen. Aus Sicht der Nutzer muss das Netzwerk zugänglich, d.h. in ihrem Nutzungskontext, verfügbar sein. Es muss darüber hinaus entsprechende Leistungen, z.B. an Übertragungskapazität, Interoperabilität, Sicherheit und Zuverlässigkeit, erbringen, damit es für Online-Transaktionssysteme genutzt werden kann. Weil es sich bei Online-Transaktionssystemen nicht um Informations- und Kommunikationssssysteme im klassischen Sinne handelt, müssen auch transaktionsspezifische Mehrwertdienste wie z.B. Endnutzerorientierte Authentifikations-, Verschlüsselungs- und Zahlungsfunktionen realisiert werden. Die entsprechenden technischen Komponenten müssen denselben Anforderungen wie die Netzwerke genügen.

4.1.2   Drei-Ebenen-Modell für Online-Verwaltungsleistungen

Für Online-Verwaltungsleistungen lassen sich die Ebenen des lokalen Handlungskontexts, der Regelsetzer und der Rahmenbedingungen wie folgt charakterisieren (vgl. Abb. 16).

Abbildung 16:   Drei-Ebenen-Modell für Online-Verwaltungsleistungen

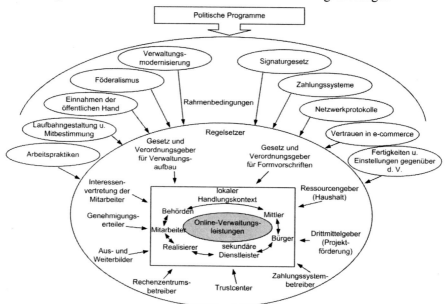

4.1.2.1   Lokaler Handlungskontext

Der lokale Handlungskontext wird zunächst durch die Anwender und Nutzer von Online-Verwaltungsleistungen konstituiert. Dies sind die Behörden, ihre Mitarbeiter, worunter auch die Mitarbeitervertretungen, z.B. im Personalrat, zu rechnen sind, und die Bürger bzw. Mittler. Dazu kommen die sekundären Dienstleister, wie z.B. die Betreiber von Online-Diensten, über die Online-Verwaltungsleistungen abgerufen werden können, Internet Service Provider, Registrierungsstellen (für digitale Signaturen), Bankdienstleister (für Zahlungen) und Support-Betrieb (z.B. in Call-Centern oder an betreuten Nutzerplätzen).

Online-Verwaltungsleistungen werden i.d.R. unter Beteiligung kommerzieller Unternehmen realisiert. IuK-Unternehmen (Hardware-, Software-, Netzbetriebs und entsprechende Beratungsbranchen) sehen in der Entwicklung von Online-Transaktionssystemen in der öffentlichen Verwaltung einen neuen Markt für ihre Produkte, die sie für e-Commerce-Anwendungen entwickeln oder entwickelt haben, bzw. erhoffen sich von der Entwicklung von Anwendungen in der öffentlichen Verwaltung neue Märkte. Diese Interessen sind besonders in Pilotprojekten wirksam, in denen sich Realisierer auch mit Eigenmitteln an der Entwicklung von Online-Transaktionssystemen beteiligen.

Alle Akteure im lokalen Handlungskontext müssen zusammenwirken, um Online-Verwaltungsleistungen erfolgreich umsetzen zu können. Die Behörden müssen die entsprechenden lokalen Anpassungen in ihrer Aufbau- und Ablauf-organisation vornehmen, z.B. durch Zuordnung zu oder Schaffung von neuen Sachgebieten oder dem Verzicht auf bestimmte Formulare und Bescheinigungen, sofern dies in ihrem Ermessen liegt. Damit werden auch die Aufgaben sowohl der Mitarbeiter als auch der Bürger in den Verfahren sowie ihre Rechte und Pflichten, die gesetzlich vorgegeben sind, konkret interpretiert. Mit den organisa-torischen Anpassungen sind auch die entsprechenden Mittelzuweisungen nötig, soweit die Behörde über die Vergabe der Mittel verfügt.

Technisch müssen die Akteure im lokalen Handlungskontext auch die Be-nutzeroberflächen, die datenverarbeitenden Funktionalitäten, die Datenbanken und die Schnittstellen zu anderen Verfahren und Netzen entwickeln und in Be-trieb nehmen. Wenn nötig, müssen für alle Aspekte der technischen und inhaltli-chen Entwicklung und Bedienung die entsprechenden Akteure geschult bzw. aus und weitergebildet werden. Das kann z.B. die Internet-Kompetenz der Behör-denmitarbeiter und Nutzer sein, aber auch die Internet-Kompetenz der behörden-internen IT-Spezialisten. Zugleich müssen Bürger und Mittler u.U. in die Ver-waltungsaufgaben eingewiesen werden, und auch die Realisierer und sekundären Dienstleister müssen sich mit den spezifischen Anforderungen von Online-Verwaltungsleistungen vertraut machen, die nicht notwendigerweise denen von e-commerce-Anwendungen entsprechen (z.B. in Fragen der Authentifizierung und der Abrechnungsmodalitäten).

4.1.2.2 Regelsetzer

Es gibt eine Reihe von funktionalen Aufgaben, die für die erfolgreiche Imple-mentierung von Online-Verwaltungsleistungen notwendig sind, die aber nicht direkt von den Akteuren im Handlungskontext beeinflusst werden können. Im Folgenden sollen diese funktionalen Rollen jeweils mit konkreten Beispielen möglicher Rolleninhaber sowie der für sie zu lösenden Koordinationsaufgaben erläutert werden.

Gesetz- und Verordnungsgeber für Verwaltungsaufbau: Dies können z.B. Landesregierungen sein, die Gesetze über die Kommunalverfassung verabschie-den. In Gemeinden (townships, municipalities), Städten (cities) und Kreisen (counties, parishes) sind es auch die Bürgermeister bzw. Räte, die den kommu-nalen Verwaltungsaufbau bestimmen. Bei großen Behörden sind es die Behör-denleiter, die die von der Legislative gemachten grundsätzlichen Vorgaben inter-pretieren und umsetzen. Das Koordinationsproblem für diese Rolle ist die Not-wendigkeit der organisatorischen Zuordnung neuer bzw. integrierter Verwal-tungsaufgaben, wie sie Online-Verwaltungsleistungen darstellen können. Dies muss nicht unbedingt die Fachabteilung sein, die bisher diese Leistungen er-bracht hat. Denkbar sind z.B. auch Trennungen in „front-of¬fice" und „back-office".

Gesetz- und Verordnungsgeber für Verfahrensvorschriften: Verwaltungsleistungen werden auf Grundlage von Gesetzen erbracht. Teilweise regeln diese Gesetze bzw. die sie ausführenden Verordnungen auch Verfahrensaspekte der Leistungserbringung, wenn z.b. bestimmte Formen (schriftlich, mündlich) explizit vorgesehen sind oder der Nachweis bestimmter Sachverhalte durch das Beibringen entsprechender Unterlagen erforderlich ist. Diese Verfahrensgesetze und verordnungen werden i.d.R. nicht von den ausführenden Behörden, sondern von den Bundes und Landesparlamenten und den höchsten Bundes und Landesbehörden gemacht. Das hier entstehende Koordinationsproblem liegt darin, ob die elektronischen Verwaltungsleistungen in dieser Form zulässig sind, d.h. z.b., ob auf die Vorlage von schriftlichen Dokumenten oder das persönliche Erscheinen verzichtet werden kann. Dies ist eine notwendige Voraussetzung für Online-Verwaltungsleistungen, die in den meisten Fällen nicht im lokalen Handlungskontext entschieden werden kann. Nur Interpretationen bestehender Vorschriften sind möglich.

Genehmiger: Es gibt eine Reihe von Querschnitts- bzw. Aufsichtsfunktionen, die von zentralen Behörden wahrgenommen werden. Dies sind z.b. die Datenschutzbeauftragten. Zu den Genehmigern sind auch diejenigen Institutionen zu rechnen, die bestimmte Verfahrensänderungen erlauben müssen. Dann kann es sich hierbei auch um den Gesetzgeber handeln. Dies gilt für das U.S.-amerikanische Steuerwesen, bei dem Bund und Landesbehörden der Austausch personenbezogener Daten untersagt und damit auch gemeinsame Bund und Landessteuererklärungen der ausdrücklichen Einwilligung des Steuerzahlers bedürfen (disclosure-rule). Das Koordinationsproblem ist damit schon umrissen: Sofern Genehmigungen bzw. „Unbedenklichkeitserklärungen" notwendig sind, müssen sie von den Akteuren im lokalen Handlungskontext von den übergeordneten Behörden eingeholt werden.

Interessenvertreter der Mitarbeiter: Die Interessen der Mitarbeiter der öffentlichen Verwaltung werden in Deutschland durch die Personalräte vertreten. Sie sind, sofern sie nicht im lokalen Handlungskontext beteiligt sind, wegen der Konsequenzen und Auswirkungen auf die Tätigkeiten der Mitarbeiter bei der Einführung von Online-Verwaltungsleistungen mitbestimmungspflichtig. Die Interessenvertreter und ihre Unterstützung von Online-Dienstleistungen entscheiden direkt oder indirekt mit über den Erfolg der Umsetzung. Ihre Unterstützung, z.B. durch Beteiligung, zu sichern, ist ein weiteres Koordinationsproblem für die Akteure im lokalen Handlungskontext.

Ressourcengeber: Dies sind i.d.R. kommunale, Landes- und/oder Bundesparlamente, bzw. dort wo die Regierung auch die Mehrheit im Parlament hat, das Kabinett oder der Rat, die über die Mittelvergabe an die Behörden und ihre Verwendungszwecke grundsätzlich entscheiden. Da Online-Verwaltungsleistungen neue Aufgaben sind, kann nicht davon ausgegangen werden, dass in den Haushalten genügend Mittel für ihren Aufbau vorhanden sind. Unter gegebener Mittelknappheit treten deshalb mit ihrer Realisierung Verteilungsprobleme auf.

Sofern die Behörde dies im Haushaltsaufstellungsverfahren nicht selber im Konsens lösen kann, ist eine politische Entscheidung notwendig. Das vordringlichste Koordinationsproblem ist hier die Institutionalisierung der Ausgaben von Online-Verwaltungsleistungen als neue laufende Ausgabe. Nur dies garantiert ihren Weiterbetrieb über mögliche Pilotphasen, in denen einmalig Mittel zur Verfügung gestellt werden. Ein weiteres Problem ergibt sich im Rahmen der aktuellen Reformbewegung des *New Public Management*, die eine Budgetierung nicht mehr auf Basis von Einnahmen und Ausgaben, sondern aufgrund einer Zuordnung der Kosten zu Produkten vornimmt. Dies bedeutet für Online-Verwaltungsleistungen eine entsprechende Produktdefinition und ihre Einordnung in ein Leistungsspektrum. Sofern dabei mehrere Behörden beteiligt sind, entstehen auch Abrechnungsprobleme. Ein letztes Problem ist, wie ein möglicherweise vor allem auf Bürgerseite zu realisierender Nutzen auf der Behördenseite zu verbuchen ist. Denn obwohl hier nur Mehrkosten entstehen, könnte es volkswirtschaftlich und damit auch für die Behörde bzw. den Staat oder die Kommune sinnvoll sein, diese Leistung anzubieten.

Drittmittelgeber: Angesichts knapper Kassen sind insbesondere für neue Projekte häufig Anschubfinanzierungen erforderlich. Diese können prinzipiell aus zwei Quellen stammen: Entweder Bundes-, Landes- oder kommunale Behörden verfügen über Fördermittel, die auf Antrag oder in Wettbewerben zugeteilt werden können, oder private Unternehmen sind bereit, aus strategischen Geschäftsinteressen den Aufwand vorzufinanzieren. Häufig findet sich auch eine Kombination unterschiedlicher Finanzierungsquellen. Das Koordinationsproblem für die Behörden und Realisierer besteht darin, die entsprechenden Mittel zu akquirieren (häufig auch schon, von ihnen zu erfahren). Dabei müssen i.d.R. bestimmte Auflagen erfüllt bzw. die Geschäftsinteressen der Unternehmen berücksichtigt werden, die mehr oder weniger die Projektziele beeinflussen. Da sich hier von allen Seiten Änderungen der Ziele während der Projektlaufzeit ergeben können, ist auf eine Abstimmung dieser Ziele zu achten.

Aus- und Weiterbilder: Dies sind z.B. Fachhochschulen für öffentliche Verwaltung, öffentliche Schulen und Hochschulen, Aus- und Fortbildungseinrichtungen der öffentlichen Verwaltung und privater Träger. Ihnen obliegt die allgemeine und z.T. auch die spezielle Qualifikation der Mitarbeiter, aber auch der Nutzer. Schulungen im Rahmen des lokalen Handlungskontextes können immer nur einen begrenzten inhaltlichen Umfang haben. Die Basis muss von den Aus- und Weiterbildern gelegt werden. Hierzu gehören z.B. grundlegende Computer und Beratungsfertigkeiten. Für den Bürger stellt sich die Frage, wo er die notwendigen IT-Kenntnisse erlangen kann. Um die elektronischen Angebote wahrzunehmen, muss er sich auch die notwendigen Verwaltungskenntnisse aneignen. Weil es sich bei ihm, sofern er kein Mittler ist, um einen gelegentlichen Nutzer handelt, ist er mit den herkömmlichen Schulungsmethoden nur schwer zu erreichen.

Rechenzentrumsbetreiber: Die öffentliche Verwaltung hat in der Vergangenheit zumeist aus Kostengründen häufig zentrale Rechenzentren eingerichtet, die auch heute noch, wenn auch z.t. in neuer, privatwirtschaftlicher Rechtsform, für den operativen Betrieb der IT-Verfahren verantwortlich sind. Da Online-Verwaltungsleistungen auf dieselben Hintergrundverfahren zugreifen oder sogar zugreifen müssen, ist eine Beteiligung der Rechenzentren erforderlich. Diese haben aber häufig andere Interessen als die Akteure im lokalen Handlungskontext. Sie bedienen z.B. nicht nur eine Kommune, sondern müssen darauf achten, für alle ihre Auftraggeber eine vertraglich geregelte gleiche Servicequalität aufrecht erhalten zu können. Auch muss ihr Aufwand vergütet werden. Häufig sind die Rechenzentren als Realisierer in den Projekten beteiligt, dann gehören sie zum lokalen Handlungskontext.

Trustcenter: Wie oben schon erwähnt, erfordern Online-Verwaltungsleistungen Authentifizierungs- und Sicherheitsinfrastrukturen. Nach gegenwärtigem Stand der Technik sind dafür Trustcenter erforderlich, die durch Zertifikate die Authentizität der Teilnehmer gewährleisten. Trustcenter bedeuten für die Akteure im lokalen Handlungskontext, dass sie in organisatorische (Ausgabe der Zertifikate) und technische (Überprüfung der Signaturen) Abläufe eingebunden werden müssen. Fehlen sie ganz, ist eine Authentifizierung nach dem Stand der Technik mit vertretbarem Aufwand nur in geschlossenen, also der Behörde jeweils bekannten Nutzergruppen möglich. Hier kann die Authentifikation mit Hilfe von Zugangsrechten und Passwörtern realisiert werden.

Zahlungssystembetreiber: Dies sind Kreditinstitute wie Banken und Sparkassen oder Kreditkartenorganisationen. Verwaltungsleistungen sind in den meisten Fällen mit der Zahlung von Gebühren oder Abgaben bzw. mit der Auszahlung von Leistungen verbunden. Sollen diese Verwaltungsleistungen online abgewickelt werden, ist auch eine elektronische Zahlungsform notwendig. Dabei bieten die Kreditinstitute verschiedene Systeme an. Diese müssen organisatorisch in die bestehenden Abläufe und technisch in die bestehende technische Infrastruktur der Behörden (inkl. der jeweiligen Behörde, die für die Führung der Kasse zuständig ist) integriert werden. Dabei müssen die Akteure im lokalen Handlungskontext in den meisten Fällen die in ihrer Körperschaft jeweils verwendeten Zahlungssysteme verwenden. Soll ein neues eingeführt werden, muss dies auf Ebene der Körperschaft eingeführt werden.

4.1.2.3 Rahmenbedingungen

Die Regelsetzer sind wiederum durch bestimmte Rahmenbedingungen gebunden, die nur schwer bzw. nicht von ihnen verändert werden können. Die Rahmenbedingungen wirken über die Regelsetzer auch auf den lokalen Handlungskontext.

Laufbahngestaltung und Mitbestimmung: Die Mitarbeiter in der öffentlichen Verwaltung verfolgen mehr oder weniger formalisierte Karrieren. In Deutschland sind diese z.B. durch das Beamtenbesoldungsgesetz bzw. den BAT geregelt. Kennzeichnend ist dafür insbesondere die Laufbahntrennung in einfachen, mittleren, gehobenen und höheren Dienst. Auch in den USA werden von den Gewerkschaften und den Arbeitgebern bestimmte Standards der Gehaltszahlungen und Eingruppierungen vorgenommen (z.B. für die Bundesverwaltung Schedule GS). Dies bestimmt den Rahmen, innerhalb dessen Mitarbeiter einsetzbar und qualifizierbar sind. Neben den formalen und rechtlichen Bestimmungen sind zusätzlich aber noch Imagefaktoren und typische Qualifizierungsmuster zu berücksichtigen, z.B. ob Verwaltungsmitarbeiter lebenslang angestellt sind oder häufig zwischen Wirtschaft und Verwaltung wechseln. Dies hat Auswirkungen z.B. auch auf die Innovations- und Veränderungsbereitschaft der Mitarbeiter. Über die Mitbestimmung haben die Mitarbeiter auch die notwendige praktische Macht, Online-Verwaltungsleistungen mitzugestalten (oder zu verhindern). Sie ist in Deutschland formal stärker ausgestaltet als in den USA.

Arbeits- und Kommunikationspraktiken: Die Mitarbeiter, aber auch die Bürger und Mittler, haben bestimmte Arbeitspraktiken und verwenden dazu seit langem prinzipiell gleichgebliebene Technologien. Dazu gehören z.B. die schriftliche Aktenhaltung und die Benutzung des Telefons. Online-Verwaltungsleistungen müssen berücksichtigen, dass die Menschen ihre Verhaltensweisen und Einstellungen gegenüber neuen Technologien nur langsam ändern.

Einnahmesituation: Öffentliche Verwaltungen arbeiten zurzeit grundsätzlich im Rahmen sinkender Steuereinnahmen. Dies ist z.T. auf globale Veränderungen in der Wirtschaftsstruktur (Flexibilisierung der Kapitalflüsse, Abbau von Zollgrenzen, Internationalisierung von Konzernen) zurückzuführen, z.T. aber auch auf bewusste Senkungen der Staatsquote. Dazu kommt eine hohe Staatsverschuldung. Beides verstärkt den Verteilungskampf um die knapper werdenden Mittel. Die Konkurrenz zu anderen Vorhaben für Online-Verwaltungsleistungen steigt damit. Dort, wo Körperschaften über vergleichsweise viele Mittel bzw. geringe Schulden verfügen, wie dies z.B. in einzelnen Kommunen der Fall ist, können hingegen leichter Mittel für Online-Verwaltungsleistungen bereitgestellt werden.

Föderalismus: Deutschland und die USA sind föderale Staaten. In ihnen hat der Föderalismus unterschiedliche, aber starke Traditionen, mit entsprechender Aufgabenverteilung zwischen den Ebenen. Dabei geht es um die Zuordnung von Gesetzgebungs- und Durchführungskompetenzen zwischen Bund, Ländern und kommunaler Ebene. Deutschland und USA sind beide föderale Staaten, die den Dualismus aus Bund und Land kennen. Beide verfügen darüber hinaus unterschiedliche Traditionen in der institutionellen Verfassung der Kommunalverwaltung. Beide Länder kennen darüber hinaus einen den Verfassungsgrundsätzen faktisch zuwiderlaufenden Trend steigender Abhängigkeiten zwischen Bundes- und Landesebenen. Die entstehenden Koordinationsprobleme sind mannigfaltig, und ihre Analyse füllt Bücher. Hier ist wichtig, dass die grundsätzliche Struktur einer föderalen Aufgabenverteilung eine unveränderbare Rahmenbedingung ist, die das Handeln aller Akteure begrenzt, obwohl einzelne Koordinationsprobleme von den Regelsetzern gelöst werden können.

Verwaltungsmodernisierung: In beiden Ländern gibt es eine breite Verwaltungsmodernisierungsbewegung, die von Politik, Verwaltung, Medien und Wissenschaft gleichermaßen getragen wird. Diese Bemühungen setzen die Schwerpunkte der von den Regelsetzern und Behörden zu bearbeitenden Aufgaben. In beiden Ländern dominieren dabei Konzepte des *New Public Management*, die sich – trotz aller Rhetorik – vor allem auf die Reform der Mittelzuweisung beziehen. Inwieweit Online-Verwaltungsleistungen damit koordiniert oder integriert werden können, ist ebenfalls eine Koordinationsfrage.

Signaturgesetz: Es hat sich gezeigt, dass für die Etablierung von Authentifizierungsinfrastrukturen allgemein verbindliche gesetzliche Regelungen notwendig sind. Der Markt alleine kann sie wegen eines entstehenden Vertrauenslochs nicht allein entwickeln. Jeweils der Bund in Deutschland und USA und die (U.S.-amerikanischen) Einzelstaaten haben deshalb ein Signaturgesetz bzw. entsprechende Regelungsregime aufgebaut, die sich nicht nur auf die Verwaltung, sondern auf alle Anwendungsbereiche beziehen. Sie sind damit eine Rahmenbedingung für die öffentliche Verwaltung.

Allgemein verwendete Zahlungssysteme: Die Auswahl geeigneter Zahlungssysteme ist von der Verfügbarkeit und Verbreitung allgemein verwendeter Zahlungssysteme abhängig. Diese sind in beiden Ländern in einer Mischung aus Wettbewerb und Absprache zwischen den Kreditinstituten entwickelt worden. In den USA werden z.B. vor allem Papierschecks im Giralverkehr eingesetzt. Als elektronisches Zahlungssystem haben sich daneben Kreditkarten durchgesetzt. In Deutschland gibt es ein Girokontensystem, in dem Überweisungen schon seit längerer Zeit elektronisch vorgenommen und verarbeitet werden. Darauf aufbauend sind auch weitere Zahlungssysteme (z.B. elektronisches Lastschriftverfahren) entwickelt worden. Zurzeit wird die Geldkarte eingeführt. Kreditkartensysteme haben sich wegen der relativ hohen Transaktionsgebühren dagegen erst langsam in der Verwaltung verbreitet.

Netzwerkprotokolle: Der Boom des Internet und seine Verbreitung ist ein erneuter Anstoss für die Verwaltung, Online-Verwaltungssysteme einzuführen. Vorläufer wie BTX hatten einst dieselben Hoffnungen geweckt. Angesichts der Popularität und erster erfolgreicher Anwendungen des e-commerce scheint jedoch eine neue Qualitätsdimension erreicht, die auch den Druck auf die Verwaltung erhöht, Online-Verwaltungsleistungen zu entwickeln. Wie Umfragen zeigen, fordern Bürger diese auch mit Nachdruck.

Vertrauen: Mit entgegengesetzten Vorzeichen wie die Begeisterung für den e-commerce muss das mangelnde Vertrauen der Bürger in Online-Geschäfte berücksichtigt werden. Trotz technischer Versicherungen bleibt die Skepsis angesichts der Befürchtungen von Datenmissbrauch und dem „gläsernen Menschen" groß, Online-Dienstleistungen in Anspruch zu nehmen. Besonders für Verwaltungsleistungen ist aber ein besonderes Vertrauen notwendig.

Fertigkeiten und Einstellungen gegenüber der öffentlichen Verwaltung: Die Bürger und Mittler verfügen über bestimmte Kompetenzen im Umgang mit der öffentlichen Verwaltung. Sie sind unterschiedlich ausgeprägt. Bei Mittlern gibt es aufgrund ihrer professionellen Ausübung vergleichsweise gut ausgebildete Fertigkeiten und auch Erfahrungen im Umgang mit der Verwaltung. Bürger, die selten Kontakt haben, kennen sich in den einzelnen Verfahren häufig nicht gut aus. Dieses Kompetenzniveau beschränkt z.b. das Ausmaß, in dem Verwaltungsleistungen im Selbstbedienungsverfahren angeboten werden können. Weiterhin haben die Einstellungen gegenüber der öffentlichen Verwaltung einen Einfluss auf ihre Bereitschaft, Online-Verwaltungsleistungen wahrzunehmen, wenn sie z.b. schlechte Erfahrungen mit der Kundenbetreuung gemacht haben, die häufig nicht mit derjenigen von Banken, Reisebüros oder anderen Akteuren in der Privatwirtschaft vergleichbar ist.

4.1.2.4 Programmkontext

Dem lokalen Handlungskontext, den Regelsetzern und den Rahmenbedingungen ist noch der politische Programmkontext hinzuzufügen. Die Einführung von Online-Transaktionssystemen wird hier als eine politische Aufgabe verstanden. Programme, die den Einsatz bzw. die Förderung von Online-Transaktionssystemen zum Ziel haben, sind entsprechend des Medienmodells Medienförderungsprogramme. Ihre Qualität bemisst sich danach, inwieweit ihre inhaltlichen, organisatorischen, finanziellen und technischen Maßnahmen den Anforderungen aus lokalem Handlungskontext und institutionellen Rahmenbedingungen von Online-Transaktionssystemen gerecht werden.

Politische Akteure, besonders in der Regierung, haben neben formalen auch informelle Einflussmöglichkeiten auf die Akteure in der öffentlichen Verwaltung. Durch agendasetting, Moderierung von Veränderungsprozessen und gezielte Gratifikationen können sie Akteure im lokalen Handlungskontext unterstützen bzw. dazu bringen, Online-Transaktionssysteme einzuführen und die entsprechenden organisatorischen, inhaltlichen, formalen und finanziellen Entscheidungen zu treffen.

4.2 Ausgangssituation im Bereich Öffentliche Verwaltung in Deutschland

4.2.1 Öffentliche Verwaltung

4.2.1.1 Verwaltungsaufbau und intergovernmental relations

In der Bundesrepublik sind drei eigenständige Verwaltungsebenen zu unterscheiden: Bundes-, Landes- und Kommunalverwaltung (vgl. Abb. 17, s. dazu und für das folgende ausführlich Model 1995; Becker 1989, bes. 275-363; Hesse/Ellwein 1992, bes. 78-98 und 304-355). Im Detail regelt das Grundgesetz die

Verteilung der Verwaltungskompetenz auf Bundes und Länderebene und gesteht den Kommunen das Recht auf kommunale Selbstverwaltung zu. Grundsätzlich ist die Wahrnehmung aller Staatsaufgaben die Pflicht der Länder (Art. 30 GG). Außerdem sind die Länder vielfach verantwortlich für die Durchführung von Bundesgesetzen (Art. 83 GG).

Abbildung 17: Verwaltungsebenen in der Bundesrepublik Deutschland (vereinfacht; z.b. ohne Stadtstaaten und Sonderfälle; volle Linien: Angehörigkeit; gestrichelt: Aufsichtsbeziehungen)

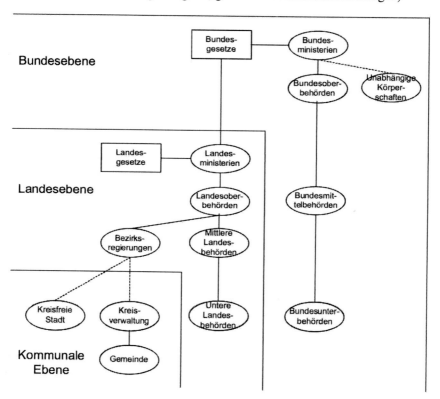

In den meisten Politikfeldern ist im Prinzip die Bundesebene hauptsächlich für die Vorbereitung von politischen Entscheidungen und Gesetzen verantwortlich, auch wenn dies nicht im eigentlichen Sinne dem Geist des Grundgesetzes entspricht. Diese Kompetenzen hat der Bund im Laufe der Zeit erworben. Im Gegenzug sind die Länderregierungen in den meisten Politikfeldern über den Bundesrat an der Willensbildung beteiligt. Die Länderverwaltungen bleiben dagegen hauptsächlich für die Ausführung der Gesetze und Durchführung der staatlichen Aufgaben, sowohl ihrer eigenen als auch der vom Bund übertragenen, verantwortlich. Einen Verwaltungsunterbau hat die Bundesebene nur in wenigen Fällen (u.a. Arbeitsverwaltung, Auswärtiges Amt, Verteidigung, Wasserstraßen).

Die Oberstufe der Länderverwaltungen sind die Ministerien. Die Länder haben i.d.R. Ministerien für Inneres, Justiz, Finanzen, Wirtschaft, Verkehr, Soziales, Bildung und Kultur. Aufgaben der allgemeinen Verwaltung und die Aufsicht über die unteren Verwaltungsebenen in organisatorischen Fragen liegen beim Ministerium (oder in den Stadtstaaten Senator) für Inneres. Die meisten Länder bis auf die Stadtstaaten Berlin, Bremen und Hamburg sowie Brandenburg, Mecklenburg-Vorpommern und Schleswig-Holstein haben auch eine Mittelstufe, i.d.R. die Bezirksregierungen.

Die untere Ebene der Verwaltung wird durch die Kommunalverwaltung wahrgenommen, die aus kreisfreien Städten, Kreisen und (kreisangehörigen) Gemeinden besteht. Die Kommunen haben ein verfassungsmäßig garantiertes Recht auf Selbstverwaltung (GG Art. 88, Abs. 2), das sie in Bezug auf Bauen und Planen, Schulen, Krankenhäuser, Soziales, Strom und Wasserversorgung, Straßen u.ä. wahrnehmen. Die Kommunen haben das Recht, Satzungen zur Regelung ihrer Angelegenheiten zu erlassen und genießen Organisationsfreiheit. Zusätzlich zu den Aufgaben der Selbstverwaltung werden den Kommunen von den Ländern staatliche Verwaltungsaufgaben als Auftragsangelegenheiten zur Erfüllung übertragen, wie z.B. die Aufgaben des städtischen Wohnungs-, Standes-, Melde- und Wirtschaftsamtes. Sie unterstehen dabei der fachlichen Aufsicht der Bezirksregierungen bzw. der Landesverwaltung, gegenüber denen sie auch ihren Haushalt rechtfertigen müssen.

Das Ergebnis dieses Verwaltungsaufbaus ist, dass die mit Abstand meisten direkten Kontakte zwischen Bürgern und Verwaltung auf kommunaler Ebene stattfinden. Dies gilt z.B. für das Pass und Meldewesen, die Bauverwaltung, das Kfz-Wesen, Personenstandswesen, die meisten sozialen Angelegenheiten und die Ordnungsverwaltung. Die diesen Bereichen zugrundeliegenden Gesetze werden jedoch auf Bundes oder Länderebene erlassen. Polizei, Zoll, Finanz- und Arbeitsverwaltung sind Ausnahmen davon, sie sind Aufgabe der Länder und des Bundes.

Landes- und Bundesverwaltungen, die Bürgerkontakte pflegen und z.B. mit eigenen Ämtern in (größeren) Städten vertreten sind, sind die Arbeitsverwaltung (Arbeitsämter) und die Finanzverwaltung (Finanzämter). Erstere ist eine reine Bundes-, die zweite eine gemeinsame Bundes- und Landesverwaltung. Einige Sozialleistungen, insbesondere für Senioren, Geschiedene oder Behinderte, werden durch Versorgungsämter (Landesverwaltungen) gewährt. Die Verwaltung der Krankenversicherung erfolgt durch Krankenkassen (rechtsfähige Körperschaften des öffentlichen Rechts mit Selbsverwaltung), die ebenfalls vielfach örtlich mit Verwaltungsstellen vertreten sind. I.d.R. keine persönlichen Kontakte erfolgen in Fragen der Rentenversicherung, die von der Rentenversicherung der

Arbeiter bzw. der Angestellten (für Beamte und Selbständige gibt es weitere Organisationen) wahrgenommen wird.

4.2.1.2   Verwaltungsaufgaben und Bürger-Verwaltungs-Interaktion

Die Aufgaben der öffentlichen Verwaltung lassen sich in verschiedener Weise gliedern. Dabei erscheint eine Gliederung nach Funktionen sinnvoll. Danach lässt sich zwischen Leistungs-, Eingriffs- und wirtschaftender Verwaltung differenzieren.

Zur Leistungsverwaltung „lassen sich all jene Aufgaben zählen, die die Ansprüche und Rechte von BürgerInnen (Erteilung von Genehmigungen, Bewilligungen, u.ä.) oder materielle Leistungen (Transferzahlungen) und immaterielle (Dienst)Leistungen an einzelne Personen, große Bevölkerungsgruppen oder gesellschaftliche Einrichtungen übermitteln" (Grunow 1998, 397). Zu dieser Gruppe lassen sich also u.a. die Erteilung von Fahrerlaubnissen und Baugenehmigungen, aber auch die Auszahlung von Sozialhilfe zählen. Weiterhin sind die umfangreichen Planungstätigkeiten und die Bereitstellung und Pflege von Infrastrukturen (Krankenhäuser, Schulen, Straßen, Versorgung, Parks usw.) hierzu zu zählen.

Demgegenüber steht die Eingriffsverwaltung, also „jene Verwaltungshandlungen und -entscheidungen, die Einschränkungen der Handlungsmöglichkeiten von BürgerInnen sowie belastende Eingriffe in ihren Lebenszusammenhang beinhalten" (Grunow 1998, 397). Beispiele dafür sind das Steuer und Polizeiwesen. Zu Letzterem gehört auch das Melde- und Passwesen. In der Praxis lassen sich Verwaltungsaktivitäten nicht immer trennscharf entweder der Leistungs- oder der Eingriffsverwaltung zurechnen. Zum Beispiel müssen auch bisherige Leistungen eingeschränkt oder schon gewährte Leistungen zurückgefordert werden und andersherum finden sich auch in Bereichen der Eingriffsverwaltung Dienstleistungen wie z.B. Beratungen (Grunow 1998, 397, Fn. 5).

Ein dritter Bereich des Verwaltungshandelns ist die fiskalische oder wirtschaftende Verwaltung. In diesem Bereich wird der Staat nicht hoheitlich tätig, sondern nimmt als juristische Person am Privatrechtsverkehr teil. Zu den fiskalischen Aufgaben gehört z.B. die Anmietung von Büroräumen, das Bauen von Gebäuden oder das Beschaffen von Material. Die Vergabe öffentlicher Aufträge wird zusätzlich durch Vergabeordnungen geregelt.

Das Handeln der Verwaltung ist an Recht gebunden und bedarf einer gesetzlichen Grundlage. Alle Verwaltungsmaßnahmen müssen rechtmäßig sein. Den Prinzipien der Transparenz und der Nachprüfbarkeit muss Rechnung getragen werden. Gegen Verwaltungsentscheidungen und Maßnahmen können Rechtsmittel eingelegt werden. Die Einhaltung der Rechtsvorschriften ist somit oberstes Kriterium bei der Auswahl der Handlungsweisen.

Wenn die Verwaltung nach außen hin tätig wird, um einen Verwaltungsakt zu erlassen, muss sie dies im Rahmen eines im Verwaltungsverfahrensgesetz (des Bundes und darauf basierend der Länder) geregelten Verwaltungsverfahren tun. Ein Verwaltungsakt ist „jede Verfügung, Entscheidung oder andere hoheitliche Maßnahme, die eine Behörde zur Regelung eines Einzelfalles auf dem Gebiet des öffentlichen Rechts trifft" (Model 1995, 293). Im Gegensatz zu Gesetzen regeln Verwaltungsakte Einzelfälle. Verwaltungsakte sind z.b. die Erteilung von Baugenehmigungen und Fahrerlaubnissen, die Aufstellung eines Bebauungsplanes, die Steuerfestsetzung, die Ausgabe eines Reisepasses usw. Keine Verwaltungsakte sind (neben dem Abschluss von öffentlich-rechtlichen Verträgen) Maßnahmen der Verwaltung, die keine Einzelfälle regeln, wie z.b. der Betrieb von Krankenhäusern, Schulen und Schwimmbädern, der Bau von Straßen usw.

Grundsätzlich gilt im Verwaltungsverfahren die Formfreiheit. Prinzipiell sind elektronische Anträge und Bescheide von daher möglich und werden z.B. in der Renten und Steuerverwaltung auch eingesetzt. Maßgeblich sind für bestimmte Verwaltungsverfahren die speziellen Vorschriften. Verlangen diese einen Antrag, so muss er schriftlich gestellt, und das heißt i.d.R., in einer Urkunde abgefasst und vom Antragsteller oder seinen Bevollmächtigten handschriftlich unterzeichnet werden (Busch, Komm. zu § 64 BVerwVerfg) (zit. nach Freie Hansestadt Bremen/Universität Bremen/Eutelis Consult 1999, 152). Eine Unterschrift kann auch unterbleiben, wenn auf anderem Wege sichergestellt wird, dass die Urkunde vom Antragsteller herrührt und mit seinem Wissen zur Behörde gelangt. Mit der Unterschrift sind neben der Abschluss-, Identitäts-, und Echtheitsfunktion allerdings auch Warn-, Beweis- und Perpetuierungsfunktionen verbunden. Häufig sehen die Rechtsvorschriften vorzulegende Dokumente und beizufügende Unterlagen vor. Eine elektronische Umsetzung muss auch dieses neben der Unterschrift berücksichtigen.

4.2.1.3 IT-Einsatz

Der Einsatz von Informationstechnik in der öffentlichen Verwaltung hat sich hinsichtlich der unterstützten Aufgaben, der eingesetzten Hard und Software und seiner Organisation seit seinen Anfängen in den 1950er Jahren immer wieder verändert. Unter den mehreren möglichen Gliederungsmöglichkeiten soll hier für die Jahre 1950 bis 1985 die Einteilung von Brinckmann/Kuhlmann (1990) wiedergegeben werden, die auch die mit dem Einsatz von Informationstechnik verbundenen Ziele berücksichtigt (vgl Tab. 8).

Mindestens für die Zeit nach 1990, dem Erscheinungsdatum des zitierten Werkes, muss diese Tabelle fortgeschrieben werden. Dabei hat sich der Trend der dezentralen Datenverarbeitung weiter verstärkt, der durch die PC-Revolution im Hardware-Bereich ermöglicht wurde. Als neue Standardanwendungen sind Textverarbeitungs- und Tabellenkalkulationsprogramme hinzugekommen.

An Stelle des Paradigmas der 1970er und 1980er Jahre, Führungsunterstützungs- oder Entscheidungssysteme durch die Integration möglichst vieler Daten zu erreichen, traten Anfang bis Mitte der 1990er Jahre spezifische Anwendungen, die jeweils Teilfunktionen unterstützen. Dabei spielt die Integration unterschiedlicher Datenbestände, z.b. durch Schnittstellen, nach wie vor eine große Rolle. Nach der Verbreitung einzelner Office-Standardprodukte steht die Unterstützung der Vorgangsbearbeitung durch Workflow Management Systeme (WFMS) auf der Agenda (s. Fallstudie POLIVEST). Gleichzeitig sollen neue Arbeits- und Teamstrukturen durch Computer Supported Cooperative Work (CSCW-Systeme) wie Foren, Ko-Autorensysteme, Whiteboarding und Desktop und Videokonferenzen unterstützt werden (Traunmüller 1999, 78-80).

Tabelle 8:   Phasen der Automatisierung und Informatisierung im öffentlichen Sektor der Bundesrepublik Deutschland 1950-1985 (Quelle: Brinckmann/Kuhlmann 1990, 20)

Phase	Dauer	Technisch-organisatorische Orientierungen
Pionierzeit	1950-1970	Versuche und Grundlegungen bei rechenbaren Teilaufgaben
Gründerzeit	1965-1975	Durchbruch der „Automatisierung" bei Massenverfahren; Aufbau von "Informationssystemen"
Konsolidierungszeit	1975-1985	Ausweitung der „Automatisierung"; Dezentralisierung des Sachbearbeiterzugriffs auf IT-Systeme
Zeit der Neuorientierung	1982 (-1995, Anm. d. Verf.)	Verselbständigung dezentraler IT; gewachsene Ansprüche an Informatisierung: kommunikationstechnische Vernetzung; neue Integrationskonzepte; Versuch der Informatisierung komplexer Entscheidungsstrukturen (Expertensysteme)

Seit Mitte der 1990er Jahre werden auf Basis von TCP/IP-Netzwerken über Intranet verwaltungsinterne Informationssysteme aufgebaut (vgl. allgemein Lenk/Traunmüller 1999). Diese Netze ermöglichen die elektronische Kommunikation via E-Mail. Neben den alphanumerischen Datenbanken werden zunehmend auch geographische Daten vorgehalten (Geografische Informationssysteme, GIS). Vor allem in der Kommunalverwaltung sind darüber hinaus Internetangebote für die Öffentlichkeit aufgebaut worden, womit faktisch eine neue Verwaltungsaufgabe entstand, die elektronische Information der Bürger. Was in den Btx-Angeboten seinen Anfang nahm (Lenk 1990), wird im Internet zur allgemeinen Bewegung. Hier sind die Kommunen die Pioniere (Kubicek 1997). Der Web-Auftritt der Stadt oder Gemeinde ist heute bereits Standard, auch wenn er bezüglich technischer und inhaltlicher Anforderungen oft noch zu wünschen übrig lässt (Kubicek et al. 1999).

Anders als bei den herkömmlichen Verwaltungsaufgaben, wo es einen gewissen Standard an organisatorischer Gliederung gibt (z.B. der Verwaltungsgliederungsplan der KGSt), gibt es einen solchen noch nicht für die Online-Präsenz. Organisatorisch wird sie nicht unbedingt in den traditionellen ITVerwaltungsstrukturen aus Hauptamt, Fachämtern und Rechenzentrum koordiniert.

Stattdessen treten neue Akteure wie die Öffentlichkeits- und Pressearbeit oder die Wirtschaftsförderung hinzu.

Einhergehend mit den Online-Informationssystemen werden auch erste Versuche mit Online-Transaktionssystemen verfolgt, die bisher aber noch in den Kinderschuhen stecken (Kubicek et al. 1998; Kubicek/Hagen 1998). Zusammenfassend kann diese Zeit als "Internetzeit" bezeichnet werden (s. Tab. 9, vgl. dazu ähnlich auch Wind 1999, 136, der von „der Zeit beginnender Virtualität" spricht).

Tabelle 9: Ergänzung zu Brinckmann/Kuhlmann

Phase	Dauer	Technisch-organisatorische Orientierungen
Internetzeit	Seit 1995	Verstärkung bestehender Tendenzen; Universalisierung von Standardbüroanwendungen; Aufbau geographischer Informationssysteme (GIS); Verbreitung von E-Mail; Entwicklung von Intranet- und Internet-Informationssystemen

Trotz der verschiedenen Phasen muss betont werden, dass die Anwendungen aus früheren Zeiten, insbesondere aus der „Gründer" und „Konsolidierungszeit" immer noch benutzt werden; die technischen Verfahren haben sich also nicht abgelöst, sondern ergänzen sich (vgl. so schon Brinckmann/Kuhlmann 1990, 16). Bis in das Jahr 2000 und darüber hinaus sind Mainframe-Anwendungen in den Hauptbereichen (Einwohner, Kfz, Steuerwesen) der Standard. Sie werden über Terminalemulationen in die PC-Welt integriert.

Mit der Dezentralisierung haben sich auch die Aufgaben der Rechenzentren gewandelt. Ende der 60er/Anfang der 1970er Jahre wurden diese von Bund, Länder und Kommunalverwaltung gegründet. Kleinere Gemeinden und Behörden schlossen sich auf Grund der für Informationstechnik hohen Ressourcenintensität zusammen und gründeten gemeinsame Landes, Fach und kommunale Datenrechenzentren. Diese wurden mit dem Betrieb und der Wartung der IT-Anwendungen und Infrastrukturen beauftragt. Mit dem Aufkommen von Mikrocomputern und dann der PC-Revolution gewannen die Hauptämter und Fachämter eigene IT-Kompetenzen hinzu. Dieser Trend wird durch die dezentrale Ressourcen und Aufgabenverwaltung unterstützt. Dies hat im Betrieb und der Wartung zu Aufgabenteilungen, aber auch zu Kompetenzstreitigkeiten geführt, die die Entwicklung neuer Anwendungen erschweren. Im Zuge der schon angesprochenen Privatisierungstendenzen werden die Rechenzentren Ende der 1990er Jahren in zunehmendem Maße privatisiert. Teilweise hat dies zu Innovationsschüben geführt (s.u. das Beispiel Gelsenkirchen).

4.2.2   *Ausgangssituation/Problemkonstellation*

4.2.2.1   Verwaltungsreform

Die gesellschaftliche Dynamik übt einen kontinuierlichen Anpassungsdruck auf die öffentliche Verwaltung aus. Aufbau- und Ablauforganisation müssen neuen Rationalitäten angepasst werden. In den 1990er Jahren wurden die Auswirkungen der Globalisierung und Informatisierung besonders deutlich:

- Durch sinkende Steuereinnahmen schrumpfen die öffentlichen Haushalte.
- Anforderungen bezüglich flexiblen Einsatzes von Sach und Personenmitteln stehen vergleichsweise starre Prinzipien und Mittel der Ressourcenverteilung gegenüber.
- Die „Zersplitterung" der Gesellschaft in immer kleinere und heterogenere Gruppen mit unterschiedlichen Bedürfnissen stellt eine sich stetig steigernde Herausforderung dar, falls alle Ansprüche gerecht bedacht werden sollen.
- Marktwirtschaftliche Prinzipien und Organisationsformen beanspruchen, der Schlüssel zur Wohlfahrt zu sein.

Auf diese Anforderungen haben die öffentlichen Verwaltungen, wenigstens in der westlichen Welt, im Wesentlichen mit zwei Strategien reagiert: Aufgabenkritik und interne Reformen (vgl. z.B. König 1995; Naschold/Bogumil 1998). Zum einen wurden die öffentlichen Aufgaben einer Kritik untergezogen, mit dem Ziel, das im Zuge der Industrialisierung geschaffene Aufgabenspektrum der öffentlichen Verwaltung aus Ordnungs-, Infrastruktur- und Sozialleistungen zu begrenzen bzw. einzuengen. Dazu wurden im wesentlichen Deregulierungs- und Privatisierungsstrategien verfolgt. Während die Deregulierung ökonomischen Akteuren neue bzw. weitere oder andere Betätigungsfelder eröffnete (mit unklarer Wirkung auf den Umfang der öffentlichen Aufgaben), bezieht sich die Privatisierung in der Leistungs- und Eingriffsverwaltung insbesondere auf aus oder durchführende Tätigkeiten. Demgegenüber steht die Konzentration auf planende und gewährleistende Tätigkeiten, die als Kern der öffentlichen Verwaltung angesehen werden.

Zum anderen setzen die Reformmaßnahmen an der internen Organisation der Verwaltung an, insbesondere im Bereich der Haushaltsführung und Budgetierung. Ziel ist eine effizientere, weil kostengünstiger operierende Verwaltung. Grundlage dafür ist eine Betrachtung der öffentlichen Aufgaben nach privatwirtschaftlichem Muster. Für die Einführung der Kosten-Leistungs-Rechnung und einem Controlling ist die Bildung von „Produkten" notwendig, um so die Kosten den Produkten zuordnen zu können und damit deren „wahre" Kosten und nicht nur den Mittelverbrauch der öffentlichen Verwaltung zu ermitteln. Daran schließen sich neue Organisationsformen und Aufgabenverteilungen an, wobei insbesondere der Transfer von Ressourcenverantwortung aus den Haupt oder Querschnittsämtern in die Fachämter angestrebt wird. Einen guten beispielhaften

Überblick über die Breite der Reformmaßnahmen gibt der Katalog des Bundesinnenministeriums über die 1997 verfolgten Vorhaben (vgl. Tab. 10).

Tabelle 10: Beispielhafter Reformkatalog (Quelle: BMI 1997)

1 Abbau von staatlichen Aufgaben a. Wegfall von Aufgaben b. Abbau öffentlicher Leistungen c. Privatisierung/Outsourcing	5. Rechtsvereinfachung a. Reduzierung von Normen b. Kundenorientierte Rechtsvereinfachung c. Verwaltungs- und Verfahrensvereinfachung durch Rechtsänderung d. Verbesserung der Rechtsetzung
2. Effizienzsteigerung durch Organisationsmaßnahmen a. Organisationsuntersuchungen b. Optimierung von Ablauf- und Aufbauorganisation c. Neuorganisation d. Bündelung von Aufgaben e. Verlagerung nicht-ministerieller Aufgaben f. Auflösung/Zusammenlegung von Behörden und Außenstellen	6. Wirtschaftliches Handeln der öffentlichen Verwaltung a. Modernes Management/ Qualitätsmanagement b. Kosten-Leistungsrechnung c. Controlling
3. Effizienzsteigerung durch Technologieeinsatz a. IT-Infrastrukturprojekte nach dem „Einer für alle Prinzip" b. Innere Verwaltung, Organisation, IT-Infrastruktur c. IT-Unterstützung für Fachbereiche	7. Innovationen im Haushaltswesen
4. Effizientes Personalmanagement a. Personalentwicklung und Motivation der Mitarbeiter b. Delegation von Entscheidungsbefugnissen c. Abbau von Personalüberhang d. Individuelle Arbeitszeitverantwortung	8. Unterstützung der Verwaltungsmodernisierung

Neben der Effizienzorientierung gibt es zwei weitere Bereiche: die Mitarbeiter und die Kundenorientierung. Die Mitarbeiter sind in den Augen vieler Reformer die wichtigste Ressource der öffentlichen Verwaltung. Ihr Engagement ist zum Erreichen der Reformziele notwendig. Ihre Interessen müssen deshalb bei den Reformbemühungen berücksichtigt werden. Anderenfalls droht die Blockade durch Beharrungstendenzen, die durch Skepsis gegenüber Veränderung oder Befürchtung von Machtverlust verursacht werden (s. z.B. Kißler et al. 1999).

Der Begriff der „Bürgernähe" bedarf zunächst einer Erläuterung (s. ausführlich z.B. Grunow, 1988). Er beinhaltet sowohl eine inhaltliche als auch eine formale Dimension. Inhaltlich geht es um die möglichst nahe Anpassung der Leistungsinhalte an die Bedürfnisse der Zielgruppen. Formal geht es um die Übermittlungsform der (Dienst) Leistung und ihrer Angemessenheit gegenüber den Bedürfnissen der Bürger bzw. anderer Zielgruppen. So ist die Kundenorientierung ein seit Jahren immer wieder erwähntes Ziel der Verwaltungsreform.

Die Praxis sowohl der Mitarbeiter als auch der Kundenorientierung ist eher ernüchternd. Obwohl die Mitarbeiterbeteiligung vielfach beschworen wird, klagen viele Personalräte über ihren in der Praxis nur nachgeordneten Stellenwert (Kißler et al. 1999). Ähnlich sieht es bei der Kundenorientierung aus. Schon methodisch gerät sie aus dem Blick, wenn im Rahmen der Produktbildung den Kosten nur die (unmittelbaren) „Outputs" der Verwaltung gegenübergestellt werden, nicht aber die Betrachtung der Wirkungen („Impacts") (Grunow 1998). Empirisch leidet die Verwaltung generell immer noch unter einem schlechten Image, auch wenn konkrete Kontakte von den Bürgern als nicht so schlimm wie befürchtet eingeschätzt werden.

Trotzdem oder gerade deswegen hat es in den letzten Jahren organisatorische Innovationen gegeben, die zu größerer Bürgernähe führen sollen. Dies sind vor allem die Bürgerämter, die zwar bereits in den 1980er Jahren pilotiert wurden (Unna, s. vor allem Liedtke/Tepper 1989), aber erst in den 1990er Jahren weite Verbreitung fanden (Kißler/Bogumil/Wiechmann 1994; Fobe et al. 1998). Typischerweise halten die Bürgerämter einfache Verwaltungsleistungen der Kommunalverwaltung vor (für die sog. „Laufkundschaft"). Das Angebotsspektrum bleibt jedoch meistens auf die Angebote einer Verwaltungsebene begrenzt. In Gemeinden gelingt z.b. schon die Integration der Kfz-Zulassung (Kreisangelegenheit) nur im Ausnahmefall. Eine Erweiterung der Bürgerämter über die öffentliche Verwaltung hinaus und unter Einbezug privater Dienstleister wird im Projekt der Bürger-Büros verfolgt (Klee-Kruse/Lenk 1995; Lenk/Klee-Kruse 2000).

Der Gedanke der Bürgerämter, die Zersplitterung der öffentlichen Verwaltung durch die Integration möglichst aller kurzen und häufig vorkommenden Verfahren an einem Ort anzubieten, lässt sich zum „One-Stop-Government" fortentwickeln, in dem alle in einer Lebenslage, z.B. einem Anlass wie das Umziehen oder einer Situation wie die Studienzeit, notwendigen Verwaltungsgebote an einem Ort angebunden wird. Hier ist es leichter, dies auf elektronischem Wege zu tun als die physikalischen Behörden zusammenzulegen (Kubicek/Hagen 2000).

4.2.2.2   Akteure

Auf programmatischer Ebene haben die Politiker spezielle Beratungsgremien oder Arbeitsgruppen eingesetzt, die Empfehlungen an die Politik entwerfen sollten. Auf Bundesebene berief der Bundeskanzler einen Forschungsrat ein, in dem Vertreter der Politik, Verwaltung, Wirtschaft und Wissenschaft vertreten waren. Dieser formulierte wesentliche Leitlinien des politischen Programms „Info 2000". Das BMBF organisierte zur Begleitung dieses Programms das "Forum Informationsgesellschaft", das in mehreren Arbeitsgruppen an der Erarbeitung weiterer Politikziele beteiligt wurde. Auch hier war ein breiter Querschnitt von politischen, gesellschaftlichen, ökonomischen und wissenschaftlichen Akteuren aktiv. Mit ähnlicher Zielsetzung wurde auf Betreiben der Opposition eine Enquete-Kommission des Bundestages mit dem programmatischen Titel „Zukunft der

Medien in Wirtschaft und Gesellschaft: Deutschlands Weg in die Informations-gesellschaft" eingesetzt. Dabei wurde u.a. auch der Einsatz von Informations-technik in der öffentlichen Verwaltung angesprochen (Enquete-Kommission 1998; Enquete-Kommission 1996).

Auf Landesebene und auf kommunaler Ebene gab es ähnliche Bemühungen wie auf der Bundesebene. In Nordrhein-Westfalen setzte sich das Wirtschaftsmi-nisterium unter Wolfgang Clement, in Bayern die Staatskanzlei und der Regie-rungsschef Edmund Stoiber für die Initiierung von Informationsinitiativen ein. Sowohl media NRW als auch Bayern Online wurden unter breiter Beteiligung aller gesellschaftlichen Gruppen konzipiert. In Städten wie Karlsruhe, Köln, Ulm und Mannheim (hier als Beispiele genannt) setzten sich Bürgermeister bzw. leitende Verwaltungsangestellte für die Initiierung kommunaler Informationsini-tiativen ein.

Auf der rahmensetzenden Ebene gibt es auf Bundesebene die Koordinie-rungs und Beratungsstelle der Bundesregierung für Informationstechnik in der Bundesverwaltung (KBSt), die beim Innenministerium angesiedelt ist. Wie der Name schon sagt, ist ihr Einfluss durch die organisatorische Selbständigkeit der Bundesministerien begrenzt. Zur weiteren Koordinierung gibt es einen Intermi-nisteriellen Koordinationsausschuss (IMKA). Wo Fragen einer gemeinsamen Abstimmung oder Strategie von Bedeutung sind, gewinnt sie an Einfluss. Dies ist z.B. in Fragen des Einsatzes von E-Mail, Sicherheits- und Verschlüsselungs-techniken oder der Einführung elektronischer Akten und Archivierung der Fall. Die KBSt ist außerdem maßgeblich an der Konzeptionierung und der Gestaltung des Informationsverbunds Berlin-Bonn (IVBB) beteiligt. Zur Begleitung des Aufbaus wurde ein spezieller IVBB-Beirat gegründet, dem Mitglieder aus Wirt-schaft und Wissenschaft angehörten.

In einer horizontal und vertikal funktional differenzierten Verwaltungs-struktur wie in der föderalen Bundesrepublik können die wenigsten Akteure ohne Abstimmung mit über, unter oder nebengeordneten Behörden agieren. Die Ministerialverwaltungen auf Bundes, Landes und Bezirksebene haben jeweils direkten oder indirekten Einfluss auf Aufgabenzuteilungen, die Interpretation von Verordnungen, die Überprüfung von Haushaltsplänen und Verwaltungsver-fahren und in fachlicher Hinsicht; auch wenn staatsrechtlich Bundes und Lan-desverwaltungen souverän sind und die kommunale Selbstverwaltung grundge-setzlich garantiert ist. Sie bilden damit den Rahmen sowohl für die top-down zu implementierenden Programme als auch für die bottom-up entstehenden Initiati-ven einzelner Behörden oder Kommunen.

Der lokale Handlungskontext wird durch die Behörden und ihre Mitarbeiter sowie die Bürger gebildet, die Kontakt mit diesen haben. Sie sind in organisato-rischen Fragen weitgehend autonom. Die Entscheidung, Online-Transaktions-systeme einzuführen oder nicht, obliegt letztlich ihnen.

4.2.3   Politische Programme

4.2.3.1   Info 2000

Die Förderung innovativer Informations- und Kommunikationstechnologien ist immer eine Priorität der EU, Bundes und Landesregierungen gewesen. Daran wurde zu Beginn der 13. Legislaturperiode (1994) von der damaligen Bundesregierung angeknüpft. Internationale Vorbilder waren dabei die USA (NII, 1993) und die EU („Bangemann-Bericht", 1994). Als Dachprogramm fungierte die „Initiative Informationsgesellschaft Deutschland". Um die relevanten Themen für politische Maßnahmen zu identifizieren, organisierte die Bundesregierung zwei Gremien. Im Gesprächskreis für wirtschaftlichtechnologische Fragen der Informationstechnik (der sog. „Petersberger Kreis") entstand unter Koordination der Industrieverbände der Elektroindustrie und des Maschinenbaus (ZVEI und VDMA) die Plattform „Anwendungen", die in erster Linie (ordnungs)politischen Handlungsbedarf für die Entwicklung einer Reihe von Anwendungen der Informations- und Kommunikationstechnik definierte. Aus dem Bereich öffentliche Verwaltungen fand das Thema „Elektronische Ausschreibungen" größere Beachtung. Im Rahmen der Konzeption von „Informationsschnellstraßen für Städte", in der der Aufbau von lokalen Netzwerken im Mittelpunkt stand, wurden Transaktionen mit der Verwaltung als ein mögliches Angebot erwähnt (ZVEI/VDMA-Plattform 1995, 97ff. u. 109).

Parallel zum Petersberger Kreis wurde der Technologierat eingerichtet. Dessen Arbeitsgruppe „Forschung, Technik, Anwendungen" empfahl, „Informations- und Kommunikationstechniken ... als Schlüssel zur Verwaltungsreform" zu nutzen. Dabei wurde insbesondere der geplante Informationsverbund Berlin-Bonn (s.u.) erwähnt und die Entwicklung neuer Kooperationstechniken als Anwendungen gefordert. Auch der Rat empfahl Anwendungen im Bereich der Auftragsvergabe und forderte entsprechende Änderungen des Vergaberechtes. Schließlich sah der Rat Handlungsbedarf im Bereich der Normen, speziell in Bezug auf Inhalte, Organisation und Verfahren (Rat 1995, 19).

Auf Basis dieser Empfehlungen entwarf die Bundesregierung ihr Aktionsprogramm „Info 2000", das sie im Februar 1996 vorlegte und das die Eckpunkte der geplanten Maßnahmen zur Förderung und Verbreitung der Informationsgesellschaft benannte. Die „Nutzung moderner Informationstechniken für eine bürgernahe und effiziente Verwaltung" war dabei eines von zwölf Zielen (BMWi 1996, 8). Konkret ging es um die

- Leistungssteigerung,
- Verbesserung der Bürgerfreundlichkeit,
- Verbesserung der Kommunikationsmöglichkeiten,
- Verbesserung der Wirtschaftlichkeit,
- Verbesserung der Arbeitsbedingungen (BMWi 1996, 78ff.)

der bzw. in der öffentlichen Verwaltung. Die Bundesregierung legte dabei die Annahme zugrunde, dass die öffentliche Verwaltung drei Herausforderungen begegnen muss:

[S]ie muss zur Erfüllung ihrer Funktionen und zum Erbringen ihrer Dienstleistungen neue Formen des Geschäftsverkehrs einsetzen.

Sie muss die Potentiale der neuen Techniken intern nutzen, um Rationalisierungs- und Optimierungsziele zu erreichen.

Sie muss schließlich einen Regelungsrahmen schaffen, der die sichere Anwendung neuer Technologien fördert und ihrem Mißbrauch vorbeugt (BMWi 1996, 78).

Zur Erreichung dieses Ziels wurde das Handlungsfeld „IT-Strategie in der öffentlichen Verwaltung" als eins von neun definiert und konkretisiert. Im Wesentlichen wurden dabei die Empfehlungen des Rates für Forschung, Technologie und Innovation aufgenommen. Konkret wird der Aufbau des IVBB genannt, mit Modell und Vorbildfunktion für Telekooperation. Dazu sollte eine flächendeckende Informationsinfrastruktur geschaffen und bis zum Jahre 2000 multimediafähige Dienste und Anwendungen bereitgestellt werden. Mittelfristig wurden dafür Konzepte erwartet. Als Beispiel wird die öffentliche Auftragsvergabe genannt. Hinzu kamen ferner allgemein die elektronische Unterstützung des Austausches von Informationen und Dienstleistungen zwischen öffentlicher Verwaltung und Bürgern (BMWi 1996, 11).

Als konkrete Maßnahmen benannte die Bundesregierung zunächst bereits geplante oder laufende Projekte, ohne neue aufzulegen (vgl. Tab. 11). Insbesondere wurden in den Programmen der Informationsverbund Berlin-Bonn, das elektronische Ausschreibungsverfahren und die Erteilung von Einfuhrgenehmigungen auf elektronischem Weg ausführlicher erläutert (BMWi 1996, 80f.).

Im Oktober 1997 konkretisierte das Bundesministerium für Wirtschaft mit seiner Initiative „Elektronischer Geschäftsverkehr" den rechtlichen Änderungsbedarf speziell für diesen Bereich mit dem Ziel, die deutsche Wirtschaft zu stärken (BMWi 1997). Als wichtige Aufgabe wurde die Forcierung der elektronischen Kommunikation im öffentlichen Bereich bezeichnet. Anwendungen des elektronischen Geschäftsverkehrs zwischen Verwaltung und Wirtschaft bzw. Bürger sollten dabei Vorbildcharakter haben. Insbesondere sollten geschäftliche Transaktionen mit der Wirtschaft in der Finanz-, Arbeits-, Sozial- und Wirtschaftsverwaltung vereinfacht, beschleunigt und verbilligt werden.

Die konkreten Projekte bezogen sich in der Mehrzahl auf Prüf- bzw. Planungsabsichten zur Verwendung von Internet-Techniken und digitalen Signaturen. Im Bereich „Öffentliches Auftragswesen" wurden das SIMAP-Projekt und ein Bundeswehrprojekt genannt. Im Bereich Finanzverwaltung wurde dem Ausbau von elektronischen Übertragungs- und Kommunikationsmöglichkeiten Priorität eingeräumt. Im Bereich Außenwirtschaftsverkehr wurde der Aufbau von einschlägigen Informationsseiten angestrebt, im Bereich Gesundheitswesen und Sozialverwaltung der Einsatz digitaler Signaturen bei der elektronischen Über-

tragung von Sozialversicherungsdaten befürwortet und entsprechende rechtliche
Regelungen in Aussicht gestellt. Schließlich wurde der Aufbau von Informationsdiensten wie z.b. dem Stellen-Informations-Service (SIS) und dem Arbeitge-
ber-Informations-Service (AIS) der Bundesanstalt für Arbeit empfohlen (BMWi
1997, 3742).

Tabelle 11: Maßnahmenkatalog Info 2000 (Quelle: BMWi 1996, 116)

Art der Maßnahme	Zuständigkeit	Zeitplan (Stand 1996)
Pilotversuch zum Dokumentenaustausch zwischen Mitglie-dern des Kooperationsausschusses AIT	BMI (zusammen mit Ländern, Kommunen)	bis 1996
Aufbau des Informationsverbundes Berlin-Bonn (IVBB)	BMI, BMBF, BMPT	Ende 1997
Einrichtung einer flächendeckenden IT-Infrastruktur inner-halb der Bundesregierung	BMI; BMPT, andere Ressorts	bis 1998
Bereitstellung multimediafähiger Dienste und Anwendungen	BMI, BMPT	bis 2000
Erweiterung des Aufgabenbereichs des Bundesamtes für Sicherheit in der Informationstechnik für die operative Anwendung der IT in der Bundesverwaltung	BMI	1996
Konzept zur elektronischen öffentlichen Ausschreibung	BMWi, BMI, andere Ressorts	1996
Erteilung von Einfuhrgenehmigungen auf elektronischem Wege	BMWi	läuft

Die Bundesregierung hat im Sommer 1997 im Rahmen ihres Info 2000-
Programmes das auf bundesstaatlicher Ebene weltweit erste Signaturgesetz verabschiedet. Dem lag die Empfehlung des Technologierates zu Grunde. Damit
sollte eine wichtige Voraussetzung für die Verbreitung des elektronischen Geschäftsverkehrs geschaffen werden, in der, wie die Initiative des Bundesministeriums für Wirtschaft erwähnt, die öffentliche Verwaltung mit Vorbildfunktion
vorangehen sollte. Nach der Veröffentlichung der Empfehlungen des Technologierates begann in verschiedenen Ministerien die Arbeit an Gesetzentwürfen zur
Zulassung digitaler Signaturen. Das Justizministerium nahm sich einer entsprechenden Überprüfung des Bürgerlichen Gesetzbuches an, um die digitale Signatur im Privatrecht rechtsverbindlich zu sichern (vgl. zum Stand der Umsetzung
des Signaturgesetzes und verwandter Regelungen Roßnagel 1999).

Nachdem sich abzeichnete, dass die Verbreitung digitaler Signaturen
schleppender als geplant voranging (es dauerte bis zum Januar 1998, bis das
erste Trustcenter zertifiziert wurde), entsprang aus Diskussionen in der Arbeitsgruppe 6 „Multimedia in Kommunen und Regionen" des Forums Informationsgesellschaft unter Federführung des Ministeriums für Bildung, Wissenschaft,
Forschung und Technologie, dessen Minister Jürgen Rüttgers maßgeblich für das
Signaturgesetz mitverantwortlich war, die Idee, die Kommunen mit einem Mul-
timedia-Wettbewerb herauszufordern. In einem zweistufigen Wettbewerb sollten

zunächst zehn, dann drei Konzepte prämiert und gefördert werden, wie die digitale Signatur im Geschäftsverkehr in der kommunalen Verwaltung eingesetzt werden kann (vgl. dazu ausführlich die Fallstudie zu MEDIA@Komm).

Die rot-grüne Bundesregierung hat 1999 mit ihrem Aktionsprogramm „Innovation und Arbeitsplätze in der Informationsgesellschaft des 21. Jahrhunderts" ihre eigene Version eines Informationsgesellschaftsprogramms aufgelegt. Wie sein Vorgänger handelt es sich auch bei ihm um ein Dachprogramm. Der Ausbau des IVBB, öffentliche Auftragsvergabe und die Informationsdienste der Arbeitsverwaltungen finden sich wiederum unter den Schwerpunkten. Hinzugekommen ist das konkretisierte Projekt „Elektronische Steuererklärung" (ELSTER). Bereits seit 1.1.1999 sind der MEDIA@Komm-Wettbewerb und elektronische Wahlen im Einsatz. Bemerkenswert ist, dass die angekündigte Informationstechnologie-Strategie die Einrichtung auch verwaltungsebenenübergreifender "One-Stop-Shops" als Ziel vorsieht (BMWI/BMBF 1999).

4.2.3.2   Schlanker Staat

Der Schwerpunkt der Verwaltungsreform in Deutschland lag auf dem Bereich der Kommunalverwaltung, vor allem angestoßen durch das sogenannte Tilburger Modell und das „Neue Steuerungsmodell" (NSM) der KGSt (1993). Auf die vielfältigen Reforminitiativen, die sich zusammenfassend durchaus als Bewegung beschreiben lassen, kann hier nicht eingegangen werden (unter den vielen Studien dazu vgl. z.B. Naschold/Oppen/Wegener 1997). Auf Bundesebene kristallierten sich, gegenüber den Kommunen mit Verzögerung, die Bemühungen um Verwaltungsreform in der Einrichtung eines Sachverständigenrates mit dem programmatischen Titel "Schlanker Staat". Der Rat wurde per Kabinettsbeschluss am 18. Juli 1995 eingesetzt und fand sich in insgesamt 14 Sitzungen zusammen. Am 12.9.1997 wurde der Abschlussbericht verabschiedet. Den Vorsitz hatte Scholz, stellvertretender Fraktionsvorsitzender der CDU/CSU-Fraktion im Deutschen Bundestag, inne. Weitere Mitglieder waren MdB, Oberbürgermeister, Staatssekretäre (z.T. pensioniert), Unternehmensberater, Wissenschaftler und Vertreter von Gewerkschaften und Beamtenbund.

Die Aufgabe des Sachverständigenrates war es, die „Bundesinitiativen zum Thema ‚Schlanker Staat/Abbau überflüssiger Bürokratie' fachlich und politisch zu begleiten, zu fördern und mit zusätzlichen Impulsen zu versehen. Soweit erforderlich, sollten sie auch zusammengeführt und gebündelt werden.

Darüber hinaus sollte der Sachverständigenrat prüfen, ob auf folgenden Gebieten zusätzliche Maßnahmen erforderlich sind, und ggf. eigene Vorschläge dazu entwickeln:

- Öffentliche Verwaltung
- Haushaltsrecht
- Aufgabenkritik, Privatisierung, Deregulierung, Überprüfung von Standards
- Abbau von Statistiken
- Verwaltungsgerichtliches Verfahren (Sachverständigenrat „Schlanker Staat" 1997, 12).

Das Ziel des Programms war der Abbau staatlicher Aufgaben. Sein Motto war „Weniger Staat – mehr bürgerliche Freiheit" (Sachverständigenrat „Schlanker Staat" 1997, 15). Der Sachverständigenrat komplementierte gesetzgeberische Initiativen in den Bereichen Vereinfachung und Beschleunigung von Planungs- und Genehmigungsverfahren, Statistikbereinigung und im Beamtenrecht sowie organisatorische Maßnahmen wie den Beschluss der Bundesregierung zur „Verringerung und Straffung von Bundesbehörden" vom 7.2.1996 und das Aktionsprogramm zur weiteren Steigerung von Effektivität und Wirtschaftlichkeit der Bundesverwaltung vom 18.6.1997. Dabei nahmen sich die Sachverständigen eines breiten Themenkreises an, wie an den Schlagzeilen ihrer Empfehlungen deutlich wird:

- Reduzierung der Normenflut durch qualifizierte Bedürfnisprüfung,
- Orientierung der europäischen Rechtsetzung an Subsidiarität, Deregulierung, Transparenz und Effizienz,
- Verwaltungsreformen in Ländern und Kommunen,
- Staatliche Tätigkeit ist zu begrenzen.
- Privatisierungspotentiale bei Bund, Ländern und Kommunen ausschöpfen,
- Weniger Verwaltungsvorschriften und weniger Standards als vorrangiges Ziel der Deregulierung,
- Qualitätsverbesserung durch Rechtsvereinfachung: Umweltgesetzbuch-Projekt einer einheitlichen Vorhabengenehmigung,
- Selbstkontrolle vor staatlicher Kontrolle: Beispiel Öko-Audit,
- Modernisierung des Statistikwesens,
- Leistungsfähigere Behördenstruktur und Behördenorganisation,
- Personalführung und Leistungsmotivation – Die Beschäftigten im „Schlanken Staat",
- Flexibilisierung des Haushaltswesens als wichtiger Bestandteil der Verwaltungsmodernisierung,
- Wege zur Effektivitäts- und Effizenzsteigerung der öffentlichen Verwaltung, insbesondere durch den Einsatz von Informationstechnik,
- Beschleunigung von Planungs- und Genehmigungsverfahren,
- Entlastung der Justiz (Quelle: Sachverständigenrat „Schlanker Staat" 1997).

Diese Themen mündeten in die Fassung von insgesamt 15 Beschlüssen, die vom Vorsitzenden an den Chef des Bundeskanzleramtes weitergegeben wurden. Noch während der Arbeit des Sachverständigenrates wurden so erste Umsetzungsprojekte angeschoben. Gegen Ende der Arbeitsphase wurde in Zusammenarbeit mit dem Sachverständigenrat ein Kongress „Schlanker Staat – Wege in die zukunftsorientierte Verwaltung" organisiert, der von einer „Messe für Effizienz in der öffentlichen Verwaltung" begleitet wurde. Das Thema Informationstechnik tauchte während der Arbeit in mehreren Sitzungen auf, so dass eine eigene Sitzung abgehalten und ein eigener Beschluss zu diesem Bereich gefasst wurde.

Inhaltlich nahmen die Empfehlungen dabei die Projekte und Ziele der bereits bei Info 2000 formulierten Programmatik auf. Dazu wurden insbesondere der Ausbau des IVBB, die Förderung elektronischer Akten und Aktenpläne und von Telekooperationstechnologien wie Videokonferenzen im Projekt POLIKOM, das Entwicklungsprinzip „Einer-für-Alle", koordiniert von der KBSt und das Pilotprojekt „Papierloses Büro" in der BAFöG-Verwaltung sowie die Entwicklung kryptografischer Verfahren erwähnt. Eine deutliche Akzentsetzung erfolgte auf die organisatorischen Vorbedingungen für eine effiziente Nutzung der Informationstechnik, insbesondere unter Hinweis auf die Notwendigkeit, ressortübergreifende Standardisierung und das Prinzip der Ressortverantwortung nach Art. 65 GG in Einklang zu bringen und notwendige Änderungen in der Gemeinsamen Geschäftsordnung festzuschreiben. Abschließend formulierte der Sachverständigenrat als Vision:

> Technisch ist es heute schon möglich, ohne Rücksicht auf Öffnungszeiten und ohne lange Wege Anträge vom heimischen Computer direkt der Behörde zu übermitteln. Auch der Bescheid kann dann via Bildschirm abgerufen werden. Voraussetzung dafür ist, dass nationale und internationale Standards über den Dokumentenaustausch, die Archivierung und das Zusammenwirken verschiedener Systeme praxisnah entwickelt werden. Die Umsetzung erfordert vor allem verlässliche Sicherheitsstandards. Die eindeutige Identifikation der am elektronischen Geschäftsverkehr Beteiligten und die Wahrung der Vertraulichkeit müssen gesichert sein (Sachverständigenrat „Schlanker Staat" 1997, 210).

Zur Fortsetzung der Bemühungen um eine moderne, zukunftsfähige Bundesverwaltung nach Abschluss der Arbeit des Sachverständigenrates verabschiedete das Bundeskabinett am 18. Juni 1997 ein „Aktionsprogramm zur weiteren Steigerung von Effektivität und Wirtschaftlichkeit der Bundesverwaltung", der die zahlreichen Modernisierungsansätze in der Bundesverwaltung steuern soll. Mit dem Aktionsprogramm wurde ein Lenkungsausschuss für Verwaltungsorganisation eingesetzt, dessen konstituierende Sitzung am 10. Oktober 1997 stattfand. Den Vorsitz führte Werthebach, Staatssekretär im Bundesministerium des Innern, weitere Mitglieder waren die Staatssekretäre des Finanz-, Verteidigungs-, Wirtschafts-, Landwirtschafts- und Bauministeriums. Das Gremium war außerdem für die weitere Umsetzung der Beschlüsse des Sachverständigenrates „Schlanker Staat" zuständig. Über die Ergebnisse der vielfältigen Modernisierungsmaßnahmen, auch im Hinblick auf den Berlin-Umzug, sollte der Lenkungsausschuss jährlich an das Kabinett berichten. Ein erster Bericht wurde im Juni 1998 vorgelegt.

Die damalige Opposition kritisierte die ihrer Meinung nach einseitige Schwerpunktsetzung auf einen „schlankeren" Staat mit immer weniger Aufgaben. Sie setzte dagegen den Akzent auf mehr Effizienz. Nach dem Regierungswechsel 1998 setzte sie in der Initiative „Moderner Staat" organisatorisch die Verwaltungsreform jedoch fort, inhaltlich mit den vier Schwerpunkten „Höhere Wirksamkeit und Akzeptanz von Recht", „Bund als Partner", „Leistungsstarke, kostengünstige und transparente Verwaltung" sowie „Motivierte Beschäftigte".

4.3 Fallstudien Deutschland

Um zu überprüfen, welche Konsequenzen dieses Handlungsprofil der Bundesregierung hatte, sollen im Folgenden aus der Bottom-Up-Perspektive drei Projekte beschrieben werden. Dabei wird je eines aus der POLIKOM und der MEDIA@Komm-Initiative vorgestellt. Aus den POLIKOM-Projekten eignet sich das POLIVEST-Projekt im Rhein-Sieg-Kreis, weil hier neben dem IT-Einsatz im „Back-Office" auch der Einsatz im „Front-Office" Gegenstand war. Aus den MEDIA@Komm-Projekten soll Bremen vorgestellt werden, das von den drei Siegerstädten im Wettbewerb neben der Anwendungsentwicklung für digitale Signaturen das Konzept des One-Stop-Government am deutlichsten in den Vordergrund stellte und damit den Anspruch verband, Informationstechnik und Verwaltungsreform gleichermaßen zu fördern. Zum Vergleich mit diesen Projekten dient das im Rahmen einer Länderinitiative entstandene Projekt „Vorverlagerte Stadtverwaltung" in Gelsenkirchen.

4.3.1 *Halbautomatische Kfz-Zulassung Gelsenkirchen*

4.3.1.1 Politischer Kontext: Multimedia Gelsenkirchen

Ähnlich wie die amerikanische NII und der europäische Bangemann-Report positionierte sich auch Nordrhein-Westfalen mit der Landesinitiative „media NRW", die alle entsprechenden Aktivitäten bündeln sollte (media NRW 1997, s. auch Fallstudie zu InfoCity-NRW). Ihr Ziel war „die ganzheitliche Förderung der Entwicklung und Verbreitung von Multimedia-Anwendungen und interaktiven Diensten in Unternehmen, privaten Haushalten und im öffentlichen Sektor". Dabei sollten auch ordnungspolitische Rahmenbedingungen, z.B. über das Einfügen von Experimentierklauseln in die Landesmediengesetze (Medienversuchsverordnungen), und gesellschafts-, bildungs- und kulturpolitisch kritische Erfolgsfaktoren für gesellschaftliche Akzeptanz, Medienqualifikation und Medienkompetenz sollten angesprochen werden (Rau, 24.3.1995).

In diesem Zusammenhang initiierte die RWE-Tochter Telliance, später o.tel.o., 1995 das „Multimediaprojekt Gelsenkirchen". Die bevorstehende vollständige Liberalisierung des Telekommunikationsmarktes eröffnete Mitte der 1990er Jahre auch Energieversorgungsunternehmen die Aussicht auf lukrative Märkte. Durch ihre eigenen Leitungen sahen sie sich in einer guten Ausgangsposition für den Wettbewerb. Um für Unternehmen wie RWE eine gute Ausgangsposition zu schaffen, verabschiedete NRW 1996 die Medienversuchsordnung. Dies geschah auf Betreiben des Wirtschaftsressorts unter Clement und sollte den Standort NRW für Telekommunikationsdienste stärken. Gleichzeitig wurde auf die Bundesregierung Druck ausgeübt, parallele Ausnahmeregelungen für etwaige Projekte zu erlauben.

Am Multimediaprojekt Gelsenkirchen beteiligt waren auch die Stadtwerke Gelsenkirchen, die Gesellschaft für Kabelkommunikation und Gebäudetechnik mbH und die Sparkasse Gelsenkirchen. Sie wollten ein Pilotprojekt zur Verbreitung von Multimedia starten. Im Mittelpunkt stand das Interesse der Telliance, unterschiedliche Netze auf ihre Verwendung für die Verbreitung von Multimediadiensten zu testen. Dabei sollten sowohl das (TV-)Kabelnetz, eigene Telekommunikationsnetze der Stadt, Funknetze (basierend auf dem für schnurlose Telefone entwickelten DECT-Standard) und das RWE-eigene Niederspannungsnetz berücksichtigt werden.

Der Pilotversuch sollte sich auf 1.000 Haushalte beschränken und auf drei Jahre befristet sein. Um die Akzeptanz des Multimedianetzes testen zu können, wurden Anwendungen benötigt. Die Telliance dachte dabei vor allem an Video-on-demand, interaktiven Videotext, Teleshopping und Telebanking (Hoffmann 1995). Wie die anderen Partner, entwickelte auch die Stadt inhaltliche Vorschläge für Anwendungen. Eine dieser Anwendungen war die (halb)automatische Kfz-Zulassung (vgl. gkdel o.J.), die von der gkdel vorgeschlagen wurde und bei den Autohändlern im Rahmen einer Informationsveranstaltung zum Multimediaprojekt 1995 auf Interesse stieß (Lange 1999).

Koordination mit anderen Projekten: Das Land NRW sah neben Multimedia Gelsenkirchen weitere Großprojekte vor, darunter das im Ziel ähnliche, von der geographischen Reichweite weiter angelegte Projekt InfoCity NRW der VEBACOM. Weitere Projekte waren das Digital Audio Broadcasting Projekt NRW, das Projekt Interaktive Videodienste Köln/Bonn der Deutschen Telekom, und Thyssen Telecoms Wireless Local Loop Duisburg-Walsum (vgl. media NRW 1997, 933). Nachdem VEBACOM o.tel.o gekauft hatte, fusionierte Multimedia Gelsenkirchen mit dem Infocity-Projekt zu Infocity NRW. Dort standen später dann die Entwicklung von Kabelmodems und die Benutzung des Kabel-Breitbandnetzes im Mittelpunkt der Entwicklung, inhaltliche Anwendungen wurden vernachlässigt (s. auch Fallstudie zu InfoCity NRW). Bis auf die Gelsenkirchener Kfz-Zulassungsanwendung lösten sich die anderen Bestandteile von Multimedia Gelsenkirchen buchstäblich in Luft auf. Im Rahmen von media NRW wurde das Projekt "Electronic Cities" (elci) initiiert, an dem die Städte Bochum, Dortmund, Düsseldorf, Duisburg, Köln, Münster, Paderborn und die Region Bonn (zunächst Tele-Bonn, später Strukturfördergesellschaft

Bonn/Rhein-Sieg/Ahrweiler) beteiligt waren. Koordiniert wurde dieses Projekt durch die ZIM Multimedia Forschungs- und Entwicklungsgesellschaft mbH in Köln. Ziel war eine Abstimmung und Koordination der kommunalen Online-Aktivitäten. Die Taskforce Elci verfasste einen Ratgeber mit dem Ziel, „konkrete Handlungsempfehlungen zu übergreifenden Fragestellungen bei der Realisierung kommunaler Online-Dienste zu erarbeiten" (media NRW 1998, iii). Aus der elci-Taskforce entwickelte sich die Initiative Komon, in der nordrhein-westfälische Großstädte gemeinsam multimediale Anwendungen entwickeln wollten bzw. wollen. Eine Koordination oder Abstimmung mit dem Gelsenkirchener Vorhaben gab bzw. gibt es dabei nicht. Elci hat auch selber keine konkreten Projekte umgesetzt.

Die im Rahmen des Gelsenkirchener Projektes federführende Gesellschaft für Kommunikation und Datentechnologie (gkdel) initiierte einen Entwicklungsverbund mit weiteren Rechenzentren (GKD Recklinghausen, KDZ Westfalen-Süd, Stadt Mülheim). Auf Kosten der gkdel wurden dabei jeweils ein bis zwei Mitarbeiter der Rechenzentralen in objektorientierter Programmierung und Internettechnologie geschult. Formal war auch die KITZ Rhein-Erft-Ruhr beteiligt, sie entsandte jedoch keinen Mitarbeiter.

Koordination Bund-Länder-Kommunen: Die Kabelpilotprojekte erforderten eine Ausnahmegenehmigung durch das Bundespostministerium. Diese wurde gegeben. Sie bezog sich auf den Betrieb von Telekommunikationsinfrastrukturen. Die gesetzlichen Bemühungen auf Landesebene bezogen sich vor allem auf die Schaffung günstiger Rahmenbedingungen für Telekommunikations- und Medienunternehmen. Verwaltungsrechtliche Anpassungen wurden nicht als problematisch definiert. Eine gemeinsame Entwicklung von Anwendungen, z.B. auch von Bundes oder Landesverwaltungen, gab es nicht. Der Schwerpunkt von Multimedia Gelsenkirchen und auch das Interesse von media NRW lagen primär auf der Entwicklung kommerzieller Angebote (s. Fallstudie zu InfoCity NRW). Der kommunale Bereich wurde dabei als einer der Anwendungsbereiche definiert. Eine weitere Koordination oder Kooperation gab es jedoch nicht.

4.3.1.2   Projektbeschreibung

Die halbautomatische Kfz-Zulassung richtete sich an die Autohändler und Zulassungsdienste, die ca. 50 Prozent des Zulassungsgeschäftes abwickeln. Sie bieten diesen Service für ihre Kunden an, die nicht selber Wartezeiten und das umständliche Beantragen in Kauf nehmen wollen. Viele Autohändler beauftragen ihrerseits Zulassungsdienste. Privatkunden konnten in dem Projekt nicht addressiert werden, weil eine Authentifizierungsmöglichkeit (digitale Signatur) fehlte. Dieser Prozess ist aus Perspektive sowohl der Händler als auch des Verkehrsamtes sehr personalintensiv und durch eine Reihe von Schwachstellen gekennzeichnet, die von der vorverlagerten Stadtverwaltung vermieden werden sollten:

- *Viele Rollenwechsel*: Zwischen den Beteiligten gibt es eine Reihe von Interaktionen. Dabei entstehen gegenseitige Abhängigkeiten. Auf Seite des Kfz-Händlers sind es der Verkäufer, ein Mitarbeiter der Verkaufsabwicklung, auf Seite des Verkehrsamtes die Zulassungsstelle, die Kasse und der Plakettenschalter. Hinzu kommt der Akteur Schilderpräger. Verzögerungen haben sofort Auswirkungen auch auf andere Antragsteller. Dadurch verlängern sich die Wartezeiten.

- *Mehrfache Wege*: Der Händler muss zweimal die Kfz-Zulassungsstelle aufsuchen und sich viermal an drei verschiedenen Schaltern anstellen: bei Abgabe und Abholung des Antrages beim Meldeschalter, bei Zahlung der Gebühr an der Kasse und beim Aufkleben der Plaketten am Plakettenschalter.

- *Papierkrieg*: Im Prozess werden viele unterschiedliche Formulare, Quittungen und andere Medien (Schilder, Plaketten) verwendet, die von den Händlern hin und hergetragen werden. Gebühren müssen zudem in Bargeld vor Ort bezahlt werden.

Ziele: Das Verkehrsamt, die Autohändler und die gkdel als Betreiber des Zulassungsverfahrens wollten eine Lösung entwickeln, die mit Hilfe des Einsatzes von moderner Netzwerktechnologie diesen Prozess vereinfacht und insbesondere die Länge und Häufigkeit der Wartezeiten reduziert. Damit sollte die Kfz-Zulassung in Gelsenkirchen effizient und kundenorientiert optimiert werden. Der neue Prozess war wie folgt geplant:

- Der Händler meldet die Zulassungsdaten mit Hilfe eines Online-Moduls über Internet an das Verkehrsamt. Vorher kann er zusammen mit dem Kunden in der Online-Datenbank des Kfz-Zulassungsamtes nach einem Kennzeichen suchen. Parallel zum Online-Antrag kann er den Schildermacher per Fax beauftragen.

- Nach Eingang der Daten kann das Verkehrsamt diese im Online-Verfahren prüfen. Treten Fehler auf, kann eine entsprechende E-Mail-Nachricht an den Händler gesendet werden.

- Auf dem Weg zur Zulassungsstelle holt der Händler die Schilder ab, lässt die Plaketten kleben und wartet nur einmal am Händlerschalter. Die Gebühren werden dann per Lastschrifteinzugsverfahren eingezogen.

Ergebnisse: Ursprünglich war eine Entwicklung des Kfz-Zulassungsverfahrens im Rahmen des erwähnten Entwicklungsverbundes geplant. Nachdem dieser im Spätherbst 1996 zunächst die Schulungen der eigenen Mitarbeiter durchgeführt hatte, wurde zur CeBIT 1997 ein Prototyp entwickelt. Danach stellte sich heraus, dass das Realsystem weitaus aufwendiger zu entwickeln war und vielmehr Zeit als ursprünglich gedacht erfordern würde. Die gkdel blieb als einzige übrig, die das Verfahren auf ihre Kosten entwickelte. Erste Tests liefen ab Mai 1997, und der Pilotbetrieb begann im Oktober 1997. Bis

Februar 1998, dem Ende dieser Phase, wurden mit drei Pilotanwendern die Software, die Leitungsverbindungen und die organisatorischen Voraussetzungen getestet. Seitdem ist das System im Wirkbetrieb. In der Kfz-Zulassungsstelle wurde eine eigene Abteilung geschaffen, in der sich ein (früher zwei) Mitarbeiter ausschließlich um die an der vorverlagerten Kfz-Zulassung teilnehmenden Händler kümmert. Die neuentwickelte IT-Unterstützung des Prozesses unterstützt die

- Vorerfassung der Antragsdaten,
- Übermittlung der Daten über Intranet/Internet an die Behörde, und den
- Abgleich mit einem vorverlagertem Datenbestand.

Die Vorerfassung geschieht durch die Autohändler mit Hilfe von in Java programmierten Applets, die über ein Intranet zwischen gkdel, Verkehrsamt und Händlern heruntergeladen werden können. Das Applet führt erste Plausibilitäts-prüfungen durch. Möglich sind

- die Kennzeichenreservierung (Kennzeichenabfrage und Vorabreservierung von Kennzeichen),
- die Neuzulassung von Fahrzeugen auf Firmen und Privatpersonen,
- die Ummeldung von Fahrzeugen auf Firmen und Privatpersonen,
- die Abmeldung von Fahrzeugen und
- Löschungen nach der Altautoverordnung (gkdel o.J.; Sodenkamp 2000).

Abbildung 18:   Systemarchitektur Gelsenkirchen (vgl. gkdel o.J., 8; Stadt Gelsenkirchen et al. 1998, 8)

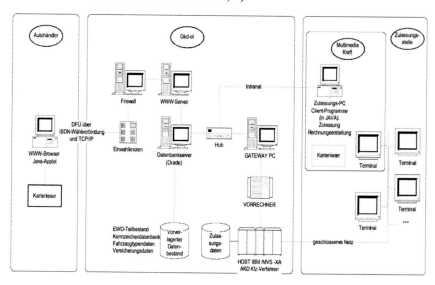

Funktionen für Kurzzeitkennzeichen sind geplant gewesen, werden zurzeit jedoch nicht weiter entwickelt (Schubert/Horstmann 2000). Nach der Eingabe werden die Daten via ISDN-Verbindung und Intranet (TCP/IP) an die Behörde geschickt (siehe Abb. 18). Dieselbe Technik ist auch über Internet einsetzbar. Wegen des höheren Sicherheitsrisikos ist diese Variante in Gelsenkirchen nicht umgesetzt worden. Zusätzliche Sicherheit gewährleisten eine Zugangskontrolle durch Codekarten und Passwörter für Mitarbeiter der Unternehmen und der Behörde und eine speziell konstruierte Firewall. Eine E-Mail-Möglichkeit zwischen Autohändler und Kfz-Zulassungsstelle komplementiert das System. Sie wird aber von den Beteiligten nicht genutzt.

Auf Seite der gkdel wurde das Konzept eines „vorverlagerten Datenbestandes" (den Begriff „Vorverlagerte Stadtverwaltung" hat sich die gkdel rechtlich schützen lassen) entwickelt. Dabei werden wesentliche Datenbestände aus den Mainframe-Verfahren der Kfz-Zulassung auf Server im Intranet (in Gelsenkirchen eine Oracle-Datenbank) gespiegelt. Dazu gehören Teilbestände der Einwohnerdatenbank, Fahrzeugtypendatenbank, Versicherungsdatenbank und Kennzeichendatenbank, die täglich aus den Originalbeständen aktualisiert werden. Die eingehenden Daten werden zwischengespeichert und mit dem vorverlagerten Datenbestand abgeglichen. Gegen diese Daten werden die Vorprüfungen und die Vergabe der Kennzeichen vorgenommen.

Mit Hilfe eines für das Zulassungsamt entwickelten Programms können die Sachbearbeiter im Verkehrsamt zeitlich asynchron die zwischengespeicherten Daten noch einmal überprüfen, Kennzeichen verbindlich zuweisen und in den kommunalen (Original)Datenbestand überführen. Erst bei Vorlegen der Originaldokumente, für die die Mitarbeiter der Unternehmen nach wie vor persönlich erscheinen, entscheidet der Sachbearbeiter über die Endbearbeitung (vgl. auch gkdel o.J. (1999). Wenn das Kennzeichen vergeben ist und die Papiere in Ordnung sind, wird die Bezahlung über ein Bezahlmodul vorgenommen.

In Gelsenkirchen hat das Verfahren kaum Autohäuser zur Teilnahme bewegen können. Über die Form und Intensität der Teilnahme weiterer Autohäuser in Gelsenkirchen gibt es widersprüchliche Aussagen. Maximal waren bis zu sechs Autohäuser an dem Projekt beteiligt; intensiv genutzt wird es im Sommer 2000 faktisch nur von einem der Pilotautohäuser und einem Zulassungsdienst (zum Jahreswechsel 1998/99 war noch ein weiterer Zulassungsdienst aktiv). Über die Zulassungsdienste waren bis zu 30 Autohändler indirekt an das Verfahren angeschlossen. Im gesamten System wurden 1998 4.000 Anträge abgewickelt (gkdel o.J.). Demgegenüber steht das Interesse der professionellen Zulassungsdienste und einiger Stadtverwaltungen an einer Übernahme des Verfahrens. Im Jahre 1999 hat die gkdel mit der Implementierung des Systems in weiteren Kommunen bzw. Kreisen begonnen. Vertragsverhandlungen bestehen mit dem Rhein-Sieg-Oberbergischen Kreis. In Bremen wird es eingeführt.

4.3.1.3   Lokale Handlungssituation

Kfz-Zulassung: Für die Zulassung von Kraftfahrzeugen in Gelsenkirchen ist die Zulassungsabteilung des Verkehrsamtes zuständig. Es besteht aus den Sachgebieten Kfz-Zulassung und Führerschein-Angelegenheiten. In der Kfz-Zulassung arbeiten ca. 24 Mitarbeiter; drei davon an den speziellen Händlerschaltern. Die Kasse und der Plakettenschalter bedienen alle Kunden inklusive der Händler. Das Verkehrsamt ist für die Ausgabe von Führerscheinen und die Zulassung der Kraftfahrzeuge verantwortlich. Jährlich werden ca. 150.000 Vorgänge im Kfz-Zulassungswesen abgewickelt; man bedient 250 bis 400 Kunden pro Tag. Der überwiegende Teil davon sind Routinefälle für die Sachbearbeiter. Bei der Zulassung von Kraftfahrzeugen ist zwischen Neuzulassungen, Ummeldungen (z.b. gebrauchter Kfz bzw. aus anderen Wohngebieten), Abmeldungen und diversen Sonderfällen, z.B. Löschung nach Altautoverordnung, Kurzzeitkennzeichen, Rote Kennzeichen, Stilllegungen u.ä. zu unterscheiden.

Die Leistung Zulassung wird durch die Vergabe der Kfz-Kennzeichen, der gedruckten und gesiegelten Kfz-Zulassung und den aufgebrachten Plaketten auf den Schildern gekennzeichnet. Um diese Leistung erstellen zu können, müssen personenbezogene Dokumente (Personalausweis o.ä.), Kfz-bezogene Dokumente (Fahrzeugbrief) und versicherungsbezogene Dokumente (Versicherungsdoppelkarte) geprüft werden. Zusätzlich müssen Anträge auf Zulassung und Gebühren verarbeitet werden. Die Kfz-Zulassung wurde durch ein Hostverfahren unterstützt, das auf einem IBM MVSXA System installiert ist. Die Hosts werden im Rechenzentrum der gkdel betrieben. In mehreren Anwendungen werden Halter, Fahrzeuge, Kennzeichen und Fahrverstöße verwaltet. Die Kernverfahren sind bundeseinheitlich. Mit dem Rechenzentrum des Kraftfahrtbundesamtes existiert ein Austausch der Daten per Datenträger. Auf das Hostverfahren greifen die Sachbearbeiter in der Kfz-Zulassungsstelle über Terminals zu. Die in Gelsenkirchen eingesetzte Oberfläche des Verfahrens ist das AKD, entwickelt von der KITZ Iserlohn. Dieses Verfahren ist auch in vielen anderen Kommunen im Einsatz. Auf dieses Verfahren setzt die halbautomatische Kfz-Zulassung auf: statt einer vollständig Neuentwicklung wurden der gespiegelte Datenbestand und die Zugriffskomponenten vorgeschaltet: das bedeutet für die Mitarbeiter, dass sie das System durch einen komplett eigenen PC, der neben ihrem Host-Terminal steht, bedienen. Auch die Performanz ist gegenüber dem Altsystem schwächer (Sodenkamp 1999; Sodenkamp 2000).

Die Organisation der Händlerbetreuung ist ein Problem für die Kfz-Zulassung, denn die Händler wünschen einen einzigen Ansprechpartner und drängen auf eine bevorzugte Behandlung. Dem konnte durch die halbautomatische Kfz-Zulassung teilweise entgegengekommen werden, weil für die Teilnehmer an ihr eine designierte, sogenannte Multimediakraft (bzw. ihre Stellvertreterin) zuständig ist. Sie betreut auch Nicht-Teilnehmer (insgesamt ca. 10 bis 15 pro Tag), und für die Teilnehmer auch alle nichtautomatisch abwickelbaren Fälle.

Die 1:1-Beziehung zwischen Sachbearbeiterin und Autohändler ist der entscheidende Vorteil für den Autohändler (Lange 2000). Nicht gelöst ist durch die vorverlagerte Stadtverwaltung, dass der Autohändler den Händlerschalter, einmal zur Abgabe und einmal zur Abholung, sowie zusätzlich die Kasse und den Plakettenklebeschalter aufsuchen muss. Ein Besuch bei der Kasse kann entfallen, wenn an einem Tag nur halbautomatisch abgewickelte Zulassungen durch einen Händler erfolgen. Dann erfolgt die Abbuchung über das Lastschriftverfahren. Dieser Fall ist jedoch sehr selten (Lange 2000).

Ein Händler besucht den Schalter zweimal: einmal zur Abgabe der Papiere und einmal zur Abholung. Das ermöglicht es den Sachbearbeitern, die Papiere in der Zwischenzeit zu bearbeiten. Es ist auch möglich, dass der Händler während der Bearbeitungszeit wartet. Das ist selten sinnvoll, da er auch die Kasse besuchen, zum Schilderpräger und zum Plakettenkleben muss. Deshalb geben die Händlern die Anträge zunächst ab, und holen die fertigen Dokumente erst ab ca. 11.30 Uhr wieder ab. Falls die Papiere eines Händlers noch nicht fertig sind, wartet er auf deren Fertigstellung. Andere Händler, die danach kommen, müssen entsprechend lange warten. Diese Verzögerungen können durch die halbautomatische Kfz-Zulassung vermieden werden, weil die Sachbearbeiter die Anträge schneller und sogar vor dem Erstbesuch der Händler weitgehend prüfen können. Da aber meistens auch herkömmliche Verfahren bearbeitet werden, weil der Funktionsumfang der halbautomatischen Kfz-Zulassung diese noch nicht zulässt, wird dieser Vorteil sehr selten praktisch realisiert.

Kfz-Händler: Es gibt keine allgemeingültige Aufbauorganisation für Kfz-Händler. Sie variiert z.B. nach Größe oder Markenbindung des Händlers. In Gelsenkirchen gibt es ca. 70 Händler, davon 1520 große, und zwei große Serviceunternehmen. Eine typische Ausprägung ist die von Autohändler D., ein großer, markengebundener Händler. Er beschäftigt über 85 Mitarbeiter, dazu kommen Auszubildende. Seine Aktivitäten sind in die drei Geschäftsbereiche Neuwagen, Gebrauchtwagen und Service gegliedert. Der Bereich Service umfasst auch den Handel mit Ersatzteilen. Es werden ausschließlich Produkte des Autoherstellers und seiner Organisationen (Bank, Versicherung, Autovermietung) vertrieben (Lange 1998, 26). Dem Geschäftsführer steht ein Assistent zur Seite, der für IT-Fragen und Qualitätssicherung verantwortlich ist. Querschnittsaufgaben werden von der Buchhaltung, der Verkaufsabwicklung und dem Bereich Versicherungen und Bankleistungen erbracht (Lange 2000). Einer der Hauptgründe für die Teilnahme von D. ist ne-ben des Interesses des Inhabers, eine kundenfreundlichere Bedienung in der Kfz-Behörde zu erreichen, das persönliche Interesse des Assistenten, der sich in seiner Diplomarbeit bereits mit dem Einsatz von zur Geschäftsprozessoptimierung beschäftigt hat (s. Lange 1998).

Die Kfz-Zulassung, inkl. der Geschäftsvorfälle Abmeldungen und Ummeldungen, ist nicht das Kerngeschäft, sondern ein Zusatzservice der Autohändler. Sie lassen sich den Aufwand entsprechend vergüten. Der Anteil der Kfz-Zulassung an den Überführungsgebühren (einer Mischkalkulation), die dem

Käufer bei Selbstzulassung erstattet wird, beträgt ca. 190 DM. Da dieser Service häufig in Anspruch genommen wird, ist die Abwicklung der Zulassung für das Autohaus Routine. Das Aufkommen ist saison- und konjunkturabhängig und variiert (1999 z.B. ca. 30 bis 40 Fälle an; 2000 ca. 3 bis 5 Fälle).

Die Zulassung ist ein zeitkritischer Prozess, weil sie am selben Tag der Übergabe des Autos an den Kunden erfolgen muss. Von daher ist man von Seiten des Autohauses auf eine reibungslose Abwicklung angewiesen. Beim Autohaus D. ist es umso größer, als er aus täglicher Erfahrung das schnellere Verfahren in Marl kennt, bei dem er ebenfalls täglich Autos zulässt. Der größte Vorteil an der halbautomatischen Kfz-Zulassung ist für D. die Zuordnung genau einer Ansprechpartnerin. Damit können viele Probleme schnell gelöst werden. Dieser Vorteil ist zwar durch die Teilnahme am Verfahren begründet, könnte aber wenigstens aus der Sicht der Autohändler auch ohne es realisiert werden.

Denn problematisch an der halbautomatischen Kfz-Zulassung ist trotz weiterer kleiner Nutzen wie dem zusätzlichen Service der Wunschkennzeichenvergabe und der bargeldlosen Bezahlung, dass der Autohändler durch die Teilnahme mehr Aufwand hat: er muss die Daten selber erheben. Dem steht keine wesentliche Prozessverbesserung in der Kfz-Behörde gegenüber, weil häufig weitere Geschäftsvorfälle anliegen wie Kurzzeitzulassungen, Verlängerung der Überführungskennzeichen und Ersatzkennzeichen. Diese können nicht elektronisch vorbereitet werden und müssen auch bar bezahlt werden. Das gleiche gilt, wenn das System ausfällt, was häufiger vorkommt.

Das System ist wie in der Kfz-Behörde völlig eigenständig und erfordert einen eigenen Nutzerplatz. Eine Integration in das Dealer Management System, einer umfassenden Client-Server-Lösung mit über 30 verschiedenen Softwaremodulen für die Verwaltung von Neu und Gebrauchtwagen, Autoteilen, Zubehör und Finanzdienstleistungen sowie der Durchführung mit dem Fahrzeughersteller und die Buchhaltung, mit ca. 40 PCs an drei Standorten, ist nicht angestrebt worden. Praktisch würde das eine Absprache mit dem Entwickler der Software benötigen, denn das Dealer Management System ist speziell für Händler des Kfz-Herstellers geschrieben. Laut D. würde der Nutzen einer Integration der Zulassung in das System in keinem Verhältnis zum dafür nötigen Programmieraufwand stehen (Lange 2000).

Interessen der Realisierer: Das Vorhaben ist maßgeblich von der Gesellschaft für Kommunikation und Datentechnologie (gkdel) vorangetrieben worden, die seit ihres Entstehens aus der Zusammenlegung der Rechenzentren Gelsenkirchens und Bottrops im Bereich Multimedia ein neues Geschäftsfeld sieht. Unter dem Begriff „Vorverlagerte Stadtverwaltung" sollen neue Anwendungen entwickelt werden. Zur Umsetzung dieser Projekte schuf sie intern eine "Multimedia Werkstatt", die sich nach ihren Aufgaben und der Qualifikation ihrer Mitarbeiter vom traditionellen Kerngeschäft, dem Rechenzentrumsbetrieb, unterscheidet. Mit der halbautomatischen Kfz-Zulassung sollte ein neues Produkt auf Internet--Basis geschaffen werden. Sie hat deshalb den Entwicklungsaufwand für das

Verfahren alleine getragen und damit die Teilnahme der Kfz-Zulassungsstelle und der Autohändler bzw. Zulassungsdienste ermöglicht.

4.3.1.4   Rahmenbedingungen

Organisation: Die Zulassung für ein Kraftfahrzeug ist bei der Zulassungsstelle zu beantragen, in deren Bezirk das Kraftfahrzeug seinen regelmäßigen Standort (Heimatort) hat (STVZO §23, Abs. 1). Die Autohändler müssen die Autos also dort zulassen, wo ihre Käufer wohnen. In einem dicht besiedelten Gebiet wie dem Ruhrgebiet müssen Autohändler mehrere Zulassungsstellen regelmäßig besuchen (im Fall vom Autohaus D. z.B. Gelsenkirchen und Marl, die täglich angefahren werden; dazu häufig auch Bottrop, Recklinghausen usw.). Das in Gelsenkirchen realisierte Verfahren wird jedoch nur in der Zulassungsstelle Gelsenkirchen angewendet. Mit anderen Zulassungsstellen muss neu verhandelt und eine das Verfahren technisch portiert werden. Wie schwierig das ist, zeigt die Tatsache, dass das Verfahren noch nicht einmal in Bottrop realisiert wurde, obwohl die Stadt Bottrop ebenfalls Anteilseigner der gkdel ist. Übertragungen nach Siegburg (RheinSieg-Kreis) und nach Bremen (geplant) nützen den Händlern in Gelsenkirchen dagegen. nichts. Dort lassen sie keine Autos zu (von unwahrscheinlichen, prinzipiell möglichen Ausnahmen abgesehen). Deshalb wäre das halbautomatische Verfahren ideal für den elci-Ansatz geeignet, einzelne Anwendungen stellvertretend für viele Großstädte zu entwickeln und dann zu übertragen. Dazu ist es aber nicht gekommen.

Recht: Das Straßenverkehrsrecht wird im Wesentlichen durch das Straßenverkehrsgesetz (StVG), die Straßenverkehrs-Ordnung (StVO) und die Straßenverkehrs-Zulassungs-Ordnung (StVZO) geregelt. Das Gesetz sieht die Zulassung als hoheitlichen Akt an, weshalb sie ausschließlich durch mit entsprechenden Vollmachten ausgestattete Behörden erteilt werden kann. Damit sind größeren organisatorischen Änderungen, wie z.B. die Zulassung beim Händler vor Ort, ein Riegel vorgeschoben. Dies ist ein wesentlicher Grund, warum die Zulassung nur halb, nicht aber vollautomatisch erfolgen kann. Anders als z.B. in Massachusetts (s. die Fallstudie zu EVR), dürfen die Händler nicht mit der Zulassung beauftragt werden. Sie müssen die Zulassungen und die Verpflichtungserklärung unterschreiben sowie eine unterschriebene Vollmacht des Käufers vorlegen. Da die Zulassungspflicht und wichtige formale Anforderungen bundeseinheitlich geregelt werden, konnte in Gelsenkirchen nicht auf die existierenden Dokumente, Kennzeichen und Plaketten verzichtet werden. Das gilt auch, obwohl bezüglich einzelner Durchführungsbestimmungen Organisationsfreiheit herrscht. Z.B. werden in Marl mehrere in Gelsenkirchen einzeln abgefragte Formulare auf einem Formular integriert. Dagegen hat aber der Abteilungsleiter in Gelsenkirchen rechtliche Bedenken. In jedem Fall müssen aber Betriebserlaubnis/Fahrzeugbrief des Kfz, die Identität des Antragstellers und der Nachweis der Versicherung in Papierform nachgewiesen werden. Das erfordert den Austausch von Dokumenten. Hier war das Projekt in seinem Gestaltungsspielraum gebunden. Allerdings wurden auch keine Initiativen ergriffen, auf Bundesebene diese Frage zu klären. Die Gesetzgebungsdistanz ist hier sehr hoch.

Leadership: Das Projekt genoss zu Beginn große politische Unterstützung der Stadt, die nicht nur an guten Wettbewerbsbedingungen für RWE Telliance interessiert war, sondern sich auch eine Modernisierung der eigenen Infrastruktur sowie eine Steigerung der wirtschaftlichen Standortattraktivität versprach, im durch Strukturwandel gekennzeichneten Gelsenkirchen von hoher Bedeutung. Auch während des Projekts wurde die politische Unterstützung durch die Stadt benötigt, um mehr Autofirmen zur Teilnahme zu bewegen. Nach Ende von „Multimedia Gelsenkirchen" gab es jedoch keine politische Unterstützung für das Projekt mehr, weder auf kommunaler Ebene noch von Landesseite (Schubert/Horstmann 2000). Dies ist erstaunlich, handelt es sich hier doch um eine konkrete Anwendung von Electronic Services, noch dazu unter Einsatz moderner Technologien. Die Zurückhaltung der Landespolitiker verrät ein nur oberflächliches Engagement für die Entwicklung neuer Informationstechnikanwendungen. An konkreten Projekten und deren Umsetzungsproblemen zeigten sie offenbar wenig Interesse. Die Vorverlagerte Stadtverwaltung lebt damit allein vom Interesse der gkdel, diese Anwendung zu vermarkten. Ergänzt wurde das Engagement durch den Abteilungsleiter, der bei Projektbeginn auf diesen Posten berufen wurde mit dem expliziten Auftrag, die Zulassungssituation für Händler zu verbessern. Hier ergänzten sich die Interessen.

Finanzierung: Für die gkdel als traditionellem Rechenzentrum, das nun privatisiert ist und seine Dienste auch anderen Kommunen anbietet, sind Internet-Technologien ein neues Geschäftsfeld. Im Vergleich zu anderen kommunalen Rechenzentren ist man in Gelsenkirchen sehr schnell gewesen, um sich Kompetenz in diesem Bereich aufzubauen. Dabei war die Internet-Strategie breiter als nur das Modul Kfz-Zulassung angelegt und beinhaltete zunächst auch den Aufbau des Kiosknetzwerkes und das Konzept der kommunalen Firewall. Dieses strategische Interesse dürfte der Hauptgrund gewesen sein, warum die gkdel die gesamten Entwicklungskosten des Projektes getragen hat. Den Autohändlern stellte sie für ein ¾ Jahr die Hardware zur Verfügung, verkaufte sie aber danach an diese. Eine Institutionalisierung des Projektes ist in hohem Maße davon abhängig, wie ein Markt für die halbautomatische Kfz-Zulassung gefunden werden kann. Dazu ist insbesondere die Kosten-Nutzen-Verteilung zwischen den Anwendern zu untersuchen. Hier ist eine doppelte Rechnung aufzumachen: Angesichts der hohen Fallzahlen und des komplizierten Verfahrens versprechen sich Kfz-Zulassungsverwaltungen und Autohäuser vom Einsatz der Internet-Technologie langfristig Einsparungseffekte. Dem gegenüber steht das aktuell realisierte System der halbautomatischen Kfz-Zulassung mit seinem begrenzten Funktionsumfang, das weder auf der Seite der Verwaltung noch der Unternehmen zu einer Arbeitsentlastung geführt hat. Im Gegenteil, alle Nutzer beklagen den Mehraufwand durch das System. Das Autohaus D. hat zuletzt im Frühjahr

2000 seine Beteiligung an dem Projekt überdacht. Der Anreiz zur Teilnahme besteht zurzeit im guten Willen gegenüber dem Versuch, mit Hilfe der Internet-Technik das Verfahren zu verbessern, auch wenn dies noch nicht gelungen ist. Problematisch ist auch, dass die Komplexität des Verfahrens für einen eigenen Markt gesorgt hat. Nicht nur Autohändler für Privatkunden, auch Zulassungsdienste bieten für Autohändler die Abwicklung der Zulassung an: ein Geschäft, weil man viele Einzelanträge bündeln kann. Eine Automatisierung und Vereinfachung des Verfahrens bedroht potentiell den Markt für Zulassungsdienste, es sei denn, sie werden zu Betreibern des elektronischen Zulassungsdienstes. Damit geraten sie in Konkurrenz zur gkdel und allen Rechenzentren, die Kfz-Verfahren betreiben. Diese Wettbewerbssituation wurde in Gelsenkirchen spürbar, dem sowohl Unterstützung als auch Widerstand durch Zulassungsdienste zu Teil wurde.

Qualifikation: Die notwendige Kompetenz zur Bedienung des Verfahrens auf Verwaltungsseite ist vorhanden gewesen. Dort arbeiten Sachbearbeiter (Vergütungsgruppe nach BAT VI), die innerhalb des Zulassungswesens für alle Aufgaben eingesetzt werden können. So mussten nur PCKenntnisse und die Bedienung für das Bearbeitungsprogramm durch die gkdel geschult werden. Hier wird auf bestehende Beziehungen aufgebaut, denn die gkdel betreut ja auch das Mainframe-Verfahren und die Terminals. Bei den Kunden müssen die Zulassungen von entsprechenden Verwaltungskräften vorgenommen werden. Bei D. wird die Zulassung von Mitarbeiterinnen aus der Verkaufsabwicklung und dem Bereich Versicherungs- und Finanzdienstleistungen erfüllt. Falls kleinere Autohändler nicht über solches Personal verfügen, bedienen sie sich der Dienste eines Zulassungsdienstes und sind nicht mehr in der Zielgruppe des Verfahrens. Die Entscheidung der gkdel, aktiv Anwendungen auf Basis von TCP/IP und mit Java zu entwickeln, setzt neues Know-how in den Rechenzentren voraus. Organisatorisch wurde dazu die Multimediaeinheit geschaffen, währen andere Rechenzentren sich schon früh aus Kapazitätsgründen von der Weiterentwicklung des Projekts verabschiedeten. Die gkdel hat jedoch Schwierigkeiten, die nötigen Entwickler zu finden, denn sie kann mit ihren Gehältern auf dem boomenden Software-Markt kaum mithalten. Das hat auch eine schnellere Entwicklung des Projektes verzögert.

Technische Infrastruktur: Die technische Innovation gegenüber herkömmlichen Verfahren liegt im Einsatz des TCP/IP-Transportprotokolles. Damit wurde das System technologisch so konzipiert, um es später einmal über Internet zu erweitern. Faktisch wird es zurzeit als geschlossenes Netz (Intranet) mit begrenzter Benutzergruppe eingesetzt. Das Beibehalten des alten Verfahrens und seine Ergänzung um Datenbank und Java-Applets als Benutzeroberfläche sind eine Lösung, die den Altbetrieb weiter ermöglich und somit eine wichtige Voraussetzung für die laufende Systementwicklung sind. Das führt jedoch zu den benannten Performanzproblemen. Zeitweise war das System dreimal langsamer als das Mainframe-System (Sodenkamp 1999). Die gkdel hat in einer zweiten Version das Antwortzeitverhalten verbessert und vereinfachte Eingabemasken programmiert (Sodenkamp 2000). Schwierig ist auch, dass bei Portierungen auf andere Städte jeweils neue Kombinationen aus einzusetzenden Datenbanken, Betriebssystemen und Verfahren auf. Dies bereitet zusätzlichen Entwicklungsaufwand bei der Übertragung des Projektes (Schubert/Horstmann 2000). Als eine entscheidende Entwicklungshürde wird von den Entwicklern das fehlen weitverbreiteter Signaturen gesehen. (Schubert/Horstmann 2000). Bei Beginn des Projektes waren die Hoffnungen groß, innerhalb kurzer Zeit digitale Signaturen einzusetzen und damit das Verfahren zu verbessern bzw. für größere Benutzergruppen zu öffnen. So bleibt es auf geschlossene Benutzergruppen beschränkt. Das Intranet wurde durch eine eigens konzipierte Firewall geschützt. Zunächst bestand die Hoffnung, diesen Nachteil durch öffentliche Multimedia-Kioske, die in das geschlossene Netz integriert werden, ausgleichen zu können. Als reine Informationssäulen wurden auch ca. sechs „Kommunale Infoterminals" in Gelsenkirchen aufgestellt. Im Sommer 1999 war eines dieser Terminals im zentralen Bürgerhaus (Hans-Sachs-Haus) noch aktiv. Für die gkdel hat sich, obwohl sie über die Kioske noch eine neue Version der Internetseiten anbieten wird, die Kioske als nicht zukunftsträchtig erwiesen. Sie sind zu teuer und störanfällig.

4.3.1.5   Zur Bedeutung der verschiedenen Ebenen

Das Projekt hat seinen Ursprung in der politischen Initiative „Multimedia Gelsenkirchen". Seine Umsetzung verdankt es jedoch den lokalen Interessen der gkdel und der Zulassungsstelle des Verkehrsamtes. Die Politik hat sich relativ schnell von dem Projekt zurückgezogen. Noch bezeichnender ist, dass wichtige politisch beförderbare Entwicklungen nicht betrieben wurden, wie z.B. der Transfer des Projektes in andere Städte (z.B. innerhalb der elci-Initiative) auf Landesebene oder die Zulassung elektronischer Antragsformen in der Kfz-Zulassung.

Der lokale Handlungskontext ist durch ein kompliziertes, die Erfüllung vieler Formvorschriften und die Vorlage vieler Dokumente erforderndes Verfahren gekennzeichnet, in dem Autohändler bzw. die Zulassungsdienste, mehrere Sachgebiete in der Zulassungsstelle und Schilderhersteller interagieren. Die dabei entstehenden Wartezeiten und Wege sollten durch das halbautomatische Verfahren reduziert werden. Das ist angesichts der begrenzten Funktionalität, sowohl vertikal (nur Vorerfassung der Daten, aber keine abschließende Bearbeitung ohne Vorlage der Dokumente) als auch horizontal (zwar die häufigsten, aber bei weitem nicht alle regelmäßig wiederkehrenden Geschäftsvorfälle abwickelbar), nicht erreicht worden. Teilweise wegen der Wunschkennzeichenreservierung und des elektronischen Lastschrifteinzuges, teilweise um einen (vermeintlich) bevorzugten Status bei der Zulassungsstelle zu halten, beteiligen sich die verbliebenen Händler an dem Projekt. Auch die grundsätzliche Unterstützung eines innovativen Verfahrens spielt dabei eine Rolle. Aus ähnlichen Gründen rechtfertigt sich die Beteiligung des Verkehrsamtes, obwohl die Mitarbeiter durch das Verfahren keine Vereinfachung ihrer Aufgaben erreichen. Das Leitbild „Die Daten laufen zum Bürger und nicht die Bürger zur Stadtverwaltung" ist nicht umgesetzt worden. Statt der Bürger laufen nun zusätzlich auch die Daten, wie man spitz formulieren könnte. Das liegt z.T. auch daran, dass in dem Projekt neue Technologien eingesetzt werden, denen zwar allseits Zukunftsfähigkeit bescheinigt wird, für die aber Personal in den Rechenzentren fehlt.

Der realisierte Projektumfang ist nicht nur dem schwierigen lokalen Handlungskontext geschuldet, sondern auch einer Reihe von Rahmenbedingungen. Insbesondere die lokale Begrenzung auf nur eine Zulassungsstelle und die differenzierte Wertschöpfungskette auf Kundenseite machen eine Ermittlung des Problemeigners schwierig. Die formalen Rahmenbedingungen des Verfahrens, wie insbesondere die Hoheitlichkeit des Zulassungsaktes und die Notwendigkeit von Unterschriften auf entsprechenden Anträgen und Vollmachten, können nicht auf der lokalen Ebene, sondern nur auf Bundesebene geändert werden. Aber auch diesbezügliche Handlungsspielräume auf kommunaler Ebene, um z.B. einzelne Antragsformulare zu komprimieren und zu verknüpfen, sind nicht genutzt worden.

4.3.2   POLIVEST – Rhein-Sieg-Kreis

4.3.2.1   Politischer Kontext: Der Hauptstadtbeschluss und POLIKOM

Das Info 2000 Programm und die Initiative Schlanker Staat verweisen auf die Telekooperationsprojekte, die unter dem Namen POLIKOM vom bmbf ab 1994 gefördert wurden. Auslöser dafür war der Hauptstadtbeschluss vom 20. Juni 1991, der die Verteilung der Regierung auf zwei Standorte, Bonn und Berlin, vorsah. Daraus leitete sich der Bedarf einer leistungsfähigen Telekommunikationsinfrastruktur ab, die die Koordination der Regierungsarbeit zwischen beiden Standorten unterstützen sollte. Diese Infrastruktur wurde seitdem unter der Bezeichnung „Informationsverbund Berlin-Bonn" (IVBB) aufgebaut.

Zeitgleich mit der Konzeption des IVBB entstand im Bundesministerium für Bildung und Forschung (BMBF) der Forschungs- und Entwicklungsschwerpunkt „Telekooperation". Unter dem Namen POLIKOM wurde ein vierjähriges Projekt mit einem Fördervolumen von insgesamt ca. 38 Mio. DM entwickelt, das in vier Teilprojekte untergliedert wurde, POLITEAM, POLIWORK, POLIFLOW und POLIVEST. In jedem von ihnen waren verschiedene Bundesverwaltungen, und mindestens je ein Hersteller und Begleitforschungsinstitut beteiligt. Die Hersteller stellten denselben Betrag zur Verfügung wie die Bundesförderung.

Anstatt des „technology push" sollte durch die (Begleit)Forschung, Prototypentwicklung und Orientierung an den konkreten Anwendungen vor Ort ein „application pull" bewirkt werden. Dazu war die Mitwirkung der Betroffenen bei der Entwicklung und Einführung neuer technischer Systeme („partizipative Sys-

tementwicklung") erforderlich. Als Anwendungen wurden der persönliche Tele-
arbeitsplatz, der Telegruppenarbeitsraum, Telekooperations-Funktionen wie
kooperative Dokumente- und Vorgangsbearbeitung, Videokonferenzen, Software
zur Gruppenkoordination und zur dezentralen multimedialen Informationsver-
sorgung, als Querschnittsthemen die Themen Sicherheit und Verlässlichkeit
sowie konzeptionelle Architekturen zur Integration der Anwendungen gefördert
(s. dazu das Konzept in GMD 1993).

Das POLIVEST-Projekt (VEST = „Vorgangsbearbeitung unter Einbeziehung synchroner Telekooperation") hatte sich die Unterstützung organisationsübergreifender Vorgangsbearbeitung zum Ziel gesetzt und dazu zwei Anwendungsfelder, den Bundesrat und den Rhein-Sieg-Kreis ausgewählt. Es wurde von
der Firma Siemens, insbesondere Siemens Nixdorf International (SNI), später
Siemens Business Services GmbH & Co. OHG (SBS), initiiert. Im Anwendungsfeld Rhein-Sieg-Kreis, waren die Kreisverwaltung mit dem Bauordnungsamt und
dem Zweckverband Gemeinsame Kommunale Datenverarbeitung Rhein-
Sieg/Oberberg (GKD), die Gemeinde Wachtberg und ein Architekturbüro beteiligt. Die arbeitswissenschaftliche Begleitforschung wurde von der Betriebswirtschaftlichen Projektgruppe für Unternehmensentwicklung (BPU), und
die technologische Begleitforschung vom Bereich Innovationsberatung und Entwicklung (IBE) des Forschungszentrums Informationstechnik der GMD geleistet.

Koordination mit anderen Projekten: Die POLIKOM-Projekte wurden nicht
von weiteren Maßnahmen im Rahmen der Initiativen Info 2000 und Schlanker
Staat begleitet. Das ist verwunderlich, weil einerseits die POLIKOM-Projekte
einen Kern der praktischen Maßnahmen bildeten, auf die beide Initiativen im
Rahmen ihrer entsprechenden Kataloge verwiesen. Andererseits fanden zeitgleich weitere Telekooperationsprojekte statt, die nicht vom bmbf koordiniert
wurden, sondern von der Koordinierungs- und Beratungsstelle der Bundesregierung für Informationstechnik in der Bundesverwaltung im Bundesministerium
des Innern (KBSt), die auch für den Aufbau des IVBB verantwortlich war. Dazu
zählten das Projekt „Breitbandanwendungen in verteilten Organisationen" (Projekt BRAVO) der Telekom/BERKOM, Apple und Alcatel SEL (vgl. Käding
1994), das SPHINX-Projekt der KBSt zur Erprobung von Verschlüsselungs- und
Signaturverfahren sowie das ebenfalls von der KBSt koordinierte Projekt DO-
MEA, das im April 1997 anlief und ein System zum Dokumentenmanagement
und elektronischen Archivierung im IT-gestützten Geschäftsgang entwickelte
(KBSt 1999). Die Nichtkoordination ist auch deshalb bemerkenswert, weil die
KBSt selber Pilotanwender im Rahmen des POLIWORK-Programmteils der
POLIKOM-Initiative war.

Koordination Bund-Land-Kommune: Das POLIKOM-Projekt war auf Bun-
desverwaltungen als Anwender orientiert. Das entsprach der Orientierung am
IVBB. Prinzipiell sollten die entwickelten Anwendungen auch auf andere
Einsatzbereiche, vor allem in der Privatwirtschaft, übertragbar sein. Eine direkte

Übertragung auch auf die Landes und Kommunalebene war zunächst nicht vorgesehen. Allerdings inspirierte die Betonung organisationsübergreifender Telekooperationsanwendungen in der Ausschreibung die Industrie dazu, auch Anwendungen der Landes und Kommunalebene zu berücksichtigen, an denen sich
die organisationsübergreifende Anwendungsmöglichkeiten besonders gut demonstrieren ließen. Darin liegt auch der Ursprung von POLIVEST. In Nordrhein-Westfalen wurden Zeit gleich das Programm „mediaNRW" aufgelegt, das
auch die Entwicklung von vernetzten IuK-Anwendungen in der öffentlichen
Verwaltung zum Ziel hatte (vgl. Fallstudie zu Gelsenkirchen, B3.1). Das Bau-
verwaltungsverfahrens-Projekt im Rhein-Sieg-Kreis, das im Folgenden beschrieben wird, wurde dabei jedoch nicht berücksichtigt. Andersherum strebte das
POLIVEST-Projekt auch keine Abstimmung mit den Landesprogrammen an.
Während der Projektlaufzeit war dem Projektorganisator kein entsprechendes
Länderprogramm bekannt (Sondermann 2000).

4.3.2.2   Projektbeschreibung

POLIVEST wollte die Schwachstellen im Zusammenwirken unterschiedlicher
Verwaltungsebene am Beispiel des Bauantragsverfahrens lösen. Dabei sollte die
Papierflut eingedämmt, Liege- und Laufzeiten erheblich reduziert und die Zusammenarbeit zwischen Kreis und Gemeinde vereinfacht und die Bürgernähe
verbessert werden.

Der erste konkrete Schwachpunkt im Rhein-Sieg-Kreis lag im Bereich der
Antragserfassung, die einerseits weitgehend manuell und andererseits doppelt, in
Gemeinde und in der Kreisverwaltung, erfolgte. Die Erfassung der allgemeinen
Antragsdaten, die Anlage der Akte und die Vergabe eines Aktenzeichens sollten
automatisch unterstützt werden.

Zweitens setzte der Rhein-Sieg-Kreis ein IT-System ein, das zum Zeitpunkt
des Projektes nicht mehr zeitgemäß war. Dieses System war in seiner Bedienung
unhandlich. Es ließ keine automatische Auswahl von weiter zu beteiligenden
Stellen zu, wie z.B. dem vorbeugenden Brandschutz. Man konnte keinen einmal
angefangenen Vorgang unterbrechen, sondern musste in diesem Fall wieder von
vorne anfangen. Das Druckbild der Berichte und Schreiben konnte auch nicht
auf dem Bildschirm überprüft werden (Gertmann 2000). Ferner verfügte es über
eine zeichenorientierte Nutzerschnittstelle. Bei der Neuentwicklung sollten jedoch die Textbausteine, die vom Rhein-Sieg-Kreis mit viel Aufwand entwickelt
worden waren, übernommen werden. Das IT-System ließ auch keine zusammenhängende Sachbearbeitung eines Falles zu. Für Außenstehende wie für Verwaltungsmitarbeiter war es deshalb schwierig, Fragen über bauordnungsrechtliche
Inhalte und den Bearbeitungsstand des Verfahrens zeitnah und bequem zu ermitteln. Durch die arbeitsteilige Bearbeitung, so schien es, treten Effizienz und
Zeitverluste auf.

Ziele: Das allgemeine Ziel des Projektes war die „Erstellung und Erprobung von innovativen Telekooperationsanwendungen im konkreten Anwendungsumfeld mit der Zielsetzung einer Übertragbarkeit der Ergebnisse auf andere (Verwaltungs)Bereiche" (DLR 1999, 53). Zu Beginn des Projektes wurde darüber hinaus die Hoffnung geweckt, ein einsatzfähiges und übertragbares Produkt zu entwickeln (Meinerzhagen 2000). Diese Zielsetzung deckte sich jedoch nicht mit der von Siemens, die von Anfang an eine „Lösung", sprich eine Konfiguration bestehender Softwareprodukte, entwickeln wollte (Sondermann 2000). Im Rhein-Sieg-Kreis sollte das Baugenehmigungsverfahren ganzheitlich durch ein Workflow-Managementsystem (WFMS) in seinen Prozessen gestützt werden. Im konkreten Anwendungsfall lässt sich dieses WFMS als „elektronische Akte" beschreiben. Mit Hilfe dieses Systems wäre bei Antragseingang eine neue Akte angelegt und dem zuständigen Sachbearbeiter samt weiterer benötigter Anlagen elektronisch zugestellt worden. Das System hätte die weitere Kommunikation und Bearbeitung über die einzelnen Phasen hinweg bis zur Erstellung des Bescheides (oder Ablehnung) weiter unterstützt. Um dieses Ziel zu erreichen, wurden verschiedene Teilprojekte definiert. Dabei wurden mehrere Produkte von SNI eingesetzt. Work-Party bildete den Prozess ab, steuerte ihn und integrierte alle benötigten DV-Verfahren wie Textverarbeitung, Tabellenkalkulation und Bauverfahren. Routineaufgaben wie Dateiorganisation, Kopieren oder Drucken sowie deren graphische Unterstützung sollten durch SmartAssist und ComFo-Desk unterstützt werden. Grundlage für die realisierten Lösungen war eine auf TCP/IP-Netzprotokollen basierende Client-Server-Architektur, auf der die Anwendungen Clientseitig und zentrale Dokumente und Vorlagen Serverseitig vorgehalten wurden. Zur Analyse und Optimierung der betriebswirtschaftlichen Abläufe wurde GRADe-BM („Graphical Re-engineering Analysis and Design Environment – Business Modeler") eingesetzt.

Ein zweites Teilprojekt war der komfortable Zugriff auf benötigte Informationsquellen. Dazu wurde eine Intranetbasierte Lösung gewählt, in der vermittels eines Web-Browsers auf einen sogenannten „Infopool", auch „kommunale Datenbasis", zugegriffen werden konnte, in dem einerseits prozessunabängige Sachdaten (Formulare, Merkblätter, Satzungen), andererseits raumbezogene Informationen (Flurkarten, Bebauungspläne, Abgrenzungs- und Landschaftsschutzkarten) vorgehalten werden sollten.

Das dritte Teilprojekt war die Unterstützung der im Projekttitel genannten synchronen Telekooperation, d.h. also der direkten Interaktion zwischen den Prozessbeteiligten durch Joint Viewing/Editing und Conferencing-Programme. Dazu wurden als Komponenten die Videosoftware JANUS (inkl. JANUS MEDIAKit, JanusIview, GroupWIN, H.320 Standard) und ein E-Mail-Client eingesetzt.

Ergebnisse: Die Laufzeit betrug knapp vier Jahre, vom 1.3.1995 bis zum 31.12.1998. Insgesamt wurde das Projekt mit knapp zehn Mio. DM gefördert. Dieselbe Summe wurde von der Firma Siemens aufgebracht, die auch die Projektleitung innehatte. Wesentlich für den Ablauf war, dass die Erhebung der technischen Anforderungen sowie die Realisierung erst nach der Erhebung der organisatorischen Anforderungen beginnen sollten. Deshalb entstand eine intensive Zusammenarbeit zwischen der BPU, die für die Erhebung der organisatorischen Anforderungen zuständig war, dem Rhein-Sieg-Kreis und Siemens. Die daraus resultierende Detaillierung der organisatorischen und technischen Anforderungen ist für den Rhein-Sieg-Kreis der größte Nutzen, der auf dieser Grundlage nach Projektende freilich ein anderes, weit billigeres System als die von Siemens vorgeschlagene Lösung beschaffte. Die Hoffnung der GKD, ein fertiges Bauordnungsverfahren zu bekommen, wurde nicht erfüllt. Eine Übernahme der Lösungen durch andere Bundesverwaltungen oder Privatanwender blieb ebenfalls aus. Im IVBB werden andere Produkte eingesetzt (vgl. KBSt 1998). Aus Sicht von Siemens wurden in dem Projekt insbesondere Erfahrungen mit der Berücksichtigung organisatorischer Anforderungen, der permanenten iterativen Beteiligung und den Grenzen einer Workflow-orientierten Lösung im Bauordnungsbereich und im Bereich Sicherheit und Verschlüsselung gewonnen sowie Kontakte zu Partnern in der Bundesverwaltung hergestellt, die im Rahmen anderer Projekte genutzt werden.

Das POLIVEST-Projekt musste die bestehende Host und Netzinfrastruktur in der Kreisverwaltung ergänzen. Dazu wurde ein 10baseT-Ethernet aufgebaut, in dem die beiden MitarbeiterPC mit einem Server, einer RM400, eingebunden waren. Über Terminalemulationen konnte auf das SINIX-Verfahren MABAU zugegriffen werden. Über ein Gateway bestand eine auf TCP/IP-basierende Intranet-Anbindung mit der Gemeinde Wachtberg. In Wachtberg wurde die Verbindung über Dial-Up ISDN hergestellt. Zur Unterstützung der Videokonferenzen wurde eine separate ISDN-Verbindung gelegt (vgl. Abb 46).

In dem Projekt wurden alle Phasen des Projektes, Eingang, Prüfung und Entscheidung, prototypisch realisiert. Getestet wurde vor allem das Eingangsverfahren. Außerdem wurde relativ schnell eine elektronische Karteikarte für die Gemeinde Wachtberg in Angriff genommen, diese Komponente wurde aber nicht fertig gestellt. Noch im Einsatz war bis 1999 ein Wordbasiertes Formular, das das Ausfüllen bzw. Ausdrucken des Vorprüfbogens in der Gemeinde unterstützt. Dieses Formular wird von der Gemeinde im Sommer 2000 neu erstellt. Der Informationspool, der mit Teildatenbeständen aus der Gemeinde Wachtberg gefüllt war, wird von den Projektbeteiligten nicht weiter gepflegt und genutzt. Im Bereich Kommunikation wurden E-Mail und Videokonferenzverbindungen aufgebaut und zu Demonstrationszwecken getestet. Eine Integration in den Arbeitsalltag fand jedoch nicht statt. Insbesondere gibt es keine elektronische Datenübertragung im Baugenehmigungsverfahren. Ein besonderes Augenmerk hatten die POLIKOM-Projekte auf die organisatorischen Anforderungen gelegt. Im Rhein-Sieg-Kreis wurde vor allem von der Seite der Realisierer auf die Einführung eines strikten Workflow gedrängt. Aus ihrer Sicht entsprach das einer Rationalisierung des Verfahrens. Aus anderen Bauaufsichtsämtern, z.B. in Herten, waren ihnen entsprechende Vorbilder bekannt (Meinerzhagen 2000). Im Rhein-Sieg-Kreis wollte man jedoch die Flexibilität in der Bearbeitung erhalten. Dies entsprach den persönlichen Einstellungen des Amtsleiters und seiner Mitarbeiter (Schwan 2000; Loos 2000; Gertmann 2000).

Abbildung 19: Systemarchitektur POLIVEST (Quelle: Meinerzhagen 2000)

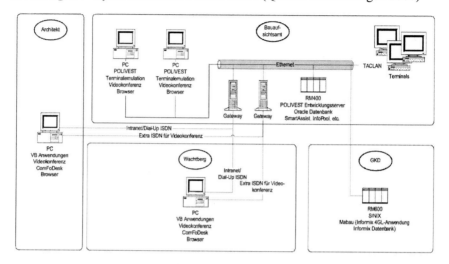

Durch die enge Kooperation mit der organisatorischen Begleitforschung durch die BPU und die parallel im Bauaufsichtsamt diskutierten Konsequenzen aus dem neuen Steuerungsmodell hat der Amtsleiter mit organisatorischen Änderungen begonnen. Für Organisationsfragen, z.b. bezüglich Prozessoptimierung und den IT-Einsatz, wurde ein eigenes Sachgebiet eingerichtet, das vom ehemals für den für die Einführung sowohl des MABAU als auch des POLIKOM-Verfahrens freigestellten Mitarbeiter geleitet wird. Außerdem können mit Hilfe des neuen Genehmigungsverfahrens auch, ganz wie im POLIVEST-Projekt geplant, Aufgaben flexibel einzelnen Mitarbeitern zugeteilt werden, um unterschiedliche Arbeitsbelastungen auszugleichen.

4.3.2.3 Lokaler Handlungskontext

Bauverwaltung: Der Rhein-Sieg-Kreis hat 19 Städte und Gemeinden und 572.000 Einwohner. Der Kreis umschließt die kreisfreie und ehemalige Bundeshauptstadt Bonn und wird vom Rhein durchschnitten. Kreisstadt ist Siegburg, nordöstlich von Bonn gelegen. Für die westlichen Gemeinden im Kreis bedeutet dies umständliche Verkehrsverbindungen zur Kreisstadt, über den Rhein und durch oder um Bonn herum. Zu diesen Gemeinden gehört Wachtberg, südwestlich von Bonn gelegen. Die Notwendigkeit informationstechnisch unterstützter, telekooperativer Lösungen ließ sich angesichts dieser Lage besonders gut begründen.

Obere Bauaufsichtsbehörde ist das Bauaufsichtsamt der Kreisverwaltung in Siegburg, das dem Dezernat 5 zugeordnet ist. Es teilt sich auf in die Abteilungen Bauaufsicht rechtsrheinisch/linksrheinisch, Baustatik/wiederkehrende Prüfungen und allgemeine Verwaltung. Die Abteilung Bauaufsicht stand im Mittelpunkt des Projektes. Sie ist in zwei Unterabteilungen aufgeteilt, die nach regionaler Zuständigkeit gegliedert sind. Für jede Gemeinde ist ein Sachbearbeiter zuständig. Im ganzen Amt sind 55 Mitarbeiter beschäftigt. Das Bauaufsichtsamt ist die obere Bauaufsichtsbehörde für den Kreis. Die Aufgabe der Baugenehmigung erfüllt es nur für die Gemeinden ohne eigene Bauaufsicht. Größere Gemeinden und Städte, wie z.B. Hennef oder Siegburg, verfügen über eigene, „untere" Bauaufsichtsämter.

Die Gemeinde Wachtberg ist mit knapp 20.000 Einwohnern zu klein für eine eigene untere Bauaufsichtsbehörde. Für die planungsrechtliche Prüfung und die Entgegennahme von Meldungen zu genehmigungsfreien Bauvorhaben ist das Bauverwaltungsamt zuständig, das dem Dezernat III zugeordnet ist. Im Bauamt sind neben dem Amtsleiter noch eine Sachbearbeiterin beschäftigt. Für Organisationsfragen und insbesondere die IT-Betreuung war das Amt für innere Verwaltung (Amt I/1) am Projekt mitbeteiligt.

Die Aufgaben der oberen Bauaufsicht umfassen die Fachaufsicht über die untere Bauaufsicht des Kreises (soweit der Kreis untere Bauaufsichtsbehörde, ist die Bezirksregierung obere Bauaufsicht), Widerspruchsbearbeitung und Zustimmungsverfahren. Die untere Bauaufsicht ist vornehmlich für die Genehmigung von Bauvorhaben zuständig. Sie arbeitet damit vornehmlich das Bauantragsverfahren ab und stand im Mittelpunkt des Projekts. Innerhalb der Aufgabe Baugenehmigung lassen sich die Aufgaben der Anforderung von Stellungnahmen, u.a. der Gemeinde, und der Prüfung der Unterlagen bezüglich der baustatischen Nachweise unterscheiden. Bei Eingang des Antrages ist eine Erfassung einschließlich der der Erstellung einer Eingangsbestätigung und Vergabe eines Aktenzeichens nötig. Dann wird der Antrag auf Vollständigkeit und generelle Genehmigungsfähigkeit geprüft sowie ggf. fehlende Unterlagen nachgefordert. Anschließend werden benötigte Stellungnahmen angefordert, sowohl von internen Stellen als auch externen Behörden. Nach Genehmigung des Bauvorhabens muss der Fortgang des Bauvorhabens geprüft werden. Dazu kommt in allen Phasen sowie in der Vorbereitung die Information und Beratung. Im Jahr werden ca. 4.000 Vorgänge bearbeitet, davon ca. 3.000 Bauanträge.

Davon zu unterscheiden ist die Entscheidung über genehmigungsfreie Bauvorhaben in der Zuständigkeit der Gemeinde. Die Bauämter in den Gemeinden haben auch beratende und informierende Funktionen und sind für die planungsrechtliche Vorprüfung verantwortlich, zu der sie von der Bauaufsicht aufgefordert werden. Sie nehmen außerdem entsprechende Meldungen über Fortschritte bzw. den Abschluss des Bauvorhabens entgegen. In Wachtberg werden ca. 230

Bauanträge bzw. Vorgänge pro Jahr bearbeitet. Die Dauer des Verfahrens beträgt im Schnitt sechs bis acht Wochen (Netterscheid-Russ 2000). Das Bauantragsverfahren bezieht neben den Bauaufsichtsbehörden weitere Behörden ein, so z.b. die Wasserschutzbehörde, die Brandschutzbehörde und das staatliche Umweltamt. Sie werden wie die Gemeinde um Stellungnahmen zum Bauantrag gebeten. Eine komplette Unterstützung des Verfahrens hätte auch diese Behörden einbeziehen müssen. Dies war aus Kapazitätsgründen nicht möglich. So wurden die Verfahren ausschließlich aus Sicht des Bauaufsichtsamtes und z.T. der Gemeinde Wachtberg realisiert. Damit trat nicht nur der behördenübergreifende Ansatz einer Komplettlösung in den Hintergrund. Auch die Anforderungen z.b. der Städte mit eigener Bauaufsicht, die selber weitere Behörden beteiligen, wie z.b. den Umweltschutz, konnten nicht in dem Verfahren berücksichtigt werden. In der Retrospektive wäre eine Integration der Fachämter zwar wünschenswert gewesen, konnte aber im Projekt nicht umgesetzt werden (Sondermann 2000). Im Ergebnis war die Problemlösungsumsicht, d.h. die Auswahl der zu unterstützenden Prozessschritte, zu kurz.

Die Kreisverwaltung setzte zur Bearbeitung der Bauverfahren die Software MABAU an. Dabei handelt es sich um ein Programm, das im Wesentlichen aus zwei Säulen bestand. Zum einen handelte es sich um Informix 4GLAnwendung, die die Vorgänge einzelner Akte protokollierte und ihre Bearbeitung unterstützte. Zum anderen bestand es aus einer umfangreichen Datenbank von Textbausteinen. MABAU war eine Client-Server-Anwendung, die auf dem Betriebssystem SINIX und einer RM600 lief. Die Netztopologie war in Sternform. Der Vorgang wurde im Rahmen eines herkömmlichen, aktenbasierten Vorgangs bearbeitet, verfolgt und archiviert. Zu Beginn stellt die Bauverwaltung und die GKD die Bedingung, dass die Textbausteine aus dem MABAU-Programm erhalten bleiben. Diese wurden von den POLIVEST-Verfahren weiter benutzt.

Die Herausforderung für das POLIVEST-Projekt war, neben diesem System ein neues System zu entwickeln, das das alte mit einschloss, da der Betrieb weitergehen musste. Dies Kreisverwaltung war nur an einer inkrementellen Innovation interessiert, und nicht wie die Realisierer an einer radikalen Verbesserung. Die Gemeinde empfand zu Beginn des Projekts keinen Leidensdruck. Für den Rhein-Sieg-Kreis und die Gemeinde bestand die Attraktivität des Projektes in der Einführung der PC-Technologie, mit der die Mitarbeiter erstmals in Kontakt kamen, und in einigen kleinen technischen Lösungen, wie einer elektronischer Karteikarte. Die eigentlichen POLIVEST-Lösungen Videokonferenz, elektronische Bereitstellung von Kartenmaterial und die automatisierten Arbeitsschritte kamen jedoch nie über einen Prototypenstatus hinaus und entfalteten keine Wirkung auf den Arbeitsalltag. Die Anwender entwickelten auch kein ausgeprägtes Interesse daran und nutzen weiterhin Telefon und Papierkarten als allgemeine Arbeitsmittel.

Architekten bzw. Baufirmen: Im Projekt POLIVEST wurde ein Architekt der Firma Bau-Partner ausgewählt. Sie gehört zu den größeren Firmen dieser Art im Rhein-Sieg-Kreis. In der Firma arbeiten ca 45 Personen. Es handelt sich dabei um eine Firma, die von der Grundstücksentwicklung über die Planung und den Verkauf bis hin zur Ausführung komplette Bauvorhaben abwickelt. Die verschiedenen Phasen werden durch verschiedene Abteilungen der Firma betreut. Die Firma Bau-Partner entwickelt vergleichsweise viele Projekte im Rhein-Sieg-Kreis und zu der Projektzeit speziell in Wachtberg. Für die Entwicklung von Bauvorhaben ist die Abteilung Grundstücksentwicklung verantwortlich, die mit Hilfe der bestehenden Bauleitpläne Grundstücke entwickelt und realisiert. Diese Abteilung ist für den Kontakt mit den Behörden zuständig. Sie stellt auch die Bauanträge. Die Anzahl der pro Jahr gestellten Bauanträge variiert, 1999 waren es 200, im ersten Halbjahr 2000 45. Das Aufkommen richtet sich nach den jeweils in Angriff genommenen Entwicklungsgebieten.

Aufgabe des Architekten bzw. der Baufirma ist es, im Auftrag des Bauherren das Bauvorhaben zu planen und zu konkretisieren. Er arbeitet eng mit Bauingenieuren zusammen. Architekten reichen im Auftrag der Bauherren die Bauanträge bei den Behörden ein. Sie sind damit einerseits Informationsquellen für den Bauherren, indem sie ihn vor allem in inhaltlichen Fragen beraten, deren Klärung durch die Bauordnung vorgeschrieben wird. Andererseits sind sie „Kunde" der Verwaltung, sofern sie selber Klärungsbedarf haben. Dabei lässt sich grob zwischen planungsrechtlichen und bauordnungsrechtlichen Fragen unterscheiden.

Architekten stellen nicht nur Bauanträge, sondern haben auch in allen anderen Phasen Kontakte mit Behörden, z.B. bei der Beibringung entsprechender (bautechnischer) Nachweise. Bei der Erschließung neuer Wohngebiete werden besonders viele Kontakte mit der Baubehörde notwendig. Für ihre Arbeit ist ein enger Kontakt zur Verwaltung unerlässlich. Sie müssen Einblick in die gesetzlichen Karten nehmen, um alle relevanten bauplanungsrechtlichen Maßgaben berücksichtigen zu können.

Bei der Planung des Bauvorhabens hat die Firma Bau-Partner bereits früh mit dem Einsatz von PC-Technologie und entsprechenden Anwendungen begonnen. Dazu gehören die Office-Anwendungen Word und Excel, aber auch bereits seit Anfang der 1990er Jahre CAD-Programme. Inzwischen werden 95Prozent der Zeichnungen mit PC erstellt. Das ist u.a. deshalb nützlich, weil die Firma häufig ähnliche Häuser verkauft, deren Pläne geringfügig modifiziert werden müssen. Heute sind in der Firma ca. sieben Arbeitsplätze mit CAD ausgestattet, insgesamt gibt es 22 PCs. Die Wartung des Netzwerks erfolgt durch einen Auftragnehmer. Über Internet ist die Firma aus Sicherheitsgründen durch einen vom Netzwerk getrennten PC verbunden.

Die Beteiligung des Projektleiters von Bau-Partner im Projekt beschränkte sich auf die Jahre 1994 bis 1996, in denen ein paar mal spielerisch die Videokonferenz-Software und der Infopool ausprobiert wurden. Es gab jedoch große technische Probleme, die Verbindungen konnten oft nicht hergestellt werden. Auch die Karten waren so digitalisiert, dass sie lange brauchten, ehe sie sich aufgebaut hatten. Das war für den täglichen Gebrauch nicht praktikabel. Immer noch hat er kurzfristig ein Interesse an einen elektronischen Zugriff auf das Kartenmaterial und langfristig an der kompletten elektronischen Abwicklung des Antragsverfahrens (Göttlicher 2000).

Interessen der Realisierer: Die Firma Siemens beteiligte sich aus zwei strategischen Absichten an dem Projekt POLIVEST. Zum einen ging es um die (staatlich geförderte) Entwicklung von Workflow und Telekooperationswerkzeugen, zum anderen um den Aufbau bzw. Vertiefung von Geschäftsbeziehungen zu Kunden aus dem öffentlichen Bereich. Aus dieser Motivation heraus trat der Bereich Öffentliche Kunden der damaligen SNI an den Rhein-Sieg-Kreis heran. Zum Kreis existierten langjährige Geschäftsbeziehungen, weil fast die gesamte Großrechnerinfrastruktur von Siemens geliefert worden war. Der Rhein-Sieg-Kreis schien als „Mikrokosmos" geeignet, behördenübergreifende Anwendungen von WFMS und Telekooperationswerkzeugen zu testen. Zudem gab es keine langen räumlichen Wege zum Sitz des Geschäftsbereiches von SNI in Bonn.

Der Geschäftsbereich „Öffentliche Auftraggeber" von SBS war selber nicht direkt an der Produktentwicklung von Siemens beteiligt. Für ihn ging es um die Demonstration von Lösungen, wie mit Hilfe von Internet/Intranet, Telekooperationsanwendungen und Workflow-Produkten auch Behörden in ihrer Arbeit unterstützt werden. Trotzdem stand in der Wahrnehmung der Anwender der Einsatz von Siemens-Produkten im Vordergrund. Mit der Umstrukturierung vom 1.10.1995, bei der aus SNI und Siemens AG heraus die Siemens Business Services GmbH & Co OHG gegründet wurde, verlor die Produktentwicklung im Rhein-Sieg-Kreis jedoch an strategischem Interesse der Firma Siemens und der Geschäftsbereich „Öffentliche Auftraggeber" konnte die Lösung nicht weiter entwickeln.

Realisierungspartner im Rhein-Sieg-Kreis war die GKD. Als Rechendienstleister brachte die GKD die notwendigen technischen Komponenten sowie das Know-how bezüglich der Verwaltungsanwendungen ein. Dabei handelte es sich um so unterschiedliche Verfahren wie die geographische Datenverarbeitung, Katasterdatenbanken und Schnittstellen zu den bestehenden Verfahren. Außerdem hat das Bauaufsichtsamt darüber hinaus den Benutzerservice und den Rechnerbetrieb an die GKD ausgelagert. Die GKD erhoffte von dem Projekt die Entwicklung eines modernen Baugenehmigungsverfahrens, zudem noch zu einem günstigen Preis und unter Ausschöpfung des Know-how-Gewinns an neuen Technologien, insbesondere im Telekommunikationsbereich. Der dafür notwendige Anteil an vorbereitender oder Grundlagenforschung wurde akzeptiert, stand jedoch nicht im (Verwertungs-)Interesse der GKD und wurde dann zu einem Problem für sie, als kein fertiges Produkt in der dafür vorgesehenen Zeit entwickelt wurde (Meinerzhagen 2000).

4.3.2.4 Rahmenbedingungen

Organisation: Das POLIVEST-Projekt konzentrierte sich aber nur auf die Kreis-bauaufsicht und eine Gemeinde. Unberücksichtigt blieben damit die Verfahren in den Städten mit eigener Bauaufsicht, von denen es im Rhein-Sieg-Kreis elf (bis 31.12.2000 zehn) gibt. Die Übertragbarkeit der POLIVEST-Lösung war damit von vornherein sehr gering, denn sie war ausschließlich an der Kreisverwaltung orientiert. Das ist für Akteure wie die GKD ein Problem, die für den ganzen Kreis und der dazugehörigen Städte zuständig sind (die GKD sogar noch für den oberbergischen Kreis). Auf Kreisebene problematisch ist die Doppelzuständig-keit für Informationstechnik. Während das Hauptamt grundsätzlich für die Betreuung der Nutzer und deren Schulung zuständig ist, betreibt und entwickelt die GKD im Auftrag der Ämter die IT-Verfahren. Während der Projektlaufzeit gab es immer wieder Zuständigkeitsprobleme zwischen beiden Ämtern, z.B. bei der Frage, wer welche Rechnungen bezahlt oder wer welche Zugangsrechte zu den Netzwerkinfrastrukturen erhält. Auf die daraus resultierenden Koordinati-onsprobleme und Interessenkonflikte waren die Projektinitiatoren offenbar nicht vorbereitet (vgl. die Erfahrungen dokumentiert in DLR 1999, 62).

Recht: Das Baugenehmigungsverfahren wird von der Bauordnung für das Land Nordrhein-Westfalen (BauONW) geregelt und ist vom Kreis nicht beein-flussbar. 1995 wurde die Bauordnung dahingehend geändert, dass Bauanträge in Gemeinden ohne eigene Bauaufsicht beim Kreis und nicht mehr bei der Gemein-de erreicht werden. POLIVEST musste die bis dahin erhobenen Ablaufmodelle anpassen. Auch wenn das prinzipiell möglich ist, bedeutete es in der Konzeption der einzelnen Anwendungen beträchtlichen Aufwand. Deutlich wird daran auch, dass in Verwaltungsverfahren nicht wie in privatwirtschaftlichen Anwendungen betriebswirtschaftliche optimierte Standardmodelle determinierenden Einfluss haben, sondern die rechtlichen Rahmenbedingungen der entsprechenden Gesetz-geber. Es ist ein weiteres Missverständnis, wenn aus der gesetzlichen Regelung auf eine vollständige Programmierung des Bauantragsverfahrens (oder workflows) geschlossen wird. Das Gesetz enthält Konditionalprogrammierun-gen. Die Sachbearbeiter im Rhein-Sieg-Kreis wollen jedoch selbst entscheiden, in welchem zeitlichen Ablauf sie das Verfahren abarbeiten, d.h. die Entschei-dung fällen. Es wurde also übersehen, dass die Mitarbeiter innerhalb der Vor-schriften die Vorgänge in flexiblen Arbeitsschritten bearbeiten. Ein strenges Workflow-Verfahren ist dafür nicht geeignet.

Leadership: Der Oberkreisdirektor und der für IT-Fragen und die Baube-hörden zuständige Dezernent setzten sich am Anfang stark für eine Umsetzung des Projektes ein. Sie sorgten so auch für die Teilnahme des anfangs skeptischen Leiters des Bauamtes. Nachdem dieser selber vom Projekt überzeugt war, be-durfte es dieser Legitimation nicht mehr. Der Amtsleiter nutzte die Chance, mit Hilfe des Projektes eine Anforderungsdefinition für die benötigte neue Software zu finden, seinem vordringlichsten Problem. Während der weiteren Projektlaufzeit war jedoch kein gesteigertes Interesse der Politik an dem Projekt festzustellen. Auf Bundesebene schon gar nicht, aber auch auf Landesebene nicht. Das lag evtl. auch daran, dass der Rhein-Sieg-Kreis der einzige Anwender auf kommunaler Ebene war. Lediglich der Bezirkspräsident von Düsseldorf, der nicht für den Rhein-Sieg-Kreis zuständig war, besuchte das Projekt. Aus der Bezirksregierung Köln – immerhin die obere Bauaufsichtsbehörde für den Kreis – gab es kein Interesse. Das Projekt wurde somit fast völlig im Windschatten der Politik allein von den Anwendern, Realisierern und Nutzern weiterentwickelt. Während der partizipative Ansatz bewirkte, dass die Anwender und Nutzer in der Bauaufsichtsbehörde hoch motiviert mitarbeiteten und sich mit ihren Vorstellungen weitgehend verwirklichen konnte, ist er aus Sicht der Realisierer (SBS, GKD; GMD) auch nachteilig gewesen: Durch das Eingehen auf alle Einzel und Sonderwünschen hat es in der Wahrnehmung der Beteiligten eine gewisse Verzettelung und einen unverhältnismäßig hohen Aufwand (im Vergleich zu den Kosten) gegeben (Meinerzhagen 2000; Sondermann 2000; Große-Onnebrink 2000).

Finanzierung: Ganz im Sinne der auch von der POLIKOM-Begleitforschung entwickelten erweiterten Kosten-Nutzen-Betrachtung, die neben dem „harten" Kriterium der Effizienz auch die Kriterien der Qualität und Anpassungsfähigkeit berücksichtigt (BMWi 1998, 23), sah die Firma Siemens die Einführung von WFMS als strategische Investition, um ein Re-engineering des Verfahrens zu ermöglichen. Eine solche strategische Perspektive wurde von der Verwaltung nicht eingenommen. Angesichts einer kameralistischen Aufteilung des Haushaltes und knappen Ressourcenmitteln stand für sie jede Investition unter unmittelbarem Rechtfertigungsdruck. Dies hatte Konsequenzen: Langfristige Einsparungen konnten nicht gegen hohe einmalige Investitionskosten aufgerechnet werden. Das zeigte sich auch an einem Teilprojekt, in dem eine von Siemens in Auftrag gegebene Studie die Einführung optischer Archivierung empfahl, weil sie langfristig zu Einsparungen führte, dieser Schritt aber wegen der vergleichsweise hohen Anfangsinvestitionen nicht von der Verwaltung finanziert wurde. Zum anderen ist der absolute Preis für ein Softwareprodukt überragendes Kriterium bei der Auswahl eines Produktes. Nach Projektende fand sich niemand, der die Fertigstellung des Verfahrens bezahlen wollte. Im internen Projektkreis der Entwickler von Siemens und beim Bauaufsichtsamt bestand daran durchaus Interesse. Die Fertigstellung des Verfahrens wurde von Siemens auf ca. 300.000 DM für das reine Verfahren, auf für ½ bis ¾ Million DM für die Komplettlösung geschätzt. Dies war für die Bauverwaltung und GKD zu teuer. Somit stand den ca. 5 Mio. DM Kosten, mit denen das Projekt wahrscheinlich gefördert wurde, letztlich kein realisiertes Produkt gegenüber, sondern „nur" die Erfahrungen aller Beteiligten. Die Firma Siemens war anders als zu Projektbeginn nicht mehr bereit, die Entwicklung der Produkte weiterhin zu fördern. So ist die Bundesförderung der entscheidende Motor für die Entwicklung gegeben, der jedoch nur von begrenzter Dauer war.

Qualifikation: Die Kreis- und Gemeindeverwaltung nutzte das Projekt, um sich mit den für sie neuen PC-Technologien und Intranet-Anwendungen vertraut zu machen. Sie erhielten die entsprechende technische Ausstattung und entsprechende Schulungen. Davon profitierten sie auch nach Ende der Projektlaufzeit, als die Ausstattung wieder abgegeben werden musste bzw. die Software nicht zu Ende entwickelt wurde. Die GKD erhoffte sich von dem Verfahren ein Know-how-Gewinn in Client-Server-Technologien, Intranet, Workflowlösungen und Videoconferencing. Es spricht einiges dafür, dass sie dieses Know-how auch gewonnen hat. Aufgrund der schnellen Entwicklung war das bei Projektende nach vier Jahren Laufzeit jedoch kein großer Vorsprung mehr gegenüber anderen Datenzentralen.

Technische Infrastruktur: Die Projektbeteiligten im Rhein-Sieg-Kreis wurden schnell von der Internet-Revolution erfasst, gerade noch rechtzeitig, um sie auch in ihrem Projekt zu verwenden. So war der Infopool eine auf HTML-Technik basierte Anwendung, die die GMD konzeptionierte. Die GKD baute ein TCP/IP-basiertes Verwaltungsnetz auf, das auch von den POLIVEST-Anwendungen genutzt werden konnte. Für POLIVEST wie für die anderen PO-LIKOM-Projekte blieb es jedoch ein Grundproblem, dass die in ihnen eingesetzten Prototypen in ihrer Funktionalität während der Projektlaufzeit von anderen Produkten überholt wurden, die zudem nicht gefördert wurden. Das ist besonders augenfällig an der Tatsache, dass nach dem Projektende das Bauaufsichtsamt sich auf dem freien Markt eine andere, kommerzielle Lösung einkaufte, die sogar ein völlig neues Erstellen der Textbausteine erforderte – was während der Projektzeit immer vermieden werden sollte. Es erscheint solcher kurzen Entwicklungszeiträume nicht sinnvoll, die Produktentwicklung in langjährigen Projekten zu fördern. Wie in der Gelsenkirchen-Fallstudie bereitete es besonders große Probleme, das bestehende Verfahren MABAU und die in anderen Kontexten entwickelten „Standardprodukte" zu integrieren. MABAU musste während der Entwicklungs- und Betriebszeit weiter genutzt werden. Die aus mehreren Komponenten zusammengesetzte Lösung litt bei der Umsetzung unter Performanzproblemen.

4.3.2.5   Zur Bedeutung der verschiedenen Ebenen

Das Projekt ist von der Politik zwar angestoßen und in erheblichem Umfang gefördert, nach seiner Initiierung jedoch ausschließlich von den Projektbeteiligten entwickelt und vorangetrieben worden. Die 1993 als notwendig angesehene explizite Förderung von Telekooperationstechnologien wurde von der technologischen Entwicklung schnell überflüssig gemacht. Mit Einsetzen des Internet-Booms wurde am Markt die Entwicklung von Telekooperations-, Groupware- und Videokonferenztechnologien in großer Dynamik ausgelöst. Zumindest langfristig angelegte Projekte stehen vor dem Problem, technologische Entwicklungen während der Projektlaufzeit verarbeiten zu müssen. Dieses im Prinzip nicht neue Problem wird im Internet-Zeitalter mit seiner sich beschleunigenden Entwicklung verschärft.

Das POLIVEST-Projekt zeigt, dass der Aufwand für die Berücksichtigung aller an der Baugenehmigung beteiligten Interessen erheblich ist. Der lokale Handlungskontext ist geprägt von einem sehr komplexen Verwaltungsverfahren mit vielen Beteiligten. Das Bauordnungsamt als Kernakteur bearbeitet die Verfahren in flexiblen Schrittfolgen. An einem vollständigen elektronischen Workflow gab es kein Interesse, wohl aber an einzelnen elektronischen Hilfsfunktionen. Es ist sicherlich ein Verdienst von POLIKOM, den Bedürfnissen der Nutzer im Bauordnungsamt besondere Aufmerksamkeit geschenkt zu haben. Aber die enge Zusammenarbeit von Sachbearbeiter, Entwickler und Begleitforschung in einem Büro über zwei Jahre hinweg war keine Garantie für ein gegenseitiges Verständnis der drei Perspektiven. Die gefundene Lösung bildete nur kleine Verfahrensschritte (die Bearbeitung des Posteingangs) ab, von einer umfassenden organisationsübergreifenden Vorgangsbearbeitung und der synchronen Telekooperation durch Videokonferenzen blieb man aber entfernt.

Die Lösung im POLIVEST-Projekt blieb auch deshalb hinter den Erwartungen zurück, weil sie die Rahmenbedingungen des Bauantragsverfahrens nicht berücksichtigte. Insbesondere der Einfluss der Bauordnung, die auf Landesebene geregelt wird und nach einer Änderung eine Umstrukturierung der POLIVEST-Lösung erforderte, und die unterschiedlichen Bedingungen zwischen Bauordnungsämtern auf Kreis und Stadtebene wurden nicht berücksichtigt und verhinderten eine Übertragung der Lösung. Auch die Verteilung der IT-Kompetenzen zwischen Fachamt, Organisationsamt und Rechenzentrum wirkte sich insofern negativ aus, als unterschiedliche Interessen das Projekt in verschiedene Richtungen entwickeln wollten.

4.3.3   MEDIA@Komm – Bremen Online Services

4.3.3.1   Politischer Kontext: Von Info 2000 zu MEDIA@Komm

Die Info 2000-Initiative basierte auf der Annahme, in Deutschland bestehe im internationalen Vergleich eine gute Telekommunikationsinfrastruktur. Mit dem Informations- und Kommunikationsdienstegesetz (IuKDG), das im Sommer 1997 verabschiedet wurde, passte die Bundesregierung wichtige rechtliche Rahmenbedingungen an die Bedürfnisse der Informationsgesellschaft an. Nach seiner Verabschiedung rückte die Förderung innovativer Anwendungen in den Blickpunkt der Bundesregierung. Das BMBF entwarf daraufhin den MEDIA@Komm-Wettbewerb. Mit ihm wurden die Kommunen angesprochen, integrative Konzepte für die Entwicklung innovativer Anwendungen von Informations- und Kommunikationstechnologie, insbesondere unter Einsatz digitaler Signaturen, zu entwickeln. Nicht nur die Anwendungen, sondern auch entsprechende organisatorische und rechtliche Begleitmaßnahmen sollten geschaffen werden. Der Wettbewerb stützte sich auf drei Quellen (vgl. BMBF 1998, bes. 7):

neben dem Signaturgesetz, mit dem die wesentliche rechtliche Grundlage geschaffen war, sollte die öffentliche Verwaltung eine Lokomotivfunktion in der Anwendungsentwicklung übernehmen. Und die Kommunen sollten hier wiederum vorangehen, weil sie sich durch eine gegenüber Bund und Ländern höhere Innovationsbereitschaft und häufigere persönliche Kontakte mit Bürgern und Unternehmen auszeichnen. Die besondere Rolle der lokalen Ebene war in Arbeitsgruppe 6 des Forum Info 2000 „Multimedia in Kommunen und Regionen" herausgearbeitet worden (vgl. den späteren Abschlussbericht, Forum Info 2000 1998, 21).

Der MEDIA@Komm-Wettbewerb sollte diejenigen Städte und Gemeinden ermitteln, „die die besten integrativen Konzepte erarbeiten, um multimediale Dienste, möglichst auch unter Nutzung der digitalen Signatur, zu entwickeln und ihre Möglichkeiten und wirtschaftlichen Potentiale zu demonstrieren" (BMBF 1998, 6). In einer ersten Runde wurden zehn Städte und Gemeinden ausgewählt. Sie erhielten für die Konkretisierung ihrer Ideen ein halbes Jahr lang eine Förderung von 150000 DM. In einer zweiten Runde wurden daraus drei Gewinner ermittelt: ein Städteverbund um Nürnberg, Esslingen und Bremen. Diese erhalten knapp die als Anreiz zur Teilnahme ausgeschriebene Summe von 60 Mio. DM über drei Jahre lang. Im Folgenden wird das Projekt in Bremen vorgestellt, an dem von den Autoren Herbert Kubicek und Martin Hagen mitgearbeitet haben. Das Projekt trägt inzwischen den Namen "Bremen Online Services".

Koordination mit anderen Projekten: Der geforderte integrative Ansatz ließ als mögliche Konzepte eine Vielzahl unterschiedlicher Initiativen voraus, deren Ziele breit zwischen Verwaltungsreform und Förderung von e-commerce gestreut waren. Obwohl sich daraus inhaltliche Anknüpfungspunkte an die Schlanker-Staat-Projekte oder die e-commerce-Aktivitäten des Wirtschaftsministeriums ergaben, war keine formale gesteuerte Verknüpfung mit diesen vorgesehen. Das wäre angesichts der unterschiedlichen Verwaltungsebenen auch mit erheblichem politischem Aufwand verbunden. Dafür sah der Ausschreibungstext vor, dass die erfolgreichen Konzepte sich durch das Eingehen von Entwicklungspartnerschaften, besonders Public-Private-Partnerships (PPP) auszeichnen sollten (BMBF 1998, 8 f.). Im Rahmen einer Begleitforschung sollten die Gewinner zur Zusammenarbeit ermutigt werden und die Ergebnisse zur Nachahmung bzw. Adaption aufgearbeitet werden. In Bremen ergänzen das Projekt und andere Initiativen aus den Bereichen e-Commerce-Förderung und Verwaltungsreform sich gegenseitig. Dazu gehören z.B. die Einrichtung eines ebenfalls durch Bundesmittel geförderten Kompetenzzentrums e-commerce, die Ansiedlung von Technologieunternehmen und die Förderung von Breitbandkommunikationstechniken. Im Rahmen der Einführung des Neuen Steuerungsmodells gewinnt die Kundenorientierung an Priorität. So wurde in Bremen ein elektronischer Behördenwegweiser entwickelt, zwei Ortsämter modellartig zu Bürgerämtern umgewandelt und ein verlängerter Dienstleistungsabend eingeführt. Das dadurch geförderte Bewusstsein für die Kundeninteressen fördert auch die Umsetzungsbereitschaft der Behörden bei Bremen Online Services. *Koordination Bund-Land-Kommunen:* Der MEDIA@Komm-Wettbewerb richtete sich ausschließlich an Kommunen. Für diese bedeutete er ein Novum. Anders als Unternehmen haben sich Kommunen in der Vergangenheit eher selten als in Konkurrenz zueinander stehend empfunden. Im Rahmen des interkommunalen Erfahrungsaustauschs stand die Verbreitung innovativer Ideen im Vordergrund. Die Nachahmung eigener Leistungen durch andere Kommunen wurde als Anerkennung geschätzt. Bei größer werdender Standortkonkurrenz und nach Einführung von Qualitätsvergleichen im Rahmen des New Public Management ändert sich das; und der MEDIA@Komm-Wettbewerb verstärkt die Tendenz. Bemerkenswert an MEDIA@Komm ist die Ausblendung der Landesebene. Eine Abstimmung mit den Landesinitiativen zur Entwicklung der Informationsgesellschaft, wie z.b. media NRW oder Bayern Online, fand zunächst nicht statt. Sie muss erst im Laufe der Projektzeit durch die Kommunen selber geleistet werden, die Einfluss auf die Länderebene nehmen.

4.3.3.2 Projektbeschreibung

Bürger, Mittler und Unternehmen müssen aus ordnungsrechtlichen Gründen, z.b. Ummeldung der Wohnung, Baugenehmigung, Zahlung von Bußgeldern, Festsetzung von Steuerschulden, aus Gründen der Inanspruchnahme von Leistungen, z.b. die Anmeldung zur Hochschulprüfung, oder als Auftragnehmer öffentlicher Aufträge mit der Verwaltung interagieren. In allen Bereichen treten für Bürger und Unternehmen ähnliche Probleme auf. Bürger haben selten Kontakt mit der öffentlichen Verwaltung. Deshalb kennen sie häufig nicht die Zuständigkeiten für ihr Anliegen und die notwendigen Formerfordernisse des Verfahrens. Aufgrund ungenügender oder falscher Informationen können zusätzliche Wege entstehen. Erschwerend kommt hinzu, dass oft mehrere Behörden für ein Anliegen zuständig sind. Die Aufgabenaufteilung hat verwaltungsinterne, z.T. auch historisch gewachsene Gründe und entspricht nicht der Kundensicht (siehe FHB 1998, 35). Die Öffnungszeiten sind oft wahre „Bürozeiten" (dies beginnt sich zu ändern), und der Gang zu den räumlich über die Stadt oder gar den Landkreis verteilten Behörden ist häufig aufwendig.

In der Abwicklung der Behördenkontakte treten dabei regelmäßig Probleme auf. Das erste ist das Zuständigkeitsproblem. Häufig ist es für den Bürger nicht auf Anhieb zu erkennen, wer für sein Anliegen zuständig ist. Dazu tragen sowohl die historisch gewachsene Aufteilung der Zuständigkeiten zwischen Bundes, Einzelstaats und Kommunalebenen als auch die funktionale Zersplitterung moderner Verwaltungen bei. Nur in wiederkehrenden Fällen lernt der Bürger die Zuständigkeiten mit einiger Sicherheit kennen.

Verbunden mit dem Zuständigkeitsproblem ist das Korrektheits- bzw. Aktualitätsproblem der einschlägigen Verzeichnisse oder Informationsquellen, wie z.B. den „Blue Pages" in den amerikanischen Telefonbüchern. Für viele Bürger sind solche Informationen auch nicht zu Hause verfügbar. Sie suchen deshalb Verwaltungsdienststellen, die sie kennen, auf oder rufen sie an. Wenn sie dort nicht richtig sind, ist auch nicht immer sicherzustellen, dass sie an die richtigen Behörden weitergeleitet werden können. Zudem sind Informationen häufig nicht vollständig. Fehlende Öffnungszeiten oder Hinweise auf mitzubringende Dokumente sorgen für doppelte Wege.

Damit ist das Zugangsproblem angesprochen, das sowohl eine räumliche als auch eine zeitliche Dimension hat. Viele Anträge müssen oder sollen bei Behörden eingereicht werden, wenn sie nicht per Post oder Brief eingesendet werden können. Das erfordert Fahrten und Wartezeiten. Dazu kommen Öffnungszeiten, die sich i.d.r. auf die Kerngeschäftszeit beschränken. Diese kollidieren mit der Kernarbeitszeit vieler Bürger. Für diese bedeuten Behördengänge organisatorischen Aufwand. Hier ist zu berücksichtigen, dass viele Meldungen auch per Post oder telefonisch vorgenommen werden können. Trotzdem gilt für diese Meldungen, dass die Formulare zunächst besorgt werden müssen. Dies macht u.U. auch ein Aufsuchen der zuständigen Stellen erforderlich.

Der Aufwand beschränkt sich nicht auf das Aufsuchen des richtigen Ortes zur richtigen Zeit. Auch kognitiver und physischer Aufwand ist notwendig. Die einschlägigen Gesetze und Regelungen, mindestens aber die Formulare und die in ihnen nachgefragten Angaben, müssen verstanden werden. Beim Ausfüllen der Formulare sind Medienbrüche ärgerlich, wenn Daten aus eigenen IT-Programmen, wie z.B. Haushaltsprogrammen, nicht in Anträge übernommen werden können. Häufig werden die Anträge auf Behördenseite dann wieder e-lektronisch erfasst. Am Beispiel Umzug soll exemplarisch der Aufwand demonstriert werden, der bei einer Veränderung der persönlichen Verhältnisse für Bürger anfällt:

- Die neue Adresse muss nach dem Umzug innerhalb einer Woche bei der Meldestelle angegeben werden (BremMG, §13, Abs. 1). Diese nimmt die Veränderung in der Einwohnermeldekartei vor und bescheinigt die Adressenänderung auf dem Personalausweis. Wenn vorhanden, muss auch in der Kfz-Zulassung eine Adressenänderung vorgenommen werden. I.d.R. ist dafür eine andere Behörde, die Kfz-Zulassungsstelle, zuständig.

- Neben den amtlichen Behörden sind private Dienstleister zu verständigen, wie z.B. Tageszeitungen und Zeitschriften (Abonnements), Versicherungen (Hausrat, Haftpflicht, Kfz usw.), Banken u.v.m. Bereits vor dem Umzug waren die Telekommunikations- und Postdienstleister, meistens immer noch Deutsche Telekom und Deutsche Post AG, sowie die Stadtwerke zu benachrichtigen, damit die nötigen Anschlüsse bzw. Nachsendungen vorgenommen werden können.

Bei all diesen Änderungsmitteilungen teilt der Bürger dieselben Daten mit: Name, alte und neue Adresse. Ergänzen muss er, sofern in der Lage dazu, die jeweilige Kundennummer (allgemein: Identifikationsschlüssel). Alle Behörden und Dienstleister müssen die Daten IT-technisch empfangen und nach der Durchführung von Plausibilitätskontrollen mit ihrem eigenen Datenbestand abgleichen.

Ziele: Online-Dienstleistungen können aus Sicht der Kunden eine Reihe von Defiziten herkömmlicher Verwaltungsverfahren ausgleichen. Sie ermöglichen eine bequemere Beantragung, wenn sie von zu Hause aus möglich und nicht mehr an die oft engen Öffnungszeiten gebunden ist. Dabei lassen sich mit Hilfe elektronischer Verzeichnisse bzw. automatischer Zustellung auch die korrekten Zuständigkeiten ermitteln. So können die Bürger Kosten sparen, insbesondere Portokosten. Voraussetzung für eine Nutzung sind dabei die Einhaltung von Sicherheitsanforderungen der Bürger, die Vertrauenswürdigkeit, die Benutzerfreundlichkeit und ggf. eine entsprechende Beratung bei technischen und inhaltlichen Problemen. Mit dem Anbieten von Online-Dienstleistungen verknüpfen sich unterschiedliche Interessen der öffentlichen und privaten Dienstleister. Dazu zählen die Einsparung von Ressourcen bei der Bearbeitung von Massenverfahren, die Vermeidung von Medienbrüchen und eine Erhöhung der Kundenorientierung. Diesen Anforderungen soll Bremen Online Services erfüllen. Dabei sollen „die einer breiten Anwendung von sicheren und rechtsverbindlichen Transaktionen unter Verwendung digitaler Signaturen noch entgegenstehenden technischen, organisatorischen, rechtlichen, wirtschaftlichen und soziokulturellen Barrieren durch einen integrierten ganzheitlichen Ansatz in verallgemeinerbarer Weise praktisch" überwunden werden (Projektantrag für den Projektträger, S. 4).

Als besonders problematisch wurde die Schaffung eines Nutzens gesehen, der den Einsatz von digitalen Signaturen und dem damit verbundenen Aufwand bereits zu einem frühen Zeitpunkt rechtfertigt. Dazu wurden zwei Lösungswege gewählt: Für professionelle Kunden der Verwaltung, die Mittler, lohnen sich Geschäftsvorfälle, die häufig mit der Verwaltung anfallen. Das können Steuererklärungen für Steuerberater, die Einreichung von Schriftstücken für Rechtsanwälte, oder die Zulassung von Kfz sein (s. zu letztem Punkt auch die Gelsenkirchen-Fallstudie). Für Bürger ohne häufigen Kontakt eignet sich eine Integration der Geschäftsvorfälle nach Lebenslagen. Dabei sollen Geschäftsvorfälle so gebündelt werden, dass in bestimmten Lebenssituationen oder Phasen der Bürger nicht suchen oder von Behörde zu Behörde laufen muss, um sein Anliegen zu erfüllen, sondern alles an einem Ort erledigen kann. Die One-Stop-Government-Anwendungen sollen den Bürgern unnötiges Suchen und mehrfache Angaben, z.B. des Namens, der alten und der neuen Adresse ersparen. Die Verwaltungen sollen profitieren, weil sie die Daten automatisch und in elektronischem Format bekommen, so dass ihr Erfassungsaufwand wegfällt. Der Umzug ist das meistgebrauchte Beispiel in diesem Zusammenhang, das auch deshalb bei Bremen Online Services einen exemplarischen Charakter hat und im Folgenden näher beschrieben wird. Andere Anwendungsbündel sind in den Bereichen Bau eines

Hauses, Kauf eines Autos, Schriftverkehr zwischen Rechtsanwälten/Notaren und Gerichten, Kommunikation Steuerberater/Finanzamt, Umzug und Wohnen, Öffentliche Auftragsvergabe, Studium, Freizeit und elektronischer Zahlungsverkehr mit der Verwaltung angesiedelt.

Ergebnisse: Das Konzept wurde maßgeblich vom strategischen Informationstechnikreferat (Referat für Technikunterstützte Informationsverarbeitung (TuI) bis 1999 bei der Senatskommission für das Personalwesen, ab 2000 beim Senator für Finanzen), dem Technologiezentrum Informatik (TZI) der Universität Bremen und der Beratungsgesellschaft für Telekommunikation und Mehrwertdienste Eutelis Consult, Ratingen, entwickelt. Das erste Grobkonzept wurde zwischen Februar und April 1998 von der Projektleitung, der Deutschen Telekom und der Sparkasse Bremen erstellt. Nach dem Sieg in der ersten Runde begann die Phase der Konkretisierung und weiteren Ausarbeitung des Konzeptes, die sich vom Mai 1998 bis zum Januar 1999 erstreckte. In dieser Zeit wurde das Projekt von eine Steuerungsgruppe, in der die Projektpartner sowie der Senator für Wirtschaft, Mittelstand, Technologie und Europaangelegenheiten (SWMTE), die Bremer Kommunikationstechnik BreKom als Telekommunikationsdienstleister der Stadt, die Handelskammer und die Bremer Innovationsagentur (zunächst auch die Wirtschaftsförderungsgesellschaft), vertreten waren. Die inhaltliche Arbeit wurde von der SKP, Eutelis Consult und dem TZI getragen, wobei die Konkretisierung in Zusammenarbeit mit Verwaltungen und Firmen erfolgte, die in mehreren Arbeitsgruppen sowohl die Plattform als auch die Online-Dienstleistungen spezifizierten.

Nach dem Sieg im März 1999 begann das Projekt offiziell zum 1. September des Jahres. Die Bundesförderung von letzlich bewilligten 16,5 Mio. DM läuft bis zum 30.8.2002. Die Umsetzung des Konzeptes erfolgt durch die neu gegründete Firma „Bremen Online Services GmbH & Co KG" (BOS), eine PPP der Freien Hansestadt Bremen, der Deutschen Telekom AG, der Sparkasse Bremen, Brokat Informationssysteme AG, VSS Gesellschaft für Beratung, Projektmanagement, Informationstechnologien, BreKom Bremer Kommunikationstechnik GmbH, Signum Unternehmensberatung GmbH, Bremer Straßenbahn AG und dem mcb Multimedia Centrum Bremerhaven. Neben diesen Geldgebern sind ca. 50 öffentliche und private Dienstleister als Umsetzungspartner beteiligt.

Bremen Online Services ist in drei gleichberechtigte und –gewichtete Komponenten gegliedert. Im Teilvorhaben "Zugang" soll der Zugang der potentiellen Nutzer zu Online-Dienstleistungen optimiert werden. Im Zentrum steht dabei die Integration der Signaturanwendung auf den Geld und ec-Karten der deutschen Kreditwirtschaft. Dafür sind aus Bremen heraus umfangreiche Abstimmungsprozesse zwischen Kreditwirtschaft, Kartenherstellern und PKI-Betreibern zu koordinieren. Weiterhin werden unterschiedliche Zugangsorte und –formen erprobt. Neben Privat-PCs sollen betreute Zugangsplätze in öffentlichen und privaten Einrichtungen geschaffen werden.

Das Teilvorhaben „Plattform" setzt sich aus Modulen für die sichere und rechtsverbindliche Übertragung von elektronischen Anträgen und Bescheiden, die Überprüfung der Signatur-Zertifikate in den SigG-konformen PKIs und die Abwicklung des Zahlungsverkehrs für Geldkarten, Überweisungen, Lastschriftverfahren und Kreditkarten zusammen. Soweit möglich, sollen dabei vor allem im electronic banking eingesetzte Komponenten verwendet und angepasst werden. Was diese nicht leisten können, soll entwickelt werden. Als Übertragungsprotokoll kommt dabei Online Services Computer Interface (OSCI) zum Einsatz. Dieses Protokoll ähnelt der Idee des Home Banking Computer Interface (HBCI) Standards der Kreditwirtschaft. Die inhaltliche Spezifikation der Nachrichten wird von Bremen in Zusammenarbeit mit den kommunalen Spitzenverbänden vorangetrieben. Im Teilvorhaben „Online-Dienstleistungen" werden für Bürger und Wirtschaft attraktive Anwendungsbündel aus den Bereichen umgesetzt. Dabei geht es für die beteiligten Verwaltungen und Dienstleister um ein Reengineering der backoffice-Verfahren, die eine medienbruchlose Weiterverarbeitung ermöglichen. Als Übergangslösung werden diese Verfahren über eine Schnittstelle angesprochen, wobei bevorzugt OSCI eingesetzt werden soll. Im Jahr 2000 entwickelte BOS eine Pilotanwendung, die im September 2000 auf dem MEDIA@Komm-Kongress das Signieren mit der digitalen Signatur nach SigG und die Bezahlung per GeldKarte über Internet fortführte. Die Fertigstellung der Anwendung dauerte danach bis Januar 2001. Die Pilotanwendung beschränkt sich auf fünf ausgewählte Dienstleister, das Standesamt Bremen-Mitte, die swb Enordia (ehemals Stadtwerke), die Deutsche Post AG, die Sparkasse Bremen und die Bremer Straßenbahn AG. Kriterium war dabei u.a. auch die Umsetzungsbereitschaft der jeweiligen Dienstleister. Der Pilot fordert von den Benutzern den Einsatz einer SigG-konformen Signatur. Dazu ist der Einsatz einer Chipkarte und eines Chipkartenlesers erforderlich. Wegen erheblicher Kompatibilitätsprobleme wurde der Pilot nur für eine einzelne Kombination von Hard und Software entwickelt: Die Signaturkarten müssen von der TeleSec ausgegeben werden, und es muss ein Kartenleser mit der Schnittstelle B1 verwendet werden. Wegen der gleichzeitig realisierten Bezahlanwendung über GeldKarte muss dieser zudem dem Sicherheitsstandard IT-SEC 3 entsprechen (vgl. als Überblick Abb. 20).

Entgegen den Zielvorstellungen des Prototypen konnten die Realisierer keine integrierte Formular, Signier und Bezahlanwendung entwickeln. Stattdessen werden drei verschiedene „Applets" entwickelt. Neu wurden die Formulare programmiert, die die Daten der Nutzer abfragen. Sie verfügen dabei über eine One-Stop-Government-Funktion. Damit können sie bereits gespeicherte Angaben des Nutzers von einem zentralen BOS-Server aufrufen, wenn dieser sich mit der Signaturkarte identifiziert. Die Daten werden dann an ein Signatur-Applet geschickt, das vorher getrennt auf dem Anwenderrechner installiert werden muss. Mit Hilfe dieses Applets können dann die Daten signiert und verschlüsselt an die BOS-Plattform geschickt werden. Dabei werden sie in einem einfachen Key-

Value-Pärchen-Format geschickt. Auf der BOS-Plattform werden diese Daten entschlüsselt und die Signatur geprüft. Bei Erfolg werden sie wiederum mit Hilfe von PGP verschlüsselt an die Dienstleister per E-Mail geschickt. D.h., dass hier noch nicht OSCI verwendet wird und die Dienstleister diese Daten faktisch nicht automatisch weiterverarbeiten, sondern als E-Mail behandeln, die dann wiederum manuell in das Kundensystem eingepflegt werden müssen. Es handelt sich also um keine integrierte Anwendung.

Abbildung 20: Systemarchitektur BOS-Pilot (stark vereinfacht)

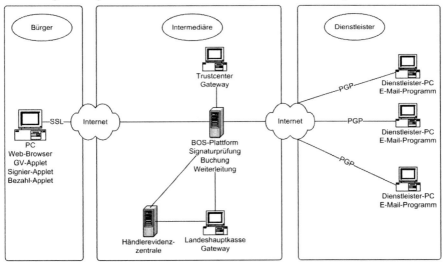

Die Pilotanwendung realisiert außerdem die Funktion der GeldKarten-Zahlung. Diese Funktion ist bei der Bestellung der Personenstandsurkunden erforderlich. Technisch musste dazu ein elektronisches Händlerterminal eingesetzt und ein Datenaustausch mit der Landeshauptkasse implementiert werden. Das ist ähnlich aufwendig wie die Implementation der digitalen Signatur, was häufig übersehen wird. Der Pilot weist bezüglich seiner Funktionalität damit Schwächen auf, die erst in der Weiterentwicklung behoben werden können. Es fehlt eine integrierte Anwendung, in der Signier und Zahl mit der Antragsfunktion verknüpft sind. Die Übertragung geschieht nicht durchgängig auf Basis von OSCI. Eine automatische Weiterverarbeitung in den Verfahren findet noch nicht statt. BOS, die Realisierer und die Dienstleister arbeiten auf Grundlage der Erfahrungen mit dem Piloten an der weiteren Realisierung. Dabei wird insbesondere der Frage nachgegangen, welche technischen Komponenten der BOS-Plattform die geäußerten Anforderungen erfüllen können.

4.3.3.3 Lokaler Handlungskontext

Verwaltung: Bei der Darstellung des Handlungskontexts wird sich auf das Anwendungsfeld Umzug beschränkt. Entsprechend der unterschiedlichen rechtlichen Zuständigkeiten und des Fallaufkommens variiert die Organisationsstruktur der Dienstleistungsstellen. Meldestellen und Kfz-Zulassungsstelle sind dem Stadtamt in fachlicher Hinsicht zugeordnet, die meisten der 14 Meldestellen dienstrechtlich den Ordnungsämtern. Im Stadtstaat Bremen von besonderer organisatorischer Bedeutung ist die Aufgabenteilung zwischen den zentralen Stadtbezirken (Bremen-Mitte) und Bremen-Nord (Vegesack u.a.). Die Kfz-Zulassungsstelle Bremen-Mitte ist für das zentrale Stadtgebiet, die Kfz-Zulassungsstelle beim Ortsamt Vegesack für Bremen-Nord zuständig.

Das Stadtamt ist für ordnungsrechtliche Aufgaben zuständig. Dazu gehören u.a. das Einwohnermeldewesen und die Kfz-Zulassung in Bremen, die jeweils in eigenen Behörden betreut werden. Zu den inhaltlichen Aufgaben wurde bereits im Zuge der Projektbeschreibung Stellung genommen. Im Folgenden sollen in allgemeiner Form die verfahrenstechnischen Aufgaben beschrieben werden. Die Sachbearbeitung in der öffentlichen Verwaltung ist geprägt durch die Rechtsgebundenheit des Verwaltungshandelns und die Gebote der Überprüfbarkeit und (wenigstens formal) der Transparenz. Dafür ist die Einhaltung der Formerfordernisse erforderlich. Dazu gehören Anforderungen an die Identifikation des Antragstellers durch persönliches Erscheinen, Unterschrift und/oder Vorlage von Ausweispapieren, die Notwendigkeit von Belegen für dem Antrag zugrunde liegende Sachverhalte wie z.B. Zeugnisse, Bescheinigungen oder Personenstandsurkunden. Ein Verwaltungsakt kann erst auf Basis vollständiger Unterlagen erlassen werden. Bei der Entscheidung über Gewährung eines Antrages ist zwischen formal hoch standardisierten Verfahren und solchen mit großem Ermessensspielraum zu unterscheiden. Zu ersteren gehören z.B. die Kfz-Zulassung oder die Adressenänderung, zu den zweiten die Erteilung einer Baugenehmigung, Vergabe eines Zuschlags oder die Zulassung zur Prüfung. Die Ummeldung der Wohnung ist eine ordnungsrechtliche Pflicht der Bürger, die sich äußerlich in der Sachbearbeitung kaum von den hoch standardisierten Verwaltungsverfahren unterscheidet.

Private Dienstleister wie die Stadtwerke, die Deutsche Post, die Deutsche Telekom und die Tageszeitung verfügen über unterschiedliche Filialnetze, Kinos und SV Werder Bremen über unterschiedliche Vertriebskooperationen, z.B. mit Verkauf der Tickets bei Sparkassen. Die Bearbeitung von Aufträgen und Bestellungen in der Privatwirtschaft teilt einerseits Merkmale derjenigen in der öffentlichen Verwaltung, andererseits ist sie statt an der Einhaltung von Formerfordernissen stärker an den Bedürfnissen der Kunden orientiert. So sind die Adressenänderungen für Krankenkassen und Tageszeitungen zwar keine Bürgerpflicht, dafür aber Voraussetzung zur Aufrechterhaltung der Geschäftstätigkeit.

In der öffentlichen Verwaltung dominieren in „Massengeschäften" wie Meldewesen, Kfz-Zulassung, Steuer und universitäre Zulassungswesen Host-Verfahren mit Terminalanbindung in den einzelnen Dienststellen. Dazu gehören z.b. das DEMOS (Meldewesen) und FAZID (Kfz-Wesen)Verfahren des Stadtamtes. DEMOS ist ein Host-Verfahren (IMS/ADABASTP) mit Terminalbetrieb. In der zentralen Meldebehörde werden COMFOLINK-Terminalemulationen eingesetzt, in den Bürgerämtern gibt es HOBLINK Terminalemulationen mit Online-Schnittstellen zu FAZID und KBS. Das FAZID-Verfahren läuft auf einer IMS mit Betriebssystem OS 390 2.6, und Terminalemulationen IBM Personal Communication 3270 in der Kfz-Zulassungsstelle Bremen-Mitte, im Straßenverkehrsamt Bremen-Nord (OA Vegesack) mit einer HOBLINK Terminal-Emulation. Die Verfahren haben Online-Schnittstellen u.a. zu DEMOS und KBS. Die Bearbeitung der Verfahren erfolgt durch die Mitarbeiter an ihren PCs weitgehend online. Zur Verrechnung ist eine Anbindung an die Landeshauptkasse erforderlich.

Private Dienstleister setzen ebenfalls automatisierte Systeme zur Kundenbetreuung und zum Vertrieb von Leistungen ein. Dazu gehören Hostsysteme wie Datenbank und Vorgangsverfolgungssysteme, aber auch spezielle Customer Relations Management Systeme zur Unterstützung des Marketings oder Ticketbuchungssysteme mit Online-Schnittstellen.

Für alle Dienstleister gilt, dass die Adressenänderung ein Massengeschäft sind, das vergleichsweise häufig vorkommt. Sie sind deshalb an eine Effektivierung des Verfahrens interessiert. Richtige Adressen sind für die Verwaltung aus Ordnungsgründen, für private Dienstleister zur Gewährleistung der Dienstleistungsqualität und zur Kundenpflege notwendig.

Bürger: Für den Bürger ist der Umzug ein seltenes Ereignis. Zieht er um, muss er eine Reihe von privaten und öffentlichen Dienstleistern beauftragen. Dabei handelt er außerhalb einer Organisation, als Privatmann bzw. Familienmitglied. Er muss seine neue Adresse an die genannten Institutionen melden, und dabei im Prinzip immer dieselben Angaben machen, ergänzt durch jeweils eigene Kundennummern oder weitere Angaben. Für ihre elektronische Abwicklung Voraussetzung ist ein PC und Internet-Anschluss. Legt man Zahlen aus dem Bundesgebiet zugrunde, hatten 1998 zwischen 10 und 25 Prozent der Privathaushalte einen Online-Zugang, Tendenz steigend.

Interessen der Realisierer: An der Realisierung von Bremen Online Services wirken Institutionen aus drei Gruppen mit: die Freie Hansestadt Bremen, Infrastrukturdienstleister und Systementwickler. Sie haben sich in der Bremen Online Service GmbH & Co KG zusammengeschlossen, die mit der Durchführung des Projektes beauftragt ist. Nach der Projektlaufzeit soll BOS die Plattform aus Erlösen aus eigener Geschäftstätigkeit langfristig weiter betreiben. Die Freie Hansestadt Bremen beteiligt sich mit 51 Prozent an der Gesellschaft. Dahinter verbergen sich zwei Interessen, die typisch für moderne Kommunen sind: die Förderung von e-commerce am Standort und die Verwaltungsmodernisierung mit Hilfe von Informationstechnik. Ersteres trägt dem notwendigen Struktur-wandel weg von der Werft und Hafenindustrie Rechnung, das zweite der prekären Finanzlage des Stadtstaates Bremen. Die Sparkasse Bremen hat nach eigenen Angaben mehr als 50 Prozent der Privat und Firmenkunden in Bremen. Von der Integration der digitalen Signatur auf der GeldKarte und später der ec-Karte verspricht sie sich langfristig eine höhere Kundenbindung und die Öffnung neuer Märkte. Eine ähnliche Strategie verfolgt sie mit dem elektronischen Fahrschein. In diesem Pilotprojekt mit der Bremer Straßenbahn AG, die sich ebenfalls an BOS beteiligt, wird der Fahrschein elektronisch auf die Geldkarte geladen. Mit BOS erhofft sich die Sparkasse Bremen, einen Know-how-Vorsprung gegenüber ihren Mitbewerbern aufzubauen bzw. zu bewahren. Die Deutsche Telekom AG und die BreKom, in Bremen der Betreiber des Behördennetzes, sind an einer Steigerung des Netzverkehrs und der Erschließung neuer Wertschöpfungsberei-che im Bereich digitale Signaturen/Zertifikate interessiert, also der Ausgabe von Signaturen und Zertifikaten sowie dem Betrieb des Trustcenters. Mit BOS sollen in diesem Bereich neue Geschäftsfelder erschlossen werden. Für beide Tele-kommunikationsunternehmen geht es dabei auch um die Festigung der eigenen Stellung im regionalen Markt von Bremen. Die Systementwickler, zu denen das Softwarehaus Brokat und die Entwicklungs- und Beratungsfirmen VSS und Signum gehören, versprechen sich durch BOS einen Know-how-Gewinn im Bereich Electronic Government. Brokat ist mit seinen Middleware-Lösungen bisher vor allem im Bereich Electronic Banking erfolgreich. VSS und Signum haben öffentliche Verwaltungen bisher bei internen IT-Projekten beraten. Die Realisierung von Online-Transaktionen bedeuten für sie ein neues Geschäftsfeld. Das Engagement bei BOS erklärt sich darüber hinaus auch durch die Hoffnung auf die Erteilung von Realisierungsaufträgen im Zusammenhang mit dem Pro-jekt.

4.3.3.4   Rahmenbedingungen

Organisation: Der Status Bremens als Stadtstaat machte die Entwicklung des Projektes einfacher. Durch die räumliche Nähe und die deckungsgleichen Zu-ständigkeitsbereiche des Gesetzgebers und auch der unteren Verwaltungsebene gibt es weniger Abstimmungsprobleme zwischen beiden Bereichen. Als PPP soll BOS sowohl die Interessen der Stadt als auch diejenigen der privaten Geldgeber vertreten. Der Ansatz setzt sich in der Besetzung der Geschäftsführung vor, in der ein Berater der Firma Eutelis Consult und die Referatsleiterin für Technikun-terstützte Informationsverarbeitung mit einer halben Stelle tätig sind, mit der anderen Hälfte aber in ihren Organisationen verbleiben. Durch einen moderie-renden Projektansatz wird versucht, die Beteiligung der vielen Institutionen aus der öffentlichen Verwaltung und der Privatwirtschaft an dem Projekt trotz deren unterschiedlicher Organisationskulturen auch weiterhin sicherzustellen. Dazu werden große Teile der Projektarbeit in Arbeitsgruppen entwickelt, in der Vertreter beider Bereiche sitzen. Das war auch während der Entwicklung des Piloten der Fall. Ähnlich ist die OSCI-Leitstelle organisiert, in der die Sicherheitsschicht mit IT-Realisierern, und die Anwendungsschicht mit interessierten Anwendern der Verwaltung entwickelt werden.

Recht: Die Unsicherheit über die genauen Anforderungen, die digitale Signaturen und Komponenten einer PKI langfristig im Verkehr mit der öffentlichen Verwaltung erfüllen müssen, konnten durch das deutsche Signaturgesetz nicht behoben werden. Die Verabschiedung des Maßnahmenkataloges durch das BSI erfolgte erst über ein Jahr nach Inkrafttreten des Gesetzes. Parallel wurde auf der Ebene der europäischen Union über die Signaturrichtlinie verhandelt. Sie wurde im November 1999 beschlossen und trat Anfang 2000 in Kraft. Das deutsche Signaturgesetz muss nun in entscheidenden Punkten angepasst werden. Insbesondere sieht die Europäische Richtlinie für digitale Signaturen vor, dass öffentliche Verwaltungen nur in zu begründenden Ausnahmefällen qualifizierte digitale Signaturen, wie diejenigen entsprechend des deutschen Signaturgesetzes, vorschreiben dürfen. Das Problem ist dabei weniger der generelle Sicherheitsgrad digitaler Signaturen, als vielmehr eine verbindliche Präzisierung der zu erfüllenden Anforderungen. In Bremen werden deshalb zusätzlich zu den bisherigen Signaturen weitere Signaturen zugelassen werden.

Das SigG regelt nur die Vergabe der Signaturen. Es enthält keine Aussagen über die Zulässigkeit der Signaturen in Verwaltungsverfahren. Das wurde in Bremen früh berücksichtigt und parallel zur Bewerbung ein Experimentiergesetz entworfen, das zeitgleich beraten und bereits im Mai 1999 vom Senat und der Bremischen Bürgerschaft verabschiedet und in Kraft gesetzt wurde. Es sieht zeitlich, räumlich und inhaltlich begrenzte Ausnahmeregelungen für die Gleichstellung der digitalen Signatur mit herkömmlichen Verfahren zum Zwecke der Erprobung vor, die auf Antrag vom Senator genehmigt werden können. Bremen kann hier seinen Status als Stadtstaat nutzen. Hier ist die Distanz zwischen operativer Ebene, auf der die Probleme auftauchen, und gesetzgebender Ebene gering genug, um schnelle Lösungen zu erreichen.

Für weitere Verfahrensvorschriften benötigt auch Bremen Anpassungen auf der Bundesebene. Eine Landesverordnung bzw. -gesetze, die gleichlautend mit Bundesvorschriften bzw. -gesetzen sind oder die im Wesentlichen durch Bundesrahmengesetze bestimmt werden, sind z.B. das Bremische Meldegesetz und das Bremische Verwaltungsverfahrensgesetz. Verordnungen und Gesetze in Landeszuständigkeit sind die Landesbauordnung, die Bauvorlagenverordnung, die Gebührenordnung und das Bremische Hochschulgesetz. Private Dienstleistungen aus dem Bereich Stromversorgung, Telekommunikation/Fernsehen, Post und Krankenkassen werden aufgrund unterschiedlicher Gesetze angeboten.

Die Formerfordernisse der Verfahren variieren. Im Bereich der öffentlichen Verwaltung gilt grundsätzlich die vom Verwaltungsverfahrensgesetz vorgesehene Formfreiheit. Wesentlich für den Ablauf der Verwaltungsverfahren sind immer die Schritte Antrag, Bearbeitung und Entscheidung. Im Einzelnen werden die Formvorschriften durch spezielle Regelungen konkretisiert. Im Bremischen Meldegesetz ist z.B. bislang das persönliche Erscheinen vorgesehen. Darauf muss bei einer Online-Transaktions-Anwendung verzichtet werden. Aber auch hier hat das Experimentiergesetz eine Katalysatorfunktion gespielt, weil die zuständige Bremer Referentin entsprechende Vorschläge in die gemeinsamen Gremien der Länder und dessen Bundes einbringen kann, die über entsprechende Novellierungen beraten. Private Dienstleister bearbeiten dagegen Anträge häufig formlos und verzichten auf eine zwingende Unterschrift, obwohl sie aus Effizienzgründen häufig ebenfalls Formulare einsetzen.

Leadership: Die politische Unterstützung für das Projekt war von Beginn an hoch. Die Förderung von e-commerce und der Einsatz von Informations- und Kommunikationstechnik zur Verwaltungsreform sind damit wichtige strategische Ziele der Bremer Regierung. Das Engagement der beiden Bürgermeister, die zudem beide großen politischen Lager vertreten, sichert dem Projekt die Unterstützung aus Behörden und der Bremer Wirtschaft. Doch die Kooperation und Beteiligung der Behörden und der Privatwirtschaft kann nur durch Moderations- und Koordinationsanstrengungen erreicht werden, denn machtpolitische Durchsetzungsinstrumente im Bereich Online-Verwaltungsleistungen fehlen.

Finanzierung: Die kurzfristige und vergleichsweise breite Umsetzung ist nur durch die Bundesförderung möglich. Ohne sie hätten die Stadt und die Kommanditisten nicht die Investitionen in den Auf und Ausbau der Zugangsmöglichkeiten, der Infrastruktur und der Anwendungen vorgezogen. In Bremen soll es jedoch nicht um ein Pilotprojekt gehen, sondern um die dauerhafte Etablierung einer Plattform und entsprechender Anwendungen für rechtsverbindliche und vertrauenswürdige elektronische Transaktionen (Freie Hansestadt Bremen/Universität Bremen/Eutelis Consult 1999, iii). Das Vorhaben soll deshalb zu Bedingungen zu realisieren, die einen Betrieb der Plattform und der Anforderungen langfristig ermöglichen. Dies ist angesichts der unklaren Akzeptanzaussichten und auch der noch ungeklärten Geschäftsmodelle hinter dem Betrieb elektronischer Dienstleistungen sehr schwierig. Der dem Projektantrag zugrunde liegende Geschäftsplan der GmbH & Co KG sieht ein Erreichen der Gewinnschwelle erst nach fünf Jahren Betrieb vor. Dies setzt voraus, dass sich die Kommanditisten länger als die Projektlaufzeit engagieren.

Dieses Ergebnis kann auch nur dann erreicht werden, wenn ein Transfer von Know-how bzw. ein Verkauf oder eine Lizenzierung der in Bremen entwickelten Technologien in andere Regionen gelingt. Entsprechend hohe Bedeutung haben die Kooperationsabsichten mit anderen lokalen Rechenzentren vor allem in Niedersachsen und das Bemühen um eine bundesweite Standardisierung von Online-Dienstleistungen.

Qualifikation: Die Qualifikation der Mitarbeiter in der öffentlichen Verwaltung varriiert entsprechend der verschiedenen Laufbahnen. Einfache Sachbearbeitung wird im Rahmen des mittleren Dienstes wahrgenommen, dem eine Lehre vorausgeht. Mitarbeiter im gehobenen Dienst haben eine Fachhochschulausbildung an Hochschulen für öffentliche Verwaltung absolviert und nehmen Positionen der qualifizierten Sachbearbeitung, der gehobenen Leitungsfunktionen und des Managements wahr. Mitarbeiter im höheren Dienst haben eine Hochschulausbildung.

In der Verwaltung müssen die Beschäftigten für eine Mitarbeit am Projekt gewonnen werden. Dies ist bereits aus formalrechtlichen Gründen notwendig, denn als Betroffene haben sie ein weitgehendes Mitbestimmungs- und Anhörungsrecht. Damit können Beharrungstendenzen und Widerstände wirkungsvoll Macht verliehen werden. Online-Transaktionen lösen Angst vor Arbeitsplatz oder wenigstens Kompetenzverlusten aus. Mit Schulungen und Informationsmaßnahmen will Bremen Online Services Kompetenzen und Fähigkeiten vermitteln und Ängste abbauen. Dafür werden veränderte Arbeitsbedingungen und Anforderungsprofile angestrebt. So soll die bei der Bearbeitung von Routineaufgaben eingesparte Arbeitskraft für eine intensivere Beratung der verbleibenden Fälle genutzt werden.

Ähnlich wie bei den Beschäftigten ist auch die Akzeptanz der Kunden, den anvisierten Nutznießern des Projektes, nicht garantiert. An zentraler Stelle steht hier die Abwägung zwischen zu gewinnenden Bequemlichkeits- und Geschwindigkeitsvorteilen und dafür in Kauf zu nehmende Sicherheitsmaßnahmen bzw. – risiken. Weil noch wenig über die Akzeptanz digitaler Signaturen bekannt ist, liegen hier sehr große Unsicherheitspotentiale außerhalb des Projektes. Dazu kommt, dass mit der technologischen Entwicklung auch Sicherheitsbedürfnisse sich wandeln. Erscheint z.B. heute der Aufwand für eine digitale Signatur angesichts der zu befürchtenden Risiken bei einer SSL-verschlüsselten Verbindung mit einem Behördenserver vergleichsweise hoch und teuer, mag dies angesichts zukünftiger Risiken und Missbrauchspotenziale bald anders sein.

Die Akzeptanz der Online-Transaktionen lässt sich nur schwer vorab ermitteln. Befragungen können nur einen ersten Eindruck vermitteln, aber sagen noch nicht viel über die – spätere – praktische Nutzung aus. Genauso können Interessenvertretungen für ihre Mitglieder die Möglichkeit von Online-Transaktionen begrüßen (wie die berufsständischen Kammern in Bremen) oder ablehnen (wie der AStA), ohne damit die tatsächliche Nutzung durch die Bürger, Mittler oder Unternehmen bestimmen zu können.

Für die Realisierer anspruchsvoll ist das Anwendungsfeld Öffentliche Verwaltung. Die Pilotanwendung hat unterstrichen, dass Erfahrungen aus dem Online-Banking-Bereich nicht ohne weiteres auf Online-Transaktionssysteme in der öffentlichen Verwaltung übertragen werden können. Letztere sind komplexer und benötigen deshalb einen größeren technischen Aufwand bei ihrer elektronischen Abbildung.

Technische Infrastruktur: Bremen Online Services verzichtet auf den Aufbau einer eigenen Public Key Infrastructure (PKI) und fördert während der Projektlaufzeit digitale Signaturen eines Trustcenters, indem sie deren Verteilung finanziert. Von Beginn an müssen aber auch Zertifikate und Signaturen anderer

Trustcenter akzeptiert werden können. Damit wird die Interope-rabilität zwischen den Trustcentern und derer Zertifikate zum Problem. Eine Arbeitsgemeinschaft der wichtigsten deutschen Trustcenter hat sich auf solche Interoperabilitätsstandards verständigt. Ob sie auch technisch implementiert werden, muss das Projekt abwarten. Von entscheidender Bedeutung ist die Integration der Signaturfunktion in die GeldKarten-Chips der deutschen Kreditwirtschaft. Das muss der Zentrale Kreditausschuss (ZKA) für seine beteiligten Verbände und Institute beschließen. Dabei spielt die Konkurrenz der einzelnen Sektoren, insbesondere zwischen den Sparkassen und den Privatbanken, eine große Rolle. Außerdem ist die Integration eine strategische Entscheidung für die Kreditwirtschaft, die entsprechend geprüft werden muss. Technisch müssen die integrierten Chips sowohl den Anforderungen des ZKA als auch dem Signaturgesetz entsprechen. Dies gilt auch für die Kartenleser, die sowohl GeldKarten-Zahlungen über das Internet als auch die Signierung mit den verbundenen Sicherheitsmechanismen wie PIN-Abfrage und Visualisierung gewährleisten müssen. Schließlich muss der Produktionsprozess und die Personalisierung der Karten beiden Anforderungskatalogen entsprechen.

4.3.3.5   Zur Bedeutung der verschiedenen Ebenen

In Bremen spielt damit der politische Kontext eine besondere Rolle, denn nur durch das vom Bund geförderte Projekt MEDIA@Komm und die versprochenen Mittel war es möglich, so viele Kooperationspartner auf ein gemeinsames Projektziel zu verpflichten. Dazu kommt eine politische Situation, die gekennzeichnet ist durch einen großen Haushaltsdruck und den Zwang, einen Strukturwechsel weg von der Hafenwirtschaft hin zu einer Technologiewirtschaft bewältigen zu müssen. Dies machte die politische Unterstützung für das Projekt möglich. Das Bremen Online Services Projekt hat bewusst einen integrativen Ansatz gewählt, um möglichst viele technische, organisatorische, rechtliche, wirtschaftliche und soziokulturelle Barrieren zu überwinden. Viele der in anderen (Pilot-)Projekten oft außerhalb des lokalen Handlungskontextes liegenden Rahmenbedingungen sind in Bremen konzeptionell berücksichtigt worden. Das Experimentiergesetz erlaubt z.B. die Anwendung digitaler Signaturen, die Einbindung des Datenschutzbeauftragten in das Projekt soll datenschutzgerechte Lösungen bei der Entwicklung garantieren, die Integration von GeldKarte und Signatur soll die Verbreitung der Signaturen fördern und die Entwicklung von OSCI die Übertragbarkeit sichern. Trotz der Breite des Bremer Ansatzes können von dem Projekt selber aber nicht alle Faktoren determinierend beeinflusst werden.

4.3.4   *Zusammenfassung Deutschland*

4.3.4.1   Ergebnisse der Projekte

Um die Wirksamkeit des Programms Info2000 im Bereich öffentliche Verwaltung zu überprüfen, sollen noch einmal kurz die wesentlichen Ergebnisse der untersuchten Projekte herangezogen werden. Dabei wird insbesondere auf die Aspekte Verfahren, IT-Anwendungen und Organisation eingegangen (s. auch jeweils die Tabellen in den Fallstudien). Die vorgestellten Projekte hatten das Ziel, mit Hilfe von Online-Transaktionssystemen Verwaltungsverfahren zu verändern. In Gelsenkirchen sollten die Kfz-Zulassung, im Rhein-Sieg-Kreis das Baugenehmigungsverfahren vereinfacht werden. Dabei sollten den Bürgern Wege und Wartezeiten erspart werden, indem Anträge auf elektronischem Wege eingereicht und verarbeitet werden. Die elektronische Abwicklung sollte darüber hinaus weitere Vorteile bringen, wie z.b. bessere Informationen (durch Online-Bauleitpläne) oder Zusatzleistungen (Wunschkennzeichenreservierung).

In Ansätzen sind diese Ziele auch erreicht worden, z.B. im Fall der Wunschkennzeichenreservierung in Gelsenkirchen. Dies sind jedoch nur Teilaspekte der Verfahren. In mehrjähriger Projektarbeit ist es aber bisher noch nicht zu wesentlichen Änderungen der Verwaltungsverfahren gekommen. Wege und Wartezeiten bleiben weitgehend unverändert bestehen. Inwieweit MEDIA@Komm diese Bilanz verbessert, ist zurzeit noch nicht abzusehen.

Die technische Herausforderung ist im Kern die Online-Anbindung bestehender Legacy-Verfahren und die Integration von Authentifizierungs- und Paymentdiensten in die Online-Transaktionsanwendungen. In keinem Projekt wurde zunächst eine komplette Neuentwicklung der bestehenden Verwaltungsanwendungen verfolgt. Dies bedeutet jedoch umfangreiche Anpassungsarbeiten, in der Regel durch vorgeschaltete Datenbanken, die in eine Internet/Intranet-Welt eingebunden werden, aber auch noch eine Schnittstelle zu den Altverfahren besitzen.

Während der Projektlaufzeit ist es nicht zu den erhofften Durchbrüchen bei der Verbreitung der digitalen Signatur gekommen. Die Anwendungen im Rhein-Sieg-Kreis und in Gelsenkirchen wurden deshalb grundsätzlich nur für geschlossene Nutzergruppen konzipiert. MEDIA@Komm geht hier den entscheidenden Schritt weiter, die Ergebnisse sind aber bis heute noch nicht absehbar. In Bremen beginnt man im September 2000 mit dem Test eines ersten Piloten. Angesichts der konkreten Integrationsprobleme in die Legacy-Welt sollte der Stellenwert der digitalen Signatur als alleiniger Verhinderer von Online-Transaktionen, wie es in der Presse häufig getan wird, jedoch nicht gesehen werden.

Aus Nutzersicht zeigt sich, dass neben den Signaturfunktionen auch Bezahlungsdienste online angeboten werden müssen. Eine der wenigen Vorteile der vorverlagerten Stadtverwaltung ist die Einführung des Lastschriftverfahrens. In Bremen nimmt die Integration der Bezahlfunktionen in das Projekt einen entsprechend großen Raum ein.

In begrenztem Umfang ist es in den Verwaltungen zu Neuorganisationen der Verwaltung gekommen. Diese sind jedoch im Wesentlichen unabhängig von den Online-Transaktionsprojekten vorgenommen worden. Sie bilden jedoch eine wesentliche Ergänzung, denn sie tragen noch nachhaltiger zu einer Service-Verbesserung der Verwaltungsstellen bei. In Gelsenkirchen betrifft dies die

Neuorganisation des Händlerschalters und im Rhein-Sieg-Kreis die Einführung von Teamarbeit. Diese Veränderungen unterstreichen die Notwendigkeit, Online-Transaktionen und Re-Organisationsmaßnahmen zusammen zu verfolgen. In Bremen Online Services werden in dieser Richtung noch weitergehende Projekte verfolgt, in dem dort die operative Durchführung von Verwaltungsleistungen einer privaten Betreibergesellschaft übergeben wird. Dazu treten neue Vertriebsformen, insbesondere betreute Nutzerplätze. Und in One-StopGovernment-Angeboten wird die Integration öffentlicher und privater Angebote angestrebt. Welche langfristigen Auswirkungen dies auf die funktionale Gliede-rung des Verwaltungsaufbaus hat, ist noch nicht abzusehen.

4.3.4.2   Einschätzung der Zielerreichung von Info 2000

Betrachtet man den realisierten Status der Anwendungen in den drei Beispielen, so bleibt die ernüchternde Feststellung, dass die Ziele von Info 2000 kaum erreicht worden sind (vgl. Tab. 12).

Tabelle 12: Zielerreichung von Info 2000

Ziele von Info 2000	POLIKOM	BOS	Gelsenkirchen
Leistungssteigerung	nein	noch nicht absehbar	nein
Verbesserung der Bürgerfreundlichkeit	nein	noch nicht absehbar	nein
Verbesserung der Kommunikationsmöglichkeiten	ja	noch nicht absehbar	ja
Verbesserung der Wirtschaftlichkeit	nein	noch nicht absehbar	nein
Verbesserung der Arbeitsbedingungen" (BMWi 1996, 78ff.)	ja	noch nicht absehbar	nein
Elektronischer Geschäftsverkehr	nein	noch nicht absehbar	Teilweise
Anwendung digitaler Signaturen	nein (aber: Sicherheit)	geplant	Nein

Eine Leistungssteigerung, eine Verbesserung der Bürgerfreundlichkeit und eine Verbesserung der Wirtschaftlichkeit sind in den Projekten nicht erreicht worden (für Bremen Online Services können noch keine Angaben gemacht werden). Auch die Verbesserung der Kommunikationsmöglichkeiten und Arbeitsbedingungen konnte nur im Prinzip demonstriert werden, ist aber faktisch nicht von den Projekten etabliert worden. Querschnittsfunktionen wie digitale Signaturen oder Zahlungsmittel sind nur in Planungen berücksichtigt worden, wurden jedoch nicht praktisch erprobt. Sowohl in POLIVEST als auch in Gelsenkirchen wurden nur Verschlüsselungstechniken zur Gewährung von Sicherheit eingesetzt. Dieses Ergebnis ist in Anbetracht anderer Initiativen, z.B. der anderen POLIKOM-Projekte, evtl. in Details zu differenzieren und anzupassen. Im Gesamtbild sind diese Projekte jedoch stellvertretend für den erreichten Stand. Die politische Initiative Info 2000 hat mit Ausnahme des Projektes MEDIA@Komm keine Maßnahmen ergriffen, die eine Lösung der Koordinations- und Finanzierungsprobleme sowie der rechtlichen und technischen Probleme bewirkt hätten.

Bei dieser Bewertung ist zu berücksichtigen, dass Info 2000 mehr eine grundsätzliche Absichtserklärung darstellte, als es konkrete Maßnahmen selber ergriff. Vielmehr hat es bestehende Ansätze aufgegriffen und integriert. Die Politik muss sich jedoch fragen, warum nach einer öffentlichkeitswirksamen Selbstdarstellung als Förderer der Online-Verwaltung wenig dazu beigetragen wurde, insbesondere die Schnittstelle zwischen Bürgern und der Verwaltung mit Hilfe von Informations- und Kommunikationstechnik neu zu gestalten.

Auch wenn die Initiativen von Info 2000 keinen Erfolg hatten, hätten die Ziele des Programms durch Maßnahmen von Ländern und Kommunen erreicht werden können. Aber auch diese waren nur teilweise erfolgreich. Der Stand der Online-Verwaltung in Deutschland liegt noch immer hinter den allgemeinen Erwartungen zurück. Die Beispiele Gelsenkirchen und POLIVEST zeigen, warum dies so ist. Für erfolgreiche Online-Dienstleistungen müssen komplexe organisatorische, rechtliche, politische, finanzielle, qualifikatorische und nicht zuletzt technische Probleme gelöst werden. Hier hat der Bund durchaus rahmensetzende Funktionen, wie z.B. im Rahmen einer Regelung von Formvorschriften, der Förderung oder der politischen Unterstützung. Diese Funktionen sind im Rahmen der Info2000 nur in Ansätzen erfüllt worden. Mit MEDIA@Komm gelang allerdings zum Ende der Legislaturperiode eine deutliche Verbesserung dieses Handlungsprofils (Finanzierung, politische Unterstützung), auch wenn viele Rahmenbedingungen (Formvorschriften, Qualifikation) damit noch offen bleiben.

4.5   Ausgangssituation im Bereich Öffentliche Verwaltung in den USA

4.5.1   *Öffentliche Verwaltung*

4.5.1.1   Verwaltungsaufbau und intergovernmental relations

Die USA sind ein demokratischer Bundesstaat, der durch die horizontale Gewaltenteilung in Legislative, Exekutive und Judikative und die vertikale Gewaltenteilung zwischen Bundesstaat und Einzelstaaten geprägt ist (letztere in Art. I, Sect. 8 und Amendment X, U.S. Constitution). Mit einem Bundesstaat und den Einzelstaaten stehen in den USA zwei souveräne Einheiten nebeneinander. Dabei ist zwischen 50 Einzelstaaten und mehreren selbständigen Territorien zu unterscheiden (DC, Puerto Rico, Guam, Virgin Islands, American Samoa, Trust Territory; mit unterschiedlichem Selbständigkeitsgrad). Dazu kommt die kommunale Ebene. Sie wird durch Landesgesetz konstituiert, faktisch hat sie in organisatorischen Fragen eine hohe Eigenständigkeit.

Die in der Verfassung von 1787 gezogenen Trennlinien sind durch das System von checks and balances zwischen den Gewalten und der Politikverflechtung zwischen Bundes und Einzelstaaten jedoch verwischt worden (vgl. Abb. 48). Kennzeichnend ist ab Ende des 19. Jahrhunderts das Entstehen eines großen Verwaltungsapparates auf Bundesebene, der in fast allen Bereichen des gesellschaftlichen Lebens aktiv wird (vgl. dazu u.a. Shell 1998; OECD 1992; Brugger 1993). Der oberste Dienstherr der Verwaltung ist der Präsident. Ihm steht ein persönlicher Stab, das White House Office – und ein institutionalisierter Apparat, die Einheiten des Executive Office of the President, zur Verfügung. Das White House Office wird von jedem Präsidenten unterschiedlich organisiert. Es ist das vorherrschende Beratungsgremium des Präsidenten in den meisten politischen Fragen. Die Einheiten des Executive Office sind durch Gesetz geschaffen worden, und ihre Leitungen müssen mit Zustimmung des Senates berufen werden. Die wichtigste Einheit ist das Office of Management and Budget, das die gesamte Haushaltsplanung koordiniert und den Budgetentwurf erstellt.

Abbildung 21: Verwaltungsstruktur in den USA (vereinfacht, z.B. ohne Grants-In-Aid-Abhängigkeiten, gemeinsame Bund-Einzelstaatsprogramme)

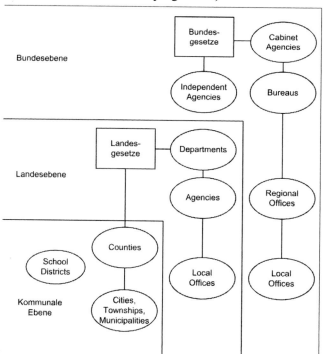

Die Bundesverwaltung ist extrem diversifiziert und heterogen. Es gibt 14 Ministerien (Departments), denen Minister (Secretaries) vorstehen, die Mitglied des Kabinetts sind. Weiterhin gibt es 14 unabhängige monokratisch geleitete Behörden, 17 kollegial geleitete Behörden, 15 unabhängige Regulierungskommissionen sowie eine Vielzahl von staatlichen Institutionen, Gesellschaften, Banken und andere Institutionen (Shell 1998, 245). Es gibt vor allem zwischen den Ministerien und den unabhängigen Behörden keine systematischen funktionalen Unterschiede. Zu den unabhängigen Behörden gehören auch das Office of Personell Management und die General Services Administration, die für das Personalwesen bzw. Gebäude, Beschaffung, Infrastruktur und Informationstechnik(splanung) zuständig sind.

Die Verwaltungsspitze ist vergleichsweise stark politisiert. Bis zur dritten Leitungsebene beruft der Präsident bzw. berufen die Leiter Beamte entsprechend ihrer Couleur. Der Präsident ernennt in den Ministerien und unabhängigen Behörden über 500 Beamte, diese noch einmal ca. 2.500. Dies hat Vor und Nachteile. Die Vorteile sind eine enge Verflechtung des Verwaltungsapparats mit den ihm jeweils umgebenden gesellschaftlichen Umfeld, aus dem sich das Führungspersonal rekrutiert, und sehr leistungsbereite und aktive Führungen. Die Nachteile sind die durch die kurze Verweildauer (durchschnittlich 2,7 Jahre) verursachte mangelnde Kontinuität, der Mangel an erfahrenen Verwaltungsmanagern und eine Vernachlässigung des Behörden bzw. Gemeinwohls gegenüber den einzelnen Karriereinteressen (Shell 1998, 241ff.).

Der Verwaltungsspitze gegenüber steht das Berufsbeamtentum (civil service), das die Merkmale moderner Verwaltungen besitzt (professionelle Rekrutierung, Aufstiegs und Karrieremuster und praktische Unkündbarkeit). In seiner Qualifikation ist der civil service sehr technisch und managementorientiert. Ein wie in Deutschland übliches Korps von Generalisten ist nicht vorhanden (Shell 1998, 245). Die Professionalisierung der Verwaltung ist ein Dauerthema amerikanischer Reformbemühungen. Nachdem 1978 mit dem Civil Service Reform Act dazu eine Grundlage geschaffen wurde, wurde im Zuge der konservativen Regierung in den 1980er Jahren das Karrierebeamtentum wieder zurückgedrängt, worin sich auch der geringe Status der Bürokraten und die mangelnde Legitimation von Bürokratie in der amerikanischen Gesellschaft widerspiegelt (ebd.).

Die Einzelstaaten sind unabhängig von der Bundesregierung. Amerikanische Staatsbürger genießen die Zugehörigkeit zu einer doppelten Souveränität. Die Verfassung sah ursprünglich eine eng begrenzte Zahl von Kompetenzen für die Bundesebene vor, vor allem im Bereich der Außenpolitik, Verteidigung und den Wirtschaftsbeziehungen (enumerated powers nach Art. I, Abs. 8 der Verfassung). Alle anderen Kompetenzen fallen den Einzelstaaten zu, was im Verfassungszusatz 10 noch einmal explizit betont wird (police power). Aus diesem dualen Föderalismus ist jedoch während des 20. Jahrhunderts ein kooperativer Föderalismus geworden.

Grundlegend dafür ist eine weite Auslegung der sogenannten Interstate Commerce Clause und der darin enthaltenen Necessary and Proper Clause in Art. I, Abs. 8 durch den Kongress und dem Supreme Court. Ursprünglich eng auf die Regelungen des Handels zwischen Einzelstaaten bezogen, lassen sich mit diesem Satz viele politische Kompetenzen rechtfertigen, die fast alle irgendwie einen Einfluss auf die Wirtschaftsbeziehungen haben können. Inhaltlich ist diese Ausweitung auf Infrastrukturaufgaben und im Zuge des New Deal unter Roosevelt ab 1935 und der Great SocietyProgramme unter Johnson ab 1964 insbesondere auf den Auf und Ausbau der sozialen Fürsorge bezogen gewesen.

Die Einführung der Renten und Arbeitslosenversicherung während des New Deal und mehrerer Sozialhilfe- und Gleichstellungsprogramme im Rahmen der Great Society hat nicht nur zu der oben erwähnten Verbreiterung und Diversifizierung des bundesstaatlichen Behördenapparates geführt. Zur Durchführung bedienen sich diese Programme der Länder. Die zu verteilenden Mittel werden an sie übertragen. So ist ein gemeinsamer Finanzierungs und Verwaltungsverbund entstanden. Die Verwaltungen in den Einzelstaaten sind grundsätzlich ähnlich wie die Bundesebene aufgebaut. Einige höchste Verwaltungsbeamte (attorney general, auditor, treasurer) werden direkt vom Volk gewählt. Die departments sind vom Bund unabhängig, arbeiten faktisch aber eng mit diesem bei der Durchführung der Programme zusammen. Die Einzelstaaten sind entweder selber für die Dienstleistungserbringung verantwortlich oder delegieren sie weiter an die Kommunen.

Die Kommunen sind „creatures of the state", d.h. sind nicht in der Verfassung garantiert. Meist werden sie durch Gesetze o.ä. der Einzelstaaten eingesetzt. Zu unterscheiden sind die municipalities und townships (in Neuengland), die counties und die special districts. Während die counties in den meisten Gegenden reine Mittelinstanzaufgaben wahrnehmen, sind sie im Südwesten der USA eher den municipalities und townships vergleichbar, die auf lokaler Ebene die Daseinsfürsorge gestalten. Die special districts beziehen sich auf einzelne inhaltliche Politikfelder, insbesondere Schulen und Infrastrukturen (public utilities) wie Wasser oder Stromversorgung.

Die Städte und Gemeinden werden grundsätzlich in zwei verschiedenen Formen verwaltet. In der mayorcouncil Variante werden der Bürgermeister und der Stadtrat direkt vom Volk gewählt. In der strong mayor Variante bestimmt der Bürgermeister die städtischen Abteilungen, in der weak mayor Variante der Stadtrat. Erstere ist typisch für Groß- und die meisten Kleinstädte, die zweite typisch für kleine Gemeinden. In der councilmanager Variante wird der Stadtrat gewählt und bestimmt einen city manager, der ihm gegenüber verantwortlich ist und die Geschicke der Stadt leitet (Falke 1998).

In einigen wenigen, aber für die Bürger wichtigen Bereichen unterhält der Bund eigene Behörden bis auf die kommunale Ebene. Dazu gehören das Rentenversicherungssystem mit der Social Security Administration und die Bundes-

steuerverwaltung Internal Revenue Service. Auch der U.S. Postal Service ist
weiträumig vertreten.

4.4.1.2 Verwaltungsleistungen und Bürger-Verwaltungs-Interaktion

Die Verwaltung wird entweder selbst tätig oder reguliert privates Handeln in den
Bereichen Produktion, Transport, Handel, Konsumtion, Kommunikation, Schutz
etwa von Arbeitnehmern, Kranken, Armen, Kindern, Jugendlichen und Alten,
Vorsorge gegen und Fürsorge in bestimmten Notsituationen, Bereitstellung viel-
gestaltiger sozialer, kultureller und wissenschaftlicher Leistungen, kurz, sie
kümmert sich um die Sicherheit und das Wohlergehen Einzelner, einzelner
Gruppen oder der Gesamtbevölkerung (Brugger 1993).

Das Verwaltungshandeln ist dabei durch die Verfassung, spezielle Vorschriften, den Administrative Procedure Act (vgl. 5. U.S.C., §§ 551 ff. und 7.
U.S.C. §§ 701ff.) und interne Verfahrensvorschriften geregelt. Grundsätzlich soll
die Verwaltung fair, informiert und sachkundig, effizient und möglichst akzeptabel handeln. Der 5. Verfassungszusatz sieht vor, dass „[no person shall] be de-
prived of life, liberty, or property, without due process of law"; der 14. Verfassungszusatz regelt dies analog für die Einzelstaaten. Die due processKlausel ist
damit Grundlage für die rechtliche Absicherung und Überprüfbarkeit des Verwaltungshandelns, insbesondere vor Gericht (vgl. dazu ausführlich Brugger
1993, 183ff. und 202ff.). Bei der Form des Verwaltungshandelns ist insbesondere zwischen generellen Akten, dem rulemaking, und individuellen Akten, adjudi-
cation, zu unterscheiden. Generelle Akte beziehen sich auf die Regelungen für
größere Gruppen bzw. auf Gegenstände grundsätzlicher Regelungsnatur. Sie
münden in rules. Individuelle Akte entscheiden Einzelfälle, sie münden in or-
ders. Bei beiden Handlungsarten ist zwischen formalen und informellen Verfahren zu unterscheiden. Kennzeichnend für alle Verfahren – und Ausdruck von due
process – sind grundsätzlich das Vorsehen von Benachrichtigungen, Recht auf
Rechtsbeistand, Möglichkeit des Vorbringens von Fakten und Rechtsansichten
und eine Entscheidung durch ein unvoreingenommenes Organ, gestützt auf das
im Verfahren selbst vorgebrachte und im Protokoll niedergelegte Beweismaterial
(Brugger 1993, 199).

4.4.1.3 IT-Einsatz

Die öffentliche Verwaltung in den USA setzt genau wie in Deutschland seit
langem Informationstechnik ein. Die historische Entwicklung von unterstützten
Aufgaben und eingesetzter Hard und Software gleicht dabei im Wesentlichen
derjenigen Deutschlands. Sie reicht von der Automatisierung der Massenverfahren (z.B. in der Social Security Agency schon seit den 30er Jahren SSA Historian's Office 2000) über die Unterstützung der Bürofunktionen bis hin zu Bemühungen, Internet einzuführen. Technisch ist dabei die gleiche Entwicklung von
singulären Großanwendungen, Mainframes mit Terminalanschluss und die Ein-

führung von PC-Netzwerken wie in Deutschland zu beobachten (wiederum als Fallbeispiel z.b. die SSA Assessment 1994; und bei Margetts 1999). Ähnlich wie in Deutschland ist ein Trend zu verzeichnen, IT-Aufgaben der öffentlichen Verwaltung, sofern es um operative Aufgaben handelt, zu privatisieren (dazu ausführlich Margetts 1999). Nachdem das Internet-Backbone aus der Obhut der Universitäten entlassen und öffentlich zugänglich gemacht wurde, gab es früher als in Deutschland eine „Internet-Revolution". Dadurch gab es einen gewissen zeitlichen Vorsprung in Bezug auf WWW und E-Mail-Verwendung gegenüber deutschen Behörden. Nicht übersehen werden darf dabei jedoch, dass in beiden Ländern die öffentliche Verwaltung schon mit Btx-/Videotextbasierten Systemen Erfahrungen gesammelt hatten.

Laut Kraemer (1995) gab es in den USA 1993 mehr als siebenmal soviel Computer, zweimal soviel Computer pro Einwohner und dreimal soviel Computerleistung pro Einwohner als in Deutschland (Kraemer 1995, 185). Eine auch faktisch weitergehende Nutzung der Informationstechnik in amerikanischen gegenüber deutschen Behörden lässt sich daraus noch nicht unbedingt ableiten. Unabhängig vom faktischen, internen Ausstattungsgrad der Behörden mit Computern und IT-Systemen, spielt die Informationstechnik in den USA eine mehr als doppelt so große Rolle, wenn es um die Kontaktaufnahme mit und Information der Bürger geht. So fand eine Befragung heraus, dass in den USA zwei Drittel aller Verwaltungsmodernisierungsbemühungen Informationstechnikeinsatz zu diesem Zweck vorsahen, in Deutschland und Großbritannien waren es demgegenüber nur ca. ein Drittel (Löffler 1997, 114).

4.5.2   Ausgangssituation

4.5.2.1   Verwaltungsreform

Die grundsätzliche Herausforderung der Verwaltungsreform auf der Bundesebene ist ihre Rationalisierung. Angesichts ihres unstrukturierten Wachsens und von Opportunitätsgesichtspunkten geleiteten Ausbaus insbesondere durch den Kongress, der immer neue Regelungsinstanzen geschaffen hat, ist dies ein zwar ob der entstandenen Überlappungen und Ineffizienzen notwendiges Unterfangen, jedoch praktisch kaum zu realisieren. Nachdem zwischen den 1930er und den 1970er Jahren die Bundesverwaltung extrem expandiert ist, ist die amerikanische Bevölkerung zwar einerseits grundsätzlich über das erreichte Maß an inhaltlichen Programmen zufrieden. Über ihre Durchführung herrscht jedoch weitverbreiteter Unmut. Wie an der sinkenden Wahlbeteiligungen deutlich wird, ist das Vertrauen der Bevölkerung in "government", das sich auf die Fähigkeit sowohl der Regierung wie der Verwaltung bezieht, Probleme lösen zu können, extrem gesunken.

Insbesondere die Politikverflechtung zwischen Bundes und Einzelstaaten wird dabei als kritikwürdig angesehen. Durch grants-in-aid ist die Bundesebene wichtiger Zahler für eine Reihe einzelstaatlicher und kommunaler Aufgaben geworden. Der Anteil von Bundesmitteln an den Einnahmen der kommunalen Ebene beträgt bis zu einem Viertel. Durch die Verknüpfung der grants an inhaltliche Auflagen, z.b. an Gleichstellungsvorschriften oder Geschwindigkeitsbegrenzungen, übt die Bundesebene zwar formal keinen Druck aus, reguliert aber faktisch doch die entsprechenden Lebensbereiche.

Naheliegender Ansatzpunkt für eine Verwaltungsreform ist deshalb eine Rückkehr vom kooperativen zum dualen Föderalismus (devolution). Dies war ein Kernstück der Reagan'schen Reformagenda, deren weiterreichendes Ziel allerdings die faktische Kürzung insbesondere der sozialen Programme war. Letzteres gelang mit Erfolg, ersteres nur teilweise. Allerdings führte die Umwandlung in sogenannte block grants, d.h. pauschalisierte (und faktisch gekürzte!) Mittelzuweisungen zu einem Wiedererstarken der Einzelstaaten (resurgence of the states). Sie mussten Mittel kompensieren bzw. traten in einen härteren Wettbewerb untereinander, entsprechende policy Antworten zu finden.

Zu Beginn der Clinton/Gore-Administration, die nicht an einer weiteren devolution bzw. Kürzung der Sozialprogramme interessiert war, im Gegenteil, mit der Reform des Gesundheitswesens und der Einführung einer allgemeinen Krankenversicherung eher an die Reformprojekte der 30er und 60er Jahre anknüpften, verschob sich der Fokus der Verwaltungsreform auf eine interne Effizienzsteigerung und gesteigerte Kundenorientierung nach dem Vorbild privater Dienstleistungsorganisationen (Business Re-Engineering, vgl. Osborne/Gaebler 1993), um sowohl Kosten zu sparen als auch das verlorene Vertrauen der Bevölkerung in die Problemlösungsfähigkeit der Verwaltung wieder zu gewinnen.

Die Reform der Verwaltung hat sich in einer Reihe von Gesetzen niedergeschlagen. Das wichtigste von ihnen ist der Government Performance and Results Act, den die Clinton/Gore-Administration noch von ihrem Vorgänger geerbt hatte. Dieses Gesetz trat 1993 in Kraft und etablierte ein System der Planung und Erfolgskontrolle von Verwaltungstätigkeiten. Nach einer Pilotphase wurde er in drei Schritten implementiert. Bis zum 30.9.1997 mussten alle Behörden einen strategischen Fünf-Jahresplan dem OMB vorlegen, in dem sie ihre „Mission" und ihre Ziele darlegen. Bestandteil des strategischen Plans ist auch eine Operationalisierung der Ziele in messbare Größen. Darauf basierend müssen ab Februar 1998 jährliche Performanzpläne vorgelegt werden, und ab März 2000 die ersten Performanzpläne, die die tatsächliche Performanz mit der geplanten vergleichen. Der GPRA soll in der Verwaltung eine Kultur der Ergebnisorientierung einführen.

Durch die Operationalisierung soll nicht nur die Reduzierung von Kosten, sondern auch die Steigerung der Kundenorientierung verbessert werden. Die Clinton/Gore-Regierung hat dazu die Definition von kundenorientierten Zielen zu einem Schwerpunkt ihrer Verwaltungspolitik gemacht. Ergebnisse sind in dem Bericht „Putting Customers First" festgehalten (Clinton/Gore 1997b). Als ein Leitfaden zur Kundenorientierung wurden 1997 die „Blair House Papers" veröffentlicht, die eine Aufforderung an die Kabinettsmitglieder, aber auch an jeden einzelnen Verwaltungsmitarbeiter darstellte, Kundenservice neu zu erfinden (Clinton/Gore 1997a). Dazu sollten die entsprechenden Ziele und Performanzmaßzahlen des GPRA berücksichtigt werden und alle operativen, personellen und Schulungsentscheidungen mit Blick auf die Kunden getroffen werden (Memorandum for Heads of Executive Departments and Agencies, March 22, 1995). Auch die Informationstechnik wurde hier als strategisches Mittel eingebunden (vgl. Abb. 22).

Abbildung 22:   Schematische Darstellung des Zusammenhangs zwischen GPRA, organisatorischen Reformen und Informationstechniknutzung zum Zwecke der Kundenorientierung (Quelle: Clinton/Gore 1997b, 13).

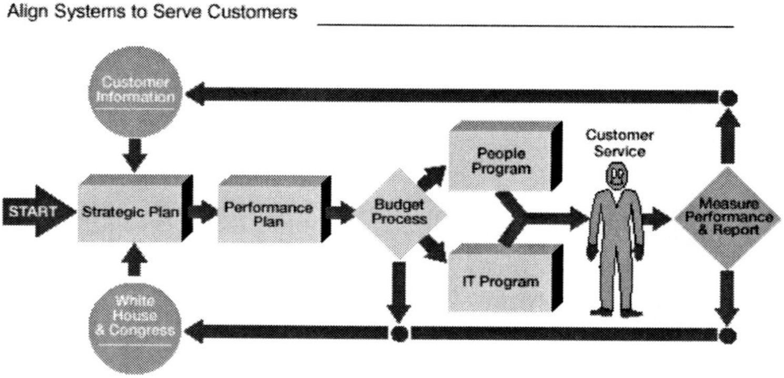

Einer der Schwerpunkte der Verwaltungsreform ist die Reorganisation der IT-Zuständigkeit. Durch die Schaffung der Position eines Chief Information Officer (CIO) wurde die strategische Bedeutung der Informationstechnik unterstrichen – sie ist jetzt wie der Chief Financial Officer (CFO) in der obersten Leitung der Behörden verankert (Executive Order 13011, Juli 1996). Dazu wurden zusätzlich ein verwaltungsweiter Chief Information Officer Council eingerichtet und parallel dazu die GIT-S Working Group als Board institutionalisiert, in der Fachleute aus den Verwaltungen, die nicht CIO sind, repräsentiert sind. Außerdem wurde die Beschaffung von Informationstechnik dezentralisiert und verschlankt (Information Technology Management Reform Act, auch Clinger-Cohen-Act, 1996; ergänzt um andere, wie Federal Acquisition Streamlining Act, 1994).

Schließlich sind die Bemühungen zu nennen, Verwaltungsaufwand und „Papierkrieg" zu vermeiden. Hier ist der Paperwork Reduction Act von 1995 zu nennen, nach dem die Behörden veranlasst sind, die Erhebung von Daten nur noch dort vorzunehmen, wo sie eine minimale Belastung und eine maximale Nützlichkeit darstellen. Darüber hinaus wird die Einführung von elektronischen

Zahlungen forciert. Langfristig werden damit die scheckbasierten Zahlungsmethoden abgelöst (Debt Collection Improvement Act, 1996, und Government Management Reform Act, 1994). Allgemein befindet sich die Verwaltung in einem Prozess der Verkleinerung und Verschlankung. Nach Verabschiedung des Federal Workforce Restructuring Act 1994 sollten bis 1999 272.500 Vollzeitstellen eingespart werden.

4.5.2.2   Akteure

Auf der programmatischen Ebene bemühten sich im Bund vor allem Clinton und Gore um die Initiierung von informationstechnisch unterstützen Verwaltungsreformen. Dazu wurden sowohl die NII Task Force als auch die GIT-S Working Group einberufen, in der jeweils Vertreter aus den großen Bundesbehörden vertreten waren. Auch Länderebene wurden typischerweise solche Task Forces zusammengerufen, wie z.B. die Massachusetts Online-Government Task Force (Massachusetts Online Government Task Force 1998) oder die Iowa Intergovernmental Information Technology & Telecommunications Task Force (IIITF Task Force 1997). Weitere Initiativen auf Einzelstaatebene finden sich in (National Governors' Association 1997).

Auf der Rahmen setzenden Ebene sind Querschnittsbehörden wie die GSA und das OMB zu nennen. Die GSA übernimmt Querschnittsaufgaben für alle Bundesinstitutionen, u.a. auch im Bereich Informationstechnik. So sorgt sie z.B. für gemeinsame Ausschreibungen und Beschaffung von Informationstechnik. Die GSA verfügt über eine strategische Abteilung, in der insbesondere auch verwaltungsübergreifende Initiativen unterstützt werden sollen – das Office of Intergovernmental Solutions. Im Rahmen eines Innovationsfonds für Telekommunikationsleistungen, dem FTS-2000, hat die GSA auch einzelne Projekte konkret finanziert, so zunächst das GlasfaserNetzwerk Iowa Communications Network, und in Folge dessen die Entwicklung innovativer Online-Anwendungen im Rahmen von IowAccess (s. Fallstudie STAWRS). Weitere intergovernmentale Projekte sind zeitweilig im Intergovernmental Enterprise Panel (IEP) weiterverfolgt worden, in dem Mitglieder aus Bund, Einzelstaaten und kommunalen Spitzenverbänden vertreten waren.

Das Office of Management and Budget ist für die Erstellung des Haushaltsplanes für den Präsidenten verantwortlich. Außerdem ist es für die Regelung gemeinsamer organisatorischer Fragen in der Bundesverwaltung verantwortlich. In dieser Funktion setzt das OMB mit seinen Verwaltungsanordnungen (Circulars) richtungsweisende Formerfordernisse. Z.B. hat es ein Circular zur Akzeptanz von digitalen Signaturen erlassen. Außerdem ist es für Richtlinien bezüglich der Archivierung elektronischer Dokumente zuständig und schreibt damit vor, dass der Inhalt von Web-Seiten prinzipiell wie öffentliche Dokumente behandelt werden kann. Wichtig dabei ist die grundsätzliche Zulässigkeit, mehr noch, die Aufforderung, das Web als Informationsdistributionsmedium zu nutzen. Dies

ermöglicht den Behörden, innovative Anwendung zu entwickeln (Federal Records Act; OMB Circular A130, s. auch National Archives and Records Administration's guidance on federal records).

Das OMB ist außerdem mit der Umsetzung verschiedener Verwaltungsre-
formmaßnahmen beauftragt, insbesondere dem Government Performance and
Results Act, dem Paperwork Reduction Act und dem Information Technology
Management Reform Act. Das Ziel bzw. die Verpflichtung, möglichst bald EFT
statt Schecks einzuführen, wird z.b. über OMB implementiert. OMB muss auch
die strategischen Pläne und Performanzpläne der Behörden entgegennehmen.

Ähnliche Aufgaben wie GSA und OMB nehmen entsprechende Behörden
auf Einzelstaatsebene wahr, z.b. als Stabsstellen des Gouverneurs (Iowa) oder
im Zuständigkeitsbereich des Secretary of State (North Carolina). Nach einer
Umfrage der National Governor's Association gibt es in den meisten Staaten
eine zentrale Organisation für die Koordination und Planung von Informations-
technikanforderungen (26 von 29 antwortenden Einzelstaaten National Governors' Association 1997). Im Bereich Informationstechnik gibt es dabei typischerweise zentrale Ämter, die neben dem operativen Betrieb der technischen
Infrastruktur auch mit strategischen und programmatischen Aufgaben betraut
sind, wie z.b. das IT-S in Iowa, ITD in Massachusetts oder die Information Resource Management Commission (IRMC) in North Carolina.

Im lokalen Handlungskontext sind die Behörden aktiv, die für ihre Verwaltungsaufgaben eigene Lösungen mit Hilfe von Informationstechnik entwickeln
(vgl. auch National Governors' Association 1997). Die Ausgestaltung und das
Ausmaß des Informationstechnikeinsatzes liegen dabei fast ausschließlich in der
Zuständigkeit der Behörden, die damit in diesem Bereich über eine gewisse Autonomie verfügen. Dies erklärt auch die großen Unterschiede zwischen Pionie-
ren, die Online-Transaktionssysteme entwickeln, und Nachzüglern, die nur über
rudimentäre Internetseiten verfügen.

4.5.3   Politische Programme

4.5.3.1   National Performance Review

Die Clinton/Gore-Administration trat Anfang 1993 mit dem Ziel an, den bundesstaatlichen Verwaltungsapparat effizienter zu gestalten. Dies war der Königsweg,
um einerseits finanzielle Ressourcen einsparen zu können, andererseits aber nicht
die zentralen Aufgaben der Verwaltung begrenzen zu müssen. Als eine der ersten
größeren Projekte wurde unter Führung von Vizepräsident Al Gore der National
Performance Review (NPR) durchgeführt. In diesem halbjährigen Projekt von
März bis September 1993 wurden unter Mitarbeit von Mitgliedern aus allen
Behörden Vorschläge für Effizienzsteigerung entwickelt. Diese wurden im
Herbst unter dem programmatischen Titel „From Red Tape to Results: Creating
a Government that Works Better and Costs Less" veröffentlicht. Dieser Bericht
führte das Paradigma der Clinton/Gore'schen Verwaltungsreform aus: eine Um-

gestaltung der Verwaltung, die sie effizienter ("an Ergebnissen orientiert") und kundenfreundlicher machte. Das Hauptziel war, durch Reformen der Personalentwicklung, der Haushaltsaufstellung, der Beschaffung/Auftragsvergabe, des Rechnungswesen, der Kontrollmaßnahmen (audits) und der Führungsebenen insbesondere auf Ebene der Querschnittsbehörden („staff agencies") für Entlastungen und Effizienzverbesserungen zu sorgen. Dadurch sollte den Fachbehörden (line agencies) ihre Aufgabenerfüllung erleichtert werden.

Als konkrete Maßnahmen wurden eine Verschlankung des Haushaltsaufstellungsprozesses, die Dezentralisierung des Personalwesens, die Verschlankung des Beschaffungswesens, eine Aufgabenveränderung der Inspector Generals, die Abschaffung überflüssiger Verwaltungsvorschriften und eine Stärkung der einzelstaatlichen und kommunalen Regierungen und Verwaltung angestrebt, im wesentlichen durch eine Konsolidierung und Flexibilisierung der mehr als 600 verschiedenen Grant-Programme. Auf die entsprechenden Gesetze wurde bereits oben eingegangen.

Nachdem der eigentliche „Review" abgeschlossen war, blieb eine Kernmannschaft zusammen und begann mit der Weiterentwicklung, Konkretisierung und Unterstützung der einzelnen Reformvorhaben. Sie beschäftigte sich mit allen Themen, die im NPR-Bericht angerissen waren, und legte dazu eigene Projekte auf. NPR arbeitete dabei als Matrixorganisation. Ihre Mitarbeiter wurden von den Fachbehörden ausgeliehen. Die Projekte wurden in Kooperation mit Fachbehörden angeschoben. Bei Erfolg führen diese sie weiter.

Im Januar 1998 wurde der NPR in „National Partnership for Reinventing Government" umbenannt. Dies markiert auch eine Institutionalisierung dieses Reformbüros, allerdings nur bis zum Ende der zweiten Amtszeit von Clinton/Gore. Sie arbeitet als Task Force. Durch ihren Taskforce-Charakter will sie zu einer Diffusion der Ergebnisse in die gesamte Regierung beitragen. Die wesentliche Neuerung von NPR war, dass hier nicht Analysten von außen Vorschläge für die Verwaltungsreform machten, sondern die Mitarbeiter selber Verbesserungsvorschläge entwickelten. Dies wurde als wesentlich nachhaltiger angesehen (Messinger 2000).

Zu den herausgehobenen Initiativen in der zweiten Amtsperiode von Clinton/Gore gehört die verstärkte Berücksichtigung von 32 sogenannten "Customer Impact Agencies", also denjenigen Behörden, die am meisten Kontakt mit Kunden haben. Diese Behörden beschäftigen 1,1 Million der insgesamt 1,8 Million Beschäftigten. Der Vizepräsident formulierte folgende programmatische Aufforderung: „You should focus your efforts in three areas – partnerships, the use of information technology, and customer service". Nach eigenen Angaben führte NPR bzw. die ihm zugerechneten Initiativen bis 1998 zu Einsparungen von $127 Milliarden und 330.000 Stellen. 13 der 14 „cabinet offices" (= Ministerien) verringerten ihren Personalbestand. Nur das Justice Department vergrößerte seinen.

Einer der Schwerpunkte von NPR blieb die Förderung der Kundenorientierung durch verwaltungsübergreifende Kooperationen. Dazu wurde das Projekt

„Hassle-Free Communities" initiiert, das hier beispielhaft erwähnt wird, in dem kommunale, einzelstaatliche und bundesstaatliche Behörden ihre Angebote so aufeinander abstimmen, dass sie für Bürger leichter, schneller und/oder bequemer zu erreichen sind (vgl. http://www.npr.gov/custserv/hassle.html).

4.5.3.2   Re-engineering through Information Technology

Der Kernbericht „From Red Tape to Results" wurde von einem Begleitbericht, „Re-Engineering through Information Technology", begleitet, der die zentrale Bedeutung des Informationstechnikeinsatzes in den Verwaltungsreformbemühungen unterstrich. Neben dem GPRA kann der Informationstechnikeinsatz damit als eine der zentralen verwaltungspolitischen Reformlinien der Clinton/Gore-Administration bezeichnet werden. Für die Umsetzung der IT-unterstützten Vorhaben wurde im November 1993 eine eigene Arbeitsgruppe, die Government Information Technology Services Working Group eingerichtet. Organisatorisch wurde sie der NII-IITF zugeordnet, die ebenfalls seit 1993 aufgebaut wurde. Die GIT-S Working Group sollte drei Ziele und 13 konkrete Projekte des NPR-Berichts umsetzen und für eine Koordination der Teilnehmer sorgen. Ziele und Projekte wie die für sie primär zuständigen Behörden sind in Tabelle 13 aufgeführt:

Tabelle 13: Re-engineering Projekte (Quelle: GIT-S 1994)

Ziel/Projekte	Zuständig
Strengthen Leadership in IT	
Provide Clear, Strong Leadership to Integrate Information Technology into the Business of Government	GITS
Implement Electronic Government	
Implement Nationwide Integrated Electronic Benefit Transfer	OMB
Develop Integrated Electronic Access to Government Information and Services	CSIT (Customer Service Improvement Team) von GITS
Establish a National Law Enforcement/Public Safety Network	Formulate the Law Enforcement Wireless Users Group (FLEWUG)
Provide Intergovernmental Tax Filing, Reporting, and Payments Processing	Treasury/IRS
Establish an International Trade Data System	Customs
Create a National Environmental Data Index	Commerce/NOAA
Plan, Demonstrate, and Provide Governmentwide Electronic Mail	OMB E-Mail Task Force
Establish Support Mechanisms for Electronic Goverment	
Establish an Information Infrastructure	GITS sub-group
Develop Systems and Mechanisms to Ensure Privacy and Security	Privacy Working Group of IITF, NIST u.a.
Improve Methods of Information Technology Acquisition	GSA
Provide Incentives for Innovation	OMB
Provide Training and Technical Assistance in Information Technology to Federal Employees	GSA/OPM

Bei den Projekten können drei Gruppen unterschieden werden: diejenigen, die innerhalb der Zuständigkeit einer Behörde liegen (2, 5, 6, 7), Infrastrukturprojekte, die von einer Behörde als Querschnittsaufgabe betrieben werden (8, teilweise 10, 11, 12, 13) und Infrastrukturprojekte, für die entweder GIT-S oder eine ihrer Untergruppen die Verantwortung übernahm (1, 3, 4, teilweise 10). Im Projekt 10, die die meisten Unterarbeitspakete enthielt (nicht dargestellt), war die Überschneidung mit den Aufgaben der IITF besonders groß.

Eines der ambitionierten Projekte war das Projekt eines integrierten elektronischen Zugangsweges zu Regierungs- und Verwaltungsinformationen und Dienstleistungen. Dafür wurde eine eigene Arbeitsgruppe, das Customer Service and Improvement Team, eingesetzt. Dieses Projekt wird in der Fallstudie „WINGS" näher beschrieben. Damit sollte der Eingang eines integrierten Zugangs zu der öffentlichen Verwaltung auch auf elektronischem Wege verfolgt werden. Im August 1996 würdigte Präsident Clinton die Arbeit der GIT-S Arbeitsgruppe und institutionalisierte sie als GIT-S Board. Das GIT-S Board besteht seitdem und trifft sich in regelmäßigen Abständen, um gemeinsame Projekte zu beraten und sich gegenseitig zu informieren. Das GIT-S Board verfügt über begrenzte Mittel, dem IT Fund Program, das aus dem GSA FTS-2000 IT-S Fund finanziert wird. Dieser Fonds ist für die Finanzierung innovativer Informationstechnologien eingerichtet worden. Das GIT-S Board wurde im November 1999 wieder aufgelöst. Es ging auf in das Electronic Government Committee des CIO Council. GIT-S war mit der Entwicklung innovativer Anwendung beschäftigt, das CIO Council mit der bundesverwaltungsweiten Standardisierung.

Zentrales legislatives Ergebnis der zweiten Amtsperiode von Clinton/Gore ist der Government Paperwork Elimination Act (GPEA) von 1998. Dieser veranlasst zwei Dinge: Er eröffnete den Behörden grundsätzlich die Möglichkeit, elektronische Signaturen zu akzeptieren, und er sieht ein Mandat vor, bis 2003 alle elektronischen Verwaltungsleistungen online anzubieten. OMB hat dazu Umsetzungsrichtlinien entwickelt. Wesentlich ist die Herangehensweise, für die Entscheidung, ob eine Dienstleistung wirklich online angeboten werden kann und welche Sicherheitsmechanismen dazu verwendet werden sollen, eine Risikoanalyse durchzuführen. Erkennbar ist in der OMB-Richtlinie auch die Betonung der Bedeutung einer PKI mit Smartcards und in-person-proofing, auch wenn die Richtlinie eine technologie-neutrale Empfehlung ausspricht (vgl. OMB 2000).

4.5.3.3   NII

Die Ergebnisse und Projekte wurden auch in die NII und deren Agenda of Action aufgenommen. Als Versprechen an den Bürger wurde dabei folgendes Zukunftsszenario formuliert:

> „You could obtain government information directly or through local organizations like libraries, apply for and receive government benefits electronically, and get in touch with government officials easily" (IITF 1993, 5); und weiter:

"Individual government agencies, businesses and other entities all could exchange information electronically – reducing paperwork and improving service" (ebd.).

Die NII wurde damit als zentraler Bestandteil für die Durchführung der Reformvorhaben des NPR erklärt (vgl. IITF 1993, 7). Als spezifische Felder wurden hierbei vor allem die Informationsbereitstellung, verwaltungsinterne E-Mail und die elektronische Unterstützung des Beschaffungswesens genannt (ebd., S. 11f). Transaktionsleistungen, insbesondere die elektronische Übermittlungen von Zahlungen, werden in der Agenda for Action vor allem im Zusammenhang mit Anwendungen aus dem Gesundheitssektor erwähnt. Aber auch die anderen NPR-Projekte werden erwähnt, wie der integrierte elektronische Zugang zu den Verwaltungsleistungen (ebd., S. 17).

Im ersten Zwischenbericht der IITF ein Jahr nach seiner Gründung traten neue Akzente hinzu. Die Reform der Telekommunikationsregulierung, Zugangsfragen zu den Informationstechniken und die internationale Dimension der NII wurden Schwerpunkte. Als erste Erfolge wurden die zunehmende Zahl der veröffentlichen Verwaltungsdokumente und die E-Mail-Erreichbarkeit des Weißen Hauses und anderer Behörden vermeldet. Konkret wird auch der Arbeitsbeginn der GIT-S-Gruppe bekannt gegeben (IITF 1994, 23). Auch taucht als neue Initiative das Projekt „Harmonized Wage Code" auf (ebd., s. STAWRS-Fallstudie). Das Ziel des integrierten elektronischen Zugangs wird konkretisiert als Idee ein bundesweites Kiosknetzwerk, das von bzw. mit dem U.S. Postal Service umgesetzt werden sollte. Andere Zwischenstände beziehen sich auf die Fortschritte im Bereich Beschaffungswesens (hier wird eine komplette Umsetzung bis 1997 projektiert) und Electronic Benefits Transfer.

4.5.3.4   Access America

Im Jahre 1997 wurde ein neuer Anschub für die Re-engineering-Initiativen erforderlich. Bis dahin waren wesentliche Elemente erfolgreich begonnen worden, wie z.B. die Einführung von bundesweiter E-Mail oder die Veröffentlichung von Web-Dokumenten. Andere Projekte waren jedoch nicht erfolgreich umgesetzt worden, wie z.B. das Kiosk-Projekt (vgl. WINGS-Fallstudie). Mit Beginn der zweiten Amtsperiode wurde unter Leitung von Vizepräsident Gore deshalb eine zweite Welle von Reformprojekten unter dem Titel „Access America" eingeleitet. Deutlich erkennbar ist hier das Ziel, den Zugang zur NII zu fördern, nachdem dessen Aufbau – vor allem in Form des privatwirtschaftlich getriebenen Boom des Internets – nicht mehr primäre Aufgabe der Politik war. Der Bericht Access America wurde von NPR zusammen mit dem GIT-S Board verfasst. Er listet 13 konkrete E-Government-Projekte unter dem Motto „Serving The Public on its Terms". Dazu gehören:

1.   Improve the Public's Access to Government Services
2.   Implement Nationwide, Integrated Electronic Benefits Transfer

3. Provide All Federal Payments Using Electronic Funds Transfer by 1999
4. Bring Environmental Information to the Public
5. Build an Electronic Environment, Safety, and Health Assistance Resource for Business
6. Establish the Intergovernmental Wireless Public Safety Network
7. Address the Information Technology Needs of Our Nation's Criminal Justice Community
8. Provide Simplified Employer Tax Filing and Reporting
9. Support International Trade with Better Data, Available Faster
10. Create Electronic Export Assistance Centers
11. Use Electronic Commerce to Streamline Government Buisness Processes
12. Expand the Intergovernmental Information Enterprise
13. Improve the Sharing of Information Technology Experience Worldwide (Gore 1997).

Die Projekte zeigen die Wiederaufnahme alter Projekte, die Akzentuierung der eben angesprochenen Schwerpunktverlagerung (Zugang, Internationalisierung), wie auch vorher nicht geplante Projekte, wie die Datenbank mit Informationen für den Außenhandel und die vereinfachte Steuererklärung für Arbeitgeber (s. STAWRS-Fallstudie). Als Querschnittsprojekte nannte Access America fünf Support Mechanisms:

14. Guarantee Privacy and Security
15. Integrate the Government Services Information Infrastructure
16. Improve Information Technology Acquisition
17. Increase the Productivity of Federal Employees
18. Enhance Information Technology Learning (Gore 1997).

Diese Aufgaben unterstreichen die allgemeinen Verwaltungsreformziele, die mit dem Informationstechnikeinsatz gegenseitig verknüpft werden, und nehmen das ursprüngliche Ziel, der Einrichtung einer Public Key Infrastructure, mit Nachdruck wieder auf (Guarantee Privacy and Security). Access America wurde gewissermaßen der „IT-Arm" des neuen NPR. Als Matrixorganisation verfolgt es eine Reihe von Projekten. Dazu gehören auch die integrierten Zugangswebsites unter dem Motto „Access for Seniors", „for Students", „for Business" usw (vgl. www.seniors.gov, www.students.gov, www.business.gov, und seit Sommer 2000 www.firstgov.gov). Über sie werden entsprechend den Gedanken der Kundenorientierung und der Serviceintegration Informationen und auch einige Dienstleistungen angeboten (vgl. dazu auch die WINGS-Fallstudie).

Zusammenfassend kann festgehalten werden, dass die Verwaltungsreform mit den Schwerpunkten Performance-Messung und Kundenorientierung und ihre Verknüpfung mit dem Einsatz von Informationstechnik eine der zentralen Politiklinien der achtjährigen Clinton/Gore-Administration gewesen ist.

4.6 Fallstudien USA

Um die Wirkung der politischen Programme überprüfen zu können, wird wieder eine Auswahl von Fallstudien herangezogen. Dabei handelt es sich um das von der Access America Initiative als eines der Leitprojekte ausgewählte STAWRS-Programm, eine Initiative, mit der vor allem die amerikanische Bundessteuerbehörde, das IRS, kleine und mittlere Arbeitgeber von der Mehrfachmeldung gleicher Daten an unterschiedlichen Stellen entlasten will, indem bundes- und einzelstaatliche Steuer, Renten und Arbeitslosenversicherungserklärungen integriert werden. Das zweite Projekt ist WINGS, die Umsetzung, bzw. der Umsetzungsversuch der nationalen Kiosknetzwerkidee der GIT-S-Arbeitsgruppe CSIT. Zum Vergleich mit diesen Projekten und auch im Vergleich zu der deutschen Fallstudie Gelsenkirchen wird ein Pionierprojekt in der Kfz-Verwaltung vorgestellt, das ExpressLane-Projekt, ergänzt um die DRIVe-Initiative, im Einzelstaat Massachusetts.

4.6.1 *Registry of Motor Vehicles in Massachusetts*

4.6.1.1 Politischer Kontext: Electronic Government in Massachusetts

Massachusetts gehört zu denjenigen Einzelstaaten in den USA, die besonders früh auf einer strategischen Ebene die Entwicklung von Electronic Government angegangen sind. Im Jahr 1997 hat die Rechtsabteilung der Information Technology Division (ITD), die zentrale Betriebs und Planungsbehörde für Informationstechnologie in Massachusetts, die Grundzüge einer Strategie verkündet, mit der die Regierung von Massachusetts, also die Administration von Gouverneur William Weld, „online government and electronic commerce" fördern wollte (ITD 1997). Nach diesem Papier hat der Staat eine vierfache Aufgabe in diesen Bereichen, und zwar als information infrastructure maker, market maker, law make und als policy maker (ebd.): Durch den Aufbau möglichst breitbandiger Datenübertragungsnetze und die Förderung unterschiedlicher Anwendungen an der Schnittstelle zum Bürger sollen die Voraussetzungen für „online government" geschaffen werden. Als einer der größten Auftraggeber vieler einheimischer, aber auch überregionaler Unternehmen kann er durch eine elektronische Ausschreibungs und Vergabepraxis zur Schaffung von elektronischen Märkten beitragen. Als Gesetzgeber kann er entgegenstehende Rechtsvorschriften abschaffen und elektronische Verträge und Formvorschriften im privaten Handel wie auch in der Kommunikation mit der Verwaltung zulassen. Als Anwender von Online-Transaktionssystemen kann er Impulse für die weitere Entwicklung von online government und electronic commerce geben.

Dieses Policy Paper stützte sich zum Zeitpunkt seiner Verkündung vor allem auf ein Infrastrukturprojekt (MAGnet) und eine organisatorische Initiative (Online-Government Task Force). Als konkrete Anwendungen von Online-Dienstleistungen wurde Beispiele aus dem Registry of Motor Vehicle (RMV), von Consumer Affairs, dem Department of Personell Administration und der

Operational Service Division angeführt. Die RMV-Projekte waren dabei eine der „killer applications" (so Massachusetts Online Government Task Force 1998, 15) und werden in dieser Fallstudie ausführlich vorgestellt. Dabei handelt es sich in erster Linie um die Anwendung ExpressLane, mit der Bürger angesprochen werden. Zur Vergleichbarkeit mit der Gelsenkirchener Fallstudie wird auch die Anwendung Electronic Vehicle Registration (EVR) behandelt, die sich an Autohäuser richtet.

Koordination mit anderen Projekten: Die ITD versucht eine einheitliche Online-Government-Strategie zu entwickeln. Dazu hat sie zwei Anläufe unternommen. 1997 rief sie die bereits erwähnte Task Force ein. Die Task Force umfasste Mitglieder der ITD und Vertreter von Verwaltungsstellen, die Erfahrung mit Online-Projekten hatten, u.a. einen Vertreter des Projekts des RMV, ExpressLane. Am 18. März 1998 beendete sie mit der Vorlage des Abschlussberichts ihre Arbeit (Massachusetts Online Government Task Force 1998). Im Jahr 2000 wurde eine neue Task Force eingerichtet, die sich nun mit der Beseitigung spezifischer Barrieren beschäftigen wollte. Ergebnisse dieser Task Force stehen zum Ende dieses Projektes noch aus. Diese neue Task Force sollte im Gegensatz zur vorherigen nicht mehr allgemeine Empfehlungen entwickeln, sondern konkrete Barrieren für einzelne Anwendungen beseitigen. ITD selber stellt die die breitbandige Vernetzung aller wichtigen Standorte der Landesregierung und seiner Einrichtungen auf Basis eines IP Ethernet Backbone her. Der Name dieses Netzwerks, MAGnet, hat programmatischen Charakter: „Massachusetts Access to Government Network". Ziel ist es, auf Basis des Backbone nicht nur den Landesverwaltungen, sondern auch der Öffentlichkeit – über Internet-Gateways und von öffentlichen Zugangsterminals in Schulen, Büchereien und Kiosken, Firmen und kommunalen Behörden – Zugang zu dem Netz ermöglichen. Um die von diesen Zielgruppen nachgefragten Anwendungen wie elektronische Steuererklärung, Autoverlängerungen, Sozialhilfeanträge, Gebührenzahlungen, Formularserver usw. entwickeln zu können, sollten eine Reihe von Mehrwertdiensten wie EDI, Payment und insbesondere eine Sicherheits- und Authentifizierungsinfrastruktur entwickelt werden. Dieses Konzept war 1995 von der NASIRE, der bundesweiten Vereinigung der in Einzelstaaten tätigen Informationstechniker, mit einem Preis ausgezeichnet worden (vgl. www.nasire.org/awards/ a-wards95/aw95net.html#magnet). Die konkreten Anwendungen der einzelnen Behörden werden von diesen jedoch selber entwickelt. Auf sie hat ITD nur einen sehr indirekten Einfluss. Das Projekt ExpressLane ist ausschließlich innerhalb des RMVs entstanden.

Koordination mit Bund und Kommunen: Das Commonwealth of Massachusetts hat die Entwicklung von Online-Government explizit als Aufgabe des Einzelstaates gesehen. Auf der programmatischen Ebene gab es in Bezug auf die Entwicklung von Anwendungen keine gemeinsamen Anstrengungen mit der Bundesebene. In persönlichen Gesprächen wurden die Bundesbemühungen als wenig hilfreich und effektiv bezeichnet (Campbell 1997). Auch eine Zusammenarbeit mit den Kommunen wurde nicht angestrebt. In konkreten Anwendungs-projekten gab es ebenfalls keine Kooperation. Insbesondere gab es keine Zu-sammenarbeit bei den Integrationsprojekten der NPR wie WINGS oder Access America. Im Beschaffungssektor wurde eine Abstimmung mit anderen Einzelstaaten gesucht, um einen „elektronischen Marktplatz" aufzubauen, auf dem sich der Staat durch die Bündelung von Nachfragern bessere Konditionen von den Zulieferern erhofft. Ein anderes Bild ergibt sich bezüglich der rechtlichen Regelung der Zulässigkeit elektronischer Signaturen. Von Beginn an hat die ITD hier den Austausch und die enge Abstimmung mit anderen Einzelstaaten gesucht. Der Entwurf des Massachusetts Electronic Records und Signature Act ging in den Uniform Electronic Transaction Act (UETA) ein, der von der National Conference of Commissioners on Uniform State Laws im Dezember 1999 verabschiedet wurde. Darüber hinaus hat das ITD ausführlich die jeweiligen föderalen Initiativen zur Regelung der Zulässigkeit elektronischer Signaturen kommentiert, zuletzt das e-Commerce-Gesetz (The Electronic Signatures in Global and National Commerce Act, das zum 1.10.2000 in Teilen in Kraft tritt). Dabei wurde jedoch keine gemeinsame Linie entwickelt und stattdessen auf die Eigenständigkeit des Einzelstaates bei der Regulierung der Signaturgesetze hingewiesen. Im Bereich der technischen Implementierung von PKI beteiligt sich Massachusetts zusammen mit anderen Bundesstaaten und Unternehmen an der CARAT-Initiative, um ein Referenzmodell für digitale Signaturen zu entwickeln (CARAT 1998). Die föderale Ebene, z.B. die GIT-SPKI Task Force, ist daran nicht beteiligt.

4.6.1.2   Projektbeschreibung

In den USA müssen Autofahrer die Zulassung für ihr Kfz alle zwei Jahre verlän-gern. So wird sichergestellt, dass noch eine Versicherung für das Fahrzeug exis-tiert. Außerdem sind eine Reihe von Polizeifunktionen mit der Verlängerung verknüpft worden. So kann bei ausstehenden Verkaufssteuern, überfälligen Verbrauchssteuern, Parkgebühren Unterhaltszahlung für Kinder und weiteren Straftatbeständen die Verlängerung verweigert werden. Das RMV unterstützt dabei die Kommunalverwalutngen, andere Verwaltungsstellen und Gerichte. Angesichts der hohen Zahl von Autofahrern und Autos führt der Zwang zur Verlängerung, aber auch die Zahlung von Ordnungswidrigkeiten und weiterer Kfz-bezogener Geschäftsvorfälle zu erheblichen Belastungen beim RMV und bei den Bürgern, die vergleichsweise häufig in Kontakt geraten. Um die Warte-schlangen in den dafür berüchtigten Geschäftsstellen zu reduzieren bzw. den Bürgern diese zu ersparen, fordert das RMV die Bürger nachdrücklich zur Ver-längerung per Post oder Telefon auf. Als Anreiz dafür wird ein $5-Nachlass gewährt. Das Telefonsystem ist nicht weniger belastet als die Geschäftsstellen, und es ist für viele Bürger schwierig, überhaupt eine Verbindung zu bekommen, häufig muss man Warteschleifen erdulden. Besonders aufwendig sind Neuzulassungen, die einen persönlichen Besuch beim RMV unumgänglich machen. Es hat sich deshalb ein Markt etabliert, in dem Autohändler und Versicherungsagenten die Zulassungsleistungen für die Bürger übernehmen und dafür entsprechend entlohnt werden. Für die Autohändler und Versicherungsagenten bedeutet die persönliche Interaktion mit dem RMV damit aber nach wie vor einen hohen Aufwand. Entsprechend aufgeschlossen sind sie gegenüber Rationalisierungsmaßnahmen.

Ziele: Das Internet ist eine Alternative zu den bisherigen Zugangswegen zum RMV. Das RMV hat die Hoffnung, mit dem Internet in Zukunft eine Entlastung der Geschäftsstellen und der Telefondienste zu erreichen, und trotz geringerem Personaleinsatz das bisherige Serviceangebot beizubehalten bzw. zu verbessern. Dazu müssen über Internet auch Online-Transaktionen angeboten werden. Informationen über das Verfahren und seine Voraussetzungen allein sind zwar eine Hilfe, erzielen aber nicht die notwendigen Effizienzgewinne. Deshalb war es von Anfang an das Ziel des RMV, über das Internet auch die folgenden Transaktionen anbieten zu können: Erneuerung der Zulassung, Anforderung einer Zweitausfertigung der Zulassung, Bestellung von Spezialnummernschildern jederzeit und nicht nur bei der zweijährigen Erneuerung, Bestellung von personalisierten Nummernschildern einschließlich einer Überprüfung der verfügbaren Kennzeichen, Bezahlung von Ordnungswidrigkeiten, Auszug aus der Autofahrerkartei für spezielle Nutzergruppen, Anmeldung zu Prüfungen, die bisher nur telefonisch möglich ist, Meldung von Unfällen, inkl. Zeichnungen vom Unfallort, Verkauf von speziellen Fahrerlaubnissen an Transportunternehmen für Fahrzeugübergrößen, gefährliches Material usw.) und Adressänderungen. Viele dieser Transaktionen erfordern eine Bezahlung. Sie sollte durch Kreditkartenabbuchung erfolgen. Die letzten drei Geschäftsvorfälle benötigen eine authentische Signatur. Elektronische Bezahl und Signiervorgänge sollten deshalb in das Projekt eingebunden werden. Die anderen Vorgänge können darauf verzichten, weil hier bereits ein entsprechender Vorgang in den Akten bzw. Datenbeständen des RMV angelegt ist, bevor der Bürger in Kontakt mit dem RMV tritt. In einem weiteren Ansatz, die Schlangen in den Geschäftsstellen zu reduzieren, startete das RMV das Projekt „Distributed Registration Information Vehicle Entry" (DRIVE). Dieses Projekt wurde später in Electronic Vehicle Registration (EVR) umbenannt. Über EVR sollen die Autohändler bzw. Versicherungsmakler Zugang zum Computersystem des RMV haben und Autos zulassen, Nummernschilder und Plaketten ausgeben, Gebühren und andere Zahlungen verbuchen, sowie die Zahlung von Verkaufssteuern an das RMV durchführen können.

Ergebnisse: Das Projekt ExpressLane wurde 1996 begonnen und stufenweise ausgebaut. Relativ schnell wurden noch bis 1997 die Anwendungen Bezahlung einer Ordnungswidrigkeit, Zulassungserneuerung, Anforderung einer Zweitausfertigung einer Zulassung und die Bestellung von Nummernschildern entwickelt. Die Adressenänderung folgte allerdings erst 2000. Die ExpressLane-Anwendung ist auf dem Web-Server des Commonwealth of Massachusetts installiert, der von der Firma GTE (früher BBN) betrieben wird (vgl. Abb. 410). Von dort kann der Nutzer sich über SSL ein Formular laden. Der ausgefüllte Antrag wird zunächst an ein Payment-System geschickt, das BBN-Transaction System, wo er nach Prüfung einfacher Plausibilitäten gespeichert wird. Die Daten werden verschlüsselt übertragen. Das BBN-Transaction System sendet dann die Daten an den RMV Transaction Gateway, das im internen LAN des RMV läuft. Dort wird der Auftrag formatiert und an den RMV Mainframe gesendet. Dort wird er geprüft und die Kreditzahlungsangaben überprüft. Wenn ein Fehler auftritt, wird wieder das Transaction Gateway informiert. Wenn die Kreditkartenprüfung erfolgreich ist, werden die Daten vom Mainframe aktualisiert und eine entsprechende Nachricht an das RMV Transaction Gateway gesendet. Von dort wird der Kunde benachrichtigt, dass die Transaktion erfolgreich war oder dass er sich im Fehlerfall mit dem Call Center in Verbindung setzen soll. Als Verschlüsselungsprotokoll der E-Mails wurde PGP eingesetzt. Die Software, die die eingehenden Anträge verwaltet, zum Großrechner routet und beantwortet, wurde in Visual Basic programmiert.

Abbildung 23: Systemarchitektur ExpressLane (Quelle: Skizze des RMV)

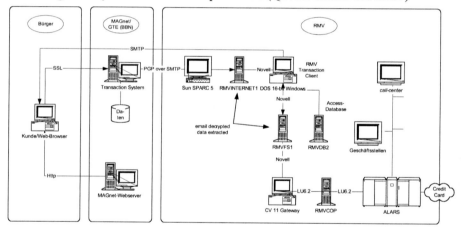

Das EVR Projekt wurde (zunächst unter dem Namen DRIVE) 1991 begonnen und ca. vier Jahre lang getestet. Zunächst gab es Pilotanwendungen mit drei bis vier Händlern. 1995 begann die Implementation. Heute sind 350 Händler über das Netz angeschlossen. Dabei handelt es sich um Class 1 Händler, die Neuwagen verkaufen. Im Juni 1999 wurde das proprietäre System DRIVE abgelöst und die AAMVA-Schnittstelle (AAMVA ist der Verband der amerikanischen Kfz-Zulassungsbehörden) implementiert. Damit ist das System herstellerunabhängig. In der Pilotphase konnte der Service Provider in seinem eigenen Datenformat Nachrichten mit dem Rechner austauschen. Dem RMV war jedoch daran gelegen, eine gemeinsame Schnittstelle zur Verfügung zu haben, damit mehrere Service Provider diesen Dienst anbieten können. Es bleibt dem Service Provider überlassen, was er den Händlern anbietet. In Massachusetts gibt es z.Zt. zwei. Der eine bietet eine proprietäre Dial-Up-Verbindung an, während der andere die Daten über das Internet in Form von XML-Datensätzen empfängt (vgl. Abb. 21). Dieses System war nach Kenntnis des RMV im Herbst 2000 im Aufbau begriffen (Collaro-Surrette 2000). Beide bedienen die Schnittstelle AAMVA. Wie viele andere Zulassungsbehörden in den USA ist auch das RMV an das AAMVA-net angeschlossen, dass auf IBMs SNA beruht. Der Datensatz wird von AAMVA mit dem Kürzel EMR bezeichnet. Eine Transaktionen vom Händler über die Plattform bis zum ALARS-System und wieder zurück benötigt 1,4 sek. Die Papierdokumente müssen beim Händler archiviert werden.

Abbildung 24: Systemarchitektur EVR

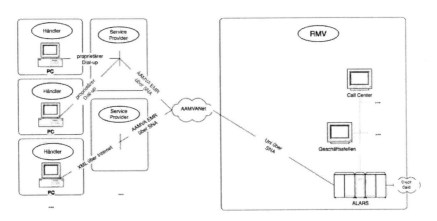

Die Händler müssen verschiedene Voraussetzungen erfüllen. Mindestens drei Mitarbeiter müssen autorisiert und bezüglich ihrer Verlässlichkeit und Vertrauenswürdigkeit geprüft werden sowie entsprechende Schulungen durchlaufen. Der Betrieb muss im Monat mindestens 20 Transaktionen tätigen. Bestimmte Vorkehrungen müssen zur sicheren Verwahrung des Amtssiegels (registrar's stamp) getroffen werden. Ebenfalls aus Sicherheitsgründen werden immer nur 25 Nummernschilder zugeschickt. Die kassierten Gebühren und Steuern müssen per Electronic Funds Transfer und die Dokumente per Post täglich an das RMV gesendet werden.

Die Defizite von ExpressLane liegen in der mangelnden technischen Funktionalität, Authentifizierung benötigende Anwendungen umzusetzen, und in den geringen Nutzerzahlen. Es ist während der Projektlaufzeit nicht gelungen, eine

digitale Signatur einzusetzen. Die jüngst umgesetzte Adressenänderung wird per
E-Mail empfangen und anders als die anderen Anwendungen per Hand in den
Datenbestand eingepflegt. Sodann wird eine E-Mail zur Bestätigung verschickt.
In den ersten Wochen der Online-Schaltung erhielt das RMV 300 bis 350 Mails
täglich (Page/Flynn 2000). Das ist deutlich populärer als die übrigen Anwendungen von ExpressLane. Die Nutzungszahlen haben sich über die letzten Jahre
zwar kontinuierlich gesteigert (vgl. Tab. 14). Um die Bedeutung der Online-
Wiederzulassungen jedoch abschätzen zu können, ist ein Vergleich mit den per
Post eingesendeten Wiederzulassungen nützlich. 1998 standen 711.384 Wiederzulassungen per Post 459.262 Zulassungen gegenüber, die über die Geschäftsstellen, das Telefon oder E-Mail empfangen und in das System eingegeben wurden. Der Internet-Anteil betrug dabei nur drei bzw. vier Prozent (vgl. Tab. 15).

Tabelle 14: Fallzahlen der Online-Geschäftsvorfälle des RMV (Quelle: Interne
Auswertung RMV)

	Aug 96	Feb 97	Aug 97	Feb 98	Aug 98	Feb 99
Ordnungswidrigkeit	32	24	35	60	356	389
Zulassungsverlängerung	261	2.695	3.561	3.808	317	894
Duplikat der Zulassung	11	20	51	52	66	82
Bestellung Sonderkennzeichen	n/a	n/a	16	22	24	52

Tabelle 15: Anteil Internet von gesamt (Anm.: „On-Line" beinhaltet Telefon,
Geschäftsstellen und E-Mail)

		Feb 98	Aug 98	
Mail-In		86.495	11.577	
„On-Line"		36.634	17.186	
davon Internet		3.808	317	
Prozent Internet von Gesamt		3	1	

Erfolgreicher ist EVR. Ca. 350 Autohändler beteiligen sich an dem Programm, das sind ca. fünf Prozent aller Händler. Diese wickeln jedoch 30 Prozent
aller Neuzulassungen ab. Die anderen 70 Prozent sind Verkäufe von Privat oder
werden von Gebrauchtwagenhändlern abgewickelt (Class 2 licenses). Mit dem
EVR-Projekt entspricht das RMV einem bundesweiten Trend, für Händler elektronische Zulassungen vorzunehmen (Collaro-Surrette 2000). Das ERV-System
kann die branch offices jedoch nicht völlig ersetzen. Obwohl EVR sehr erfolgreich ist, sind die Zulassungszahlen in den Branch Offices im Jahr 2000 gegenüber dem Vorjahr um 20.000 gestiegen (von 70.000 auf 98.000). Dieser Anstieg
ist wahrscheinlich auf die Konjunktur zurückzuführen (Rafail 2000).

4.6.1.3 Lokale Handlungssituation

RMV ist eine selbständige Verwaltungseinheit, die formal dem Office of Public Safety zugeordnet ist. Der Verwaltungsleiter (Registrar) wird direkt vom Gouverneur, dem Regierungschef von Massachusetts, berufen. Beim RMV arbeiten 780 staatliche Angestellte in Vollzeit, dazu kommen 200 Zeitangestellte, Vertragsnehmer und Berater. Über die Hälfte sind in Boston, die andere Hälfte ist auf die regionalen Meldestellen im ganzen Land verteilt. Das RMV hat z. Zt. 50 Zweigstellen mit unterschiedlichem Leistungsumfang (s. den aktuellen Stand unter http://www.massrmv.com). Dabei gibt es 25 fullservice-Geschäftsstellen, drei Geschäftsstellen mit einer Auswahl an Geschäftsvorfällen (eines davon nur für kommerzielle Zulassungen) und sieben Express-Geschäftsstellen in Einkaufszentren, in denen nur Führerscheine verlängert werden können. An 36 Orten können Führerscheinfahrprüfungen gemacht werden (für Kfz und/oder Motorräder, an 11 Plätzen kommerzielle Führerscheinfahrprüfungen (lt. WebSeite, Abruf am 5.7.2000). In den Geschäftsstellen arbeiten zwischen sieben und 40 Mitarbeitern. Seit 1987 betreibt das RMV ein Call Center. Im September 2000 arbeiteten dort 31 Teil und 11 Vollzeitkräfte.

Das RMV war Ziel und Gegenstand umfangreicher Reorganisationsbemühungen, hauptsächlich im Zusammenhang mit der Verkleinerung der Organisation. Mit einer Verkleinerung des Etats und der Belegschaft wollen Regierung und Parlament den Regierungsapparat verschlanken und die Ausgaben des Staates senken. Die Abteilung Informationstechnik war jedoch von diesen Einschnitten nicht betroffen, auch wenn es organisatorische Änderungen gab. Das RMV ist für die Zulassung von Kfz und die Registrierung (registration) von Eigentümern und Fahrern zuständig (licensing). Außerdem ist es für die Verkehrsüberwachung einschließlich der Verfolgung von Ordnungswidrigkeiten verantwortlich und nimmt Aufsichtsfunktionen in den Bereichen Haftpflichtversicherung, Inspektionen und Transport von Schulkindern wahr. Eine weitere Aufgabe ist die Registrierung von Wählern und Wählerinnen.

Die Neuzulassung erfolgt ausschließlich in den Geschäftsstellen. Dazu muss der Käufer ein RMV1-Formular und einen Nachweis der vorherigen Besitzerschaft (i.d.R. certificate of title) vorlegen. Auf Basis des Kaufpreises, der ebenfalls nachgewiesen werden muss, wird eine 5prozentige Verkaufssteuer berechnet und kassiert. Außerdem wird die Zulassungsgebühr berechnet. Dann werden dem Eigentümer Kennzeichen und Plaketten ausgehändigt. Die Bedienung von Händlern erfolgt auch in den Geschäftsstellen, wobei z.T. eigene Schalter bzw. sogar besondere Geschäftsstellen für diese Zielgruppe eingerichtet worden sind.

Die Zulassungen müssen alle zwei Jahre verlängert werden. Ca. sechs bis acht Wochen vor Ablauf schickt das RMV dem Besitzer eine Erneuerungskarte (Formular RMV2). Diese wird aus der Datenbank der Autohalter von dem Basis-Informationssystem des RMV, dem Automated Licensing and Registration System (ALARS), generiert. Alle Zweigstellen und das Call Center greifen darauf zu. So können die Verlängerungen telefonisch, per Post, oder in den Geschäfts-stellen bearbeitet werden. Das RMV verfügt über die Möglichkeit der Kreditkar-tenzahlung, die nur telefonisch und in einigen Geschäftsstellen möglich ist. Die Sachbearbeiter in der Zentrale (Poststelle), den Geschäftsstellen und im Call Center erledigen die Vorgänge in direkter Interaktion mit dem Großrechner-system. Neue Urkunden und Führerscheine werden ausgedruckt. Wenn sie per Telefon bestellt wurden, werden sie per Post an den Kunden gesandt. Das Pro-jekt ExpressLane setzt insbesondere auf das Telefonsystem auf, insofern als dieselben Geschäftsvorfälle online abwickelbar sind.

Kunden: Massachusetts hat etwas über sechs Millionen Einwohner (7.1.1998, U.S. Census Bureau), von denen ca. fünf Millionen einen Führer-schein haben. Ca. 4,8 Mio. Kraftfahrzeuge sind zugelassen (Massachusetts Re-gistry of Motor Vehicles 1998, 6). Aus der Sicht der Bürger fallen die Kontakte mit dem RMV in drei Kategorien: Zulassungen, Führerscheine, und Ordnungs-widrigkeiten (vgl. Tab. 16). Für eine Neuzulassung muss ein Käufer zunächst eine zertifizierte Versicherungsagentur aufsuchen, um eine Versicherung abzu-schließen. Der Versicherungsagent füllt das Zulassungsformular RMV1 aus, stempelt und unterschreibt es. Der Autokäufer muss ebenfalls unterschreiben. Mit diesem Formular muss er die Geschäftsstelle aufsuchen, einschließlich der oben erwähnten weiteren Nachweise. Er erhält die Zulassung, die Nummern-schilder und die Plaketten. Dann muss er noch innerhalb von sieben Tagen einen technischen Sicherheits- und Funktionstest erfolgreich bestehen, der von dazu zugelassenen Kfz-Reparaturwerkstätten u.ä. durchgeführt wird. Wegen der lan-gen Wartezeiten in den RMV-Geschäftsstellen beauftragt der Käufer häufig auch den Autohändler, der die Zulassung dann übernimmt.

Bekommt der Halter eine Aufforderung zur Verlängerung, das RMV2-Formular, muss er die Korrektheit der Angaben bestätigen. Die Gebühr variiert nach dem Typ der Zulassung und ob besondere Nummernschilder (vanity plates) ausgegeben wurden. Dann hat der Autohalter üblicherweise drei Möglichkeiten, die Zulassung zu verlängern: Er kann direkt zu einer Geschäftsstelle des RMV gehen. Hier sind Barzahlung, Zahlung per Scheck und an ausgewählten Ge-schäftsstellen Kreditkartenzahlung möglich. Er kann zweitens per Post verlän-gern. Dann müssen das RMV2-Formular und ein check oder eine money order abgeschickt werden. Drittens kann per Telefon verlängert werden. Zur Zahlung ist dann eine Kreditkarte erforderlich. Sowie die Verlängerung eingegangen und verbucht ist, werden die entsprechenden Datumsplaketten zugesandt.

Tabelle 16: Kontakte der Bürger mit dem RMV (Die Ziffern geben die Rangfolge der am meisten nachgefragten Leistungen an, Quelle: Massachusetts Registry of Motor Vehicles 1998; Rafail 2000)

Kfz-Zulassung (*registration*)	Führerscheine (*licensing*)	Verletzungen der Kfz-Gesetzgebung
- Neue Nummernschilder (Neuzulassung) (1) - Übertragung der Nummernschilder (Zulassung) (2) - Beendigung der Zulassung (3) - Verlängerung der Zulassung (4) - Nur neuen title - Doppelte Ausfertigung der Zulassungen - Tausch der Schilder (z.B. von speziellen, beschädigten oder gestohlenen Schildern) - Doppelte Ausfertigung des *title* - Zulassung und neue *titles*	- Verlängerung des Führerscheins (1) - Neuen Führerschein ausstellen (nach Prüfung) (2) - Führerscheine (schriftliche Prüfung) (2) - Doppelte Ausfertigung des Führerscheins (3) - *Out-of-state* Führerschein umwandeln (4) - Änderung der Daten (neuer Name, Adressenänderungen, neues Photo) - *Out-of-country* Führerschein umwandeln - Neue Führerscheinklasse (z.B. Motorrad, Lastwagen) - Behindertenausweis Photo und Ausweis - Ausstellung von ID cards	- Zahlung von Strafzetteln für zivilrechtliche Vergehen - Zahlung von Bußgeldern einschl. Anhörungen, Teilnahme an Verkehrserziehung, Haftstrafen, Vorlage von ausgesetzten oder widerrufenen Führerscheinen bei kriminellen Vergehen - Unterlagen über den Fahrer

Sofern die Versicherung ausgelaufen ist, muss sie erneuert werden. Eine Verlängerung per Telefon ist dann nicht möglich. Das trifft auf ca. 40 Prozent der Fälle zu. Der Grund liegt häufig in Terminüberschneidungen, wenn die Versicherung den Status an das RMV meldet. Die Erneuerung bzw. das Fortbestehen der KfzVersicherung ist von der Versicherungsagentur auf dem RMV2 Formular mit Stempel und Unterschrift zu vermerken. Dann muss die Karte von allen Eigentümern des Kfz unterschrieben und mit Zahlung einer Registrierungsgebühr an das RMV zurückgeschickt werden. Wenn der Autofahrer strafbare Handlungen begangen oder Strafzettel (Ordnungswidrigkeiten) nicht bezahlt hat, muss er sich um deren Tilgung bemühen. Dazu sind z.B. Nachweise der Stadt über bezahlte Ordnungswidrigkeiten oder gerichtliche Bescheide erforderlich. Das RMV führt entsprechende Statistiken. Eine Verlängerung per Telefon ist dann nicht möglich.

Die Verlängerung der Zulassung ist einer der regelmäßigen Fälle, in denen Bürger und RMV miteinander in Kontakt treten. Andere sind die Bezahlung von Ordnungswidrigkeiten, die Bestellung von Sonderkennzeichen und die Ausstellung von Ersatzzulassungen, wenn die erste verloren gegangen ist. Weitere Routinefälle sind die Verlängerung der Führerscheine. Dazu kommen noch weitere Geschäftsvorfälle wie Adressenänderungen und Anmeldung zu Prüfungen. Grundsätzlich werden diese Vorfälle auch mit Hilfe von ALARS verwaltet. Ihre

Verarbeitung und Bearbeitung gleicht im Prinzip denen der Verlängerung der
Zulassung, insbesondere was die Erhebung der Daten, die Zahlung und die alternativen Transaktionswege angeht. Für eine elektronische Bearbeitung gibt es in
Massachusetts bei den Bürgern und bei den Autohändlern gute Voraussetzungen.
Bei ersteren ist eine vergleichsweise hohe Vernetzungsrate (2000: ca. die Hälfte
der Bevölkerung) zu vermuten, auch aufgrund der Ansässigkeit vieler Universitäten (u.a. Harvard und Massachusetts Institute of Technology) und der nach
Silicon Valley dichtesten Konzentration von Firmen der IT-Branche. Autohändler benutzen standardmäßig PC zur Abwicklung ihrer Geschäfte.

Interessen des Realisierers RMV: ExpressLane und EVR sind Eigenentwicklungen des Registry of Motor Vehicles. Ihre Entwicklung erklärt sich aus
den genannten Interessen des RMV, das Fallaufkommen in den Geschäftsstellen
zu reduzieren und deshalb alternative Zugangswege anzubieten. Dabei wird
inkrementell auf den bestehenden Systemen, ALARS aufgebaut, und externe
Zugänge über die Web-Anwendung ExpressLane bzw. die Service Provider bei
EVR geschaffen. ExpressLane diente dabei zunächst nur dem Sammeln von
Erfahrungen. Für das Angebot wurde deshalb auch bis 2000 keine aktive Werbung betrieben. Die Kosten dafür sind im Vergleich zu anderen Maßnahmen
(insbesondere die Einrichtung spezieller ExpressGeschäftsstellen für Privat und
Geschäftskunden) gering, weshalb auch die geringen Fallzahlen kein Problem
darstellen. Das RMV geht davon aus, dass diese Anwendung erst in Zukunft von
Bedeutung sein wird.

4.6.1.4   Rahmenbedingungen

Organisation: Das RMV hat die alleinige Zuständigkeit in Fragen der Kfz-
Zulassung und Führerscheinausgabe und -verlängerung. Es ist in der Durchführung seiner Aufgaben weitgehend autonom. Alle Geschäftsstellen und Abteilungen gehören zu derselben Organisation und unterstehen fachlich und dienstlich
dem Registrar. Dies gilt auch für die IT-Abteilung. Mit der operativen Durchführung der IT-Aufgaben sind zentrale Dienstleister des Commonwealth of Massachusetts beauftragt, insbesondere die ITD, die MAGnet betreibt und die Verträge
mit dem Internet-Dienstleistern GTE (früher BBN) und MCI abschließt. Der
Internet-Zugang wird vom Network Control Center der ITD bereitgestellt. Zwischen RMV und ITD gibt es eine Reihe von Berührungspunkten, die noch näher
beschrieben werden. Organisatorisch sind beide Behörden jedoch eigenständig.
ITD hat eine koordinierende Funktion und kann in Zusammenarbeit mit Einzel-
behörden Informationstechnikstrategien entwickeln.

In der Abwicklung seiner Aufgaben ist das RMV auf den Austausch mit
Daten anderer Institutionen angewiesen. Für die Zulassungsverlängerung von
besonderer Bedeutung sind die Versicherungen. Werden hier die Daten nicht
rechtzeitig überspielt, müssen die Kfz-Halter selber die Verlängerung bestätigen
lassen. Das ist bei 40 Prozent der Fall. Eine Reorganisation könnte Aufwand

einsparen, weil mehr Leute die Möglichkeit hätten, über Internet zu verlängern. Das Problem wurde jedoch nicht angegangen.

Recht: Während das ITD sehr viel Energie in den Entwurf von Gesetzen gesteckt hat, die die Zulassung elektronischer Signaturen zum Ziel haben, ist das aus juristischer Sicht für RMV kein Problem gewesen, denn in der einschlägigen Gesetzgebungen sind solche nicht verboten. Entscheidend für das RMV ist der faktische Grad, mit dem die Authentifizierung und die Vertraulichkeit hergestellt werden kann. Das RMV folgt einem Ansatz der ersten Task Force, für einzelne Anwendungen Risikoanalysen vorzunehmen und sich dann für eine bestimmte technologische Option zu entscheiden (vgl. Massachusetts Online Government Task Force 1998). Über die Zulässigkeit derselben wird mit Hilfe von Gerichtsverfahren entschieden werden. Gesetze wie UETA oder die ESIGN-Gesetzgebung des Bundes werden vom RMV für wenig hilfreich erklärt, da die konkrete Einzelfallanwendung entscheidend ist (McConnell 2000). Für bekannte Nutzergruppen wie bei der Bezahlung von Ordnungswidrigkeiten und der Verlängerung von Zulassungen reicht die Identifikation über E-Mail und die Bezahlung per Kreditkarte. Ausgeschlossen von einer elektronischen Umsetzung bleiben freilich Erstanträge, in denen Nummernschilder, Plaketten, Fotos und Führerscheine (als Plastik-ID-Karten mit Schutzfunktionen) nichtdigitalisierbare Komponenten darstellen.

In anderen Bereichen hat das RMV erfolgreich die Anpassung entgegenstehender Vorschriften bewirkt, um elektronische Transaktionen zu ermöglichen. So ist die Zahlung per Kreditkarte speziell im Gesetz erwähnt. Das ist die entscheidende Voraussetzung für ExpressLane gewesen. In anderen Staaten wollen die Kfz-Verwaltungen die Kreditkartengebühren nicht zahlen. Auch für EVR musste die Steuerbehörde zustimmen, dass Autohändler im Auftrag des Staates die Mehrwertsteuer einziehen können.

Auch der Driver Privacy Protection Act muss berücksichtigt werden. Dieser limitiert und regelt, wer berechtigt ist, auf die RMV-Datenbank zuzugreifen. U.a. wegen dieses Gesetzes müssen die Autohändler über zertifizierte Service Provider in das ALRAS-System eingebunden werden. Die Grenzen der Einflussmöglichkeiten zeigen sich am Beispiel der automatischen Wiederzulassung, bei der der Kfz-Halter sich gar nicht melden muss und die für einfache Fälle von 1996 bis 2000 möglich war. Dabei handelt es sich um die zweifelsfrei effektivste Lösung, Fallzahlen zu verringern. Der Staat führte die Verlängerungspflicht 2000 jedoch wieder ein, weil er die Gebühren dafür kassieren und zur Finanzierung eines großen Bauvorhabens verwenden will! Weitere Gesetze, wie das Voter Registration Gesetz und der Child Support Enforcement Act, bestimmen weitere Aufgaben für das RMV. Auf diese wird hier aber nicht eingegangen. Wichtig ist nur, dass das RMV die Funktion einer Art Einwohnermeldekartei wahrnimmt. Viele Gesetze sollen umgesetzt werden, in dem sie die Verlängerungsverweigerung von Führerschein oder Zulassung als Sanktionsmaßnahme vorsehen.

Leadership: Die hohe Wertschätzung von ExpressLane ist besonders für das RMV erfreulich, das traditionellerweise einen sehr schlechten Ruf in der Bevölkerung hat. Interne Unterstützung für ExpressLane und EVR kann angesichts der Notwendigkeit, sich als kundenfreundliche Organisation zu präsentieren, leicht gewonnen werden. Alle während der Projektlaufzeit amtierenden registrars haben den Punkt „Modernisierung" oder „erhebliche Verbesserung des Kundendienstes" ganz oben auf ihre Agenda gesetzt. Das wird auch im 1998 aufgestellten Strategieplan des Amtes unterstrichen. Als eines von zwölf langfristigen Strategieprojekten wird das RMV „alternative Möglichkeiten der Dienstleistungserbringung untersuchen und die Dienstleistungen per Internet und Telefon ausweiten". Als kurzfristiges, taktisches Projekt ist die Einführung von Prüfungen über das Internet geplant (Massachusetts Registry of Motor Vehicles 1998, 14). Auch die Entwicklung von „innovativen, auf Zusammenarbeit fußende Beziehungen zu anderen Behörden und zu Organisationen des Privatsektors" ist geplant (ebd., 18). Das bezieht sich auf die Verbesserung des Datenaustauschs zwischen dem RMV und anderen staatlichen Kfz-Verwaltungen (National Motor Vehicle Title Information System), Banken (für Pfandrecht und Besitzurkunden) sowie den Versicherungen und Autohändler (Ausbau von EVR).

Finanzierung: Das RMV finanzierte das Projekt aus einem Budget für Sonderprojekte selbst. Da sich das Projekt auf die Anwendung vorhandener Module wie z.B. die integrierte Datenbank, die übliche Netz und SSL-Technik und Kreditkarteneinsatz beschränkte, waren die Kosten nicht sehr hoch. Für das RMV ist das Projekt ExpressLane eine kleine Sache. Erhebliche Anstrengungen des Amtes gehen in Richtung Verbesserung des Ausgabestellennetzes und des Telefonsystems. Die geringen Kosten entstanden auch, weil keine eigenen Produkte entwickelt worden. So hat man bewusst auf die Entwicklung einer PKI verzichtet und darauf gehofft, dass der Markt diese bald bereitstellen wird.

Das EVR-Projekt hing gegenüber dem ExpressLane-Projekt von Anfang an von der Bereitschaft der Autohändler ab, ein solches System zu akzeptieren, die damit verbundene Verantwortung zu übernehmen und die Betriebskosten zu zahlen. Das sind ca. $8 pro Transaktion. Dabei zahlen die Autohändler ausschließlich an den Service Provider ihre Gebühren. Der Anreiz für sie ist der bessere Service, den sie ihren Kunden anbieten können. Ob für Privatkunden die Internet-Verlängerung gegenüber einem Telefonanruf inkl. mehrminütiger Warteschleife oder das Versenden eines Briefes mit einer 32-cent-Briefmarke attraktiver ist, muss von diesen selbst entschieden werden. Eine pauschalisierte Kosten-Nutzen-Abwägung ist hier nicht möglich.

Das RMV beantragte keine Mittel für solche Sonderprojekte beim ITD. Solche Mittel wären durch die Technologieanleihen des Commonwealth 1992 ($90 Mio.) und 1996 ($400 Mio.) vorhanden. Inhaltlich hätte sich das RMV-Projekt für die dadurch zur Verfügung stehenden Mitteln qualifizieren können. Da das ITD jedoch eine Dokumentation und bestimmte andere Verpflichtungen mit der Mittelvergabe verknüpft, zog das RMV es vor, seine eigenen Mittel zu verwenden. Insofern bestand keine Abhängigkeit von externer Finanzierung. Im Umkehrschluss zeigt dies auch die Grenzen des ITD auf, mit Hilfe von Budgetzuteilungen die Entwicklung von Online-Government Anwendungen zu steuern.

Qualifikation: Das ExpressLane-Projekt diente zur Gewinnung von Knowhow im Bereich Internet-Technologien. Für offene Fragen im ExpressLane-Projekt, insbesondere bezüglich der SSL-Anbindung und des Internet Transaction Gateways, wurde externer Sachverstand eingeholt und bezahlt. Die Implementierung, der operative Betrieb und Wartung von ExpressLane und EVR war und ist jedoch durch die IT-Fachleute des Amtes sowie einiger Auftragnehmer gewährleistet. Für EVR war jedoch die Schaffung neuer Aufgabenbeschreibungen notwendig, da Mitarbeiter, die vorher in Geschäftsstellen arbeiteten, nun überwachend und beratend für die Autohändler tätig werden. Einstufungsfragen der Mitarbeiter, die von den Gewerkschaften Union NAGE (National Association of Government Employees), in der die Mitarbeiter beschäftigt sind, wurden zwei Jahre lang diskutiert. Das Aushandeln wurde durch das Labor Relations Department wahrgenommen. Gelöst wurden die Konflikte durch eine Höherstufung der entsprechenden Mitarbeiter (Collaro-Surrette 2000).

Die Weiterqualifizierung über die notwendige Sachkompetenz hinaus, z.B. zur Steigerung der Dienstleistungsqualität, für das Personal in den Geschäftsstellen und im Call Center lässt jedoch zu Wünschen übrig. Bei Personalknappheit können kaum Schulungen durchgeführt werden. Im Call Center ist die Fluktuation der Mitarbeiter besonders groß. Im Jahr 1999 gab es eine 200-prozentige Auswechselrate. Hier arbeiten viele Berufseinsteiger (für ca. $ 3 bis $ 5). Die Arbeit erfordert ausführliche Schulungen (30 Tage Terminreservierung, dann 30 Tage Transaktionen und schließlich vier Tage Unterricht im Klassenverbund für General Information, mit anschließend zwei- bis dreiwöchigen Instruktionen). Dies bedeutet eine enorme Belastung für den Betrieb. Im Vergleich zu anderen Bundesstaaten ausführlich geschult werden in Massachusetts die Teilnehmer am EVR-Verfahren. Sie müssen an einem besonderen, mehrtägigen Trainingsprogramm teilnehmen, das vom RMV eigens für diese Nutzergruppe konzipiert wurde. Die Bedingungen und der Qualifzierungsbedarf für Privatkunden, die ExpressLane nutzen, ist jedoch nicht erhoben worden.

Technische Infrastruktur: Die Realisierung von ExpressLane und DRIVE setzt ein vorhandenes, automatisiertes Kfz-Verfahren voraus. Dies ist mit dem Mainframe-basierten ALARS-System vorhanden. Durch MAGnet steht auch eine ausreichende TK und DFÜ-Netzwerkinfrastruktur zur Verfügung (vgl. Massachusetts Online Government Task Force 1998, 10). Aus der bereits beschriebenen Strategie von RMV und ITD, nur am Markt bereits getestete und eingesetzte Produkte einzusetzen und von Eigenentwicklungen Abstand zu nehmen, ergibt sich aber eine technische Barriere. Weil die Authentifizierungsinfrastrukturen (PKI) nicht so schnell wie die Übertragungsprotokolle (TCP/IP), Bezahlungs (Kreditkartensystem) und Verschlüsselungs-Infrastrukturen vom Markt entwickelt wurden, konnten nur Geschäftsvorfälle umgesetzt werden, die keine hohen Ansprüche an die Authentifizierung stellen bzw. muss ein Aufwand von Hand betrieben werden wie bei der Adressenänderung. Das führt dazu, dass letztlich nur geschlossene Benutzergruppen angesprochen werden können. Im EVR-Projekt ist dies offensichtlich. Die Händler müssen eine aufwendige Anmeldeprozedur durchlaufen und ihre Zuverlässigkeit fortwährend unter Beweis stellen. Aber auch bei ExpressLane handelt es sich um geschlossene Benutzergruppen, denn die Nutzer sind dem RMV schon bekannt und legitimieren sich durch die Kenntnis der ihnen zugestellten Verlängerungsaufforderungen, Kennzeichen oder Strafzettel.

4.6.1.5   Die Bedeutung der verschiedenen Ebenen

Die Projekte ExpressLane und EVR haben ihre Berechtigung wegen des großen Drucks, Alternativen für den langwierigen und mühseligen Service in den Zweigstellen und über das Telefon zu finden. Sie sind möglich, weil es günstige Rahmenbedingungen gab: das RMV kann autonom handeln, finanzielle Mittel können im Rahmen interner Reformbemühungen aufgebracht werden und es gibt eine ausreichende Netz und Datenbankinfrastruktur gibt, einschließlich der entscheidenden Verbindung zu Online-Zahlungssystemen über die Kreditkartenverarbeitung.

Wesentlich ist, dass die Projekte ExpressLane und EVR in ihren lokalen Handlungskontexten keine radikalen, sondern allmähliche Innovationen im Handlungskontext des RMV bedeuteten. Z.B. realisiert ExpressLane nur Angebote, die bisher auch telefonisch erledigt werden konnten. Für inkrementelle Innovationen sind weniger Anpassungen in der Rahmensetzung nötig als für radikale Innovationen. Genau das wäre die Etablierung einer PKI gewesen, die den vollständigen Verzicht auf Papier ermöglichen würde. Obwohl es offiziell nur um das Experimentieren geht und deshalb der erreichte Stand als Erfolg bezeichnet werden kann, will das RMV besonders Expresslane weit mehr als nur vier oder fünf Geschäftsvorfalltypen online anbieten. Vergleichsweise erfolgreicher ist das EVR-Projekt. Hier gibt es mit Autohändlern, Versicherern und Service Provider eingespielte Akteure, die eine elektronische Beantragung ermöglichen. Die entsprechenden Rahmenbedingungen (Übertragung des registrar's stamp und die Berechtigung zur Erhebung der staatlichen Steuer) wurden angepasst.

Die politische Ebene hat dem Projekt ihre Anerkennung gezollt, ohne selbst entscheidend aktiv zu werden. Trotz ihrer Absicht hat die Online-Government TaskForce nicht dazu beitragen können, PKI schneller zu entwickeln oder Möglichkeiten aufzuzeigen, wie das RMV beim Stand bestehender Technik und entsprechenden Sicherheitsanforderungen weitere Angebote umsetzen konnte.

4.6.2   *STAWRS*

4.6.2.1   Politischer Kontext: Das Projekt STAWRS

Eine Koalition von Bundesbehörden und Interessenvertretungen der Einzelstaaten und Arbeitgeber in den USA hat sich zum Ziel gesetzt, die Berichtspflichten und Zahlungsweisen der Arbeitgeber im Steuer und Sozialversicherungswesen zu vereinfachen und das Erhebungsverfahren effizienter und effektiver zu gestalten. Die Initiative Simplified Tax and Wage Reporting System (STAWRS) wird vom Internal Revenue Service (IRS), der Social Security Agency (SSA), dem Department of Labor (DOL), dem Department of Treasury (DOT), der Small Business Administration (SBA) und dem Office of Management and Budget (OMB) getragen. Sie wird von der Federation of Tax Administrators (FTA), der Vereinigung der einzelstaatlichen Steuerbeamten, der Interstate Conference of Employment Security Agencies (ICESA), der Vereinigung einzelstaatlicher Sozialversicherungsbehörden und Berufsverbänden, insbesondere der Lohn und Finanzbuchhalter (American Payroll Association (APA), American Society of Payroll Managers (APSA) und Arbeitgebern unterstützt.

STAWRS konzentriert sich heute auf Einzelprojekte, mit denen Teilaspekte des Berichtswesens in Steuer und Sozialversicherungsfragen reformiert werden sollen. Ein umfassender Versuch, das gesamte System mit einem Ansatz zu reformieren, ist vorher gescheitert. (vgl. Mitchel 1999a). STAWRS versteht sich als "concept development agency". Dabei werden zunächst Handlungsfelder definiert, Partner für eine Pilotierung gesucht (in der Regel die Steuer und Arbeitsverwaltungen der Einzelstaaten), ein Pilot entwickelt und getestet. Auf Grundlage der Evaluation der Erfahrungen mit dem Piloten macht STAWRS einen Vorschlag, ob der Pilot weiterentwickelt, übernommen oder beendet werden soll. Die Übernahme der Ergebnisse ist dann Sache der Partner, d.h. ob der Pilot beendet wird oder darauf aufgebaut wird. Inhaltlich lassen sich die zurzeit verfolgten Projekte drei Handlungslinien zuordnen: Prozessoptimierung (Single Point Filing), Standardisierung von Berichtsdaten (Simplified Requirements) und Bündelung von einschlägigen Informationen (Streamlined Customer Service). Die Umsetzung von STAWRS und die dabei auftretenden Probleme lassen sich exemplarisch an einem Projekt aus dem Bereich Prozessoptimierung demonstrieren: dem Single-Point-Filing-Projekt in Iowa.

Koordination mit GIT-S/Access America: Die Ziele von STAWRS entsprechen der Access America Initiative, durch die Verknüpfung von Verwaltungsreformen und Informationstechnik dem Bürger „better service which costs less" anbieten zu können. Als Gore auf der Suche nach Projekten für den Access America Bericht war, schlug das Department of Treasury, zu dem der IRS gehört, STAWRS vor. Es wurde als einziges Projekt aufgenommen, das Behörden nicht nur der Bundesebene, sondern auch der Landesebene ansprach. Organisatorisch wurde STAWRS durch den Vize- bzw. Vorsitzenden, Greg Woods, im GIT-S Board repräsentiert. Dafür saß Greg Woods für den National Performance Review im Lenkungsausschuss von STAWRS. Das STAWRS-Projekt wird auf den verschiedenen Web-Seiten von Access America, z.B. business.gov oder firstgov, verlinkt. Darüber hinaus gibt es keine inhaltliche Zusammenarbeit zwischen STAWRS und anderen Access America Projekten. Es gibt auch keine Zusammenarbeit mit der General Services Administration (GSA), die ein eigenes Referat für interorganisatorische Verwaltungsprojekte unterhält (das auf Empfehlung von NPR gegründet wurde). Allerdings besteht ein informeller Zusammenhang zur GSA, weil diese das Projekt IowAccess finanziert hat.

Koordination mit Ländern: Die Zusammenarbeit mit den Einzelstaaten ist notwendiger Bestandteil von STAWRS. Das Washingtoner Büro ist mit Mitarbeitern der Bundesbehörden (IRS; SSA; BLS – Bureau of Labor Statistics) besetzt. Dieses Büro arbeitet als Koordinator und Moderator der Projekte. Es initiiert und begleitet Kooperationsprojekte zwischen Bundesbehörden und den entsprechenden Behörden auf Einzelstaatsebene. STAWRS hat mit einer Reihe von Einzelstaaten in unterschiedlicher Intensität zusammengearbeitet. Für diese Fallstudie steht Iowa im Vordergrund. Erste Kontakte zwischen STAWRS und Iowa gab es 1995. Doch eine Kooperation mit dem Iowa Department of Revenue and Finance (IDR&F) und der Iowa Workforce Development Behörde (IWD) scheiterte. 1997 begann Iowa jedoch eine auf zwei Jahre angelegte Initiative, innovative Verwaltungsdienstleistungen auf der Basis moderner Netzwerktechnologie anzubieten. Dieses Projekt, IowAccess, wurde von der Bundesbehörde GSA finanziert. Diese hatte sich zusammen mit der Armee und Iowa am Aufbau eines Glasfaserhochgeschwindigkeitsnetzes für Iowa beteiligt (Iowa Communications Network, ICN). IowAccess sollte helfen, Kritik an den hohen Kosten für dieses Netz zu begegnen, in dem der Nutzen vorgeführt werden sollten. Weil die GSA das Projekt finanzierte, wurde ein Augenmerk auf interorganisatorische Anwendungen und hier besonders auf verschiedene Verwaltungsebenen gelegt.

Abbildung 25: Organisation des IowAccess/STAWRS-Projektes

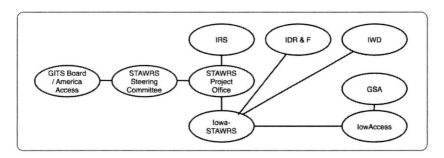

IowAccess bestand aus 14 Anwendungen. IWD hatte dazu STAWRS vorgeschlagen, das auch als Projekt integriert wurde. Auch wenn ein mittelbares

Ziel war, Anwendungen für ein breitbandiges Glasfasernetz zu entwickeln, sollte IowAccess insbesondere Internet-Technologien nutzen. IWD und IRD&F begannen daher die Zusammenarbeit mit STAWRS mit einem elektronischen Single-Point-Filing-Projekt. Die nötigen Mittel dazu kamen von IowAccess. Hier liegt eine selten zu beobachtende Ergänzung von Reformbemühungen des Bundes und der Einzelstaaten vor. Organisatorisch wurde das IowaSTAWRS-Projekt gemeinsam vom Washingtoner Büro, dem IWD und IRD&F geleitet (vgl. Abb. 25). Ein Lenkungsausschuss, in dem neben der einzelstaatlichen Verwaltungsspitze auch Vertreter der GSA saßen, leitete IowAccess. Eine Projektgruppe, in der Politik, Kommunen und Anwender vertreten waren, begleitete die praktische Arbeit.

4.6.2.2   Projektbeschreibung

Arbeitgeber müssen (Lohn-)Steuerzahlungen und Meldungen in regelmäßigen Abständen an Steuer und Arbeitsverwaltungsbehörden des Bundes und der Länder senden. Im Kern handelt es sich dabei um monatliche Zahlungen und um vierteljährliche Meldungen an die einzelstaatliche Steuerbehörde und die IRS, sowie um Meldungen an die Sozial- bzw. Arbeitsverwaltung in Iowa und an die SSA. Bei diesen Meldeprozessen treten aus Sicht der Beteiligten folgende Probleme auf.

- Das erste ist ein Harmonisierungsproblem. Es gibt unterschiedliche Termine, an denen Meldungen abgegeben werden, und es gibt zwischen den verschiedenen Verwaltungseinheiten variierende Definitionen, z. B. was das zu besteuernde Einkommen ist oder welche Arbeitsbezeichnungen bzw. Kürzel dafür zulässig sind.
- Das zweite Problem ist ein Redundanzproblem. Viele Daten, wie z.B. Adressdaten des Arbeitgebers und die Namen der Arbeitnehmer, werden mehrfach erhoben, sowohl über mehrere Behörden hinweg als auch im Laufe der Zeit. (Adressdaten u.ä. werden nicht von IRS und Department of Revenue auf vierteljährlicher Basis erhoben, sondern nur jährlich). Während dies auf Antragstellerseite mehr Aufwand bedeutet, entsteht auf der Behördenseite der Bedarf nach einer Klärung offener, d.h. aufgrund fehlerhafter Angaben nicht zuzuordnender Meldungen.
- Das dritte Problem ist ein Aufwandsproblem. Das bisherige Verfahren sieht den Druck und die Verteilung vieler Formularvordrucke vor. Die ausgefüllten Formulare müssen per Post zurückgesendet werden. Dann müssen die Daten erfasst werden. Dabei entstehen Erfassungsfehler – die Fehlerquote liegt bei ca 12 Prozent (Cooper 1999). Die IRS schätzt die Fehlerquote auf 25 Prozent (MorganGaide 2000).
- Zugrunde liegt hier das vierte Problem, die Existenz von Medienbrüchen. In dem Maße, wie die zu erhebenden Daten bei den Arbeitgebern bereits in elektronischer Form vorliegen, z.B. in einer Datenbank einer Lohnbuchhal-

tungssoftware, steigt die Medienbruchhäufigkeit. Denn auf der Behörde liegen die Daten ebenfalls in elektronischer Form vor.

Ziele: Wie die anderen STAWRS-Projekte auch, sollte das IowAccessSTAWRS-Projekt in einer Pilotanwendung eine Vereinfachung bzw. Verbesserung der beschriebenen Prozesse demonstrieren. Um die Komplexität überschaubar zu halten, wollte die Projektleitung sich auf ein enges Subset von Meldungen beschränken. Der gesamte kommunale Bereich und die Mehrwertsteuer wurden ausgeklammert. Das schließlich ausgewählte Set an Formularen war das 941 für den IRS und der Employer's Unemployment Report für das IWD, die vierteljährlich abgesendet werden müssen. Ergänzt wurden diese beiden um das nur einmal jährlich abzusendende VSP für die IDR&F. Das IowaSTAWRS Team wollte diese Formulare vereinheitlichen und auf elektronischem Weg an das IWD versenden Damit sollte eine kundenfreundlichere Meldemöglichkeit umgesetzt werden. Die Steigerung der Kundenfreundlichkeit steht im Zentrum der Reformbemühungen aller Behörden, besonders der IRS (Electronic Tax Administration 1999, 13; vgl. auch IRS 1998). Auch IWD erhoffte sich eine Verbesserung ihrer Kundenbeziehungen, da ihr Formular die meisten Probleme beim Ausfüllen macht. Nach Eingang bei IWD sollte die eingehende Meldung aufgeteilt und die benötigten Daten an die IRS und das IDR&F weitergeleitet werden. Die elektronische Übermittlung sollte auf Behördenseite die Fehlerrate beim Erfassen der Eingangsdaten auf ein Prozent senken – dies ist die durchschnittliche Fehlerrate bei automatischen Steuererklärungen (Erfahrungswerte von IRS und IDR&F). Elektronische Erklärungen bedeuten damit Produktivitätssteigerungen. Auf Kundenseite sollte zusätzlich die automatische Konsolidierung der Meldungen Nutzen stiften.

Ergebnisse: IowAccess begann 1997 mit dem STAWRS-Projekt und den technischen und organisatorischen Absprachen zwischen STAWRS, IWD, IDR&F und IRS. Ein Software-Hersteller entwickelte die Software, mit deren Hilfe IWD die elektronischen Daten empfangen, an den eigenen Mainframe und an die anderen Behörden weiterleiten konnte (State-State bzw. State-Fed Software). Der Aufwand für Soft und Hardware betrug $ 280.000. Während der Entwicklungsphase des Projektes wurden freiwillige Arbeitgeber gesucht, die das Produkt testeten. Jeweils sechs Arbeitgeber testeten das System im vierten Quartal 1997, dem ersten Quartal 1998 und zweiten Quartal 1998. In den darauf folgenden Quartalen folgten Livetests mit dem System bis Ende 1999. Daran schloss sich die Bewertung des STAWRS-Office an. Sie empfahl, das Projekt wegen der Nutzungsunfreundlichkeit der Client-Software so nicht weiterzuführen und stattdessen einen Entwicklungsverbund mit anderen Einzelstaaten und kommerziellen Softwarehäusern einzugehen. Die Einzelstaaten sollen den Massenmarkt schaffen, und die Softwarehäuser sollen das Modul in ihre Standardsoftware integrieren. Die Client-Software wurde auf Basis einer MS-Access-Datenbank realisiert. Damit wurde keine Integration in die bestehenden Lohnbuchhaltungssoftware vorgenommen. Eine erneute Erfassung der Daten ist nötig. Dabei kann allerdings bei späteren Berichtabgaben auf dieselben Daten wieder zugegriffen werden. Die Eingabe der Daten und das elektronische Versenden wurde mit Hilfe von Makros unterstützt. Dabei ist für jedes Formular ein eigenes Formularfeld vorgesehen. Das Abschicken der Daten ist nur möglich, wenn der Sender sich durch eine PIN identifiziert. Damit wird die Authentizität der Daten gewährleistet, da alle Nutzer und PIN dem IWD bekannt sind.

Die Daten werden in einer EDI-Nachricht nach ANSI X.12 Tax Information Group EDI Requirements Standardization (TIGERS) Standard geschickt. Die Netzwerkverbindung zu IWD wird per Modem und Dial-Up-Verbindung hergestellt. Damit wurde eine der Anforderungen von IowAccess, das Internet zu verwenden, nicht erfüllt (vgl. Plazak 1999). Diese Entscheidung wurde vom STAWRS-Team aus Sicherheitsgründen getroffen. Die EDI-Nachricht besitzt ein 838-trading-profile für IWD und jeweils einen 813-Abschnitt für die benötigten Formulare. Die 813-Abschnitte werden von der Empfangssoftware abgeschickt und mit neuen 838-Adressen für die Software versehen (vgl. Abb. 26).

Abbildung 26: Systemarchitektur IowaSTAWRS (Quelle: Dohse et al. 2000 u. E-Mail-Kommunikation, 28.8.2000)

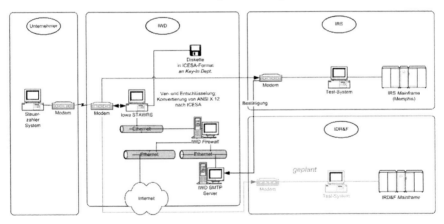

Die Daten wurden nur von der IRS automatisch weiterverarbeitet. Bei IWD wurden die Daten manuell auf eine Diskette gespeichert und an die mit der Erfassung der Papierdokumente betraute Organisation weitergeleitet, wo sie in das normale Verfahren eingearbeitet wurden. Der Datenaustausch mit IDR&F, sowieso nur im vierten Quartal von Bedeutung, wurde nicht vollständig implementiert. Die Nutzer stellten technische Probleme in Bedienung und Funktionalität der Software fest (Oberreuter 1999; Oberreuter 2000). Das Konzept der Software war gut, aber nicht das praktische Design. Das war den Projektorganisatoren klar. Sie halten es für die Aufgabe von kommerziellen Softwareentwicklern, entsprechende Benutzeroberflächen und Anwendungen zu schreiben. Dazu wird im aktuellen Projekt COTSSPEF (Commercial off-the-shelf Single Point Electronic Filing) eine Initiative gestartet (MorganGaide 2000).

4.6.2.3 Lokale Handlungssituation

Verwaltungen: Von IWD war die Unemployment Insurance (UI) Division an IowAccess beteiligt. Sie untersteht dem Bund in fachlicher Hinsicht, der auch die Gehälter der Mitarbeiter liegen. Die organisatorische Aufsicht liegt jedoch beim Einzelstaat und damit beim Direktor von IWD. Die UI-Division beschäftigt 173 Mitarbeiter. Innerhalb von UI war das Tax Bureau in STAWRS engagiert. Außerdem war das IT Bureau der allgemeinen Verwaltung von IWD beteiligt. Im IDR&F war die Abteilung State Financial Management verantwortlich, sowie die IT-Abteilung.

Gegenüber diesen Behörden sind die IRS (ca. 97.000 Mitarbeiter) und die SSA (65.000 Mitarbeiter) viel größer und durch eine Struktur von Hauptquartier in Washington DC bzw. Baltimore, nach geordneten Ebenen von jeweils ca. zehn Regionen und mehreren hundert Geschäftsstellen im ganzen Land gekennzeichnet. Die IRS bearbeitet im Jahr 6 Mio. durch Arbeitgeber abgegebene Lohnsteuer und Arbeitslosenversicherungsmeldungen. Im Bereich Small Business & Self Employed betreut sie ca. 45 Millionen Steuerzahler (zum Vergleich: 88 Millionen "normale" Steuerzahler und 210.000 große und mittlere Unternehmen) (IRS 2000, 35). Weder SSA noch das Bureau of Labor Statistics des DOL und die SBA auf Bundesebene sowie das Department of Health and Human Services in Iowa waren an dem Projekt beteiligt, obwohl sie ebenfalls Zuständigkeiten im Bereich Arbeitsverwaltung haben, wie z.B. Arbeitsmarktstatistikerhebungen, Unterstützung und Registrierung von Geschäftsgründungen oder Meldepflichten über den Verbleib von straffälligen Arbeitnehmern, wurden nicht in das IowaSTAWRS-Projekt integriert.

Der Bund zieht durch die IRS neben der Einkommenssteuer auch die Beiträge zur Sozialversicherung (Social Security, beinhaltet Alters, Waisen und Arbeitsunfähigkeitsrenten sowie Medicaid, ein Programm zur Unterstützung medizinischer Versorgung von Menschen über 65) und Arbeitslosenversicherung ein. Diese Beiträge (FICA – Federal Insurance Contributions Act bzw. FUTA – Federal Unemployment Tax Act) werden ebenfalls von der IRS eingezogen. Allerdings erfolgt eine Erhebung dieser Daten bei der SSA, die die Daten von der Lohnsteuerkarte (W2-Formular) zur Berechnung der Renten und anderer Versorgungsleistungen benötigt. Die SSA gibt die Daten dann an die IRS weiter.

Parallel dazu erheben die einzelstaatlichen Steuerbehörden Einkommenssteuer. Falls gewünscht, können sie die gemachten Angaben mit den Daten der IRS vergleichen, die die entsprechenden Informationen an die Einzelstaaten weitergeben (nach der Erfassung und Bearbeitung). In Iowa würde ein Abgleich jedoch zuviel Aufwand bedeuten. Die Einzelstaaten sind auch für die Ausführung der Unemployment Insurance verantwortlich. Daher erfassen die jeweiligen Behörden, in Iowa IWD, vierteljährlich die Lohneinkünfte der Arbeitnehmer, eine Erklärung, die durch die Arbeitgeber abgegeben werden muss.

Alle Behörden erheben dabei prinzipiell die gleichen Daten bezüglich Namen und Adresse der Arbeitgeber und die an sie ausgezahlten Gehälter bzw. einbehaltenen Steuern und Sozialabgaben. Diese Redundanz sollte durch STAWRS beseitigt werden. Nicht berücksichtigt wurden in dem IowaSTAWRS-Projekt die Beziehungen, die sich zwischen den Behörden nach der Erfassung durch den (möglichen) Austausch von Daten ergeben. Sie sind aber insofern von Bedeutung, als STAWRS sie in anderen Projekten verfolgt, z.B. im schließlich gescheiterten W2 Projekt. Bei IWD wurde deutlich, dass das normale Eingangsverfahren nicht von der Technik umgangen werden konnte. Denn damit sind ein Unternehmen für die Datenerfassung und eine Bank zur Verbuchung der Schecks beauftragt.

Das elektronische Eingangsverfahren ließ sich für die IRS realisieren, weil sie vergleichsweise große Erfahrung in der Verarbeitung elektronischer Dokumente hat. Schon seit längerem besteht für große Unternehmen, die viele Daten und häufige Erklärungen abgeben, aber die Möglichkeit und z.T. auch die Verpflichtung, die Daten entweder auf Magnetband oder Diskette abzugeben. Auch werden die Daten zwischen Rechenzentren ausgetauscht. Zwischen SSA und IRS sowie zwischen IRS und den Einzelstaaten gibt es auch bestehende Datenaustauschwege, entweder online oder via Datenträger. Zusätzlich und um einen Medienbruch beim Dateneingang zu vermeiden, haben diese Behörden mit der Entwicklung von Projekten begonnen, die auch die Online-Meldung ermöglichen sollen. Für die IRS ist das z.B. Telefile- und das Electronic Federal Tax Payment System (EFTPS) (vgl. Electronic Tax Administration 1999), für die SSA das Online Wage Reporting System (vgl. www.ssa.gov/employer) und für IDR&F die elektronische Bezahlung per Electronic Funds Transfer. IWD empfängt zwar auch die Arbeitnehmerdaten auf Magnetbändern bzw. Disketten, die dazugehörige Meldung aber immer auf Papier. Die Aufholung dieses technischen Rückstands war einer der Gründe, warum IWD an STAWRS teilnahm.

Arbeitgeber: In Iowa gibt es ca. 67.000 Arbeitgeber, die sich in ihrer Größe stark unterscheiden. STAWRS wurde für die größte Gruppe unter ihnen, kleine und mittlere Unternehmen, konzipiert. Nach Schätzungen der IRS gibt diese Gruppe bundesweit 99 Prozent aller geschäftlichen Steuererklärungen ab und beschäftigt 53 Prozent der Arbeitnehmer in der Privatwirtschaft (IRS 1998, 13 u. 32). Eine bundesweite Untersuchung der Firma Intuit (Intuit '99 Small Business Penetration Study) ergab, dass 98 Prozent der kleinen Firmen weniger als 50 Angestellte haben, 70 Prozent nur einen bis vier. Von allen kleinen Unternehmen nutzen ca. 80 Prozent Papier als Abgabemethode und ca. 18 Prozent nutzen einen Payroll Service (genau: Payroll Service: 18 Prozent, Outside accountant / bookkeeper: 24 Prozent, Software 32 Prozent, Manual: 26 Prozent; Favor, 2000).

Die kleinen und mittleren Unternehmen lassen sich in zwei Gruppen ordnen. Die meisten von ihnen beauftragen Dienstleister, Certified Public Accountants (CPA), mit ihrer Lohnbuchhaltung. Etwa 20 Prozent berechnen ihre Steuererklärungen selber. Das ist i.d.R. Aufgabe der Lohn und Finanzbuchhaltung. An STAWRS waren beide Gruppen beteiligt, die Ausführungen stützen sich im Folgenden auf Interviews mit einer CPA (Oberreuter 1999; Oberreuter 2000), sowie die Bedarfsanalysen des STAWRS-Project Office. Wichtig ist jedoch, dass die meisten Arbeitgeber die Erklärungen selber abgeben, auch wenn sie von CPA berechnet werden. Nur ein kleiner Prozentsatz gibt diesen Schritt an entsprechende Firmen ab, von denen es nur wenige große gibt.

Die CPA hat zwei Partner und sieben Angestellte, die für ca. 50 Kunden die payroll taxes abwickeln. Für 40 von ihnen führt die Firma auch die Lohnbuchhaltung. Die Hauptaufgaben im Zusammenhang mit den Zahlungen und Berichten sind das Finden und Verstehen der gesetzlichen Vorschriften, Buchhaltung, Formulare ausfüllen, abgleichen und abschicken, Verwaltungsanfragen beantworten und Zahlungen vornehmen (STAWRS 1998a, 24). Nach STAWRS-Schätzungen beträgt der Aufwand dafür ca. $ 15 Milliarden pro Jahr, wenn alle Arbeitgeber zu Grunde gelegt werden (STAWRS, 1998, 31). Für die Verwaltung in Bund und Einzelstaat entstehen aber nur knapp $ 650.000 Kosten. Damit fällt die Hauptlast auf die Arbeitgeber.

Die sechs Steuerformulare, die den Hauptaufwand bedeuten, sind gemäß der STAWRS-Analyse, die vierteljährliche Steuererklärung Form 941, die jährliche Arbeitslosenversicherungssteuererklärung Form 941, die Lohnsteuerkarten Form W2 sowie der Lohnsteuersammelbericht W3, die Zahlung der Steuern an den Bund sowie die meist vierteljährlichen einzelstaatlichen Einkommens und Arbeitslosigkeitsversicherungssteuererklärungen (STAWRS 1998a, 24).

Aus der Sicht eines Arbeitgebers bedeutet das vierteljährliche Ausfüllen der Formulare 941 und des Iowa Employer's Contribution and Payroll Report den meisten Aufwand. Lt. CPA wird dazu eine Stunde benötigt. Zu den häufig auszufüllenden Formularen gehören auch die Mehrwertsteuererklärungen. Auch bei Neueinstellungen sind aufwandige Formulare auszufüllen. Die volle Meldelast wird in Tab. 48 deutlich. Sie zeigt indes nur die Regelungen für Iowa. Schon eine Firma wie die CPA mit 50 Kunden hat aber Erklärungen in 40 Staaten abzugeben:

Tabelle 17: Zahlungs- und Erklärungspflichten für Arbeitgeber in Iowa (Stand: 2000)

Gegenstand	Typ	Formular	Empfänger	Zeitintervall
Regelmäßig				
Federal Income Tax With-holding, FICA und *FUTA*	Zahlung	*8109* (zusammen mit Scheck)	Bank (reicht es an IRS weiter) ab. $ 50.000 p.a. per EFTPS	variiert nach Höhe der Summe (z.B. halbmonatlich, die meisten: monatlich, zweimonatlich, vierteljährlich)
State Income Tax Withholding	Zahlung	*Voucher*	IDR&F	monatlich, wenige: zweimonatlich oder vierteljährlich
Unemployment Insurance	Erklärung und Zahlung	*Employer's Contribution & Payroll Report*	IWD	Vierteljährlich
FITW und FICA	Erklärung	*941*	IRS	Vierteljährlich
Income Withholding	Erklärung	*W-2* (für jeden Arbeitnehmer) and *W-3* (Zusammenfassender Bericht)	SSA und IDR&F (unterschiedlich zwischen Einzelstaaten) sowie jeweils an den Angestellten	Jährlich (SSA bis 28.2. oder 30.3. bei elektronischer Abgabe; IDR&F bis 31.1. des folgenden Jahres)
Independent Contractors	Erklärung	*1099* (für jeden *independent contractor*) *1096* (*summary statement*)	IRS und an den *independent contractor*	Jährlich
Verified Summary of Payments	Erklärung	VSP	IDR&F	Jährlich
FUTA	Erklärung	*940*	IRS	Jährlich
Sales, consumer and other taxes	Zahlung und Erklärungen	*Sales Tax*-Formular	IDR&F	monatlich oder vierteljährlich
Property tax	Zahlung		Counties	Jährlich
Zusätzliche Zahlungen, z.B. Strafen, Schulden u.ä.	Zahlung		diverse, z.B. HHS, Banken	am Zahltag
Gegenstand	Typ	Formular	Empfänger	Zeitintervall
Unregelmäßig				
Tax Withholding Allowance (Freibeträge)	Erklärung	*W-4*	Arbeitnehmer	auf Wunsch des Arbeitnehmers
Labor Statistics	Erklärung		IWD, DOL	Unterschiedlich (z.T. auch regelmäßig

Gegenstand	Typ	Formular	Empfänger	Zeitintervall
Einmalig				
Child support notice	Erklärung	Kopie des *W-4-* Formulars	*Iowa Dept. of HHS*	Bei Neuanstellung
Federal Employer Identification number	Antrag	*SS-4*	IRS	Bei Geschäftsgründung
Iowa Employer Identification number	Antrag	*Business Tax Registration*	IDR&F	Bei Geschäftsgründung
Permission to do business	Antrag		*Secretary of State*	Bei Geschäftsgründung

Das Ausfüllen der Formulare setzt die Kenntnis der einschlägigen Gesetze und Regelungen voraus. Dazu verbreiten IWD, IRS und IDR&F umfangreiche Broschüren. Besondere Hilfestellungen geben Interessenvertretungen der CPA und Lohnbuchhalter, wie z.b. APA oder APSA, die ihre Mitglieder mit verschiedenen Publikationen über aktuelle Änderungen informieren.

Die informationstechnische Ausstattung der Unternehmen variiert. Zunehmend kann jedoch die Ausstattung mit PCs und spezieller Lohnbuchhaltungssoftware wie z.b. Quicken oder Peachtree vorausgesetzt werden. Dazu kommen immer mehr Online-Anschlüsse. Eine Studie der Firma Intuit ergab, dass von den Arbeitgebern ca. 80 Prozent einen PC haben und ca. 34 Prozent das Web nutzen (Favor 2000). In größeren Firmen bzw. entsprechend komfortablen Programmen können daraus auch automatisch die Erklärungen ausgedruckt werden. Ist dies nicht der Fall, muss der Übertrag in die Formulare von Hand erfolgen. Aus Sicht der Arbeitgeber ist das elektronische Absenden der Angaben eine große Erleichterung (Lesher 1999).

Die CPA benutzt für die Abwicklung ihrer Aufgaben zwei verschiedene PC-Programme. Die Firma kann auch e-file-Meldungen abschicken. Die STAWRS-Anwendung lief auf einem separaten PC, ein Manko, der dem STAWRS-Projekt bewusst ist und durch das COTSSPEF-Programm ausgeglichen werden soll. Nach Ansicht der Mitarbeiterin ist es notwendig, dass nicht nur die Berichte, sondern auch die Zahlungen elektronisch abgewickelt werden können. Außerdem ist die Flexibilität des Programms wichtig.

Interessen der Realisierer: Das Interesse des STAWRS-Projektes war die Demonstration eines Konzeptes – single-point-filing auf elektronischem Wege. Die beteiligten Behörden nahmen daran teil, um Erfahrungen mit dem elektronischen Filing und der Möglichkeit, Daten zentral zu erfassen und weiterzuleiten, zu experimentieren. Mehr als an der von STAWRS beabsichtigten Integration und Vereinfachung des gesamten Meldewesens sind sie vor allem an den elektronischen Erklärungen interessiert: davon versprechen sie sich Effektivitätsgewinne, wohingegen die Koordination mit den anderen Behörden mühsam und aufwendig erscheint. Besonders deutlich wurde das am Beispiel IDR&F.

STAWRS bestand auf seine Teilnahme, um eine Arbeitsbeziehung zwischen der Bundessteuerbehörde und der einzelstaatlichen Steuerbehörde herzustellen. Das VSP war jedoch kein guter Kandidat für eine single-point-filing Anwendung. Anders als die beiden anderen Formulare muss es nur einmal im Jahr abgegeben wird. Außerdem hat es keine zentrale Bedeutung für IDR&F. Es wird faktisch nicht geprüft, denn die Angaben sind bereits auf den vierteljährlichen Meldungen vorhanden. Ein Abgleich ist zwar möglich und soll die Steuerzahler zu korrekten Angaben anhalten, wird aus Kostengründen jedoch nicht gemacht. Dem STAWRS-Projekt gelang es nicht, sinnvollere Kombinationen zu finden. Zu unterschiedlich sind die Abgabezeiten der einzelnen Meldungen und z.t. auch ihre inhaltlichen Angaben.

4.6.2.4 Rahmenbedingungen

Organisation: In dem Projekt sind vier Hierarchiezüge zu unterscheiden. Dabei kommt es jeweils zu einer Doppelzuständigkeit zwischen Bund und Einzelstaat. Die Bundesbehörden IRS und SSA sind eigenständig und mit einem operativen Verwaltungsapparat bis auf die kommunale Ebene vertreten. Iowa ist ein in Steuersachen vollständig und in Sozialversicherungsfragen so gut wie souveräner Staat. Dementsprechend unterstehen IWD und IDR&F nur dem Gouverneur, wobei auch dieser nur begrenzte fachliche Weisungsrechte hat. Die Budgets aller vier Organisationen werden jeweils von ihnen selber, der Regierung und der Legislative ausgehandelt. In Steuer und Sozialversicherungsfragen gibt es Bundeszuständigkeiten von erheblicher Bedeutung für die Akteure im lokalen Handlungskontext. Das Social Security Programm ist ausschließlich Bundesangelegenheit, im UI-Programm gibt es eine Bund-Einzelstaaten-Partnerschaft.

Trotz der allseits begrüßten Idee, die Erklärungspflicht für die Arbeitgeber zu vereinfachen, sind die einzelnen Behörden in ihren eigenen Zuständigkeitsbereichen gefangen und nur schwer zur Kooperation bereit. Die Umsetzung eines integrierten Single-Point-Filing Programms ist vor diesem Hintergrund außerordentlich voraussetzungsvoll. Initiativen auf Bundesebene brauchen deshalb notwendigerweise komplementäre Initiativen auf Landesebene und umgekehrt. Das war im Fall von IowAccess ein der vergleichsweise seltene Fall.

Das STAWRS-Projekt ist auch innerhalb der IRS nur schwach aufgehängt. Es ist zwar im IRS Restructuring and Reform Act erwähnt. Es ist jedoch keine eigene Organisationseinheit. Formal ist STAWRS ein „special project" der Electronic Tax Administration. Das Budget wird jedoch vom CIO bezahlt. Dies setzt eine Abstimmung zwischen dem Assistant Commissioner und dem CIO voraus, um das Projekt weiter zu betreiben (vgl. Abb. 27).

Abbildung 27: Projektverankerung von STAWRS in der IRS

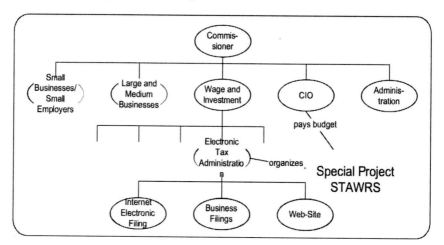

Damit STAWRS in Zukunft effektiver arbeiten kann, wurden die 50 State Liaisons des IRS beauftragt, nicht nur mit den einzelstaatlichen Steuerbehörden, sondern auch Kontakte mit allen Sozialversicherungsbehörden suchen. Die Zusammenarbeit mit der Wirtschaft verstärkt STAWRS in der Softwareentwicklung für das Single-Point-Filing. Im Rahmen des COTSSPEF-Projektes wird deshalb an einer Standardisierung der Meldedaten für mehrere Einzelstaaten gearbeitet. Dadurch soll es für Softwareentwickler attraktiver werden, Software zu entwickeln, die Single-Point-Filing ermöglicht.

Recht: Von besonderer Bedeutung sind bundesweit geltende Regeln, die den personenbezogenen Datenaustausch zwischen Bundes und einzelstaatlichen Behörden begrenzen sollen. Werden diese nicht aufgehoben, kann kein Single-Point-Filing-Projekt umgesetzt werden, weil ein Einzelstaat die Daten nicht an die Bundesbehörden weitergeben darf und umgekehrt. Während es einem Senator aus Montana gelang, für das dortige Single-Point-Filing-Projekt eine entsprechende Ausnahmeregelung in das Gesetz zu schreiben, scheiterte ein solcher Versuch des Iowa-Senators Grassley. Aus nicht näher zu bestimmenden „politischen" Gründen wurde diese Regelung im Vermittlungsausschuss des House of Representatives und Senates bei der Verabschiedung des IRS Restruction and Reform Act gestrichen. Damit endete auch die Papierbasierte Dimension des IowaSTAWRS-Projektes. Zurzeit gibt es einen neuen Ansatz, den Single-Point Tax Filing Act of 1999. In der elektronischen Version wird der Nutzer mit Hilfe einer Bildschirmmaske und der erneuten Eingabe der PIN explizit um die Erlaubnis gebeten, die Disclosure-Rule für seine Meldung außer Kraft zu setzen (dieser technische Umweg wird auch bei gemeinsamen Bund-Einzelstaat Telefile-Projekten eingesetzt).

Das Steuerwesen und die Sozialversicherung sind durch eine Vielzahl von Gesetzen geregelt, die an unterschiedlichen Stellen im U.S. Code bzw. im Iowa Code enthalten sind. Die Erhebung der Beiträge zu SSA gehen auf den Federal Insurance Contribution Act (FICA) zurück, die Beiträge zur Arbeitslosenversicherung auf den Federal Unemployment Tax Act (FUTA, s. Internal Revenue Code, Sections 33013311). Die Organisationsstrukturen der Behörden sind in Organization Manuals festgehalten. Die (Re-)Organisation des IRS wurde zuletzt im IRS Restructuring and Reform Act 1998 vom Kongress beschlossen. Zurzeit wird dieses Gesetz umgesetzt (IRS 2000). Die Steuererklärungen für Iowa sind im Iowa Code Chapter 421, Dept. Of Revenue and Finance, und die Arbeitslosenversicherung in Chapter 96, Workforce Development und Administrative Rules 87122.3(96) (und weiter durch FUTA) geregelt.

Diese Gesetze zeichnen sich durch häufige Änderungen aus. Während die Erhebungsverfahren von der Form her gleich bleiben, ändern sich die materiellen Grundlagen. Steuersätze, Freibeträge, Vergünstigungen usw. verkomplizieren die Kalkulation der einzubehaltenden Steuern und Abgaben. Dabei muss berücksichtigt werden, dass sich in diesen Regelungen der politische Wille der Legislative widerspiegelt, die damit verschiedene Ziele verfolgt, wie z.B. die Förderung bestimmter Personengruppen oder Berufsbranchen. Die Dynamik der materiellen Grundlagen wird sich in absehbarer Zeit nicht ändern. Im Prinzip sind Politiker und Verwaltungen für eine Harmonisierung der Zahlungs- und Meldepflichten. Es fällt jedoch allen Jurisdiktionen schwer, von ihren eigenen Regeln abzuweichen. Eifersüchtig wird auch über die Zuständigkeit und Selbstbestimmung zwischen Einzelstaaten und Bundesebene gewacht.

Leadership: Die Programmebene war sehr wichtig für die Entwicklung von STAWRS. Nachdem das Projekt lange einen unsicheren Status hatte, sorgten zwei in Gegenwart von Clinton unterzeichnete Memoranda of Understanding 1995 für die Einrichtung eines Lenkungsausschusses und des Project Offices. Das war die Voraussetzung für die spätere Integration in die neu geschaffene Electronic Tax Administration des IRS. Das Projekt wurde 1997 als eines von 18 Schlüsselprojekten in Access America aufgenommen (Gore 1997). Dies half, die Initiative zu institutionalisieren, wo sich zusätzlich der Leiter der Electronic Tax Administration für das Projekt einsetzt. Der Vorsitzende des GIT-S-Board, Greg Woods, engagierte sich ebenfalls für STAWRS. In Iowa profitierte STAWRS von IowAccess. 1995 waren Gespräche mit Iowa noch gescheitert, u.a. an der Nichtbeteiligung des IDR&F. 1997 beteiligte sich letztere Behörde auf Druck des Gouverneurs, der großes Interesse an IowAccess zeigte. In den Augen einer der Projektleiterinnen gab IowAccess den nötigen „electronic push" (Dohse et al. 1999). 1999 verlieh Al Gore dem IowAccess den „Hammer-Award", seine Auszeichnung für Verwaltungsreformprojekte, die die Ziele von NPR verfolgen. Diese Unterstützung sichert jedoch nur eine grundsätzliche finanzielle Unterstützung, nicht aber den Erfolg des Projektes. Der Beschränkung auf lokale, eng begrenzte Projekte entsprechen schwache Einflussmöglichkeiten seitens der Programmmacher. Die Macher hinter AccessAmerica und IowAccess können die Gestaltung und den Umfang des Projektes kaum beeinflussen. Z.B. setzte sich das IowaSTAWRS-Team von Anfang an über die Anforderung von IowAccess hinweg, die Datenübermittlung über TCP/IP zu probieren. Stattdessen wurde das Konzept des Washingtoner STAWRS-Büro umgesetzt. Als concept development agency und angesichts der Eigenständigkeit ihrer Partner kann STAWRS seine Ziele nur durch Kommunikation und Moderation erreichen. Entsprechende Fähigkeiten wurden vor allem von der Leiterin des STAWRS-Projektoffice verkörpert (vgl. Federal Computer Week vom 26.6.2000). Sie traf in Iowa auf ein an STAWRS interessierte Projektteam, das nach eigenen Angaben gut zusammenarbeitete und das STAWRS-Projekt in Iowa umsetzte.

Finanzierung: Die Umsetzung des STAWRS-Projektes wurde wesentlich durch die Bereitstellung von Fördermitteln ermöglicht, die aus dem von der GSA finanzierten IowAcccess-Projekt stammten. Das Geld hatte ein Senator aus Iowa im Haushaltsprozess akquirieren können. Die Projektgelder sorgten dafür, dass einer der von STAWRS identifizierten Risikofaktoren, limited fiscal resources, ausgeschaltet wurde (STAWRS 1998b, 5). Die Förderung wurde mit Hilfe von Eigenmitteln, insbesondere durch Arbeitszeit der Projektteammitglieder von STAWRS-Projektbüro, IWD und IRD&F, komplementiert. Damit konnte das Demonstrationsprojekt finanziert werden. Eine Ausweitung des Projektes auf andere Inhalte (sales tax) bzw. technische Grundlagen (TCP/IP) fand nicht statt. Eine längerfristige Etablierung konnte ebenfalls nicht betrieben werden. Durch den begrenzten Umfang des Projektes konnte einer der Grundannahmen des Business Case, die Einsparungen auf Arbeitgeberseite, nicht belegt werden. Das wiegt besonders schwer, weil Ausgaben für das Projekt von der IRS nur dann genehmigt werden, wenn sie einen Return of Investment in Aussicht stellen. Für STAWRS problematisch ist, dass der Hauptnutzen auf der Arbeitgeberseite anfällt und für die beteiligten Behörden zunächst ein Mehraufwand entsteht und auch langfristig nur geringe Einsparungen zu erwarten sind.

Qualifikation: Eine 1998 im Zusammenhang mit der IowAccess-Initiative durchgeführte Befragung eines Samples aller Verwaltungsmitarbeiter in Iowa ergab, dass die meisten von ihnen der Einführung eines Kommunikationsnetzwerkes, wie es das IowAccess-Konzept vorsah, positiv gegenüberstehen (Selzer&Company 1998). 80 Prozent von ihnen nutzen bereits Computer bei der Arbeit – andererseits wussten 88 Prozent nicht viel über das Internet. Dies dokumentiert deutlich, dass die Internet-Technologie eine technologische Weiterentwicklung bedeutet, die nicht mit alten Qualifikationen allein zu bewältigen ist. Der Hauptvorteil eines Internetbasierten Netzwerks liegt für die Verwaltungsmitarbeiter in der Verbesserung der internen Kommunikation – Transaktionen mit den Bürgern sind dabei noch nicht angesprochen. Kritisch ist für Projekte wie STAWRS die Verfügbarkeit von technisch ausgebildeten Mitarbeitern, die das Projekt realisieren. Decreased staff availablitity ist einer der vier Schlüsselrisiken (STAWRS 1998b, 5). Die Netzwerk und Systemexperten sind technisch und qualifikatorisch in der Lage, ein System wie STAWRS umzusetzen. Allerdings galt das nur in den Behörden, wo das bereits seit langem praktiziert wurde (IRS) und bezog sich auch nicht auf die Kommunikation über TCP/IP und damit verbundener Sicherheitsprobleme nicht im Projekt angegangen wurden. Im STAWRS-Projekt selber mussten die Mitarbeiter sich keine besonderen Kompetenzen aneignen, denn die eingehenden Daten wurden in den ihnen bekannten Formaten empfangen. Allerdings bereitete das Handling der Transmissionen eine gewisse Herausforderung für das STAWRS-Rechenzentrum. Kritischer als die Verfügbarkeit von Personal hat STAWRS die Akzeptanz des Systems unter den Arbeitgebern („lack of employer participation") eingeschätzt (STAWRS 1998b, 5). Über die Gründe der Akzeptanz bzw. der Ablehnung von STAWRS ist jedoch wenig bekannt. Die Erfahrungen mit dem technisch noch nicht ausgereiften Piloten sind hier nicht aussagekräftig.

Technische Infrastruktur: STAWRS setzte auf die Infrastruktur und das Know-how der Netzwerkinfrastruktur der IRS. Es wird das TIGERS-EDI-Format eingesetzt, und IWD wurde aus der technischen Perspektive des IRS-Netzwerks wie eine IRS-Geschäftsstelle behandelt und musste entsprechende Sicherheitsanforderungen erfüllen. Damit wird STAWRS auf einem proprietärem Netz realisiert. Weder wurde das ICN noch das TCP/IP-basierte Internet genutzt, wie von IowAccess anvisiert. Das STAWRS-Projekt zeigte weiterhin, dass auch trotz der Netzwerkinfrastruktur eine medienbruchlose Integration in bestehende Mainframewelten schwierig ist. Wirklich erfolgreich wurde das wiederum nur für die IRS demonstriert. Im IWD wurde sich mit dem Speichern von Hand auf Disketten bzw. dem Ausdruck als Schnittstelle zum Mainframe-Verfahren beholfen. Ein entsprechendes Re-engineering der Verfahren steht dort noch aus. Eine Online-Verbindung mit IDR&F wurde nicht implementiert. STAWRS setzte verschlüsselte Verbindungen ein und regelt den Zugang zum System über Passwörter. Darüber hinaus wurden weitere Authentifkationstechniken nicht für nötig gehalten. Die Verwendung von Digitalen Signaturen wurde zwar angedacht (so z.B. Cooper 1999), im Projekt jedoch nicht weiter verfolgt. Stattdessen wurde das System wie in der Sicherheitsphilosophie der IRS-Netzwerke behandelt, in denen ebenfalls keine digitalen Signaturen verwendet werden.

4.6.2.5   Zur Bedeutung der verschiedenen Ebenen

Das STAWRS-Projekt in Iowa ist entscheidend von politischen Programmen ermöglicht worden: Sowohl AccessAmerica als auch IowAccess waren nötig, um die betreffenden Akteure in die Lage zu versetzen, dieses Projekt umzusetzen. STAWRS in Iowa ist damit ein seltenes Beispiel, in dem sich bundes und einzelstaatliche Programme gut ergänzt haben. Der lokale Handlungskontext der

Steuer und Sozialversicherungszahlungs- und -erklärungspflichten ist durch die mindestens vierfache Zuständigkeit (Steuer- und Sozialversicherungs-, bzw. Arbeitslosenversicherungsverwaltung, Bund und Einzelstaat) äußerst komplex. Um überhaupt zentrale Verbesserungskonzepte wie electronic filing oder single-point-filing demonstrieren zu können und nicht gleich an der organisatorischen und rechtlichen Komplexität zu scheitern, musste STAWRS sich auf einen kleinen Ausschnitt, in diesem Fall drei Formulare, konzentrieren. Angesichts dieses kleinen Ausschnittes fällt auch der Nutzen auf der Anwenderseite in quantitativen Einheiten gemessen relativ gering aus. Das erschwert die ökonomische Rechtfertigung des Projektes, die für eine Übertragung bzw. Fortführung aber unbedingt erforderlich ist. STAWRS ist ein Versuch, mit Hilfe einer Bottom-Up eine Reform des Gesamtsystem zu bewirken, die als Top-Down-Strategie angesichts vielfältiger organisatorischer, rechtlicher, finanzieller und politischer Hürden nicht durchsetzbar ist. Zentrales Ziel für STAWRS ist, dass nicht die Behörden selber die unterschiedliche Software entwickeln müssen, sondern dass kommerzielle Softwareentwickler Module integrieren, die das automatische Versenden der entsprechenden Daten ermöglicht. Voraussetzung dafür ist jedoch die Schaffung eines genügend großen Marktes. Weil die rechtlichen Anpassungen bis jetzt gescheitert sind, soll es nun über die Standardisierung der Datenformate versucht werden. Damit soll die Attraktivität für kommerzielle Softwareentwickler gesteigert werden, entsprechende Anwendungen zu entwickeln.

4.6.3   *WINGS*

4.6.3.1   Politischer Kontext: Von GIT-S zu WINGS

Ein Ergebnis der NPR/Re-Engineering und der NII-Initiativen der Clinton/Gore-Administration war, dass die Bundesbehörden nach Wegen suchten, wie sie diese neue Technik für ihre eigenen Bedürfnisse und für den Service an ihren Kunden nutzen könnten. Die GIT-S-Arbeitsgruppe gründete das Customer Service Improvement Team (CSIT, Team zur Verbesserung des Kundendienstes), um die Aktionslinie 3 ihres Arbeitsprogramms durchzuführen, nämlich einen integrierten elektronischen Zugang zu Verwaltungsinformationen und -dienstleistungen zu entwickeln und damit zur „Auffahrt" (on-ramp) zum Information Superhighway werden (Reisner 1999b). Mit den ca. 40.000 Postämtern bundesweit (ebd., 15) verfügte USPS über eine entsprechende Infrastruktur, auf der die neue, elektronische, Infrastruktur aufsetzen konnte. Unter Vorsitz von USPS erarbeitete das CSIT den im April 1995 veröffentlichten Bericht The Kiosk Network Solution. An Electronic Gateway to Government Service (Interagency Kiosk Committee 1995). Darin forderte CSIT USPS auf, ein die verschiedenen Verwaltungsstellen umfassendes Kiosk-Pilotprojekt und einen Markttest zu entwickeln, zu implementieren und zu finanzieren (McCuiston 1998, 31). Daraufhin startete USPS das Projekt unter dem Namen Web Interactive Network of Government Services (WINGS) (U.S. Postal Service 1996,7).

Koordination mit anderen Projekten: Das Kiosk-Projekt war eines von vielen, die im Zuge der Bemühungen Al Gores um Re-engineering durchgeführt wurden. Es beruhte insbesondere auf zwei komplementären Zielen: der Entwicklung von elektronischen Dienstleistungen und von authentischen Transaktionsmechanismen. Man glaubte, die Bereitstellung dieser Dienstleistungen sei schnell zu erreichen. Viele Behörden starteten mit einschlägigen Projekten wie die SSA, um Rentenauszüge (Personal Earnings and Benefits Statements, PEBES) zugänglich zu machen, und das Department of Education, Stipendien zu beantragen (FAFSA-Express). Von den meisten Behörden wurden jedoch nur Informationsseiten aufgebaut. Das Thema Sicherheit und Datenschutz wurde auch in den GIT-S und IITF-Initiativen aufgegriffen, insbesondere in der Aktionslinie 10 (GIT-S 1994, 33 f.). Nach der Veröffentlichung von "Access America" 1997, wurden die Bemühungen in diesem Bereich verstärkt und GIT-S rief eine spezielle Steuerungsgruppe ins Leben. Diese Gruppe veröffentlichte ihren ersten Bericht im September 1998 (FPKI/GIT-S/OMB 1998). Der Bericht beschreibt die allgemeinen Anforderungen an eine Infrastruktur für den öffentlichen Schlüssel sowie komplementäre Anstrengungen und führt 23 (!) Pilotprojekte auf. Das reflektiert ein allgemein unkoordiniertes Vorgehen, bei dem die meisten Stellen Projekte verfolgen, die speziell auf ihre eigenen Bedürfnisse zugeschnitten sind. Auch eine Koordination zwischen WINGS und diesen Projekten gab es nicht.

Koordination zwischen den Verwaltungen des Bundes, der Staaten und der Kommunen: Die Bundesstaaten und viele Kommunalverwaltungen verfolgten nach 1993 ähnliche Initiativen wie die Bundesregierung (s. National Governors' Association 1997). Einige Staaten wie Kalifornien und Texas hatten bereits Kiosk-Netze eingeführt, wenn auch mit unterschiedlichem Erfolg. Von besonderer Bedeutung für WINGS ist die Kiosk-Initiative in North Carolina, die unter dem Namen „NC CONTACT (North Carolina Computerized Online-Network to Answer Citizen Topics)" bekannt wurde. Das Konzept basierte zum größten Teil auf der Kooperation mit dem USPS-Kiosk-Projekt. Der Gouverneur des Staates unterzeichnete eine Absichtserklärung im Hinblick auf die Zusammenarbeit beim Aufbau einer Netz-Entwicklungsplattform, d.h. das WINGS-Projekt (IRM 1995, Abschnitt 7, datiert 27.4.1995). Kurz darauf wurde das Projekt NC CONTACT aus heute nicht mehr zu erhebenden Gründen eingestellt. Mitglieder der Steuerungsgruppe konnten sich an keine besonderen Gründe erinnern, als sie 1999 interviewt wurden (Troutman/Hubbell 1999).

Das WINGS-Projekt gewann jedoch die Stadt Charlotte und den sie umgebenden Kreis Mecklenburg als Pilotpartner in North Carolina. Die Ausführungen im Folgenden konzentrieren sich auf dieses Projekt, der ersten (und letzten) Pilotanwendung von WINGS.

4.6.3.2   Projektbeschreibung

In der Fallstudie zu MEDIA@Komm sind die typischen Zuständigkeits-, Aktualitäts-/Korrektheits-, Zugangs- und Aufwandsprobleme bereits beschrieben worden, die Bürger im Umfang mit der Verwaltung haben. Sie gelten auch in den USA und sollen hier nicht noch einmal wiederholt werden. WINGS war der erste Ansatz, diese durch ein Kiosknetzwerk und die Bündelung von Verwaltungsleistungen in Lebenslagen umzusetzen.

Ziele: Das von CSIT vorgeschlagene Kiosknetz sollte bis zu 10.000 Kioske umfassen und One-Stop-Shopping, einen 24 Stunden am Tag, sieben Tage die Woche möglichen Zugang zur Verwaltung sowie vollständige Informationen und Transaktionen anbieten (Interagency Kiosk Committee 1995, 3; McCuiston 1998; U.S. Postal Service 1995). Die Vorteile für die Behörden waren ein sofortiger, landesweiter und allgemeiner Zugang zu den Bürger, eine einfache interaktive elektronische Plattform, und Kosteneinsparungen durch die Online-Transaktionen (U.S. Postal Service 1996, 6).

Diese Ziele sollten durch die Konstruktion von drei grundlegenden Komponenten erreicht werden. Die erste war die Einrichtung des landesweiten Kiosknetzes, das sich aus Werbung und Gebühren finanziert selbst tragen sollte. Die zweite war die Entwicklung einer unterstützenden technischen Infrastruktur, die sowohl sichere und authentifizierte Übertragungen als auch finanzielle Transaktionen ermöglichte, durch USPS. Dafür wollte USPS von den teilnehmenden Behörden auf Bundes-, Staats- und kommunaler Ebene $1 pro Transaktion kassieren (U.S. Postal Service 1996, 2). Das dritte Element war die Entwicklung eines „Lebenslagen-Szenarios", das als Innovation besonders in den frühen Phasen des Projekts herausgestellt wurde (Interagency Kiosk Committee 1995, 3). Der Schwerpunkt lag insbesondere auf den Lebenslagen „Arbeitsplatzwechsel", „Veränderungen innerhalb der Familie" und „Umzug", weil von ihnen die meisten Bürger angesprochen wurden (McCuiston 1998, 42). WINGS hätte dabei das mehrfache Eingeben der Adressen einsparen und die Daten im elektronischen Format an die jeweilig zuständigen Behörden weitersenden können.

Für die Pilotanwendung entwickelten sowohl WINGS als auch Charlotte einzelne Produktkataloge, die entwickelt werden sollten. Für WINGS waren das die elektronische Bezahlung von Produkten wie Briefmarken und Gedenkmünzen der Bundesprägeanstalt und Verwaltungsleistungen wie z.B. Ver- und Entsorgung, Stipendien, Campingplatzreservierung in national und state parks, und allgemeine Authentifizierungsdienstleistungen (Interagency Kiosk Committee 1995, 3). Charlotte/Mecklenburg schlugen die Verlängerungen von Tiermarken, Meldung von Unfällen, Genehmigung von Flohmärkten, Reservierungen von Grillplätzen, Anträge für Straßenbeleuchtungen und Geschwindigkeitsbegrenzungen vor (E-Mail vom Bill McGinnis, Plan vom 16. April 1996).

Ergebnisse: Das WINGS-Projektbüro von USPS entwickelte zusammen mit einer Arbeitsgruppe der Stadt und des Kreises einen Prototyp für WINGS, wählte die Partner aus und bestimmte, welche Lieferoptionen und Dienstleistungen getestet werden sollten (McCuiston 1998, 54). Nach Unterzeichnung der Absichtserklärungen im Frühjahr 1996 wurden bereits kurz darauf die ersten Kioske aufgestellt. Insgesamt wurden es 20 bis 30 Kioske wurden an Orten wie Postämtern, Einkaufszentren, Flughäfen, Verbrauchermärkten, Community Colleges, Behörden, Bibliotheken, Krankenhäusern, Supermärkten und Nachbarschaftszentren.

Die WINGS-Architektur ging davon aus, dass alle Anwendungen bei der für sie zuständigen Behörde angesiedelt sind. Der Zugang erfolgte in Echtzeit über ein hierarchisches Servernetz (vgl. Abb. 28). Ein zentraler Erfolg des WINGS-Projekts war die Umsetzung eines TCP/IP-basierten Kiosknetzwerks anstelle einer CD-Lösung. Der Web-Server war mit kommerzieller Web-Hosting-Software ausgestattet; dazu gehörten die für Kreditkartenzahlung erforderliche Funktionalität, ein Veröffentlichungssystem und das elektronische Management eines Einkaufszentrums. Wie neu diese Technologie damals war, zeigt die Tatsache, dass WINGS nach eigener Aussage zu Beginn des Projektes der größte Kunde von Netscape war (Smoter 2000).

Die Kiosktechnik wurde zu Beginn des WINGS-Projektes jedoch nicht genügend verstanden. Die Technik war sehr neu, und es wurde zu einem großen Problem, den Betrieb der Kioske aufrechtzuerhalten. Kioske benötigen viel Service. Papier und Toner mussten nachgefüllt, Papierstaus entfernt und technische Probleme von Verantwortlichen an den Kioskstandorten an den Wartungsdienst möglichst unverzüglich weitergegeben werden. Es scheint, als hätte das WINGS-Projektteam während seiner Arbeit gelernt, wie man ein gut organisiertes Serviceteam aufbaut. Trotzdem waren die Kioske während der Projektlaufzeit sehr oft funktionsunfähig, so dass das Ziel technische Machbarkeit verfehlt wurde (McCuiston 1998, 62 f.). Darüber hinaus entstanden Abschottungsprobleme der Kioskinhalte gegenüber dem WWW, da über öffentliche Kioske nicht alle beliebigen Inhalte zugänglich gemacht werden sollten. Ein geschlossenes Netz ist gegenüber dem Internet nachteilig. Z.B. können nicht externe Webseiten verlinkt werden. Ein geöffnetes Kiosksystem andererseits führt zur ungewünschten Nutzung, z. B. als ein Wachmann in einer Shopping Mall pornographische Bilder aufrief und diese stehen ließ. Mit beiden Problemen hatte WINGS zu kämpfen und konnte dieses Dilemma nicht befriedigend lösen (Kidd 1999; Kidd 2000).

Abbildung 28: Systemarchitektur WINGS (Quelle: Kidd 1999; McCuiston 1998)

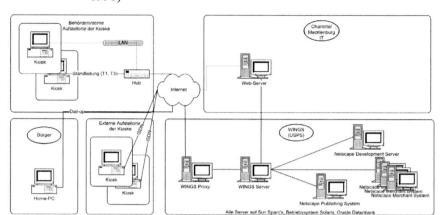

Die Nutzung der Kioske war gering (Kidd 1999). Zum Beispiel zeigt die Statistik der Monate Juni und Juli 1997, dass sechs Kioske unter 20 Mal, weitere fünf je unter 100 Mal, sieben Kioske zwischen 127 und 255 Mal und zwei Kioske (in der Haupt- und in der Morrison-Bücherei) zwischen 308 und 472 Mal im Monat genutzt wurden (interne Statistik, zugänglich gemacht von Kidd 1999). Aufgrund dieser Probleme stellte die Stadt nach Ende des Pilotprojekts den Betrieb von Kiosken ein. Zudem war die zu Beginn des Projekts allerneueste Technik nun alt und überholt.

In Interviews mit den Projektleitern war festzustellen, dass die von WINGS geplanten Querschnittsfunktionen, insbesondere Poststempel und Authentifizierung, im späteren Stadium des Projektes in den Vordergrund gestellt wurden. Dies geschah offenbar auch unter dem Eindruck, dass das Kiosknetzwerk nicht mit dem WWW konkurrieren konnte. Damit veränderte sich der technologische Schwerpunkt von WINGS. WINGS präsentierte sich gegenüber Gesprächspartnern als möglicher Realisierer einer PKI und führte als Argument u.a. die von USPS vorgenommene Authentifizierung bei der Passausstellung an. Doch auch hinsichtlich dieser weiteren Funktionalität konnte das Projekt nicht die Anforderungen erfüllen. Entsprechende Mehrwertdienstleistungen wurden nicht entwickelt.

Als Charlotte und Mecklenburg ihre Web-Seiten und insbesondere Transaktionen weiter entwickeln wollten, lösten sie sich faktisch vom WINGS-Projekt. Die Anwendungen „Anträge für Straßenbeleuchtung" und „Anträge für Geschwindigkeitsbegrenzungen" waren bereits über Charlotte's Web realisiert worden. Die Abforderung von Unfallberichten wurde ohne WINGS realisiert. Weitere sind Anträge auf Baugenehmigungen, die Bezahlung von Parking Tickets sowie einige weitere Meldungen und Anträge (vgl. http://www.charmeck.nc.us; http://www.co.mecklenburg.nc.us). Nach mehreren Verlängerungen beschloss das Management von USPS im Dezember 1997 den Abbruch des Projekts. Darauf zog die WINGS-Abteilung zu NPR, das noch an dem Projekt interessiert war. Im Laufe des Jahres 1998 verschwand der Name WINGS jedoch aus den Programmen des NPR. Damit war ein einheitliches Portal für alle Behörden, das sowohl den Kunden nützt als auch für die Behörden attraktiv ist, vorerst gescheitert.

4.6.3.3   Lokaler Handlungskontext

Verwaltungen: Mit Charlotte-Mecklenburg fand WINGS als ersten Realisierungspartner eine Kommunalverwaltung. Dabei ist zwischen der City (Stadt) und dem County (Kreis) zu unterscheiden. In der City of Charlotte wohnen 83 Prozent der Bevölkerung des County of Mecklenburg. Deshalb arbeiten beide Verwaltungen eng miteinander zusammen. Z.T. haben sie gemeinsame Abteilungen und sind auch zu großen Teilen im gleichen Gebäude untergebracht. Der von WINGS angeführte Vorteil, die Verwaltungsdienstleistungen unter einer gemeinsamen Benutzerschnittstelle zu präsentieren, passte deshalb gut in das Selbstverständnis von Charlotte und Mecklenburg (so betreiben beide gemeinsam bis heute die WebSeite der Stadt und des Counties, vgl. http://www.charmeck.nc.us).

Beide Körperschaften haben die sogenannte Council-Manager-Verfassung. Dabei wird ein Rat (in der Stadt: Council, im Kreis: Commission), aus 12 (Stadt) bzw. 9 (Kreis) Mitgliedern direkt von der Bevölkerung gewählt. Der Rat wählt dann einen Bürgermeister und beruft einen hauptamtlichen Manager, dem die administrativen Funktionen übergeben werden. Die Umsetzung des WINGS-Projektes erfolgte durch die jeweils zuständigen Stellen für Öffentlichkeitsarbeit und IT-Planung.

Prinzipiell teilen sich Stadt und Kreis die kommunalen Aufgaben. Die Stadt ist dabei primär verantwortlich für die Aufrechterhaltung der Infrastruktur wie die wirtschaftliche Entwicklung, das Verkehrssystem, Straßenbau, Flächennutzung und Bebauung, Feuerwehr und Polizei, also große Teile der Ordnungsverwaltung. Der Regierungsbezirk verwaltet primär Wohlfahrts- und Sozialprogramme des Bundes und des Einzelstaates. Er erteilt auch Baugenehmigungen und ist für die Durchführung der Wahlen zuständig. Im Vergleich zu Deutschland sind die wesentlichsten Unterschiede die Zuständigkeit für die Schulen, die dem – dem Kreis zugeordneten – Board of Education unterstehen, das über eine relativ große Autonomie verfügt und ebenfalls von der Bevölkerung direkt gewählt wird, und das Fehlen eines Einwohnermeldewesens (vgl. aber die Rolle des Führerscheins, s. Fallstudie zum RMV).

Die Stadt und die Gemeinde betreiben zur Durchführung ihrer Aufgaben eine komplexe Infrastruktur an Anwendungssystemen und Netzwerken. Im Prinzip fällt bei jeder Benachrichtigung der gleiche Aufwand an. Die Daten müssen IT-technisch erfasst und dann in das System eingepflegt werden. Dabei können erst jetzt Plausibilitäten geprüft werden. Unsauber oder falsch ausgefüllte Formulare sorgen dabei für zusätzlichen Aufwand. Dazu kommen evtl. Imageprobleme, weil die Bürger über die mühsamen Formalitäten verärgert sind.

Anders als im Bund und im Einzelstaat, wo die Massenverfahren wie die Steuer, Sozialversicherungs- und Kfz-Zulassungswesen betrieben werden (s. dazu ausführlich die STAWRS bzw. RMV-Fallstudien), gibt es innerhalb der Kommunalverwaltung wesentlich weniger solcher Massenverfahren. Aus dem Bereich der Adressenänderung ist in Charlotte nur der Wasserversorger und in Mecklenburg das Board of Elections zuständig. Die Wählerdatenbank (in Mecklenburg 300.000 bis zu 450.000 Wähler) wird aber auch auf einem Mainframe beim Einzelstaat North Carolina gehalten (Johnson 2000a).

Bürgerinnen und Bürger: Wie in der Fallstudie zu MEDIA@Komm soll die lokale Handlungssituation hier am Beispiel Umzug dargestellt werden. Für andere Lebenslagen bzw. Verwaltungsleistungen gelten ähnliche Bedingungen. In den USA sind über die neue Adresse besonders Bundes und einzelstaatliche Einrichtungen zu benachrichtigen. Für IRS, die Steuerbehörde, ist das Formular 8822 auszufüllen und per Post einzusenden. USPS fordert das Formular 3574. Dieses kann dem Postboten mitgegeben werden oder an das zuständige Postamt geschickt werden. Auf Landesebene muss die Division of Motor Vehicles (DMV) per Post benachrichtigt werden. Führerscheininhaber müssen zusätzlich an ihrem neuen Wohnort die nächste Geschäftsstelle des DMV aufsuchen und sich eine duplicate license mit der neuen Adresse ausstellen lassen. Bei Zuzug aus einem anderen Staat muss überdies ein persönlicher Führerscheintest abgelegt werden.

Auf kommunaler Ebene müssen in der Stadt das Versorgungsunternehmen und eine Reihe von privaten Dienstleistern Banken, Versicherungen, Zeitungsverlage usw. zu benachrichtigt werden. Familien müssen Schulkinder bei den Schulen anmelden. Weiterhin müssen auch Familienangehörige, Freunde und Bekannte über den Adressenwechsel in Kenntnis gesetzt werden. Auch dazu gibt es Vordrucke und Postkarten, die z.B. von USPS ausgegeben werden.

Im County ist das Board of Elections zu benachrichtigen, wenn der Umzug zwischen zwei Wahlbezirken oder von außerhalb stattfindet. Das kann per Formular (entweder des Einzelstaates North Carolina oder des Bundes), per Änderung auf der Rückseite der Voter ID Card, die jedem registrierten Wähler zugestellt wurde, oder per formlosen Antrag durch die Post an das Board of Elections gehen. Eine vierte Möglichkeit ist die Adressenänderung beim DMV. Sie wird dann dem Board per Post zusammen mit einer Liste aller Änderungen zugeschickt. Die Formulare liegen beim Elections Office, in öffentlichen Büchereien, beim DMV, bei großen Postämtern, im Rathaus und bei vielen Behörden aus.

Zu Beginn des Projektes nahmen die Verantwortlichen in der Stadtverwaltung an, dass nur ca. 15 Prozent der Bevölkerung online waren. Der Initiator des lokalen Community Networks schätzte, dass 25 Prozent der Bevölkerung ein Modem hatte, aber es kaum einer nutzte (Snow 1997). Dabei war gerade wegen der Aktivitäten des Community Networks (s.u.) davon auszugehen, dass dieser Anteil im Bundesvergleich überproportional hoch war.

Angesichts dieser absolut geringen Vernetzungsraten erschien eine Kiosklösung besonders attraktiv, um allgemeinen Zugang zu Online-Dienstleistungen zu gewährleisten. In einer weiteren Marktforschungsstudie im Auftrag von WINGS wurde festgestellt, dass ein Drittel aller Befragten WINGS in ihrer Kommune nutzen würden. Ca. zwei Drittel würde dafür eine Gebühr zahlen. Diese sollte für die Hälfte der Antwortenden unter $10.00 liegen, für die Mehrheit unter $5.00. Büchereien seien Hauptzugangspunkte, dann der Home Computer, dann Postämter (ICR Survey Research Group 1995). Dagegen stellte eine andere Studie fest, dass Bürger eher weniger Begeisterung für Kioske aufbringen und Bedenken bezüglich Sicherheit und Datenschutz haben (ACG Research Solutions 1996, 4).

Während der Projektlaufzeit verbreitete sich die Ausstattung mit PCs und der Internetzugang unter der Bevölkerung. Diese Gruppe benötigte keine Kiosklösung, zumal dort nur Informationen angeboten wurden. Mögliche spezielle Zusatzfunktionen wie Authentisierung, sichere Zahlung u.ä., die zu Hause nicht ohne weiteres möglich sind, wurden in dem Projekt nicht entwickelt (Snow 1997).

Realisierer: In Charlotte-Mecklenburg trafen sich USPS und eine Kommunalverwaltung, die mit WINGS unterschiedliche strategische Ziele verfolgten. Das Interesse von USPS war es, ein neues Marktsegment zu entwickeln (vgl. dazu ausführlich Reisner 1999b). Es hatte langjährige Erfahrungen mit Verwaltungsangelegenheiten und dem Betrieb eines weitverzweigten Filialnetzes. Zum Beispiel nehmen Postämter Anträge auf Pässe entgegen und geben diese auch aus. Die vernetzte Welt und ihre Möglichkeiten der elektronischen Post und Transaktionen sind eine potentielle Bedrohung für das Kerngeschäft des Postal Service. Außerdem sollte WINGS potentielle Verluste ausgleichen, die mit zunehmender elektronischer Kommunikation für das Briefgeschäft zu erwarten waren. Für das Management von USPS stand der Test eines Kiosksystems im Vordergrund, über die zusätzliche Einnahmequellen erzielt werden sollten. Intern musste das Projekt deshalb mit ähnlichen Projekten konkurrieren. Im Gegensatz zu diesen strebte es nicht ausschließlich auf den Vertrieb von USPS-Produkten an, sondern auch von Verwaltungsleistungen. Während das von den Initiatoren ein Vorteil war, gab es eine starke Opposition dagegen. USPS hat einen Sonderstatus. Einerseits übernimmt es staatliche Aufgaben, gleicht andererseits aber in seiner Geschäftstätigkeit einem privatwirtschaftlichen Unternehmen. Jedes neue Engagement von USPS wird deshalb vom Kongress geprüft, ob es nicht eine unzulässige Verzerrung des Wettbewerbs zu lasten privater Anbieter sei. Kritiker von WINGS wollten deshalb nicht zu Dienstleistern anderer Verwaltungen werden. Nachdem WINGS in die Zuständigkeit einer anderen Vizepräsidentin kam, verlor das Projekt an hausinterner Unterstützung. Laut einer Projektinitiatorin war es von da an nicht mehr möglich, Vereinbarungen mit anderen Verwaltungen zu schließen. Fortan galt außerdem, dass jede Geschäftseinheit und damit auch WINGS unmittelbar Gewinn erzielen müsse. Das langfristige strategische Ziel von WINGS wurde nicht mehr geteilt und deshalb auch keine Fortführung genehmigt.

Charlotte-Mecklenburg erwartete sich von WINGS einen Know-how-Transfer für Kiosksysteme, Transaktions- und Sicherheitsverfahren zu einem sehr günstigen Preis. Das Projekt kam den Verantwortlichen in der Stadtverwaltung, besonders im Referat für Öffentlichkeitsarbeit, aber auch gelegen, um diverse Vorstöße zur Entwicklung einer Verwaltungswebseite zu koordinieren.

In Charlotte existierte zum einen das mit Hilfe von Bundes und Stadt bzw. Kreismitteln geförderte Community Network Charlotte's Web. Auf seinen Web-Seiten standen Informationen über die Verwaltung. Charlotte's Web betrieb etwa 20 öffentlich zugänglichen Terminals an verschiedenen Orten in der Stadt (Snow 1997). Mitglieder der Stadtverwaltung, die auch bei Charlotte's Web aktiv waren, entwickelten selber erste Online-Transaktionen, z.B. das Department of Transportation die Anmeldung von Ampeln und Geschwindigkeitsbegrenzungen (Jones 1997, s.o.). Zum anderen gab es von Seiten der Stadt und des Kreises jeweils eigene Initiativen, eine Web-Seite aufzubauen. WINGS war eine gute Gelegenheit, „das interne Durcheinander in Ordnung zu bringen" und eine gezielte Website zu entwickeln (McGinnis 1997).

Charlotte's Web erfüllte eine wichtige Katalysatorfunktion für das WINGS-Projekt. WINGS wollte auch die Terminals von Charlotte's Web nutzen, um seine Inhalte bereitzustellen. Es gab jedoch keine weitere Zusammenarbeit, denn zwei unterschiedliche Philosophien trafen aufeinander: der offene bottom-up-Ansatz von Charlotte's Web und der geschlossene top-down-Ansatz der Stadtverwaltung(sspitze) und des USPS. Für den Initiator von Charlotte's Web war WINGS ein tönerner Riese mit großem technischen Overhead, aber wenig Inhalt (Snow 1999).

4.6.3.4   Rahmenbedingungen

Organisation: Um WINGS erfolgreich umzusetzen, hätten Partner aller drei Verwaltungsebenen kooperieren müssen. Nach eigenen Angaben konnte das Projektbüro von WINGS auch schriftliche Absichtserklärungen mit fünf Bundesbehörden und zwei Behörden der Kommune und des Staates über eine Teilnahme abschließen (McCuiston 1998, 61). Es gelang WINGS jedoch nicht, daraus konkrete Projekte zu entwickeln und weitergehende Kooperationserklärungen zu vereinbaren. Die einzelnen Behörden verfolgten alle eigenen Projekte, die überall offenbar als so prestigeträchtig empfunden wurden, dass man sie nicht fremd vergeben wollte. SSA setzte PEBES ohne WINGS um, North Carolina plant z.Zt. die Einführung von elektronischen Transaktionen, und in Charlotte-

Mecklenburg entwickelt man eigenständig Anwendungen wie die des Department of Transportations und die Online-Baugenehmigung. Es ist für WINGS als externen Partner nicht möglich, die einzelnen Behörden zur Teilnahme zu verpflichten. Dazu reicht auch nicht eine Vereinbarung auf der obersten Ebene oder gar eine Aufforderung des Präsidenten zur Zusammenarbeit (vgl. Executive Order 13011 am 16.7.1996, Federal Register, vol. 61, no. 140, pp. 37657-37662), denn der Einfluss der Führungsspitze auf die operative Ebene ist ebenfalls begrenzt. Innerhalb der einzelnen Ebenen gibt es relativ differenzierte Verwaltungen mit eigenständigen Behörden (SSA, IRS, USPS) und unabhängigen Räten und Kommissionen (auf kommunaler Ebene). Dies ist Teil eines umfangreichen Systems der Checks and Balances, in dem auch der Einfluss der verschiedenen Legislativen (Kongress, Länderparlamente, Räte) und Interessengruppen (Interessenvertretungen der Städte und Kreise auf Einzelstaats und Bundesebene, Berufsverbände der funktionalen Verwaltungsbereiche) nicht übersehen werden darf.

Auch die Ansiedlung bei USPS war in dieser Beziehung nicht wie erhofft ein Plus. Es gab eine prinzipielle Skepsis der anderen Behörden, welchen Einfluss und welche Kontrolle bei einer Partnerschaft mit WINGS bei ihnen verbleiben würde. Da auch innerhalb von USPS die Ausrichtung an der öffentlichen Verwaltung umstritten war, hatte es das WINGS Programmbüro sehr schwer, sich zu behaupten. Es wurde auf einer vergleichsweise niedrigen Ebene durchgeführt und war zu klein, um einen größeren politischen Kampf um seine Zukunft zu entfachen (Reisner 1999a).

Recht: Alle Beziehungen mit der Verwaltung sind durch Verordnungen, Bezirksvorschriften und bundesstaatliche Gesetze geregelt. Auf das Beispiel Umzug bezogen sind folgende Gesetze angesprochen:

- USPS Change of Address Notification: 39 U.S.C. 404, in dem der USPS ermächtigt wird, die notwendigen Maßnahmen zum Weiterleiten der Post zu ergreifen.
- IRS-Adressenänderung: 26 U.S.C. (Allgemeine Regelungen zur IRS). Weil die IRS die Einkommensteuererklärung zusendet, braucht sie die aktuelle Adresse. Besonders wichtig ist die Adressenänderungserklärung, wenn der Umzug zwischen der Abgabe der Steuererklärung und der Zustellung der Zahlung (bzw. der Forderung) erfolgt.
- Die Adressenänderung für das DMV ist in North Carolina General Statutes Chapter 207.1. festgehalten.
- Die Adressenänderung für das Board of Elections ergibt sich aus allgemeinen Regelungen auf Einzelstaatsebene (Chapter 163 of the North Carolina General Statutes). Die Durchführung der Wahlen wird durch die County Board of Elections vorgenommen.

Im Rahmen des Projekts hätte geprüft werden müssen, ob diese Geschäftsvorfälle online zu beantragen wären oder ob formale Regelungen dem entgegenstehen. Bei der Adressenänderung für das Wahlregister sind elektronische Signaturen ausgeschlossen (Johnson 2000a). Der später als das Projekt verabschiedete IRS Restructuring and Reform Act gibt dem Commissioner die Möglichkeit, elektronische Signaturen zuzulassen. Diese Probleme bzw. Fragen sind von WINGS jedoch nicht thematisiert worden, was angesichts der mangelhaften technischen Entwicklung auch nicht notwendig war.

Leadership: In seinem frühen Stadium profitierte das Projekt enorm von der Unterstützung der Clinton/Gore-Administration im Zusammenhang mit der Idee des Verwaltungs Re-engineering. Das WINGS-Projekt als behördenübergreifendes Projekt, der Einsatz von Informationstechnologie und der Schaffung eines neuen Nutzens für die Bürger passte in die Reformphilosophie. Das Management des USPS sah sich infolgedessen ermutigt, das Pilotprojekt durchzuführen (Reisner 1999a). Nach der ersten Euphorie endete jedoch auch die politische Unterstützung für das Projekt. Es verschwand aus der Aufmerksamkeit der Bundesverwaltung. Der prestigeträchtige Hammer Award von Vizepräsident Gore wurde nicht verliehen (U.S. Postal Service 1996, 17). Als das Projekt zu NPR überging, hätte es einen neuen Sponsor für die Idee finden können. Aber NPR verfügte nicht über die notwendigen Mittel. Dies ist besonders bemerkenswert, da der GIT-S-Vorstand einen Fonds für innovative behördenübergreifende Technologieprojekte bereitgestellt hatte. Aber dieser war offensichtlich zu klein bzw. nicht für das WINGS-Projekt vorgesehen. Aber trotz seiner verwaltungsübergreifenden Zusammensetzung war der GIT-S-Vorstand nicht imstande, neben dem USPS eines der Ministerien für das Projekt zu gewinnen. Angesichts mangelnder politischer Unterstützung war WINGS auf das Engagement des Programmbüros und des mittleren Managements angewiesen. Die Programmmanagerin und die Direktorin für Customer Relations haben aufgrund ihrer starken Persönlichkeit das Projekt maßgeblich vorangebracht (Sabo/Carter 1997; Kidd 1999). Die Zusammenarbeit mit der Stadt lief besser als mit dem Kreis, weil es dort personell größeres Engagement für WINGS gab.

Finanzierung: Eine Institutionalisierung des Projektes wäre angesichts der ausschließlichen Finanzierung durch einen Partner mit kommerziellen Interessen nur gelungen, wenn das geplante Geschäftsmodell sich bewährt hätte. (Die Möglichkeit, aus laufenden Mitteln der Verwaltung das Projekt zu betreiben, wurde nicht diskutiert.) Eine der Projektinitiatoren behauptet, dass ihr Geschäftsmodell für WINGS solide sei; sie führen den Misserfolg auf die ungünstige Entscheidung des Managements zurück, die fiel, bevor sie es beweisen konnten (Smoter 1999). Vorsichtiger äußert sich die ehemalige Pilotprojektmanagerin, die angesichts fehlender Transaktionsanwendungen nicht abschätzen konnte, ob das Geschäftsmodell geeignet war oder nicht (McCuiston 1998, 61).

Es hat sowohl auf Ebene des Einzelstaates als auch in Charlotte einzelne Berechnungen geldwerter Vorteile gegeben. Z.B. verwaltet das DMV 22 Mio. Datensätze, die ca. 1,5 Mio. Mal im Jahr geändert werden. Rechnet man pro elektronisch eingegangenem Antrag eine Einsparung von 25 Cent, so ergeben sich Einsparungen in Höhe von $375000. Insgesamt zählte die Verwaltung ca. 28,8 Mio. Datensätze in North Carolinas Behörden, mit ca. 3,5 Mio. jährlichen Änderungen. Alle Einsparungen aus dem Kiosk-Projekt wurden damit auf auf $867.750 berechnet (IRM 1995, Section V, Exhibit C). Es fehlt jedoch die Praxis, diese Rechnung zu verifizieren. In Charlotte beziffert man konkrete Vorteile einzelner, nicht über WINGS umgesetzter Online-Transaktionen: Der Antrag auf Reduzierung der Geschwindigkeitsbegrenzung wird statt in zwei Wochen nur in 36 Stunden bearbeitet, und das jeweils 50-malige Kopieren von ca. 200 Unfallberichten täglich entfällt (Snow 1997; Jones 1997).

Ob eine Gebühr von 1 $ pro Transaktion gerechtfertigt ist, bleibt offen. Im Nachhinein vertreten dem Projekt nahe stehende Experten die Meinung, eine alternative Lösung, bei der die Behörden eine Komplettgebühr anstatt pro Transaktion hätten zahlen müssen, wäre angemessener gewesen (Reisner 1999a). Tatsächlich dachten alle Verwaltungsstellen, mit denen WINGS Kontakt aufgenommen hatte, dass eine Transaktionsgebühr von 1 $ zu teuer sei (Sabo/Carter 1997; Bowman 1999). In dem Fall müssen auch die Verfahren im BackOffice einem Re-engineering unterzogen werden, damit Online-Transaktionssysteme zu den oben berechneten Einsparungen führen können. Das ist aber sehr voraussetzungsvoll. Hier liegt ein weiterer Grund, warum WINGS nicht in der Lage war, über Absichtserklärungen hinaus gehende Teilnahmen der Behörden zu erreichen (so auch Reisner 1999b, 5).

Qualifikation: Die Schulung in Technologiefragen ist eine der Schlüsselprobleme für die kommunale Verwaltung, um innovative Projekte in diesem Bereich aufzulegen (Boehner/Langelier 1997, 74). Zu Beginn des Projektes gab es einen ungleich verteilten Kenntnisstand bezüglich der Entwicklung von Online-Angeboten. Einige Pioniere hatten sich mit den neuen Techniken Internet und WWW vertraut gemacht und erste Projekte initiiert. Beispiele dafür waren die SSA (PEBES) oder in Charlotte das Department of Transportation. Die Mehrzahl und insbesondere die Führungsebene waren jedoch nicht mit den Technologien vertraut. Sie waren dankbar für technische Unterstützung und Schulung. Dieses Angebot nutzte die Stadtverwaltung in Charlotte aus.

Während der Projektlaufzeit verbreitete sich die Kompetenz der IT-Abteilungen in der Verwaltung bezüglich des Internet. Ein Beispiel dafür ist die Einzelstaatsregierung in North Carolina, die mittlerweile ein reichhaltiges Instrumentarium an Musterprojektplänen und technischen Konzepten zur Verfügung stellt. Sie hat auch ein Portal zu Verwaltungsdienstleistungen eingerichtet, das die Dienstleistungen für Bürger, Wirtschaft und Verwaltungsmitarbeiter konzentriert anbietet (http://www.ncgov.com). WINGS bzw. USPS hielt jedoch nicht den technologischen Vorsprung und konnte den Verwaltungen keine Expertise in den Transaktionsfragen anbieten.

Welche Anforderungen die Bürger an Online-Transaktionssysteme hatten, war zu Beginn des Projektes unklar. Eine von WINGS in Auftrag gegebene Studie belegte, dass Bürger One-Stop-Shopping-Angebote und Kioske als vorteilhaft ansehen. Genauso werden aber auch Probleme gesehen wie z.b. die möglicherweise abschreckende Komplexität des Angebotes und die Kosten für die Online-Angebote (ACG Research Solutions 1996, 3). Durch die mangelnde Funktionalität und Nutzung können diese Aussagen kaum hilfreicher präzisiert werden. Ein Ergebnis aus Sicht der Initiatoren ist, dass die One-Stop-Government-Idee problematisch ist. One-Stop-Government wird vor allem von den Behörden verstanden, für den Bürger ist sie neu (Reisner 1999a). Ein etwas unstrukturierter Zugang wird für Ziel führender gehalten, weil One-Stop-Government-Anwendungen immer nur auf ganz wenige Leute zutreffen (Kidd 1999).

Technische Infrastruktur: In den Projektplänen wurde das Vorhandensein von ausgebauten Breitbandkommunikationsnetzen als Standortvorteil für WINGS genannt (so z.b. für North Carolina in U.S. Postal Service 1996, 2, für Iowa, wo es das ICN gab, s. STAWRS-Fallstudie, sprachen ähnliche Argumente). In der Praxis war ein Hochgeschwindigkeitsnetz jedoch völlig unbedeutend für die Realisierung. Im Projekt wurden die Kioske sowohl über ISDN-Verbindungen als auch über Standleitungen, bzw. Anschluss an Behörden-LANs mit dem Internet verbunden. Die bestehende hybride technische Infrastruktur war somit kein Hindernis für die Realisierung des Projektes.

Kioske sind ein sehr komplexes Ensemble aus Computer-Hard- und Software, Telekommunikationsgeräten und Stadtmöbel (vgl. Interagency Kiosk Committee 1995, Anhang 3). Der Aufbau eines Kiosknetzwerks ist sehr schwierig. Es gelang in Charlotte nicht, eine zufrieden stellende Funktionsfähigkeit herzustellen. Die Erinnerung ist von einer nicht endenden Reihe von Problemen mit den Geräten geprägt (Kidd 2000). Zudem gab es auch technische Inkompatibilitäten zwischen dem WINGS-System und den Eigenentwicklungen. Der Unfallbericht, über Charlotte's Web und Internet problemlos abzuschicken, konnte auf WINGS nicht übertragen werden, weil dort keine Frames-Technik verwendet wurde und die Tastatur den für die Unfallberichte erforderlichen Gedankenstrich nicht enthielt.

Neben den Kiosken war das zweite große Problem, dass es USPS bw. WINGS nicht gelang, PKI oder Paymentdienste zu entwickeln, auch wenn darüber gesprochen wurde. Während der Projektlaufzeit fanden einige kommerzielle Authentifizierungs- und Zahlungsprodukte weitere Verbreitung (VeriSign, SET). USPS war zum Zeitpunkt von WINGS an mindestens zwei Projekten zur elektronischen Signatur beteiligt und betreibt auch heute noch aktiv entsprechende Initiativen (vgl. U.S. Postal Service 1998, 31). Es ist nicht bekannt, ob die Ergebnisse dieser Projekte mit dem WINGS-Projekt verbunden waren. Die GIT-S-Gruppe begann parallel mit der Einrichtung des Federal Public Key Infrastructure Steering Committee. Dessen Ergebnisse waren für WINGS jedoch nicht mehr relevant (FPKI/GIT-S/OMB 1998).

4.6.3.5   Zur Bedeutung der verschiedenen Ebenen

Mehr als ein Forschungs und Entwicklungsprojekt oder ein neues Geschäftsfeld für USPS war WINGS zunächst ein politisches Konzept. Hier liegt seine bis heute fortstrahlende Bedeutung. Zum ersten Mal wurde die Idee eines integrierten, leichten Zugangs zu Verwaltungsleistungen unterschiedlicher Behörden mit Hilfe von WWW und Netzwerktechnologie formuliert. Dabei wurde eine konzeptionelle Trennung zwischen den eigentlichen Anbietern der Dienstleistungen, den Behörden und dem Infrastrukturbetreiber eingeführt, der für den Zugang und die Querschnittsaufgaben verantwortlich ist. Trotz des Scheiterns finden sich alle Kernideen auch heute noch in bestehenden Projekten – sowohl im öffentlichen als auch im privaten Bereich wieder. Innerhalb von NPR werden zielgruppenorientierte WebSites entwickelt. Das Projekt „Hassle-Free Communities" plant bzw. installiert zurzeit wieder ein bundesweites Kioskprojekt (Pressemitteilung vom 27.7.2000). Kommerzielle Dienstleister wie ezgov.com, GovWorks u.a. bieten im Auftrag von Behörden Online-Bezahlungen von Gebühren, Steuern sowie die Verlängerung von Zulassungen an.

Ein politisch gewolltes Konzept, und mögen seine Ideen noch so viele Nachahmer finden, reicht jedoch nicht aus, um es in voller Funktionalität zu verwirklichen. Dabei hat vor allem der vertikal und horizontal differenzierte Verwaltungsaufbau im Föderalismus Einfluss. Im WINGS-Projekt war er dafür verantwortlich, dass statt in einer gemeinsamen Entwicklung mit WINGS jede Behörde mehr oder weniger ihre eigenen Projekte verfolgte. Dies hatte organisatorische, politische und finanzielle Gründe. Die Integration mit anderen Dienstleistern wird als Ziel geschätzt, aber nicht von den Ämtern im Eigeninteresse verfolgt.

WINGS gelang es nicht, ein neues Medium in den Verwaltung-Bürger-Beziehungen zu etablieren. Das zu Beginn des Projektes vielversprechende Kioskkonzept erwies sich als wenig funktional. Unklar blieb auch, welche praktischen Anforderungen die Nutzer an Online-Transaktionssysteme haben. Die Ergebnisse der zunächst befragten Fokusgruppen konnten in der Praxis nicht validiert, aber auch nicht falsifiziert werden. Die Rolle von Sicherheitsbedenken und Vertrauen in Online-Dienstleistungen ist ungeklärt. Insbesondere am Konzept des One-Stop-Government gibt es jedoch Zweifel, sofern es als streng integrierte Anwendung verstanden wird. Eine lose Integration thematisch zusammenhängender Dienstleistungen, die nicht mehr einzelne Ereignisse auswählt, scheint den Projektbeteiligten vielversprechender zu sein.

4.6.4   Zusammenfassung USA

4.6.4.1   Zusammenfassung der Projektergebnisse

Um die Wirksamkeit des Regierungsprogramms Access America im Bereich öffentliche Verwaltung zu überprüfen, sollen noch einmal kurz die wesentlichen Ergebnisse der untersuchten Projekte herangezogen werden. Dabei wird insbesondere auf die Aspekte Verfahren, IT-Anwendungen und Organisation eingegangen (s. auch jeweils erste Tabelle in den Fallstudien). Die Ergebnisse der untersuchten Projekte zeigen, dass in den USA wie in Deutschland durch Online-Transaktionsprojekte keine wesentlichen Verbesserungen in der Kundenfreundlichkeit der Verwaltung erreicht worden sind. Es gibt keine Vermeidung von Behördengängen, die über den bisher erreichten Stand hinausgehen (in Massachusetts kann man die Zulassung auch per Telefon und Brief verlängern), und besondere Zusatznutzen über die elektronische Beantragung sind auch nicht realisiert worden. Dieser Befund gilt auch, wenn im Detail die Online-Unterstützung von Verwaltungsverfahren technisch erfolgreich demonstriert wird, wie im Fall von ExpressLane oder im STAWRS-Projekt. Alle Verfahren sind jedoch in ihrer realisierten Funktionalität nicht ausreichend genug, um die wesentlichen Belastungen für Bürger und Verwaltung mindern zu können. In Massachusetts gibt es nach wie vor Schlangen vor den Geschäftsstellen oder überlastete Telefonleitungen. Kombinierte Steuer und Arbeitslosenmeldungen sind für die meisten Arbeitgeber in den USA immer noch in weiter Ferne, auch wenn es kontinuierliche Schritte auf diesem Weg gibt. Online-Transaktionen über Kioske und Internet mit rechtsverbindlichem Charakter, geschweige denn integrierte Angebote im Sinne des One-Stop-Government gibt es jedoch nicht. Dies steht in einem starken Kontrast zu den hohen Zielen, die hinter diesen Projekten stecken.

Wie in Deutschland müssen auch in den USA die bestehenden Legacy-Systeme in die Online-Verfahren eingebunden werden. Mit Hilfe von Firewalls und zwischengeschalteten Datenbanken ist dies möglich (s. ExpressLane). Damit wird eine Integration von Legacy-Welt und Internet-Welt begonnen. Auch in Charlotte ist man auf diesem Weg, wobei die wesentlichen Fortschritte hier außerhalb des WINGS-Projektes (und nach dessen Ende) erzielt worden. Das STAWRS-Projekt zeigt jedoch auch die Grenzen der Integration: dort entschied man sich bewusst für die Techniken (point-to-point Verbindung, EDI), mit denen es langjährige Erfahrungen in der Verwaltung gibt. Der Grund dafür sind die noch nicht zu voller Reife entwickelten Authentifizierungs- und Sicherheitsmechanismen, bzw. das mangelnde Know-how, wie diese zu konfigurieren sind. Wie in Deutschland gibt es bei der Integration von PKI erhebliche Defizite, die nach dem Beginn der MEDIA@Komm-Initiative noch größer geworden sind. Dafür gibt es im Bereich Bezahlung durch die Akzeptanz von Kreditkarten bereits weiter verbreitete Online-Zahlungsmöglichkeiten.

Organisatorisch sind die untersuchten Anwendungen in den bestehenden Strukturen der Verwaltungen durchgeführt worden. Die enge Verknüpfung von Reorganisationsmaßnahmen mit Informationstechnikeinsatz vollzieht sich häufig in der Einrichtung von Informationswebseiten, die als Element einer verbesserten Kundenorientierung gewertet werden. Die wesentlichen organisatorischen Verwaltungsreformen bezogen sich in den USA nicht auf die Aufbauorganisation, sondern auf den Prozess der Planung und Steuerung. Dabei wird Informationstechnik sowohl als Mittel als auch als Ziel eingesetzt. Die strategischen Pläne und Messzahlen werden elektronisch erstellt, erhoben bzw. gepflegt. Informationstechnikeinsatz zur Unterstützung der fachlichen Aufgaben hat darüber hinaus eine größere strategische Bedeutung bekommen. Ausdruck dafür ist z.B. die Einrichtung von „Chief Information Officer" Ämtern, die neben die „Chief Financial Officer" treten. Radikale Neuorganisationen in Bezug auf verwaltungsebenenübergreifende Aspekte sind in den USA sehr schwierig, obwohl sie angesichts der funktional noch stärker getrennten Verwaltung umso notwendiger scheinen. Im WINGS-Projekt scheiterte sie vollständig, und im STAWRS-Projekt gibt es nur ganz kleine Fortschritte.

4.6.4.2 Zielerreichung von GIT-S-/AccessAmerica-Initiativen

Aus diesen Ergebnissen lassen sich ein Teil der Ziele, die von der GIT-S Working Group und später im Rahmen von AccessAmerica verfolgt worden sind, wie folgt bewerten (vgl. Tab. 18):

Tabelle 18: Zielerreichung der GIT-S-/AccessAmerica-Initiativen

Ziel/Projekte	Status
1. Strengthen Leadership in IT	
Provide Clear, Strong Leadership to Integrate Information Technology into the Business of Government	Erreicht
2. Implement Electronic Government	
Develop Integrated Electronic Access to Government Information and Services	Information: ja Services: nicht mit WINGS; z.T. durch Access
Provide Intergovernmental Tax Filing, Reporting, and Payments Processing	Nein
3. Establish Support Mechanisms for Electronic Goverment	
Develop Systems and Mechanisms to Ensure Privacy and Security	nur Pilotprojekte
Provide Incentives for Innovation	tlw.

Es gibt in den USA eine hohe Bereitschaft, Informationstechnik als Mittel der Verwaltungsreform einzusetzen. Das gilt insbesondere auch für die Schnittstelle zum Kunden. Insofern ist das erste Ziel, „Strengthen Leadership", erreicht worden. Dies hat jedoch vor allem dazu beigetragen, den Enthusiasmus für Electronic Government zu stärken und allgemein, d.h. im Inland und Ausland gleichermaßen, den Eindruck zu vermitteln, in den USA sei eine völlig neue Ära der Verwaltungsdienstleistung angebrochen. Auch wenn dies in Ansätzen gelungen sein mag, so fallen doch die praktisch realisierten Erfolge hinter diese Erwartungen zurück. Sie sind nicht einmal im Wesentlichen weiter fortgeschritten als ihre deutschen Gegenstücke, auch wenn diese mit wesentlich weniger öffentlicher Aufmerksamkeit betrieben worden sind.

Der Schwerpunkt der GIT-S/Access America waren einzelne E-Government-Projekte. Hier wurden zwei näher untersucht, die in ihren Ergebnissen die Bandbreite der praktischen Erfolge widerspiegeln. Das WINGS-Projekt als Kioskbasierte Lösung scheiterte. 1996 wird es von GIT-S noch erwähnt (GIT-S 1996), im AccessAmerica-Bericht jedoch nicht mehr. Allerdings sind auf der Ebene von Informationen und im Rahmen der Access-Projekte Teilideen der WINGS zugrunde liegenden Konzepte später realisiert worden. Insofern kann hier von einer deutlichen Lernkurve gesprochen werden.

Das STAWRS-Projekt ist von Natur her anders als das WINGS-Projekt. Sein Anspruch beschränkt sich (wenigstens im hier betrachteten Zeitraum) auf die Demonstration einzelner Lösungsmodule. Auch wenn dies in Einzelfällen erfolgreich geschieht, wird doch offensichtlich, dass eine vollständige Lösung an der mangelnden Kooperation(sbereitschaft) der beteiligten Behörden scheitert.

WINGS und STAWRS zeigen auch, dass ein wichtiges Ziel der Clinton/Gore-Initiative, die Koordination zwischen den verschiedenen Verwaltungsebenen, nicht von den Bundesinitiativen erreicht wurden. Dies wird durch das WINGS-Projekt unterstrichen. Davon zu unterscheiden sind viele Einzelfälle, in denen einzelne Bundesbehörden mit anderen Behörden kooperieren (hier nicht weiter ausgeführt).

Ein weiteres wichtiges Ziel, die Schaffung der notwendigen Infrastrukturen für Electronic Government, ist ebenfalls nur teilweise erreicht worden. Zwar gibt es ein Internet, über das viele Informationen zugänglich gemacht werden. Die zentralen Mehrwertfunktionen wie Signaturen und Bezahlmöglichkeiten sind bisher jedoch nicht zu einer vergleichbaren Anwendungsreife fortentwickelt worden, als dass sie die Interaktion mit der Verwaltung revolutioniert haben.

5 Interaktives Fernsehen

5.1 Operationalisierung des Medienmodells für interaktives Fernsehen

5.1.1 Komponenten des Medienmodells für interaktives Fernsehen

Für den Untersuchungsgegenstand „interaktives Fernsehen" gelten die Konkretisierungen des Medienmodells wie sie in Abbildung 29 dargestellt sind (siehe auch Beckert 2003). Dabei werden unter interaktivem Fernsehen sowohl interaktive TV-Dienste (Tele-Shopping, Tele-Banking, Tele-Learning, Video-on-demand, Services on Demand) verstanden als auch breitbandige Online-Angebote, die durch ihre hohen Übertragungsraten ebenfalls Dienste ermöglichen, die bisher originär dem Fernsehen zugeordnet wurden (Streaming Video, Video-on-demand usw.).

Abbildung 29: Das Medienmodell für den Bereich „interaktives Fernsehen"

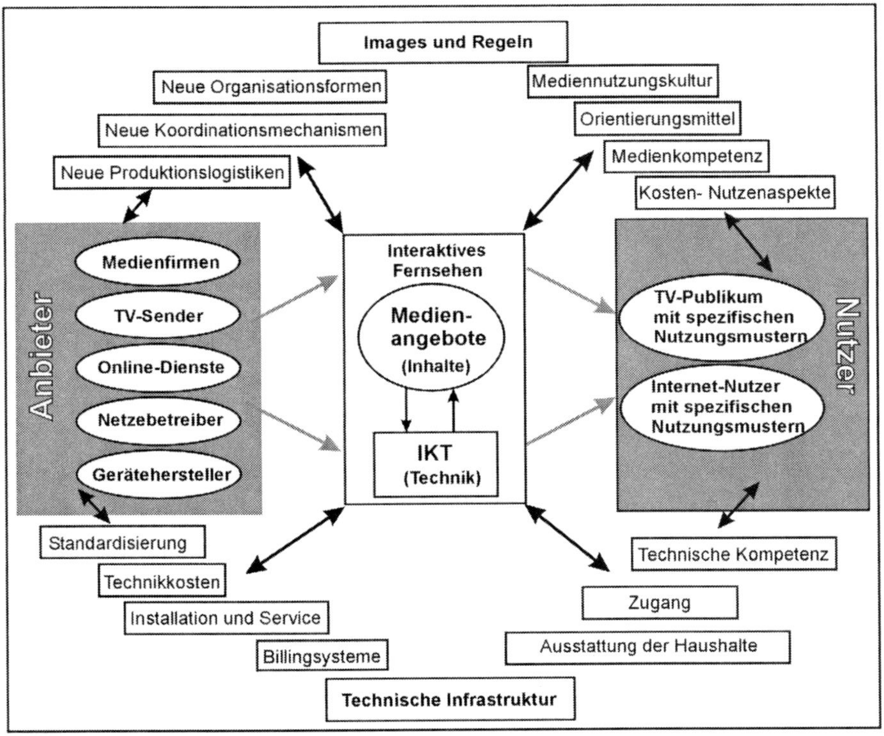

Das Medienmodell, das die Voraussetzungen und Bedingungen für die Entstehung von interaktiven TV-Diensten darstellt, besteht zunächst aus den beiden Achsen „Anbieter-Nutzer" und „Inhalte-Technik". Das neue Medienangebot wird als das Ergebnis der Koordination von Technik und Inhalten dargestellt und entsteht im Kontext verschiedener Produktions- und Nutzungskulturen.

Anbieter: Bei den Anbietern von interaktiven Medienangeboten handelt es sich um Fernsehsender, Online-Dienste, Gerätehersteller, Netzbetreiber und Medienfirmen (Inhalte). Diese Akteure müssen in einem komplexen Abstimmungsprozess, der vor allem die Koordination von Technik und Inhalten betrifft, ein neues Angebot schaffen, das einen entsprechenden Mehrwert für die Nutzer realisiert.

Images und Regeln: Auf der inhaltlichen Seite des neuen Angebots sind Images und Regeln von Bedeutung. „Image" meint in diesem Zusammenhang, dass Anbieter und Nutzer eine gemeinsame Vorstellung davon haben müssen, was das neue Angebot darstellen soll, d.h. mit welchem spezifischen Gebrauch das neue Angebot assoziiert wird: Handelt es sich um „Unterhaltung" oder um „Information" oder um „Kommunikation"? Die Verständigung auf ein einheitliches Image, in dem sich sowohl in den Marketingaktivitäten der Anbieter als auch die Erwartungshaltungen der Nutzer widerspiegeln, ist bei interaktiven TV-Diensten nicht trivial. Oft bestehen keine klaren Marketingkonzepte, weil interaktive TV-Dienste Anwendungen darstellen, die oftmals mit vertrauten Konzepten brechen. Auch die Nutzer wissen oft nicht, wie sie das neue Angebot einschätzen sollen und wie sie es in den täglichen Mediengebrauch einordnen sollen.

Standardisierung: Die technische Standardisierung ist für die Anbieter eine wichtige Voraussetzung und ermöglicht den Aufbau einer kostengünstigen und zukunftssicheren Plattform. Ohne verbindliche Standards ist die Gefahr groß, dass eigen entwickelte Komponenten oder Systeme Insellösungen bleiben, die keine Nachahmer finden und deshalb in der Produktion zu teuer sind. Schließlich müssen Gerätehersteller und Technikprovider dazu bewegt werden, neue Geräte zu entwickeln und zu produzieren. Sind die Verkaufsaussichten gering, werden nur Prototypen entwickelt, die meist nicht die erforderlichen Funktionen eines größeren Roll-outs erfüllen.

Technikkosten: In diesem Zusammenhang sind auch Technikkosten selbst von Bedeutung. Übersteigen die Anforderungen, die im Rahmen eines Projektes an die Hardware gestellt werden z.B. die Möglichkeiten von state-of-the-art-Technologien, ist eine aufwendige und kostenintensive Eigenentwicklung notwendig. Da im Bereich der Mikroelektronik von sinkenden Preisen bei gleich bleibender oder gar steigender Performanz ausgegangen werden kann, muss der Zeitpunkt, zu dem ein neues Angebot entwickelt werden soll, sorgfältig gewählt werden.

Installation und Service: Der Betreiber eines neuen Angebots muss Vorkehrungen treffen, um den Kunden Installations- und Service-Dienstleistungen in ausreichendem Maße zur Verfügung stellen zu können. Oftmals ist ein Installationsteam notwendig, das zur Inbetriebnahme der technischen Geräte vor Ort sein muss. Kabelmodemdienste z.b. erfordern oft den Austausch der vorhandenen Kabelbuchse und die Installation eines Splitters in der Wohnung des Kunden. Bei Störungen oder bei Fragen zur Bedienung muss außerdem ein geschultes Serviceteam zur Verfügung stehen, das entsprechende Hilfestellung leisten kann.

Billing-Systeme: Neue Angebote sollen vor allem durch bequemere Bestell und Abrechnungsverfahren neue Kunden gewinnen. So ist beispielsweise beim Teleshopping die Bestellung eines Produkts, z.b. aus einem virtuellen Versandhauskatalog, über die Fernbedienung möglich. Der Kunde gibt dazu lediglich seine PIN ein. Auch für die Bezahlung von Medieninhalten, wie z.b. Premium-TV-Sendungen oder Online-Inhalte, sind entsprechende Billing-Systeme notwendig. Diese setzen allerdings eine technische- und organisatorische Infrastruktur voraus, die der Anbieter entwickeln und aufbauen muss.

Neue Produktionslogistiken: Bei der Etablierung eines neuen Angebots ist es von großer Bedeutung, ob es der Anbieter schafft, neue Produktionslogistiken für sein Angebot aufzubauen bzw. bestehende Produktionsabläufe entsprechend umzugestalten. Diese Umgestaltung muss dauerhaft sein und die wesentlichen Akteure, die an der Erstellung des Angebots beteiligt sind, integrieren können.

Neue Koordinationsmechanismen: Oftmals ist es dazu erforderlich, neue zwischenbetriebliche Koordinationsmechanismen und –instrumente zu entwickeln und einzusetzen. Die Beziehung zwischen Anbieter und Lieferant ist bei neuen, interaktiven Diensten oftmals keine hierarchische oder ausschließlich vertragsgebundene: Um das kreative Potential der verschiedenen Unternehmen zu nutzen, müssen neue Formate, Inhalte und Dienste oft in Zusammenarbeit mit den Inhaltelieferanten entwickelt werden. Dazu müssen innovative Koordinationsmechanismen zwischen Dienstebetreibern und Content Providern eingesetzt werden.

Neue Organisationsformen: Innerbetrieblich stehen die Unternehmen vor der Herausforderung, die vorhandenen Ressourcen und das bestehende Knowhow neu zu strukturieren und an die neuen technischen Möglichkeiten und Erfordernisse anzupassen. Dazu sind umfangreiche Umstrukturierungen erforderlich und die organisatorische Ausrichtung auf Produktionserfordernisse des neuen Angebots.

Nutzer: Bei den Nutzern handelt es sich zum einem um das klassische Fernsehpublikum und zum anderen um Online-, bzw. Internetnutzer. Dabei ist zu beachten, dass es für interaktive TV-Angebote noch kein typisches Publikum gibt. Die Zielgruppe ist vielmehr eine Schnittmenge aus diesen Zuschauer bzw. Nutzergruppen. Erschwert wird die Definition der Zielgruppe dadurch, dass es den TV-Zuschauer und den Online-Nutzer nicht gibt. Beide Medien werden von verschiedenen Personen zu ganz unterschiedlichen Zwecken verwendet und haben einen unterschiedlichen Stellenwert im täglichen Medienverhalten. Diese Vielfalt wird durch die Zunahme an verfügbaren Medienangeboten noch weiter gesteigert und führt zu einer zunehmenden Fragmentierung des Massenpublikums. Neue Angebote sind deshalb meist Nischenangebote, die sich an ganz bestimmte Interessen und Nutzergruppen wenden. Die Suche nach der sogenannten „Killer-Applikation", die interaktive Angebote für eine Vielzahl unterschiedlicher Haushalte attraktiv macht, ist jedoch auch nach dem Scheitern sämtlicher Video-on-demand Projekte Mitte der 1990er Jahre noch nicht beendet und erhält durch den Boom des Internets, der immer stärker auch das Mainstream-Publikum erreicht, neue Unterstützung.

Technische Kompetenz: Um das neue Angebot für die eigenen Informations- oder Unterhaltungsbedürfnisse einsetzen zu können, müssen die Nutzer zunächst über eine gewisse technische Kompetenz und das Wissen über den adäquaten Umgang mit der verwendeten Technik verfügen. Sie müssen sich über die Möglichkeiten und Beschränkungen des Systems zumindest prinzipiell im Klaren sein. Außerdem müssen sie in der Lage sein, die Geräte eventuell selbst anzuschließen und sie eventuell zu warten (Software-Updates) oder aufzurüsten.

Zugang: Voraussetzung für die Nutzung eines neuen Angebots ist immer, dass die Haushalte einen entsprechenden Anschluss an das verwendete Netz haben. Dabei kann es sich um das klassische terrestrische TV-Netz, das Kabel-TV-Netz, das Telefonnetz oder das Satelliten-„Netz" handeln. Meist ist für interaktive Angebote eine technische Aufrüstung dieser Netze erforderlich. Für die Haushalte ist es deshalb von Bedeutung, ob sie im Versorgungsgebiet dieser neuen Infrastruktur liegen oder nicht. Meist werden die Netze nicht auf einmal aufgerüstet, sondern stufenweise. Ballungsgebiete, in denen die meisten Haushalte mit geringem Aufwand erreicht werden können, haben deshalb oft Zugang zu neuen Diensten, bevor ländliche Gebiete versorgt werden.

Technische Ausstattung der Haushalte: Welche technischen Geräte in den Haushalten bereits vorhanden sind, ist von entscheidender Bedeutung für die Verbreitung neuer Dienste. Neue Angebote setzen meist auf die vorhandenen Geräte auf, indem sie diese erweitern oder in ihrer Funktionalität ergänzen. Oft sind aber Zusatzgeräte, wie z.B. Kabelmodems oder Set-Top-Boxen notwendig. Auch der technische Stand und das Alter der vorhandenen Geräte sind von Bedeutung, da nicht alle Geräte für eine entsprechende Kopplung mit den neuen Zusatzgeräten geeignet sind.

Mediennutzungskultur: Das Medienverhalten und die Präferenzen des Publikums für bestimmte Arten von Medien und Formaten spielt eine wichtige Rolle für die Akzeptanz eines neuen Angebots. Wichtig ist, dass das neue Angebot Anschlusspunkte an das etablierte Mediennutzungsverhalten finden kann. Von einer grundlegenden Verhaltensänderung sollte dabei nicht ausgegangen werden. Vielmehr spricht einiges dafür, dass jene Angebote eine bessere Aussicht auf Nutzerakzeptanz haben, die kompatibel zu eingespielten Verhaltensweisen sind und diese evolutionär weiterentwickeln können.

Orientierungsmittel: Für eine Orientierung der Nutzer im neuen Angebot sorgen zum einen Online-Portals, Suchmaschinen und redaktionell erstellte

Rubrikensysteme im Online-Bereich und zum anderen die Electronic Programme Guides (EPGs) beim digitalen Fernsehen. Für interaktive TV-Dienste ist eine Kombination dieser Elemente möglich, die bereits auf unterschiedlichste Weise realisiert wurde. Dabei wurde deutlich, dass es nicht ausreicht, Inhalte nur anzubieten. Den Nutzern muss eine intuitive Orientierungshilfe zur Verfügung gestellt werden, die entsprechend entwickelt und gepflegt werden muss. Der Entwicklungsaufwand und der Aufwand für die redaktionelle Betreuung solcher Orientierungssysteme sollte dabei nicht unterschätzt werden.

Medienkompetenz: Der Umgang mit interaktiven Medien ist voraussetzungsvoll und bedarf einer gewissen Medienkompetenz, die sich auf die Recherche, die Beurteilung der Glaubwürdigkeit der Quellen, die Orientierungsfähigkeit in einem umfangreichen Angebot und die Entwicklung von Suchstrategien bezieht. Medienkompetenz kann nur in unmittelbarer Auseinandersetzung mit dem neuen Medium erworben werden. Interaktive TV-Dienste, wie z.B. Information on Demand, scheiterten in vielen Projekten oft daran, dass die Nutzer nicht über die Fähigkeit verfügten, eigene Interessen zu definieren und eigene Suchstrategien zu entwickeln. Der Boom des Internets kann in diesem Sinne bewirken, dass größere Bevölkerungsschichten mit interaktiven Medien vertraut werden und Kompetenzen entwickeln, auf die spätere interaktive Medienprojekte aufbauen können.

Kosten-Nutzenaspekte: Für die Akzeptanz neuer Dienste bei den Nutzern ist es von entscheidender Bedeutung, ob ein entsprechender Mehrwert realisiert werden kann oder nicht. Dabei spielen Kosten-Nutzenaspekte eine wichtige Rolle. Allerdings handelt es sich nicht nur um materielle Kosten-Nutzen-Erwägungen, sondern auch um immaterielle. Beim Nutzen, den jemand aus einem neuen Dienst zieht, kann es sich z.B. auch um Differenzierungs- oder Imagegewinne handeln.

5.1.2   Drei-Ebenen-Modell für interaktives Fernsehen

Um Abhängigkeiten und Wirkungsdimensionen bei der Einführung neuer Medien im jeweiligen institutionellen Zusammenhang darstellen zu können, wurde ein Drei-Ebenen-Modell entwickelt. Es besteht aus den Ebenen „Lokaler Handlungskontext", „Rahmensetzer" und „Rahmenbedingungen". In den staatlichen Programmen zur Förderung interaktiver Medien versuchen die politischen Akteure, vor allem auf die Rahmensetzer einzuwirken, damit auf dieser Ebene günstige Voraussetzungen für die Entstehung neuer Medien geschaffen werden. Abbildung 30 zeigt das Akteursmodell für die Entwicklung und Etablierung neuer, interaktiver Medienangebote.

5.1.2.1 Lokaler Handlungskontext

Im lokalen Handlungskontext geht es im weitesten Sinne um die Koordination von Technik und Inhalten für die Realisierung eines neuen, interaktiven Medienangebots und um die Einbettung des neuen Angebots in bestehende Mediennutzungskulturen. Dabei werden die Koordinationserfordernisse auf der Anbieter-/Produzentenseite und die Verwendungszusammenhänge auf der Nutzerseite getrennt untersucht.

Abbildung 30: Akteursmodell für den Bereich interaktives Fernsehen

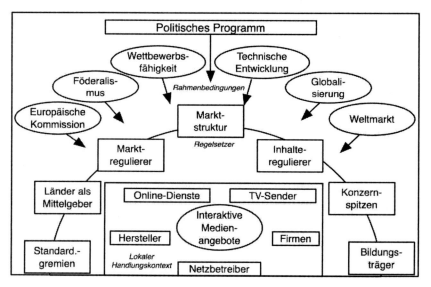

Akteure und Koordinationserfordernisse: Weil interaktive Medien eine Kombination aus Fernsehen und Online sind (Video-on-demand, interaktives Fernsehen, breitbandige Online-Dienste), stammen die Akteure auf der Anbieterseite meist aus unterschiedlichen Branchen. Die Akteure im Einzelnen sind: Medienfirmen, Fernsehsender, Online-Dienste, Netzbetreiber (Telefon, Kabel-TV, Mobile Netze usw.) und Technikhersteller (Endgerätehersteller für TV, PC und Zusatzgeräte). Für die meisten Unternehmen ist das Geschäftsfeld „Interaktive Medien" ein Bereich, der neu aufgebaut werden muss. Dazu müssen in der Regel neue Produktionslogistiken aufgebaut, neue Koordinierungsinstrumente entwickelt sowie adäquate innerbetriebliche und intersektorale Organisationsformen gefunden werden.

Aufbau und Ablauf: Innerbetrieblich bedeutet dies, dass Know-how aus verschiedenen Bereichen neu strukturiert und auf veränderte technische Möglichkeiten und Anwendungsziele angepasst werden muss. Dabei macht es einen Unterschied, ob ein neues Medienangebot von der Geschäftsführung als strategisches Geschäftsfeld angesehen wird oder nur als Option für die Zukunft gilt, die mit geringem Aufwand zunächst auf ihre Tauglichkeit getestet werden soll. Wird das neue Medienangebot als wichtige Ergänzung des Hauptgeschäftes betrachtet, an dem sich die Zukunftsfähigkeit des Unternehmens entscheidet, kommt es darauf an, die Produktionsprozesse auf Dauer mit den bestehenden Ressourcen und Abläufen zu verzahnen. Es muss ein stabiles Gerüst für die Koordination mit den Bereichen Medienproduktion, Marketing, Vertrieb, FuE usw. geschaffen werden.

Organisation: Zwischen den Unternehmen klafft aufgrund der neuartigen Koordinationserfordernisse eine Organisationslücke, die geschlossen werden muss, wenn das neue Angebot auf Dauer attraktive Inhalte bereitstellen können soll. Die Organisation einer geschlossenen Beschaffungs- und Produktionslogistik unter Einbeziehung der verschiedensten Unternehmen ist deshalb von großer Bedeutung. Attraktive Angebote setzen nicht nur eine Abstimmung zwischen technischen Möglichkeiten und inhaltlichen Formaten voraus. Die Inhalte selbst bedürfen der mediengerechten Gestaltung, der redaktionellen Bearbeitung und einer entsprechenden Aufbereitung. Über die Faszination an der neuen Technik wird der inhaltliche Bereich von den Betreibern oft unterschätzt.

Integration mit vorhandener Technik: Die Integration mit standardisierten und bereits im Markt vorhandenen Techniksystemen ist ein weiteres Kriterium, das auf der lokalen Projektebene über Erfolg oder Misserfolg eines neuen Angebots entscheiden kann. Hinweise auf den Grad der technischen Integration liefern Informationen über den Stand der Standardisierung der Endgeräte oder Zusatzgeräte, die für die Nutzung des neuen Angebots notwendig sind. Die Technikkosten und die Geschwindigkeit von Innovationszyklen im jeweiligen Bereich sind ebenfalls von Bedeutung. In einem turbulenten medientechnischen Umfeld können sich die Bezugsgrößen schnell ändern. Ein neues Angebot kann deshalb zu früh kommen, wenn es beispielsweise auf einer Technik aufbaut, die noch nicht marktreif oder zu teuer ist. Oder es kann zu spät kommen, wenn die eingesetzte Technik bereits durch neue Entwicklungen überholt wurde.

Finanzierung: Die Finanzierung des neuen Angebots hängt direkt mit dem strategischen Gewicht zusammen, das die Geschäftsführung dem Projekt beimisst. Dennoch muss sich das Angebot auf längere Frist selbst tragen können. Deshalb ist es notwendig, die verschiedenen Erlösmodelle und Einkommensströme zu untersuchen, die für das Angebot geplant sind.

Motivation: Bei der Motivation für die Realisierung eines bestimmten Angebots spielen Persönlichkeiten eine wichtige Rolle. Diese sind für den Verlauf eines Projektes deshalb von Bedeutung, weil Mitarbeiter motiviert, Interessen bei der Muttergesellschaft durchgesetzt und eine einheitliche Vision kreiert werden muss. Dass Visionäre für die Entstehung und Führungspersönlichkeiten für den Verlauf eines Projekts entscheidend sind, ergibt sich allein aus der Tatsache, dass neue Technologien prinzipiell allen Unternehmen gleichermaßen zur Verfügung stehen. Aber nicht alle Unternehmen sind in der Lage, daraus Gewinn zu ziehen.

Nutzungsbedingungen und Zielgruppe: Auf der Seite der Nutzer müssen interaktive Medienangebote in der Lage sein, an etablierte Nutzerstrukturen anzuknüpfen und diese auf spezifische Weise zu verändern. Nutzer sind bei den hier untersuchten Anwendungen das TV-Publikum sowie Internet bzw. Online-Nutzer. Zu beachten ist hier, dass es sich bei den Adressaten der neuen Dienste nicht um ein homogenes Publikum handelt, das in seinen Interessen, Vorlieben und Gewohnheiten leicht einzuschätzen wäre. Vielmehr haben sich durch die explosionsartige Zunahme von Medienangeboten immer spezialisiertere Nutzungsgruppen gebildet. Die Aufsplitterung des Massenpublikums in vielzählige Special Interest Gruppen hat inzwischen zu einer Fragmentierung des Medienpublikums geführt. Entsprechend haben sich die Verwendungszusammenhänge für Medien ausdifferenziert und die Nutzungskulturen vervielfältigt. Für Anbieter von interaktiven Medien bedeutet dies, dass sie sich ein genaues Bild von der Zielgruppe machen und das Angebot dann zielgerichtet dort einsetzen müssen, wo es diese Zielgruppe erreicht. Wieder muss an dieser Stelle darauf hingewiesen werden, dass Medien Erfahrungsgüter sind, deren individueller Wert sich nur jenen erschließt, die in der Lage sind, sie auch tatsächlich zu nutzen. Die Betreiber sollten deshalb ein Interesse daran haben, ihr Angebot zu besonderen Testkonditionen verfügbar zu machen. Außerdem können Showrooms, Roadshows und andere Demonstrationsveranstaltungen dazu beitragen, die Bekanntheit und den Umgang mit dem neuen Angebot zu verbessern.

Eine der wichtigsten Voraussetzungen für den Erfolg eines neuen Angebots ist aber die *technische Ausstattung der Haushalte*. Ein breitbandiger Online-Dienst kann nicht ohne einen bereits vorhandenen PC in den entsprechenden Haushalten genutzt werden. Bei interaktiven Angeboten über das Fernsehen ist dies weniger problematisch, weil fast 100 Prozent aller Haushalte über ein oder mehrere TV-Geräte verfügen. Dagegen ist die Tatsache, dass digitales, interaktives Fernsehen einen Beistell-Decoder benötigt, der an den Fernseher angeschlossen werden muss, für die meisten TV-Haushalte in Deutschland eine fremde Vorstellung. In den USA, wo Kabeldecoder bereits im analogen TV benutzt werden, ist die Umstellung auf neue, digitale Set-Top-Boxen wesentlich einfacher. Die Nutzer sind dort bereits daran gewöhnt, dass Premiumangebote die Installation eines zusätzlichen Gerätes erfordern.

5.1.2.2   Regelsetzer

Auf der zweiten Ebene befinden sich die Regelsetzer, auf die die Akteure im lokalen Handlungskontext keinen unmittelbaren Einfluss haben. Umgekehrt haben aber die Regelsetzer, zu denen auch die Akteure im medienrechtlichen Regime gehören, oftmals einen erheblichen Einfluss auf das Entstehen und den Verlauf eines Projekts.

Marktstruktur und Wettbewerbsumfeld: Als Auslöser für die Entwicklung und Einführung eines neuen Angebots spielen die Wettbewerbsstrukturen, d.h.

die konkrete Konkurrenzsituation, in der sich ein Betreiber befindet, eine wichtige Rolle. Sie sind oftmals die Motivation für ein entsprechendes Engagement, das in der Regel risikobehaftet ist und über den angestammten Geschäftsbereich hinausgeht. Ein Beispiel dafür sind amerikanische Telefon- und Kabel-TV-Gesellschaften, die in unmittelbarer Konkurrenz zueinander stehen und immer wieder neue Angebote entwickeln, um Alleinstellungsmerkmale zu generieren oder um in den angestammten Markt der konkurrierenden Unternehmen einzudringen.

Konzernspitzen: Strategische Interessen der Muttergesellschaften: Die Finanzierung des neuen Angebots hängt direkt mit dem strategischen Gewicht zusammen, das die Geschäftsführung dem Projekt beimisst. Oft ist dazu ein langer Atem der Muttergesellschaft notwendig, weil sich die neuen Angebote nicht so schnell rechnen, wie dies wünschenswert wäre. Durch die hohen Einführungskosten und die ungewisse Aussicht auf Erfolg müssen die Betreiber oftmals hohe finanzielle Vorleistungen erbringen, ein Ansatz, der als Pay-and-Pray-Approach bezeichnet wird. Da es sich bei den neuen Medien um Erfahrungsgüter handelt, bleibt den Unternehmen meist nichts anderes übrig, als das Angebot ohne sichere Erfolgsaussichten zu realisieren. Erst auf der Basis tatsächlicher Nutzung können dann verlässliche Aussagen über die Attraktivität und Akzeptanz des neuen Angebots bei den Nutzern getroffen werden. Lässt das Interesse der Muttergesellschaft an dem jeweiligen Projekt durch strategische Neuorientierungen oder gar den Verkauf an eine andere Firma nach, wirkt sich dies unmittelbar auf den Verlauf des Projekts aus, ohne dass die Projektbetreiber direkten Einfluss darauf haben.

Marktkonzentration und Medieninhalteregulierung: Oftmals werden bürokratische Handhabungen, Überregulierung oder fehlende Rechtssicherheit als Gründe dafür angegeben, warum Projekte im Bereich der neuen Medien scheitern oder warum solche Projekte erst gar nicht durchgeführt werden. Tatsächlich können sich Regulierungsbestimmungen entscheidend auf die Gesamtentwicklung von Branchen wie z.B. der Telekommunikations- oder der Kabel-TV-Branche auswirken. Wie sich Regulierungsvorschriften allerdings konkret auf die Versuche auswirken, neue Medienangebote entwickeln und einführen zu können, und inwieweit sie sich als zentrale Variablen für den Erfolg oder Misserfolg bestimmen lassen, wurde bisher noch nicht untersucht. Mit der Darstellung der konkreten Regulierungsbestimmungen für ein Angebot soll deshalb der Versuch unternommen werden, behindernde oder motivierende Regulierungsvorgaben sowohl im Bereich der Marktkonzentrationsvorgaben als auch im Bereich der Medieninhalteregulierung zu identifizieren.

Länder als Geldgeber für Medienprojekte: Die Bundesländer treten zumindest in Deutschland auch als Geldgeber für innovative Medienprojekte auf. Durch den Standortwettbewerb um die Ansiedlung neuer Unternehmen, in dem sich die Bundesländer befinden, kommt dem Instrument der Medienförderung große Bedeutung zu. Allerdings gibt es unterschiedliche Möglichkeiten und

Instrumente, neue Medien in den Bundesländern zu unterstützen und die Medienentwicklung zu forcieren. Für die Projektbetreiber sind landespolitische Aktionen nicht nur wegen der finanziellen Unterstützung wichtig, sondern auch, weil meist Sondergenehmigungen erforderlich werden.

Standardisierungsgremien: Projektbetreiber, die versuchen, interaktive Medienangebote einzuführen, die auf noch nicht standardisierter Technik basieren, haben ein Interesse daran, dass die Entwicklungen aus dem eigenen Projekt schließlich in Standards münden, die für die ganze Industrie gelten. Entsprechend ist ein Engagement in den nationalen und internationalen Standardisierungsgremien notwendig. Standardisierungsgremien ihrerseits beeinflussen die Entwicklung neuer Medien, indem sie verbindliche Spezifikationen für die technischen Plattformen und die Endgeräte erlassen. Standardisierungen, die nicht zustande kommen oder sich über Jahre hinweg ziehen, können die Durchführung von Medienprojekten behindern bzw. negativ beeinflussen.

Bildungs- und Ausbildungsträger: Bildungs- und Ausbildungsträger sind ebenfalls Regelsetzer für neue Angebote, weil sie sowohl für die Qualifizierung als auch für die Vermittlung von Medienkompetenz bei den Nutzern verantwortlich sind. Inwiefern die Bildungs- und Ausbildungsträger auf diese Rolle eingestellt sind und wie effektiv eine Vermittlung von entsprechenden Fähigkeiten und Kenntnissen gelingt, stellt eine wichtige Bedingung für den Erfolg interaktiver Medienangebote in der Bevölkerung dar.

5.1.2.3   Rahmenbedingungen

Die Rahmenbedingungen stellen die dritte Wirkungsebene im Drei-Ebenen-Modell dar. Sie beeinflussen sowohl die Regelsetzer als auch die konkreten Akteure im lokalen Handlungskontext. Bei den Rahmenbedingungen für interaktive Fernsehdienste sind insbesondere zu berücksichtigen:

Technische Entwicklung: Die technische Entwicklung ist die wichtigste Rahmenbedingung für die Entwicklungschancen interaktiver Medienprojekte. So ist z.B. der Preisverfall in der Mikroelektronik und bei verwandten Komponenten eine wichtige Voraussetzung dafür, dass inzwischen Dienste mit hohen Anforderungen an Prozessor und Speicherkapazität angeboten werden können, die vor einigen Jahren noch zu teuer gewesen wären. Technische Fortschritte erlauben es ebenfalls, über herkömmliche Netze neue Dienste zu realisieren.

Wettbewerbsfähigkeit: Die Verbesserung der nationalen Wettbewerbsfähigkeit taucht vor allem in den politischen Programmen zur Informationsgesellschaft als Ziel auf. Die Wettbewerbsfähigkeit ist allerdings auch Ausgangspunkt für die lokalen Medienunternehmen vor Ort. Unternehmen, die die Chancen der neuen Technologien zum Ausbau ihrer Kundenbasis und zur Verwertung ihrer Inhalte nicht nutzen, fallen im internationalen Wettbewerb zurück.

Globalisierung, Weltmarkt: Die Globalisierung der Wirtschaft und die Vorgaben des Weltmarkts sind weitere Rahmenbedingungen, die bei der Entwicklung neuer Medien berücksichtigt werden müssen. Viele Veränderungen von nationalen Regulierungsvorgaben berufen sich auf die veränderte Weltmarktsituation und die Entgrenzung von Wirtschaftsräumen sowie von Aktionsräumen der nationalen Unternehmen. Dabei besteht die Befürchtung, dass Kapital ins Ausland abwandern könnte, wenn die nationalen Regulierungsvorgaben strenger sind als die in anderen Ländern.

Föderalismus: Der Föderalismus mit entsprechend abgegrenzten Zuständigkeitsbereichen für Medien und Telekommunikation spielt vor allem dann eine Rolle, wenn Dienste realisiert werden sollen, die über die traditionellen Abgrenzungen hinausgehen und damit verschiedene Kompetenzbereiche tangieren. Eine Abstimmung zwischen den verschiedenen Regulierungsebenen steht vor spezifischen rechtlichen und politischen Problemen und scheitert oft an institutionellen Eigeninteressen. Neue Institutionen einzurichten, die die verschiedenen Bereiche ganzheitlich regulieren, stellt sich dabei als schwierige Aufgabe heraus, die nur langfristig zu bewältigen ist.

Europäische Kommission: Die Vorgaben der Europäischen Kommission beim Telekommunikations- und Medienrecht spielen für die Entwicklung in Deutschland eine entscheidende Rolle. Die Vorgaben aus Brüssel müssen von der Bundesregierung bzw. von den verschiedenen nationalen Regulierungsbehörden umgesetzt werden und schränken so den nationalen Spielraum bei der Gestaltung der Rahmenbedingungen für neue Medien ein. Andererseits können Entscheidungen der Europäischen Kommission auch tradierte nationale Handlungs- und Entscheidungsmuster aufbrechen und übergeordnete Bestimmungen erlassen, die die bisherige Entwicklung neue Medien blockiert haben.

5.1.2.4   Politisches Programm

Die Frage nach den Auswirkungen der politischen Initiative auf die Entstehung und den Verlauf der Projekte steht in unmittelbarem Zusammenhang mit der Frage nach den konkreten Regulierungsbestimmungen für das jeweilige Angebot. Sollten sich bestimmte Regulierungsvorgaben negativ auf die Einführung interaktiver Angebote auswirken, so wäre es die Aufgabe des politischen Programms, diese Barrieren abzubauen bzw. adäquate Maßnahmen zu ergreifen, um die Medienentwicklung zu fördern. In der Gliederung der Fallstudien steht die Frage nach den Auswirkungen des staatlichen Programms auf das jeweilige Projekt an erster Stelle. Darin soll der Bezug des Projekts zur politischen Initiative deutlich gemacht werden – ein Bezug, den die staatlichen Programme immer selbst herstellten, indem sie das Ziel formulierten, hemmende Faktoren bei der Medienentwicklung aus dem Weg zu räumen und positive Anreize zu schaffen.Dabei können politische Programme sowohl positives Erwartungsmanagement betreiben, d.h. Visionen und Prioritäten formulieren, als auch über konkrete Regulierungseingriffe (Marktregulierung, Medienregulierung, TK-Regulierung usw.) die Entstehung neuer Medienangebote fördern.

5.2 Ausgangssituation: Die Entwicklung des Mediensektors in Deutschland

5.2.1   Interaktives Fernsehen im Schnittfeld von TV und Online

Ausgangspunkt für die Bestimmung des medienrechtlichen Regimes für neue, multimediale Anwendungen im Schnittfeld von Fernsehen und Online-Medien ist zunächst der jeweilige institutionelle Kontext der beiden Ursprungsmedien, aus deren Kombination sich interaktives Fernsehen entwickelt. Die Bereiche Rundfunk und Telekommunikation sind in Deutschland regulatorisch unterschiedlich verfasst und bestehen aus unterschiedlichen Akteuren mit unterschiedlichen Interessen. Die Initiative Info 2000 versuchte, diese Akteure zusammenzubringen, um die Medienentwicklung anzustoßen und die Ausrichtung auf neue, interaktive Dienste zu beschleunigen. Außerdem sollten hemmende Faktoren im Regulierungsumfeld identifiziert und beseitigt werden. Welches diese hemmenden Faktoren sind, darüber hatten und haben die einzelnen Akteure im Medienbereich der Bundesrepublik ganz unterschiedliche Auffassungen. In diesem Kapitel soll deshalb gezeigt werden, wodurch sich das medienrechtliche Regime in Deutschland auszeichnet und wie es aufgrund der medientechnischen Entwicklungen und im Lichte der Interessen der Akteure angepasst werden sollte.

5.2.1.1 Fernsehen

Das Rundfunksystem in Deutschland zeichnet sich durch ein Nebeneinander von öffentlichrechtlichen (gebührenfinanzierten) und kommerziellen (werbefinanzierten) Fernseh- und Radiosendern aus. Das duale System hat eine Vielzahl frei empfangbarer Fernsehprogramme hervorgebracht. Die öffentlichrechtlichen Sendeanstalten (ARD und ZDF) produzieren allein sechs bundesweit empfangbare und acht regionale Fernsehprogramme. Von den ca. 20 kommerziellen Fernsehsendern (RTL, Sat1, Pro7 usw.) produzieren sieben ein Vollprogramm mit Spielfilmen, Serien, Nachrichten und Sport; bei den übrigen Kanälen handelt es sich um Spartenprogramme, die die Bereiche Musik, Sport und Nachrichten abdecken (MTV, Viva, Eurosport, ntv usw.).

Für jedes Fernsehgerät müssen in Deutschland Rundfunkgebühren von ca. 30 Mark im Monat bezahlt werden. Damit wird das Programm des öffentlichrechtlichen Rundfunks finanziert und das föderale System der Medienzulassung und Medienaufsicht kommerzieller Sender unterhalten. Während die öffentlichrechtlichen Sender mit paritätisch besetzten Gremien über eigene inhaltliche Kontrollmechanismen verfügen und sich auf die Bestands und Entwicklungsgarantie des Bundesverfassungsgerichts berufen können, werden private TV-Anbieter von den Landesmedienanstalten lizensiert und überwacht. Die 15 Landesmedienanstalten wachen darüber, dass sich kommerzielle Fernsehveranstalter an Werbezeitenregelungen, Jugendschutzbestimmungen sowie die Vorgaben für regionale und kulturbezogene Programmfenster halten. Darüber hinaus gibt es in Deutschland die Kommission zur Ermittlung der Konzentrationskontrolle (KEK), die nach einem Zuschauermarktmodell die Meinungs- und Marktmacht einzelner kommerzieller TV-Veranstalter bestimmt und diese bei Überschreitung einer vorgegebenen Marke begrenzen kann (vgl. Dörr 1998).

Die technische Verbreitung der Fernsehprogramme geschieht zum größten Teil über das Fernseh-Kabelnetz: Fast die Hälfte aller TV-Haushalte in Deutschland empfängt ihr Fernsehsignal über das Breitbandkabel(BK)Netz, das sich überwiegend im Besitz der Deutschen Telekom AG (DTAG) befindet. Der staatlich geförderte Aufbau des BK-Netzes in den 1980er Jahren hat zu einer weltweit einmaligen Netz und Eigentümerstruktur bei diesem Übertragungsweg geführt. Neben der Deutschen Telekom gibt es mehrere Hundert regionale Netzbetreiber, die allerdings meist nur das letzte Teilstück des BK-Netzes in die Wohnsiedlungen hinein betreiben (die sog. Netzebene 4). Dabei werden die TV-Signale unverändert aus den vorgelagerten Netzebenen der DTAG übernommen. Die Deutsche Telekom sieht sich lediglich als technischer Dienstleister, der den TV-Sendern die Verbreitung ihrer Programme ermöglicht und dafür Einspeisegebühren verlangt. Kabelfernsehen besteht in Deutschland aus ca. 30 TV-Programmen (öffentlichrechtliche und werbefinanzierte Programme), wobei die Entscheidung über die Einspeisung eines Programms nicht bei den Netzbetreibern, sondern bei den Landesmedienanstalten liegt. Für die technische Bereitstellung des Kabelfernsehanschlusses verlangen die Netzbetreiber eine monatliche Gebühr von ca. 30 DM.

Ungefähr 40 Prozent aller deutschen TV-Haushalte verfügen über eine eigene Satelliten-Antenne. Über Satellit werden prinzipiell die gleichen öffentlichrechtlichen und kommerziellen Fernsehprogramme ausgestrahlt wie im Kabel. Wegen der höheren Übertragungskapazität des Satellitendirektempfangs und der Möglichkeit, verschiedene Satelliten (Astra, Eutelsat usw.) gleichzeitig anzupeilen, haben Satellitenhaushalte jedoch eine größere Auswahl und empfangen durchschnittlich ca. 40 Programme. Die Installation von Satellitenantennen ist in Deutschland nicht überall erlaubt und kann in Wohngegenden, in denen Kabelfernsehen verfügbar ist, von den Vermietern bzw. Wohnungsbaugesellschaften untersagt werden.

Ausschließlich über die Hausantenne (terrestrisch) empfangen nur noch ca. zehn Prozent der deutschen Haushalte ihr TV-Programm. Wegen technischer Beschränkungen können hier nur vier bis acht TV-Programme übertragen werden. Die öffentlichrechtlichen Sender unterhalten aufgrund ihres gesetzlichen Versorgungsauftrages ein flächendeckendes terrestrisches Sendenetz, so dass bundesweit mindestens Das Erste (ARD), das ZDF sowie ein regionaler ARD-Sender (N3, BR, SWR usw.) über Antenne empfangen werden können. In Ballungsgebieten werden darüber hinaus verschiedene kommerzielle TV-Programme ausgestrahlt. Die terrestrische Ausstrahlung ist für die TV-Sender die teuerste Art der Verbreitung ihrer Programme.

Insgesamt zeichnet sich der deutsche TV-Markt durch eine Vielzahl frei empfangbarer Programme (Free TV) aus. Ein Abonnenten-Pay-TV-Modell konnte sich bisher nicht in größerem Umfang durchsetzen. Der deutsche Fernsehmarkt unterliegt einer hohen Regelungsdichte in den Bereichen inhaltliche Kontrolle, Marktmacht und Zugang zu den Übertragungswegen. Generell sind in Deutschland die einzelnen Bundesländer für die Regulierung von Rundfunk (Massenkommunikation) zuständig.

5.2.1.2   Online/Internet

Weit weniger ausgeprägt, sowohl hinsichtlich der Angebotsvielfalt als auch bezüglich der Regulierungsdichte, ist der in Deutschland relativ neue Bereich der Online-Medien. Dieser Bereich entwickelt sich momentan mit hoher Dynamik, allerdings liegen die Nutzungszahlen und -zeiten noch weit unter denen des klassischen Massenmediums Fernsehen. Voraussetzung für die Nutzung eines Online-Dienstes oder des World Wide Web ist ein PC mit Modem, eine Kombination, über die bislang nur ca. 20 Prozent der deutschen Haushalte verfügen (VDMA/ZVEI 1998). Bei Fernsehgeräten beträgt die Penetrationsrate dagegen annähernd 100 Prozent.

Im Unterschied zum Berufs- und Ausbildungsbereich (Schule, Universität), der hier aufgrund anderer Nutzungsbedingungen und -muster bewusst ausgeklammert wird, spielen im Bereich der privaten Online-Nutzung Internet Service Provider (ISPs) und Online-Dienste eine wichtige Rolle. ISPs und Online-Dienste ermöglichen den Zugang zum Internet zu unterschiedlichen Konditionen und haben einen speziellen inhaltlichen Zuschnitt. Führender Anbieter im Bereich der Online-Dienste in Deutschland ist T-Online der Deutschen Telekom, gefolgt von AOL Deutschland und einer Reihe kleinerer Online-Dienste mit proprietären Inhalten. Online-Dienste stellen zunächst ein geschlossenes System mit eigenen Inhalten (Nachrichten, Spiele, Chat usw.) und Dienstleistungen (z.B. E-Mail oder Online-Banking) dar. Darüber hinaus bieten sie einen Zugang zum World Wide Web und anderen Internet-Anwendungen (Datenbankrecherche, File-Transfer, Telnet usw.). Reine Internet Service Provider verzichten dagegen größtenteils auf eine eigene Zusammenstellung von Inhalten und bieten ihren Kunden hauptsächlich E-Mail und den unmoderierten Zugang zum World Wide Web an. In Deutschland gibt es mehre Hundert regionaler, sowie eine Reihe überregionaler ISPs, die jeweils unter einer zentralen Telefonnummer zum Ortstarif angewählt werden können.

Im World Wide Web stehen neben den Online-Ausgaben von Zeitungen, Zeitschriften und Magazinen (SZ, FR, Spiegel, Focus, Fachzeitschriften usw.) verschiedene Serviceangebote unterschiedlicher Betreiber zur Verfügung. Beliebte Inhalte und Anwendungen sind regionale Veranstaltungskalender, Programmhinweise für Kino und Fernsehen, Stadtinformationssysteme und Behördenwegweiser, Tourismusinformationen und Reisebuchungssysteme, Börsendaten, Unternehmensnachrichten, Wetterinformationen usw.

Im Bereich der schnell wachsenden Online-Medien engagieren sich in Deutschland sowohl führende Technologie-Anbieter als auch etablierte Anbieter aus dem Print-, Rundfunk- und Dienstleistungsbereich. Darüber hinaus gibt es zahlreiche neue Anbieter, die sich speziell mit der Entwicklung und Gestaltung von Online-Angeboten beschäftigen. Bei Online-Diensten und ISP-Diensten handelt es sich um Telekommunikationsdienste, für die der Bund zuständig ist. Sie unterliegen zunächst keiner inhaltlichen oder strukturellen Regulierung und es besteht keine Zulassungs- oder Anmeldepflicht. Erst auf der Ebene des technischen Zugangs wird der Einfluss deutlich, den staatliche Regulierung auf den Online-Bereich ausübt: Private Nutzer von Online-Diensten und des Internets wählen sich normalerweise über das Telefonnetz bei einem lokalen ISP ein (Dial-in). Neben den ISP-Gebühren fallen deshalb Telefongebühren für die Ortsnetzverbindung an. Die Übertragungsgeschwindigkeit bei Dial-in-Verbindungen beträgt je nach verwendetem Modem zwischen 14.4 und 56 Kbit/s. Außerdem spielen ISDN-Verbindungen eine wichtige Rolle, die Online-Inhalte mit einer max. Rate von 64 Kbit/s übertragen können.

Die Zuständigkeit des Bundes für den Telekommunikationsbereich (Individualkommunikation) bezieht sich auf die Regelung von Preisen, der Marktsituation (Wettbewerb) und des Zugangs. Insbesondere die Regulierung des Ortsnetzbereichs hat damit direkte Auswirkungen auf die Verbreitungschancen von Online-Anwendungen. Hohe Gebühren im Ortsnetz sowie ungünstige Rahmenbedingungen für die Verbreitung alternativer Zugangstechnologien können die Entwicklung im Online-Bereich verlangsamen.

5.2.1.3 Medientechnische Entwicklung

Neue, digitale Informations- und Kommunikationsdienste, digitales Fernsehen und die interaktiven Medienangebote, die im Schnittfeld von Telekommunikation und Rundfunk entstehen, werden als Wachstumsmärkte der Zukunft betrachtet und gelten als Schlüssel für die Entwicklung einer künftigen Informationsgesellschaft. Durch die Verknüpfung der neuen Kommunikationstechnologien mit den Medien, insbesondere in Gestalt des Fernsehens, wird die digitale Revolution in die Privathaushalte hineingetragen (vgl. Stammler 1998). Wodurch zeichnet sich die Entwicklung im Mediensektor aus?

Im Hinblick auf interaktive TV-Dienste ist zunächst die Digitalisierung des Fernsehens und die Entwicklung breitbandiger Online-Zugangstechnologien zu nennen. Mit der durchgehenden Digitalisierung von Inhalten, Übertragungswegen und Endgeräten werden Plattformüberschreitungen zwischen Fernsehen und Internet/Online möglich. Der Einzug digitaler Übertragungs- und Kompressionstechniken im TV-Bereich bedeutet dabei zunächst, dass im gleichen Frequenzspektrum eine ungleich größere Anzahl von Fernsehprogrammen übertragen werden kann: In einem normalen 8 MHz Kanal können ohne Qualitätsverlust statt eines analogen nun zwischen 8 und 10 digitale Programme ausgestrahlt werden. Die Sender nutzen diese Möglichkeit, um neue zielgruppenorientierte Spartenprogramme zu produzieren und um vorhandene Programme in neuen

Kombinationen, in sogenannten digitalen Bouquets, zusammenzustellen und zu vermarkten. Ebenfalls möglich werden in diesem Vielkanalsystem neue Bezahlformen wie Pay per View und Pay per Channel. Die technische Ausstattung und der Zugang zur Set-Top-Box, d.h. dem Zusatzgerät, das für den Empfang des digitalen Fernsehens notwendig ist, ist dabei von entscheidender Bedeutung für die Entwicklungschancen des neuen Fernsehens.

Digitales Fernsehen wird in Deutschland im ITB (Digital Video Broadcasting) Standard ausgestrahlt, einem Standard, der in Europa entwickelt wurde und für den es Spezifikationen für alle Übertragungswege (Satellit, Kabel, terrestrisch) gibt. Technisch gesehen ist es dabei unerheblich, ob in einem digitalen Datenstrom Fernsehbilder oder andere Daten, wie z.b. Text, HTML oder andere Computerdateien übertragen werden. Dadurch werden neue Kombinationen von Fernsehen und Online möglich. ITB-Datenströme können neben TV-Bildern z.b. ausgewählte World Wide Web Seiten an Computernutzer schicken (Push) oder sie können Videotextähnliche, Programm begleitende Text und Grafikdaten transportieren, die über das TV-Gerät abgerufen werden (Online-Kanäle).

Kombiniert mit einem Rückkanal über Telefon oder ISDN können auf der digitalen TV-Plattform interaktive Anwendungen wie Teleshopping oder Telebanking realisiert werden, wobei in einem zweiten Schritt auch computertypische Web-Anwendungen wie E-Mail und Internet-Recherche über den Fernseher möglich werden. Plattformüberschreitungen finden sich auch in der bisher ausschließlich PC-basierten Online-Welt: Bandbreitenbeschränkungen bei herkömmlichen Dial-up-Verbindungen können mit Hilfe neuer Zugangstechnologien über Kabel (Kabelmodems), Satellit (Very Small Aperture Terminal, VSAT), Telefon (Digital Subscriber Line, DSL) und drahtlose Technologien (Wireless Local Loop, WLL) überwunden werden. Obwohl die Einführung breitbandiger Zugangstechnologien in Deutschland erst am Anfang steht, wird bereits jetzt deutlich, dass künftig auch Infrastrukturen für den Zugang zum Internet genutzt werden, die bislang ausschließlich der Ausstrahlung von Fernsehen dienten.

High-Speed-Internet-Verbindungen ermöglichen eine weitergehende Integration von Fernsehinhalten in die Online-Welt: Musikvideo-Clips, Film-Trailer, Nachrichtenbeiträge, Sporthighlights usw. finden als Inhalte von breitbandigen Push-Diensten oder als Bestandteile von High-Speed-Internet-Diensten Eingang in das Online-Medium und stehen als Video oder Audio-on Demand zum jederzeitigen Abruf von einem Application-Server bereit. Insgesamt ermöglichen die Digitalisierung des TV-Bereichs und die Entwicklung im Online-Bereich Konvergenzen auf der Ebene der Inhalte, der Dienste, der Netze und der Endgeräte. Neue Kombinationen von Verteil und Abrufdiensten, Sparten und Massenprogrammen, Kommunikations- und Informationsdiensten usw. werden dadurch möglich.

Diese Plattformüberschreitungen werfen aber eine Reihe spezifischer Regulierungsprobleme auf, die über das jeweilige etablierte medien- und telekommunikationsrechtliche Regime hinausgehen. So stellt sich z. B. die Frage, wie der Zugang zur digitalen TV-Plattform geregelt werden soll, welche Teile dieses Systems überhaupt einer gesetzlichen Regulierung bedürfen und wie eine markt-beherrschende Stellung eines Unternehmens in diesem Bereich verhindert wer-den kann. Zuständig sind zum Teil die Landesmedienanstalten, die sich bislang allerdings weniger mit technischen Aspekten beschäftigt haben und deren Kom-petenzen im Bereich des Kartellrechts begrenzt sind.

Weiterhin stellt sich die Frage, welche Anbieter das BK-Netz nutzen dürfen, um High-Speed-Internet über Kabel anzubieten und wie dieses Netz in seiner technischen und Eigentümerstruktur organisiert werden kann, um solche Dienste zu ermöglichen. Zuständig für Telekommunikation ist der Bund, wobei bisher nicht Daten sondern hauptsächlich Sprachdienste Gegenstand der Regulierung waren und eine generelle Restrukturierung des Kabelnetzes den Regulierer vor spezielle Probleme stellt. Welche Probleme hier von der Politik erkannt wurden und mit welchen Maßnahmen das staatliche Programm Info 2000 die Entwick-lung des Mediensektors zu fördern beabsichtigte, wird im nächsten Kapitel be-schrieben. Zunächst sollen aber die Problemkonstellationen dargestellt werden, die sich aus der medientechnischen Entwicklung für den Telekommunikations- und Rundfunksektor ergeben.

5.2.2   *Problemkonstellation für die IuK- und Medienpolitik*

Vor dem Hintergrund der Digitalisierung und der Konvergenz von Medien und Telekommunikation stellen sich eine Reihe von regulatorischen Fragen, die in Deutschland zum großen Teil in eine juristischen Diskussion um Zuständigkei-ten, Zuordnungen und Abgrenzungsfragen neuer Dienste aufgingen (vgl. z.B. Held/Schulz 1999, Kleinsteuber 1999, Tettenborn 1999). Ausgangspunkt ist hier ebenso wie in den Vereinigten Staaten die Tatsache, dass viele traditionelle Re-gulierungsansätze durch die medientechnische Entwicklung scheinbar unbrauch-bar geworden sind (vgl. Paulweber 1999, 224-258).

Die Kompetenz der Landesmedienanstalten bei der Zuteilung von Rund-funkfrequenzen z.B. gründet sich auf die Tatsache, dass die analogen Übertra-gungskapazitäten im Kabel und bei der terrestrischen Übertragung knapp sind und deshalb in Deutschland nur Programme verbreitet werden dürfen, die gewis-se inhaltliche Qualitätsstandards erfüllen. Die Möglichkeit der digitalen Übertra-gung, mit der eine ungleich größere Zahl von Programmen im gleichen Fre-quenzspektrum ausgestrahlt werden kann, lässt das Argument der Frequenz-knappheit und damit die Grundlage für die inhaltliche Regulierung von TV-Programmen hinfällig erscheinen. Dagegen stellt sich für die Regulierer nun die Frage, wie in der heraufziehenden Ära des digitalen Fernsehens Markt und Mei-nungsmacht begrenzt bzw. wie Anbieter und Angebotsvielfalt gewährleistet werden kann.

Auch die klassische Unterscheidung zwischen Individual- und Massen-kommunikation, auf der in Deutschland die Kompetenzverteilung zwischen Bund und Ländern basiert, scheint durch die neuen Medienangebote vor allem im Online-Bereich zunehmend ausgehebelt: Wenn im World Wide Web auch Fernseh- und Radioinhalte verbreitet werden, handelt es sich dann um ein Medium, an das rundfunkrechtliche Maßstäbe angelegt werden müssen und das deshalb in die Zuständigkeit der Länder fällt (vgl. Wallraf 1996, Recke 1998)?

Damit hängen weitere Fragen zusammen: Weil Inhalte über verschiedene Wege verbreitet und nicht mehr ausschließlich dem BK-Netz, der Satellitenüber-tragung oder dem Telefonnetz zugeordnet werden können, erweisen sich Regu-lierungsvorgaben, die Dienste und Inhalte an den jeweiligen Übertragungsweg koppeln, als untauglich. Die dadurch entstandene Wettbewerbssituation, in der sich die verschiedenen Infrastrukturanbieter im digitalen Medienmarkt potentiell befinden, wurde in der deutschen Diskussion nicht thematisiert. Stattdessen wur-de zur Lösung des Problems der Zuständigkeiten vorgeschlagen, einen soge-nannten föderalen Kommunikationsrat einzurichten, der nach amerikanischem Vorbild sowohl für Telekommunikation als auch für Rundfunk zuständig sein sollte (z.B. Holznagel 1998; Tabbara 1996). Institutionelle Veränderungen und insbesondere neue Koordinationsmechanismen zwischen den 15 Landesmedien-anstalten, deren Aufgabengebiet sich von der inhaltlichen auf die technische und konzentrationspolitische Aufsicht verlagern sollte (vgl. Gersdorf 1997; Hege 1995), wurden als notwendig erachtet, um den Konvergenzprozess politisch zu steuern.

Mit der Vervielfältigung der elektronischen Medienangebote geht auch eine Kommerzialisierung des Mediensektors einher (vgl. Vesting 2000). Dies begüns-tigt eine neue Auffassung von der Funktion der Medien in der Gesellschaft, wie sie von verschiedenen großen Medienanbietern immer wieder vorgebracht wur-de. Vor allem der Medienkonzern Bertelsmann, der als Betreiber der zweitgröß-ten TV-Senderfamilie in Deutschland sowie bis 1998 als Teilhaber am einzigen deutschen Pay-TV-Sender Premiere und bis 1999 als Aktionär von AOL Deutschland ein Interesse an der möglichst ungehinderten kommerziellen Ver-wertung seiner Medienprodukte hatte, setzte sich für die Neudefinition von Me-dien in der Gesellschaft ein.

Traditionell herrscht in Deutschland wie in anderen europäischen Ländern die Überzeugung vor, dass die Bedeutung der Medien primär in ihrer Funktion für die öffentliche Meinungsbildung, die Vermittlung gesellschaftlicher Werte-vorstellungen und das kulturelle Leben einer Gesellschaft liege und die Medien daher nicht als ein Wirtschaftsgut wie jedes andere zu betrachten, sondern ihrem eigentlichen Wesen nach der Kultursphäre zuzuordnen seien (vgl. Cloß 1998). Dieses Verständnis, das sich in der Idee des Rundfunks als „Public Service" im deutschen Medienrecht niederschlägt, sollte einer radikal entgegen gesetzten Denkweise Platz machen: Medien sollten wie andere Wirtschaftsgüter auch in einem weitestgehend ökonomischen Zusammenhang gesehen werden. Dabei wurde darauf verwiesen, dass sich die Marktentwicklung unter den Bedingungen des globalen Wettbewerbs vollzieht (Stammler 1998, Marsden 1997). Mit der Kommerzialisierung des Mediensektors sollte Medienpolitik zu einem Unterfall einer vor allem ökonomisch orientierten Innovationspolitik werden.

In diesem Zusammenhang wurde deshalb die Frage gestellt, ob überhaupt noch ein eigenständiges Medienrecht benötigt wird oder ob nicht das allgemeine Wirtschaftsrecht genügt, das um einige formale medienrechtliche Ordnungsregeln, wie sie vom Presserecht her bekannt sind, erweitert werden kann (vgl. Stammler 1998). Das Prinzip der Grundversorgung der Bevölkerung mit Informationen und der damit zusammenhängende Auftrag der öffentlichrechtlichen Sender wurden von privaten Medienkonzernen zunehmend als ungerechtfertigte Wettbewerbsverzerrung gesehen.

Die öffentlichrechtlichen Sendeanstalten, die in der deutschen Medienlandschaft ebenfalls wichtige Akteure sind, konnten diese Auffassung nicht teilen und beriefen sich auf die Bestands und Entwicklungsgarantie, die ihnen das Bundesverfassungsgericht Anfang der 1990er Jahre gegeben hatte. Aus dieser Garantie leiten die öffentlichrechtlichen Sender ihre Berechtigung und ihren Auftrag ab, im Bereich des digitalen Fernsehens als auch im Online-Bereich Vorreiter der Medienentwicklung zu sein.

Die Deutsche Telekom als Betreiberin sowohl des Telefon als auch des Kabel-TV-Netzes berief sich vor dem Hintergrund einer sich abzeichnenden Liberalisierung des TK-Sektors auf ihre Infrastrukturaufgabe und drängte auf die stufenweise Einführung von Wettbewerb, die das Unternehmen nicht zu einer radikalen Neuausrichtung zwingen würde. Tatsächlich schien der von der Deutschen Telekom beherrschte TK-Markt innovativ genug, um größere Einschnitte bei der Unternehmensstruktur und der Entgeltregulierung zu vermeiden. Mit der flächendeckenden Einführung von ISDN hatte das Unternehmen bewiesen, dass es ein Interesse am Aufbau einer modernen Infrastruktur für die Informationsgesellschaft hatte. Und mit verschiedenen Pilotprojekten zum interaktiven Fernsehen schien die Telekom auch im Kabel-TV-Bereich unter Beweis zu stellen, dass das Unternehmen an der Entwicklung und Einführung neuer, innovativer Dienste in der Lage war. Da die Einführung von digitalem Fernsehen Mitte der 1990er Jahre in mehreren Anläufen an den unterschiedlichen Interessen von privaten TV-Betreibern, öffentlichrechtlichen Sendern und der Telekom als Kabel-TV-Netzbetreiber gescheitert war, wurden außerdem Forderungen an die Politik laut, moderierend in den Abstimmungsprozess einzugreifen.

Insgesamt stand die Medien und Telekommunikationspolitik Mitte der 1990er Jahre unter starkem Druck der verschiedenen Akteure. Erheblicher Anpassungsdruck ging auch von der Europäischen Kommission aus, die die Nationalstaaten zu einer Liberalisierung ihrer Telekommunikationsmärkte drängte. Schließlich wurde der Bundesregierung 1994 im sogenannten Bangemann-Bericht die Dringlichkeit einer Beschäftigung Europas mit den Chancen der informationstechnischen Entwicklung vor Augen geführt (vgl. Europäischer Rat

1994). Der Nachholbedarf, den Europa im Vergleich zu den USA beim Einsatz neuer IuK-Technologien und insbesondere bei der beruflichen wie privaten On-line-Nutzung hatte, sollte mit Hilfe von nationalen Aktionsprogrammen wettge-macht werden.

5.2.3   Nationale Initiative: Info 2000

Vor diesem Hintergrund wurde im Februar 1996 das Aktionsprogramm der deut-schen Bundesregierung „Info 2000 – Deutschlands Weg in die Informationsge-sellschaft" gestartet. In diesem Programm, das sich weitgehend auf die Empfeh-lungen des Rates für Forschung, Technologie und Innovation stützt, beschäftigte sich die Bundesregierung zum ersten Mal in umfassender Weise mit dem Wan-del der Volkswirtschaft zur Informationsgesellschaft und den sich daraus erge-benden Herausforderungen an den Staat. Der Rat für Forschung, Technologie und Innovation war im März 1995 von Kanzler Kohl mit dem Ziel eingesetzt worden, Anwendungs-, Problem- und Handlungsfelder zu identifizieren und Empfehlungen für die Politik zu erarbeiten. Der Rat war besetzt mit hochrangi-gen Experten aus Wissenschaft, Wirtschaft, Gewerkschaften und Politik und befasste sich in den drei Arbeitsgruppen „Forschung, Technik, Anwendungen", „Rechtliche Rahmenbedingungen" und „Gesellschaftliche und kulturelle Heraus-forderungen" mit den Konsequenzen der medientechnischen Entwicklung für Politik und Gesellschaft.

Die erste der 14 Empfehlungen des Rates betrafen den Handlungsbedarf des Staates, welcher als „akut" und „vielfältig" eingestuft wurde, um das Potential der neuen Informations- und Kommunikationstechniken zu realisieren und die möglichen Gefahren der Entwicklung („Ängste vor Informationsüberflutung, Isolierung, Passivität", BMWi 1996, 32) zu vermeiden. Der Aktionsplan Info 2000 der Bundesregierung sollte deshalb ein erster Schritt sein, staatliche Regu-lierungsvorgaben zu überprüfen und zu modifizieren, die Aufgaben mit informa-tionsgesellschaftlicher Bedeutung in den einzelnen Ministerien zu konkretisieren und ein übergeordnetes Konzept zu formulieren, das eine einheitliche, ressort-übergreifende Strategie zur Ermöglichung von Multimedia begründen sollte.

Von 1996 bis 1998 wurden im Rahmen von Info 2000 verschiedene Aktio-nen, Projekte und Gesetzesänderungen mit sehr unterschiedlicher Reichweite angegangen und durch weitere Projekte und Initiativen, wie z.B. der 1997 gestar-teten „Initiative Digitaler Rundfunk" zur Einführung des digitalen terrestrischen Fernsehens, ergänzt. Im Oktober 1999 wurde Info 2000 vom Aktionsprogramm „Innovation und Arbeitsplätze in der Informationsgesellschaft des 21. Jahrhun-derts" der Regierung Schröder ersetzt.

Im Folgenden wird die Initiative Info 2000 daraufhin untersucht, welche Maßnahmen sie im Hinblick auf die Gestaltung und Förderung der Medienent-wicklung vorsah und wie diese Maßnahmen umgesetzt wurden. Die Analyse des staatlichen Programms bleibt zunächst innerhalb der Logik seiner eigenen Annahmen und unternimmt erst in einem zweiten Schritt den Versuch, diese Annahmen an der empirischen Wirklichkeit der Medienakteure zu überprüfen.

Auf den Medienbereich bezogen wurden im Aktionsplan Info 2000 eine ganze Reihe von Maßnahmen angekündigt, mit denen unterschiedliche Ressorts beauftragt wurden und die mit unterschiedlichen Prioritäten belegt waren. Zusammenfassend wurden diese Aktionen unter das Motto „Wir machen Multimedia möglich" gestellt. Als übergreifendes Ziel wurde im Aktionsprogramm der Bundesregierung hinsichtlich neuer, multimedialer Angebote das Ziel formuliert, „die Kommunikationsmöglichkeiten der Privathaushalte weiter auszubauen" (Info 2000, 101). Dazu würde sich die Bundesregierung für

1. die zügige Schaffung verbraucherfreundlicher Rahmenbedingungen,
2. die Stärkung der allgemeinen Nutzerakzeptanz und
3. die Einführung differenzierter und benutzerfreundlicher Telekommunikationstarife einsetzen (vgl. BMWi 1996, 101).

Als konkrete Maßnahmen standen im Zentrum die Liberalisierung der Telekommunikation, die Anpassung des rechtlichen Rahmens an die medientechnische Entwicklung (Wettbewerbsordnung, Verbraucher, Daten und Jugendschutz) und die Koordination mit den Bundesländern, die für den Rundfunkbereich zuständig sind. Weiterhin war zur Unterstützung neuer Anwendungen im Medienbereich die bundesweite Koordinierung von Pilotprojekten zum interaktiven Fernsehen vorgesehen. Die Einführung von terrestrischem digitalem Fernsehen mit der Perspektive eines analogen switch-offs im Jahr 2010 kam im Dezember 1997 als neue Maßnahme zur Koordinierung der TV-Entwicklung hinzu („Initiative Digitaler Rundfunk").

5.2.3.1 Liberalisierung der Telekommunikation

Deutlich im Vordergrund der Bemühungen der Bundesregierung, neue Informations- und Kommunikationsdienste zu fördern und ihre Verbreitung zu unterstützen, stand die Liberalisierung der Telekommunikation. Dass die Liberalisierung des Telekommunikationssektors in Info 2000 eine zentrale Rolle spielt, hängt vor allem mit der originären Zuständigkeit des Bundes für diesen Bereich und mit den ordnungspolitischen Vorgaben der Europäischen Kommission zusammen. Ausgehend von der Richtlinie der Europäischen Kommission nach Art. 90 Abs. 3 EG-Vertrag über die vollständige Liberalisierung der Telekommunikationsmärkte wurde in Deutschland mit dem Telekommunikationsgesetz (TKG) 1996 die Marktöffnung und damit die Abschaffung der Monopolrechte der Deutschen Telekom zum 1. Januar 1998 beschlossen. Davor waren bereits die Märkte für Unternehmenskommunikation (Corporate Networks), für den Mobilfunk und für private Kabelfernsehnetze liberalisiert worden.

Es wurde davon ausgegangen, dass mit zunehmendem Wettbewerb das Niveau der Entgelte für Telekommunikationsdienstleistungen sinkt und damit die

Nutzung moderner Informationstechniken gefördert wird (BMWi 1996, 45). Zur Durchsetzung der Regulierungsziele wurde im Geschäftsbereich des Bundesministeriums für Wirtschaft die Regulierungsbehörde für Telekommunikation und Post (RegTP) gegründet. Das Bundesministerium für Post und Telekommunikation wurde dagegen aufgelöst. Der RegTP wurden Informations- und Untersuchungsrechte sowie abgestufte Sanktionsmöglichkeiten zur Wahrung ihrer Regulierungsaufgaben – insbesondere gegenüber dem marktbeherrschenden Ex-Monopolisten – übertragen.

Online-Dienste und das Internet finden allerdings keine ausdrückliche Erwähnung im TKG. Unter Telekommunikationsdiensten wurden vorrangig Sprachdienste im Orts- und Fernbereich verstanden. Erst 1998 entschied die RegTP in einem Verfahren, in dem es um die Konditionen des Zugangs eines Online-Dienstes zu den Leitungen der Deutschen Telekom AG ging, dass sie neben Sprachdiensten auch für die Regulierung von Datendiensten zuständig ist.

5.2.3.2   Anpassung der rechtlichen Rahmenbedingungen

Ein weiteres wesentliches Ziel von Info 2000 wurde in der Schaffung eines einheitlichen rechtlichen Rahmens für neue Informations- und Kommunikationsdienste gesehen. Dazu sollten zunächst jene Regelungsbereiche auf ihre Relevanz überprüft werden, die im Kompetenzbereich des Bundes liegen. Anpassungs- und Änderungsbedarf wurde in folgenden Bereichen gesehen:

Wettbewerbsordnung: Nach dem Grundsatz: „So viel Marktöffnung wie möglich, so wenig Marktabschottung wie nötig" (BMWi 1996, 48) sollte in der 6. Novelle des Gesetzes gegen Wettbewerbsbeschränkungen (GWB) das nationale Wettbewerbsrecht in Übereinstimmung mit dem europäischen Wettbewerbsrecht gebracht werden. Nationale Champions und strategische Allianzen im Bereich der neuen Medien wurden positiv bewertet, weil sie die notwendige Größe haben, um neue Märke zu öffnen und im internationalen Wettbewerb zu bestehen. Auf der anderen Seite sollten die Fusionskontrolle und die Beschränkung der Medienkonzentration dann greifen, wenn sich marktbeherrschende Stellungen einzelner Unternehmen abzeichnen.

Datenschutz: Im Bereich des Datenschutzes wurde eine Anpassung der allgemeinen Bestimmungen des Bundesdatenschutzgesetzes angekündigt, die sich auf die Speicherung, Nutzung und Weitergabe von personenbezogenen Daten beziehen, die bei der Nutzung von Multimediadiensten beim Betreiber anfallen.

Verbraucherschutz: Bestehende Verbraucherschutzbestimmungen sollten daraufhin untersucht werden, inwieweit sie sich auf das erweiterte Angebot neuer Dienste und Anwendungen beziehen lassen. Insbesondere Fragen der Vertragsgestaltung, z.B. bei Pay-TV hinsichtlich der Vertragslaufzeit des Abonnements, der Kündigungsbedingungen oder der Änderung des Programmangebots, standen hier im Vordergrund.

Jugendschutz: Auch die Jugendschutzregelungen sollten daraufhin überprüft werden, inwiefern sie geändert oder ergänzt werden müssen, um unerwünschte Inhalte bei neuen Medienangeboten von Kindern und Jugendlichen fernzuhalten. Als Vorbild diente hier das TV-Modell, wobei in Rechnung gestellt wurde, dass sich Inhalte, die über das Internet verbreitet werden, nicht effektiv von nationalen Behörden kontrolliert werden können.

Schutz des geistigen Eigentums: Autoren und Verwertungsrechte in das digitale Zeitalter zu übertragen, wurde als Ziel der Maßnahmen in diesem Bereich formuliert, für den das Justizministerium verantwortlich zeichnet. Hier wurde ähnlich wie im Bereich des Jugendschutzes auf die grenzüberschreitende Natur neuer Medienanwendungen hingewiesen, der nur mit europäischen und internationalen Reglungen begegnet werden könne.

Sicherheit von informationstechnischen Systemen und Telekommunikationsinfrastruktur: Um das Vertrauen in die neuen Informations- und Kommunikationstechniken zu fördern wurden Maßnahmen vorgeschlagen, die sich auf den Einsatz von sicheren Verschlüsselungsverfahren und die digitale Signatur bezogen. Weiterhin sollten Telekommunikationsbetreiber dazu verpflichtet werden, Schutzvorkehrungen zu treffen, um einen zuverlässigen und sicheren Betrieb von Telekommunikationsdiensten zu gewährleisten.

Im August 1997 trat das Informations- und Kommunikationsdienstegesetz des Bundes (IuKDG) in Kraft, in dem die rechtlichen Rahmenbedingungen für die genannten Bereiche geregelt wurden. Vor allem die Zulassungsfreiheit für Online-Dienste und andere Internet-Anwendungen, die im Gesetz unter dem Begriff „Teledienste" zusammengefasst werden sowie die Feststellung, dass die Betreiber solcher Dienste nur eingeschränkt für die Internet-Inhalte verantwortlich sind, wurde von der Bundesregierung als Maßnahme angesehen, die sich positiv auf die weitere Entwicklung des Online-Sektors in Deutschland auswirkt (BMWi 1997, S. 11).

5.2.3.3 Koordination mit den Bundesländern

Um zu einem einheitlichen rechtlichen Rahmen für Multimedia zu kommen, mussten neben der Regelung der Telekommunikation und Informations- und Kommunikationsdienste (im IuKDG) Gespräche mit den Bundesländern geführt werden, um den Rundfunkbereich, d.h. den Bereich der Massenkommunikation auf die neuen Erfordernisse der medientechnischen Entwicklung einzustellen. Die bestehende medienrechtliche Situation, nach der 15 Landesmedienanstalten für die Zulassung und Aufsicht von Rundfunkdiensten zuständig sind, wurde als zu enges regulatorisches Korsett für neue Multimediadienste angesehen:

„Ein florierender Markt für neue Informations- und Kommunikationsdienste entsteht nur dann, wenn die Anbieter sich nicht mit mehr als einem Dutzend Landesmedienanstalten koordinieren müssen. [...] Gespräche mit den Ländern sind bereits vereinbart. Es ist sowohl für Investoren aus der Wirtschaft als auch für die öffentliche Akzeptanz und die rasche Nutzung von Multimedia-Anwendungen für den Arbeitsmarkt von großer Wichtigkeit, dass diese rechtliche Klarheit geschaffen wird" (Yzer 1996).

Hintergrund der Argumentation war die Befürchtung, dass nach der traditionellen Unterteilung in Individual- und Massenkommunikation die neuen Internet und Online-Anwendungen in den Bereich der Massenkommunikation fallen könnten und damit automatisch dem relativ stark regulierten, länderverwalteten Rundfunkbereich zugeordnet werden müssten. Bereits im Frühjahr 1995 war dazu von der Kohl-Regierung die Bund-Länder-Arbeitsgruppe „Multimedia" eingesetzt worden, die das Ziel hatte, die im Zusammenhang mit Multimedia stehenden Fragen aufzuarbeiten und erste verfahrensmäßige Vorschläge zu entwickeln (BMWi 1996, 46). Diese Arbeitsgruppe ging auf eine Anregung des sog. Petersberg-Kreises zurück, einer Gesprächsrunde aus Wirtschaft und Politik, die bereits im September 1994 zum ersten Mal zusammenkam. Unter der Leitung von BMWi, BMBF und BMPT erarbeitete dieser „Gesprächskreis für wirtschaftlichtechnologische Auswirkungen der Informationstechnik" Szenarien der Multimedia-Zukunft und leitete Anforderungen an einen künftigen Regulierungsrahmen v.a. aus der Sicht der wirtschaftlichen Akteure bzw. der beteiligten Industrieverbände ab.

Die zu dieser Zeit aufkommende Diskussion über die Abgrenzung der neuen Dienste zum Rundfunk mit seinen spezifischen ordnungsrechtlichen Instrumenten, über Fragen der Konzentration, des freien Wettbewerbs und unterschiedlicher Regelungskompetenzen auf Landes, Bundes oder europäischer Ebene hatte nach Aussagen potentieller Investoren zu erheblicher Planungsunsicherheit geführt, die die Investitionsbereitschaft beeinträchtige (BMWi 1996, 46). Große Teile der betroffenen Industrie warnten davor, auf die neuen Informations- und Kommunikationsdienste rundfunkrechtliche Regelungen anzuwenden. Dies würde den Marktzugang ungerechtfertigt einschränken und dadurch die Wettbewerbsfähigkeit der deutschen Wirtschaft erheblich beeinträchtigen (BMWi 1996, 46).

Im Mediendienstestaatsvertrag, der zeitgleich mit dem IuKDG am 1. August 1997 in Kraft trat, wurde ein Kompromiss gefunden, der die neuen Informations- und Kommunikationsdienste zunächst nicht rundfunkrechtlichen Regelungen unterwirft. Während im IuKDG elektronische Informations- und Kommunikationsdienste, die für eine individuelle Nutzung von kombinierten Daten wie Zeichen, Bilder oder Töne bestimmt sind (Teledienste) dem Regelungsbereich des Bundes zugeordnet wurden, wurden im Mediendienstestaatsvertrag jene neuen Angebote dem Zuständigkeitsbereich der Länder überlassen, die sich in

Text, Ton und Bild an die Allgemeinheit richten. Diese, als Mediendienste bezeichneten Multimedia-Dienste sind ebenso wie die Teledienste zulassungs- und anmeldefrei (vgl. Geppert/Roßnagel 1998). Nur in Bezug auf Mediendienste, die als „rundfunkähnliche Kommunikationsdienste" eingestuft werden können (z.b. Teleshopping), behielten sich die Länder vor, weiterhin rundfunkrechtliche Regelungen anzuwenden.

5.2.3.4 Pilotprojekte zum interaktiven Fernsehen

Um multimediale Anwendungen im privaten Bereich zu fördern, war in Info 2000 weiterhin die bundesweite Koordinierung von Pilotprojekten zum interaktiven Fernsehen vorgesehen. Von 1995 bis 1998 wurden in verschiedenen Bundesländern in Zusammenarbeit mit Netzbetreibern und verschiedenen Service- und Programmanbietern Pilotprojekte durchgeführt, die die technischen, wirtschaftlichen und gesellschaftlichen Bedingungen für die breite Nutzung von Multimedia, d.h. von interaktivem Fernsehen erkunden sollten. Die Deutsche Telekom AG, die insgesamt fast 200 Mio. DM für diese Projekte aufwendete, aber auch andere Netzbetreiber wie Vebacom oder NetCologne, hatten ein Interesse an der Realisierung und Verbreitung neuer Angebote über ihre technischen Infrastrukturen. In Info 2000 wurde die Absicht der Bundesregierung formuliert, im Rahmen der Gespräche mit den Ländern und den Netzbetreibern für eine bundesweite Koordinierung der Pilotprojekte einzutreten: „Eine gemeinsame Begleitforschung kann dazu dienen, die Erfahrungen und die Ergebnisse der Pilotprojekte allgemein zugänglich zu machen, und auf diese Weise dazu beitragen, zu möglichst bundesweit einführbaren Anwendungen zu gelangen" (Info 2000, S. 102). Hintergrund dieses Vorschlags war die zu dieser Zeit häufig beklagte Situation, dass die verschiedenen Pilotprojekte unkoordiniert an unterschiedlichen Stellen die gleichen Techniken und Anwendungen entwickelten und ausprobierten. Vor allem die Deutsche Telekom AG sah sich dem Vorwurf ausgesetzt, ohne Koordination der verschiedenen Projekte eine mögliche großflächige Verbreitung neuer Dienste zu gefährden.

5.2.3.5 Initiative Digitaler Rundfunk

Obwohl die Umstellung der terrestrischen Fernsehübertragungstechnik von analog auf digital noch kein explizites Ziel in Info 2000 war, können die Maßnahmen der im Dezember 1997 von der Bundesregierung gestarteten „Initiative Digitaler Rundfunk" zu diesem Aktionsprogramm gezählt werden. Im Oktober 1997 hatten die Ministerpräsidenten der Länder die Wichtigkeit der Digitalisierung des Rundfunks betont und die Entwicklung eines einheitlichen Einführungskonzepts verlangt (vgl. Berner 1998). Mit einer entsprechenden Initiative sollte Deutschland Anschluss an ähnliche Bestrebungen im Ausland, beispielsweise in den USA bekommen. Dort hatte die FCC Anfang 1997 den landesweiten Umstieg auf die digitale terrestrische Fernsehverbreitung für das Jahr 2006 angekündigt.

Nach dem Beschluss der Bundesregierung im Dezember 1997 wurde im Wirtschaftsministerium eine Arbeitsgruppe eingesetzt, die aus Vertretern von ARD und ZDF, privater Rundfunkveranstaltern, der Industrie, von Bundesministerien, Staatskanzleien, Landesmedienanstalten sowie verschiedenen Verbänden bestand. Der Abschlussbericht der „Initiative Digitaler Rundfunk" wurde knapp ein Jahr später am 28. August 1998 von der Bundesregierung gebilligt (Bericht der Initiative Digitaler Rundfunk 1998). Der Bericht gilt als erster Schritt auf dem Wege zur Digitalisierung des Rundfunks und der Erschließung von Frequenzressourcen für neue, insbesondere multimediale Anwendungen. Seine Kernaussage lautet, dass bis zum Jahre 2010 alle Fernsehübertragungen über das terrestrische Sendenetz von analoger auf digitale (ITBT) Technik umgestellt werde. Bis dahin sollen 95 Prozent der knapp 57 Mio. TV-Geräte digitale Programme empfangen können. Eine Überprüfung des Umstellungsprozesses ist für 2003 vorgesehen.

Ziel der Digitalisierung der Rundfunkverbreitung ist es, das verfügbare terrestrische Frequenzspektrum (Band III, 174230 MHZ und Band IV/V, 470862 MHz) effektiver zu nutzen. In beiden Bändern werden derzeit analoge Fernsehprogramme übertragen. Diese Frequenzen sollen nach den Planungen der Initiative in zwei Nutzungsbereiche aufgeteilt werden: Der erste Bereich soll für Rundfunk genutzt werden und nach einer begrenzten Simulcast-Phase, in der analoge und digitale Programme noch gleichzeitig übertragen werden, das gesamte digitale Angebot an TV- und Radioprogrammen beinhalten. Im zweiten Bereich sollen neue Anwendungen (multimediale Informationsdienste, Zusatzdienste zum Rundfunkprogramm, Datendienste usw.) übertragen werden. Wo die Grenze zwischen den Frequenzbereichen verlaufen soll, welcher Teil dem Rundfunk bleibt und welcher für neue Anwendungen eingesetzt werden kann, wird im Bericht offen gelassen. Die Trennlinie soll abhängig von der Bedarfssituation und der Marktentwicklung einvernehmlich festgelegt werden (Bericht der Initiative Digitaler Rundfunk, 1998).

Durch die Zuständigkeit des Bundes für Teledienste und der Länder für Rundfunk und Mediendienste sind im Verlauf der Präzisierung der Umstellungsstrategie weitere Abstimmungen notwendig. Um Erfahrungen mit digitalem Rundfunk und neuen Anwendungen über ITBT zu gewinnen, werden momentan Pilotprojekte in verschiedenen Regionen durchgeführt.

5.3 Fallstudien Deutschland

5.3.1 *Stuttgart IVSS (Interactive Video Services Stuttgart)*

5.3.1.1 Politischer Kontext: Auswirkungen der politischen Initiative auf das Projekt

Im Aktionsplan der Bundesregierung zur Informationsgesellschaft von 1996 wird ausdrücklich auf laufende Pilotprojekte im Bereich multimedialer Dienste für private Haushalte hingewiesen und die Notwendigkeit festgestellt, diese Pilotprojekte zu koordinieren. Als konkrete Aktion hatte sich die Bundesregierung deshalb vorgenommen, „im Rahmen ihrer Gespräche mit den Ländern und den Netzbetreibern für eine bundesweite Koordinierung der Pilotprojekte einzutreten" (BMWi 1996, 102). Weiterhin sollte eine gemeinsame Begleitforschung dazu dienen, die Erfahrungen und die Ergebnisse der Pilotprojekte allgemein zugänglich zu machen und auf diese Weise dazu beitragen, zu möglichst „bundesweit einführbaren Anwendungen zu gelangen" (ebd.).

Bereits im Mai 1994 war in Stuttgart „Multimedia Baden-Württemberg" gestartet – ein standortpolitisch motiviertes Pilotprojekt unter Federführung der Deutschen Telekom, in dem Video-on-demand und interaktive TV-Dienste auf ihre Realisierbarkeit und Akzeptanz bei den Nutzern getestet werden sollten. Tatsächlich führte die Deutsche Telekom zu dem Zeitpunkt, als Info 2000 auf den Weg gebracht wurde, bereits sechs Pilotprojekte zum interaktiven Fernsehen in verschiedenen deutschen Städten durch bzw. plante deren Umsetzung. Das Vorgehen sowie das Diensteangebot in den anderen Pilotprojekten waren sehr ähnlich, sie unterschieden sich lediglich in der Anzahl der Haushalte, die die neuen Dienste testen sollten und in der eingesetzten Technik.

In Info 2000 werden diese Pilotprojekte mit einer kurzen Beschreibung der Ziele und der jeweiligen Partner der Deutschen Telekom aufgeführt (Anhang C, Info 2000, 1996). Die Notwendigkeit zur Koordinierung der Projekte wird in diesen Aufstellungen unmittelbar deutlich: Die Deutsche Telekom führte nämlich relativ unkoordiniert in verschiedenen Städten Technik, Markt und Akzeptanztests für die gleichen multimedialen Dienste durch. Durch eine Bündelung der Ergebnisse sollte deshalb ein einheitliches Vorgehen und ein genereller Einblick in die Zukunft multimedialer Dienste in Privathaushalten ermöglicht werden.

Doch schon im Fortschrittsbericht zu Info 2000, den die Bundesregierung im Oktober 1997 veröffentlichte, finden diese Pilotprojekte keine Erwähnung mehr. Im Abschnitt „Anwendungen im privaten Bereich" werden stattdessen unter der Überschrift „Pilotprojekte im Bereich multimedialer Dienste" Stadtinformationssysteme, virtuelle Online-Märkte und kommunale Dienstleistungen über das Internet (z.B. Kfz-Zulassung) beschrieben (vgl. BMWi 1997, 47). Von interaktivem Fernsehen ist im Fortschrittsbericht nirgendwo mehr die Rede, vielmehr standen nun Online-Dienste und Internet-Anwendungen im Zentrum des Interesses. Hintergrund für die thematische Neuorientierung in den offiziellen Stellungnahmen der Bundesregierung ab Ende 1997 war die inzwischen fortgeschrittene Liberalisierung des deutschen Telekommunikationsmarktes und die Privatisierung der Deutschen Telekom sowie der insgesamt enttäuschende Verlauf der meisten Telekom-Pilotprojekte.

Im 1996 verfassten Aktionsplan der Bundesregierung wurde zwar darauf hingewiesen, dass die Entwicklung und Einführung neuer interaktiver Dienste Aufgabe der Privatwirtschaft sei. „In der Entwicklung und Anwendung multimedialer Dienste sind die Testaktivitäten in Deutschland vielfältig. Die wichtigsten Akteure sind Unternehmen der Wirtschaft. Zum Teil werden die Vorhaben von den Ländern oder vom Bundesministerium für Bildung, Wissenschaft, Forschung und Technologie gefördert" (BMWi 1996, 101). Für die Bereitstellung der technischen Infrastruktur sah die Bundesregierung zu diesem Zeitpunkt allerdings noch die Deutsche Telekom in der Pflicht. Das Unternehmen war damals Monopolanbieter sowohl für Telekommunikations- als auch für Kabel-TV-Dienste und mehrheitlich im Besitz des Bundes. Diese Situation hatte sich mit dem Entschluss der Bundesregierung, den TK-Markt zu liberalisieren und die Deutsche Telekom teilweise zu privatisieren, grundlegend geändert.

Die Neuregelung des Telekommunikationssektors durch das Telekommunikationsgesetz (TKG) von 1996 bedeutete für die Deutsche Telekom, dass sie künftig nicht mehr als staatlicher Infrastrukturbetreiber, sondern als privatwirtschaftliches Unternehmen agieren musste. Zudem wurde der Börsengang vorbereitet. Die Koordinierung der Aktivitäten zur Entwicklung neuer Medienangebote wurde nun als unternehmensinterne Aufgabe begriffen, die den staatlichen Zugriff ausschloss. Eine Offenlegung von Projektergebnissen, wie sie noch 1996 von der Bundesregierung vorgeschlagen wurde, um zu bundesweit einheitlichen Anwendungen zu kommen, war aber unter Marktbedingungen nicht mehr zu rechtfertigen. Der Fortschrittsbericht der Bundesregierung trägt dieser Entwicklung Rechnung und verzichtet auf eine neuerliche Darstellung der Pilotprojekte der Deutschen Telekom zu interaktivem Fernsehen. Dies bedeutet aber auch, dass die in Info 2000 angekündigte zentrale Koordination dieser Projekte auf Bundesebene nicht stattgefunden hat.

5.3.1.2   Projektbeschreibung Grunddaten

Das Pilotprojekt „Multimedia Baden-Württemberg" startete im Mai 1994. Das Land Baden-Württemberg sollte „Pilotland für eine sogenannte Datenautobahn werden, auf der private Haushalte und gewerbliche Anbieter über Computer, Telefone, Fernseh- und Faxgeräte miteinander kommunizieren und Informationen austauschen können." Ziel des Pilotprojekts war es, auf der Basis eines aufgerüsteten Kabel-TV-Netzes der Deutschen Telekom Video-on-demand und interaktive TV-Dienste für Privathaushalte zu testen. Aber auch betriebliche Anwendungen wie Telearbeit, Tele-Wartung und Tele-Learning sollten entwickelt und umgesetzt werden. Das Spektrum der geplanten Anwendungen zeigt Tabelle 19.

Für das Pilotprojekt konnten eine Reihe namhafter Technikfirmen gewonnen werden, die ihren Sitz in Baden-Württemberg haben, darunter Hewlett-Packard, IBM, Alcatel und Bosch Telecom. Auf der Inhalteseite erklärten sich zu Beginn mehr als 60 regionale und überregionale Firmen bereit, Anwendungen für das Pilotprojekt zu entwickeln und Inhalte beizusteuern. Darunter waren z.b. der Süddeutsche Rundfunk, das ZDF, Bertelsmann, Premiere, die Holzbrinck-Gruppe, die Stuttgarter Zeitung, der Brockhaus Verlag und der Klett Verlag sowie der Quelle-Versand, die Kaufhof AG und Hetzel Reisen. Zunächst war geplant, 4.000 Haushalte an das neue System anzuschließen. Später wurden 2.500 Testhaushalte als ausreichend für einen Akzeptanztest betrachtet.

Obwohl es sich um ein Projekt der Landesregierung handelte, für das das Land insgesamt 20 Mio. DM an Fördergeldern bereitstellen wollte, wurde die Projektleitung einem Konsortium unter Führung der Deutschen Telekom übertragen. Das Wirtschaftsministerium wollte nach dem Start des Projektes lediglich für die Moderation und die Außendarstellung des Pilotprojekts sowie für die wissenschaftliche Begleitforschung verantwortlich zeichnen.

Tabelle 19: Multimedia Baden-Württemberg: Geplante Anwendungen (Quelle: Wirtschaftsministerium Baden-Württemberg 1996)

1. Zusätzliche Verteildienste	Pay-per-View	Feststehende Filmverteilung Gebühren nur für den tatsächlich gesehenen Film
	Near Video-on-demand (NVoD)	Filmwiederholungen in kurzen Zeitabständen auf verschiedenen Kanälen Gebühren nur für den gesehenen Film
2. Interaktive Verteildienste	Interaktives Video-on-demand IVoD)	Individuelle Auswahl von Filmen über Rückkanal nach Wunsch Abrechnung nach Nutzung
	Teleshopping	Kaufangebote und Bestellung über Rückkanal Spezifische Angebote aus den unterschiedlichen Branchen
	Informationsdienste	Bildungsprogramme, Kurse, Schulfilme usw. nach Wunsch
	Lernprogramme (Tele-Learning)	
3. Interaktive Real-Time-Dienste	Telespiele	Echtzeit-Interaktionen mit Hilfe von Spiele-Software
4. Datenkommunikation	Betriebliche Telekooperation	PC-Verbindung mit dem Server oder Punkt-zu-Punkt

Die Entwicklung der Technik und insbesondere der Set-Top-Box zum Empfang der interaktiven TV-Dienste erwies sich im Verlauf des Projekts als problematisch. Auch die Aufrüstung der Netzinfrastruktur zu einem rückkanalfähigen, hybriden Glasfaser-Koax-Netz konnte nicht im ursprünglichen Zeitrahmen erledigt werden. Die technischen Probleme führten immer wieder zu Verzögerungen des Projektstarts. Aufgrund der technischen Probleme konnten Spezifikationen für die Anwendungsentwicklung nicht rechtzeitig an die Diensteanbieter weitergereicht werden. Immer deutlicher wurde außerdem, dass die Deutsche Telekom kein Interesse daran hatte, den Diensteanbietern die im eigenen Unternehmen entwickelte Software zur Verfügung zu stellen. Das Pilotprojekt wurde mehr und mehr zu einem Telekom-Projekt, in dem das Unternehmen das erworbene technische Know-how für die Entwicklung eigener zukünftiger Geschäftsfelder nutzen wollte. Strategische Überlegungen innerhalb des Unternehmens liefen darauf hinaus, im kommenden Multimediamarkt sowohl als Infrastrukturanbieter als auch als Content Provider zu agieren. Viele Diensteanbieter im Pilotprojekt fühlten von der Telekom hingehalten und verabschiedeten sich nach und nach aus dem Projekt oder reduzierten ihre eigenen Beiträge auf ein Minimum. Tatsächlich war vielen Diensteanbietern von Anfang an unklar, für welche Dienste sich die technische Plattform letztlich eignen würde und welche Anwendungen mit welchen Spezifikationen möglich sind.

Parallel zum schwächer werdenden Engagement im Stuttgarter Pilotprojekt verstärkten die Diensteanbieter ihre Aktivitäten im Internet-Bereich. So hatte z.B. der Quelle-Versand geplant, Teile seines Warensortiments über interaktives Teleshopping im Stuttgarter Pilotprojekt anzubieten. Weil die technischen Spezifikationen auf sich warten ließen, konzentrierte man sich auf die Gestaltung einer e-Commerce-Site im Internet. Auch die Aussicht, dass sich die Angebote eines Tages rechnen würden, wurde im Verlauf des Projektes immer schlechter. Die Telekom verlangte für die Nutzung der technischen Plattform für die Diensteanbieter unakzeptable Preise. Außerdem hatten sich inzwischen die Kosten der Netztechnik einschließlich der Set-Top-Box auf 20.000 DM pro Teilnehmeranschluss addiert. Hinzu kam, dass die Unterstützung des Pilotprojekts durch die Landespolitik nachließ. Im Frühjahr 1996 wurde ein neuer Landtag gewählt und die große Koalition aus SPD und CDU wurde durch eine CDU/FDP-Regierung ersetzt. Walter Döring (FDP), der sich in der Oppositionszeit als Kritiker des Pilotprojekts hervorgetan hatte, wurde neuer Wirtschaftsminister.

Zwei Jahre nach Beginn der Planungen und kurz vor seinem endgültigen Start im November 1996 wurde das Stuttgarter Pilotprojekt schließlich am 31. Oktober 1996 von Walter Döring als gescheitert erklärt. Grund für die Einstellung des Projekts war die Weigerung der Telekom, die Set-Top-Box abzunehmen. Die Set-Top-Box war von Alcatel, Sony und Microware entwickelt worden und wies nach Angaben der Telekom gravierende technische Mängel auf. Im Zuge der Vorbereitungen auf den Börsengang mit seinen zahlreichen organisatorischen und strategischen Neuausrichtungen war das Pilotprojekt für die Deutsche Telekom zunehmend zu einem „ungeliebten Projekt" (Pfeil 1996) geworden, das viel Geld kostete und wenig Zukunftsweisendes erbrachte. Der Abbruch des Projekts durch die Deutsche Telekom war deshalb nur die Konsequenz aus veränderten Rahmenbedingungen und einer neuen Marktsituation, in der sich die Telekom seit 1996 befand.

5.3.1.3 Lokaler Handlungskontext: Betreiber und Content Provider

Aufbau und Ablauf: Nach den Vorgaben des Wirtschaftsministeriums sollte das Pilotprojekt von der Deutschen Telekom und einem Firmenkonsortium von ortsansässigen Unternehmen der Telekommunikations- und Computerbranche durchgeführt werden. Vertraglich hatte das Wirtschaftsministerium nur die Telekom mit der Realisierung des Versuchs beauftragt. Die Telekom wiederum sollte einen Auftrag an die vom Wirtschaftsministerium zusammengebrachten Firmen vergeben, die die unterschiedlichen Komponenten realisieren sollten (vgl. Autzen 1996). Auch die Anwerbung interessierter Nutzer, die Vermarktung der neuen multimedialen Dienste und das zentrale Kundenmanagement sollte die Telekom übernehmen (siehe Abb. 31).

Abbildung 31: Ablauf des Pilotprojekts Multimedia Baden-Württemberg

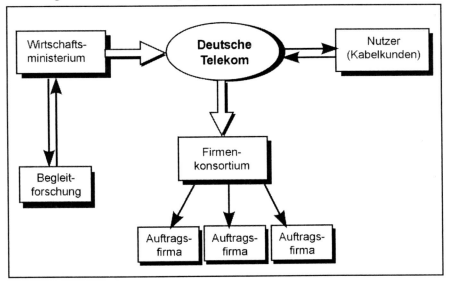

Die Projektorganisation selbst bestand aus einer strategischen und einer operativen Ebene. Dabei überschnitten sich die beiden Ebenen der sogenannten Steuerungsgruppe und der Arbeitskreise „Umsetzung und Begleitforschung", „Technik" und „Dienste" personell und inhaltlich. Abbildung 32 zeigt die Struktur der Projektorganisation. Mit der Projektleitung und der Koordination der Informationsflüsse zwischen den Arbeitskreisen und der Steuerungsgruppe wurde ein Vertreter der Telekom Direktion Stuttgart beauftragt. Mit der Durchführung der wissenschaftlichen Begleitforschung wurde die Akademie für Technikfolgenabschätzung in Baden-Württemberg (AfTA) beauftragt. Für die Durchführung von Akzeptanzstudien sowie für Untersuchungen über die Auswirkungen der Multimediaentwicklung für die Region wurden insgesamt zwei Mio. DM bewilligt.

Integration mit vorhandener Technik: Das technische Konzept für das Pilotprojekt wurde von der Deutschen Telekom entwickelt. In Stuttgart wollte die Telekom eine hybride Netzarchitektur testen. Die Systemarchitektur des Pilotprojekts griff in diesem Konzept sowohl auf konventionelle Koaxialverbindungen, wie sie im bestehenden Breitbandkabelnetz (BK) eingesetzt werden (Kabelfernsehanschlüsse), als auch auf neuartige optische Verbindungen (d.h. Glasfaseranschlüsse, Telekom-Fachkürzel: OPAL) zurück. Die Glasfaserkabel für das Pilotprojekt waren teilweise bereits von der Kopfstation (Head End) in Stuttgart Feuerbach über die BK-Verteilverstärkerstationen (Hubs) bis zu den Endpunkten, den sogenannten BONTs (Broadband Optical Network Termination) in den einzelnen Versorgungsgebieten installiert bzw. konnten ohne großen Aufwand in die vorhandenen Leerrohre eingezogen werden.

Abbildung 32: Aufbau des Pilotprojekts Multimedia Baden-Württemberg

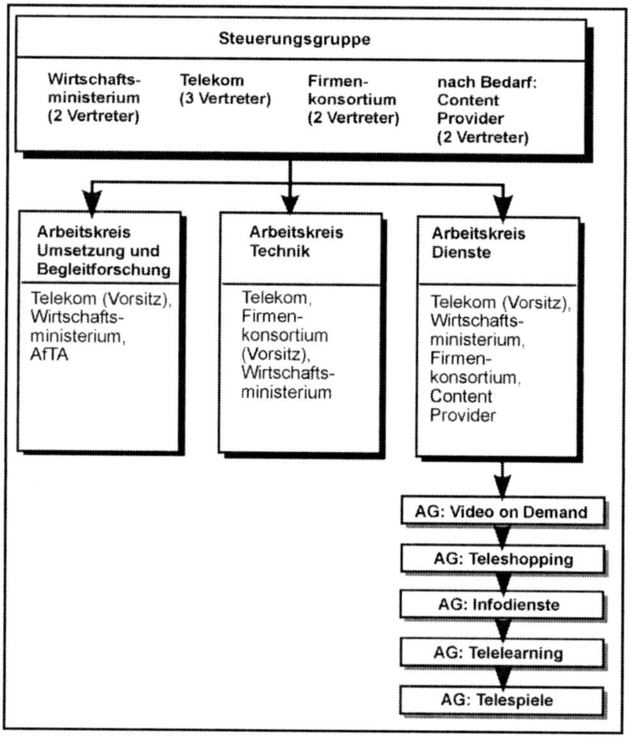

Die eleganteste, weil leistungsfähigste und damit zukunftssicherste Lösung hätte aus einem durchgängigen Glasfasernetz bestanden, das von der Signalquelle über die einzelnen Vermittlung und Verstärkungsspunkte bis in die privaten Haushalte gereicht hätte (FTTB: Fibre to the Building). Auf diese anspruchsvolle Infrastruktur konnte im Großraum Stuttgart jedoch – im Unterschied etwa zu Leipzig – nicht gebaut werden. Hier bestand eine breitbandige Glasfaserverbindung nur bis zu den letzten BK-Verteilerstationen. Weil die Telekom in Stuttgart auf die vorhandene BK-Infrastruktur (Kabelverlauf, Verteilerräume usw.) aufbaute, wurde das optische Netz auch als „Glasfaser-Overlay-Netz" bezeichnet. Das Glasfaser-Overlay-Netz endete in den sogenannten BONTs. Die BONTs waren spezielle Entwicklungen für das Pilotprojekt: In diesen Stationen am Ende der Übertragungsstrecke wurde das optische Signal in ein elektrisches umgesetzt und schließlich über das konventionelle Breitbandkabelnetz den Haushalten zugeführt (FTTC Fibre to the Curb). Der Teilnehmer sollte über eine Smart Card und den Decoder die kombinierten Signale für Video-on-demand und die interaktiven Dienste in einer einheitlichen Bedieneroberfläche präsentiert bekommen.

In der letzten Phase des Pilotprojekts sollte es dann eine Verbindung der Set-Top-Box zum PC geben, damit betriebliche Anwendungen – Werbung (Micromarketing), Bankgeschäfte, Datenbankzugriffe, aber auch Teleworking und Telecooperation, realisiert werden könnten. Die Set-Top-Box wurde zu diesem Zweck mit einer PC-Schnittstelle versehen und wäre damit für die späteren Optionen entsprechend ausgerüstet gewesen.

Damit sich die verschiedenen Dienste dem Benutzer optisch als einheitliches System darstellten, sollte eine spezielle Navigationsplattform entwickelt werden, in der es fließende Übergänge zu den individuellen Diensten der Anbieter und eine standardisierte Menüführung als Grundgerüst für die Inhalteaufbereitung geben sollte. Zur Entwicklung einer proprietären Navigationssoftware für das Pilotprojekt und für die Gestaltung der Inhalte der Content Provider gründete die Telekom Ende 1995 die Multimedia Service GmbH (MMS) in Dresden.

Insgesamt bedeutete die ehrgeizige Konzeption der Telekom einen erheblichen Entwicklungsaufwand im Hardware-Bereich, in der Vermittlungstechnik und bei der Software. Ähnlich wie im Time Warner Pilotprojekt in Orlando (vgl. Fallstudie Orlando), das als Vorbild für das Stuttgarter Projekt gelten kann, musste in Stuttgart ein Großteil der Komponenten völlig neu entwickelt werden. Die Deutsche Telekom achtete darauf, die komplette Systemintegration unter eigener Kontrolle zu behalten. Die im Konsortium beauftragten Firmen (siehe Tab. 20) arbeiteten im Auftrag der Deutschen Telekom, die sowohl technische Spezifikationen vorgab als auch eine eventuelle spätere Verfügung über die Technik für sich beanspruchte.

Tabelle 20: Beteiligte Unternehmen im Konsortium

Unternehmen	Komponenten für das Pilotprojekt
Alcatel SEL, Stuttgart	Konsortialführer, zuständig für den Aufbau des Rückkanals, die ATM-Technik und die Vermittlung bis zum Eingang in das BK-Netz, Hardware; Optical Amplifiers, O/E-Wandler etc. Auftraggeber für: Sony, Fellbach: Set-Top Unit (STU), Microware, USA: Betriebssystem der STU, Sybase, USA: Betriebssystem des Media-Servers im Head-End.
Bosch Telecom, Backnang	Zuständig für die optische Übertragung vorwärts
Hewlett Packard, Böblingen	Lieferte den Media-Server für das Head-End
IBM, Sindelfingen	Verantwortlich für den betrieblichen Teil des Projekts. (Schied im Frühjahr 1995 aus dem Pilotprojekt aus. Die betrieblichen Anwendungen wurden aus der Konzeption gestrichen.)

Viele geplante Anwendungen, für die die Technik entwickelt wurde, erwiesen sich jedoch aus verschiedenen Gründen als nicht konsens- bzw. realisierungsfähig. Von politischer Seite wurde darauf gedrängt, den innovativen Charakter des Pilotprojekts, d.h. seine neuen interaktiven Angebote und Dienste im Konzept zu verankern und in der Öffentlichkeit hervorzuheben. Die ursprünglich geplanten reinen TV-Verteildienste wurden schließlich Ende 1995 auf Drängen des Wirtschaftsministeriums gestrichen. Zu einer weiteren Reduzierung des Spektrums von Anwendungen, die im Pilotprojekt getestet werden sollten, führte der Ausstieg von IBM. IBM war das einzige Unternehmen, das mit den betrieblichen Anwendungen innerhalb des Versuchs beauftragt war. Die sogenannte dritte Phase des Pilotprojekts wurde mit dem Ausstieg der Computerfirma Ende 1995 nur noch sporadisch erwähnt und eine Umsetzung der geplanten Breitbandkommunikationsdienste (Telekooperation, Teleconferencing), wurde nicht weiter verfolgt. Auch Telebanking fiel durch das Raster der Reduktion auf vermeintlich konkrete, machbare Anwendungen. Für diese Streichung waren allerdings nicht technische oder kooperationsbedingte Schwierigkeiten verantwortlich, sondern die zu dieser Zeit langen Entscheidungswege innerhalb der Telekom.

Ähnliches galt für die Anbieter von Teleshopping. Auch hier wurden die Aktualisierung des Angebots und die schnelle Bearbeitung der Bestellungen als entscheidender Wettbewerbsvorteil gesehen, den die Anbieter bei der Beteiligung am Pilotprojekt im Auge hatten. Eine Online-Anbindung der Versandzentralen, z.B. der Kaufhof AG oder des Otto Versands, kam dennoch nicht zustande. Die Kompromissformel bis zur Entscheidung aus Bonn sah vor, dass die Bestellungen, die während des Tages einlaufen sollten, nachts gebündelt per Fax an die jeweiligen Zentralen geschickt werden sollten (Interview 9602). Günther Oettinger, damals CDU-Fraktionsvorsitzender im baden-württembergischen Landtag und einer der schärfsten Kritiker des Pilotprojekts, bemerkte in diesem

Zusammenhang nicht ohne Ironie: „24 Stunden Zeitverlust gegenüber der herkömmlichen telefonischen Bestellung nach Katalogansicht – eines Akzeptanz-
versuchs bedarf es da nicht!" (Oettinger 1996, 15)

Organisation: Die Deutsche Telekom hatte in ihrer Stuttgarter Niederlas-
sung eine Projektgruppe zur Durchführung des Pilotprojekts, die sogenannte
IKAT-Gruppe (Innovative Kommunikationsformen, Anwendungen und Technologien) gebildet. Die Stuttgarter IKAT-Gruppe sah sich bei der Umsetzung der
Konzeption des baden-württembergischen Multimediaprojekts immer wieder vor
das Problem gestellt, eine Vielzahl von firmeninternen regionalen und funktionalen Arbeitsbereichen integrieren zu müssen. Zeitweise waren 36 Abteilungen in
vier Direktionen und drei Niederlassungen an sechs verschiedenen Standorten
mit der Realisierung des Vorhabens beschäftigt. Das enorme Koordinationsproblem, mit dem das Projektzentrum in Stuttgart zu kämpfen hatte, entsprang dabei
nicht nur der hierarchischen Beziehung zur Zentrale in Bonn und dem technischen Zentrum in Darmstadt, sondern auch der Konstruktion, regionale Direktionen und Niederlassungen in das Geschehen einzubinden und mit unterschiedlichen Aufgaben zu betreuen. Hinzu kam, dass die Telekom – im Zuge ihrer Vorbereitungen auf die neue Situation nach dem Fall des Monopols – ab Oktober
1995 dabei war, weit reichende interne Restrukturierungsmaßnahmen durchzuführen, die sich ebenfalls auf die Zuständigkeiten innerhalb des Pilotprojekts
auswirkten.

Probleme der Content Provider im Pilotprojekt: Die Diensteanbieter standen zunächst im eigenen Unternehmen vor der Aufgabe, Anwendungen für das
Pilotprojekt über interne Abteilungsgrenzen und abgegrenzte Aufgabengebiete
hinweg zu organisieren (eine Aufstellung der Diensteanbieter findet sich in Tabelle 21).

Tabelle 21: Vorgesehene Dienste und interessierte Content Provider

Dienste	Inhalt	Anbieter
Video-on-demand	Spielfilme, Dokumentar- und Sach-filme, politische Magazine, Verbrau-chersendungen, kulturelle Sendungen etc.	SDR, SWF, ZDF, RTL, SAT1, Bertelsmann, Premiere etc.
Teleshopping	Kaufangebote von Versandhäusern, Reiseveranstaltern, Marketingange-bote von Banken, Versicherungen und Kfz-Herstellern usw.	Otto-Versand, Quelle, Necker-mann, Kaufhof AG usw.
Informationsdienste auf Abruf	Lernprogramme, Kurse, Informati-onsdienste von Zeitschriften, Buch- und Zeitungsverlagen	Holzbrink-Gruppe, Hetzel Reisen, Stuttgarter Zeitung, Motor-Presse, Bild der Wissen-schaft, Klett Verlag, Brockhaus Verlag usw.
Telespiele	Individuelles Spielen mit anderen Partnern im Netz	

Dabei entstanden eine Reihe von spezifischen Problemen, die mit der jeweiligen Organisationsstruktur des Unternehmens sowie der Branche, in der das Unternehmen tätig war, zusammenhingen. Das ZDF stand z.b. vor dem Problem, dass es über geeignete Beiträge und Aktualisierungsformen ihres Video-on-Demand-Services entscheiden musste, während ein Versandhaus z.b. eigenständige Software für die Präsentation und Bestellung seiner Waren entwickeln musste. Es gab aber Problemfelder im Pilotprojekt, die alle Content Provider gleichermaßen betrafen:

Fehlende technische Spezifikationen und Ansprechpartner für die Diensteanbieter: Mehrere Monate vor dem offiziellen Start des Projekts tauchten im Bereich der technischen Spezifikationen immer mehr Fragen und Probleme auf. Inhalteanbieter beschwerten sich über interne Abläufe, Versäumnisse bei der Projektkoordination und verspätete Informationen. Längst zugesagte Daten würden nicht geliefert, was zu Verzögerungen bei der internen Diensteerstellung führte.

Verlust von Aktualität durch fehlende Online-Verbindung: Ein weiteres Problemfeld, das zu erheblichen Restriktionen für die Diensteanbieter führte, war die bereits erwähnte fehlende Online-Verbindung zwischen den Anbietern und dem zentralen Server. Der Süddeutsche Rundfunk beispielsweise wollte ursprünglich pausenlos seine Nachrichten aktualisieren. Beim damaligen Stand der Projektumsetzung wäre das aber nicht möglich gewesen. Der Sender musste deshalb wie andere Anbieter auch, die auf die Aktualität ihrer Dienste setzen, seine Pläne drastisch reduzieren.

Hohe Entwicklungskosten bei unsicherer Wiederverwertung: Die Entwicklungskosten waren ein weiter kritischer Punkt für die Content Provider. Denn Entwicklungskosten von mehreren Hunderttausend Mark rechnen sich nicht bei einem einmaligen Piloteinsatz. Überregionale Anbieter kritisierten deshalb, dass zwischen den verschiedenen Pilotprojekten in Stuttgart, München/Nürnberg oder Hamburg zu wenig Austausch stattfinden würde. Die meisten der Stuttgarter Content Provider wussten nicht, ob sie ihre Inhalte ohne großen Zusatzaufwand auch in Hamburg oder anderswo in die Netze einspeisen könnten.

Absichtserklärungen bei technischer und wirtschaftlicher Ungewissheit: Zwar hatten zu Beginn des Projekts über 60 Firmen beim Wirtschaftsministerium Interesse bekundet und auch einen Letter of Intent unterschrieben. Viele Inhalteanbieter zogen sich aber im Verlauf des Projekts zurück oder warteten zunächst ab, bevor sie mit eigenen Entwicklungen beginnen wollten (vgl. Harnischfeger/Zoche 1996, 6f). Offensichtlich wollen viele Diensteanbieter vor allem mit am Tisch sitzen und den Aufsprung nicht verpassen, sobald die ersten Anwendungen gelaufen wären. Bis es soweit sein würde, nutzten sie die Zeit, um intern Konzepte zu erarbeiten, Anwendungen zu konzipieren und potentielle interne Ressourcen zu aktivieren.

Anzahl der Testhaushalte: Die Anzahl der Testhaushalte ist für eine repräsentative Akzeptanzkontrolle für neue Medienangebote entscheidend. Von den ursprünglich geplanten 4.000 Haushalten waren lediglich 2.500 übriggeblieben. Diese Zahl wurde allgemein als akzeptabel angesehen, doch auf der Basis noch niederer Nutzerzahlen wären Akzeptanzaussagen als Ergebnis des Pilotprojekts kaum mehr möglich gewesen.

Finanzierung: Das Stuttgarter Pilotprojekt hatte im Mai 1996 ein Gesamtvolumen von ca. 100 Mio. DM. In diese Summe sind die Eigenentwicklungen der Content Provider mit 38 Mio. DM eingegangen. Inwieweit diese Angaben aus dem Wirtschaftsministerium letztlich zutrafen, kann nicht abschließend beurteilt werden. Verlässlich sind lediglich die Angaben, die das Wirtschaftsministerium, die Telekom und das Firmenkonsortium mit Alcatel SEL, Bosch Telecom und Hewlett Packard zu ihren Ausgaben bis zum Oktober 1996 machten:

- Wirtschaftsministerium: 20 Mio. DM (plus 2 Mio. für die Begleitforschung)
- Telekom: 20 Mio. (plus Netzinfrastruktur)
- Industrie: 22 Mio. (Entwicklungsleistung, davon 4 Mio. DM aus dem ACTS-Programm der EU).

Damit hatte sich der ursprünglich geplante Beitrag des Landes von 10 Mio. DM auf 20 Mio. DM verdoppelt. Die Finanzierung des Pilotprojekts war immer ein strittiger Punkt und wurde von der Telekom und Vertretern des Konsortiums teilweise als eigentlicher Grund für die Verzögerungen des Projektstarts angeführt. Von der Europäischen Union erhoffte man sich eine großzügige Förderung der Unternehmen im Konsortium. Der EU-Kommissar Bangemann hatte Spöri gegenüber bereits im Oktober 1993 grundsätzliche Bereitschaft dazu signalisiert. Der Betrag, der dann tatsächlich an die Firmen Alcatel SEL, Bosch Telecom und HP im Rahmen des Advanced Communications Technology Services Programms (ACTS) bewilligt wurde, lag aber deutlich unter den Erwartungen der Akteure.

Für die Testteilnehmer selbst sollten in der ersten Phase keine Kosten entstehen. Sie sollten ein virtuelles Guthaben von DM 200 bekommen und erst nachdem sie dieses Budget ausgeschöpft hätten, wirkliche Beiträge für die Nutzung der Dienste bezahlen. Der Netzanschluss für einen Kunden kostete im Pilotprojekt wegen der aufwendigen Technik bei gleichzeitig geringer Teilnehmerzahl nach Angaben der Telekom etwa 20.000 DM.

5.3.1.4   Lokaler Handlungskontext: Nutzungsbedingungen und Zielgruppe

Voraussetzung für die Teilnahme am Pilotprojekt für die Testhaushalte war lediglich, dass sie über einen Kabel-TV-Anschluss der Deutschen Telekom verfügten und im Gebiet einer Netzinsel wohnten, die für die Aufrüstung vorgesehen war. Bei der Auswahl des Versorgungsgebietes spielte nicht die Orientierung an einer bestimmten Zielgruppe eine Rolle, sondern die Tauglichkeit der vorhandenen technischen Infrastruktur vor Ort. Die Netzinseln wurden danach ausgewählt, ob sie mit relativ geringem Aufwand zu HFC-Netzen aufgerüstet werden konnten (vgl. Abschnitt Integration mit vorhandener Technik).

Die Anwerbung der ursprünglich geplanten 4.000 Testhaushalte stellte allerdings ein größeres Problem dar. Bis zum Ende des Sommers 1995 konnten lediglich 2.000 Haushalte zu einer Testteilnahme bewegt werden, was in den Arbeitskreisen des Pilotprojekts heftige Diskussionen über die Art, bzw. die Effizienz der Werbung auslöste. Die Testhaushalte wussten zum großen Teil gar nicht, was sie erwarten würde, welche Anwendungen letztlich verfügbar sein würden und wie sie das neue Angebot für sich nutzen könnten. Dass nur eine geringe Zahl von Haushalten für die neuen Angebote interessiert werden konnte, ist jedoch nicht nur das Ergebnis von Marketingversäumnissen seitens der Deutschen Telekom, es spiegelt auch die allgemeine Unkenntnis bzw. fehlende Vertrautheit der Bevölkerung mit interaktiven Medienangeboten Mitte der 1990er Jahre (vgl. Kolbe/Brenner 1997, 140). Interaktive TV-Dienste und Video-on-demand waren neue Konzepte, mit denen die meisten TV-Haushalte nichts anzufangen wussten.

Etablierte Nutzungsstrukturen: Betrachtet man die etablierten Verhaltensstrukturen im Bereich des Fernsehnutzung, erscheint der Versuch, Video-on-demand in großem Stil einzuführen, wie der Versuch, den zweiten Schritt vor dem ersten zu tun. Denn die Nutzung von Video-on-demand, bei dem das Programm jeweils individuell aus einer bestimmten Anzahl verfügbarer Filme zusammengestellt wird, unterscheidet sich erheblich von der etablierten Nutzung des herkömmlichen Programmfernsehens. Etablierte Nutzungsmuster lassen sich aber nicht ohne weiteres verändern. Sie sind eingebettet in tägliche Verhaltensroutinen, und es bedarf entweder eines überzeugenden Zusatznutzens für eine grundsätzliche Veränderung oder entsprechender Anknüpfungspunkte an vertraute Verhaltensweisen für eine evolutionäre Entwicklung. Beides war im Stuttgarter Pilotprojekt nicht gegeben. Video-on-demand setzt die Bereitschaft und Fähigkeit voraus, aus einem Sortiment an Informations- und Unterhaltungsangeboten dasjenige herauszufinden, das jeweils interessiert. Der Orientierungsaufwand ist erheblich größer als beim gewohnten Programmfernsehen. Für die interaktiven Angebote im Pilotprojekt, wie z.B. Teleshopping, Telebanking oder Telelearning waren noch weniger Anknüpfungspunkte an etablierte Nutzungsweise zu finden. Mit interaktiven Angeboten aus dem Online-Bereich vertraut waren Mitte der 1990er Jahre in Deutschland lediglich vier Prozent der Bevölkerung. Und diese Gruppe der frühen Online- bzw. Internetnutzer hatte ihre Erfahrungen mit dem neuen Medium meist in beruflichen Zusammenhängen gemacht oder es handelte sich um technikaffine „early adopters". Für den größten Teil der Testhaushalte war die neue Welt der interaktiven Medien allerdings völlig unbekannt. Sowohl für die interaktiven TV-Dienste als auch für Video-on-demand waren bei den vorgesehenen Nutzern des Pilotprojekts keine vertrauten Images, Nutzungsmuster oder Regeln vorhanden, und die Projektbetreiber sahen keine Maßnahmen zum Aufbau solcher Strukturen vor. Die mangelnde Produktdefinition bzw. die Ungenauigkeit bei der Beschreibung der Angebote, die im Pilotprojekt umgesetzt werden sollten, hat maßgeblich dazu beigetragen, dass die Nutzer letztlich nicht erreicht werden konnten und damit auch keine Nutzererwartungen aufgebaut werden konnten.

Ursprünglich war die Akademie für Technikfolgenabschätzung (AfTA) in Baden-Württemberg mit der groß angelegten Akzeptanzuntersuchung beauftragt worden. Die Aufgaben der Begleitforschung zum Pilotprojekt reichten von der Akzeptanzuntersuchung über automatische Datenauswertung und Benutzerexperimente bis zur Untersuchung der regionalwirtschaftlichen Bedeutung des Versuchs. Die Forschungsarbeit der AfTA befand sich lange Zeit in der Warteschleife, weil sich der Projektbeginn immer wieder verzögerte. Zuletzt blieb nur eine Aufarbeitung der Gründe, warum das Projekt gescheitert war (vgl. z.B. Fuchs/Wolf 1997).

5.3.1.5   Rahmenbedingungen

Organisation: Der deutsche Kabel-TV-Markt wird traditionell von der Deutschen Telekom dominiert. Das Unternehmen wurde in den 1980er Jahren von der Politik zum Aufbau eines flächendeckenden Kabel-TV-Netzes instrumentalisiert (vgl. Kubicek 1994 und Kubicek 1998). Die Eigentümerstruktur des Kabel-TV-Netzes ist allerdings äußerst komplex und basiert auf einer europaweit einmaligen Unterscheidung nach Netzebenen (NE, vgl. Abb. 33). Netzebenen 1 bis 3 sind größtenteils in der Hand der Telekom (NE 3 zu 80 Prozent) während auf Netzebene 4, d.h. dem Teilnehmerendanschluss, mehr als 70 Prozent der Anschlüsse von privaten Netzbetreibern, sog. NE-4-Betreibern versorgt werden (vgl. VPRT 1999, 31). In Deutschland gibt es über 3000 kleine und mittlere NW-4-Betreiber, die z.T. nur über 100-500 Teilnehmerendanschlüsse verfügen sowie drei größere Kabelgesellschaften (TeleColumbus, Tss, Primacom), die über mehr als 500.000 Abonnenten verfügen. Die großen Betreiber besitzen teilweise auch die Netzebene 3 und können selbständig darüber entscheiden, welche Programme in ihr Netz eingespeist werden (vgl. Fallstudie Infocity). Die kleineren Netzbetreiber sind über Verträge an die Zuspielung der Telekom gebunden und entrichten diese Gebühren für die Einspeisung der TV-Programme.

Das Geschäftsmodell der Deutschen Telekom im Kabelbereich besteht aus zwei Einnahmequellen: den Einspeisegebühren, die die Sender für die Verbreitung ihres Programms im Kabel bezahlen und den Gebühren, die die Haushalte für den Kabelanschluss entrichten. Aufgrund von Bedenken der Europäischen Monopolkommission musste die Deutsche Telekom seit Ende 1996 davon ausgehen, dass sie früher oder später Teile des Kabelnetzes ausgliedern bzw. verkaufen muss. Kostspielige Investitionen in die technische Aufrüstung und den Aufbau von Multimedia Know-how über Kabel ließen sich vor diesem Hintergrund immer weniger rechtfertigen.

Abbildung 33: Netzebenen des deutschen Kabel-TV-Netzes (Quelle: Ziemer 1994, 115)

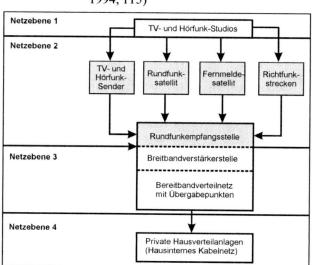

Durch das Telekommunikationsgesetz von 1996 wurde das Monopol der Deutschen Telekom im Telefonbereich zwar zum Teil aufgehoben, eine Wettbewerbssituation zwischen Telefon- und Kabel-TV hat sich durch die Liberalisierung allerdings nicht ergeben. Im Unterschied zu den Vereinigten Staaten, wo sich bereits früh eine Konkurrenzsituation zwischen Telefongesellschaften und Kabel-TV-Betreibern bei der Realisierung neuer interaktiver Medien entwickelt hat, besteht in Deutschland eine de facto Doppeleigentümerschaft der Deutschen Telekom über das Telefon und Kabel-TV-Netz.

Auch wenn sich diese Doppeleigentümerschaft im Zuge der Regionalisierung und des Verkaufs des TV-Kabels inzwischen teilweise aufzulösen beginnt, war sie als Rahmenbedingung für das Stuttgarter Pilotprojekt von entscheidender Bedeutung. Auf dem deutschen Markt gab es lange Zeit neben der Telekom praktisch keinen Mitspieler beim Rennen um die interaktive Medienzukunft. Entsprechend wenig dringlich erschienen dem Unternehmen Versuche, neue Multimediadienste für das TV-Kabel zu entwickeln. Ein wichtiger Punkt im Pilotprojekt war für das Unternehmen vielmehr, zunächst einmal Erfahrungen zu sammeln und dann zu überprüfen, wie diese Erfahrungen unter geänderten Wettbewerbsbedingungen genutzt werden könnten. So wurde z.B. parallel zum Stuttgarter Projekt in Nürnberg getestet, wie sich die gleichen interaktiven Dienste über das Telefonnetz mit Hilfe der neuen ADSL-Technik realisieren lassen.

Finanzierung – Interesse der Muttergesellschaft: Das Breitbandkabelnetz der Deutschen Telekom – in Deutschland nach dem Telefonnetz das Netz mit den meisten Teilnehmern überhaupt – besitzt ungenutzte Reserven. Das Potenzial findet sich sowohl auf der technischen Seite (Hyperband) als auch bei der Anzahl der Anschlüsse (von 24 Mio. verkabelten Wohneinheiten nutzen den Kabelanschluss nur 16 Mio.). Daraus ergab sich die Strategie der Telekom im Stuttgarter Pilotprojekt und den anderen Versuchen: „Es muss das Ziel der Deutschen Telekom sein, diese Reserven, die ja bereits finanziert sind, zu nutzen. Eine erweiterte Anschlussmöglichkeit für jeden Anschluss, wie in den Pilotprojekten vorgesehen und die damit erweiterte Attraktivität des BK-Anschlusses kommt diesem Ziel entgegen" (Bohner 1996).

Zwar war das Pilotprojekt selbst zu klein, um den Absatz des Produkts „Kabel-Anschluss" zu fördern, doch es hätte Aufschluß darüber geben können, wie die Telekom dieses Produkt mit neuen Anwendungen attraktiver machen kann. Ob dabei ein Telekom-Standardprodukt „Multimedia" entstehen würde, das sich entsprechend breit vermarkten ließe, sollte u.a. der Pilotversuch in Stuttgart zeigen. Die Interessen der Telekom im Stuttgarter Projekt lassen sich wie folgt zusammenfassen:

- Erhöhung der Attraktivität des Kabelanschlusses,
- Sicherung der Marktposition im Dienstebereich,
- Erkenntnisse über Akzeptanz neuer Dienste bzw. Rentabilitätserwartung bei künftigen Investitionen,
- Kanalisierung divergierender Entwicklungstendenzen,
- Erwerb von technischem und kommerziellem Know-how.

Als sich der Versuch allerdings unerwartet in die Länge zog, technische Schwierigkeiten immer offensichtlicher wurden und ein rentabler Betrieb in immer weitere Ferne rückten, verlor das Projekt immer mehr an Unterstützung durch die Generaldirektion. Der Experimentiercharakter, mit dem der Versuch zum größten Teil durchgeführt wurde, war im Zeichen des Börsengangs des Unternehmens nicht länger tragbar. Digitales Fernsehen und Internet über das Telefonnetz sollten in Zukunft Erträge erwirtschaften, von denen Video-on-demand und interaktive TV-Dienste offenbar noch weit entfernt waren.

Die Entscheidung zum Abbruch des Pilotprojekts am 31. Oktober 1996 wurde schließlich in der Generaldirektion in Bonn gefällt. Die Telekom Verantwortlichen in der Stuttgarter IKAT-Gruppe waren letztlich von dieser Entscheidung ebenso überrascht wie das baden-württembergische Wirtschaftsministerium und die Konsortialmitglieder (vgl. Pfeil 1996).

Recht – Konkrete Regulierungsbestimmungen für das neue Angebot: Video-on-demand würde heute ebenso wie die interaktiven TV-Dienste aufgrund ihres individuellen Abrufcharakters nicht unter die Regulierungsbestimmungen für den Rundfunk fallen. Nach dem Informations- und Kommmunikationsdienstegesetz (IuKDG) und dem Mediendienste-Staatsvertrag von 1997 handelt es sich bei diesen Diensten um „individualkommunikativen Datenaustausch", für den nur in sehr eingeschränktem Maße inhaltliche Auflagen zu beachten sind (vgl. Held/Schulz 1999).

Da das IuKDG und der Mediendienste-Staatsvertrag erst nach dem Ende des Suttgarter Pilotprojekts in Kraft traten, konnten sich die Betreiber noch nicht darauf beziehen. Allerdings kann die rechtliche Unsicherheit hinsichtlich der medienrechtlichen Einstufung der neuen Dienste, wie sie vor der Verabschiedung dieser Gesetze oft beklagt wurde, nicht als Hemmschuh für den Verlauf des Pilotprojekts bezeichnet werden. Denn die zuständige Medienanstalt, die Landesanstalt für Kommunikation (LfK), hatte bereits eine Medienversuchsverordnung vorbereitet, die zur Anwendung gekommen wäre, wenn die interaktiven Angebote im Pilotprojekt tatsächlich realisiert worden wären. Die Medienversuchsverodnung der LfK hätte dabei auf wesentliche Zulassungs und inhaltliche Aufsichtsrechte verzichtet, wie sie üblicherweise für Rundfunkangebote gelten, und hatte damit bereits über weite Strecken die damals in Vorbereitung befindliche MultimediaGesetzgebung des Bundes und der Länder vorweggenommen.

Die Telekom musste für die Genehmigung des Versuchsbetriebs lediglich zusagen, dass die zusätzlichen Angebote im Kabel keine Programmplätze belegen würden, auf denen die bisher von der LfK zugewiesenen Fernsehprogramme übertragen wurden. Da sich mit dem Ausbau der Netzinfrastruktur für das Pilotprojekt die Bandbreite des Kabel-TV-Netzes ohnehin beinahe verdoppelte, war dies allerdings nicht zu befürchten.

Ein tatsächliches Problem mit konkreten Regulierungsbestimmungen hätte sich allerdings mit der Weitergabe von Nutzerdaten ergeben können. Denn aufgrund der Projektführerschaft der Telekom hätten die Diensteanbieter Restriktionen in Kauf nehmen müssen, die sich aus dem relativ strengen Datenschutzgesetz ergeben, an das die Tele-kom gebunden ist. Nach dem damaligen Stand hätte die Telekom die für die Diensteanbieter wichtigen Informationen über die Nutzung ihrer Angebote nicht ohne weiteres weitergeben können. Lediglich einmal im Monat hätten die Diensteanbieter eine anonymisierte Liste der Content-Abrufe zugestellt bekommen.

5.3.1.6 Prognosen

Nach dem Ende des Versuchs wurde darüber diskutiert, inwiefern die Erfahrungen, die im Stuttgarter Pilotprojekt gewonnen wurden, in ein neues Projekt transferiert werden könnten. Wirtschaftsminister Döring kündigte schon im Dezember 1996 eine Reihe neuer Multimedia-Pilotprojekte an, in deren Mittelpunkt die lange geforderten betrieblichen Anwendungen wie Teledienste für Handwerk und mittelständische Betriebe, Telearbeit und Telelearning standen. Da die Landesregierung jedoch diesmal eine schnelle Umsetzung sicherstellen wollte, sollte nur bereits vorhandene, standardisierte Hardware eingesetzt werden. Aus diesem Grund basierten fast alle neuen Projekte auf dem IP-Standard des Internets und dem PC als Endgerät.

Auch die Telekom sprach sich kurz nach dem Abbruch des Projekts für einen „Neuansatz mit anderer Technikplattform" (Pfeil 1996) aus, und meinte damit die IP-Plattform für (schmalbandige) interaktive Dienste über das Telefonnetz. Nur der Technikhersteller Alcatel sah prinzipiell die Möglichkeit, auf der Basis des gewonnenen Know-how neue Projekte durchzuführen. Tatsächlich verabschiedete sich aber auch Alcatel zunächst vom Video-on-demand Konzept. Die Erfahrungen, die das Unternehmen im Stuttgarter Pilotprojekt sammelte, flossen zwar in die Weiterentwicklung der sogenannten Alcatel 1570 BB 2-Weg HFC Netzplattform ein. Das System wurde aber hauptsächlich zur Erweiterung des Übertragungsspektrums und zur Übertragung von digitalem Fernsehen eingesetzt. Das Interesse an interaktiven Diensten, die ebenfalls über diese Plattform realisiert werden können, beschränkte sich in der Folgezeit hauptsächlich auf ausländische Kabel-TV-Betreiber. Dort bietet sich Alcatel inzwischen als Technikpartner beim Aufbau von Kabelmodemsystemen und bei der Realisierung von Kabeltelefonie an. In einem neuen, Mitte 1999 in Berlin gestarteten, Pilotprojekt, bei dem die Deutsche Telekom zusammen mit anderen privaten Kabel-TV-Betreibern nach der Aufrüstung des Kabel-TV-Netzes auf 862 MHz erneut interaktive Dienste anbieten will, kommt die Multiservice-Plattform 1570 BB von Alcatel ebenfalls zum Einsatz (vgl. www.kabelberlin.de und Alcatel 2000).

Die Prognose, dass sich im konsumorientierten Bereich von Multimedia ein homogener Massenmarkt entwickeln wird und sich das Fernsehgerät zum Informationsterminal der Zukunft ausbilden wird, hat sich bis heute nicht bestätigt. Stattdessen haben sich aufgrund heterogener Kunden und Nutzeranforderungen Nischenmärkte auf der Basis verschiedener technischer Plattformen gebildet. Telebanking, Teleticketing und Informationsdienste haben sich in den Online-Diensten und im Internet platziert. Teleshopping wird in eigenen Fernsehprogrammen angeboten, bzw. über das Internet als e-commerce abgewickelt. Und digitales Abonnentenfernsehen steht seit Ende 1996 flächendeckend allen Interessenten von Spartenprogrammen zur Verfügung. Übrig bleibt nur das Angebot Video-on-demand, über dessen Zukunft noch nicht entschieden ist. Inzwischen gibt es – vor allem in den USA – eine Reihe neuer Versuche zu Video-on-demand, da die Kosten für die Serverhardware stark gefallen sind und viele Kabel-TV-Netze in den letzten Jahren modernisiert und bereits mit rückkanalfähigen Komponenten ausgestattet wurden (vgl. Fallstudie Orlando).

Auch in Deutschland gibt es mit Entertainment on Demand, dem Angebot der Bertelsmann Broadband Group und dem Projekt von Primacom in Leipzig, mehrere Projekte zu Video-on-demand über Kabel. Bezeichnend ist dabei, dass es zurzeit die größeren privaten Netzbetreiber sind, die neue Angebote auf ihren Netzen anbieten wollen. Auch die Investoren, die Anfang 2000 große Teile des BK-Netzes von der Deutschen Telekom übernommen haben, haben neue interaktive Angebote angekündigt. Die Deutsche Telekom konzentriert sich dagegen auf die DSL-Technik, d.h. auf die breitbandige Datenübertragung über das herkömmliche Telefonnetz.

5.3.1.7 Zur Bedeutung der verschiedenen Ebenen

Obwohl es die Rahmenbedingungen waren, die das Stuttgarter Pilotprojekt letztlich zum Scheitern brachten, konnten auch auf der lokalen Handlungsebene entscheidende Fehler und Versäumnisse festgestellt werden. Die Vorgabe, die wichtigsten Bestandteile des technischen Systemkonzepts mit neuester, d.h. digitaler Übermittlungstechnik umzusetzen, erwies sich als äußerst anspruchsvoll. Die Entwicklungszeiten für Hardware und Software waren schließlich erheblich länger, als von den Unternehmen geplant. Ein weiteres Problem, das sich aus dem anspruchsvollen Ziel ergab, möglichst das ganze Spektrum von Multimedia-Anwendungen zu testen, war die bloße Anzahl der beteiligten Unternehmen. Selbst im Wirtschaftsministerium räumte man ein, dass der Koordinierungsbedarf so vieler Firmen unterschätzt worden sei (vgl. Oettinger 1996, 5 und StN, 13. Mai 1995: Startprobleme bei Multimediaversuch scheinen gelöst). Eine stabile Produktionslogistik konnte so weder für die Technik noch für die Inhalte aufgebaut werden.

Insgesamt stellte sich heraus, dass das Know-how für den Betrieb eines solchen Systems noch nicht vorhanden war und dass die Technik für den Aufbau eines kompletten On-Demand-Systems mit Videoserver, Vermittlungstechnik und Set-Top-Box noch zu teuer war. Bei den Rahmenbedingungen war es vor allem das aufkommende Internet und das digitale Fernsehen, das den experimentellen Ansatz des Pilotprojekts in Frage stellte: Warum, so fragten sich die Projektverantwortlichen bei der Deutschen Telekom, sollten Millionen in die Ermittlung einer fernen Medienzukunft investiert werden, wenn sich im Online-Bereich und beim digitalen Fernsehen bereits deutliche Nachfragepotentiale abzeichneten? Hinzu kam, dass im Zuge der Vorbereitungen auf die Liberalisierung des Telekommunikationssektors die Spielräume für derart riskante Unternehmungen enger wurden. Die Deutsche Telekom musste sich auf ihr Kerngeschäft konzentrieren und langfristig sogar damit rechnen, dass sie ihr Kabel-TV-Netz nicht behalten würde. Die Investitionen wären dann den neuen Eigentümern zugute gekommen. In dieser Hinsicht spielte auch das Programm der Bundesregierung zur Förderung der Informationsgesellschaft eine Rolle, wenngleich nicht in der beabsichtigten Art und Weise. Die Liberalisierung des Telekommunikationsmarktes hatte zur Folge, dass die Telekom das Interesse an ihren Pilotprojekten im Kabel-TV-Bereich verlor. Die kostspieligen Pilotprojekte wurden zu „ungeliebten Projekten" des Unternehmens, die es galt, vor dem Börsengang zu beenden.

Die politische Ebene hatte im Stuttgarter Projekt aber noch eine zweite Dimension, und zwar eine landespolitische. Diese Tatsache macht das Stuttgarter Projekt zu einem Sonderfall, der deshalb interessant ist, weil hier versucht wurde, über den Prozess der Moderation die Entstehung eines neuen Mediensystems anzustoßen. Misst man die Politik an ihren eigenen Ansprüchen, muss man allerdings konstatieren, dass der Ansatz der Moderation gescheitert ist. Das intendierte politische Verfahren: Initiative, Kooperation, Moderation hat deshalb nicht funktioniert, weil es die Deutsche Telekom verstanden hatte, das Projekt für ihre Zwecke zu vereinnahmen. Neben dem Scheitern der Moderationsbemühungen, die bereits spöttisch als „Verantwortungslose Moderation oder moderate Verantwortung" (Oettinger 1996, 10) bezeichnet wurden, konnte das Pilotprojekt auch nicht zu einer Bündelung der staatlichen Aktionen im Bereich Multimedia beitragen (siehe ausführlich Beckert 1996, 132 f).

5.3.2   Infocity NRW

5.3.2.1   Politischer Kontext: Auswirkungen von Info 2000 auf das Projekt

Im Aktionsprogramm Info 2000 wird das Pilotprojekt InfoCity NRW als eines von 30 innovativen Projekten in den Bundesländern aufgeführt (Info 2000 Anhang C, 131). Es wird als ein Pilotprojekt im Bereich multimedialer Dienste vorgestellt, das die technischen, gesellschaftlichen und wirtschaftlichen Rahmenbedingungen für die breite Nutzung von Multimedia erkunden soll (Info 2000, 101). Aufgrund der zeitlichen Parallelität von Info 2000 und dem Projektstart von InfoCity können zunächst nur wenige konkrete Auswirkungen des Bundesprogramms auf das Pilotprojekt festgestellt werden. InfoCity NRW startete Anfang 1996. Die Beschreibung von InfoCity NRW im Anhang von Info 2000 basiert auf der zu dieser Zeit aktuellen Projektplanung des Betreibers Vebacom. Im Aktionsplan selbst findet sich kein weiterer Hinweis auf dieses Projekt. Es wird lediglich erwähnt, dass in den Bundesländern verschiedene Pilotprojekte zu Multimedia durchgeführt werden (Info 2000, 101).

Dennoch kann man in der Rückschau zwei Info 2000 Maßnahmen identifizieren, die für das Pilotprojekt InfoCity NRW von Bedeutung waren. Zum einen ist dies die Liberalisierung der Telekommunikation und zum anderen die in Info 2000 formulierte Absicht der Bundesregierung, über die Gespräche mit den Bundesländern Multimediaprojekte zu ermöglichen und für eine Koordination zu sorgen. Damit Vebacom auf dem unternehmenseigenen Glasfaserring Telekommunikationsdienste betreiben durfte, musste das Unternehmen eine Ausnahmeregelung beim damaligen Bundesministerium für Post und Telekommunikation (BMPT) erwirken. Die Liberalisierung der Telekommunikation befand sich 1995 erst am Anfang: Nur die Bereiche Mobilfunk, Unternehmenskommunikation (Corporate Networks) und BK-Netze waren zu dieser Zeit für den Wettbewerb freigegeben. Der Betrieb, der Ausbau und die Nutzung einer privaten Netzinfrastruktur (heute Lizenzklasse 3 und 4) war jedoch bis zur Neuregelung des Telekommunikationsmarktes im TKG ausschließlich der Deutschen Telekom vorbehalten. Nach Intervention des damaligen NRW-Ministerpräsidenten Rau bei Bundespostminister Bötsch erhielt Vebacom am 20.12.1995 schließlich eine

Sondergenehmigung für den Betrieb und den Ausbau der Netzinfrastruktur für das Pilotprojekt (Felsenberg 1995, 72). In gewisser Weise wurde damit auf Betreiben eines privaten Netzbetreibers mit Untersützung der Landesregierung die Liberalisierung der Telekommunikation regional und begrent auf Multimediadienste vorweggenommen. Sprachdienste durften dagegen weiterhin – bis 1998 – nur von der Deutschen Telekom angeboten werden.

Da in InfoCity NRW auch interaktive Fernsehdienste (Video-on-demand, Teleshopping, Telelearning usw.) über das Vebacomeigene BK-Netz angeboten werden sollten, musste außerdem eine Genehmigung bei der Landesanstalt für Rundfunk NRW (LfR) eingeholt werden. Der in Info 2000 angekündigte einheitliche Regulierungsrahmen für digitales Fernsehen und neue, interaktive Multimediadienste wurde jedoch erst im August 1997 mit der Verabschiedung des IuKDG und des Mediendienstestaatsvertrags realisiert. Davor gab es erhebliche Unsicherheiten hinsichtlich der Zuständigkeit und der inhaltlichen Auflagen für neue Mediendienste, die sich nicht eindeutig dem Rundfunk oder der Telekommunikation zuordnen ließen. In Nordrhein-Westfalen wie in anderen Bundesländern wollte man deshalb nicht auf eine länderübergreifende Regelung warten. Die Staatskanzlei in Düsseldorf erarbeitete im März 1996 eine spezielle Medienversuchsverordnung, die am 13. Juni 1996 vom Landtag verabschiedet wurde (1. Medienversuchsverordnung, siehe Abschnitt Konkrete Regulierungsvoraussetzungen). Sie regelte die Zulässigkeit neuer Medienangebote und beauftragte die LfR mit der Regulierung und Begleitung der beantragten Pilotprojekte im Land. Bevor die Bundesregierung also über die Koordination mit den Bundesländern einen einheitlichen Rechtsrahmen für Multimedia in Angriff nehmen konnte, waren Länder wie NRW, Bayern oder Baden-Württemberg bereits mit verschiedenen Sonderregelungen, Versuchs und Experimentierklauseln in ihren jeweiligen Landesmediengesetzen in der Lage, neue Multimedia-Anwendungen zu genehmigen.

5.3.2.2   Projektbeschreibung Grunddaten

InfoCity NRW wurde im November 1995 von Vebacom, der Telekommunikationstochter des Düsseldorfer Energieversorgers Veba initiiert, um interaktives Fernsehen und neue Multimediadienste über die eigene technische Infrastruktur zu testen und großflächig einzuführen. Ende 1997 wurde das ähnlich gelagerte Pilotprojekt „Multimedia Gelsenkirchen" des Stromversorgers RWE in InfoCity NRW integriert (vgl. Fallstudie Gelsenkirchen, 4.4.), nachdem die beiden Energiekonzerne ihre jeweiligen Telekommunikationsbereiche zusammengelegt und die Firma o.tel.o gegründet hatten. Ursprünglich für zwei Jahre geplant, wurde InfoCity NRW Ende 1998 nach dreijähriger Laufzeit abgeschlossen. Zeitweise galt es als der größte Multimedia Markttest in Europa, der von Medien und Politik entsprechend aufmerksam verfolgt wurde. Vor dem Hintergrund einer ganzen Reihe gescheiterter Pilotprojekte zum interaktiven Fernsehen, die Mitte der

1990er Jahre v.a. von der Deutschen Telekom durchgeführt wurden, kann Info-City NRW als das einzige Projekt bezeichnet werden, das in seinem Verlauf ein marktfähiges Produkt entwickelt hat – nämlich High-Speed-Internet über Kabelmodem.

Dennoch konnte InfoCity NRW bis 1998 nur ca. 300 Testhaushalte für das neue Angebot gewinnen. o.tel.o als Betreiber des Pilotprojekts und Eigentümer von bundesweit ca. 1,7 Mio. Kabelfernsehanschlüssen (anschließbar sind 2,2 Mio.) ist auch heute noch weit davon entfernt, Internet über Kabel großflächig anbieten zu können. Anfang 1999 ging InfoCity NRW von der Projektphase in die Phase der kommerziellen Einführung über. Seither bietet das Unternehmen den Kabelmodemdienst für monatlich 59 DM plus 20 DM für die Miete des Kabelmodems im ehemaligen Testgebiet, d.h. in bestimmten Stadtteilen von Düsseldorf, Gelsenkirchen, Dortmund, Gladbeck und Köln an. Ein rückkanalfähiges Kabelfernsehnetz mit Anschluss an das o.tel.o-Backbone als Voraussetzung für den neuen Dienst ist in diesen Städten aber nur für ca. 15.000 Haushalte verfügbar.

Die zu o.tel.o gehörenden Kabelnetzbetreiber, die in der Telecolumbus Gruppe zusammengeschlossen sind, arbeiten weiter an der Aufrüstung der technischen Infrastruktur, um den Kabelmodemdienst auch in anderen Städten anbieten zu können. In Berlin wurde er im April 1999 unter dem Namen InfoCity Berlin erstmals außerhalb des Testgebiets eingeführt. Im Stadtteil Friedrichshain können seither über eine aufgerüstete Netzinsel ca. 5.000 Haushalte technisch erreicht werden. Angaben über die aktuelle Zahl der Abonnenten in Berlin und NRW macht das Unternehmen nicht. Es kann jedoch davon ausgegangen werden, dass InfoCity in Rhein/Ruhr und Berlin derzeit nicht mehr als insgesamt 500 zahlende Kunden hat. Die Telecolumbus Gruppe, die den in InfoCity NRW entwickelten Kabelmodemdienst inzwischen vermarktet, hat jedoch große Pläne mit dem BreitbandInternet-Angebot. Im September 1999 kündigte das Unternehmen ein JointVenture mit dem amerikanischen Technik und Inhalteprovider Excite@Home an. Ziel dieses Joint Ventures ist es, mit zusätzlichem Know-how und attraktiveren BreitbandInhalten eine höhere Marktpenetration des Kabelmodemdienstes zu erreichen (TC Pressemitteilung 22. September 1999).

Ausgangspunkt für das InfoCity NRWPilotprojekt war ein 220 km langes Glasfasernetz, das sog. InfoCity Backbone, das Vebacom entlang der Bahntrassen und RWE entlang der Stromstraßen bereits Anfang der 1990er Jahre im Raum RheinRuhr verlegt hatte. Dieser Glasfaserring, auf dem Übertragungsgeschwindigkeiten von 2,5 GBit/s realisiert werden können, verbindet verschiedene nordrheinwestfälische Städte. Innerhalb dieser Metropolen mündet der InfoCity Backbone in Vermittlungsknoten, die ihn dort mit den lokalen Glasfaser und BK-Netzen verbinden. Als Versuchsgebiete, in denen zunächst die Anbindung zu den lokalen BK-Netzen realisiert werden musste, wurden die Städte Düsseldorf, Köln, Essen, Gelsenkirchen, Bochum, Dortmund und Wuppertal ausgewählt. Geeignete lokale BK-Netzinfrastrukturen fanden sich v.a. in Städten mit sog. City Carriern wie in Köln (Net Cologne), Düsseldorf (ISIS) und Gelsenkirchen (GELSENNET). InfoCity NRW wurde später als sog. Marktöffnungsprojekt in die Initiative MediaNRW der Landesregierung eingebunden. Die Initiative MediaNRW hatte zum Ziel, die Medienwirtschaft in Nordrhein-Westfalen über verschiedene MultimediaProjekte und ordnungspolitische sowie regulatorische Maßnahmen zu fördern (siehe Abschnitt Lokaler Handlungskontext). Für Vebacom als Betreiber des Projekts war allerdings von Anfang an klar, dass nicht nur die Erforschung und Entwicklung multimedialer Kommunikationsmöglichkeiten, sondern auch Akzeptanzuntersuchungen sowie die Überprüfung der kommerziellen Verwertbarkeit multimedialer Dienste und Inhalte im Vordergrund stehen sollten. Man verfolgte von daher einen ausdrücklich betriebswirtschaftlich orientierten Ansatz (vgl. Empirica 1998, 26).

Anfangs wurden in InfoCity NRW neue Fernsehdienste (digitales, interaktives TV über eine Set-Top-Box) und neue PC-Anwendungen (Breitband-Internet über Kabelmodems) parallel entwickelt. Im Laufe der Entwicklungsarbeiten wurde allerdings deutlich, dass die Einführung einer eigenen Set-Top-Box, insbesondere vor dem Hintergrund der Auseinandersetzungen zwischen Kirch/Bertelsmann und der Multimedia Betriebsgesellschaft (MMBG) um einen einheitlichen Decoder-Standard, wenig Erfolg versprechend sein würde. Schließlich wurden die Pläne für multimediale Dienste auf einer selbst entwickelten digitalen TV-Plattform fallengelassen. Stattdessen konzentrierten sich Projektbetreiber und -partner auf die Bereitstellung eines High-Speed-Internetzugangs für PC-Nutzer via Fernsehkabel. Das Angebot sollte allerdings mehr sein als nur Internet; es sollte über das bekannte World Wide Web hinaus multimediale Inhalte wie z.B. Videofilme- und Audiofiles zur Verfügung stellen, die als Mehrwertdienste nur über die breitbandige Infrastruktur übertragen werden können und die separat abgerechnet werden sollten.

Heute bietet der Kabelmodemdienst InfoCity seinen Abonnenten keine proprietären Inhalte mehr an, sondern beschränkt sich auf die Zusammenstellung von globalen und lokalen Internet-Links in verschiedenen inhaltlichen Rubriken. Darüber hinaus wird auf spezielle Websites verwiesen, die sog. StreamingInhalte anbieten (www.tagesschau.de, www.ntv.de, www.broadcast.com usw.). Streaming-Inhalte können von normalen dial-up Internetnutzern wegen der begrenzten Übertragungskapazität von Telefonverbindungen in der Regel nicht sinnvoll genutzt werden. Kabelmodemkunden stehen dagegen innerhalb von InfoCity bis zu 2 Mbit/s zur Verfügung, eine Bandbreite, mit der auch große Dateien innerhalb kurzer Zeit auf den heimischen Rechner übertragen werden können.

Obwohl InfoCity NRW im Zeichen der Marktorientierung stand und o.tel.o insgesamt über 100 Mio. DM in den Auf und Ausbau der technischen Infrastruktur investiert hat, konnte ein neues Medienangebot letztlich nicht dauerhaft etabliert werden.

5.3.2.3 Lokaler Handlungskontext: Betreiber und Content Provider

InfoCity NRW wird oft im Zusammenhang mit der Landesinitiative „Media NRW" genannt. Ab März 1995 bündelte „Media NRW" als „strategische Plattform" (www.media.nrw.de) Aktivitäten auf dem Feld der Medienpolitik. Ziel der Initiative war es, die Entwicklung, Produktion und Verbreitung neuer Multimediainhalte in Nordrhein-Westfalen zu fördern. Generell ist Medienpolitik im Verständnis der nordrheinwestfälischen Landesregierung das strategische Kernelement einer standortbezogenen industrie- und innovationsorientierten Modernisierungspolitik. In Ergänzung klassischer Steuerungsmedien wie Geld und Recht legte die Landesinitiative dabei einen starken Akzent auf Kommunikation, Kooperation und Moderation (vgl. Burmeister 1999, 100). Ein wichtiger Bestandteil der Media NRW Initiative waren Pilotprojekte für Multimediasysteme. Sie wurden für notwendig erachtet, um den Markt für neue Medienprodukte zu öffnen. So verstanden sollten sich die Projekte im Zeitablauf „selbst aufheben, indem sie in den Markt hineinwachsen – und nicht etwa dadurch, dass der Markt an ihnen vorbeiläuft" (Krebs 1999, 313).

Finanzierung: Im Unterschied zu anderen Vorhaben innerhalb von Media NRW wurde InfoCity NRW von der Landesregierung nicht finanziell unterstützt. Das „Großprojekt zur Markteinführung" wurde zwar zusammen mit „Multimedia Gelsenkirchen" als wesentlicher Bestandteil von „Media NRW" gesehen, die staatliche Unterstützung bezog sich aber ausschließlich auf die ordnungspolitische und regulatorische Kooperation sowie auf die Moderation von Interessen. Eine direkte Beteiligung des Landes an InfoCity NRW bestand lediglich über die Landesanstalt für Rundfunk (LfR), die am 26. April 1996 der Kooperationsvereinbarung der Projektpartner des Pilotprojekts beitrat, um die Begleitforschung durchzuführen (vgl. LfRInfo Nr. 29, 29. April 1996). In den Darstellungen und Berichten von Media NRW legte o.tel.o als Betreiber von InfoCity NRW stets Wert auf die Feststellung, dass es sich bei diesem Projekt um ein „privatwirtschaftlich geführtes MultimediaProjekt" handelt (z.B. media NRW 1998: Band 3, Projekte, 9).

Aufbau und Ablauf: Das Ziel von InfoCity NRW bestand darin, den vorhandenen und für den weiteren Ausbau vorgesehenen Glasfaserring für die Übertragung neuer MultimediaInhalte und Anwendungen zu nutzen. Wie verschiedene andere Energieversorger hatten Veba und RWE diese Leitungen entlang ihrer Trassen als „dark fiber" verlegt, d.h. es war zum Zeitpunkt der Verlegung durchaus unklar, für welche Anwendungen diese Infrastruktur später genutzt werden könnte. Prinzipiell kamen dafür Telekommunikation und Multimedia in Frage, aber auch extrem breitbandige Anwendungen, wie z.B. Studiozuspielungen von Fernsehbeiträgen, die normalerweise über Satellit abgewickelt werden. Die eigentliche Herausforderung stellte aber nicht der Backbone dar, sondern die Verbindung zu den Kunden in die Kabelgebiete sowie die Entwicklung von MultimediaInhalten mit verschiedenen Content Partnern.

Zwischen den Backbone-Vermittlungsknoten in den einzelnen Städten und den o.tel.o-eigenen Kabelnetzen in die Haushalte gab es zunächst keine Verbindung. In Düsseldorf, Köln und Gelsenkirchen konnte dieses Zwischenstück, die von der Deutschen Telekom betriebene Netzebene 3, mit Hilfe der neu entstandenen City Carrier überbrückt werden. ISIS, Net Cologne und GELSENNET stellten ihr hochmodernes Netz für die Durchleitung von InfoCity-Daten zur Verfügung. In den anderen Gebieten sollten breitbandige Bypass-Technologien wie z.b. Satellitenverbindungen, ATM-Richtfunk oder Funkverbindungen (WLL, Wireless Local Loop) zur Überbrückung dieser Strecke eingesetzt werden. Als sich herausstellte, dass diese Technologien noch nicht einsatzfähig waren, bzw. für InfoCity-Anwendungen keine entsprechende Dimensionierung zuließen, wurde ersatzweise auf ISDN ausgewichen. InfoCity NRW wurde schließlich in zwei Varianten angeboten: Als schmalbandige ISDN-Version (64 Kbit/s) und als breitbandige Kabelmodemversion (2 Mbit/s).

Für die attraktivere, breitbandige Kabelmodemversion war die Zielgruppe von vornherein eingeschränkt auf Haushalte, die an das o.tel.o BK-Netz angeschlossen waren und die sich in räumlicher Nähe zu Verbindungspunkten der City Carrier befanden. o.tel.o verfügt über kein zusammenhängendes Kabelnetz, das von einer zentralen Stelle eingespeist werden könnte. Es besteht aus einzelnen, untereinander nicht verbundenen Kabelinseln, über die jeweils nur wenige tausend Haushalte versorgt werden. Die Kabelinfrastruktur der Deutschen Telekom auf Netzebene 3 zu benutzen schied aus, weil dieser Netzteil nicht rückkanalfähig war und sich eine Zusammenarbeit mit dem Monopolisten als schwierig herausstellte (Gerlach 1998, 111). Insgesamt konnten bis Ende 1998 rund 10.000 Haushalte mit Hilfe der City Carrier an das InfoCity Backbone angeschlossen werden. Von diesen technisch erreichbaren Haushalten entschieden sich aber letztlich nur wenige Hundert dazu, das InfoCity-Angebot tatsächlich zu abonnieren. Hinsichtlich der Inhalte und Anwendungen sollte InfoCity NRW entwicklungsoffen sein und den verschiedensten Content Providers die Möglichkeit geben, auf der technischen Plattform mit neuen Anwendungen zu experimentieren. Die Liste der zu Beginn konzipierten Anwendungen ist lang. Sie umfasst für den Bereich der privaten Nutzung:

- Digitales Fernsehen und Mehrwertdienste,
- Teleshopping,
- Informationsdienste-on-Demand,
- Tele-Banking,
- Reisen und Touristik,
- Unterhaltung, Telespiele,
- Tele-Learning und
- Online-Dienste (vgl. Eckstein 1997, 29).

Organisation: Eine ganze Reihe von Diensteanbietern zeigte sich interessiert, über die InfoCity-Plattform neue Angebote zu realisieren. Kooperationsverträge wurden mit folgenden Anbietern geschlossen: Fernuniversität Hagen, Stadt und Regierungspräsidium Düsseldorf, Gerling Konzern, Informationssystem Ruhr Online, Bank 24, Rheinische Post, CLT, VOX, WDR, ZDF, RTL, Axel Springer und Heinrich Bauer Verlag, Handelsblatt, OttoVersand, WestLB, Online-Dienst Compuserve (Eckstein 1997, 31). Das Engagement dieser Firmen im InfoCity NRW Pilotprojekt war allerdings sehr unterschiedlich. Vor dem Hintergrund der MultimediaRevolution, die immer stärker die öffentliche Diskussion bestimmte, wollten die Medienfirmen vor allem mit am Tisch sitzen, wenn diese Revolution stattfindet. Zu einem substantiellen Engagement, das neue, attraktive Anwendungen mit Mehrwert für die Nutzer hervorgebracht hätte, waren die meisten jedoch nicht bereit. Zu unsicher und risikobehaftet waren die Zukunftsperspektiven.

Integration mit vorhandener Technik: Dies galt insbesondere für den Bereich des digitalen Fernsehens. Es wurde schnell klar, dass die Entwicklung einer eigenen Set-Top-Box für digitales, interaktives Fernsehen auf der Ebene eines Pilotprojekts keinen Sinn machen würde. Kirch und Bertelsmann hatten zu dieser Zeit bereits Millionen in die Entwicklung der dbox investiert und verfolgten mit großem Aufwand die Einführung des digitalen Abo-Fernsehens mit DF1 und Premiere digital. Die Entwicklungsarbeiten an einer digitalen Set-Top-Box innerhalb von InfoCity NRW gingen zwar später in den MHP-Standard (Multimedia Home Platform) des ITB-Projekts ein. Für den weiteren Verlauf des Projekts spielten sie allerdings keine Rolle. Stattdessen wollte man sich auf den Internet-Bereich und den PC als Endgerät konzentrieren. Die verschiedenen Inhalteanbieter sollten Online-Anwendungen erstellen, die von der Hochgeschwindigkeitsserver-Plattform abrufbar und über Kabelmodems zu den Computern in die Testhaushalte und den potentiellen Abonnenten übertragen werden sollten. Dabei wurden keine proprietären Lösungen, sondern standardisierte Hard und Software-Komponenten eingesetzt und das Internetprotokoll TCP/IP verwendet. Die entwickelten Anwendungen unterschieden sich nur in einer Hinsicht von jenen, die frei im Internet verfügbar sind: Es konnten Videosequenzen in halber oder voller Bildschirmgröße und relativ hoher Auflösung (in MPEG1-Qualität) in Internet-Anwendungen integriert werden. Wenn im Pilotprojekt von „mehr als Internet" die Rede war, war damit diese Möglichkeit gemeint, Bewegtbilder mit einer World Wide Web Seite zu kombinieren.

Die erste Anwendung wurde vom Regierungspräsidium in Düsseldorf erstellt: Für die Rubrik „Information on Demand" wurden Informationen über das Land NRW und den Regierungspräsidenten auf einer Website zusammengestellt. Rau selbst berichtete darin in einem zweiminütigen Spot über seinen Regierungsbezirk, der per Mausklick abrufbar war. Auch das Stadtinformationssystem Düsseldorf wurde auf die InfoCity-Plattform portiert, d.h. es wurden aufwendig gestaltete, mit vielen Bildern versehene Seiten eingebunden. Grafisch orientierte Webseiten bauen sich in einem Kabelmodemsystem viel schneller auf als bei herkömmlichen Internet-Verbindungen und können deshalb besser eingesetzt werden als in schmalbandigen Umgebungen.

Eine Anwendung aus dem Bereich Teleshopping war eine Touristik-Anwendung, die in Zusammenarbeit mit Karstadt entwickelt wurde: Eine Videosequenz, ähnlich eines Südsee-Werbespots, eröffnete die Website, auf der man sich anschließend über ausgewählte Reiseziele und Sonderangebote des Reiseveranstalters informieren konnte, Fotos von Hotels anklicken konnte und die Zimmerpreise erfahren konnte. Schließlich konnte per Mausklick eine Buchung durchgeführt werden.

Eine weitere Anwendung wurde mit dem Otto-Versand, einem Kernpartner von InfoCity, entwickelt. Dabei sollte der bereits auf CD-ROM und im Internet bestehende elektronische Versandhauskatalog (www.otto.de) um Videosequenzen angereichert werden, die die angebotenen Modeartikel auf Modenschauen zeigen sollten. Es stellte sich jedoch heraus, dass die Rechte an den TV-Bildern von Modeschauen nicht dem Kataloganbieter gehören, sondern Bildagenturen. Die Idee, obwohl technisch realisierbar, musste aus Copyright-Gründen verworfen werden. Eine ganze Reihe weiterer teilweise bereits im Internet vorhandener Angebote sollte auf diese Weise mit Bewegtbildern und Grafiken oder anderen speicherintensiven Zusatzangeboten angereichert werden.

Den Anwendungen war ein gewisser Demonstrationscharakter eigen, es wurde mit verschiedenen Möglichkeiten experimentiert; Anwendungen wurden aufgespielt, um dann ohne Ankündigung wieder vom Server genommen zu werden. Insgesamt waren die Content Provider nicht gewillt, größere Entwicklungs und Aktualisierungsarbeiten für einen Dienst zu finanzieren, der nur eine geringe technische Reichweite aufwies. Der Weg über das herkömmliche Internet erschien vielen Diensteanbietern als lohnender und auch mittelfristig als attraktiver. Der Ausbau der Kabelinfrastruktur stieß vor allem auf Netzebene 4 immer wieder auf unvorhergesehene Probleme und verzögerte sich von Monat zu Monat. Gleichzeitig verbreitete sich das Internet mit atemberaubender Geschwindigkeit und die Inhalte-Anbieter hatten Mühe, mit ihren „normalen" Internetangeboten Schritt zu halten. In InfoCity konnten die Inhalteanbieter keine stabile Produktionslogistik aufbauen. Die Möglichkeiten der technischen Plattform konnten dadurch nicht in entsprechend attraktive und aktuelle Dienste übersetzt werden.

5.3.2.4   Lokaler Handlungskontext: Nutzungsbedingungen und Zielgruppe

Etablierte Nutzungsstrukturen: Für InfoCity Teilnehmer, die bereits Internetnutzer waren oder die schon Online-Erfahrungen am Arbeitsplatz gemacht hatten, war das Kabelmodemangebot leicht verständlich: Es knüpfte direkt an etablierte Nutzungsstrukturen und vorhandene Medienerfahrungen an und erweiterte diese auf spezifische Art und Weise: Der Internet-Service über das Fernsehkabel war immer verfügbar, d.h. die Verbindung zum World Wide Web blieb immer bestehen, solange der PC eingeschaltet war (always-on). Ein Einwahlvorgang zum Provider war nicht notwendig, die Telefonleitung blieb damit frei für Telefongespräche. Darüber hinaus wurde ein neues Abrechnungsmodell für die Online-Nutzung eingeführt, das keine zeit- oder volumenabhängigen Gebühren wie bei Dial-in-Verbindungen vorsah: Mit der monatlichen Gebühr waren sämtliche Providerkosten abgegolten. Der wesentliche Unterschied zur herkömmlichen Internetnutzung war allerdings die Geschwindigkeit, mit der sich einzelne Webseiten aufbauen, die über die InfoCity-Plattform angefordert werden. Bei einer Übertragungsrate von bis zu 2 Mbit/s bauen sich auch anspruchsvoll gestaltete Webseiten in relativ kurzer Zeit auf und der Download auch großer Dateien geschieht in relativ kurzer Zeit. Entsprechend begeistert äußerten sich die ersten Nutzer von InfoCity NRW. Zeitweise hatte o.tel.o eine Rubrik „Erfahrungen unserer Abonnenten" auf den Internetseiten von Infocity NRW (www.infocity.de) eingerichtet, auf denen die euphorischen Stimmen der Abonnenten gesammelt wurden.

Anders verhielt es sich mit den speziell für InfoCity entwickelten breitbandigen Inhalten, die von den Betreibern als Mehrwert generierende Dienste eingeschätzt wurden, für die die Nutzer extra bezahlen würden. Als InfoCity NRW im April 1999 in den Regelbetrieb überging, war von diesen proprietären Inhalten nichts mehr übrig. Offenbar war die Zahlungsbereitschaft für diese zusätzlichen Inhalte nicht groß genug. Dabei war es ein wesentliches Ziel von InfoCity NRW, herauszufinden, welche diese Inhalte sein könnten. Dazu wurden gleich zwei Abrechnungssysteme entwickelt, mit denen die einzelnen Anwendungen abonniert, freigeschaltet und separat abgerechnet werden sollten (vgl. Eckstein 1997).

Allerdings setzte sich zunehmend die Erkenntnis durch, dass es allein der Internet-Zugang war, der die „killer application" im Bereich der interaktiven Dienste über Kabel darstellte (Schäfer 1997). Diese Vermutung traf v.a. auf die ersten Nutzer von InfoCity zu, die man als Early Adopters bezeichnen kann. Die erste Generation von Internetnutzern konnte mit Fernsehen im Internet und kommerziellen Angeboten im WWW nichts anfangen und sah das Netz hauptsächlich als Kommunikations- und Informationsmedium. Will man allerdings neue Nutzer erreichen, die über keine Online-Erfahrung und wenig Computerkenntnisse verfügen, erhöht sich generell die Notwendigkeit, vorstrukturierte und vorselektierte Inhalte, d.h. Orientierungshilfen im unübersichtlich gewordenen Netz zur Verfügung zu stellen. In InfoCity wurde dies aufgrund der unbefriedigenden Erfahrungen mit eigenproduzierten Inhalten lange Zeit nicht gese-hen. Dabei hatten schon die ersten Erfahrungen deutlich gemacht, dass die Abonnenten von InfoCity bestimmte Web-Seiten immer wieder abriefen, während der große Rest des World Wide Webs einfach ignoriert wurde. Gegenwärtig ist der redaktionelle Aufwand, mit dem das kommerzielle Angebot von InfoCity betrieben wird, eher gering. Lediglich eine Linksammlung, die sich in „lokale" und „globale Links" gliedert, wird als Orientierungshilfe angeboten. Innerhalb dieser Linksammlung finden sich dann – in einem Untermenü – Links zu Websites wie www.tagesschau.de oder www.broadcast.com, auf denen breitbandige, d.h. vor allem Real Video Anwendungen zum Abruf bereitgestellt werden.

Die Probleme mit den eigen produzierten, bzw. von den Content Partnern von InfoCity produzierten Inhalten, weisen aber auf ein anderes Problem hin, das für den Verlauf des Pilotprojekts viel entscheidender war: Die Teilnehmer, die innerhalb der Testgebiete in Düsseldorf, Köln, Gelsenkirchen, Bochum und Dortmund erreicht werden konnten, waren überhaupt keine Computernutzer – die Zielgruppe war mithin nicht ein Internet-interessiertes Publikum, sondern ein eher fernseh-affines Publikum, das größtenteils keine Erfahrung mit interaktiven Medien hatte. Dies zeigte sich unter anderem bei den Resultaten einer Marketingaktion, die von o.tel.o von März 1997 bis Februar 1998 durchgeführt wurde, um die im Testgebiet befindlichen, anschließbaren Haushalte zum Kauf der zur Nutzung der Multimedia-Dienste und -Inhalte nötigen Empfangsgeräte zu bewegen. Dabei wurden im Rahmen einer Weihnachtsaktion Multimedia-PC-Packages für 1.900 DM inklusive Kabelmodem, MPEG1-Decoder und Ethernet-karte sowie Aufrüstsets für vorhandene PCs mit Kabelmodem und Software für 650 DM angeboten (vgl. Schmid 1998, 28). Das Resultat war enttäuschend: Nur wenige nutzten das subventionierte Angebot, um bei InfoCity einzusteigen.

Obwohl o.tel.o keine Angaben zur Soziodemographie der Haushalte in den angeschlossenen Gebieten macht, ist bekannt, dass es sich vorwiegend um Stadt-teile und Siedlungen handelte, die von Senioren und einkommensschwachen Bevölkerungsgruppen bewohnt wurden – mithin Zielgruppen, die momentan noch das geringste Interesse an Online-Medien haben. Hinzu kam, dass offenbar auch die Öffentlichkeitsarbeit unterschätzt wurde: Es wurden Fälle bekannt, in denen Haushalte zwar einen Multimedia-PC von o.tel.o kauften, von der Existenz des Kabelmodems in diesem Rechner aber nichts wussten und schließlich über T-Online ins Internet gingen (vgl. Schütte 1999).

5.3.2.5   Rahmenbedingungen

Organisation – Marktstrukturen und Wettbewerbsumfeld: Die o.tel.o Tochterge-sellschaft TeleColumbus, zu der unter andem die Kabelnetzbetreiber Concepta, RKS und Urbana gehören, ist mit insgesamt ca. 1,7 Mio. Kabel-TV-Abonnenten der zweitgrößte Kabelnetzbetreiber in Deutschland nach der Deutschen Telekom. Das Kabelnetz der TeleColumbus Gruppe ist allerdings kein zusammenhängen-des Netz, sondern besteht aus verschiedenen, separaten Netzinseln, die auf Netz-ebene (NE) 4 jeweils zwischen 50 und 5.000 Haushalte versorgen.

Der deutsche Kabelnetzmarkt kann als Patchwork bezeichnet werden: Viele unzusammenhängende Kabelinseln und eine Vielzahl von NE-4-Betreibern cha-rakterisieren die historisch gewachsene Struktur in Deutschland. Mit Ausnahme einer Reihe von Netzbetreibern in den neuen Bundesländern und den neu ent-standenen City Carriers in einigen Großstädten, besitzt keiner der privaten Netz-betreiber eigene Kabelkopfstationen (Head-Ends), von denen TV-Programme oder Datendienste eingespeist werden könnten. Die Kundenbeziehungen im deutschen Kabelnetzmarkt zeigt Abbildung 34. Die ANGA ist der Verband privater Kabelnetzbetreiber.

Abbildung 34: Marktstrukturen im deutschen Kabel-TV-Markt (Quelle: Anga 1998, Stand: 4.9.98)

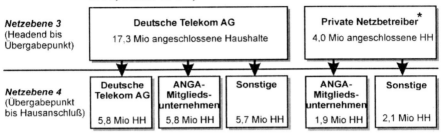

*   Darunter ca. 2 Mio Haushalte, die über Satellitengemeinschaftsanlagen versorgt werden, also ohne "physisches" Kabelnetz.

Die Deutsche Telekom verlangt von den privaten Netzbetreibern Einspeisegebühren für die TV-Programme, die von den privaten Netzbetreibern an die Abonnenten weitergegeben werden. NE-4-Betreiber haben weder Einfluss auf die Kanalbelegung noch auf die Technikentwicklung in den vorgelagerten Netzebenen. Für das InfoCity-Pilotprojekt bedeutete dies, dass die NE 3 umgangen werden musste, um die o.tel.o Netzinseln zu erreichen.

Idealerweise hätte das Kabelmodemequipment, mit dem sog. Cable Modem Termination System (CMTS), den Servern und dem Internetanschluss in der Kabelkopfstation installiert werden müssen. Von dort aus können im Allgemeinen mehr als 10.000 Haushalte erreicht werden. Voraussetzung ist allerdings, dass sowohl Netzebene 3 als auch Netzebene 4 rückkanalfähig sind. Das Wettbewerbsumfeld für High-Speed-Internet-Dienste ist in Deutschland bisher nicht sehr ausgeprägt. Die Deutsche Telekom startete im Herbst 1999 ihr T-DSL-Angebot in verschiedenen Großstädten. Seit der Einführung einer Flatrate in Zusammenhang mit T-DSL ist das Angebot auch für Privathaushalte attraktiv geworden und verbreitet sich relativ schnell. High-Speed-Angebote über Satellit sind derzeit noch zu teuer für gelegentliche Internet-Nutzer. Seit September 1999 bietet allerdings die Firma Strato einen Internet-Satellitendienst an, der mit einer monatlichen Grundgebühr von ca. 60 DM eher für private Nutzer in Frage kommt. Allerdings nutzt der unter dem Namen „SkyDSL" vermarktete Dienst das Telefon als Rückkanal, wodurch zusätzliche Kosten für die Anwender entstehen.

Obwohl sich das Internet in Deutschland momentan schnell verbreitet und die Bandbreitenbeschränkungen sowie die hohen Verbindungskosten als größtes

Problem gesehen werden, besteht für die Kabelnetzbetreiber kein hoher Marktdruck, sich in diesem Bereich zu engagieren. Noch während der Projektphase von InfoCity gab es überhaupt keine Konkurrenzangebote in diesem Bereich. Dies beginnt sich zu ändern, jedoch stehen einer großflächigen Einführung von Kabelmodemangeboten weiterhin die strukturellen Probleme des deutschen Kabelnetzes entgegen. Mit dem Verkauf des Kabelnetzes der Deutschen Telekom sind deshalb auch Hoffnungen verknüpft auf eine Restrukturierung dieser Infrastruktur, die neue Multimedia-Dienste möglich machen würde. Die neuen Eigentümer des Kabelnetzes haben bereits angekündigt, große Summen in die Modernisierung der Infrastruktur zu investieren und neue Angebote zu entwickeln.

Finanzierung – Interesse der Muttergesellschaft: Weitere Rahmenbedingungen, die sich auf den Verlauf von InfoCity NRW ausgewirkt haben, betreffen zum einen das etablierte Geschäftsmodell der Kabelnetzbetreiber in der TeleColumbus Gruppe und zum anderen den Strategie- und Prioritätenwechsel von Veba und RWE, der durch den Verkauf von o.tel.o an Mannesmann und die Deutsche Bank begründet war.

Das angestammte Geschäft von NE-4-Kabelnetzbetreibern ist der Vertrieb von Fernseh- und Radioprogrammen. Ihr Geschäftsmodell basiert auf dem Weiterverkauf von Rundfunkprogrammen, die von der Deutschen Telekom bezogen werden. Für die technische Bereitstellung der Kabel-TV-Anschlüsse erhalten die Netzbetreiber monatliche Gebühren von den Abonnenten. Das Geschäftsmodell von NE-4-Betreibern ist im Vergleich zu anderen europäischen oder amerikanischen Netzbetreibern mehrfach eingeschränkt: Auf der Seite der Teilnehmeranschlüsse haben die deutschen Netzbetreiber wenig Preisgestaltungsmöglichkeiten. Sollen neue Dienste über das Kabel eingeführt werden, für die Investitionen in die Infrastruktur nötig sind, können diese Kosten nur mit Genehmigung der Wohnungswirtschaft auf die Teilnehmer umgelegt werden. Die Gebühr für Kabelfernsehen wird teilweise direkt von der Wohnungsverwaltung eingezogen, d.h. eine Erhöhung wirkt sich direkt auf die Nebenkosten aus, die die Mieter zu bezahlen haben.

Auf der Angebotsseite übernehmen die NE-4-Betreiber das Signal der Deutschen Telekom, d.h. es werden keine eigenen Programmzusammenstellungen vorgenommen oder gar – wie in den Vereinigten Staaten – eigene TV-Sender betrieben. Entsprechend haben die deutschen Kabelnetzbetreiber keine Erfahrung mit der Vermarktung von eigenen Inhalten, keine direkten Kontakte zu den Programmveranstaltern und keine kreativen Ressourcen, um neue Angebote oder Dienste auf ihren Netzen einzuführen. Erst im Zuge der Digitalisierung des TV-Programms scheint sich das Geschäftsmodell der privaten Kabelnetzbetreiber zu verändern. Erste Vermarktungsverträge wurden bereits mit Premiere World abgeschlossen. Das Prinzip „Einspeisegebühren gegen Programme" scheint sich langsam zu „attraktive Programme gegen Bezahlung" zu wandeln, wenngleich man von Exklusivität bei Programmpaketen und Diensten, wie dies z.B. von amerikanischen Kabelnetzbetreibern angestrebt wird, noch weit entfernt ist. Die weitgehend mittelständische Struktur des deutschen Netzbetreibermarktes lässt darüber hinaus strategische Entscheidungen für neue Dienste, die größere Investitionen erfordern, auch als finanzielles Problem erscheinen. Ein weiterer Grund, warum InfoCity auf halber Strecke stehengeblieben ist, kann in der strategischen Ausrichtung von Veba und RWE gesehen werden. Beide Unternehmen wollten Mitte der 1990er Jahre in den deutschen Festnetz und Mobilfunk-Telekommunikationsmarkt einsteigen. Ziel war es, ein eigenes Festnetz aufzubauen, um für die kommende Öffnung des TK-Marktes im Jahre 1998 gerüstet zu sein. In der Zwischenzeit sollten auf dem Backbone Multimedia-Anwendungen ausprobiert werden, um die Geschäftschancen zu testen, die sich außerhalb der klassischen Telefonie ergeben würden. Tatsächlich konnten am Ende vier Fünftel der für InfoCity aufgebauten und über 100 Mio. DM teuren Infrastruktur für das Telefongeschäft genutzt werden. Das Investment wäre also ohnehin beim Aufbau des o.tel.oTelefonnetzes angefallen (vgl. Canibol 1997).

Im Juli 1999 wurde die TeleColumbus Gruppe für 1,45 Mrd. DM an die Deutsche Bank verkauft. Veba und RWE hatten sich schon davor von o.tel.o getrennt und das Festnetz an Mannesmann verkauft. Als Grund für den Verkauf von Kabel-TV und Festnetz gaben die Unternehmen an, sich auf „wachstumsstarke Aktivitäten", d.h. auf den Mobilfunksektor, konzentrieren zu wollen. Mit dem Verkauf von o.tel.o ging eine Trennung der Geschäftsbereiche Telekommunikation und Kabelfernsehnetze einher. Für die kommerzielle Einführung des Kabelmodemdienstes war nun alleine die TeleColumbus Gruppe verantwortlich, die jedoch keinen kostengünstigen Zugriff mehr auf das Backbone hatte, das Mannesmann übernommen hatte. Der Verkauf von o.tel.o an Mannesmann und die Deutsche Bank, der darauf hinauslief, dass wichtige Komponenten des Kabelmodemsystems auseinanderdividiert wurden, wurde von vielen InfoCityMitarbeitern als unglückliche Entscheidung wahrgenommen. Viele Mitarbeiter verließen schließlich das Unternehmen, so dass große Teile des technischen und betrieblichen Know-how für TeleColumbus verloren ging.

Recht: Konkrete Regulierungsbestimmungen für das neue Angebot: Damit o.tel.o den Glasfaserring als Telekommunikationsnetz betreiben durfte, musste das damalige Bundesministerium für Post und Telekommunikation (BMPT) eine Sonderlizenz erteilen. Für die Pilotprojekte InfoCity NRW und Multimedia Gelsenkirchen wurde darüber hinaus §72 des Landesrundfunkgesetzes (LRG) von Nordrhein-Westfalen neu geschaffen. Er sollte den reibungslosen Ablauf der Pilotprojekte von o.tel.o gewährleisten und sah ein vereinfachtes Zulassungsverfahren vor (§72 LRG, Abschnitt 4). Das heißt, die Vorschriften des Landesmediengesetzes galten zwar entsprechend, es wurde aber nicht die Veranstaltung oder Verbreitung zugelassen, sondern der Modellversuch als solcher.

Am 26. April 1996 trat die Landesanstalt für Rundfunk (LfR) der Kooperationsvereinbarung der Projektpartner im Pilotprojekt InfoCity NRW bei und erklärte sich bereit, die wissenschaftliche Begleitforschung für die damals noch getrennt betriebenen o.tel.o-Projekte zu koordinieren. Am 18. Juni 1996 trat die Durchführungsverordnung für einen Modellversuch des Landes Nordrhein-Westfalen mit neuen Diensten, die 1. Medienversuchsverordnung (MVVO), in Kraft. Der Modellversuch sollte dem Zweck dienen, Erkenntnisse zu gewinnen über „wirtschaftliche, publizistische und rechtliche Bedingungen und Möglichkeiten von digitalem Fernsehen und neuen, digitalen Kommunikationsdiensten" (§ 1 (2) MVVO). Weil die Landesmedienanstalt mehr oder weniger direkt an InfoCity NRW beteiligt war und die Landesregierung großes Interesse am Gelingen des Pilotprojekts hatte, waren Lizenz oder Zulassungsfragen einzelner Dienste nie problematisch. Das Zuordnungs- und Zulassungsproblem wurde auch dadurch entschärft, dass digitales Fernsehen, wie es zu Beginn des Pilotprojektes vorgesehen war, gar nicht zum Einsatz kam. Und für die Internet-Dienste, die innerhalb des Kabelmodemsystems verbreitet wurden, gab es keine inhaltlichen Kriterien, die die LfR hätte anwenden können. Außerdem waren die Inhalteanbieter für die Wahrung von Copyrights selbst zuständig (Felsenberg 1996, 6).

Allerdings legte die LfR fest, in welchen Kabelgebieten der InfoCityDienst angeboten werden durfte und welche Kabelfrequenzen dazu benutzt werden mussten. Hierfür war sie nach §72 (2) LRG berechtigt, in dem die Landesregierung ermächtigt wurde, „Einzelheiten der Versuchsbedingungen, das Versuchsgebiet entsprechend dem Versuchszweck und die Versuchsdauer zur Rechtsverordnung mit Zustimmung des Hauptausschusses des Landtages festzulegen." Die Auswahl der elf Netzinseln für das Pilotprojekt kann im Nachhinein als unglücklich bezeichnet werden, weil es sich dabei hauptsächlich um Senioren-Wohngebiete handelte. Für die o.tel.o Netzbetreiber wurde als Problem außerdem die Regelung der LfR angesehen, dass nur der Frequenzbereich oberhalb von 450 MHz für den Downstream des Kabelmodemdienstes genutzt werden durfte. Für die LfR war hier maßgebend, dass kein Fernsehprogramm aus dem Kabel genommen werden durfte, um Platz für das InfoCity-Angebot zu schaffen. Da es sich bei den eingesetzten Kabelnetzen aber teilweise um zehn bis 15 Jahre alte Netze handelte, musste zuerst in die teuere Frequenzerweiterung investiert werden, bevor mit dem eigentlichen Dienst begonnen werden konnte. Für die Netzbetreiber wäre es attraktiver gewesen, wenn sie auch Kanäle unterhalb von 450 MHz zur Verfügung gehabt hätten. Ihrer Meinung nach hätte die Frequenzerweiterung nach und nach erfolgen können, so wie der steigenden Verbreitung des neuen Dienstes mit einer modularen Technik begegnet werden sollte, die aus Racks mit freien Steckplätzen bestand, welche an den Übergabepunkten installiert worden waren. Bei größerer Nachfrage hätten neue Hardware-Komponenten eingesteckt werden können und so die Gesamtkapazität des Systems erhöht werden können.

5.3.2.6 Prognosen

Momentan ist das Kabelmodemangebot InfoCity für insgesamt 10.000 Haushalte in vier Städten im Rhein-Ruhr-Gebiet verfügbar. Außerdem wurde von der TeleColumbus Firma Urbana das Studentenwohnheim in der Juri-Gagarin-Straße in Cottbus mit einem Kabelmodemsystem versorgt. Die erste kommerzielle Einführung von InfoCity für private Haushalte außerhalb des Pilotgebiets wird seit April 1999 im Berliner Stadtteil Friedrichshain durchgeführt. Dort werden knapp 5.000 Haushalte vom Übergabepunkt in der Koppenstraße versorgt. Insgesamt ist der Ausbaustand des Kabelnetzes für interaktive Dienste, für die ein Rückkanal benötigt wird, verschwindend gering. Nur 0,9 Prozent der 1,7 Mio. Kabel-TV-Abonnenten von TeleColumbus sind potentiell in der Lage, den Kabelmodemservice zu nutzen.

Die Verbreitungschancen von High-Speed-Internet über Kabel hängen in Deutschland von drei Faktoren ab. Erstens ist die Entwicklung von Breitband-Internetangeboten direkt an die weitere Verbreitung des Internets gekoppelt. Es kann davon ausgegangen werden, dass zunächst diejenigen auf das Kabelmodemangebot umsteigen werden, die bereits über Online-Erfahrungen verfügen. Erst in einer zweiten Phase wird es neue Kabelmodem-Abonnenten geben, die zuvor noch nie eine Dial-Up-Internetverbindung benutzt haben. Die zunehmende Verbreitung von Internet-Anwendungen im beruflichen Umfeld, die zumeist über das Local Area Network (LAN) der Unternehmen angebunden sind, wird dazu beitragen, dass Geschwindigkeitsbeschränkungen und zeitabhängige Nutzungsgebühren bei der privaten Nutzung zunehmend als Nachteil empfunden werden.

Zweitens hängen die Verbreitungschancen vom technischen und inhaltlichen Know-how der Betreiber ab, die den neuen Dienst anbieten wollen. Im technischen Bereich hat das Pilotprojekt InfoCity NRW Pionierarbeit geleistet. Praktische Erfahrungen mit dem Aufbau der technischen Infrastruktur konnten mit verschiedenen Upgrade-Varianten gewonnen werden. o.tel.o hat sich in diesem Bereich die technische Führerschaft in Deutschland gesichert (Interview 9923). Allerdings wurde ein groß angelegter kommerzieller Roll-out bisher aus verschiedenen Gründen noch nicht in Angriff genommen.

Der dritte Faktor bezieht sich auf die Überwindung der strukturellen Probleme im deutschen Kabel-TV-Markt und auf die Überwindung der Entwicklungsblockade, die sich aus der Doppeleigentümerschaft der Deutschen Telekom über beide Netze ergibt. Die Deutsche Telekom AG hat kein Interesse am Ausbau ihres Kabel-TV-Netzes zu einem Full Service Network, das ihrem eigenen Telefonnetz Konkurrenz bei der Vermarktung von Internetanschlüssen und später beim klassischen Geschäft mit Sprachdiensten machen könnte. Ohne den Ausbau der Netzebene 3 können die privaten Netzbetreiber aber den neuen Dienst nicht kosteneffizient anbieten, da keine hinreichend große Zahl von Haushalten erreicht werden kann.

Diese Blockadesituation wurde auch von der Europäischen Kommission gesehen. In einer am 7. März 1998 vorgeschlagenen Richtlinie wies die Kommission die Deutsche Telekom an, ihr Fernsehkabel und Telekommunikationsgeschäft zumindest organisatorisch zu trennen und legte eine weitergehende Ausgliederung des Kabel-TV-Netzes aus dem Unternehmen nahe (KOM 1998; Cable Review 1998; Ott 1999). Ab Mitte 1999 verhandelte die Deutsche Telekom mit potenziellen Interessenten über den Preis und die Bedingungen für einen Teilverkauf ihres BK-Netzes. Mit diesem Verkauf sind große Hoffnungen auf eine strukturelle Neuorganisation des Kabel-TV-Markts in Deutschland verknüpft, die es den künftigen Netzbetreibern ermöglichen soll, neue Dienste in Eigenregie einzuführen.

5.3.2.7 Zur Bedeutung der verschiedenen Ebenen

Positiv auf den Projektverlauf haben sich auf der lokalen Handlungsebene zunächst die offene Konzeption und die Flexibilität bei der Auswahl der Technik und der zu entwickelnden Inhalte ausgewirkt. Als sich herausstellte, dass es Verzögerungen bei der Einführung des digitalen Fernsehens geben würde, und dass die Standardisierungsfrage hinsichtlich der Set-Top-Box noch lange ungeklärt bleiben würde, wurde der Plan fallengelassen, eigene digitale TV-Programme innerhalb des Pilotprojektes zu realisieren. Stattdessen konzentrierten die Entwickler ihre Kräfte auf den Kabelmodemdienst, der die größten Erfolgschancen versprach.

Beim Aufbau der technischen Infrastruktur stellte sich jedoch heraus, dass eine weitere Verbreitung und ein rentabler Betrieb des High-Speed-Internetangebots nicht möglich ist, ohne den direkten Zugriff auf die Netzebene 4. Inwiefern sich die Vorgabe der Netzinseln durch die LfR negativ auf den Projektverlauf ausgewirkt hat, ist im Nachhinein schwer zu beurteilen. Sicher ist, dass im ausgewählten Testgebiet nicht die Zielgruppe erreicht werden konnte, die ein ernsthaftes Interesse an dem neuen Angebot gehabt hätte. Nachdem die speziell entwickelten breitbandigen Anwendungen (VideoClips, MPEG1-Streams) keine entsprechende Resonanz bei den Nutzern fanden, war man der Überzeugung, dass man mit der Bereitstellung eines „unmoderierten" Internetzugangs eine einfache Erfolgsanwendung für das Kabelmodemsystem gefunden hätte. Auch heute findet sich daher im kommerziellen Angebot von InfoCity nur eine Linksammlung, die nicht als redaktionell bearbeitete, vorstrukturierte und selektierte Internet-Zusammenstellung bezeichnet werden kann.

Als Rahmenbedingungen für InfoCity wurden v.a. die Marktstrukturen im deutschen Kabel-TV-Markt, das Geschäftsmodell deutscher NE-4-Betreiber und die Veränderung der Besitzverhältnisse bei den Muttergesellschaften genannt. Auf dieser Ebene müssen besonders die Markt und Besitzstrukturen des deutschen BK-Netzes hervorgehoben werden. Die eigentümliche Netzebenenunterteilung und die Existenz vieler kleiner Netzbetreiber mit sehr kleinen, unzusammenhängenden Versorgungsgebieten (Patchwork), machen den Vergleich mit den USA oder anderen Ländern schwierig. Jedoch stellt genau diese Rahmenbedingung – zusammen mit der Doppeleigentümerschaft der Deutschen Telekom – den wichtigsten Faktor für den begrenzten Erfolg von InfoCity dar. o.tel.o bzw. TeleColumbus konnte keine souveräne Entscheidung bezüglich der Versorgungsgebiete treffen, weil sie darauf angewiesen waren, die Netzebene 3 in der einen oder anderen Form zu überbrücken und damit hohe Kosten in Kauf nehmen mussten.

Der Ansatz, das Kabelmodemsystem mit einem Glasfaser-Backbone zu koppeln, erweist sich in der Rückschau als geradezu visionär. Amerikanische Netzbetreiber investieren momentan Milliarden von Dollar in landesweite Backbones, um möglichst viele Inhalte innerhalb ihrer eigenen, schnellen Infrastruktur zu halten und den Zugriff auf externe Server im oftmals verstopften Internet möglichst zu vermeiden (vgl. Excite At Home 1999). Nach der Aufspaltung von o.tel.o in den Festnetz (Mannesmann) und Kabel-TV-Bereich (TeleColumbus, DB Investor) ließ sich die ursprünglichen Konzeption allerdings nicht mehr realisieren. Das Kabelmodemsystem von InfoCity Berlin hat deshalb heute keine Verbindung zu einem leistungsstarken Backbone. Dieses Gebiet wird momentan über eine gebündelte ISDN-Leitung mit dem Internet verbunden; eine Lösung, die den Geschwindigkeitsvorteil von Kabelmodems zum größten Teil wieder zunichte macht. Im Hinblick auf die Auswirkungen des Bundesprogrammes Info 2000 stellt sich vom heutigen Standpunkt aus die Frage, warum bei der Liberalisierung des TK-Sektors keine Vorkehrungen getroffen wurden, das TV-Kabelnetz der Deutschen Telekom zu deregulieren und das Unternehmen zu einer Ausgliederung dieses Geschäftsbereichs zu bewegen.

5.3.3 *ITB Multimedia Bayern*

5.3.3.1 Politischer Kontext: Auswirkungen von Info 2000 auf das Projekt

In Info 2000 ist das Pilotprojekt ITB Multimedia Bayern unter der Rubrik „Medienprojekte in den Bundesländern" aufgeführt (BMWi 1996, 127). Obwohl es im Bundesprogramm aufgeführt wird, handelt es sich in Wirklichkeit um ein Pilotprojekt, das im Rahmen von „Bayern Online", dem Förderprogramm der Bayerischen Landesregierung, initiiert wurde. Nach der Darstellung in Info 2000, von der hier zunächst ausgegangen werden soll, waren im ITB Multimedia-Projekt Anwendungen in drei Bereichen geplant:

1. Massenattraktive Dienste: NVoD, Teleshopping, EPG, Telespiele, Informationsdienste
2. Regionale Diensteangebote: Elektronische Zeitung, Stadtinformationsdienste, u.a.
3. Spezielle Zielgruppen und geschlossene Nutzerkreise: Telelearning, Teleteaching, betriebliche Anwendungen, geschlossene Business-to-Business-Benutzergruppen.

Die Darstellung dieses Projekts in Info 2000 basiert auf einer sehr frühen Konzeption des Pilotprojekts, in der noch wichtige Fragen hinsichtlich der Natur der neuen Dienste offengelassen wurden. Tatsächlich stand zu diesem Zeitpunkt lediglich die Technik fest, die für die Übertragung von digitalisierten Informations- und Unterhaltungsangeboten eingesetzt werden sollte: Über ITB (Digital Video Broadcast), den europäischen Standard für das digitale Fernsehen, sollten neue TV und Mediendienste entwickelt und in das BK-Netz der Deutschen Telekom eingespeist werden.

Digitales Fernsehen selbst wird im Bundesprogramm jedoch nicht weiter erwähnt. In Abschnitt 7.3 „Anwendungen im privaten Bereich" von Info 2000 werden zwar neue Anwendungs und Bezahlformen von künftigen Fernsehdiensten aufgelistet (Near Video-on-demand, Pay per channel, interaktives PayTV). Es findet aber keine Auseinandersetzung mit den Bedingungen und Konsequenzen der Umstellung auf den digitalen Standard statt. Vielmehr wird darauf verwiesen, dass die Entwicklung interaktiver Anwendungen im Fernsehbereich ungewiss ist, und dass dafür technische, anbieter und nutzerspezifische Faktoren verantwortlich sind.

Insgesamt wurde digitales Fernsehen nicht als Gegenstand von Maßnahmen des Bundesprogramms angesehen, weil es wie andere Rundfunkdienste auch zum originären Aufgabengebiet der Länder gezählt wurde. Die Fragen, die das digitale Fernsehen über die inhaltliche Regulierung hinaus aufwerfen (Zugang zur Plattform, Verschlüsselung, Set-Top-Box-Standardisierung usw.) waren damals zwar schon in der allgemeinen Diskussion. In Info 2000 nimmt die Bundesregierung dazu allerdings keine Stellung.

Erst 1998 wurde nach dem Vorbild der Entscheidung der amerikanischen Regulierungsbehörde FCC, digitales Fernsehen verbindlich bis zum Jahr 2006 einzuführen, auch in Deutschland eine ähnliche Migrationsentscheidung für das Jahr 2010 getroffen und Szenarien des Umstiegs von analoger auf digitale Technik ausgearbeitet. Dies geschah innerhalb der Initiative Digitaler Rundfunk (IDR), die die Bundesregierung ins Leben gerufen hatte, um die Interessen von Fernsehsendern, Geräteherstellern, Netzbetreibern und politischen Akteuren auf den verschiedenen Ebenen zu koordinieren. Direkte Auswirkungen auf das Pilotprojekt ITB Multimedia Bayern hatte die Initiative Digitales Fernsehen der Bundesregierung allerdings wegen der zeitlichen Verschiebung nicht.

5.3.3.2   Projektbeschreibung Grunddaten

ITB Multimedia Bayern war ein Projekt innerhalb des Landesprogramms „Bayern Online", das Mitte 1994 von der Bayerischen Staatsregierung initiiert worden war. Dieses Programm sollte die Entwicklung und den breiten Einsatz moderner Informations- und Kommunikationstechnik im Freistaat fördern. Mit dem Pilotprojekt ITB Multimedia Bayern sollte der Bereich des digitalen Fernsehens abgedeckt werden, von dem man sich neue interaktive Dienste und Chancen für die lokalen Medienunternehmen versprach.

Die Projektierung des ITB Multimedia Pilotprojekts wurde im Mai 1995 begonnen und erfuhr im Oktober 1996 eine konzeptionelle Neuausrichtung. Waren zu Beginn noch Entwicklungen im Bereich des überregionalen digitalen Fernsehens und Near-Video-on-Demand vorgesehen, so verkürzte sich die Zielsetzung des Projektes im Oktober 1996 auf die Erstellung lokaler und regionaler ITB-Dienste über Kabel. Die Veränderung der Zielsetzung des Projekts war der fortschreitenden Entwicklung beim kommerziellen digitalen Fernsehen geschuldet. Durch die bundesweite Einführung von Kirchs PayTV-Programm DF1 und der damit einhergehenden (relativen) Verbreitung der dbox, sahen die Projektverantwortlichen bei ITB Multimedia Bayern keinen Bedarf mehr, eine eigene „blauweiße Set-Top-Box" (Interview 9814, Kubicek/Beckert/Sarkar 1998, 6370) zu entwickeln. Stattdessen verständigten sich die Projektbeteiligten darauf, ausschließlich Inhalte und neue Dienste für den regionalen bayerischen Markt auf der Basis der bereits im Markt eingeführten dbox zu entwickeln.

Die Projektplanung sah vor, mit ersten Anwendungen in München und Nürnberg zu beginnen, weil dort die meisten Kabelkunden erreicht werden können. Grundsätzlich ging man davon aus, dass eine spätere Ausweitung auf ganz Bayern möglich ist. Nach der Konzeption vom Oktober 1996 sollten zwei Arten von neuen Diensten auf der dbox-Plattform eingeführt werden. Zum einen sollte dies ITB-Rundfunkdienste sein, die von lokalen TV-Produktionsfirmen entwickelt werden sollten und zum anderen sog. ITB-Mediendienste, die den Datenstrom des digitalen Fernsehens für interaktive Multimedia-Dienste nutzen sollten. Die Unterscheidung von TV und Mediendiensten war zunächst medienrechtlicher Natur, sie hatte aber auch Auswirkungen auf die konkrete Entwicklung der Inhalte: Unter ITB-Rundfunkdiensten wurden solche Dienste verstanden, die ihre wesentlichen Informationen im Bewegtbild haben, dem analogen Fernsehen insofern sehr nahe kommen und eine Datenrate benötigen, die mindestens dem heutigen PAL-Standard entspricht (ca. 6 Mbit/s). Als ITB-Mediendienste wurden solche Angebote bezeichnet, die vorwiegend neuartige Inhalte transportieren, ihre wesentlichen Inhalte nicht im Video-/Fernsehbereich haben, einen höheren Grad an Interaktivität (online oder offline) besitzen und in der Regel eine geringere Datenrate bei der Verbreitung benötigen (bis 2 Mbit/s) (vgl. ITB Multimedia Bayern 1996, 5ff).

Für die Übertragung der Dienste, die im Pilotprojekt entwickelt werden sollten, war der Sonderkanal 27 des Kabelnetzes vorgesehen, den die Bayerische Landesanstalt für neue Medien (BLM) zugewiesen hatte. Prinzipiell kann in einem digitalisierten 8 MHz Kabelkanal eine Datenrate von bis zu 38 Mbit/s erreicht werden. Die Aufteilung dieser Datenrate kann dann wahlweise in ITB-TV oder in ITB-Mediendienste erfolgen, wobei z.B. entweder sechs Fernsehprogramme oder bis zu 15 ITB-Mediendienste eingespeist werden können. Andere Kombinationen sind ebenfalls möglich. Ein Rückkanal für die interaktiven

Dienste war nicht vorgesehen, es sollten reine Verteildienste produziert werden, die allerdings durch das Prinzip des Datenkarussels ähnlich wie bei Videotext beim Nutzer den Eindruck von Interaktivität erwecken können, weil verschiedene „Seiten" ausgewählt werden können und dadurch eine gewisse Individualisierung des Text und Bildangebots möglich ist. Für das Angebot im Bereich der lokalen ITB TV-Dienste sollten unterschiedlich lange TV-Beiträge produziert und eingespeist werden, die dann in einer Endlosschleife wiederholt und regelmäßig aktualisiert werden sollten.

Es stellte sich jedoch bald heraus, dass die dbox-Plattform für die geplanten interaktiven Anwendungen ungeeignet war und dass die beteiligten Anbieter mit der Realisierung dieser komplexen Anwendungen produktionstechnisch überfordert waren, so dass der interaktive Teil des Pilotprojekts schließlich fallengelassen wurde. Nur der Bereich ITB TV-Dienste wurde weitergeführt. Kurz vor dem offiziellen Start des Pilotprojekts im März 1999 waren schließlich zehn lokale Inhalteanbieter in der Lage, jeweils halbstündige Fernsehsendungen zu unterschiedlichen Themenbereichen (lokale Berichterstattung, Gesundheitstipps, Bildungsprogramme) im digitalen Format einzuspeisen. Empfangen können hätten diese Angebote dann allerdings nur ca. 5.000 Haushalte in München und Nürnberg – und zwar von jenen Kabelfernsehhaushalten, die zu dieser Zeit Kirchs PayTV-Angebot DF1 abonniert hatten und deshalb über eine dbox verfügten.

Die insgesamt stockende Einführung von bundesweitem digitalem Fernsehen und der Mangel an Alternativen bei der technischen Plattform hatten zur Folge, dass die technische Reichweite für die neuen, im Pilotprojekt entwickelten Dienste, von Anfang an äußerst gering war. Die Diensteanbieter sahen sich unter diesen Umständen nicht in der Lage, ihre Angebote zu refinanzieren. Sie schlugen der Projektgesellschaft ITB Multimedia Bayern deshalb im März 1999 – unmittelbar vor dem bis dahin immer wieder hinausgeschobenen offiziellen Startschuss – vor, das Projekt zu beenden und auf die geplanten Investitionen in die technische Infrastruktur zunächst zu verzichten. Neben der Koordination der Inhalte- und Technikanbieter war es die Hauptaufgabe der Projektgesellschaft, ein sog. regionales Playout-Center zu konzipieren und aufzubauen. Playout-Center sind digitale Sendezentren, in denen die angelieferten Videobeiträge digitalisiert, aufbereitet, moduliert und ausgespielt werden. Diese technische Infrastruktur sollte aus Projektmitteln finanziert und den Diensteanbietern zwei Jahre lang kostenlos zur Verfügung gestellt werden. Die Bayerische Landesregierung hatte für den Aufbau und Betrieb des regionalen Playout-Centers sowie zur Finanzierung spezieller Angebote anfänglich einen Betrag von 15,8 Mio. DM in Aussicht gestellt. Im Laufe des Pilotprojekts wurde der Betrag zwar auf 5,2 Mio. gekürzt, aber am Ende wurden keine Landesgelder abgerufen, weil das Pilotprojekt eingestellt wurde, bevor der Auftrag für das regionale Playout-Center erteilt werden konnte.

Nach der Einstellung des Pilotprojekts wurde die Frage nach einem lokalen Playout-Center allerdings in einem anderen Zusammenhang wieder aktuell: Weil sich die privaten Netzbetreiber seit Anfang 1999 zunehmend von der Programm-zuspielung der Deutschen Telekom abkoppeln, verlieren die 18 Ballungsraum-sender in Bayern (tv.m/M1, Nürnberg TV, Passau TV usw.) im Kabelnetz zu-nehmend an Reichweite. In einem neuen, ITBS (Satellit) genannten, Pilotprojekt plant die Projektgesellschaft ITB Multimedia Bayern nun, diese Regionalsender digital über Satellit auszustrahlen, wozu ebenfalls ein Playout-Center benötigt wird. Die Satellitensignale werden dann über die neu installierten Kabelkopfsta-tionen der privaten Netzbetreiber aufgenommen und in ihre BK-Netze einge-speist.

5.3.3.3   Lokaler Handlungskontext: Betreiber und Content Provider

Die Idee für ein Pilotprojekt mit digitalem Fernsehen entstand 1994 im Rahmen der Landesinitiative „Bayern Online". In „Bayern Online" beschäftigte sich die bayerische Staatsregierung erstmals mit den neuen Möglichkeiten auf dem Ge-biet der Individual- und Verteilkommunikation sowie der Datenübertragung, die sich unter den Stichworten Datenautobahn und Multimedia entwickelten. Bayern sollte mit Hilfe verschiedener Landesprojekte bei der Einführung neuer Medien-technologien sowie bei der Ausstattung mit modernen Netzinfrastrukturen eine Spitzenstellung in Deutschland und Europa einnehmen (vgl. Ziemer 1997, 384).

Ein Großteil der Projekte innerhalb der Initiative „Bayern Online" war von der Absicht getragen, eine eigene, von der Deutschen Telekom unabhängige Telekommunikationsinfrastruktur aufzubauen. Im Hochschul- und Behörden-netz, bei den sogenannten Stadtnetzen oder bei der Gründung der Bürgernetzver-eine ging man davon aus, dass die Tarifstruktur des Ex-Monopolisten eine rasche und großflächige Verbreitung und Nutzung der neuen Medien behindern würde. Deshalb wurden in Bayern alternative Netze – vor allem durch Verknüpfung und Ausbau bereits vorhandener Infrastrukturen – aufgebaut, die solange von der Staatsregierung subventioniert werden sollten, bis sich die Preise der Deutschen Telekom an den neuen Wettbewerb angepasst hätten (vgl. Staatsregierung Bay-ern 1994 und Hummel 1999).

Aufbau und Ablauf: Dagegen sollte im Pilotprojekt ITB Multimedia Bayern bewusst das BK-Netz der Deutschen Telekom als technische Infrastruktur einge-setzt werden. Von der Bayerischen Staatsregierung wurden 15,8 Mio. DM zur Durchführung des ITB Multimedia Pilotprojektes in Aussicht gestellt. Im The-menarbeitskreis „Multimedia" von „Bayern Online" wurde 1994 unter Beteili-gung verschiedener lokaler Technik und Inhalteanbieter das Konzept des ITB-Pilotprojekts erarbeitet. Im Abschlussbericht dieses Themenarbeitskreises vom 5. Januar 1995 werden mehr als 100 Dienste aufgelistet, die über die digitale TV-Plattform realisiert werden sollten, wobei z. T. auch PCs als Endgeräte in Be-tracht kamen. Die Vorschläge reichten vom Filmangebot als Near-Video-on-Demand (Kirch-Gruppe) über einen elektronischen Versandhauskatalog (Quelle) bis hin zum interaktiven multimedialen Telestudium (Universität Erlangen-Nürnberg, vgl. Bayerische Staatskanzlei 1995, Anlage 1).

Knapp zwei Jahre nach der ersten Konzeption hatte sich die Situation beim digitalen Fernsehen grundlegend geändert: War die Konzeptionsphase noch durch eine hohe Unsicherheit hinsichtlich der technischen und dienstebezogenen Entwicklung gekennzeichnet, in der viel möglich schien aber wenig tatsächlich realisiert wurde, so hatte sich die Situation ab Ende 1996 zumindest soweit konkretisiert, dass man davon ausgehen konnte, dass digitales Fernsehen als überregionales PayTV-Angebot von großen Medienunternehmen eingeführt werden würde und lokale oder interaktive Dienste zunächst zurückgestellt würden. Kirch und Bertelsmann hatten sich auf die dbox als Plattform für ihre neuen Angebote DF1 und Premiere digital geeinigt und verfolgten eine breite Einführungsstrategie. Für das bayerische Pilotprojekt bedeutete dies, dass überregionales digitales Fernsehen kein Bereich mehr war, den das Projekt „wesentlich unterstützen muß und kann" (ITB Multimedia Bayern, 1996, 3). Stattdessen sah das im Oktober 1996 modifizierte Konzept von ITB Multimedia Bayern vor, nunmehr lokale und regionale ITB-Dienste auf der vorhandenen dbox-Plattform zu entwickeln. Zwar war damit die Frage geklärt, für welches Endgerät die neuen Dienste entwickelt werden sollten und dass es sich hinsichtlich der Zielgruppe schließlich um Fernsehzuschauer und nicht um PC-Nutzer handeln würde. Allerdings bedeutete die Kopplung des Projekts an die dbox-Plattform, dass die Chancen der neuen Dienste von der weiteren Verbreitung des PayTV-Angebots von Kirch und Bertelsmann abhängen würden.

Integration in vorhandene Technik: Im Unterschied zum herkömmlichen, analogen Fernsehen können beim digitalen Fernsehen technische Variablen das Spektrum des Angebots entscheidend beeinflussen: Die Technikkette ist ungleich länger und derjenige, der sie komplett kontrollieren kann, besitzt einen Vorteil bei der Vermarktung eigener Dienste und Inhalte. Während analoges Fernsehen einen relativ kurzen Weg vom Produzenten zum Empfänger zurücklegt und auf bereits vorhandene analoge Endgeräte zurückgreifen kann, müssen digitale Angebote mehrere technische Stationen passieren und benötigen eine Set-Top-Box, damit sie auf herkömmlichen analogen TV-Geräten darstellbar sind (siehe Abb. 57).

Abbildung 35: Technische Prozesskette digitales Fernsehen (Quelle: Eigene Darstellung in Anlehnung an Holznagel 1999, 6)

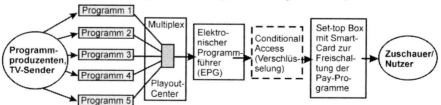

Zunächst muss das analoge Programm digitalisiert werden. Dieser als Multiplexing bezeichneter Vorgang wird zentral oder lokal in sog. Playout-Centern durchgeführt. Anschließend werden in den digitalen Datenstrom Zusatzinformationen eingefügt, die dem jeweiligen Programm einen bestimmten Programmplatz im Elektronischen Programmführer zuweisen und eine Beschreibung der Sendung beinhalten, die der Zuschauer ähnlich wie Videotext abrufen kann. Handelt es sich bei den übertragenen Programmen um Bezahldienste, müssen die Datenströme außerdem verschlüsselt werden (Conditional Access). Die Set-Top-Box beim Zuschauer wandelt den digitalisieren Datenstrom wieder in ein analoges Signal um, das auf herkömmlichen TV-Geräten dargestellt werden kann. Außerdem schaltet sie die Abo-Programme oder spezielle Dienste frei, für die der Zuschauer bezahlt hat.

Abbildung 36: Pilotprojekt ITB Multimedia Bayern Blockschaubild (Quelle: Eigene Darstellung)

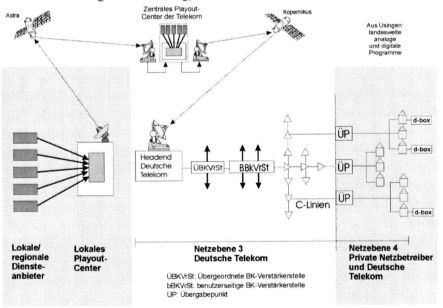

Finanzierung: Im ITB-Pilotprojekt ging man davon aus, dass kleinere, lokale Diensteanbieter nicht von sich aus in der Lage sein würden, die Kosten für die technische Aufbereitung zu übernehmen und plante deshalb ein gemeinsames lokales Playout-Center, das von Landesgeldern finanziert und nach der Förderungsphase gemeinschaftlich von den Inhalteanbietern betrieben werden sollte. Die Einzelkosten für die Diensteproduktion und die Zuspielung zum Playout-Center verblieben auch in der Projektphase bei den einzelnen Anbietern, wobei davon ausgegangen wurde, dass zunächst bereits vorhandene Inhalte neu zusammengestellt und Sendungen aus den laufenden Produktionen benutzt werden können.

Sowohl in München als auch in Nürnberg sollte ein lokales Playout-Center errichtet werden. Die lokalen Diensteanbieter sollten dort ihre Programme anliefern, welche nach einer Zwischenstation über das zentrale Playout-Center der Deutschen Telekom in Usingen via Satellit in die lokalen BK-Netze der Telekom in München und Nürnberg eingespeist werden sollten (siehe Abb. 36). Der Umweg über Usingen wurde notwendig, weil die Deutsche Telekom alle digitalen Programme, die sie ins Hyperband des Kabels einspeist, grundverschlüsselt. D.h. alle digitalen Programme werden unabhängig vom jeweiligen Betreiber mit dem Conditional Access (CA) der Deutschen Telekom bzw. der Kirch Gruppe belegt.

Bei den lokalen Inhalteanbietern handelte es sich zum größten Teil um Münchener oder Nürnberger TV-Produktionsfirmen, die im digitalen Fernsehen eine Chance sahen, ihre Programme in einem eigenen Kabelkanal zu vertreiben. Im interaktiven Teil des Pilotprojekts engagierten sich zu Beginn verschiedene Verlage und Medienfirmen sowie der private Netzbetreiber KMS. Kurz vor dem angestrebten Start des Pilotprojekts im März 1999 waren 17 Inhalteanbieter für Rundfunkdienste in München und Nürnberg in der Lage, eigene Inhalte einzuspeisen (vgl. Tab. 22).

Tabelle 22: Verbliebene Diensteanbieter im Pilotprojekt ITB Multimedia Bayern (Quelle: ITB Multimedia Bayern 1999, 3)

München:	Hippocrates Club (Thieme Verlag)
	Bayerischer Rundfunk
	KMS
	MGK/MIT
	Xanadu
	Keller Verlag
	Deutsch Media
	T.S.H.
	Telecost und Mikmedia
Nürnberg:	Franken Funk
	Perimed
	Rundfunk Media
	Neue Welle Bayern
	Müller Verlag
	Studio Gong (Radio- und Medienbeteiligungsgesellschaft
	KR Medien
	Bayerischer Rundfunk

Da sich die Koordination von Technik und Inhalten bei den geplanten Mediendiensten und bei den ITB-Rundfunkdiensten unterschiedlich gestalteten, werden diese Bereiche getrennt dargestellt:

Mediendienste: Verschiedene Content Provider wollten zu Beginn interaktive Dienste entwickeln, wobei die Vorstellungen, wie diese Dienste letztlich aussehen sollten, bis zum Schluss diffus blieben. So wollte eine Web-Agentur einen Trailer mit Bewegtbildern zeigen und anschließend einen Link zur eigenen Website anbieten, auf der verschiedene Informations- und Shopping-Angebote ausgewählt werden konnten. Auch die Idee einer automatischen Software-Verteilung über ITB wurde in der frühen Projektphase verfolgt. Weiterhin sollten lokale Veranstaltungskalender, wie sie aus dem Internet bekannt sind, für die dbox-Plattform adaptiert werden und den Fernsehzuschauern zur Verfügung gestellt werden.

Keine dieser interaktiven Anwendungen wurde letztlich realisiert. Bereits ein Jahr vor dem geplanten Start des Projektes waren nur noch reine Rundfunkdienste im Anwendungsbündel vertreten. Grund für das Scheitern der interaktiven Anwendungen war sicherlich die fehlende Erfahrung der Inhalteanbieter in diesem Bereich. Der wichtigste Grund für die Einstellung der Entwicklungsarbeiten für interaktive Anwendungen war aber letztlich die technische Ausstattung der dbox selbst: Der Elektronische Programmführer von Kirch lastete die Ressourcen der dbox bereits vollständig aus, so dass im Flash-ROM kein Speicherplatz zur Zwischenablage anderer Daten zur Verfügung stand. Ein sinnvoller Betrieb von Informations- und Datendiensten, die auf die Zwischenspeicherung beim Adressaten angewiesen sind, war somit generell nicht möglich.

Rundfunkdienste: Bei den Inhalteanbietern, die im Pilotprojekt Rundfunkdienste anbieten wollten, handelte es sich um regionale TV-Produktionsfirmen und um Fernsehabteilungen ortsansässiger Verlage, die ihre Beiträge normalerweise im Auftrag großer TV-Sender erstellen. Sie versprachen sich vom ITB-Projekt eine eigene Distributions-Plattform, d.h. einen eigenen Kanal, in dem sie ihre Beiträge neu zusammenstellen und vermarkten konnten. Ein eigenes Programm und evtl. ein spezielles Format für den digitalen Kanal war zwar angedacht. Zunächst sollten aber Fragen der Technik, der Übertragung und der Einspeisung geklärt werden, bevor größere Investitionen in die Programmerstellung getätigt wurden. Um die neue Technik auszuprobieren, erschien es zunächst ausreichend, bereits produziertes und im analogen TV gesendetes Material zu verwenden.

Organisation: Im Laufe des Pilotprojekts stellte sich heraus, dass die Überspielung, Übertragung, Verschlüsselung und Einspeisung der Programme ins Kabelnetz äußerst aufwendig und kompliziert war: Durch die Grundverschlüsselung der Deutschen Telekom mussten zunächst Teile der Funktionalität des regionalen Playout-Centers an das zentrale Playout-Center der Telekom in Usingen abgegeben werden (siehe abb. 36). Dort wurden die Datenströme einem erneuten Multiplex unterzogen, verschlüsselt und um die SI-Daten ergänzt, die per ISDN aus München und Nürnberg kommen sollten. Die Zusatzinformationen im Datenstrom stellten ein besonderes Problem dar: Das Application Programming Interface (API) des Betriebssystems, auf das der Elektronische Programmführer aufsetzt, wurde von Kirch lange Zeit unter Verschluss gehalten. Für die Zuschauer hätte es deshalb im elektronischen Programmführer zunächst überhaupt keinen Hinweis auf die neuen lokalen Angebote gegeben. Das Auffinden dieser Programme wäre reiner Zufall gewesen und eine Orientierung unmöglich.

Die Projektgesellschaft bemühte sich um eine Lösung dieser Probleme, wobei ungeklärte Zuständigkeiten bei der Deutschen Telekom und eine restriktive Informationspolitik bei Kirch die Verhandlungen schwierig machten. Eine stabile technische Produktionskette für die lokalen ITB-Dienste konnte unter diesen Umständen nicht aufgebaut werden. Insgesamt stellte sich heraus, dass die lokalen Diensteanbieter produktionstechnisch nicht in der Lage waren, attraktive Inhalte für das Pilotprojekt beizutragen. Vor dem Hintergrund mangelnder technischer Möglichkeiten der dbox, der schleppenden Entwicklung des digitalen TV-Marktes und der restriktiven Unternehmenspolitik von Kirch und Deutscher Telekom waren sie darüber hinaus auch nicht bereit, größere Investitionen in die inhaltliche Gestaltung der geplanten Angebote zu tätigen.

5.3.3.4   Lokaler Handlungskontext: Nutzungsbedingungen und Zielgruppe

Voraussetzung für die Nutzung der lokalen ITB-Dienste war die dbox, die an den Fernseher und die Kabelbuchse angeschlossen werden musste. Eine Verbindung der dbox zum Telefon war nicht notwendig, da ab Ende 1996 keine interaktiven Dienste mehr geplant waren, die einen Rückkanal erfordert hätten. Die dbox ist in Fachgeschäften erhältlich oder wird per Versand an die Haushalte geliefert. Sie kann allerdings nicht gekauft werden, sondern wird in Verbindung mit einem Abonnement für DF1 oder Premiere digital (inzwischen Premiere World) vermietet. Die monatliche Gebühr für das Abo-Fernsehen setzt sich dann zusammen aus der Miete für die dbox (20 DM) und den Abogebühren für die jeweiligen Programmpakete (zwischen 30 und 50 DM). Die PayTV-Sender DF1 und Premiere wurden im Oktober 1999 zu Premiere World zusammengelegt, nachdem Kirch die Bertelsmann-Anteile von Premiere übernommen und sein digitales DF1-Bouquet in das neue Unternehmen eingebracht hatte. Das Programmangebot im deutschen PayTV hat sich dadurch inhaltlich nicht wesentlich verändert. Nach wie vor besteht es aus Premium-Spielfilmen und der exklusiven oder erweiterten Übertragung von Sportereignissen und zielt damit auf ein unterhaltungs- und eventorientiertes Fernsehpublikum.

Das Marktpotential für digitales PayTV in Deutschland wird derzeit auf ca. acht Prozent geschätzt. Diese Schätzung bezieht sich sowohl auf die Verbreitung über Satellit als auch über Kabel. Anfang 1999 hatten DF1 und Premiere digital aber erst ca. 500.000 Abonnenten. Die Marktdurchdringung der dbox betrug damit (bei insgesamt 37,3 Mio. TV-Haushalten, Eito 1998, 157) nur ca. 1,3 Prozent, wobei zwei Drittel der dbox an Satellitenempfangsanlagen angeschlossen waren und nur ein Drittel in Kabelhaushalten installiert waren. Auf die Marktsituation in den Städten München und Nürnberg heruntergerechnet konnte 1999 von insgesamt ca. 5.000 Kabelboxen ausgegangen werden (Müller 2000; Tusch 2000). Diese 5.000 PayTV-Abonnenten hatten sich für DF1 oder Premiere digital entschieden, weil sie sich für hochwertige und aufwendig produzierte Mainstream-Kino bzw. TV-Filme interessierten. Ob sie sich ebenfalls für lokale Fernsehangebote interessiert hätten, die mit sehr viel geringerem Budget produziert wurden und die inhaltlich in keinem kohärenten Zusammenhang zueinander standen, kann bezweifelt werden. Darüber hinaus hätten die lokalen TV-Anbieter nicht auf dieselben Marketinginstrumente zurückgreifen können, die z.B. Kirch einsetzen konnte, um sein PayTV-Angebot bekannt zu machen.

Etablierte Nutzungsstrukturen: Wären die Programme, die für das Pilotprojekt entwickelt wurden, im März 1999 tatsächlich auf Sendung gegangen, hätten sie zunächst das relativ kleine Publikum der Early Adopters erreicht. Diese Nutzergruppe zeichnet sich normalerweise dadurch aus, dass sie experimentell und spielerisch mit der neuen Technik umgeht und neue Anwendungsmöglichkeiten ausprobiert. Über die Installation des Decoders und die Behebung anfänglicher technischer Probleme der Kabel-dbox hinaus (vgl. Bücken 1999, Goedecke 1999) gab es allerdings wenig Experimentiermöglichkeiten in diesem neuen Medium. Tatsächlich hat die eingeschränkte technische Funktionalität der dbox zur Folge, dass sich die Nutzung des digitalen Fernsehens kaum von der herkömmlichen TV-Nutzung unterscheidet. Eine Anknüpfung an etablierte Nutzungsstrukturen wäre also sichergestellt gewesen.

Zwar waren die Early Adopters die ersten, die sich mit der neuen Technik PayTV (bei DF1 und premiere digital) beschäftigten, generell setzte das neue Angebot aber kein spezielles technikaffines Publikum voraus. Im Gegenteil, die Bedienung des elektronischen Programmführers war nicht wesentlich voraussetzungsvoller als die Bedienung von herkömmlichem Videotext. Mit der Fernbedienung der dbox hätten schließlich alle lokalen Rundfunkdienste ausgewählt, Sendungen vorgemerkt und bei Bedarf auf Video aufgezeichnet werden können. Da interaktive Angebote, für die andere Nutzeranforde-rungen gelten, letztlich nicht weiterverfolgt wurden und nur „normale" TV-Dienste angeboten werden sollten, wären Anknüpfungspunkte an das etablierte Nutzerverhalten durchaus gegeben gewesen.

5.3.3.5   Rahmenbedingungen

Organisation – Marktstrukturen und Wettbewerbsumfeld: Die schleppende Einführung des digitalen Fernsehens, die Unsicherheit bezüglich des Endgerätemarkts und die unklare Strategie der Deutschen Telekom hinsichtlich der künftigen Nutzung des BK-Netzes führte letztlich dazu, dass die Diensteanbieter im ITB Pilotprojekt Inhalte für einen Markt produzierten, der sich einerseits als unterentwickelt und andererseits als exklusiv herausstellte. Die großen Spieler im digitalen TV-Markt in Deutschland hatten für regionale und interaktive Angebote in dieser frühen Phase keine Verwendung. Zu unklar war ihre eigene Strategie und zu inkonsequent die interne Ausrichtung auf die Möglichkeiten der digitalen Plattform – dies traf auf die Kirch Gruppe und Bertelsmann, vor allem

aber auch auf die Deutsche Telekom zu. Darüber hinaus wollte man keine Präze-
denzfälle schaffen, die die zukünftigen Handlungs und Verdienstmöglichkeiten
in diesem Markt hätten einschränken können. Entsprechend schwierig gestalteten
sich die Verhandlungen der ITB-Projektgesellschaft mit den großen Akteuren.

Die Rahmenbedingungen für das Pilotprojekt bilden zunächst die Auseinandersetzungen um die Plattform und die Marktentwicklung des digitalen Fernsehens in Deutschland. Prinzipiell laufen diese Auseinandersetzungen auf die
Frage hinaus, wie die technische Plattform – bestehend aus Playout-Center,
Verschlüsselungs- und Übertragungstechnik sowie Decoderboxen – beschaffen
sein muss, damit verschiedene, voneinander unabhängige Anbieter, unterschiedliche Dienste darauf anbieten können. Hintergrund ist die Tatsache, dass die
Haushalte nicht mehrere Set-Top-Boxen anschaffen wollen, sondern nur ein
neues Endgerät, mit dem dann möglichst alle digitalen Dienste darstellbar sei
sollten (vgl. z.B. Hofmeir 1999). Die Entwicklung einer solchen diskrimini-
rungsfreien Plattform setzt einen hohen Verständigungsgrad zwischen Inhalte-
und Technikprovidern, d.h. zwischen Programmveranstaltern, Netzbetreibern
und der Unterhaltungselektronikindustrie voraus. In Deutschland hat es beginnend mit der 1994 gegründeten Media Service Gesellschaft (MSG) mehrere
Anläufe gegeben, eine einheitliche Decodertechnik zu installieren. Dem erhöhten
Kooperationsbedarf standen allerdings jeweils eigene, zum Teil konträre Interessen der einzelnen Akteure entgegen.

Die Kirch Gruppe startete 1996 mit der Einführung von DF1 einen Allein-
gang beim digitalen Fernsehen. Die 100-prozentige Kirch-Tochter BetaResearch
entwickelte die Decoder-Technik, Nokia fertigte die Boxen mit einem Exklusiv-
Vertrag und die Programme wurden aus Kirchs umfangreichem Filmarchiv zu-
sammengestellt. Nicht zu übersehen war die Absicht der Kirch Gruppe, eine
Monopolstellung beim digitalen Fernsehen aufzubauen und als Gatekeeper künftige digitale Angebote zu kontrollieren. In Kooperation mit dem analogen Abo-
Sender Premiere, an dem Bertelsmann zur Hälfte beteiligt war, wurde das Pay-
Modell auf das digitale Fernsehen übertragen. Aus dem analogen Premiere-
Kanal wurden zunächst drei Premiere digital Kanäle und auf DF1 wurden die
Filme nur eine Woche später erneut abgespielt. Die Zusammenlegung von Pre-
miere und DF1 war dann ein konsequenter Schritt zur gemeinsamen Vermark-
tung der Programme im digitalen Abo-Markt.

Obwohl auch die digitalen Programme von ARD und ZDF über die dbox
empfangen werden können, hatten die öffentlichrechtlichen Sender von Anfang
an Vorbehalte gegen diese Plattform. Ihr Ansatz beim digitalen Fernsehen unterschied sich von Kirch und Bertelsmann insofern, als nicht neue Bezahlformen,
sondern intelligente Navigationsmöglichkeiten und neue interaktive Anwendungen eingeführt werden sollten. Dazu war die dbox technisch nicht geeignet bzw.
die Software nicht verfügbar, die zur Programmierung solcher Anwendungen
notwendig gewesen wäre. Die ARD entschied sich deshalb dafür, ihr eigenes

System zu entwickeln, wobei das API der amerikanischen Softwarefirma O-
penTV eingesetzt wurde.

Im Januar 1999 schlossen sich verschiedene Endgeräte-Hersteller, TV-
Sender, (darunter die ARD), Medienfirmen und Satellitenbetreiber zum Free
Universe Network (F.U.N.) zusammen, einer Allianz, die sich als unabhängige
Plattform für das digitale Fernsehen versteht und die eigene Decoderboxen pro-
duziert und vertreibt (vgl. www.funtv.de, www.galaxis.de). Die F.U.N.Boxen
können alle digitalen Angebote der öffentlichrechtlichen und der kommerziellen
Sender darstellen, für Premiere World fehlt ihnen aber das CA-Modul. Nutzer
des digitalen Fernsehens müssen sich momentan also zwischen PayTV und Free-
TV entscheiden oder aber zwei verschiedene Set-Top-Boxen kaufen.

Bei der Bewertung von übergeordneten Marktstrukturen, die sich auf den
Verlauf des Pilotprojekts ausgewirkt haben, kommt der Deutschen Telekom und
ihrer Strategie im Bereich des digitalen Fernsehens eine besondere Rolle zu. Im
ITB-Pilotprojekt trat das Unternehmen als Netzbetreiber und technischer
Dienstleister für die Einspeisung der lokalen Dienste in das BK-Netz auf. Die
Deutsche Telekom hatte sich Ende 1995 in einer Vereinbarung mit Kirch auf den
ausschließlichen Einsatz der dbox im Kabelnetz festgelegt. Das bedeutet, dass
alle gegenwärtigen und künftigen digitalen Angebote im Kabel über die dbox-
Plattform abgewickelt werden müssen. Diese Vorgabe betrifft zunächst die 17
Mio. Haushalte, die die Telekom direkt als Kabel-TV-Abonnenten unter Vertrag
hat, aber auch die Mehrzahl der privaten NE-4-Betreiber, die das Signal direkt
von der Deutschen Telekom übernehmen und nicht über die finanziellen Ressourcen verfügen, eine eigene Plattform aufzubauen.

Die Strategie der Deutschen Telekom hinsichtlich der Zukunft des digitalen
Kabels war während der Laufzeit des Bayerischen Pilotprojekts allerdings äußerst unklar. Einerseits sah sie sich als technischer Dienstleister, der ausschließlich für die Übertragung und Abrechnung von Programmen fremder Anbieter
zuständig ist und andererseits wollte sie sich selbst an der Programmzusammen-
stellung und Vermarktung von Inhalten beteiligen. Zur Folge für den Projektverlauf hatten derartige Unklarheiten, dass sich die Projektverantwortlichen auf
wechselnde Vorgaben einstellen mussten. Hinzu kam die Schwierigkeit, wegen
ungeklärter und wechselnder Zuständigkeiten einzelner Telekom-Bereiche,
kompetente Ansprechpartner und autorisierte Verhandlungspartner zu bekommen (vgl. ITB Multimedia Bayern 1999, 2). So wurden technische Fragen teilweise direkt mit BetaResearch im nahegelegenen Unterföhring diskutiert und
nicht mit der Telekom, die der eigentliche Ansprechpartner gewesen wäre. Im
Mai 1999 wurden im abschließenden ITB-Projektbericht verschiedene tech-
nischorganisatorische Punkte aufgeführt, die die Telekom bis zum Ende offen
gelassen bzw. nicht eindeutig geklärt hatte, darunter die Verschlüsselungsfrage,
der Aufbau eines Telekomeigenen Playout-Centers und das Endgerätekonzept
des Unternehmens (vgl. ITB-Bericht 25.5.99, 2). Den letzten Ausschlag für die
Entscheidung der Diensteanbieter, das Projekt im März 1999 abzubrechen, gaben

die Preisvorstellungen der Telekom für vorgeschriebene technische Dienstleistungen (Verschlüsselung, Transport, Einspeisung). Nach langwierigen Verhandlungen setzte die Deutsche Telekom den Preis pro MBit/s auf 150.000 DM pro Jahr fest.

Die regionalen Diensteanbieter hatten für ihre Dienste Bandbreiten zwischen 2 und 6 MBit/s beantragt (ITB Multimedia Bayern, 1999, 3). Jährlich hätten die Firmen also jeweils 600.000 DM für die technische Verbreitung aufwenden müssen, obwohl sie in den Städten München und Nürnberg zu dieser Zeit insgesamt nur ca. 5.000 Haushalte erreicht hätten. Die in der Branche übliche Umrechnung in Tausenderkontaktpreise (TKP) fiel für die Diensteanbieter verheerend aus; auf dieser Basis konnten die ausgearbeiteten Geschäftsmodelle der Anbieter nicht funktionieren (Müller 2000).

Die prohibitive Preisgestaltung der Telekom hing offensichtlich damit zusammen, dass sich das Unternehmen von der künftigen Vermarktung der digitalen Frequenzen jene Gewinne verspricht, die sie im analogen Bereich aufgrund von medienrechtlichen Vorgaben nicht realisieren kann. Bislang stellt der Netzbetreiber lediglich die technische Übertragungskapazität für Programme zur Verfügung, die nicht vom Unternehmen selbst, sondern von den Landesmedienanstalten im Rahmen sog. Rangfolgeentscheidungen für die Kabeleinspeisung festgelegt werden. Im Unterschied dazu gibt es im digitalen Hyperband oberhalb von 450 MHz lediglich für ein Drittel der Programmplätze solche Verbreitungsvorgaben der Landesmedienanstalten. Ist dieser sog. mustcarryBereich abgedeckt, verbleiben dem Netzbetreiber die restlichen zwei Drittel zur freien Belegung. In diesem Bereich versucht die Deutsche Telekom seit einiger Zeit, ein neues Marktmodell nach dem Vorbild amerikanischer Netzbetreiber einzuführen, d.h. eigene Programmpakete zu vermarkten oder zumindest an den Einnahmen anderer Programmanbieter zu partizipieren. Entsprechend versucht das Unternehmen, diesen Frequenzbereich für künftige massenattraktive Inhalte freizuhalten und sich nicht auf lokale oder interaktive Dienste festzulegen, deren Erfolgsaussichten ungewiss sind.

Finanzierung – Interesse der Geldgeber: Zur Entwicklung und Koordination der neuen Dienste war im Juli 1996 die Betreibergesellschaft ITB Multimedia Bayern GmbH gegründet worden. Sie ist eine 100prozentige Tochter der Bayerischen Landesanstalt für neue Medien (BLM). Die ITB-Gesellschaft war im Pilotprojekt die zentrale Anlaufstelle für die Diensteanbieter und fungierte als Organisationszentrum für die benötigte Technik. Die Betreibergesellschaft selbst verfolgte keine finanziellen Interessen und muss prinzipiell in einem anderen Kontext gesehen werden als z.B. die InfoCity NRW-Projektgesellschaft. Diese hatte die Aufgabe, ein neues Geschäftsfeld für den Netzbetreiber zu bearbeiten und war als o.tel.o Tochter direkt an die Vorgaben des Mutterkonzerns gebunden. Entsprechend hatten dort sowohl das Geschäftsmodell des Netzbetreibers als auch die verschiedenen Eigentümerwechsel Auswirkungen auf den Verlauf des Pilotprojekts (vg. Fallstudie InfoCity NRW). Bei ITB Multimedia handelt es sich dagegen um eine staatlich finanzierte Betreibergesellschaft, deren Ziel es war, die vorhandenen lokalen Diensteanbieter zusammenzubringen und sie bei ihrer Absicht zu unterstützen, neue Dienste auf der digitalen Plattform zu realisieren. Die ITB-Gesellschaft verstand sich dabei als Schrittmacher einer lokalen Medienentwicklung, die nur deshalb noch nicht in Gang gekommen war, weil es keine Koordinationsplattform zur Ausrichtung der Interessen gab, bzw. weil die technisch-organisatorischen Vorarbeiten nicht von einzelnen Content-Providern alleine geleistet werden konnten. Das ITB-Pilotprojekt sollte in diesem Zusammenhang lediglich Starthilfe für die Anbieter leisten.

Nach der „Initialzündung", d.h. der Ausschreibung der Sonderfrequenz, dem Aufbau des regionalen Playout-Centers und den Verhandlungen mit der Deutschen Telekom über die Einspeisegebühren, sollte die Projektgesellschaft wieder aufgelöst werden bzw. sich anderen Aufgaben widmen. Der Betrieb des Playout-Centers sollte dann unter der Regie der Diensteanbieter weitergeführt werden. Die Anschubphase sollte zwei Jahre dauern, wobei der offizielle Förderbeginn mit dem Startschuss für das regionale Playout-Center zusammenfallen sollte. In Nürnberg hatten die Diensteanbieter am 27. Juli 1998 tatsächlich eine Betreibergesellschaft gegründet. Die DSN (Digitales Sendezentrum Nürnberg) GmbH, die das Playout-Center in Nürnberg aufbauen und betreiben sollte, kam jedoch nicht über die Ausschreibung für die technischen Einrichtungen hinaus. Im März 1999 teilte die ITB-Projektgesellschaft der Bayerischen Staatregierung schließlich mit, dass sie die in Aussicht gestellten 5,2 Mio. DM Fördergelder nicht abrufen wird.

Recht – Konkrete Regulierungsbestimmungen für das neue Angebot: Medienrechtlich erfolgte die Durchführung des ITB-Pilotprojektes Bayern auf der Grundlage des Art. 35 des Bayerischen Mediengesetzes (BayMG). Art. 35 BayMG stellt die Weiterverbreitung von TV-Programmen in Kabelnetzen unter die Genehmigungspflicht der BLM. Voraussetzung für die Genehmigung ist u.a. die Einhaltung von Urheberrechts und Ausgewogenheitsbestimmungen sowie die Einhaltung von Bestimmungen des Europäischen Übereinkommens über das grenzüberschreitende Fernsehen (BayMG, Art 37). Konkret mussten die Diensteanbieter einen öffentlichrechtlichen Vertrag mit der BLM abschließen, der die medienrechtliche Genehmigung nach dem Bayerischen Mediengesetz enthielt.

Über die medienrechtliche Genehmigung von Rundfunkprogrammen und rundfunkähnlichen Diensten hinaus ist die BLM für die Zuweisung von Kabelkanälen im BK-Netz der Deutschen Telekom zuständig. Für das Pilotprojekt wurde der Sonderkanal 27 zugewiesen, der innerhalb der bundesweit einheitlichen Heranführungsstruktur über DFS-Kopernikus nicht mit überregionalen Programmen belegt war (vgl. ITB Multimedia Bayern 1998, 5). Für die Belegung dieses Kanals in den Kabelnetzen München und Nürnberg hatte die Landeszentrale im Bayerischen Staatsanzeiger Nr. 19 vom 8. April 1998 eine Bekanntmachung über die „Erprobung und Einführung von Digital Video Broadcasting (ITB) in Bayern – Lokales ITB-Pilotprojekt" – veröffentlicht. In dieser Veröffentlichung wurden interessierte Unternehmen dazu aufgefordert, eine Bewerbung bei der Landeszentrale einzureichen, in der die geplanten Dienste mit ihren technischen Anforderungen dargestellt werden sollten. Jenen Firmen, die bereits in der Planungsphase seit 1995 am ITB-Pilotprojekt mitgewirkt hatten, wurde eine vorrangige Behandlung zugestanden.

Auf die Bekanntmachung gingen insgesamt 18 Bewerbungen von Unternehmen in München und Nürnberg ein (vgl. epd medien, 1998). Diesen Unternehmen wurde schließlich nach der Unterzeichnung der öffentlichrechtlichen Verträge Datenkanäle zwischen 2 und 6 MBit/s für den Betrieb ihres Angebots zugewiesen. Insgesamt stellte das Genehmigungs- und Zuweisungsverfahren für die Anbieter kein Hindernis dar. In der Anfangsphase des Pilotprojekts, als noch interaktive Datendienste geplant waren, wurde von der Projektgesellschaft darauf geachtet, dass die Bezeichnung „Internet-ähnlich" vermieden wurde. Für Internetähnliche Abrufdienste (Teledienste) hätte die BLM nämlich mangels Zuständigkeit keine Genehmigungen über den Pilotbetrieb hinaus erteilen können. Jedoch wurde dies von den Diensteanbietern nicht als Problem wahrgenommen, weil Teledienste nach dem IuKDG ohnehin keiner Zulassungsgenehmigung bedürfen.

5.3.3.6   Prognosen

Obwohl die technische Möglichkeit besteht, die notwendigen Kabelkanäle in gewissem Umfang verfügbar sind und die Diensteanbieter durchaus Interesse an neuen Verbreitungsformen haben, sind die mittelfristigen Erfolgsaussichten für lokale Dienste auf der digitalen TV-Plattform in Deutschland eher schlecht. Bei ITB Multimedia Bayern hat sich gezeigt, dass einer Realisierung solcher Dienste bisher noch eine Reihe von unternehmensstrategischen und produktionstechnischen Faktoren entgegen stehen. Dies hat wesentlich mit dem frühen Entwicklungsstand des digitalen Fernsehens in Deutschland zu tun. Regionale Dienste auf der digitalen Plattform, so kann man aus den Erfahrungen des Pilotprojekts schließen, kommen erst in der Folge einer größeren Verbreitung des überregionalen digitalen Fernsehens zustande. Nur die großen überregionalen privaten und öffentlich-rechtlichen Programmanbieter verfügen in der Regel über die finanziellen Möglichkeiten, eine eigene technische Infrastruktur aufzubauen. Diese Investitionen sind mit einem hohen Risiko behaftet. Ähnlich wie bei anderen interaktiven Angeboten, für deren Realisierung umfangreiche technische Vorarbeiten notwendig sind, bedarf es eines langen Atems bzw. einer langfristigen Strategie, die man als Pay-and-Pray-Strategie bezeichnen könnte: Zuerst müssen erhebliche Infrastrukturvorleistungen erbracht werden, um das neue Angebot auf den Markt zu bringen. Anschließend können die Betreiber nur beten, dass die neuen Dienste auf genügend Akzeptanz stoßen, um die Refinanzierung zu ermöglichen. Entsprechend hat man sich in Deutschland erstens an bewährte, funktionierende Inhalte (Spielfilme, Sport, Events) gehalten, zweitens Verbündete bei der Kabelverbreitung gesucht (Deutsche Telekom) und drittens versucht, die Plattform für fremde Anbieter unzugänglich zu machen. Diese Exklusivitätsstrategie wird aber aus unterschiedlichen Gründen nicht auf Dauer Bestand haben können. Langfristig kann man aber davon ausgehen, dass eine diskriminierungsfreie digitale Plattform lokalen Anbietern neue Chancen eröffnen wird.

In der digitalen TVWelt werden regionale Dienste allerdings nicht von alleine entstehen. Regionale Playout-Center und Medienverbünde werden deshalb auch in Zukunft eine wichtige Rolle spielen. Das ITB Pilotprojekt hat vor diesem Hintergrund wichtige, wenngleich zunächst fruchtlose Pionierarbeit geleistet. Dass das Thema „regionales Playout-Center" weiterhin aktuell ist, zeigt das Nachfolgeprojekt von ITB Multimedia Bayern, das von der Projektgesellschaft unter dem Namen „ITBS" Ende 1999 begonnen wurde. Im ITBS (Satellit)Projekt geht es darum, bestehende Ballungsraum-Sender bei der digitalen Verbreitung ihrer Programme zu unterstützen. Hintergrund ist die Tatsache, dass sich immer mehr private Kabelnetzbetreiber von der Einspeisung durch die Deutsche Telekom abkoppeln und eigene Kabelkopfstationen aufbauen. Für die Ballungsraum-Sender in Bayern (TV Nürnberg, TV Passau, TV Garmisch, Regensburg TV usw.) ist dies mit einem Reichweitenverlust verbunden, da sie in der Regel nur über Kabel empfangen werden können und über die Kopfstationen der Deutschen Telekom eingespeist werden. Dieser Reichweitenverlust soll langfristig über die digitale Verbreitung via Satellit ausgeglichen werden.

Dazu wird ein Transponder-Kanal angemietet, über den die lokalen Programme nach der Digitalisierung im lokalen Playout-Center ausgestrahlt werden. Wie die landesweiten Programme können nun auch die digitalen lokalen Programme von den Kopfstationen privater Netzbetreiber empfangen und ins Kabel eingespeist werden. Außerdem können sie direkt über Satellit empfangen werden. Benutzt wird auch hier die dbox, wobei den lokalen Sendern die seit Ende 1999 gestiegene Abonnentenzahl von Premiere World und damit die generell höhere Verbreitung der dbox in SatellitenHaushalten zugute kommt.

Während lokale TV-Programme auf der digitalen Plattform langfristige und unter den genannten Bedingungen durchaus gute Entwicklungschancen haben, muss die Situation für interaktive Dienste über die dbox kritischer bewertet werden. Neue digitale Fernsehprogramme lassen sich relativ leicht in das bestehende technische System integrie-ren. Dies gilt nicht in gleichem Maße für interaktive Dienste und wird vor allem dann zum Problem, wenn ein Rückkanal z.B. über Telefon oder ISDN benötigt wird. Hierfür sind nicht nur die Anforderungen an die technische Ausstattung der Set-Top-Box wesentlich höher (FlashROM, Festplatte, Prozessorkapazität, Zweiter Tuner usw.), es müssen auch Organisationsstrukturen geschaffen werden, die die Kommunikation und Transaktion zwischen Sender und Empfänger ermöglichen (Einwahlpunkte, Abrechnungssystem, Verknüpfungen zwischen Programm und interaktiven Elementen).

Die dbox ist trotz verschiedener Modifikationen nur sehr begrenzt tauglich für interaktive Anwendungen. Auch wenn die nächste Generation der dbox eine höhere Performance hat, wie von Premiere World angekündigt – ein genereller Austausch der Boxen ist mit hohen Kosten verbunden und deshalb unwahrscheinlich. Die Mehrzahl der Abonnenten wird deshalb auch in den kommenden Jahren einen technisch veralteten Decoder besitzen.

5.3.3.7 Zur Bedeutung der verschiedenen Ebenen

Dem Bundesprogramm Info 2000 diente das Pilotprojekt ITB Multimedia Bayern als Beispiel für ein innovatives Medienprojekt. Die erklärte Absicht der Bundesregierung, die Kommunikationsmöglichkeiten der Haushalte zu erweitern und die Rahmenbedingungen für die Entwicklung digitaler und interaktiver Dienste zu verbessern, blieb jedoch ohne Konsequenzen für das Projekt. Auch die Ankündigung in Info 2000, im Rahmen der „Gespräche mit den Ländern und den Netzbetreibern für eine bundesweite Koordinierung der Pilotprojekte" ein[zu]treten, […] und auf diese Weise dazu bei[zu]tragen, zu möglichst bundesweit einführbaren Anwendungen zu gelangen" (Info 2000, 102), stellt sich im Zusammenhang mit dem ITB-Pilotprojekt nur als vage Absichtserklärung ohne konkrete Bedeutung dar. Tatsächlich stellte sich bei der Befragung der Akteure vor Ort heraus, dass das Bundesprogramm Info 2000 nicht einmal bekannt war. Die Bedeutung des bundespolitischen Kontexts für den Verlauf des Projekts kann deshalb als nichtexistent bewertet werden.

Allerdings war das Pilotprojekt in einen landespolitischen Zusammenhang eingebunden, nämlich in die Initiative „Bayern Online", die in der Darstellung zum lokalen Handlungskontext gezählt wurde. Nach der Gründung der Projektgesellschaft nahm die Landesregierung keinen Einfluss mehr auf den konkreten Verlauf des Projekts. Das weitere Vorgehen wurde dem Management der Projektgesellschaft überlassen, das zusammen mit den Diensteanbietern technische und organisatorische Lösungen zur Etablierung neuer lokaler Dienste erarbeiten sollte.

Das Konzept sah vor, dass die Projektgesellschaft neben der Koordination der Diensteanbieter lediglich das fehlende Glied in der technischen Produktionskette – nämlich den Aufbau des lokalen Playout-Centers – finanzieren sollte. Während die Diensteanbieter also ihre eigene Kosten-Nutzen-Rechnungen aufmachen mussten, wären die staatlichen Gelder lediglich dafür verwendet worden, die Gemeinkosten zu finanzieren, die bei der Verbreitung digitaler Dienste auf der TV-Plattform für alle Diensteanbieter angefallen wären. Dieser Ansatz hätte sich durchaus als glückliche Konstruktion erweisen können, weil die Anbieter über die Senkung der Markteintrittsschwelle zu eigenen Aktivitäten motiviert wurden, gleichzeitig aber eine Ausrichtung an betriebswirtschaftlichen Kriterien gewährleistet blieb.

Insgesamt war die lokale Handlungsebene jedoch nicht die entscheidende
Ebene für das Scheitern des Projekts. Vielmehr waren es die Rahmenbedingungen, d.h. die Marktstrukturen und das Wettbewerbsumfeld, in dem in Deutschland digitales Fernsehen eingeführt wurde, die letzlich zum Scheitern des Pilotprojektes führten. Die bundespolitische Enthaltsamkeit bei der Regulierung des
digitalen Fernsehens muss auf die Kompetenzverteilung zwischen Bund und
Ländern in der Medenpolitik zurückgeführt werden. Obwohl im Aktionsprogramm Info 2000 erkannt wurde, dass die Entwicklung neuer digitaler Medien
und v.a. des interaktiven Fernsehens eine Koordination zwischen Bund und Ländern erfordert, hat diese Koordination letztlich nicht stattgefunden. Im Gegenteil,
während sich die Länder für die Offenlegung des dbox-Systems und für einen
diskriminierungsfreien Zugang zum digitalen Fernsehen einsetzten, unterstützte
Helmut Kohl die Allianz zwischen Kirch, Bertelsmann und der Deutschen Telekom. Seine persönliche Intervention bei der Europäischen Kommission konnte
allerdings nicht verhindern, dass das Bündnis, das eine geschlossene Plattform
festgeschrieben hätte, 1997 verboten wurde. Trotz dieses Verbots ist aufgrund
der Marktbeherrschung der Deutschen Telekom im Kabelbereich weiterhin faktisch jeder kommerzielle Programmanbieter gezwungen, für seine Kabelverbreitung die von der Telekom verwendete Technologie zu nutzen. Die führt auch im
Bereich der technischen Dienstleistungen im digitalen TV zu einer Marktbeherrschung (vgl. Platho 1999, 97 ff.). Für die Regulierung des Kabelnetzes der Telekom ist prinzipiell die Regulierungsbehörde für Post und Telekommunikation
(RegTP) zuständig. Im Telekommunikationsgesetz, das 1996 – auch im Rahmen
des Aktionsplans für die Informationsgesellschaft – erlassen wurde, finden sich
allerdings keine Regelungen, die es der RegTP ermöglichen würden, auf die
technische oder organisatorische Entwicklung des Kabelnetzes Einfluß zu nehmen. Auch aus dieser Perspektive erweist sich die Umsetzung des Aktionsprogramms Info 2000 als defizitär bzw. als ungeeinet, die Handlungsbedingungen
vor Ort im Sinne der Ermöglichung neuer Dienste zu beeinflussen.

5.3.4   Zusammenfassung Deutschland

Vor dem Hintergrund der Ergebnisse aus den drei deutschen Fallstudien soll in
diesem Kapitel eine Beurteilung des politischen Programms erfolgen. Die Frage,
die es hier zu beantworten gilt, lautet: Waren die Maßnahmen der politischen
Initiative geeignet, die regulatorischen Barrieren zu beseitigen, konnte sie die
notwendigen Anstöße geben und konnte sie die Koordinationsprozesse unterstützen, die für den Verlauf des Projekts wichtig waren? Dazu muss zunächst dargestellt werden, welche Anknüpfungspunkte es zwischen der politischen Initiative
und den Medienprojekten gab. Diese Frage wurde in den Fallstudien bei der
Beschreibung der Ebenen „Rahmenbedingungen" und „Bedeutung der politischen Initiative" ausgeführt. In diesem Kapitel werden daraus in einer synopti-
schen Darstellung die speziellen Variablen für die Projekte zusammengestellt.

In einem zweiten Schritt erfolgt die Einschätzung der Zielerreichung des Programms anhand der in Info 2000 formulierten Ziele. Die Bereiche, in denen die jeweiligen Maßnahmen und Ziele formuliert wurden, sind dabei „Liberalisierung der Telekommunikation", „Anpassung der rechtlichen Rahmenbedingungen", „Koordination mit den Bundesländern", „Pilotprojekte zum interaktiven Fernsehen" und „Initiative Digitaler Rundfunk".

5.3.4.1 Multimedia Baden-Württemberg

In Info 2000 wird zwar von der Notwendigkeit einer Koordination der Pilotprojekte der Deutschen Telekom zum interaktiven Fernsehen gesprochen. Erreicht werden sollte dadurch die Bündelung von Know-how mit dem Ergebnis, dass bundesweit einführbare neue Dienste aus diesen Projekten entstehen. Tatsächlich hätte eine bessere Koordination der insgesamt sieben Pilotprojekte der Deutschen Telekom vor allem den Diensteanbietern geholfen, einheitliche Anwendungen zu gestalten und Mehrfachentwicklungen zu vermeiden. Die Strategie der Telekom war es allerdings, in den verschiedenen Pilotprojekten unterschiedliche technische Infrastrukuren zu testen, wobei dienstespezifische und inhaltliche Fragen in den Hintergrund gedrängt wurden.

Von Seiten der Bundesregierung gab es trotz der Absichtsbekundung in Info 2000 keine Intervention bei der Deutschen Telekom für eine inhaltliche oder konzeptionelle Abstimmung zwischen den Projekten. Auf der anderen Seite wirkte sich die im Rahmen von Info 2000 ausgearbeitete Liberalisierung des Telekommunikationsmarktes negativ auf den Verlauf des Pilotprojekts aus. Die Telekom war durch die Vorbereitungen auf die Privatisierung mit internen Umstrukturierungsmaßnahmen beschäftigt und plante eine Konzentration auf ihr Hauptgeschäft, den Telekommunikationsbereich. Feldversuche zu interaktiven Diensten auf dem Kabel-TV-Netz waren vor dem Hintergrund der Privatisierung sowie aufgrund erwarteter Interventionen der Europäischen Kommisssion zur Ausgliederung des Kabelnetzes für das Unternehmen nicht mehr vertretbar. Außerdem wollte die Telekom nicht in die Situation geraten, sich künftig selbst Konkurrenz zu machen, wenn nämlich Telefondienste auch über das aufgerüstete Kabelnetz möglich würden.

Von Seiten der Bundesregierung gab es weiterhin keine flankierenden Maßnahmen, um den Verlauf des Projektes positiv zu beeinflussen. Zwar war die badenwürttembergische Landesregierung in dieses Projekt involviert, Maßnahmen im Bildungs oder Qualifikationsbereich waren allerdings nicht vorgesehen.

5.3.4.2 InfoCity NRW

Problematisch für den Verlauf des InfoCity-Pilotprojekts hat sich die schleppende Einführung des digitalen Fernsehens und die Aufteilung des Kabelnetzes in Telekom und private Betreiberebenen ausgewirkt. Die fehlenden Standards für eine Kabel Set-Top-Box, mit der digitales Fernsehen und interaktive Dienste hätten empfangen können, machten die Entwicklungen der Projektbetreiber zu einem rein technisch bestimmten Versuch. Auf der anderen Seite erwies sich die Projektkonzeption als flexibel genug, um in einem zweiten Schritt statt auf Fernsehen auf breitbandige Online-Dienste für Kabelhaushalte zu setzen. Hier stellte sich aber heraus, dass ein rentables Kabelmodemsystem nicht betrieben werden kann, solange die NE-4-Übergabepunkte nicht untereinander mit Glasfaserleitungen verbunden sind. Eine Alternative für diese Strecke wäre die Einbeziehung der Netzebene 3 gewesen, die sich allerdings in der Hand der Deutschen Telekom befindet. Die deutsche Telekom hat jedoch kein Interesse, Teile ihres Kabel-TV-Netzes aufzurüsten und privaten Netzbetreibern zur Verfügung zu stellen.

Hätte o.tel.o als Betreiber von InfoCity auf die Netzebene 3 zurückgreifen können, wäre das Testgebiet nicht auf jene Haushalte beschränkt gewesen, die sich auf o.tel.oeigenen Netzinseln befanden. Diese Netzinseln lagen vornehmlich in Gebieten mit schwach ausgebildetem Interesse an Internetanwendungen im Allgemeinen und an breitbandigen Zugängen im Besonderen. Auch hier gab es von Seiten der Bundesregierung keine flankierenden Maßnahmen, die die Bekanntheit des Angebots verstärkt hätte oder eine Verbreitung gefördert hätte.

5.3.4.3   ITB Multimedia Bayern

Das ITB Multimedia Bayern Pilotprojekt in München und Nürnberg kam wie alle untersuchten deutschen Medienentwicklungsprojekte in einem landespolitischen Zusammenhang zustande. Für den Verlauf des Projekts waren dann aber weniger landespolitische Maßnahmen entscheidend, sondern nationale Vorgaben, die von der Bundesregierung hätten adressiert werden müssen. Konkret ging es – ähnlich wie zunächst bei InfoCity – um den Standard für das digitale Kabelfernsehen und um die Einführung des digitalen Fernsehens. Hier wirkte sich insbesondere die Strategie der Kirch-Gruppe aus, im Bereich des digitalen Fernsehens ein Monopol aufzubauen, d.h. Technik und Inhalte zu verbinden und keine anderen Anbieter auf der eigenen technischen Plattform zuzulassen. Da sich die Kirch-Gruppe zur Verbreitung ihres digitalen Abo-Angebots mit der Deutschen Telekom zusammengetan hatte, gab es für die im ITB-Pilotprojekt beteiligten Diensteanbieter keine andere Möglichkeit der Übertragung ihrer Angebote als über die dbox. Die Telekom selbst war aber für die Einspeisung lokaler TV-Dienste und deren Abrechnung nicht vorbereitet, bzw. hatte kein Interesse an der Aufnahme dieser Dienste ins Kabelnetz.

Da die Bundesregierung zum Zeitpunkt der Durchführung des Projekts kein Konzept für die Einführung des digitalen Fernsehens hatte und sich die Landesmedienanstalten mit ihrer Forderung nach einer offenen und diskriminierungsfreien Kabel-Plattform nicht durchsetzen konnten, scheiterte das Projekt schließlich an den Rahmenbedingungen. Inzwischen hat der Druck der Landesmedienanstalten und der EU auf die Kirch-Gruppe zur Öffnung der digitalen Plattform, aber auch die Einsicht des Unternehmens selbst, dass vielfältige Angebote zu einer höheren Akzeptanz führen, bewirkt, dass auch andere Anbieter das System nutzen können. Zumindest, wenn sie ihre Inhalte über Satellit ausstrahlen wollen. Für das von der Telekom dominierte BK-Netz gilt nach wie vor, dass Managementprobleme und die mangelnde Priorität der neuen Dienste, eine Verbreitung auf dieser Infrastruktur erheblich erschweren und dafür kaum rentable Konditionen zulassen.

5.3.4.4   Einschätzung der Zielerreichung von Info 2000

Liberalisierung der Telekommunikation: Die wichtigste, in Info 2000 formulierte Maßnahme zur Förderung der Medienentwicklung war die Liberalisierung des Telekommunikationssektors. In der originären Zuständigkeit des Bundes sollte hier Wettbewerb bei Telekommunikationsdiensten entstehen und so kundenfreundlichere Preise ermöglicht werden. Tatsächlich hat sich seit Januar 1998 vor allem im Ferngesprächsmarkt eine deutliche Senkung der Gesprächsgebühren bemerkbar gemacht. Im Ortsnetzbereich dagegen, der für Online-Verbindungen besonders wichtig ist, konnte das TKG noch keinen Wettbewerb herstellen. De facto besitzt die Deutsche Telekom im Ortsnetzbereich weiterhin ein Monopol, worauf bereits die Europäische Kommission hingewiesen hat, die jüngst entsprechende Maßnahmen zur Öffnung dieses Marktes forderte.

Weiterhin zeigte die Untersuchung, dass sich die Nichtthematisierung der Doppeleigentümerschaft der Deutschen Telekom beim Telefon und beim Kabel-TV-Netz negativ auf die Entwicklung neuer Dienste ausgewirkt hat. Im Gesetzgebungsprozess zum TKG spielte dieses Thema keine Rolle. Offenbar sahen die Beteiligten keine Notwendigkeit für eine organisatorische und geschäftliche Trennung von Telefon und Kabel-TV-Netz. Im Resultat bedeutet dies, dass der Ansatz, über mehr Wettbewerb neue Dienste zu fördern, nicht konsequent durchgehalten wurde. Einen Infrastrukturwettbewerb, wie er vom Gesetzgeber in den Vereinigten Staaten vorgesehen ist, hatten die Macher des TKG nicht im Sinn. Dies ist umso bedauerlicher, weil relativ schnell deutlich wurde, dass dort, wo Wettbewerb tatsächlich ermöglicht wurde, nämlich im Ferngesprächsmarkt, relativ rasch neue und günstigere Angebote eingeführt wurden.

Über die Hintergründe für die Nichtthematisierung der Eigentümerschaft der Telekom über beide Infrastrukturen kann nur spekuliert werden. Auf eine Anfrage von Dittberner zu diesem Thema im Vorfeld der Bonner Beschlussfassung zur Telekommunikations-Gesetzgebung antwortete der damalige Sprecher der SPD-Bundestagsfraktion für Post und Telekommunikation, Scharping: „Der Deutsche Bundestag hat am 13. Juni den Entwurf eines Telekommunikationsgesetzes in zweiter und dritter Lesung behandelt und mit großer Mehrheit verabschiedet. Ihr Vorschlag, aus der Deutschen Telekom AG eine gesonderte Netzgesellschaft auszugliedern, wurde nicht aufgegriffen" (Dittberner 1996).

Generell dürften traditionelle Einflussstrukturen und die Befürchtung eines radikalen Abbaus von Arbeitsplätzen für den eher rücksichtsvollen Umgang mit dem einstigen Monopolisten verantwortlich sein. Bei der Liberalisierung der Telekommunikation wurde versucht, einen Ausgleich zu finden zwischen der Schaffung möglichst ungehinderten Wettbewerbs auf der einen Seite und einer Sicherung der Profitabilität des einstigen Staatsunternehmens. Weitergehende Schritte, etwa die Aufteilung des Unternehmens in separate Firmen, wurden nicht erwogen. Sie kämen in der Auffassung von Regierung und Regulierungsbehörde einer Enteignung der Telekom gleich, für die man keine rechtliche Handhabe sah.

Anpassung der rechtlichen Rahmenbedingungen: Die in Info 2000 als dringlich angesehenen Anpassungen der rechtlichen Rahmenbedingungen, die sich auf die Bereiche Jugendschutz, Datenschutz, Verbraucherschutz und Urheberrechte bezogen, hatten keine konkreten Auswirkungen in den untersuchten Projekten. Keines der Projekte ist an veralteten Regelungen oder nicht mehr adäquaten gesetzlichen Vorschriften gescheitert. Dies bedeutet nicht, dass die einzelnen Bestimmungen nicht hätten überarbeitet werden müssen. Es stellte sich aber heraus, dass die rechtlichen Vorschriften in den erwähnten Gebieten zumindest für den Verlauf der Projekte nicht ausschlaggebend waren. Im lokalen Kontext, wo es um die Entwicklung neuer, attraktiver, interaktiver Inhalte und um die Koordination von Technik und Inhalten ging, haben sich die bestehenden rechtlichen Regulierungsbestimmungen vor allem deshalb nicht negativ auf den Verlauf der Projekte ausgewirkt, weil von den zuständigen Behörden immer wieder Experimentierklauseln, Versuchslizenzen und vereinfachte Zulassungsverfahren ermöglicht wurden. Die Kooperation der Landesmedienanstalten ging in einem Projekt sogar soweit, dass eigene Untersuchungen zum Regulierungsbedarf in Zusammenhang mit dem Pilotprojekt in Auftrag gegeben wurden und so ein Teil der Begleitforschung für das Projekt übernommen wurde.

Koordination mit den Bundesländern: Das Informations- und Kommunikationsdienstegesetz sowie der Mediendienstestaatsvertrag sollten die Aktionen von Bund und Ländern abgleichen und einheitliche Vorgaben für die Anbieter von neuen Medien ermöglichen. Damit sollte Rechts und Planungssicherheit für Unternehmen hergestellt werden, die größere Investitionen in diesem Bereich tätigen wollten. Tatsächlich kann man hier allerdings nur auf längerfristige Wirkungen hoffen, denn die Gesetze hatten keinen sichtbaren Investitionsschub oder konkrete neue Projekte zur Folge. Weiterhin kann man davon ausgehen, dass Rundfunkbegriff und die Tragfähigkeit des Rundfunkstaatsvertrags in eine weitere Runde der juristischen Auslegung und anschließende Neudefinition führen werden.

Hinsichtlich der Einführung digitalen Fernsehens gab es bis zur „Initiative Digialer Rundfunk" (IDR) keine Bestrebungen der Bundesregierung, diesen Bereich zu koordinieren. Und auch in der 1998 gestarteten IDR geht es nicht darum, bundeseinheitliche Regelungen in einem einheitlichen Rechtsrahmen zu verankern. Weiterhin bleibt die Zuständigkeit der Länder für Medien unangetastet. Und auch die Idee eines föderalen Kommunikationsrates hat sich nicht durchsetzen können. Die wirtschaftspolitische Dimension des digitalen Fernsehens wurde dagegen eher informell auf der Bundesebene bearbeitet: Bundeskanzler Kohl hatte sich persönlich (und vergeblich) bei der EU-Kommission dafür eingesetzt, dass die Zusammenarbeit von Kirch-Gruppe und Bertelsmann beim digitalen Fernsehen nicht aus wettbewerbspolitischen Gründen untersagt wird. Das Argument war, dass solche Vorhaben eine entsprechende Größe haben müssen und nur so die technologische Entwicklung gewährleistet sei.

Pilotprojekte zum interaktiven Fernsehen: Wie bereits in erwähnt, hat eine Koordination der Telekom-Pilotprojekte zum interaktiven Fernsehen nicht stattgefunden. Bereits im Fortschrittsbericht zu Info 2000, ein Jahr nach dem Start der Initiative, taucht das Ziel, über die Koordination der Pilotprojekte zu bundesweit einführbaren Anwendungen zu kommen, nicht mehr auf. Die Bundesregierung hatte sich zu diesem Zeitpunkt bereits von der Vorstellung verabschiedet, in Zusammenarbeit mit der Telekom die Einführung neuer Dienste zu fördern. Kirch hatte 1996 eine Million dboxen bei Nokia bestellt, wobei der Absatz der Decoderboxen ebenso schleppend verlief wie die Einführung des digitalen Pay-Angebots DF1. Die Telekom plante zu diesem Zeitpunkt, ein Konkurrenzsystem auf ihren Kabelnetzen einzusetzen. Im November 1996 verkündete schließlich Sommer als Vorstandsvorsitzender der Deutschen Telekom, dass man sich für die dbox entschieden habe und eine enge Zusammenarbeit mit der Kirch-Gruppe anstrebe. Umstritten ist, inwieweit Helmut Kohl, der aus seiner Freundschaft mit Kirch keinen Hehl machte und einen Brief an die Telekom zur Unterstützung der dbox-Technik verfasst hatte, hier seinen Einfluss geltend machte.

Initiative Digitaler Rundfunk: Der Beginn der Initiative Digitaler Rundfunk liegt nach dem Start bzw. der entscheidenden Phase der untersuchten Projekte und kann deshalb nicht auf seine Wirkung auf den Verlauf der Projekte beurteilt werden. Allerdings sind die Entscheidungen, die in der IDR getroffen werden nicht verbindlicher Natur, sondern bestehen aus Empfehlungen.

5.3.4.5   Fazit

Die Maßnahmen der Kohl-Regierung in Info 2000 gingen im Bereich Multimedia mehrheitlich an der Medienrealität vorbei, bzw. haben nichts Entscheidendes zur Etablierung neuer Medienangebote beigetragen. Dort, wo das Bundesprogramm hätte ansetzen können, bei der Regulierung von Eigentümerstrukturen und Wettbewerbsbedingungen, wurden die Maßnahmen als zu gravierend eingeschätzt (Doppeleigentümerschaft Deutsche Telekom, Bund-Länder-Aufteilung von Kompetenzen). In den von den Bundesländern betreuten Pilotprojekten wurde ein moderierender Politikstil favorisiert, der allerdings nicht die erhofften Wirkungen zeitigte, da die Rahmenbedingungen nur auf Bundesebene hätten verändert werden können. Gefehlt hat eine Instanz, die mit genügend Know-how und institutioneller Unterstützung der Konvergenzentwicklung hätte Rechnung tragen können und InternetFragen sowie digitales Fernsehen in den Mittelpunkt gestellt hätte. Eine thematische Konzentration auf das Thema Multimedia hat es durch die Initiative Info 2000 nicht gegeben.

5.4   Ausgangssituation: Die Entwicklung des Mediensektors in den USA

5.4.1   Interaktives Fernsehen im Schnittfeld von TV und Online

Um zu zeigen, welche Entwicklungen und Probleme in welcher Form Eingang in das amerikanische staatliche Programm zur Gestaltung der Informationsgesellschaft gefunden haben, ist – wie im deutschen Teil – zunächst eine Darstellung der Situation im Rundfunk und Telekommunikationsbereich notwendig. Die folgende Beschreibung bezieht sich dabei auf die Zeit zwischen 1993 und 1998, einer Zeit, in die sowohl der Start der NII der Clinton/Gore-Regierung fällt, als auch verschiedene, mit der Initiative assoziierten, allerdings erst später verabschiedete Gesetze und Maßnahmen fallen, wie z.B. der Telecommunications Act (1996) und die Migrationsentscheidung zum digitalen Fernsehen (1998). Um ein Bild von der institutionellen Verfasstheit des Medien und Telekommunikationssektors in den Vereinigten Staaten der 1990er Jahre zu bekommen, ist neben der Darstellung des medienrechtlichen Regimes auch eine Beschreibung der Hauptakteure in den Bereichen Fernsehen und Telekommunikation notwendig. Mit dieser Darstellung werden gleichzeitig die Bedingungen für neue interaktive TV-Dienste aufgezeigt, die auf der Basis grundlegender medientechnischer Neuerungen inzwischen nicht mehr nur von einem Infrastrukturanbieter realisiert werden können, sondern prinzipiell sowohl von Fernsehsendern, Kabel-TV-Netzbetreibern, Telefongesellschaften oder Softwarefirmen.

5.4.1.1   Fernsehen

Die Fernsehlandschaft in den Vereinigten Staaten wird traditionell von den drei über Hausantenne (terrestrisch) frei empfangbaren kommerziellen Sendern ABC, NBC, CBS, d.h. den sogenannten Networks dominiert. Ende der 1980er Jahre kam als viertes überregionales Programm Fox hinzu. Die Networks bilden zusammen mit ihren lokalen Partnerstationen in jedem Sendegebiet, den Local Affiliates, die vor Ort mit ihren Sendemasten als Verstärker der Network-Signale dienen, das Rückgrat des terrestrischen Fernsehens in den USA. Die nationalen Networks stellen ca. 70 Prozent des Programms (Frühstücksfernsehen, Soap Operas am frühen Nachmittag, Prime Time von 20 bis 24 Uhr und den Großteil des Tagesprogramms am Wochenende mit Sport) und verkaufen hauptsächlich nationale und überregionale Werbung. Die restlichen 30 Prozent des TV-Programms steuern die Lokalsender mit einer Mischung aus eigenproduzierten Lokalnachrichten und eingekauften Programmen bei, die mit Lokalwerbung

finanziert werden. Wichtigste Programmquelle für die Affiliates sind die sogenannten Syndication Shows, die unabhängig von den Networks produziert und
vertrieben werden. Neben originären Programmen wie z.b. „Baywatch" oder
„Oprah", die rein für Syndication gedreht werden, gehen auch viele erfolgreiche
NetworkProgramme nach der Erst und Zweitnutzung in die Syndication.

Aufgrund der Aufteilung der USA in 211 einzelne Sendegebiete kann es in
der Mitte zwischen zwei Sendegebieten vorkommen, dass die Zuschauer zeitgleich beide Programme sehen können, wenn die Networks zuständig sind, und
in der Sendezeit der Lokalsender zwei verschiedene Programme erhalten (vgl.
Kröger 1997). Der Zuschaueranteil der Networks liegt bei ca. 50 Prozent (NCTA
1999), wobei viele Haushalte das Programm der Networks auch über das Kabel
empfangen. Der Anteil der Haushalte, die nur über eine Hausantenne verfügen,
ist in den letzten Jahren kontinuierlich zurückgegangen. Nur noch knapp 20
Prozent der amerikanischen TV-Haushalte empfangen ihr Programm ausschließlich terrestrisch.

Im Unterschied zum deutschen Fernsehen unterliegen amerikanische TV-
Sender keiner inhaltlichen Kontrolle durch staatliche Institutionen. Eine Ausnahme bilden jugendgefährdende Sendungen. Werbezeitenregelungen gibt es
auch in den Vereinigten Staaten, diese werden jedoch nicht kontrolliert. Allerdings müssen die Networks vor Beginn ihrer Sendungen Warnhinweise einblen-
den, die darauf hinweisen, für welche Altersgruppe der Film (nicht) geeignet ist.
Die Regulierung des Rundfunkbereichs in den Vereinigten Staaten vollzieht sich
hauptsächlich über Zulassung und konzentrationspolitische Vorgaben (vgl.
Smith/Wright/Ostroff 1998, 392ff). Die Sendefrequenzen – public airwaves –
gelten in den USA als öffentliches Gut, die auf Zeit Privaten zur kommerziellen
Nutzung überlassen werden. Die Bestimmungen zur Vergabe der Sendelizenzen
sind detailliert und sollen vor allem verhindern, dass ausländische Betreiber TV-
Lizenzen bekommen.

Weitere Bestimmungen beziehen sich auf die Sicherung der Meinungsvielfalt. So schreiben die Bestimmungen vor, dass kein einzelner Eigner mehr als 12
TV-Stationen besitzen darf. Außerdem darf kein einzelnes Unternehmen mit
seinen TV-Stationen mehr als 25 Prozent der Bevölkerung erreichen. Diese Regelung soll vor allem sicherstellen, dass keines der großen Networks mehr als
nur Teile des terrestrischen Sendenetzes kontrollieren kann. Die Networks als
Programmproduzenten unterstehen keiner unmittelbaren Regulierung, doch verfügen sie alle über eigene TV-Stationen im oben angegebenen Limit, so dass sie
faktisch indirekt beaufsichtigt werden (vgl. Kleinsteuber 1996, 34 ff.).

1967 entstand nach ähnlichem Muster wie beim Aufbau der Networks ein
Netzwerk von öffentlich geförderten Sendern mit anspruchsvollem, werbefreiem
Programm, das unter dem Namen Public Broadcasting Service (PBS) firmiert.
Meist sind die lokalen Partnersender in Universitäten untergebracht, die damit
ein Umfeld für die Ausbildung in Produktion und Sendebetrieb einer Fernsehsta-
tion anbieten können. Neben den öffentlichen Mitteln sind die PBS-Stationen auf

Spenden von Zuschauern und Firmen angewiesen. Insgesamt stellt PBS einen sehr kleinen (Zuschaueranteil: drei Prozent) aber aktiven Teil in der amerikanischen Fernsehlandschaft dar (vgl. Dean 1999).

Einen dritten Bereich des terrestrischen Fernsehens bilden die sogenannten Independents, unabhängige Fernsehstationen, die sich vor allem in großen Städten mit entsprechendem Kundenpotential etabliert haben. Ihr Zuschaueranteil betrug bis 1987 ca. 20 Prozent und liegt heute bei etwa 10 Prozent. Rupert Murdoch gelang es Ende der 1980er Jahre, mit Fox das vierte nationale Fernsehnetz zu knüpfen, indem er vornehmlich Independent Stations aufkaufte. Neben den Networks und ihren Affiliates sowie den Independents und PBS sind die Hauptakteure im amerikanischen Fernsehbereich die Kabel-TV-Gesellschaften. Eine wichtige Rolle vor allem in ihrer Funktion als Konkurrenz zum traditionellen Kabelgeschäft spielt der Satellitendirektempfang, der Anfang der 1990er Jahre in den Vereinigten Staaten als digitales PayTV eingeführt wurde. Der Kabel-TV-Bereich entwickelte sich bereits früh in Gebieten mit schlechtem Antennenempfang unter dem Namen Community Antenna Television (CATV). Als die FCC 1972 die Vorschriften für den Betrieb von Kabelsystemen lockerte und vorschrieb, dass neue Systeme mindestens 20 Kanäle aufweisen müssen, entstand Platz für neue Programme. Als erster Programmanbieter ausschließlich für Kabelfernsehen entstand im selben Jahr Home Box Office (HBO). Das Konzept dieses Senders beruht auf der Prämisse, dass Zuschauer bereit sind, extra für Programme zu bezahlen, die nicht oder erst zu einem späteren Zeitpunkt terrestrisch ausgestrahlt werden. Zunächst begann HBO diese Ära des PayTV, später auch „Premium Services" genannt, mit der Distribution von Videocassetten an beteiligte Kabelsysteme. Seit der Übertragung eines Boxkampfes zwischen Muhammed Ali und Joe Frazier 1975 sendet HBO auch hier und wird per Satellit in jedes Kabelsystem, das über eine Empfangsantenne verfügt, eingespeist. HBO konnte sich in Windeseile landesweit etablieren und ist noch heute der erfolgreichste Premiumsender im amerikanischen Fernsehmarkt mit mehr als 20 Mio. Abonnenten (vgl. Straubhaar/LaRose 1995, 237).

In den Vereinigten Staaten gibt es über 500 Kabelgesellschaften, die zusammen mehr als 67 Mio. Abonnenten versorgen. Dies bedeutet, dass knapp 70 Prozent aller amerikanischen TV-Haushalte ihr Fernsehsignal über Kabel beziehen. Die größten Kabelnetzbetreiber sind TCI (heute AT&T Broadband), Time Warner Cable, MediaOne (heute AT&T Broadband), Comcast, Cox, Cablevision, Charter und Adelphia. Die zehn größten Kabelgesellschaften versorgen fast 70 Prozent der amerikanischen Kabel-TV-Haushalte mit ihrem Angebot aus Basic und Premium Services (vgl. NCTA 1999, 11-15). Für das Grundangebot Basic Cable, das aus 1.520 TV-Programmen (Networks, CNN, TNT, CSPAN usw.) besteht, zahlen die Abonnenten ca. 20 Dollar im Monat. Premium Services (HBO, exklusive Sportkanäle usw.) werden in verschiedenen Varianten angeboten, umfassen bis zu 10 weitere Kanäle und kosten je nach Anbieter und Paket zwischen 10 und 20 Dollar extra.

Im Rahmen eines Franchise Systems vergeben die lokalen Behörden Lizenzen für die verschiedenen Kabelsysteme. Für eine Monopollizenz, die alle sieben bis zehn Jahre neu vergeben wird, zahlen die Kabelnetzbetreiber der Gemeinde eine Gebühr (license fee) von bis zu acht Prozent des Umsatzes. Im Cable Act von 1992 wurde außerdem eine staatliche Gebührenkontrolle angeordnet, nachdem die Gebühren für Kabelfernsehen Ende der achziger Jahre in die Höhe geschnellt waren (vgl. Auletta 1997, 198). Anfang der neunziger Jahre entwickelte sich in den Vereinigten Staaten als Alternative zum Kabel-TV der digitale Satellitendirektempfang. Die beiden AboSender DirecTV und Echostar boten von Anfang an eine große Auswahl an digital ausgestrahlten Programmen an. Bis zu 300 Kanäle können in verschiedenen Paketen abonniert werden, die zwischen 30 und 80 Dollar im Monat kosten (vgl. ausführlich Kröger 1997 und Kubicek/Beckert/Williams et al. 2000, 34 ff.).

5.4.1.2   Online/Internet

Während es sich beim TV-Bereich um einen Bereich mit institutionalisierten Strukturen, festen Logistikketten und einem bewährten Geschäftsmodell handelt, hat sich der Online-Bereich erst in den letzten zehn Jahren entwickelt. Dies allerdings mit einer enormen Geschwindigkeit. Bereits ab 1992 wurden in den Vereinigten Staaten PCs standardmäßig mit Modems zur Einwahl in Online-Systeme verkauft. Die Kombination PC/Modem und Einwahl in ein Provider-System über das Telefonnetz stellt seit der frühen Entwicklungsphase den Standard für die Online-Nutzung dar. Erst zum Ende der 1990er Jahre wurde diese Dominanz langsam gelockert und inzwischen gibt es Alternativen, wie z.B. TV-basierte Online-Dienste oder PC-gestützte Online-Angebote über das Kabel-TV-Netz. Diese Varianten waren bereits Mitte der 1990er Jahre technisch machbar und in vielen Prognosen wurde das interaktive Fernsehen als die massenattraktive Erweiterung der Online-Welt gesehen (vgl. z.B. Auletta 1997). Dennoch hat sich die Online-Entwicklung hauptsächlich als Kombination von PC/Modem und Telefonnetz vollzogen, eine Entwicklung, die von der zunehmenden Verbreitung von PCs in Büros und in Privathaushalten profitierte. Im Jahre 1997 kamen in den Vereinigten Staaten bereits 49 PCs auf 100 Einwohner und der Anteil der Internet-Nutzer an der Gesamtbevölkerung lag bereits bei fast 30 Prozent (vgl. VDMA/ZVEI 1999). Dies ist eine erhebliche Steigerung, vor allem, wenn man sich vergegenwärtigt, dass zum Zeitpunkt des Beginns der NII in den Jahren 1993 und 1994 erst eine kleine Gruppe von sogenannten Early Adopters Online-Medien nutzte.

Beigetragen zum Erfolg von Online-Diensten und des Internets hat die amerikanische Besonderheit der sogenannten Flatrates im Ortsnetzbereich: Für Ortsgespräche bezahlen die meisten amerikanischen Haushalte eine pauschale monatliche Gebühr von ca. 20 Dollar, mit der sämtliche Verbindungskosten abgegolten sind. Da es sich bei den Online-Verbindungen um Telefonverbindungen im

Ortsnetz handelt, entstehen keine weiteren Leitungsgebühren. Gebühren fallen lediglich für den abonnierten Online-Dienst oder den lokalen Internet Service Provider an.

Bei diesen Einwahlverbindungen (dialup) handelt es sich um schmalbandige Verbindungen, bei denen eine maximale Datenübertragungsrate von 14,4 bis 56 Kbit/s, je nach verwendetem Modem, erreicht wird. Diese Datenrate ist meist ausreichend für textbasierte Internet-Dienste wie E-Mail oder Chat und für die Übertragung einfacher World Wide Web Seiten. Für Webseiten mit umfangreichen Grafiken und anspruchsvollem Layout allerdings stellt die begrenzte Übertragungsgeschwindigkeit ein Problem dar. Der Aufbau der Seiten ist zu langsam, was vor allem von unterhaltungsorientierten Privatnutzern als störend empfunden wird. Diese Nutzergruppe ist daran gewöhnt, dass Inhalte sofort verfügbar sind und erwartet dies auch von multimedialen Online-Inhalten.

Unbeschadet von Bandbreitenproblemen, die als Anfangsschwierigkeiten eines neuen Mediums hingenommen wurden, fanden Online-Dienste wie America Online (AOL), Prodigy oder CompuServe große Verbreitung in Privathaushalten. AOL war dabei immer der Marktführer bei den Online-Diensten und besitzt derzeit über 17 Mio. Abonnenten allein in den Vereinigten Staaten, die monatlich ca. zehn Dollar für den Dienst bezahlen (vgl. Bayers 1999). AOL sieht es dabei als seine Mission, „to build a medium as central to people's lives as the telephone or the television ... and even more valuable" (Steve Case, zitiert in Swisher 1998, 65). Auch der direkte Zugang ins Internet über lokale ISPs fand immer größere Verbreitung. Angeboten werden InternetDienste vor allem von den lokalen Telefongesellschaften, den Regional Bell Operation Companies (RBOCs), aber auch von unabhängigen ISPs, wie z.B. UUnet, die über keine eigenen Teilnehmeranschlüsse verfügen, wohl aber über eigene oder geleaste Backbones.

Genutzt werden Online-Services und Internet-Zugänge von den privaten Anwendern hauptsächlich zum Versenden von E-Mails und zum Surfen im World Wide Web. Das Angebot an Online-Informationsquellen ist vielfältig. Fast alle Zeitungen und Zeitschriften sowie der größte Teil der Fernsehstationen hat eine eigene Präsenz im World Wide Web. Auch die Bundesbehörden sind mit umfangreichen Inhalten im Internet vertreten. Online-Medien werden auch in den Vereinigten Staaten als Telekommunikationsdienste reguliert, d.h. es erfolgt keine inhaltliche Regulierung, wohl aber eine Regulierung, die auf den Grundsätzen von Common Carrier und Universal Access Bestimmungen basiert. Die FCC hatte sich bereits früh mit der digitalen Datenkommunikation über Telefonnetze beschäftigt und in verschiedenen Bestimmungen geregelt, dass im Unterschied zu analogen Sprachdiensten im Ortsnetzbereich Wettbewerb bei den Datendiensten eingeführt wurde (vgl. Omnitele 1998, 26). Danach sind die marktbeherrschenden Telekommunikationsnetzbetreiber vor allem im Ortsnetzbereich verpflichtet, ihre Leitungen konkurrierenden Service Providern zu fairen Preisen zur Verfügung zu stellen. Es gelten verschiedene Vorschriften für die

Weiterschaltung (interconnection), den entbündelten Zugang (unbundling obligation), die Installation von technischen Komponenten in den Vermittlungsstellen (co-location) und der Preisgestaltung (wholesale prices) (vgl. z.B. OECD 1999).

5.4.1.3   Medientechnische Entwicklung

Vor allem die Digitalisierung, kombiniert mit neuartigen Kompressionsverfahren zur Reduzierung des Datenaufkommens bei bewegten Bildern und die Leistungssteigerung von Hardware-Komponenten bei gleichzeitigem Preisverfall haben die medientechnische Entwicklung seit Beginn der 1990er Jahre bestimmt und die Vorstellungen über die Zukunft der Medien beflügelt. Das Aufkommen des digitalen Fernsehens ebenso wie die Möglichkeit, über neuartige Zugangstechnologien breitbandige Online-Verbindungen im Megabitbereich zu realisieren, haben Mitte der 1990er Jahre eine Entwicklung eingeleitet, auf deren Basis sich Rundfunkdienste und Telekommunikationsdienste zunehmend einander annähern. Denn digitales Fernsehen bedeutet, dass Fernsehbilder in einen digitalen Datenstrom kodiert werden, in dem prinzipiell auch andere Daten übermittelt werden können. So können z.B. Online-Inhalte parallel zur Verbreitung von TV-Sendungen übertragen und beim Empfänger ähnlich wie Videotext mit dem Fernsehbild kombiniert werden. Auf der anderen Seite können in breitbandigen Online-Umgebungen auch Videodaten übertragen werden, die auf dem Computermonitor des Adressaten wieder zu herkömmlichen TV-Beiträgen zusammengesetzt werden.

Für den Fernsehbereich bedeutet die Digitalisierung zunächst eine enorme Vervielfältigung der Übertragungskapazität. In einem herkömmlichen amerikanischen TV-Kanal von 6 MHz (in Europa ist das Frequenzband in 8 MHz-Stufen unterteilt) können entweder ein analoges Programm oder aber bis zu acht digitale Programme übertragen werden. Die Anzahl der möglichen digitalen Programme richtet sich dabei nach der Auflösung der Bilder und ihrem Inhalt; schnell wechselnde Bildfolgen erzeugen ein höheres Datenaufkommen als Standbilder bzw. Sequenzen, in denen die Kameraeinstellungen relativ statisch sind. Für die Programmanbieter bedeutet die Digitalisierung, dass sie mehr Programme für neue Zielgruppen anbieten, ihr vorhandenes Programmarchiv erneut verwerten und neue Bezahlformen einführen können. So bietet sich die digitale Plattform z.B. für Pay per View an, d.h., der gleiche Spielfilm wird auf verschiedenen Kanälen zeitversetzt gestartet und steht den Zuschauern dann zu verschiedenen Anfangszeiten zur Verfügung (Near Video-on-demand).

Digitales Fernsehen ist dabei auch der Nukleus interaktiver Anwendungen, denn die digitale Plattform verlangt auf der Nutzerseite digitale Decodergeräte, die im Grunde Computer mit Hauptspeicher, Festplatte, Betriebssystem und Softwareprogrammen sind. Allein die Rückkanalfähigkeit zum Abruf von Daten muss über ein Modem und einen Telefonanschluss oder über ein Kabelmodem zusätzlich hergestellt werden. Das Fernsehgerät kann dann wie ein Computermonitor zur Darstellung von WWW-Seiten genutzt werden (Web TV) oder für spezielle interaktive TV-Dienste wie Teleshopping, Telebanking und Video-on-demand genutzt werden. Die technische Entwicklung im Telekommunikations-bereich verläuft prinzipiell in die entgegengesetzte Richtung: Während hier Interaktivität, d.h. der Abruf von Diensten, bereits im System angelegt ist, können nun durch die Verwendung neuartiger breitbandiger Zugangstechnologien wie ADSL (Asymmetrical Digital Subscriber Line) größere Datenmengen zum Nutzer übertragen werden. Dies ermöglicht unter anderem den Empfang von digitalen Audio und Videodaten über das herkömmliche Telefonnetz. Der Computermonitor wird so in gewisser Weise zum Fernsehschirm.

Die Einschränkung der ADSL-Nutzung besteht in der Entfernung, die der Nutzer maximal von der nächsten Telefonvermittlungsstelle entfernt wohnen darf, denn nach ca. 500 Metern verliert sich das Signal. In Amerika schließt diese technische Eigenschaft die Hälfte der Bevölkerung aus. dies hat zur Konsequenz, dass ADSL-Anschlüsse vor allem in dicht besiedelten Ballungsgebieten angeboten werden (vgl. o.V. 1999v). Die Telefongesellschaften müssen zur Realisierung breitbandiger Anschlüsse ihre Netze aufrüsten, d.h. mit speziellen ADSL-Komponenten in den jeweiligen Vermittlungsstellen ausstatten und diese per Glasfaserleitung mit der nächst höheren Ebene verbinden. Über ADSL-Verbindungen kann eine Datenübertragungsrate von bis zu 1 Mbit/s erreicht werden. Ähnlich hohe Übertragungsraten werden auch in Kabelmodemsystemen erreicht, die seit 1998 von vielen Kabel-TV-Gesellschaften in Zusammenarbeit mit Breitband-Internet-Providern angeboten werden. Dazu müssen die jeweiligen Kabel-TV-Netze allerdings zunächst technisch so aufgerüstet werden, dass sie rückkanalfähig sind und jeden Teilnehmer einzeln adressieren können. Bisher war das Kabel-TV-Netz ein reines Verteilnetz, eine technische Einbahnstraße, in der ausschließlich Daten vom Sender zu den Empfängern verteilt wurden. In die technische Aufrüstung ihrer Kabel-TV-Systeme haben die amerikanischen Kabelgesellschaften in den letzten fünf Jahren mehr als 20 Mrd. Dollar investiert. Und mit der Herstellung der technischen Komponenten für Kabelmodemsysteme ist inzwischen eine ganze Branche beschäftigt.

Insgesamt hat die medientechnische Entwicklung in den 1990er Jahren dazu geführt, dass klassische Verteilmedien (Rundfunk) und klassische Abrufmedien (Online) nicht mehr an ihre jeweils ursprüngliche Infrastruktur gebunden sind. Netze, Dienste und Inhalte haben sich zunehmend entkoppelt und können in neuen Kombinationen von verschiedenen Betreibern angeboten werden. So kann z.B. ein Video-on-demand Dienst von einer Telefongesellschaft angeboten werden und ein Online-Dienst von einem Kabelnetzbetreiber (vgl. ausführlich Beckert/Kubicek 1999 und Beckert/Kubicek 2000).

5.4.2   Problemkonstellation für die IuK- und Medienpolitik

Aus der medientechnischen Entwicklung ergeben sich eine Reihe von Anpassungsproblemen für die Telekommunikations und Medienpolitik. Fragen der De- und Re-regulierung dieser Bereiche haben in unterschiedlichem Maße Eingang in die NII der Clinton/Gore-Regierung gefunden. Hier sollen zunächst die Positionen der verschiedenen Akteure dargestellt werden, die im bestehenden Regulierungsrahmen eine Barriere für die Entwicklung neuer, interaktiver Medienangebote sahen.

Auf einer institutionellen Ebene wurde auch in den Vereinigten Staaten darüber diskutiert, inwiefern die Konvergenz von Telekommunikation, Medien und Computertechnik eine Konvergenz der Regulierung nach sich ziehen sollte (vgl. Marsden 1997 und Cowie/Marsden, 1998). Die amerikanische Regulierungsbehörde FCC ist zwar sowohl für die Regulierung des TK-Sektors als auch für die Aufsicht über den Rundfunksektor zuständig. Innerhalb der FCC bilden diese Bereiche allerdings klar abgegrenzte Zuständigkeitsbereiche, für die unterschiedliche Regulierungsgrundsätze und Gesetzesgrundlagen gelten. Personelle und organisatorische Überschneidungen finden praktisch nicht statt. Insgesamt wurde das Problem, dass die alten institutionellen Strukturen mit ihren traditionellen Abgrenzungen nicht mehr auf die Gegebenheiten einer konvergierenden Medienwelt passen, in den Vereinigten Staaten mit weit weniger Nachdruck diskutiert als in Deutschland. Erst ab Ende 1999 wurden innerhalb der FCC Vorschläge zur Neustrukturierung der Behörde entlang neuer Zuständigkeitsbereiche gemacht. Diese Neustrukturierung stand allerdings hauptsächlich im Zeichen von Budgetkürzungen und sollte insgesamt effektivere Verwaltungsprozesse ermöglichen. Sie hatte keinen grundsätzlichen Charakter und kann deshalb nicht mit der deutschen Diskussion um der Einrichtung eines förderalen Kommunikationsrates verglichen werden.

Für die maßgeblichen Akteure in der amerikanischen Medien und TK-Industrie waren vielmehr konkrete Regulierungsvorschriften in ihren jeweiligen Bereichen Steine des Anstoßes. Dabei wurde oft argumentiert, dass die bestehenden Regulierungsvorschriften die Realisierung neuer Dienste verhindere, die bereits technisch machbar sind und für die ein Markt bereits existiere. Im Zusammenhang mit konkreten Medienprojekten wurde allerdings auch versucht, generelle Regulierungsvorschriften wie z.B. die staatliche Entgeltkontrolle über Kabel-TV-Gebühren, dafür verantwortlich zu machen, dass sich neue Dienste nicht oder nicht im erwünschten Maße entwickelten. Die medientechnische Entwicklung diente somit oftmals als vordergründige Rechtfertigung für Forderungen nach möglichst günstigen Regulierungsvorgaben für das eigene Geschäftsfeld. Tatsächlich ergaben sich aus der medientechnischen Entwicklung spezifische Anforderungen an die Veränderung des Regulierungsregimes, die im Folgenden für den Telekommunikationsbereich, den TV-Bereich und das Kabelfernsehen dargestellt werden sollen.

Im Telekommunikationsbereich kann diese Anpassung hauptsächlich als Abschied von der Vorstellung eines natürlichen Monopols beschrieben werden (vgl. Rosenbaum 1996). Der technische Wandel, das Aufkommen des Mobilfunks und die günstigere Kostenstruktur durch den Einsatz von Satellitensystemen und leistungsfähigen Glasfaserleitungen führte Anfang der 1990er Jahre dazu, dass viele Unternehmen in der Telekommunikation ein lukratives Geschäftsfeld sahen. Dieser Umstand führte zunächst zum Aufkommen von Wettbewerb im Ferngesprächsmarkt, wo mittlerweile mehrere Hundert Unternehmen mit AT&T um Kunden konkurrieren. Aber auch auf den lokalen Telefonmärkten der USA entwickelten sich zumindest potentielle Konkurrenten für die regionalen Monopole der Regional Bell Operating Companies (RBOCs). Sogenannte Competitive Access Providers (CAPs) begannen in größeren Städten mit der Glasfaserverkabelung einzelner Gebäudezüge und knüpften Verbindungen mit Fernverkehrsanbietern. Die Größe ihrer Glasfasernetze wuchs allein in den Jahren von 1987 bis 1991 um das Zwanzigfache auf insgesamt über 2000 Meilen (vgl. Rosenbaum 1996, 39).

Die Existenz von Kommunikationsnetzen verschiedener Anbieter auf verschiedenen Ebenen und die Möglichkeit, diese Netze untereinander zu verknüpfen, begründete die Forderung der Betreiber, in den jeweils anderen Netzen aktiv werden zu dürfen. AT&T als einstigem Monopolanbieter war nach der Zerschlagung des Konzerns in den 1980er Jahren verboten worden, sich im lokalen Telefonmarkt zu engagieren. Und umgekehrt durfte der Ferngesprächsmarkt (long distance) nicht von den RBOCs bearbeitet werden. Im Zusammenhang mit der Entstehung interaktiver Dienste wichtiger war allerdings die Forderung der Telefongesellschaften, auch Video-Dienste anbieten zu dürfen. Durch die Digitalisierung von Fernsehsignalen und die Entwicklung breitbandiger Zugangstechnologien über das Telefonnetz (ADSL) war es für die regionalen Telefonfirmen technisch möglich, Video-Dienste wie Video-on-Demand oder andere interaktive TV-Dienste anzubieten. Nach dem Cable Act von 1984 war es den Telefongesellschaften aber prinzipiell nicht gestattet, Fernsehsignale zu übertragen. Dennoch setzte die die regionale Telefonfirma Bell Atlantic Mitte 1993 auf dem Gerichtsweg durch, dass sie in bestimmten Regionen Versuche zu Video-on-demand durchführen konnte (siehe Fallstudie Orlando). Ziel der Telefonfirmen war es, im Bereich der TV-Dienste zu einem wichtigen Konkurrenten der Kabel-TV-Betreiber zu werden und über ihre eigene technische Infrastruktur neue Dienste anzubieten, die bisher nur über die traditionellen TV-Übertragungswege realisiert werden konnten.

Auf der anderen Seite waren die Kabelfernsehunternehmen der Überzeugung, dass sie aufgrund der technischen Entwicklung und nach einer Aufrüstung ihrer Netze zu modernen Glasfaser-Koax-Netzen in der Lage sein würden, neben interaktiven TV-Diensten künftig auch Sprachdienste anbieten zu können. Sie würden damit in direkte Konkurrenz zu den regionalen Telefonunternehmen treten, was ihnen allerdings aufgrund der Regulierungsvorschriften für den Ortsnetzbereich verwehrt war. Sie forderten deshalb konkrete Bestimmungen, die die Zusammenschaltung ihrer interaktiven Kabelnetze mit dem Telefonnetz der RBOCs zu fairen Konditionen ermöglichen sollten. Kabeltelefonie sollte für die Kabel-TV-Unternehmen künftig eine wichtige neue Einnahmequelle werden, mit der die Investitionen für die Aufrüstung der TV-Netze zu interaktiven Kommunikationsnetzen refinanziert werden sollte.

Von der Regierung wurde weiterhin gefordert, die staatliche Gebührenkontrolle für das Kabelfernsehen aufzuheben. Wenn man die Kabel-Netzbetreiber in der freien Preisgestaltung einschränkt, so das Argument der Kabelfirmen, würden Investitionen in die Technik nicht getätigt, weil keine Aussicht auf Refinanzierung bestehe. Insgesamt erschienen durch die technische Entwicklung bestehende Cross-Ownership-Regelungen als gravierendes Hindernis für die Entwicklung neuer Dienste und die Bereitstellung herkömmlicher Dienste über unterschiedliche Infrastrukturen (vgl. ausführlich Veraldi 1996, Dutton 1999, OECD 1998 und MacLeod 1996). Wie die Vorstellung eines natürlichen Monopols in der Telekommunikation, so geriet auch die Frequenzknappheit als Rechtfertigung für die staatliche Kontrolle des Rundfunksektors im Zuge der technologischen Entwicklung unter zunehmenden argumentativen Druck. Wie bei der Darstellung des amerikanischen terrestrischen TV-Systems erwähnt, vergibt die FCC nur eine begrenzte Anzahl von Lizenzen pro Sendegebiet, weil sich die Signale sonst überschneiden und gegenseitig stören. Mit der Verbreitung von Kabelfernsehen und Satellitendirektempfang haben sich jedoch Übertragungskapazitäten und die Programmvielfalt erheblich gesteigert. Und mit der einsetzenden Digitalisierung des Rundfunkbereichs scheint das Argument der Ressourcenknappheit endgültig überholt zu sein. Für die Networks bedeutet diese Entwicklung, dass sie zunehmend in Konkurrenz zu einer Vielzahl von Premium Programmen anderer Anbieter sowie von Spartensendern stehen und weiter an Aufmerksamkeit beim Publikum verlieren. Bei der Einführung des digitalen terrestrischen Fernsehens drängten sie deshalb darauf, zusätzliches Spektrum zu erhalten, damit sie den Konversionsprozess auf digitale Technik vollziehen könnten.

5.4.3   Nationale Initiative: NII

Die Initiative der Clinton/Gore-Administration, die NII war mit dem Ziel angetreten, ein nahtloses Netz („seamless web") für interaktive Online-Anwendungen zu schaffen, in das später auch das Fernsehen eingebunden werden sollte. Vorausgegangen waren der im September 1993 gestarteten Initiative die Berichte „Technologies for America's Economic Growth" und „Vision for a 21st Century" im Mai 1993, in denen die Wichtigkeit einer modernen nationalen IuKInfrastruktur hervorgehoben wurde und die Rolle des Staates beim Aufbau einer solchen Infrastruktur definiert wurde. Bereits davor, im Wahlkampf 1992, hatten Clinton und Gore Infrastrukturfragen für die Informationsgesellschaft zu einem prominenten Thema gemacht, das nach der gewonnenen Wahl einen wichtigen Platz in der Agenda der Administration einnahm (vgl. Schneider 1997).

In der Agenda for Action vom September 1993, dem zentralen Aktionspapier der Clinton/Gore-Regierung, werden insgesamt neun Ziele formuliert, wobei hier, ähnlich wie später bei der deutschen Initiative, bereits bestehende Aktivitäten von Ministerien und Regulierungsbehörden aufgenommen wurden, die in der Initiative gebündelt und koordiniert werden sollten. Die NII sollte mit Hilfe der Vision eines „Information Superhighway" bestehende Aktivitäten unter sich vereinigen sowie neuen Maßnahmen eine zentrale thematische Ausrichtung geben. Bereits ein halbes Jahr nach der Regierungsübernahme hatte die Clinton-Regierung dem Congress den Vorschlag eines NII-Gesetzes mit dem Ziel vorgelegt, ein übergreifendes nationales Netz der Kommunikationsnetze zu konstruieren,

a seamless web of communications networks, computer databases, and consumer e-lectronics that will put vast amounts of information at users´ fingertips. Development of the NII can help unleash an information revolution that will change forever the way people live, work, and interact with each other (IIT 1996, 1).

Aufschlussreich an der Agena for Action ist, wie detailliert die Rolle der Regierung, d.h. der Politik, im Prozess der Schaffung der NII ausgeführt wird (vgl. Willke 1997, 244 f.). Danach sollte der Beitrag der Politik vom Prinzip der engen Zusammenarbeit mit Wirtschaft, Gewerkschaften, Wissenschaft, der Öffentlichkeit, Kongress, Einzelstaaten (states) und Kommunen geprägt sein. Private Investitionen sollten durch entsprechende Steuer und Regulierungspolitik gefördert werden. Die Regierung sah sich in der Rolle eines Katalysators für technische Innovationen und neue Anwendungen.

Über den konkreten Aktionen stand die Idee des „Information Superhighway", eine Metapher, die Gore in Anlehnung an das nationale Straßensystem entwickelt hatte, um das die Welt Amerika beneide (vgl. Kleinsteuber 1996, Brinkley 1997). Die Leitlinien der Entwicklung des Information Superhighway sollten dabei sein: 1. ausreichende Leitungskapazität in einer Breitbandinfrastruktur („backbone") zu schaffen, 2. den Zugang zu diesem Backbone zu verbessern (sog. „Auffahrtsrampen") und 3. die Entwicklung von Anwendungen zu fördern, die auf dieser Infrastruktur laufen sollten (vgl. Willke 1997, 245f).

Die Budgets für diese Vorhaben kamen zu einem großen Teil aus dem Handelministerium (Department of Commerce). Da diese Budgets aber an ganz unterschiedliche Projekte und Träger verteilt wurden und teilweise auch unter Federführung anderer Ressorts durchgeführt wurden, sind Gesamtausgaben für die NII nicht zu ermitteln. Zu den staatlichen Ausgaben zur Förderung der NII gehören so unterschiedliche Projekte wie die Ausstattung von öffentlichen Verwaltungsstellen mit Internet-Zugängen oder die Unterstützung von universitären Hochgeschwindigkeitsnetzen (vgl. Willke 1997, 250251). Insgesamt wurden in der ersten Amtszeit der Clinton/Gore-Administration rund 60 Mrd. Dollar für verschiedene Programme im Bereich Forschung und Entwicklung ausgegeben. Für den amerikanischen Politikansatz der frühen 1990er Jahre eher untypisch, für die Durchführung des Programms zum Aufbau einer informationstechnischen Infrastruktur aber entscheidend, war die Überzeugung der Clinton/Gore-Regierung, dass es die Aufgabe des Staates ist, Forschung und Entwicklung im Bereich der sogenannten „critical technologies" zu fördern:

> Gore's model is sometimes called „technology pull", meaning that the goal of accomplishing something grand, in scientific or technological terms, pulls the technology toward the goal. Examples include the Apollo space program in the 1960s and the goal of halting global warming. (Chapman 2000).

Zur Umsetzung der Ziele des NII-Programms wurde die sogenannte Information Infrastructure Task Force (IITF) gebildet, eine interministerielle Arbeitsgruppe, der die Spitzen der jeweiligen Ressorts angehörten. Geleitet wurde die IITF vom Department of Commerce (DoC), bzw. der dortigen Abteilung „National Telecommunications and Information Administration" (NTIA). Die NTIA wurde speziell zur Umsetzung der NII reaktiviert. Als Expertengruppe für Telekommunikationsfragen war sie bereits unter Präsident Roosevelt gegründet worden und wurde seither von den verschiedenen Administrationen in unterschiedlichem Ausmaß in Anspruch genommen. Unter Reagan und Bush spielte die NTIA praktisch keine Rolle, erst durch die Clinton/Gore-Regierung wurde sie wieder organisatorisch aufge-wertet sowie personell stark erweitert (DoC 1997). Die NTIA diente als zentrale Implementationsstelle für die Aktionen der NII und gab auch selbst Impulse für Aktionen in den Bereichen rechtliche Rahmenbedingungen für neue Dienste, Telekommunikations und Technologiepolitik. Speziell für den Bereich „interaktive Medienangebote für Privathaushalte" können vier Ziele im Aktionsprogramm der Clinton/Gore-Regierung identifiziert werden.

1. Liberalisierung der Telekommunikation, Wettbewerb im Ortsbereich (TCA),
2. Anpassung des rechtlichen Rahmens (Ausweitung des Universal-Service-Konzepts, Sicherheit von informationstechnischen Systemen, Schutz des geistigen Eigentums, Frequenzvergabe),
3. Förderung des Aufbaus eines nahtlosen, interaktiven und anwendungsorientierten Netzes und
4. Einführung des terrestrischen digitalen Fernsehens bis 2006.

Diese Ziele beziehen sich zunächst auf die gleichen Bereiche wie die Initiative Info 2000, erhalten aber durch den Punkt „Aufbau eines nahtlosen, interaktiven und anwendungsorientierten Netzes" eine wichtige Erweiterung. Insgesamt handelt es sich bei beiden Initiativen allerdings nicht um Aktionen, die sich auf einen konkreten Verbreitungsgrad interaktiver Medien beziehen, wie dies z.B. jüngst im Aktionsplan der Schröder-Regierung getan wurde, in dem das Ziel formuliert wird, dass bis zum Jahr 2005 40 Prozent aller Deutschen über einen

Internet-Zugang verfügen sollen (vgl. BMWi/BMBF, 1999). Dennoch implizieren sowohl die NII als auch Info 2000 das Ziel, möglichst vielen Bürgern Zugriff auf neue, interaktive Medien zu gewährleisten. Inwiefern dieses Ziel, das vor allem über die Herstellung förderlicher Rahmenbedingungen und weniger über konkrete Projekte erreicht werden sollte, tatsächlich realisiert werden konnte, soll im empirischen Teil dieses Abschnitts geklärt werden. Zunächst geht es aber darum, die Aktionen in den einzelnen Bereichen darzustellen und ihren Hintergrund und Verlauf zu erläutern.

5.4.3.1   Liberalisierung der Telekommunikation

Die Reform des Telekommunikationsgesetzes als Teil der NII sollte den TK-Sektor weiter von staatlichen Auflagen befreien und mehr Wettbewerb vor allem im Ortsbereich ermöglichen, wobei das Ziel war, „better services, at lower prices" für alle Amerikaner zur Verfügung zu stellen (vgl. IIT 1994, i). Seit der Zerschlagung des AT&TMonopols in den 1980er Jahren hatte sich auf dem amerikanischen Telefonmarkt Wettbewerb hauptsächlich im FerngesprächsMarkt (long distance) entwickelt. Der Ortsnetzbereich ist jedoch nach wie vor von lokalen Monopolen geprägt. Die aus der Zerschlagung von AT&T hervorgegangenen Baby Bells (US West, Bell Atlantic, Pacific Bell, GTE, Bell South usw.) dominieren den regionalen Telefonmarkt, und Konkurrenz konnte sich in diesem Bereich nur sehr vereinzelt entwickeln. Im Telecommunications Act (TCA) von 1996 wurden deshalb Vorkehrungen getroffen, die einen Wettbewerb im Ortsnetzbereich stärker ermöglichen sollten. Die Regulierungsvorschriften bezogen sich dabei vor allem auf Interconnection (Weiterschaltung von Verbindungen in die Netze anderer Betreiber), Unbundling (entbündelter Zugang) und Resale Obligations (Weiterverkauf von Leitungskapazitäten an Konkurrenten) (vgl. Donahoe 1998). Den Baby Bells wurde als Anreiz dafür, dass sie ihre Netze für Konkurrenten öffneten, die Möglichkeit eröffnet, im lukrativen Ferngesprächsmarkt tätig zu werden. Dies war ihnen bis dahin untersagt gewesen.

Weiterhin sah der TCA von 1996 vor, sogenannte BreitbandTechnologien zu fördern. Im Gesetzestext ist von „advanced telecommunications capability" (TCA, Section 706) die Rede. Die FCC, die für die Auslegung des TCA verantwortlich ist, hat diesen Abschnitt des Telecommunications Act zunächst auf High-Speed-Internet-Verbindungen über DSL (Digital Subscriber Line) bezogen, die ab Ende 1997 von immer mehr regionalen Telefongesellschaften angeboten wurden. High-Speed-Internet und andere breitbandige Online-Anwendungen werden von der FCC als konsequente Weiterentwicklung des Information Superhighway betrachtet, für die es gilt, entsprechende Wettbewerbsvorkehrungen zu treffen. Der TCA verlangt von der FCC, dem Kongress einen jährlichen Bericht vorzulegen, in dem die Fortschritte und Probleme bei der Implementation von „advanced telecommunications capability" aufgezeigt werden.

Auch im Breitband-Bereich gilt der Grundsatz des TCA, möglichst freien Wettbewerb zu gewährleisten und dort, wo neue Zugangstechnologien marktbeherrschende Stellungen ermöglichen, regulierend einzugreifen. Für den DSL-Bereich bedeutet dies, dass die regionalen Telefongesellschaften, die ihre Netze aufgerüstet haben, um DSL-Dienste anzubieten, diese Infrastruktur auch konkurrierenden TK-Unternehmen zur Verfügung stellen müssen (siehe ausführlich Greenberg 1998, McCullagh 1999, Scoblionkov 1998, Hearn 1999). Obwohl High-Speed-Datendienste auch über das Kabel-TV-Netz angeboten werden, gelten für diesen Bereich nicht die gleichen Bestimmungen. Hintergrund für die unterschiedliche Regulierung ist, dass Kabeldienste im TCA noch immer als Informationsdienste und nicht als Telekommunikationsdienste angesehen werden. Für Telefonfirmen gelten sogenannte Common-Carrier-Regelungen, die entsprechende Unbundling-Vorschriften enthalten. Für Kabel-TV-Firmen gibt es nach wie vor keine Unbundling Obligations, d.h. keine Verpflichtung, fremden Anbietern Zugang zu den eigenen Netzen einzuräumen. Dieser Unterschied ist Ergebnis einer langen amerikanischen Regulierungstradition, die den Telekommunikationssektor einer weitaus strengeren Regulierung unterzieht als den Kabelfernsehbereich. Dennoch hat die FCC im Zuge ihrer Auslegung des TCA (vgl. Rosenbach 1998) Vorkehrungen für eine einheitliche Regulierung getroffen und verfolgt eine Politik, in deren Mittelpunkt die möglichst umfassende Versorgung mit Breitbandanschlüssen steht.

Diese Politik hat in den Vereinigten Staaten eine umfangreiche Diskussion ausgelöst, die unter der Überschrift „Infrastrukturwettbewerb" geführt wird. Unter Infrastrukturwettbewerb versteht man die Konkurrenz verschiedenener Infrastrukturbetreiber (Telefongesellschaften, Kabel-TV-Betreiber, Mobilfunkbetreiber und Anbieter anderer drahtloser Zugangstechniken sowie Satellitenbetreiber) bei der Erbringung breitbandiger Online-Angebote und anderer breitbandiger interaktiver Dienste. Sofern Wettbewerb zwischen den verschiedenen Infrastrukturanbietern sichergestellt ist, so der Ansatz der FCC, können unterschiedliche Regulierungen innerhalb der Bereiche durchaus gerechtfertigt sein (vgl. Tristani 1999). Deutlich kommt in diesem Ansatz die Leitidee des TCA zum Ausdruck, die im Wettbewerb bei allen Angeboten und Diensten, inklusive der breitbandigen Angebote, besteht (vgl. FCC 1999, 3 und Pattay 1994). Unter dieser Leitidee stand auch die Deregulierung des Rundfunksektors, die ebenfalls im TCA vorangebracht werden sollte. In Abschnitt IV des TCA werden neue Bestimmungen für den Fernseh- und Kabelfernsehmarkt formuliert, wobei die wesentliche Neuerung darin bestand, dass Cross-Ownership-Verbote, d.h. Beteiligungsverbote von Kabel-TV-Gesellschaften an Telefongesellschaften, aufgehoben wurden. Der Effekt der Streichung von Cross-Ownership-Verboten war, dass nunmehr die Kompetenzgrenzen zwischen regionalen bzw. überregionalen Telefongesellschaften und den Kabelkonzernen sowie zwischen den Fernsehnetworks und den Kabelfirmen aufgehoben wurden. Speziell im Fernsehbereich erlaubte der TCA außerdem, dass Fernsehveranstalter, deren Eigentum an TV-

Stationen zuvor auf ein Verbreitungsvolumen von 25 Prozent der Fernsehhaushalte begrenzt war, nun bis zu 35 Prozent der amerikanischen Bildschirme beherrschen dürfen (Everschor 2000, 12). Außerdem wurde die staatliche Kontrolle der Empfangsgebühren für Kabelfernsehen abgeschafft.

5.4.3.2 Anpassung der rechtlichen Rahmenbedingungen

Im Bereich der privaten Mediennutzung sollten alle Regulierungsvorschriften revidiert werden, „that may hinder the growth of interactive services and applications" (IIT 1993, 9). Die Ziele, die hinsichtlich der Anpassung des rechtlichen Rahmens gesetzt wurden, weisen in der NII eine andere thematische Richtung auf als die deutsche Initiative Info 2000. Sie sind weniger von der Bemühung um einen einheitlichen rechtlichen Rahmen für die neuen Dienste geprägt als von der Absicht, die staatlichen Stellen zu einer Auseinandersetzung mit den Erfordernissen zur Realiserung des Information Superhighway zu bewegen. Jedes Ressort und jede Regulierungsebene sollte einen Beitrag zur Diskussion leisten und aufzeigen, in welchen Bereichen Anpassungsbedarf besteht. Die Maßnahmen zur Anpassung der rechtlichen Rahmenbedingungen konzentrierten sich dabei vor allem auf vier thematische Schwerpunkte:

Ausweitung des Universal Service-Konzepts auf die neuen Informations- und Kommunikationstechniken: Hintergrund für die Sicherstellung von Informationsmöglichkeiten für alle zu bezahlbaren Preisen war die Befürchtung, dass sich die aufkommende Informationsgesellschaft in „haves" und „have-nots" aufspalten könnte (vgl. DoC 1995). Das Universal Service-Konzept, das in den Vereinigten Staaten seit 1934 allen Telefonanbietern UniversaldienstPrinzipien für „basic communications services" auferlegt, sollte nun erweitert werden auf den Bereich der „advanced communications services". Damit sollte sichergestellt werden, dass die Bevölkerung mit „easy, affordable access to advanced communications and information services" versorgt wird, „regardless of income, disability, or location" (IIT 1993, 8). Einer Neuregelung des Universal Service-Konzepts sollte allerdings ein umfangreicher Konsultationsprozess vorausgehen, in dem allen gesellschaftlichen Gruppen Gelegenheit gegeben werden sollte, Stellung zu beziehen. Die NTIA wurde mit der Durchführung von öffentlichen Anhörungen und dem Management der Konsultationen mit einzelstaatlichen bzw. lokalen Regulierungsbehörden beauftragt.

Verbesserung von Sicherheit und Verlässlichkeit von informationstechnischen Systemen: Unter Verbesserung der Sicherheit und der Verlässlichkeit in informationstechnischen Systemen versteht die Agenda for Action eine Überprüfung von bestehenden Datenschutzvorschriften, die Entwicklung von Verschlüsselungshardware und software in Kooperation mit privaten Firmen und den Schutz der elektronischen Infrastruktur vor Ausfall und Sabotage.

Verbesserung des Managements der Frequenzvergabe: Um mobile Multimedia-Anwendungen zu fördern, sah die Clinton-Regierung in der Agenda for

Action vor, die Belegung von Frequenzen durch Regierungsbehörden, wie z.B.
dem Militär, zu überprüfen sowie brachliegende Ressourcen zur Verwendung
privater Unternehmen freizugeben. Darüber hinaus sollten Marktprinzipien bei
der Vergabe der knappen Frequenzen eingeführt werden. Die sogenannten Wireless Services wurden als Teil der NII gesehen und sollten deshalb unter Wettbewerbsbedingungen möglichst effizient zugeteilt und genutzt werden können.
Unter Wireless Services werden dabei sowohl Mobilfunkdienste als auch breitbandige Richtfunkdienste und digitale TV-Dienste verstanden.

Anpassung des rechtlichen Rahmens zum Schutz des geistigen Eigentums im
Zeitalter der digitalen Medien: Mit einer Anpassung der Copyright-
Bestimmungen sollte das kreative Potential des Information Superhighway gesichert werden. Der Schutz von Eigentumsrechten wurde als zentral für die Angebote angesehen, die auf der nationalen Information Infrastructure realisiert werden sollten. Dabei sollten die Schutzbestimmungen auf alle Arten der digitalen
Medien ausgeweitet werden, „whether in the form of text, images, computer
programs, databases, video or sound recordings, or multimedia formats" (IIT
1993, 10). Außerdem sollten Möglichkeiten erkundet werden, wie Produzenten
ihre Werke vor unerlaubter Vervielfältigung schützen und wie Gebühren für die
digitale Verbreitung geltend gemacht und eingezogen werden können.

5.4.3.3   Förderung des Aufbaus eines nahtlosen, interaktiven und anwendungsorientierten Netzes

Der Information Superhighway war das Schlagwort, unter dem die zu dieser Zeit
aufkommenden Internet-Anwendungen und später auch die Projekte der amerikanischen Kabelfernseh- und Telekommunikationsfirmen zu interaktiven TV-
Anwendungen subsumiert wurden. Wie wichtig der amerikanischen Regierung
der Aufbau dieses Information Superhighway war, zeigt schon der Umfang der
Aktionen, die in diesem Bereich konzipiert und durchgeführt wurden. Während
sich zum Thema „Anpassung der rechtlichen Rahmenbedingungen" im Fort-
schrittsbereich zur NII lediglich ein Abschnitt findet (nämlich ein Hinweis auf
den TCA), weist der Bericht allein sieben Punkte zum Thema „Promote Seamless, Interactive, User-driven Operation" aus (vgl. IIT 1994, 1113 und Robinson
1995).

Die NII sollte als „network of networks" entstehen, in deren Entstehungs-
prozess es Aufgabe der Regierung war, die Interoperabilität sicherzustellen, d.h.
die Möglichkeit zu gewährleisten, dass die Netze untereinander kompatibel sind
und sich Informationen einfach und effizient von einem Netz ins andere übertragen lassen. Die NII sollte eine interaktive Infrastruktur werden, und die Nutzer
sollten selbst an der Gestaltung der Anwendungen beteiligt sein können („interactive and user-driven"). Als entscheidend wurden vor diesem Hintergrund eine
effektive Standardisierung und die Gewährleistung von offenen Systemen gesehen, für die sich die Regierung einsetzen wollte. Dabei sollte zunächst festge-

stellt werden, welche Standards notwendig sind zum Aufbau der NII, wodurch der Prozess der Standardisierung gekennzeichnet ist und welche konkrete Rolle darin die Regierung spielen kann.

Große Bedeutung wurde dabei der Entscheidung beigemessen, welchen Netzwerk-Standard die Regierungs- und Verwaltungsapparate selbst einsetzen. Die öffentliche Verwaltung sollte durch ihr eigenes Beispiel Vorreiter beim Einsatz von offenen, interaktiven Systemen sein. Im Fortschrittsbericht zur Agenda for Action wird allerdings ernüchtert festgestellt, dass die Kommission, die eine Empfehlung für einen gemeinsamen Standard aussprechen sollte, zu dem Entschluss kam,

> „that no single protocol suite meets the full range of government requirements for data internetworking. The panel recommended that Federal government agencies select standards based on their interoperability needs, existing infrastructure, costs, marketplace products, and the degree to which the protocol has been adopted as a standard" (IIT 1994, 12).

Das für die amerikanischen Industriestandards zuständige National Institute of Standards and Technology (NIST) sollte aber weiterhin den Standardisierungsprozess für die NII verfolgen und auf die Einhaltung der entsprechende Richtlinien der Regierung hinsichtlich Interoperabilität und Offenheit der Systeme achten.

5.4.3.4   Einführung des terrestrischen digitalen Fernsehens bis 2006

Im Dezember 1996 beschloss die FCC die Einführung des terrestrischen digitalen Fernsehens bis zum Jahr 2006, dem Termin, an dem der sog. analoge Switchoff erfolgen sollte. Ähnlich wie in Deutschland kann diese erst später hinzugekommene Vorgabe zu den Zielen der Initiative gerechnet werden, weil hier zentrale Punkte der Migration von analoger zu digitaler Fernsehtechnik vorgegeben wurden. In den Vereinigten Staaten wurden im sogenannten TV-Standardisierungsstreit speziell Fragen der Eignung des digitalen TV-Standards für interaktive Anwendungen thematisiert (vgl. Kubicek/Beckert/Sarkar 1998).

Ursprünglich bezog sich die Migrationsvorgabe nur auf terrestrisches digitales Fernsehen. Als Anreiz für den kostenintensiven Umstieg auf digitale Produktion und Übertragung ihres Programms wurde den kommerziellen TV-Networks ABC, CBS, NBC und Fox eine zweite Frequenz kostenlos zu Verfügung gestellt. Bis alle Haushalte über die nötigen Geräte zum Empfang der digitalen Programme verfügten, sollten die Networks analoge und digitale Programme simultan ausstrahlen können (Simulcast). Dabei wurde in den Vereinigten Staaten die digitale TV-Zukunft lange Zeit mit der Einführung von hochauflösendem Fernsehen (High-definition TV, HDTV) verknüpft. Die FCC hatte sich Mitte der 1990er Jahre aktiv an der Ausarbeitung eines digitalen TV-Standards beteiligt und den daraus entstandenen HDTV-Standard als künftiges TV-Format favorisiert (vgl. Brinkley 1997). Für die Broadcaster ist es allerdings finanziell attraktiver, den zusätzlichen Kanal für zusätzliche Programme zu nutzen. Eine Übertragung im HDTV-Standard belegt den kompletten Kanal, während bei der Übertragung in herkömmlicher Bildqualität bis zu acht digitale Programme ausgestrahlt werden können. Darüber hinaus sind HDTV-Geräte in der Anschaffung noch sehr teuer und finden nicht in dem Maße Verbreitung, wie anfangs erhofft. Es gibt deshalb ein Nebeneinander von Einführungsstrategien für das digitale Fernsehen bei TV-Sendern und den Geräteherstellern.

Für den Satellitendirektempfang gibt es keine Regulierungsvorkehrungen, weil die beiden amerikanischen Betreiber Dish Network und DirecTV bereits seit Jahren digital senden. Trotzdem sind die Satellitenbetreiber die ersten, die regelmäßig im HDTV-Format senden, weil hier genügend zusätzliche Kapazität zur Verfügung steht und HDTV als Marketinginstrument für die Satelliten-Abo-Dienste eingesetzt wird.

Auch im Kabelbereich sind die Konversionsstrategien den Betreibern selbst überlassen. Die Kabelgesellschaften haben ein starkes Interesse an der Digitalisierung, weil sie mehr Programme im selben Frequenzspektrum übertragen können. Mit welchen Standards sie senden und ob sie HDTV-Programme anbieten, können sie selbst entscheiden. Neben der Aufrüstung der Kabelnetze verlangt die Konversion zu digitalem Fernsehen auch im Kabelbereich neue Endgeräte, bzw. neue Zusatzgeräte (Set-Top-Boxen). Um einen offenen Markt für digitale Decoderboxen zu schaffen, entschied die FCC im Juni 1998, dass Kabelnetzbetreiber diese Boxen nicht mehr nur vermieten dürfen, sondern die neuen Modelle auch von Elektronikfirmen zum Kauf angeboten werden müssen. Dies bedeutet für die Kabelnetzbetreiber, dass sie ihr Programm und Diensteangebot nicht mehr an die verwendetete Technik koppeln dürfen. Bei den herkömmlichen analogen Programmen ist das Verschlüsselungssystem in die Decoderbox eingebaut: Box, Verschlüsselung und Dienste bilden eine Einheit. Die Einführung digitalen Fernsehens will die FCC dazu nutzen, diese Einheit aufzubrechen, indem sie die Verwendung der Common-Interface-Technik für Set-Top-Boxen vorschreibt (vgl. ausführlich Bicknell/Sullivan 1998, Roth 1998, ZDNN 1999, Mahnke 1999). Der Effekt dieser Vorgabe ist, dass die digitalen Angebote verschiedener Produzenten auf dieser technischen Plattform darstellbar sind.

5.5   Fallstudien in den USA

5.5.1   *Orlando Full Service Network*

5.5.1.1   Politischer Kontext: Auswirkungen der NII auf das Projekt

Zwischen der NII der Clinton/Gore-Administration und dem Pilotprojekt von Time Warner Cable zu Video-on-demand in Orlando gibt es verschiedene Bezüge und Verweise, die im Verlauf der Initiative bzw. des Projekts unterschiedliche Akzentuierungen aufweisen. Es ist jedoch festzustellen, dass die NII nicht der Auslöser für das Time Warner Projekt war. Vielmehr liefen die politische Initia-

tive und das Pilotprojekt, das Time Warner Chef Gerald Levin im Januar 1993
als bahnbrechendes Projekt für die Zukunft des Fernsehens angekündigt hatte,
zunächst unabhängig voneinander an.

Im Wahlkampf 1992 hatte das Clinton-Team die nationale Informationsinfrastruktur zum zentralen Thema gemacht, das nun mit dem Einzug des neuen
Präsidenten ins Weiße Haus zur offiziellen Regierungspolitik wurde und in entsprechende Vorhaben umgesetzt werden sollte (vgl. Schneider 1997, 345 ff. und
Woodward 1993, 2046). Der Information Superhighway bezog sich dabei zu-
nächst vor allem auf Computernetze, PCs und Telefonleitungen, über die zu
dieser Zeit die ersten Internet-Anwendungen realisert wurden (E-Mail, Online-
Dienste, Archie, Gopher, FTP). Aber nicht nur Computerhersteller, Softwarean-
bieter und die amerikanischen Telekommunikationsgesellschaften wurden zum
Aufbau des Information Superhighways aufgerufen. Auch die Fernseh-
Kabelnetzbetreiber sollten sich im Rahmen einer übergreifenden nationalen
Kraftanstrengung dafür einsetzen, jedem Amerikaner einen Zugang zur Informa-
tionsinfrastruktur zu ermöglichen (vgl. Brinkley 1997, 288).

Hintergrund für die Einbeziehung der Kabelgesellschaften war eine Reihe
von Pilotprojekten zum interaktiven Fernsehen und zu Video-on-demand, die zu
dieser Zeit von verschiedenen Kabelnetzbetreibern konzipiert wurden und die
sich teilweise bereits in der Umsetzungsphase befanden (vgl. Krasilovsky 1994
und Ziemer 1994, 271-274). Die Vorstellung, Fernsehen könne bald ähnlich
interaktiv werden wie das Internet und damit zu einer Steigerung der Qualität der
Sendungen und der Autonomie der Zuschauer beitragen, war Anfang der 1990er
Jahre weit verbreitet (vgl. z.B. Gilder 1994, Franke 1994, Noam 1996). Die Vision vom Fernseher als Multimedia-Terminal, über das die Menschen ihr Leben
organisieren, sich informieren, sich unterhalten lassen und miteinander kommunizieren, wurde so ebenfalls zu einem Teil der Vision des Information Superhighway.

Tatsächlich hatte es Time Warner Cable geschickt verstanden, sich die Rhetorik der NII anzueignen und sich selbst in Zusammenhang mit der politischen
Initiative zu bringen. Über eine neuartige digitale Set-Top-Box sollten die Ka-
belabonnenten im Versuchsgebiet in die Lage versetzt werden, all das zu tun,
was im Internet noch nicht möglich war, wie z.B. „to see video and other kinds
of entertainment on demand and with direct control. This technology makes
interactive multimedia possible and has the potential to transform television from
something which is passive and linear into something which is interactive"
(Chiddix 1993). Ähnlich wie die großen US-Fernsehsender CBS, NBC, ABC
und Fox, die zu dieser Zeit recht wenig mit neuen Informations- und Kommunikationstechnologie zu tun hatten, sich aber der Vision der NII anschlossen, weil
sie sich erhofften, dadurch zusätzliche kostenlose Übertragungskapazität für
neue digitale Programme zu erhalten, war es auch bei Time Warner die Devise
„to ride the Clinton administration's NII initiative and describe your new services as central to the White House's new pet initiative" (Brinkley 1997, 291).

Time Warner als zweitgrößter Kabelnetzbetreiber in den Vereinigten Staaten und als mächtiger Medienkonzern hat es dabei verstanden, verschiedene, für das Unternehmen wichtige, Regulierungsaspekte mit dem Pilotprojekt in Orlando zu vernüpfen. Unterschiedliche, im Laufe der NII realisierten Gesetzesänderungen, wie z.B. Regelungen des Zugangs von Kabelbetreibern zu lokalen Telefonvermittlungsstellen, die Aufhebung der Entgeltregulierung für Kabelnetzbetreiber und die Entschärfung von Cross-Ownership-Regelungen, entsprachen zu großen Teilen den Forderungen, die Time Warner im Hinblick auf die Realisierungsfähigkeit neuer Anwendungen im interaktiven Kabel aufgestellt hatte.

Dabei war eine durch die technische Konvergenz bedingte Überarbeitung der Regulierungsvorschriften im TV- und Telekommunikationsbereich ohnehin absehbar. Das Ende traditioneller Regulierungsvorschriften war deshalb für Time Warners Pilotprojekt zugleich Ziel und Ansporn. Das Unternehmen wollte in Orlando unter anderem beweisen, dass es für den kommenden Infrastrukturwettbewerb gerüstet war. Obwohl wechselseitige Beeinflussungen zwischen der NII und dem Orlando Projekt festgestellt werden können, liegt die tatsächliche Motivation für das Pilotprojekt zum interaktiven Fernsehen weiter zurück als die Initiative der Clinton-Administration. Sie ist im Zusammenhang mit der Digitalisierung, der wirtschaftlichen Situation des Kabelgeschäfts zu Beginn der 1990er Jahre und dem zunehmenden Engagement der Telefongesellschaften im Bereich der interaktiven Medien zu sehen. Beginnend mit Bell Atlantics Video-on-demand Pilotprojekt in Virginia im Frühjahr 1993, kündigten verschiedene Telefongesellschaften, darunter Ameritech, GTE, Pacific Bell und US West, an, die neuartige ADSL (Asymmetric Digital Subscriber Line) Technik dazu zu nutzen, digitalisierte Videofilme über ihre herkömmlichen Telefonnetze zu übertragen (vgl. Krasilovsky, 1994). Obwohl es den Telefongesellschaften nach dem Cable Act von 1984 nicht gestattet war, Fernsehsignale zu übertragen, und sie damit prinzipiell vom Markt der Videodienste ausgeschlossen waren, setzten sie auf dem Gerichtsweg durch, dass sie in bestimmten Regionen Versuche zu Video-on-demand durchführen konnten. Im August 1995 reagierte auch die FCC auf die neue Rechtslage und passte die Regulierungsvorschriften in der Video-Dial-Tone (VDT) Initiative an. Auf der Basis einer VDT-Lizenz konnten Telefonbetreiber nunmehr ein Video-on-demand System betreiben, sofern sie die Vorschriften bezüglich der Offenheit ihres Systems einhielten sowie einen diskriminierungsfreien Zugang für unabhängige Inhalteanbieter ermöglichten. Obwohl die FCC in den Jahren 1995 und 1996 mehr als ein Duzend solcher Lizenzen an Telefongesellschaften vergab, gilt die VDT-Initiative heute sowohl bei Fachleuten (vgl. Yanosy/Leida 1995) als auch innerhalb der FCC als Fehlschlag. Erhofft hatte man sich nämlich von der Initiative, dass sie einen neuen, transparenten Wettbewerb zwischen Telefongesellschaften und Kabel-TV-Betreibern auf dem Gebiet der digitalen Videodienste schaffen würde. Tatsächlich aber waren alle Projekte der Telefongesellschaften zu Video-on-demand bis spätestens Anfang 1998 eingestellt worden.

Trotzdem hatten die Vorstöße der Telefongesellschaften bei den Kabelnetzbetreibern eine Reihe von Aktivitäten ausgelöst, die sich in ihrem Kerngeschäft
bedroht fühlten. Auch das Full Service Network von Time Warner muss vor
diesem Hintergrund gesehen werden. Im Telecommunications Act von 1996
wurde schließlich das Prinzip des uneingeschränkten Wettbewerbs zwischen den
verschiedenen Infrastrukturanbietern bei sämtlichen Telekommunikations- und
TV-Diensten festgeschrieben. Die entsprechenden Vorgaben, unter denen Telefongesellschaften seither TV-Dienste anbieten dürfen, sind im TCA unter dem
Stichwort OVS (Open Video Systems) vermerkt (näheres zu den OVS Rules
siehe Farhi 1998, Rafter 1998 und Lash 1996).

5.5.1.2   Projektbeschreibung Grunddaten

Das Full Service Network von Time Warner Cable in Orlando, Florida, war das
größte Pilotprojekt zu Video-on-demand (VOD) und interaktivem Fernsehen, das
in den Vereinigten Staaten Mitte der 1990er Jahre durchgeführt wurde. Es war
das Referenzprojekt für viele ähnlich gelagerte Pilotprojekte in anderen Ländern,
darunter auch für die Pilotprojekte der Deutschen Telekom in Stuttgart, Leipzig
und Berlin (vgl. Kubicek/Beckert/Sarkar 1998). Im Januar 1993 kündigte Time-
Warner Chef Levin das Projekt an und prophezeite das Ende des herkömmlichen
Fernsehens durch das Full Service Network. Beim offiziellen Starttermin im
Dezember 1994 waren aber erst eine Handvoll Nutzer an das Full Service Network angeschlossen und die angestrebten 4.000 Haushalte, die bis Ende 1995 das
neue System unter realen Bedingungen hätten testen sollten, konnten auch im
darauffolgenden Jahr nicht erreicht werden. Von Beginn an war das Projekt von
Verzögerungen und Pannen begleitet, beispielsweise funktionierte lange Zeit der
Videoserver nicht, so dass angeforderte Spielfilme im Projektzentrum von Hand
eingelegt werden mussten.

Nach einem Jahr Planung und drei Jahren Testbetrieb wurde das Pilotprojekt schließlich im Dezember 1997 eingestellt. Time Warner hatte etwa 100
Millionen Dollar in das Pilotprojekt investiert, das inzwischen spöttisch als der
aufwendigste Versuch bezeichnet wurde, Briefmarken zu verkaufen. Denn von
den vielen geplanten und teilweise auch umgesetzten interaktiven Anwendungen
waren die Serviceangebote einer lokalen Bankfiliale, eines Pizza Services und
des Postamts die einzigen, die vollständig funktionierten (vgl. Schuler 1997).

Ziel des Pilotprojektes war es, auf der Basis des bestehenden Kabel-TV-
Netzes Video-on-demand und interaktive Fernsehdienste anzubieten. Dazu
musste auf der technischen Seite zunächst das Kabelnetz zu einem leistungsfähigen Glasfaser-Koax-Netz ausgebaut werden, um eine Zwei-Wege Kommunikation zu ermöglichen. Für die On-Demand-Dienste musste ein zentraler Videoserver entwickelt werden, auf dem die digitalisierten Filme gespeichert und abgespielt wurden. Auf der Nutzerseite musste eine Set-Top-Box installiert werden,
die die digitalen Fernsehsignale wieder zu analogen umwandelte und die VOD-

Funktionalitäten Vorspielen, Anhalten und Zeitlupe ermöglichte. Die Set-Top-Box wurde von Scientific Atlanta entwickelt, dem Spezialisten für Kabeltechnologie und Marktführer bei analogen Kabeldecodern in den Vereinigten Staaten. Die Kosten für die FSN-Set-Top-Box betrugen zu Beginn über 5.000 Dollar.

Der FSN-Decoder war ein leistungsfähiger Computer, der mit 8 MB RAM mehr Hauptspeicher besaß als High-End PCs zu dieser Zeit. Die Elektronik im Decoder musste mit einem besonderen Lüfter gekühlt werden. Der FSN-Decoder hatte die Größe eines Videorekorders, war über den normalen Antennenanschluss mit dem TV-Gerät verbunden und wurde über eine speziell entwickelte Fernbedienung gesteuert. Weiterhin wurde ein Navigationstool entwickelt, ein interaktiver Programmführer, der einen leichten Überblick über das umfangreiche Angebot erlauben sollte. Der Anfangsbildschirm bestand aus einem rotierenden Karussel, das mit der „Select"-Taste der Fernbedienung an der entsprechenden Stelle angehalten werden konnte und dann zu einem weiteren Auswahlmenü verzweigte. Im Grundmenü standen zu Beginn die Kategorien „Movies", „Shopping", „Games", „Education", „Sports" und „News" zur Verfügung. Die Angebote im Full Service Network waren für die angeschlossenen Testhaushalte im ersten halben Jahr kostenlos. Danach wurden unterschiedliche Preise für die verschiedenen Angebote verlangt. Getestet wurden die Gebührenmodelle payperview, pay-per-channel, pauschale monatliche Grundgebühren und entsprechende Kombinationen dieser Modelle.

Das Full Service Network sollte ein Versuch unter realen Marktbedingungen werden, um herauszufinden, für welche Dienste die Kunden bereit sind, wieviel zu bezahlen. Dazu sollte zunächst herausgefunden werden, mit welcher Netzwerkarchitektur sich welche Dienste am effizientesten umsetzen lassen. Auf der Basis der Ergebnisse des Orlando-Projekts wollte Time Warner dann neue Dienste auf allen seinen Kabelnetzen in den Vereinigten Staaten einführen. Unter den Anwendungen, die im Full Service Network realisiert werden sollten, kam Video-on-demand die größte Bedeutung zu. Spielfilme auf Abruf mit der Möglichkeit des Vor und Zurückspulens, Zeitlupe und Pause, sollten die „Killer Application" des neuen Systems werden. Aber auch an der Umsetzung anderer interaktiver TV-Dienste wurde gearbeitet. Mit folgenden Anwendungen startete das FSN im Dezember 1995:

- Video-on-demand
- News on Demand
- Sports on Demand (NFL- und NBA-Spiele)
- Videospiele
- „Interactive Services" (Veranstaltungs und Restaurantführer, Kleinanzeigen für Autos und Wohnungen, Homebanking, Pizza-Bestellung)
- Interactive Teleshopping (Online-Shopping z.B. bei Spiegel, Eddie Bauer, und Horchow)
- „Custom TV" (Elektronischer Programmführer für on-demand-Angebote und herkömmliches Programmangebot)

Für die Umsetzung der Angebote konnten namhafte Content Provider (TV-Sender, Hollywood-Studios, Zeitungen und Zeitschriften, Versandhäuser usw.) gewonnen werden. Das Full Service Network sollte dabei vor allem als Distributions-Plattform für die eigenen Medienprodukte dienen und dabei die verschiedenen Konzernsparten dazu motivieren, sich mit neuen Formen der interaktiven Vermarktung ihrer Inhalte und Formate zu beschäftigen. Allerdings wurde von Anfang an der technische Aufwand, die Entwicklungs und Herstellungskosten des Systems, die Koordinationserfordernisse bei der Technik sowie der Zeit und Kostenaufwand für die inhaltliche Bearbeitung der Angebote unterschätzt.

Besonders im Hinblick auf die Entwicklung der technischen Infrastruktur und der Integration von Computertechnik erwies sich der Zeitpunkt des Versuchs als äußerst ungünstig. Fast alle technischen Komponenten mussten neu entwickelt werden oder wurden erstmals in ein völlig neues End-to-End-System eingepasst. Trotz des Scheiterns des Pilotprojekts in seiner ursprünglichen Konzeption bezeichnet Time Warner das Full Service Network als Erfolg: Auf der Basis der Nutzungsdaten für Video-on-demand und die interaktiven Dienste im FSN könne man nun genauere Kosten-Ertrags-Rechnungen für die einzelnen Dienste aufstellen. Wenn die Technikkosten weiter sinken, sei man in der Lage, diese Dienste mit dem vorhandenen Know-how erneut zu realisieren. Sicher ist, dass Time Warner vorsichtiger geworden ist bei der Ankündigung neuer, revolutionärer Projekte. Zu deutlich lagen die Prognosen von 1993 daneben, zu deutlich wurde das FSN vom Internet und vom digitalen Fernsehen überholt. Die aktuellen Projekte von Time Warner, Roadrunner (Kabelmodemangebot) und Pegasus (digitales Vielkanalfernsehen), werden konsequenterweise als Nachfolgeprojekte des Full Service Network gesehen. Als Konsequenz aus dem Scheitern des revolutionären Ansatzes setzt das Unternehmen nun auf bestehende Medientrends und visiert eine evolutionäre Weiterentwicklung von Infrastruktur und Angeboten an.

5.5.1.3   Lokaler Handlungskontext: Betreiber und Content Provider

Anfang 1993 gründete Time Warner Cable zur Durchführung des Pilotprojekts die Gesellschaft Full Service Network mit Sitz in Maitland, im Norden von Orlando, Florida. Bis Mitte 1993 wurden die Technikpartner ausgewählt, mit denen meist strategische Allianzen vereinbart wurden. Die Vereinbarung, die in den Medien die größte Aufmerksamkeit erfuhr, war die strategische Allianz mit der Telefongesellschaft US West, bzw. ihrer Tochter, der US West Interactive Services, die am 17. Mai 1993 verkündet wurde (vgl. Kennedy 1995). Dies war die erste Partnerschaft zwischen einem Kabelbetreiber und einer Telefongesellschaft in den Vereinigten Staaten. US West Interactive sollte dabei den interaktiven Entertainment- und Restaurant-Führer für das FSN entwickeln, mit dem später unter dem Namen GOtv auch online Kinotickets bestellt oder Restaurantplätze reserviert werden konnten. Weiterhin wurde AT&T in das Pilotprojekt eingebunden. Die Firma sollte die ATM-Technik für das Netzwerk entwickeln. Die Computerfirma Silicon Graphics Inc. (SGI) wurde mit der Programmierung des Betriebssystems beauftragt, sollte Teile des Home-Terminals liefern, das Navigationssystem programmieren und die Videoserver, die mehrere Terabytes große Festplatten verwalten sollten, konfigurieren. Scientific Atlanta (SI), der Spezialist für Kabel-TV-Netztechnik und Kabeldecoder, sollte die neuartigen Set-Top-Boxen entwickeln und verschiedene Übertragungskomponenten liefern.

Aufbau und Ablauf: Zunächst mussten aber 100 Meilen Glasfaserkabel in drei Gebieten des Testgebietes verlegt werden. Währenddessen arbeiteten Ingenieure an verschiedenen Standorten daran, ihre Aufträge zu bearbeiten und mit den anderen Beteiligten zu koordinieren: SGI im Silicon Valley, Time Warner Cable in der Zentrale in Stamford, Connecticut und Denver, wo die Firma ihr Technikzentrum hat, Warner Bros. und Time Warner Interactive in Burbank und SA in ihrer Zentrale in Atlanta, um nur die wichtigsten Standorte zu nennen. Tatsächlich war der Koordinierungsaufwand enorm, und es stellte sich bald heraus, dass die Integration der verschiedenen Unternehmenskulturen sowie das Zusammenfügen von technischen Komponenten aus so unterschiedlichen Branchen wie Computer-, Kabel-TV, Fernseh- und Telefontechnik ein gravierendes Problem ist, das für wiederholte Verzögerungen beim geplanten Projektstart sorgte. Interessant ist in diesem Zusammenhang die Feststellung des technischen Leiters, Jim Chiddix, dass sich E-Mail als hervorragendes Koordinationsinstrument erwies, das die Interessen der verstreuten Partner immer wieder zusammenbrachte. Als Anwendung innerhalb des FSN war E-Mail nie ein Thema.

Ende 1993 waren die Prototypen für die meisten Hardware-Komponenten verfügbar und konnten getrennt voneinander getestet werden. In einer Testinstallation in Orlando wurde im Dezember 1993 eine digitalisierte Version der Spielfilme The Fugitive und Dave vom Videoserver abgespielt und über einen ATM-Switch zum Decoder bzw. Fernseher in einem Testhaushalt gespielt. Der Test war erfolgreich, wenngleich die Probe auf die Netzwerkfähigkeit des Systems noch ausstand (vgl. o.V. 1994a, 2). Gleichzeitig wurden Marktforschungsstudien erstellt, Anwendungsumgebungen programmiert, Navigationssysteme getestet und das Design für die Fernbedienung festgelegt.

Bei der Frage, welche Anwendungen im System letztlich laufen sollten, entschied man sich dafür, zunächst die sogenannten „Naturals" zu realisieren: Angebote, für die es bereits eine Nachfrage gab und die über das FSN bequemer genutzt werden konnten, wie z.B. Filmverleih, Videospiele und Homeshopping via Fernsehen oder Katalog. Erst in einem zweiten Schritt sollten gänzlich neue Anwendungen kreiert werden, mit denen das Potential des FSN demonstriert werden sollte. Ein Beispiel für eine radikal neue Anwendung ist der NewsondemandService „The News Exchange". Weiterhin sollte das FSN auch als Experimentierplattform dienen, um interessante Anwendungen umzusetzen, die nur in einer solchen interaktiven Umgebung umsetzbar sind. Die Projektleitung in Orlando wurde dazu offenbar mit Vorschlägen überschwemmt. Beim offiziellen

Testbeginn, der wegen technischer Probleme von April 1994 auf Dezember 1994 verschoben wurde, bestand das FSN-Team in Orlando aus fast 200 Spezialisten, Computertechnikern, Designern, TV-Produzenten und technischem Personal.

Integration von vorhandener Technik: Hinsichtlich der Integration von vorhandener Technik bzw. der Verwendung bereits verfügbarer Technologien ist das Full Service Network ein typisches Negativbeispiel. Zu Beginn wurde davon ausgegangen, dass alle technischen Komponenten, die zum Aufbau des FSN benötigt würden, irgendwo auf der Welt bereits verfügbar sind, sich zumindest aber kurz vor der Fertigstellung befinden. Die eigentliche Herausforderung wurde darin gesehen, diese Komponenten erstmals zu einem funktionierenden Gesamtsystem zusammenzufügen. Tatsächlich funktionierten viele Einzelkomponenten aber nur unter Laborbedingungen und in kleinem Maßstab. Sowohl Silicon Graphics als auch Scientific Atlanta konnten auf die Funktionsfähigkeit von Videoservern bzw. digitalen Set-Top-Boxen verweisen. Den Anforderungen eines Regelbetriebs mit einer größeren Anzahl von Nutzern waren ihre Geräte allerdings zunächst nicht gewachsen. Scientific Atlantas Set-Top-Box für das FSN musste allein drei Mal grundlegend überarbeitet und mit immer neuen, komplexeren Hardwareteilen ausgestattet werden. Entsprechend hoch waren die Kosten für die Box: 5.000 Dollar kostete eine FSN-Decoderbox des Unternehmens zu Beginn des Projekts. Inzwischen gibt es einen Preisverfall für solche Geräte. Eine Box mit derselben technischen Ausstattung hätte 1998 nur noch 500 Dollar gekostet und 1999 weniger als 400 Dollar (vgl. Keienburg 2000).

Organisation: Auch die Kosten für den Videoserver waren enorm. Er wurde so konzipiert, dass 100 Haushalte gleichzeitig auf einen Film zugreifen konnten, ohne dass es zu Verzögerungen bei der individuellen Zuspielung kam. Die Speicherkapazität des Videoservers betrug über das 10.000-fache damals handelsüblicher High-End-PCs. Mehrere tausend Dollar wurden deshalb pro Datenstrom (Stream) veranschlagt. Heute würde diese Rechnung aufgrund der stark gefallenen Hardwarepreise anders aussehen. nCube, der momentan größte Hersteller von Videoservern, veranschlagt heute zwischen 200 und 300 Dollar pro Stream. Die Notwendigkeit, praktisch alle technischen Komponenten neu erfinden zu müssen, bzw. erstmals zu integrieren, zieht sich durch fast alle Bereiche des Systems: „Engineers reinvented everything about TV, even speeding up the time it takes for an infrared signal to get from the remote control to the set top box once a button on the remote is pressed" (Maney 1995, 126). Mit der Ausnahme der Aufrüstung des Netzwerks auf eine höhere Bandbreite, für die man auf Erfahrungen aus einem früheren Projekt zurückgreifen konnte, fehlte es durchweg an technischem Know-how, auf das hätte zurückgegriffen werden können. Außerdem waren keine allgemeingültigen Industriestandards verfügbar, was sich besonders bei der Entwicklung der Set-Top-Box negativ bemerkbar machte. Alle Tests mussten in Eigenregie durchgeführt werden, wobei ungewiss war, welche Spezifikationen sich in der Branche letztlich durchsetzen würden (Interview Adams). Um das Full Service Network zum Laufen zu bringen, mussten Softwarespezialisten insgesamt mehrere Millionen Zeilen Programmcode schreiben. Time Warner rühmte sich, dass mehr Zeilen Programmcode für das FSN geschrieben wurden als notwendig waren, einen Menschen auf den Mond zu schießen (vgl. Zollman 1997). Zur Halbzeit des Projekts gestand der technische Leiter in einem Interview, dass man die Komplexität des technischen Systems unterschätzt hatte. Mit enormen Kosten und erheblichem Aufwand konnten bis Ende 1994 zumindest die Grundfunktionalitäten des Full Service Networks sichergestellt werden (Abruf von Videodaten, Online-Bestellungen, Navigationstool).Welche Inhalte wurden nun auf diesem System zur Verfügung gestellt und wie gestaltete sich die Koordination mit den Content Providern? Die Antworten auf diese Fragen lassen sich am besten entlang der geplanten Anwendungen beantworten, weil je nach Anwendung unterschiedliche Konzepte zum Einsatz kamen. Dabei wird deutlich, dass in allen Bereichen, die als „central applications" angesehen wurden, das Bemühen um den Aufbau einer stabilen Produktionslogistik vorhanden war.

Video-on-demand: Von Anfang 1995 bis zum Ende des Projekts im Dezember 1997 standen den Nutzern des FSN zwischen 80 und 120 Spielfilme für den individuellen Abruf zur Verfügung. Zwar konnten bis zum Schluss nur Wenige diese Filme tatsächlich abrufen, weil die Zahl der angeschlossenen Haushalte nicht Schritt hielt mit den Planungen. Auch wurden zeitweise technische Notbehelfe, wie z.B. die manuelle Bedienung des Videoservers, notwendig, weil das automatische Abspielen nicht funktionierte. Die Versorgung mit Spielfilmen selbst war allerdings gesichert durch ein Abkommen mit der Firma Warner Bros., die die aktuellsten Kinofilme des Hollywood Studios zur Verfügung stellte. Die Preise für einzelne Spielfilme variierten zwischen drei und fünf Dollar, wobei die Akzeptanz der Nutzer offenbar groß war: „they were bought with passion. Some homes had bills of more than 100 Dollar per month just for movies" (Zollman 1997, 2).

Sports on Demand: Sports Illustrated Television, ein Time Warner TV-Sender und die National Basketball Association, die die Rechte für die Spiele besitzt, gestalteten die Rubrik „NBA On Demand". Dabei handelte es sich um eine Serie, die aus einer Sammlung von Filmbeiträgen über Spieler und aus vergangenen, historischen Basketballspielen bestand. Die Serie war von der TV-Firma NBA Entertainment Theater produziert wurden und bereits auf Sports Illustrated TV ausgestrahlt worden. Speziell für das FSN produzierte Sports Illustrated TV die Anwendung „NFL Highlights on Demand" von Spielen der amerikanischen Football League. Hier konnten interessante Spielszenen abgerufen, Spielergebnisse abgefragt und Spielstatistiken am Bildschirm aufgerufen und ausgedruckt werden. Das FSN zeigte dabei keine Ereignisse exklusiv, was von den Verantwortlichen als großer Nachteil gesehen wurde (Zollman 1997, 2).

News on Demand: Obwohl der inhaltliche Schwerpunkt des Projekts im Bereich Spielfilme und Serien auf Abruf lag, wurde auch ein Nachrichtenkanal realisiert, auf dem die Zuschauer Beiträge zu den Themen des Tages abrufen

konnten, die sie interessierten. Die Anwendung „News on Demand" ist ein Klas-
siker des interaktiven Fernsehens, der für die Befreiung des Zuschauers von
vorgegebenen Programmschemen der Sender steht. Er soll deshalb hier ausführlicher behandelt werden. Das FSN wollte den Nutzern auch im Nachrichtenbe-
reich Kontrolle über die Inhalte und den Zeitpunkt geben, wann sie die entsprechenden Sendungen sehen wollten (control und convenience). Nachrichtenzu-
sammenstellungen nach individuellen Interessenprofilen sind vom Prinzip her
eine Mischung aus aktiver Auswahl aus einem umfangreichen Medienangebot,
wie wir es heute aus dem Internet kennen, und herkömmlichem Programmfernsehen, in dem Ereignisse von Medienprofis ausgewählt, fernsehgerecht aufbereitet und kommentiert werden. News on Demand stellt einen Bruch mit traditionellen Fernsehnutzungsgewohnheiten dar, weil der jeweilige Zuschauer selbst darüber entscheidet, über welche Themen er informiert werden will und welche er
ignoriert. Time Warner realisierte mit dem Nachrichtenkanal „The News Exchange", oder „TNX", im Full Service Network erstmals eine On-Demand-
Variante von Fernsehnachrichten. Ab Ende 1996 mussten die Abonnenten für
das TNX-Angebot pauschal 1.95 bis 3.95 Dollar im Monat bezahlen, je nach
Stadtteil, in dem sie wohnten. Zuvor war der Empfang kostenlos gewesen. Die
Logik hinter TNX war, den Nutzern z.B. die Hauptnachrichtensendung um 19:30
Uhr zeigen zu können, auch wenn diese erst später nach Hause gekommen wa-
ren:

> „In a very elegant and simple fashion, TNX offered more than 100 newscasts, news
> clips, headline packages and longform programs – all on demand, whenever viewers
> wanted them. And like FSN movies, you could fastforward or rewind, pause and
> play or replay them to your heart's content" (Zollman 1997, 3).

TNX benutzte dabei Beiträge von ABC News, CNN, NBC News, The
Weather Channel sowie Textinfomationen der konzerneigenen Zeitschriften
Time, Fortune, Money und Entertainment Weekly. Die Beiträge waren in ver-
schiedene Rubriken gegliedert (siehe Tab. 23) und wurden von professionellen
Nachrichtensprechern (anchors) vorgestellt. Das Konzept war, eine schnelle
Übersicht über das Tagesgeschehen zu geben und gleichzeitig den Zuschauern
die Möglichkeit zu geben, bei Interesse an einem Thema oder einer bestimmten
Rubrik die ausführlicheren Berichte auszuwählen und abspielen zu lassen. Anschließend hätte man in der Nachrichtenschleife an jenen Punkt zurückkommen
sollen, an dem man in den längeren Beitrag abgezweigt war. Doch diese als
„Indexing" oder „Bookmarking" bezeichnete Funktion, die anfangs als eigentlicher Mehrwert für die Nutzer konzipiert war, konnte nicht realisiert werden. Die
Software funktionierte nicht und das Konzept erwies sich als zu komplex für das
technische System. „Your News", der geplante Dienst, in dem Nachrichten auf
der Basis individueller Interessenprofile automatisch zusammengestellt werden
sollten, wurde ebenfalls fallengelassen. Stattdessen wurde das zweistündige
Programm für TNX komplett vorproduziert und in bestimmten Abständen aktua-

lisiert. Die Nutzer konnten lediglich das Programm vorspielen, wenn sie eine Nachricht nicht interessierte, das Programm anhalten oder Zurückspulen, wenn sie etwas verpasst hatten. Die Akzeptanz von TNX bei den Abonnenten, die sogenannte „buy rate", lag nach Angaben des FSN-Vizepräsidenten Wolf über zehn Prozent, eine erstaunlich hohe Zahl für einen Kabel-Nischensender (vgl. Zollman 1997, 4).

Ein ganzes Produktionsteam von Redakteuren und Moderatoren rund um die Uhr für ein Programm zu beschäftigen, das nur von einem sehr kleinen Publikum empfangen werden konnte, erwies sich nach einer gewissen Zeit selbst für Time Warner als zu kostspielig. Nach einem Jahr wurde das Konzept einer moderierten On-Demand-Nachrichtensendung aufgegeben. Danach wurde den Zuschauern beim Umschalten auf TNX lediglich eine Inhaltsübersicht über die Themen der Nachrichtensendung gegeben. Das Anfangsbild von TNX sah aus wie eine Videotext-Seite.

Tabelle 23: Inhalte für den „News Exchange" On-Demand Kanal (Quelle: Zollman 1997, 4f).

Rubriken der News Exchange	Beschreibung
Local	Complete 5 o'clock and 11 o'clock newscasts from the local ABC and NBC affiliates, WFTV and WESH-TV, respectively, along with dozens of clips like business briefs, calendars of events and community reports created exculusively for TNX by a video production unit of The Orlando Sentinel.
National/International	ABC World News Tonight, NBC Nightly News and CNN Headline News (updates four to six times daily); Nightline, 20/20, PrimeTime Live and Dateline NBC, CNN specialty shows and more.
Sports	CNN's Sports News Tonight, a recent Headline News sports segment, and local prep, college and pro sports from the Sentinel.
Money	CNN Headline's Dollars and Sense segment; a twice-daily Fortune Business Report (produced by Time Inc. New Media and later by FSN corporate cousin New York 1), a daily local busniess package formthe Sentinel, and a Sentinel business commentary.
Weather	Segments from The Weather Channel, including local, national, global and extended weather forecasts; coastal water temperatures, a tanning index, and in-season hurrican tips from the Sentinel.
Science and technology	clips and programs
Sound off	a local „man on the street" interview package from the Sentinel.
The Democracy Network	an interactive video voter guide on the presidential candidates, offered for several months before the 1996 election.
„Your News"	a list of newscasts and segments that viewers could „stack" in any order they wanted, just as a producer stacks a newscast, in effect creating a separate rundown and personalized newscast for each family member

Interaktive Dienste: Im „DreamShop", der interaktiven Shopping Mall im FSN wurden Waren angeboten von Bombay Co. (Kleidung), Book of the Month Club (Bücher), The Horchow Collection (Möbel) und Best Buy (Konsumentenelektronik). Außerdem ermöglichte Pizza Hut den FSN-Kunden individuelle Zusammenstellungen und Bestellungen über das System. Beim virtuellen Postamt konnte man Briefmarken beim örtlichen Postamt bestellen, die am nächsten Tag zugestellt wurden sowie Informationen über Posttarife anfordern. Bei all diesen Anbietern standen die FSN-Aktivitäten im Zusammenhang mit der Absicht, erste Erfahrungen beim Online-Verkauf ihrer Waren zu machen, die Möglichkeiten dieser neuen Vertriebsform auszutesten und darauf möglicherweise eigene Strategien aufzubauen. Zwar war den beteiligten Unternehmen bewusst, dass der Online-Bereich sich möglicherweise zu einem wichtigen Vertriebsweg entwickeln könnte. Ihre Aktvitiäten waren allerdings nicht Teil einer Unternehmensstrategie, die konsequent auf diesen Vertriebsweg gesetzt hätte. Vielmehr wurden vielfach untergeordnete Abteilungen wie „New Business Development" oder die interne Technik-Abteilung mit der Realisation der FSN-Anwendung beauftragt.

Interaktive Videospiele: Interaktive Videospiele wurde im FSN unter dem Namen „PlayWay" angeboten. Für diese Rubrik wurde z.B. das Labyrinthspiel TV BOTS entwickelt. Alle Videospiele wurden vom Spieleanbieter ENGAGE Games Online zur Verfügung gestellt. Mit ENGAGE wurde vereinbart, jeden Monat ein neues Spiel in das System zu stellen. Der Spielekanal konnte im monatlichen Abonnement gebucht werden oder auf pay-per-game-Basis abgerechnet werden. Der Konversionsaufwand für ENGAGE war dabei gering. ENGAGE verfügte bereits früh über einen Internetauftritt, auf dem die Firma Chat Areas, Bulletin Boards und andere Service Areas zur Verfügung stellte. Diese Formate sollten auch den FSN-Nutzern zugänglich gemacht werden (vgl. McConville 1995). Dazu kam es allerdings nicht mehr, weil das Pilotprojekt vorher beendet wurde. Insgesamt ist die Liste der Inhaltelieferanten und Anwendungspartner für das FSN eindrucksvoll. Jedoch sollte das Engagement der Inhalteanbieter nicht überschätzt werden. Viele der rennomierten Medienfirmen und Dienstleister sahen das FSN lediglich als Experimentierfeld zur Entwicklung einer eigenen Online-Strategie. Die Motivation für viele Content Provider war es zunächst, Einblick in die Aktivitäten des mit großer Fanfare angekündigten Pilotprojekts zu bekommen. Erst im Laufe des Projekts wurde vor allem den Anbietern von interaktiven Anwendungen mit Transaktionsfunktion (interaktives Teleshopping, Telebanking, Reservierungssysteme usw.) bewusst, wie langwierig und aufwendig es werden würde, ein funktionierendes und überzeugendes Angebot zu realisieren. Der Aufwand schien sich in keiner Weise zu rechnen.

Aber auch die Content Provider, die lediglich Filme oder TV-Beiträge für das FSN beisteuerten, zeigten sich zunehmend enttäuscht über die eingeschränkten Möglichkeiten und Verzögerungen. Ein im Bereich der interaktiven Medien besonders aktiver TV-Sender, der Discovery Channel (Technik, Reise- und Natursendungen) beauftragte z.B. seine Abteilung „Interactive Technology" damit, Vorschläge auszuarbeiten, wie über breitbandige, interaktive Systeme wie dem FSN die Zuschauerbindung und der Vertrieb eigenproduzierter Videos erhöht werden könnte. Lange Zeit mussten die fertig ausgearbeiteten Pläne in der Schublade bleiben, weil die Techniker in Orlando mit dem Aufbau des Systems nicht fertig wurden. Als das System endlich stand, hatte der Discovery Channel einen Großteil seiner Pläne längst im Internet umgesetzt (www.discovery.com). Die Internet-Verwertung ist inzwischen zu einer Hauptstrategie des Unternehmens geworden. Außerdem beteiligt sich Discovery heute als Content Provider bei Microsofts WebTV.

5.5.1.4. Lokaler Handlunskontext: Nutzungsbedingungen und Zielgruppe

Vier Annahmen lagen den ehrgeizigen Plänen von Time Warner in Orlando zugrunde: Dass Fernsehzuschauer aktive Beteiligung bei der Medienauswahl passiver Berieselung vorziehen, dass sie bereit sind, für diese Möglichkeit mehr zu bezahlen, dass sie bei Video-on-demand ihre Rechnungen genausowenig unter Kontrolle haben würden wie in den Videotheken und dass die Technik bei der Realisierung keine Schwierigkeiten bereiten würde. (vgl. Auletta 1997, 220). Glaubt man den offiziellen Ergebnissen, so haben sich die ersten drei Annahmen bestätigt, die vierte hingegen nicht.

Tatsächlich bleiben Erkenntnisse über das Nutzerverhalten im FSN das Geheimnis von Time Warner. Das Unternehmen gibt keine Ergebnisse über die Akzeptanz der Dienste im Full Service Network heraus. Alle Angaben über eine hohe „BuyRate" von Video-on-demand (Tedesco 1999) oder die Begeisterung der Nutzer über die interaktiven Dienste (Zollman 1997) müssen deshalb mit Vorsicht betrachtet werden. Zollman berichtet, dass einige Haushalte monatliche Rechnungen von über 100 Dollar nur für Spielfilme hatten (Zollman 1997, 2). Der Preis für einen Film konnte bis zu $ 5.95 betragen, je nach Art des Films und Gegend, in der der Abonnent wohnte. Weil es ein Marketingtest war, wurde das Versorgungsgebiet in sozio-ökonomische Gruppen aufgeteilt, die über die verschiedenen Verteilstationen einzeln adressiert werden konnten. Dass in den unterschiedlichen Wohngebieten unterschiedliche Preise für die gleichen Dienste gezahlt werden mussten, war kein Geheimnis. Es wurde den Testteilnehmern vom Verkaufspersonal mitgeteilt. "It didn't seem to bother subscribers", so Zollman (1997, 2). Die Teilnehmer stellten einen mehr oder weniger exakten repräsentativen Querschnitt der Time Warner Cable-Kunden dar, die allerdings aufwendig geworben werden mussten. Voraussetzung zur Teilnahme war, im Testgebiet zu wohnen, d.h. in einem der Vorstadt-Counties von Orlando (Seminole County, Teile von Orange County, Wekiva, Sweetwater, Lake Brantley und Spring Lake Hills) und über einen Kabelanschluss zu zu verfügen. Darüber hinaus mussten die Testhaushalte bereit sein, für mehrfache Befragungen zur Verfügung zu stehen, in denen ihre Mediennutzungsgewohnheiten erhoben wurden, und ihr Einverständnis geben, dass während des Versuchbetriebs alle Filme, die sie über das Netz bestellen, registriert, und alle Transaktionen die sie tätigen, aufgezeichnet werden.

Um die Installation des benötigten Equipments kümmerten sich InstallationsTeams vom Full Service Network. Teilweise reisten bis zu acht Servicekräfte auf einmal an (Computertechniker, Kabeltechniker, Softwarespezialisten, Spezialisten für Störstrahlung und Schulungspersonal), um die Hardware einzurichten und den Nutzern die Funktionsweise des Systems zu erklären. Dutzende von Vertriebsangestellten von Time Warner Cable wurden im sogenannten „installation blitz", Ende 1995 als Kunden„Trainer" eingesetzt. Auch Mitarbeiter des FSN sprangen schließlich ein, um den Kunden den Umgang mit dem neuen System zu erklären (Zollman 1997, 1). Neben den technischen Schwierigkeiten hatten offenbar auch die Nutzer Probleme mit dem Verständnis der neuen Angebote, obwohl versucht wurde, die Bedienerführung einfach und intuitiv zu gestalten. Tatsächlich unterscheidet sich die Nutzung eines interaktiven VOD-Angebots erheblich von der Nutzung des herkömmlichen Programmfernsehens. Hinsichtlich der Anschlussfähigkeit der FSN-Angebote an etablierte Mediennutzungsverhalten gilt es jedoch zu differenzieren: Die VideoonDemandAngebote konnten tatsächlich in gewisser Weise an die etablierten Verhaltensmuster von Videothekbenutzern anschließen. Teilnehmer des FSN konnten sich den Weg zur Videothek ersparen, weil sie Filme per Knopfdruck bestellen konnten.

Bei den interaktiven Anwendungen sind Anknüpfungspunkte an das traditionelle Mediennutzungsverhalten schwerer zu finden. Man muss sich in Erinnerung rufen, dass das Internet als klassisches interaktives Medium erst im Entstehen war und sich noch weit vor seiner explosionsartigen Ausbreitung befand, als das FSN startete. Obwohl es sich bei den Testhaushalten vermutlich um eher technikaffine Haushalte handelte, musste die Bedienung der interaktiven Angebote erst erlernt und einstudiert werden. Vom heutigen Standpunkt aus erscheint jedoch das Waren und Dienstleistungsangebot im FSN als zu klein, als dass sich dieser Aufwand für die Testnutzer gelohnt hätte. Entsprechend gering wird deshalb vermutlich auch die Motivation gewesen sein, sich damit zu be-schäftigen. Im Nachhinein muss das Konzept für das FSN, das Gerald Levin 1995 mit „We build it and they will come" (Levin zitiert in Auletta 1997, 220) formuliert hatte, als gescheitert betrachtet werden. Nur weil es technisch möglich war und letztlich in gewissem Umfang auch realisiert wurde, sind die Kunden nicht gekommen. Das Internet sowie die meisten aktuellen interaktiven Medienprojekte haben diesen Grundsatz vielmehr umgekehrt. Er lautet heute eher „build on what's already there" und bezieht sich sowohl auf Technikausstattung als auch auf Nutzungsgewohnheiten (vgl. Beckert/Kubicek 2000).

5.5.1.5   Rahmenbedingungen

Organisation – Marktstrukturen und Wettbewerbsumfeld: Obwohl das Full Service Network als eigenständige Gesellschaft geführt wurde, wäre sie nicht denkbar gewesen ohne die finanzielle, konzeptionelle und inhaltliche Unterstützung der Muttergesellschaften Time Warner Cable und Time Warner Inc. Die strategische Unterstützung und der lange Atem der Auftraggeber in der Unternehmenszentrale sind für den Erfolg jedes Medienprojekts von entscheidender Bedeutung. Tatsächlich war es Gerald Levin, der Vorstandsvorsitzende von Time Warner Inc. selbst, der auf den unbedingten Erfolg des FSN drängte und bereit war, bis zum Schluss Geld und Personal für das Projekt zu bewilligen (vgl. Auletta 1997). Als erster mit einer interaktiven, breitbandigen Infrastruktur auf dem Markt zu sein, über die dann sämtliche Inhalte des Medienhauses neu vermarktet werden können, war von zentraler Bedeutung für das Unternehmen. Die Bedeutung dieser Strategie ist allerdings nur vor dem Hintergrund der Entwicklung im Kabelmarkt, der Konkurrenzsituation bei neuen Technologien und den Überzeugungen dieser Zeit im Hinblick auf die Zukunft des Mediums Fernsehen zu verstehen.

Obwohl das Kabelgeschäft innerhalb im Time Warner Konzern nur ein Siebtel des Gesamtumsatzes ausmacht, war die Konzernleitung davon überzeugt, dass die technische Infrastruktur zur Verbreitung der Medienprodukte immer wichtiger werden würde. Hinzu kam, dass das Kabelgeschäft nach einem beispiellosen Aufstieg in den 1980er Jahren und einer Konsolidierung zu Beginn der 1990er Jahre als gesättigt galt. Fast 70 Prozent der amerikanischen Haushalte empfingen inzwischen ihr Fernsehprogramm über Kabel. Mit Hilfe der digitalen Technik sollten deshalb neue Angebote geschaffen werden, die das Kabelgeschäft neu beleben sollten. Hinzu kam, dass mit der Einführung digitalen Satellitenfernsehens Mitte der 1990er Jahre ein neuer Konkurrent auf dem Gebiet der TV-Versorgung auf den Plan treten sollte, der seine Schatten vorauswarf (vgl. Kröger 1997). Die technische Entwicklung schien den Kabelbetreibern ihren einst als sicher geglaubten Vorsprung bei der Verbreitung von Vielkanalfernsehen zu berauben. Neue, interaktive Dienste sollten deshalb das neue Alleinstellungsmerkmal des Fernsehkabels werden und zusätzliche Erlöse generieren.

Die Möglichkeit, Fernsehbilder durch Digitalisierung und Kompression weit effektiver zu verbreiten als es in der analogen Welt möglich war, bewirkte in den Vereinigten Staaten einen Aufbruch in der Medienlandschaft. Mit der technischen Verschmelzung von TV, Computer und Telekommunikation schien plötzlich alles möglich. Vor allem die Telefongesellschaften sahen in der Kombination von Telekommunikation und Video eine Möglichkeit, ihr Geschäftsfeld zu erweitern und langfristig zu wichtigen Medienakteuren aufzusteigen, und setzten eine ganze Welle von Versuchen mit Video-on-Demand über die neue ADSL-Technik in Gang. Die prominentesten Projekte zu Video-on-demand großer Telefonfirmen, die als Auslöser für das FSN gelten können, sind

„Mainstreet" von GTE und „Stargazer" von Bell Atlantic. „Mainstreet" wurde bereits 1992 in Cerritos, Kalifornien gestartet und testete VOD über herkömmliche Telefonleitungen in 150 Haushalten. Bell Atlantic führte in Virginia einen Test zuerst mit 100 Angestellten der Firma durch, in dem die Filme kostenlos zur Verfügung gestellt wurden und startete dann 1993 einen Markttest mit 1000 Haushalten in Washington, DC. Bereits bei diesen frühen Versuchen wurde deutlich, dass ein funktionsfähiges End-to-End-System technisch äußerst anspruchsvoll und schwierig zu realisieren ist. Dennoch wurde darauf vertraut, dass sich innerhalb kurzer Zeiträume Lösungen für die technischen Schwierigkeiten finden würden (vgl. Kubicek/Beckert/Sarkar 1998, 139ff).

Selbst als 1995/96 deutlich wurde, dass auch das FSN mit gravierenden technischen Problemen zu kämpfen hatte, verfolgten die Telefongesellschaften ihre Strategie weiter, Video-on-demand zu ihrem großen Geschäft zu machen: Ende 1995 bildeten sich gleich zwei neue Konsortien, in denen sich sieben lokale Telefongesellschaften zusammengeschlossen hatten. Jedes Konsortium stellte erfahrene Programmierer ein, bestellte bei den einschlägigen Herstellern Set-Top-Boxen und besuchte Hollywood, wo sie sich als finanzkräftige Kunden vorstellten (vgl. Auletta 1997, 229).

Finanzierung – Geschäftsmodell und Unternehmensorganisation: Ziel des Pilotprojektes war es herauszufinden, ob sich der Aufbau einer komplexen Infrastruktur über die Vermarktung neue Dienste refinanzieren lässt. Am Ende stellte sich heraus, dass der Aufbau des Full Service Networks für 4000 Haushalte ca. 10.000 Dollar pro Haushalt gekostet hatte (vgl. Glaser 1999). Dennoch war die Hoffnung, dass fallende Hardwarepreise und eine größere Verbreitung des Systems eine langfristige Profitabilität sicherstellen würden, weit verbreitet. Nach der ursprünglichen Konzeption sah das Geschäftsmodell für das Full Service Network mindestens vier verschiedene Einkommensströme vor:

- Gebühren, die die Abonnenten und on-demand-Nutzer für die jeweiligen Inhalte zahlen.
- Werbung. Es wurde mit verschiedenen Formen von Werbeeinblendungen bei den interaktiven Angeboten und bei Video-on-demand experimentiert. Ein Spielfilm wurde z.B. billiger, wenn die Kunden sich bereit erklärten, vor dem Film Werbespots anzuschauen. Bei den interaktiven Anwendungen sollte vor allem die Möglichkeit des Mikro-Marketings realisiert werden, d.h. die Möglichkeit, Werbung auf die soziodemographische Struktur und die individuellen Präferenzen des Kunden abzustimmen.
- Gebühren von Homeshopping-Anbietern, die die Plattform benutzen, um Online-Verkäufe zu generieren. Diese Einkommensquelle würde heute „Beteiligung an e-Commerce-Umsätzen" genannt, d.h. ein Versand oder ein Warenhaus bezahlt den Systembetreiber für den Zugang zum Kunden – entweder als Anteil an den tatsächlich über das System generierten Umsätzen oder pauschal dafür, dass er auf der Plattform präsent ist.

- License Fees von TV-Sendern wie HBO, CBS, Warner Bros. usw. Besonders bei Talkshows, Soap Operas und Reportagen, die von den großen Fernsehsendern produziert wurden, aber nur einmal zu einem festen Zeitpunkt gesendet wurden, sah man eine gute (Zweit-)Vermarktungsmöglichkeit über das FSN. Dafür, dass das FSN ihre Beiträge in seinem System plazierte, sollten die Sender eine License Fee zahlen.

Bevor die Telefonie wegen technischer Schwierigkeiten aus dem Angebotsspektrum des FSN gestrichen wurde, ging man außerdem davon aus, dass man vor allem über Ferngespräche einen großen Einnahmestrom realisieren könnte. Langfristig hatte man sich bei der Konzernleitung erhofft, bis zu 20 Prozent des Ferngesprächsmarktes zu erobern und zu einem bedeutenden Wettbewerber in diesem Markt aufzusteigen.

Konkrete Regulierungsbestimmungen für das neue Angebot: Hinsichtlich konkreter Regulierungsbestimmungen gab es keine Hindernisse, die beseitigt werden mussten, um die geplanten interaktiven Anwendungen im Pilotprojekt zu realisieren. Anders sah es bei den ursprünglich geplanten, später jedoch fallengelassenen Telefondiensten aus, die Time Warner seinen Kabelkunden über das Full Service Network anbieten wollte. Im finanziell lukrativen und stärker wettbewerbsorientierten Ferngesprächsmarkt wollte die Kabel-TV-Firma Marktanteile von den Telefongesellschaften AT&T, Sprint oder MCI übernehmen. Um Telefongespräche an verschiedene Ferngesprächsvermittlungsstellen weiterleiten zu können, kaufte Time Warner CAP Operation und beteiligte sich am überregionalen Netzbetreiber Teleport Communications Group. Aber auch im stärker regulierten lokalen Telefonmarkt wollte Time Warner Cable aktiv werden und als alternativer lokaler Netzbetreiber z.B. gegen Rochester Telephone antreten (vgl. Interactive Age 1994).

Der Grund dafür, dass die Kabeltelefonie-Päne ziemlich schnell wieder aufgegeben wurden, waren technische Schwierigkeiten bei der Implementierung des Systems. Der Upstream, d.h. der Rückkanal vom Kunden zur Kabelkopfstation, in der eine Telefon-Vermittlungsstelle installiert werden sollte, war zu anfällig für Störsignale. Der Rückkanal war zwar robust genug, um Filme und Waren zu bestellen oder Informationsseiten abzurufen, für die (zeitkritische) Sprachtelefonie war die eingesetzte Technik allerdings nicht geeignet (vgl. Broadband Commerce and Technology Newsletter 1996). Darüber hinaus fehlte es an technischem Know-how für die Kabeltelefonie. Zu den unbefriedigenden technischen Ergebnissen kam hinzu, dass die Priorität des Orlando-Projekts im Bereich der interaktiven Medien und nicht bei der klassischen Telefonie gesehen wurde. Nach den ersten ernüchternden Tests wurde deshalb bereits Anfang 1995 die Anwendung „Kabeltelefonie" aus dem zu realisierenden Angebotsspektrum des Full Service Network gestrichen.

Dennoch wurde von den Time Warner Verantwortlichen immer wieder argumentiert, dass nachteilige Regulierungsvorschriften sie daran hinderten, neue

Dienste auf ihren Kabelnetzen einzuführen. Dabei wurden die bestehenden Regulierungsvorschriften einmal als unzureichend und ein anderes Mal als überflüssig bezeichnet. In einer Stellungnahme zur Rolle des Kabelfernsehens in der NII äußerten sich der Technikvorstand von Time Warner Cable, James Chiddix, und der Vizepräsident der National Cable Television Association, Wendell Baily, zum Problem der Über bzw. Fehlregulierung des Kabelbereichs im Hinblick auf die Realisierung von Telekommunikationsdiensten in der Weise, dass historische Regulierungsvorschriften sie daran hindern würden, in diesem Bereich tätig zu werden (Chiddix/Baily 1995). Tatsächlich wurden die Kabelnetzbetreiber dort, wo sie Kabeltelefonie anbieten wollten oder die Telekommunikationsnetze etablierter Telefongesellschaften für ihre neuen Dienste nutzen wollten, mit einem Regulierungsregime konfrontiert, das für sie Neuland war und das sie administrativ überforderte. Die Kabelbranche war es über Jahre hinweg gewohnt, in einem relativ schwach regulierten Bereich zu agieren. In fast allen Regionen tritt die jeweilige Kabelnetzgesellschaft als Monopolunternehmen auf.

Der Kabelfernsehbetreiber kontrolliert dabei das komplette technische System und entscheidet autonom darüber, welche Fernsehanbieter er einspeist und welche nicht. Erst mit dem Cable Communications Policy Act von 1984 wurden gewisse „common carrier" Aspekte in die Kabelregulierung eingeführt. Seither sind die größeren Kabelgesellschaften dazu verpflichtet, eine bestimmte Anzahl von Kanälen unabhängigen Anbietern zur Verfügung zu stellen. Außerdem können die lokalen Behörden, die den Netzbetreibern entsprechende Lizenzen (cable franchises) ausstellen müssen, verlangen, dass ein Kabelbetreiber Frequenzen für offene Kanäle, Bildungseinrichtungen oder Regierungsinstitutionen freigibt (vgl. Schiller 1996, 273ff). Insgesamt ist die Kabelregulierung allerdings nicht mit der sehr viel intensiveren Regulierung des klassischen Telekommunikationsmarktes zu vergleichen. Wie stark dieser Markt tatsächlich reguliert ist und wie hoch die Markteintrittsbarrieren für branchenfremde Unternehmen sind, wurde Time Warner erst deutlich, als die Medienfirma selbst im Telekommunikationsbereich aktiv werden wollte. Entsprechend radikal fielen die Forderungen der Unternehmensvertreter an die Politik aus. Bei der Preisgestaltung der interaktiven Angebote im Pilotprojekt war der Betreiber relativ frei. Die Investitionskosten hätten später in einem komplizierten Rechnungsverfahren auf die jeweiligen Preise angerechnet werden können. Im Versuchsbetrieb wurden aber ohnehin keine reellen Nutzungsgebühren erhoben. Absehbar war allerdings, dass die immensen Kosten für die Aufrüstung der Infrastruktur über das Kerngeschäft Kabelfernsehen oder Pay-per-view wieder eingespielt werden mussten, bzw., dass neue Angebote gefunden werden mussten, um eine Refinanzierung zu ermöglichen. Inwiefern Video-on-demand oder Kabelmodem-Angebote dazu beitragen würden, war zu diesem Zeitpunkt noch nicht bekannt. Das langfristige Ziel, die Entgeltregulierung wieder aufzuheben, konnte schließlich im April 1999 erreicht werden. Die FCC hob die Gebührenkontrolle mit dem Hinweis auf, dass es inzwi-

schen vor allem durch das digitale Satellitenfernsehen eine Alternative zum Angebot der Kabelnetzbetreiber gebe (vgl. z.B. FCC, 1997 und Ness 1998).

5.5.1.6   Prognosen

Im Mai 1997 kündigte Time Warner an, dass das Pilotprojekt in Orlando zum
Jahresende auslaufen würde. Die Einstellung des Projekts war dabei schon früher
absehbar, denn das Internet schien eine viel einfachere und elegantere Lösung für
interaktive Anwendungen zu bieten. Immer mehr Content Provider, die sich im
FSN engagiert hatten, schwenkten auf die Internet-Plattform um und verstärkten
ihre Aktivitäten im Online-Bereich. Auf der anderen Seite konzentrierte sich die
Diskussion auf das digitale Fernsehen, das es den Kabelbetreibern ermöglichte,
noch mehr Programme und diese mit besserer Bildqualität anzubieten.

Gleichwohl investierte Time Warner Kabel auch nach dem Ende des Pilotprojekts große Summen in die Modernisierung seiner technischen Infrastruktur.
In fast allen Kabelgebieten wurden so im Laufe der letzten vier Jahre rückkanalfähige HFC-Netze installiert – zunächst, um über mehr Bandbreite für weitere
analoge und digitale TV-Programme zu verfügen und dann, um zukünftig auch
interaktive Dienste anbieten zu können. Seit Ende 1999 bietet Time Warner
Cable seinen Kunden über diese Netze in verschiedenen Regionen den High-
Speed Kabelmodemdienst RoadRunner an. Und mit dem „Roll-out" einer neuen
Generation von (digitalen) Set-Top-Boxen startete das Unternehmen ein neues
digitales Programmpaket, das als Grundstein für eine zweite Generation interaktiver TV-Dienste und Video-on-demand gilt. Intern als Pegasus-Projekt bezeichnet, laufen die Vorbereitungen zur Einführung von Video-on-demand seit
Ende 1999 auf Hochtouren.

Die Projekte RoadRunner und Pegasus können als unmittelbare Konsequenz
aus den Erfahrungen mit dem FSN gesehen werden. Gemeinsam ist den aktuellen Projekten, dass sie nicht auf revolutionäre Konzepte setzen, sondern auf
Entwicklungen aufbauen, die sich in den letzten Jahren verstärkt haben, nämlich
Internet und digitales Fernsehen. Dies bedeutet auch, dass man inzwischen der
Tatsache Rechnung trägt, dass sich die Mediennutzung nicht von heute auf morgen von Grund auf ändern lässt. Inzwischen testet Time Warner Cable in zwei
Regionen die Tauglichkeit der Set-Top-Boxen und neuer Videoserver-Systeme
für einen erneuten Anlauf von Video-on-demand. Weitgehend unbemerkt von
der Presse kommt in Austin, Texas das „Interactive Television System" der Firma SeaChange International zum Einsatz. In Tampa und St. Petersburg, Florida,
wird mit dem MediaHawk-System der Firma Concurrent Computer Corp. experimentiert (vgl. Electronic Media, 1999). Außerdem wird daran gearbeitet,
RoadRunnerInhalte auf die TV-Bildschirme zu portieren, d.h. den Online-
Service Fernsehzuschauern verfügbar zu machen. Auch diese Anwendung würde
von der Hardware der neuen digitalen Boxen unterstützt.

5.5.1.6 Zur Bedeutung der verschiedenen Ebenen

Der politische Kontext spielte für den Verlauf des FSN nur eine marginale Rolle. Spezielle Regulierungsvorgaben waren nur insofern von Bedeutung, als 1995 mit der Video-Dial-Tone-Initiative Telefongesellschaften erlaubt wurde, Videodienste anzubieten. Dies ermöglichte einen Wettbewerb zwischen Kabel und Telefon beim Aufbau von VOD-Systemen. Die Regulierungsentscheidung der FCC nahm mit der VDT-Initiative jedoch nur die Rechtsprechung der Gerichte auf, vor denen die Telefongesellschaften geklagt hatten.

Auch die NII spielte keine bedeutende Rolle für den Misserfolg des Pilotprojekts. Fast alle Forderungen, die Time Warner im Zusammenhang mit der Realisierung neuer Anwendungen in Orlando an die Politik richtete, wurden im Telecommunications Act von 1996 aufgegriffen und zum größten Teil im Interesse der Kabelindustrie geregelt. Im lokalen Handlungskontext erwies sich dagegen die Annahme, in relativ kurzer Zeit ein komplexes technisches System sowie völlig neuartige Anwendungen zu kreieren, als verhängnisvoll. Obwohl Versuche unternommen wurden, technische und inhaltliche Aspekte des Projekts adäquat zu koordinieren und der Aufbau neuer Produktionslogistiken relativ problemlos über die Einbindung konzerneigener Content Provider möglich war, wurde insgesamt der Aufwand an Zeit und Kosten unterschätzt. Die hohen Erwartungen, die sich mit dem FSN von Anfang an verbanden, mussten deshalb enttäuscht werden. Entscheidend für den Misserfolg des Projekts waren allerdings die Rahmenbedingungen, auf die die Projektbeteiligten keinen Einfluss hatten. Denn obwohl der Mutterkonzern sich stark im Projekt engagierte und bereit war, viel Geld auszugeben, war die Technik zu teuer, die Standardisierung der einzelnen Komponenten nicht weit genug fortgeschritten und das technische Know-how nicht vorhanden, um ein kosteneffizientes System zu realisieren. Der hohe Eigenanteil bei der Entwicklung, zusammen mit den unsicheren Aussichten hinsichtlich der späteren Akzeptanz sowie der parallel zum Projekt einsetzende InternetBoom waren letztlich die Gründe für das Scheitern des Projekts.

5.5.2 @Home

5.5.2.1 Politischer Kontext: Auswirkungen der NII auf das Projekt

Die NII hatte weder auf das Entstehen noch auf den Verlauf des Kabelmodemangebots von @Home eine nachweisbare Auswirkung. Tatsächlich war die öffentliche Debatte über eine nationale Informationsinfrastruktur bis Mitte Mai 1996, als der neue Dienst offiziell seinen Betrieb aufnahm, merklich abgeflacht. Zwar hatten die Kabelnetzbetreiber in einer Stellungnahme zur Rolle der Kabel-TV-Netze bei der Verwirklichung der NII Ende 1996 noch betont, dass sie über die besten Voraussetzungen verfügten, sich am Aufbau der NII zu beteiligen (vgl. NII 2000). Das Projekt eines breitbandigen Online-Dienstes über das Kabel-TV-Netz entstand allerdings unabhängig von den politischen Statements der Konzernleitung von TCI. TCI (heute AT&T Broadband and Internet) war der

Hauptfinanzier bei der Gründung von @Home. Die Entstehung von @Home war stark an den aufkommenden Internet-Boom gekoppelt und ist eher vor dem Hintergrund der Dynamik dieser Entwicklung zu sehen als im Zusammenhang mit der NII. Die Initiative der Clinton/Gore-Regierung hat über die Focussierung auf den Information Superhighway seit 1993 sicher indirekt zu dieser Dynamik beigetragen. Es finden sich aber keine Hinweise darauf, dass das spezielle Projekt @Home in einem Zusammenhang mit der politischen Initiative stand.

5.5.2.2   Projektbeschreibung

@Home (www.home.net) ist ein breitbandiger Online-Dienst und Internet Service Provider (ISP), der von der Firma Excite@Home betrieben wird, einem Zusammenschluss des TechnikProviders @Home Networks mit der Firma Excite, die das Internet-Portal Excite.com betreibt. Der Dienst ermöglicht mit Übertragungsgeschwindigkeiten von bis zu 2 Mbit/s ca. 40-mal schnellere Zugriffszeiten auf Webinhalte im Vergleich zu konventionellen 56 Kbit/s Modem oder 64 Kbit/s ISDN-Verbindungen. @Home ist ein Kabelmodemdienst, d.h. er nutzt das Fernsehkabelnetz als technische Zugangs und Übertragungsinfrastruktur. Die Nutzer müssen über ein Kabelmodem verfügen, das an den PC angeschlossen und in die Kabel-TV-Buchse eingesteckt wird. Im PC muss außerdem eine Ethernet-Karte installiert sein. Die digitalen Datenstöme des Online- und Internetdienstes werden vom Nutzer zum Provider (upstream) und vom Provider zum Nutzer (downstream) auf speziellen Kanälen im unteren und oberen Frequenzspektrum des Fernsehkabels transportiert. Die dazwischenliegenden Fernsehsignale für die verschiedenen TV-Programme werden von der Datenübertragung nicht beeinträchtigt: Eine Weiche (Splitter) an der Kabelbuchse sorgt dafür, dass PC und Fernseher parallel genutzt werden können.

Technisch handelt es sich bei Kabelmodemsystemen um Local Area Networks (LAN), wie sie in Unternehmen eingesetzt werden. Für die Nutzer bedeutet dies, dass die Verbindung zwischen PC und Provider ständig aufrechterhalten wird. Der Zugriff auf die proprietären Online-Inhalte und der Zugang zum Internet ist bei @Home nicht wie bei herkömmlichen Verbindungen auf einen erfolgreichen Einwahlvorgang angewiesen, sondern immer verfügbar („always-on"), solange der Computer eingeschaltet ist.

Die hohen Übertragungsraten, der always-on-Vorteil und die exklusiven Inhalte des Onlinedienstes werden von den Betreibern bei der Vermarktung von @Home in den Vordergrund gestellt. Inzwischen hat @Home in den Vereinigten Staaten und Kanada eine Million Nutzer (Stand: Januar 2000, Kinetic Strategies 2000). Die monatliche Gebühr für die Abonnenten beträgt zwischen 40 und 55 US Dollar, je nach Kabelnetzbetreiber, der den Dienst anbietet. Das Kabelmodem selbst kann entweder im Fachhandel gekauft werden (Preis: 150-200 Dollar) oder wird vom jeweiligen Netzbetreiber für eine monatliche Gebühr zur Verfü-

gung gestellt. Die Abonnenten bezahlen außerdem eine einmalige Installations-
gebühr zwischen 75 und 150 US Dollar.

Trotz der relativ hohen Provider-Gebühren ist die Nachfrage nach dem
breitbandigen Online-Dienst enorm: Seit Januar 1999 hat sich die Zahl der Abonnenten mehr als vervierfacht. Prognosen gehen von über sieben Millionen Teilnehmern im Jahre 2003 aus (Kopel 1999). Allerdings ist @Home momentan
noch nicht überall verfügbar. Voraussetzung für das Angebot ist, dass die jeweiligen Kabelnetzbetreiber die Kanalkapazitäten und die Rückkanalfähigkeit ihrer
Netze gewährleisten können. Da das Kabelfernsehnetz jedoch bisher noch größtenteils ein reines Verteilnetz ist, müssen kapitalintensive Um- und Aufrüstungen
der Netzinfrastruktur erfolgen, damit darauf interaktive Zusatzdienste wie
@Home angeboten werden können. Die Modernisierung der Kabelinfrastruktur,
d.h. die Installation von leistungsstarken Glasfaser-Koax-Netzen (HFC, Hybrid
Fiber Coax) wurde vor allem von den großen Kabelnetzbetreibern wie Time
Warner Cable, Cox Communications oder TCI seit Mitte der 1990er Jahre betrieben. Moderne HFC-Netze stehen heute in den Vereinigten Staaten für knapp
30 Prozent der angeschlossenen Kabelhaushalte zur Verfügung. Die weitere
Verbreitung von @Home hängt eng mit der Bereitschaft der übrigen Netzbetreiber zusammen, in die Modernisierung ihrer technischen Infrastruktur zu investieren. Neben @Home gibt es in den Vereinigten Staaten eine Reihe weiterer
Broadband Service Provider, wobei vor allem Time Warners RoadRunner-
Service als zweitgrößter Anbieter mit inzwischen 340.000 Abonnenten zu nennen ist (Stand: 30. Juni 1999, Kinetic). Kleinere Netzbetreiber bauen teilweise
Kabelmodemdienste in Eigenregie auf, d.h. ohne einen externen Technikintegra-
tor und Online-Betreiber wie Excite@Home oder RoadRunner. Die Verbreitung
von Kabelmodemsystemen in den Vereinigten Staaten hat nach Ansicht von
Medienexperten weitreichende Folgen für die gesamte Medienentwicklung und
wird signifikante Veränderungen sowohl bei der Internet-Nutzung (Chapman
1999; Buel 1999), der sozio-ökonomischen Zusammensetzung von Online-
Nutzergruppen (Anderson 1999; Hall 1999, Harmon 1999), als auch im Hinblick
auf das Prinzip des Internets selbst (Werbach 1999) nach sich ziehen.

5.5.2.3 Lokaler Handlungskontext: Betreiber und Content Provider

Gegründet wurde @Home Networks im Mai 1995 als Joint Venture zwischen
TCI Technology Ventures Inc. – einer Tochtergesellschaft des zweitgrößten
amerikanischen Kabelnetzbetreibers Tele-Communications Inc. (TCI) – und der
Silicon Valley Venture Kapitalgesellschaft Kleiner Perkins Caufield & Byers.
Beteiligt waren außerdem die Kabelnetzbetreiber Comcast und Cox Communica-
tions sowie – mit kleineren Anteilen – Sun Microsystems und Netscape.

Aufbau und Ablauf: Treibende Kraft bei Kleiner Perkins und anschließend
selbst Geschäftsführer von @Home Networks (bis August 1996) war William R.
Hearst III, ein Enkel des amerikanischen Zeitungsbarons. Bevor Hearst für Klei-

ner Perkins arbeitete, war er in verschiedenen Positionen bei der Hearst Corporation tätig, u.a. als Herausgeber des San Francisco Examiners und als Chef eines
Kabelfernsehsenders. Nach der Legende erkannte Hearst Ende 1994 die Möglichkeiten des Internets, nachdem ein Blitzeinschlag die Druckerpressen des San
Francisco Examiners lahmgelegt hatte. Die meuternde Redaktion der Zeitung
veröffentlichte in den Tagen des Ausfalls eine Internet-Ausgabe des Examiners
und führte damit dem Verleger vor Augen, welche Möglichkeiten das Internet
bot und wie die digitale Medienzukunft aussehen könnte (o.V. 1995). Zwei Monate später kaufte sich Hearst bei der IT-Finanzierungsfirma Kleiner Perkins in
Menlo Park Kalifornien ein und bereitete die Gründung von @Home Networks
vor.

Erstaunlich an dieser Gründungsgeschichte ist, dass es Hearst und die Firma
Kleiner Perkins waren, die die Idee „Internet über Kabel" realisierten und nicht
die Kabelgesellschaften selbst. Denn die großen amerikanischen Kabelgesellschaften hatten bereits vor 1995 eigene technische Teams mit der Entwicklung
von Kabelmodemsystemen beauftragt. Verschiedene Alpha und Beta Tests wurden zu dieser Zeit in Gebieten durchgeführt, in denen die notwendige Infrastruktur bereits vorhanden war und in denen demographischen Daten für eine Nachfrage für das Online-Angebot sprachen (TCI testete z.B. in Arlington Heights,
Illinois und Inglewood, Colorado). Zur geplanten kommerziellen Einführung des
neuen Dienstes, für die TCI eigens die Firma TCI Internet Services gegründet
hatte, die später in TCI.net umbenannt worden war (Dunn 1997), kam es aber
nie. Stattdessen beteiligte sich TCI im Mai 1995 an @Home Networks Grundka-
pital mit 26 Prozent.

Organisation: Im Laufe des Jahres 1995 wurden die bei TCI.net vorhandenen Erfahrungen in das neue Joint Venture eingebracht. Personelle und organisatorische Überschneidungen zwischen TCI und @Home sollten für den Know-
howTransfer und die künftige Koordination zwischen Kabeltechnikern und In-
ternetSpezialisten sorgen. William Hearst hatte das Management von TCI davon
überzeugt, den Aufbau des Kabel-Online-Dienstes nicht in Eigenregie zu betreiben, sondern der Firma @Home Networks zu überlassen. Dafür sprach, dass mit
@Home Größenvorteile realisiert werden konnten, ein schnellerer Markteintritt
möglich und ein zentrales Management für den neuen Dienst verantwortlich war
(vgl. Rhodes 1996). Darüber hinaus behielt TCI die Kontrolle über diesen Bereich und bekam zwei Drittel der Einnahmen aus den monatlichen Gebühren der
@Home-Abonnenten. @Home Networks selbst versprach sich Einnahmen sowohl von den Abonnenten als auch von Inhalteanbietern, die für die Einspeisung
ihrer Angebote in das Kabelmodemsystem, bzw. für den Speicherplatz auf den
@Home-Servern bezahlen sollten. TCI, Comcast, Cox Communications und die
anderen Investoren waren davon überzeugt, dass es sich bei @Home um eine
erfolgreiche Geschäftsidee handelte: Sie realisierte einen erkennbaren Mehrwert
(Geschwindigkeit, always-on), basierte auf mehreren Einnahmequellen (Abon-
nennten und Inhalteproduzenten) und sie konnte mit steigender Nachfrage rech-

nen (InternetWachstum) (vgl. o.V. 1995). Es stellte sich jedoch schnell heraus, dass die technische Infrastruktur zur Gewährleistung eines stabilen High-Speed Internet-Zugangs sehr viel anspruchsvoller und komplexer werden würde, als zunächst angenommen. Es setzte sich die Erkenntnis durch, dass es nicht damit getan ist, die einzelnen Kabelkopfstationen, d.h. die verschiedenen Einspeisepunkte der Netzbetreiber, mit dem Internet zu verbinden. Solche ursprünglich geplanten und in den frühen Projekten der Kabelnetzbetreiber bereits getesteten Insellösungen waren für eine landesweite Einführung des neuen Dienstes nicht geeignet, weil sie zu langsam und unzuverlässig waren und Schwierigkeiten bei der Skalierung und beim Management bereiteten. Für das reibungslose Funktionieren der Internet-Anbindung des @Home-Systems mussten deshalb geeignetere Konzepte gefunden werden.

Mit dieser Aufgabe wurde Mitte 1995 der Internetspezialist Medin beauftragt, der von der NASA abgeworben wurde. Medin hatte sich während seiner zehnjährigen Arbeit beim NASA Ames Research Center in Santa Clara mit der Vernetzung verschiedener, über das Land verstreuter NASA Supercomputer Center beschäftigt und sich bei der Einführung von TCP/IP, des heutigen Internet-Übertragungsstandards, einen Namen gemacht (Rhodes 1996). Medin, der schließlich Vice President for Networking und Chief Technology Officer (CTO) von @Home Networks wurde, schlug statdessen vor, ein eigenes, landesweites Backbone-Netz aufzubauen, das die einzelnen Kabelkopfstationen miteinander verbinden sollte. Dazu musste Leitungskapazität von Telekommunikations-Netzebetreibern wie MCI, AT&T oder Sprint gemietet werden bzw. selbst aufgebaut werden und komplexe Replikationsmechanismen integriert werden, um schnelle Zugriffe auf die proprietären Inhalte zu gewährleisten. Am 9. Mai 1996, ein Jahr nach der Gründung von @Home Networks und einem ersten Testlauf in Sunnyvale, Kalifornien, startete @Home seinen Dienst als „TCI@Home" zunächst in Fremont, Kalifornien, einer Stadt im Silicon Valley in der Nähe des Firmensitzes von @Home Networks. In den folgenden drei Jahren führte die Firma den neuen Dienst in insgesamt 128 (Oktober 1999) US-amerikanischen und kanadischen Städten ein.

Vision und Ziel: Nach Überzeugung der Betreiber wird @Home die Art und Weise der privaten Internet-Nutzung revolutionieren. Der neue Dienst wird als „Cable Internet Revolution" angepriesen und Excite@Home sieht sich als das Medienunternehmen, das den Charakter der Online-Welt verändern wird. Mit Hilfe des Kabelnetzes und der Excite@Home-Backbone-Infrastruktur werden interaktive Dienste möglich, die weit über die Möglichkeiten des heutigen Internets hinausgehen. Die drei Eigenschaften hohe Übertragungsgeschwindigkeiten („The Internet at full speed"), ununterbrochene Verbindungen („always-on") und proprietäre, breitbandige Inhalte („Faster Access. Plus Content") sollen aus der herkömmlichen Internet-Nutzung eine neuartige Multimedia-Erfahrung machen. @Home will seinen Abonnenten eine „revolutionary online experience" (www.athome.net/about) ermöglichen, die inhaltlich stark in Richtung Entertainment geht. Im Unterschied zum herkömmlichen Internet sind auf der breitbandigen Plattform Anwendungen realisierbar, die eher an die Unterhaltungswelt des Fernsehens anknüpfen als an das klassische Informations- und Kommunikationsmedium Internet. Obwohl es sich bei @Home zunächst ausschließlich um einen computerbasierten Online-Dienst handelt, stammen die proprietären Angebote zu einem großen Teil aus dem klassischen TV-Bereich: Abrufbar sind hier z.B. News-Videoclips, Filmtrailer, Sporthighlights und Audiofiles. Zum Download bereit stehen aber auch beliebte Home-Computing Softwareprogramme und Computerspiele. Bereits Anfang 1996, als Streaming-Technologien für das Internet, wie z.b. RealAudio und RealVideo, und damit die Voraussetzung zur effizienten Übertragung von Videosequenzen noch gar nicht verfügbar waren, formulierte Hearst die Vision vom Unterhaltungsmedium, zu dem sich das Internet innerhalb des @Home-Systems entwickeln würde:

> „The speed of cable modems will make the Web and the Internet more like an entertainment medium, so that players such as CNN, Hearst, Paramount, ABC, and Time Warner can begin to program for this space in a way that is different from the traditional dialup services such as […] America Online" (Rhodes 1996).

Geplant ist außerdem, die breitbandigen Online-Inhalte über eine spezielle Set-Top-Box auch Fernsehzuschauern zur Verfügung zu stellen (vgl. Grice 1999). Hintergrund für diese Strategie ist, dass Angebote über die TV-Plattform potentiell eine größere Zielgruppe erreichen als PC-gestützte Dienste. Mit der Umstellung auf digitale Fernsehtechnik, die momentan bei allen großen Kabelgesellschaften ansteht, wird außerdem der Austausch von vorhandenen analogen Set-Top-Boxen bei den Abonnenten notwendig. Die digitalen Konverter der nächsten Generation sollen technisch so ausgestattet sein, dass der @HomeDienst auf dem TV-Gerät empfangen werden kann. Die Always-on-Eigenschaft des Online-Dienstes erweist sich hier als entscheidender Vorteil, da E-Mails und individualisierte Online-Inhalte jederzeit per Umschaltknopf verfügbar sind (vgl. Pearce 1998). AT&T und Excite@Home planen, bis zum Jahr 2002 mehr als fünf Millionen dieser Advanced Set-Top-Boxen bei ihren Abonnenten installiert zu haben (Dahlen 1999). Dies bedeutet, dass interaktives Fernsehen in Form eines kombinierten Fernseh und Online-Angebots realisiert werden kann. Die Netzbetreiber haben ihre Strategie inzwischen auf diese Entwicklung eingestellt – nicht zuletzt aufgrund der Befürchtung, dass die zunehmende Online-Nutzung zu Lasten der Fernsehzeit und damit der Reichweite ihrer Programme geht (vgl. Haley 1999 und Roth 1999). Die weitere Integration beider Welten hängt allerdings von einer Vielzahl von Faktoren ab, die im nächsten Abschnitt beleutet werden sollen.

Finanzierung: Die Firma Excite@Home bezeichnet sich selbst als „Broadband Service Provider". Dieser Begriff, der in Deutschland nicht geläufig ist, weil es (noch) keine vergleichbaren Firmen gibt, verbindet die Bezeichnungen „cable service provider" (Kabeldienste-Betreiber) und „Internet access provider"

(Internet Zugangsbetreiber). Es handelt sich dabei um ein neuartiges Unternehmen, dessen Geschäftsbereich sich am besten entlang der Funktionsweise herkömmlicher Online-Dienste beschreiben lässt: Traditionelle Online-Dienste wie z.b. AOL und T-Online bieten ihren Kunden Zugang zum Internet und eigene Online-Inhalte und betreiben dazu ein technisches System aus Modems, Routern, Servern und Leitungen zu Internet-Knotenpunkten und übernehmen darüber hinaus die redaktionelle Zusammenstellung von Inhalten. Der technische Zugang erfolgt über Telefon oder ISDN, wobei die Abonnenten die Verbindungskosten separat, d.h. mit den Telefongesellschaften und nicht mit dem ISP abrechnen. Ein herkömmlicher Online-Betreiber hat deshalb in der Regel direkte Geschäftsverbindungen mit seinen Abonnenten, nicht aber mit den Telefongesellschaften. Bei Excite@Home ist es umgekehrt: Die @Home-Abonnenten bezahlen eine monatliche Gebühr, die sowohl die technische Verbindung als auch den Zugang zum Internet und die Online-Inhalte umfasst. Excite@Home selbst hat dagegen keinen direkten Kontakt zu den Abonnenten, die Firma ist ausschließlich für die Funktionsfähigkeit der Internetanbindung und das technische und inhaltliche Management des Online-Dienstes zuständig. Vermarktet und abgerechnet wird der Kabelmodemdienst direkt von der jeweiligen Kabelgesellschaft: @Home wird den Kabelkunden immer in Verbindung mit dem Namen des jeweiligen Kabelnetzbetreibers angeboten, d.h. die Kunden abonnieren AT&T@Home (vormals TCI@Home), Cox@Home oder Comcast@Home.

Im Unterschied zu herkömmlichen Online-Diensten und Internet Service Providern ist Excite@Home viel stärker auf den Betreiber des technischen Übertragungssystems, d.h. auf den jeweiligen Kabelnetzbetreiber, angewiesen. Diese Abhängigkeit bezieht sich sowohl auf die grundlegenden technischen Eigenschaften des Netzes (Bandbreite und Rückkanalfähigkeit), als auch die konkrete Kanalbelegung, die Bandbreitenzuteilung, die Nutzung von Headends und die Installation bei den Kunden. Tatsächlich haben die Kabelnetzbetreiber AT&T Broadband, Comcast und Cox Communications als Hauptkapitaleigner von Excite@Home ein spezielles Interesse an der weiten Verbreitung des neuen Dienstes. Dennoch handelt es sich bei Excite@Home um ein eigenständiges, an der Börse notiertes Unternehmen, das seinen High-Speed-Datendienst inzwischen in 119 lokalen US-Märkten anbietet und dazu über 15 Kooperationsverträge mit verschiedenen nordamerikanischen Kabelnetzbetreibern abgeschlossen hat.

Für die Kabelnetzbetreiber selbst basiert die Zusammenarbeit mit Excite@Home auf einer neuartigen Kooperationsform: Wie bereits dargestellt, sind es die Netzbetreiber gewohnt, TV-Programme einzukaufen und einen relativ standardisierten Dienst, nämlich PayTV, in verschiedenen Paketen an ihre Abonnenten zu vermarkten. Mit Excite@Home wurden dagegen Kooperationsverträge geschlossen, die sich neben der Produktion und Lieferung von Inhalten und dem adäquaten Vorhalten von Daten vor allem auf die Nutzung des Kabels als Transportnetz für das Online-Angebot beziehen. Dafür müssen die Netzbetreiber in der Regel entsprechende Investitionsvorleistungen erbringen. Die Einnahmen aus den Gebühren für den High-Speed-Internetdienst werden zwischen Excite@Home und dem jeweiligen Netzbetreiber im Verhältnis eins zu drei geteilt.

Excite@Home hat sich dabei Exklusivrechte bei den Netzbetreibern bis 2002 gesichert, d.h es dürfen bis dahin keine anderen Online-Dienste auf dieser technischen Plattform angeboten werden. Die Umsätze, die Excite@Home mit seinem High-Speed-Online-Dienst erwirtschaftet, stammen zur Hälfte aus Abogebühren und zur Hälfte aus der Vermarktung von Werbebannern sowie aus der Beteiligung an e-Commerce-Transaktionen. Wie groß der Anteil des auch außerhalb des @Home-Systems tätigen Internet-Portals Excite.com an dieser Hälfte des Umsatzes ist, ist jedoch unklar. Ziel der Übernahme von Excite im März 1999 war es, den Inhaltebereich von @Home zu stärken und die bekannte Internet-Suchmaschine in das Kabelmodemangebot zu integrieren. Eine exklusive Version von Excite.com für die Abonnenten von @Home wurde allerdings bisher nur in begrenztem Umfang realisiert. Sie beschränkt sich derzeit auf die Zusammenstellung von Links zu speziellen breitbandigen Online-Inhalten, ein Service, der allerdings auch von Portalen wie Yahoo.com oder Altavista.com angeboten wird.

Integration mit vorhandener Technik: Bei Kabelmodemsystemen handelt es sich um sog. Shared-Access-Systeme, d.h. die Teilnehmer bekommen keine feste Leitung mit einer definierten Bandbreite zugeteilt, wie dies bei Telefonnetzen der Fall ist, sondern teilen die verfügbare Bandbreite nach Bedarf unter sich auf. Dies ist bei Online-Anwendungen deshalb kein Problem, weil nicht alle User zur selben Zeit auf große Mengen von Daten zugreifen und die Übertragung nicht zeitkritisch ist. Eine typische Internetsitzung benötigt keinen ununterbrochenen Datenstrom: Nach dem Anklicken einer Webseite und der Übertragung der Informationen folgt eine Phase der Nicht-Aktivität des Nutzers, in der die Seite gelesen bzw. betrachtet wird. Während dieser Zeit gibt das Netz Bandbreite für andere Nutzer frei, die wiederum für kurze Zeit über die volle Bandbreite verfügen können (CableLabs 1997). Ähnlich wie bei den Local Area Networks, die in Unternehmen eingesetzt werden, merken die Nutzer von diesem intelligenten Bandbreitenmanagement nichts, solange das Netz richtig skaliert ist und nicht zu viele Downloads gleichzeitig stattfinden. In der Einführungsphase von @Home gab es Schwierigkeiten mit der Skalierung des Systems, weil zunächst keine Erfahrungen darüber vorhanden waren, wann die Nutzer in welchem Umfang Online-Inhalte tatsächlich abrufen. Vor allem in den frühen Abendstunden kam es regelmäßig zu Übertragungsengpässen, die Anlass für Beschwerden der Abonnenten waren: Ihre verfügbaren Übertragungsraten unterschritten zeitweise die Geschwindigkeit herkömmlicher 56k-Modems. Um diese Probleme zu beheben, musste die Kapazität der sog. Cable Modem Termination Systems (CMTS) in der Kabelkopfstation der entsprechenden Kabelinsel erweitert werden. Im CMTS kommen alle Leitungen der aktivierten Kabelmodems zusammen. Die jeweiligen Abfragen werden dann über IP Switches und Router weitergeleitet. Anfangs waren CMTS-Komponenten nur von wenigen Herstellern verfügbar und als mit

steigender Abonnentenzahl die Kapazitätsgrenze erreicht war, musste ein kom-
plettes zweites CMTS installiert werden. Inzwischen bieten verschiedene Netzwerkspezialisten wie 3Com oder Cisco skalierbare CMT-Systeme an, die eine
flexible Erweiterung nach der Anzahl der aktiven Nutzer bzw. der Intensität der
Nutzung ermöglichen. Kabelmodemsysteme basieren auf modernen HFC-
Netzen, die die entsprechende Bandbreite und einen aktivierten Rückkanal zur
Verfügung stellen. Hybrid sind diese Netze deshalb, weil in ihnen das Signal am
ersten Verteilerpunkt nach dem Wohnungsanschluss von Koaxial- auf Glasfaser-
leitungen umgesetzt wird. Ein Versorgungsgebiet besteht aus mehreren Fiber
Nodes, die untereinander mit einem Glasfaserring verbunden sind. Über einen
Distribution Hub sind diese Cluster mit der regionalen Kabelkopfstation (Regional Cable Headend) verbunden. In der Kabelkopfstation werden die TV-
Programme eingespeist, die über Satellit herangeführt werden. Für die Online-
Anbindung muss die Kopfstation zusätzlich mit dem Internet verbunden werden,
wobei Excite@Home inzwischen über ein eigenes, landesweites Backbone-Netz
verfügt. Dieses Backbone-Netz stellt sozusagen ein zweites, nur für die Abonnenten von @Home verfügbares Internet dar. Grund für den Aufbau einer eigenen Replikationsinfrastruktur war die Erkenntnis, dass der Geschwindigkeitsvorteil von Kabelmodemsystemen verlorengeht, sobald Webseiten abgerufen werden, die außerhalb des eigenen Netzes liegen. Das Internet selbst besteht be-
kanntlich aus vielen verschiedenen Teilnetzen mit unterschiedlicher Qualität,
wobei Übertragungsengpässe an vielen Stellen auftreten können. Über ein eigenes, landesweites Backbone (paralleles Internet), das entsprechend optimiert
werden kann, sind eigenproduzierte Inhalte und häufig abgefragte Webseiten
schneller beim Abonnenten und müssen nicht über die weitverzweigte Internet-
Architektur abgerufen werden.

Die zweite Strategie zur Steigerung der Übertragungsgeschwindigkeit ist
der Einsatz von Proxy-Servern, die dazu dienen, beliebte Online-Inhalte näher zu
den Kunden zu bringen: Wird eine Seite abgefragt, die bereits zuvor von einem
anderen Nutzer abgerufen wurde, wird sie direkt vom Proxy-Server im Headend,
anstatt vom möglicherweise weit entfernten ursprünglichen Web-Server an den
Nutzer geschickt. Ganze Verbünde von Proxy-Servern, die über das Backbone-
Netz zusammengeschaltet sind, erlauben eine schnelle Abfrage, ob sich der gewünschte Inhalt bereits irgendwo innerhalb des Systems befindet. Nur wenn dies
nicht der Fall ist, wird eine Verzweigung ins Internet notwendig.

Inhalte: Obwohl @Home erst eine Million Abonnenten hat – der Unter-
schied zum größten Online-Service AOL, der weltweit über 30 Millionen Abon-
nenten hat, macht deutlich, dass sich die Entwicklung von Breitband-Online-
Diensten erst am Anfang befindet – haben die Inhalteanbieter ein spezielles Inte-
resse daran, für die @Home-Plattform Inhalte zur Verfügung zu stellen. Ein
Grund dafür ist die allgemeine Erwartung, dass breitbandige Online-Systeme die
Zukunft des Internets als Massenmedium bestimmen werden. Dafür wollen die
Inhalteanbieter gerüstet sein und engagieren sich bei @Home oder beim Konkur-

renzangebot Road Runner von Time Warner. Die DSL-Angebote der Telefongesellschaften bieten zwar auch einen High-Speed-Zugang zum Internet, ihr Angebot ist aber meist nicht mit speziellen breitbandigen Inhalten gekoppelt, die über
eine eigene Proxy und Replikationsinfrastruktur übertragen werden. Für die
Inhalteanbieter sind Kabelmodemsysteme derzeit die interessanteste Möglichkeit, sich im künftigen High-Speed-Internet zu orientieren. Darüber hinaus wird
die Zielgruppe der @Home-Abonnenten von der Werbeindustrie als besonders
attraktiv eingestuft.

Bei den neuartigen Inhalten, die auf der @Home-Plattform realisiert werden
können, handelt es sich z.b. um Videoclips, die durch die bessere Darstellung als
im herkömmlichen Internet (kürzere Downloadzeiten, größeres Format) besser
akzeptiert werden, um personalisierte Online-Informationen zu verschiedenen
Themen oder um neuartige Kombination von Textbeiträgen und Fernsehnachrichten. Das derzeitige Angebot von @Home besteht aus dem Internetzugang,
dem Online-Dienst und verschiedenen, „Streaming Multimedia" genannten,
speziellen Breitbandinhalten wie Videoclips und Audio-Dateien:

Internet: Ins Internet kommen die Nutzer, indem sie entweder eine URL in
der Kopfzeile eingeben oder wenn sie Hyperlinks anklicken, die auf ein Angebot
außerhalb von @Home verweisen. So sind z.b. in die meisten lokalen Ausgaben
von @Home Veranstaltungskalender der jeweiligen Stadt integriert, die im Internet frei zugänglich sind. Wird ein solcher Veranstaltungskalender angeklickt,
öffnet sich der Internet Explorer und der @Home Browser schiebt sich in den
Hintergrund: Der Nutzer ist damit außerhalb des proprietären Angebots von
@Home. Eine weitere Möglichkeit, ins Internet zu gelangen, bietet die Search-
Funktion, bei der die Suchergebnisse von Excite.com zwar noch innerhalb des
@Home-Browsers dargestellt werden. Sobald das Suchergebnis aber angeklickt
wird, gelangt der Nutzer „nach draußen", erkennbar durch die Überlagerung des
@Home-Browsers.

Online-Dienst: Folgt man den Verzweigungen aller anderen Menüpunkte im
@Home-Browser, bleibt man zunächst innerhalb des @Home-Systems. In verschiedenen Rubriken (Finance, Just Kids, Lifestyle, News, Pop Arts, Shopping,
Sports, Tech usw.) werden redaktionell bearbeitete Inhalte zur Verfügung gestellt. Das Prinzip gleicht dem anderer Online-Dienste und muss hier nicht ausgeführt werden. Auffällig ist die bildorientierte Darstellung, von der viele
schmalbandigen Online-Dienste inzwischen abgekommen sind, weil sie zu Verzögerungen beim Seitenaufbau führen. Zusätzlich zu den inhaltlichen Rubriken
werden für die @Home-Abonnenten Chat-Foren zusammengestellt, beliebte
Software zum Download bereitgestellt und verschiedene Online-Spiele angeboten.

Streaming Multimedia: Eine dritte Option für die @Home-Nutzer ist die
Auswahl des Menüpunkts „Showcase", hinter dem sich eine Reihe auswählbarer
Video-Clips verbergen. Dabei handelt es sich um Film-Trailer, kurze Vorschau-
Clips, die neue TV-Serien vorstellen oder um Ausschnitte aus Fernseh-

Dokumentationen. Dazu wurden eigene Bereiche eingerichtet, in denen sowohl Text, Bilder als auch Video zu einem bestimmten Thema (Musik, Film, Tagespolitik usw.) zusammengestellt sind. Mit der Entwicklung solcher Angebote sind die WebRedaktionen der Kabelfernsehsender CNN und MTV beauftragt.

Koordination von Technik und Inhalten: Die ausführliche Darstellung der technischen Eigenschaften des @Home-Kabelmodemsystems hat deutlich gemacht, welche Vorteile diese Plattform für Inhalteanbieter hat, die ihre Web-Angebote und deren Reichweite ausbauen wollen. Entscheidend für den bisherigen Erfolg von @Home war die gelungene Koordination von Technik und Inhalten, d.h. es konnten vorhandene Logistikketten und Produktionszusammenhänge integriert werden, bestehende WebInhalte in das Angebot aufgenommen und eigene Kapazitäten aufgebaut werden, die der Bedeutung eigenredaktioneller Gestaltung des Angebots Rechnung tragen. Darüber hinaus hat es @Home verstanden, komplexe Kooperationen mit bekannten Inhalteprovidern wie MTV oder CNN einzugehen, die man unter die Überschrift „Inhalte gegen Reichweite" fassen könnte. Hilfreich ist in diesem Zusammenhang sicher, dass sich die Beziehung des Plattformbetreibers zu den Programm-Anbietern an das bekannte Geschäftsmodell des Kabelfernsehens anlehnen konnte. Bei den lokalen Inhalten, den Veranstaltungskalendern, Stadt- und Restaurantführern greift Excite@Home auf bestehende Web-Angebote zurück, die in den jeweiligen Städten bereits einen gewissen Bekanntheitsgrad haben. So ist in das @Home-Angebot in San Francisco der regionale Stadtinformationsdienst bayinsider.com integriert, der auf der Hompage von @Home prominent plaziert ist. Auch für dieses Angebot gilt das Kooperationsmodell „Inhalte gegen Reichweite", wobei Excite@Home die genauen Konditionen der Zusammenarbeit geheimhält und auch zu keiner Auskunft bereit war, ob hier auch Gelder fließen und wenn ja in welche Richtung. Die enormen Mittel für den Aufbau eines eigenen Backbone-Netzes und die Ausrüstung vieler Hundert Kabelkopfstationen mit der entsprechenden Kabelmodemtechnik konnte sich Excite@Home durch seinen Börsengang im September 1997 beschaffen (Bauer 1999).

Ein wichtiger Aspekt bei der Entwicklung von @Home ist, dass es offen war für neue technische Entwicklungen. Die ursprüngliche Vision von @Home, so Medin, war es, entwicklungsfähig zu sein und eine offene Architektur zu schaffen, auf der sich neue Dienste entwickeln können (vgl. Jones 1999, 2). In diesem Zusammenhang können auch die Pläne gesehen werden, @Home von der PC-Plattform zu entkoppeln und mit einem eigenen WebTV-Angebot die Vorstellung von einem „Online Livingroom" zu realisieren:

> „Our vision has always been to change the way people use information. What started off aimed at PCs has migrated into something on different platforms and devices. It´s about horizontal access. Now, with settops and telephones operating in a networkcentric model, all information can be moved inside the network and moved to you" (Milo Medin in Jones 1999).

422   5   Interaktives Fernsehen

5.5.2.4   Lokaler Handlungskontext: Nutzungbedingungen und Zielgruppe

Etablierte Nutzungsstrukturen: @Home als PCgestützter, breitbandiger Online-Dienst knüpft direkt an die Internet-Entwicklung und damit größtenteils an bereits vorhandene Nutzungsmuster an. Bei den Abonnenten handelt es sich um Online-Nutzer, die einen Computer besitzen und bereits über PC-Kenntnisse und teilweise auch Online-Erfahrungen verfügen. Allerdings steigt nach Angaben von @Home die Zahl jener Abonnenten, die noch nie über einen herkömmlichen Dial-Up-Zugang das Internet genutzt haben. Durch die ständige Verfügbarkeit der Online-Verbindung im @Home-System (always-on) erfährt die Online-Nutzung aber eine bedeutende Erweiterung. Verschiedene Studien zur Nutzung von Online-Angeboten über Kabelmodems fanden heraus, dass der Umgang mit dem Medium häufiger, entspannter und selbstverständlicher wurde, sobald es einfach da war (Werbach 1999; Anderson 1999; Buel 1999; Harmon 1999).

Ob die Online-Nutzung dadurch aber auch stärker unterhaltungsorientiert wird und sich damit nach der inhaltlichen Perspektive von @Home ausrichtet, ist eine Frage, die unterschiedlch beantwortet wird. Während Excite@Home vom Unterhaltungswert der proritären Inhalte überzeugt ist und davon ausgeht, dass die weitere Verbreitung und der selbstverständlichere Umgang mit Online-Medien zu einer eine ähnlichen Entwicklung wie beim Fernsehen führen wird, wird dieser Ansatz von vielen angezweifelt. Teilweise wurde behauptet, dass @Home-Inhalte bei den meisten Nutzern auf kein großese Interesse stoßen, sondern dass es das klassische Internet sei, das die Nachfrage nach dem neuen Dienst ausmacht: „... customers [...] don´t spend much time browsing @Home´s content, the most valuable part of most Internet companies. They go off to surf the rest of the Net, leaving @Home behind. That, in turn, could create problems holding on to customers." (Higgins 1999). Leider gibt es keine veröffentlichten Nutzerstudien, die Aufschluss über die Attraktivität der verschiedenen Inhalte liefern könnte.

Sicher erscheint jedenfalls, dass das Internet weiter an Verbreitung zunehmen wird und dass breitbandige Zugangstechnologien eine große Nachfrage erfahren werden, wobei die herkömmliche Internetnutzung über Telefonmodems entsprechend zurückgehen wird.

5.5.2.5   Rahmenbedingungen

Organisation – Marktstrukturen und Wettbewerbsumfeld: @Home wird den Kabelfernseh-Abonnenten von den entsprechenden Kabelgesellschaften als zusätzlicher Dienst zum klassischen Kabelfernsehen angeboten. Die Kabelgesellschaften wagen sich mit diesem Online-Angebot in einen Bereich vor, der zuvor ausschließlich Telefongesellschaften und traditionellen ISP vorbehalten war. Um die Motivation der Kabelgesellschaften und die Voraussetzungen für den Erfolg von @Home zu verstehen, ist ein Blick auf die Marktentwicklungen und das Wettbewerbsumfeld notwendig.

Kabelfernsehen hat eine große Verbreitung in den Vereinigten Staaten: 67,4 Prozent aller Fernsehhaushalte (NCTA 1999, 2) empfangen ihr Fernsehprogramm über Kabel. Das Handbuch der amerikanischen National Cable Television Association weist für 1998 67 Mio. „Basic Cable Subscribers" aus (NCTA 1999, 2). Basic Cable ist das Grundangebot der amerikanischen Kabelgesellschaften und beinhaltet je nach Ausbaugrad des jeweiligen regionalen Kabelnetzes zwischen 30 und 60 Fernsehprogramme. Die Abonnenten erhalten für die monatliche Gebühr von durchschnittlich 27,81 Dollar (NCTA 1999, 3) die vier (auch terrestrisch verbreiteteten) Networks CBS, NBC, ABC und Fox, eine Reihe lokaler und landesweiter Nachrichten, Sport und Special InterestKanäle sowie mindestens einen Premium SpielfilmKanal, wie z.b. HBO. Die Mehrheit der Basic Cable Abonnenten (72,2 Prozent) nimmt darüber hinaus das Zusatzangebot „Premium Cable" in Anspruch, das für ca. acht Dollar mindestens drei weitere Spielfilmkanäle beinhaltet. Die Anzahl der ins Kabel eingespeisten Fernsehprogramme ist seit Mitte der 1980er Jahre kontinuierlich gestiegen. Inzwischen empfangen mehr als 60 Prozent der Basic Cable-Abonnenten 54 oder mehr Programme.

Derzeit gibt es mehr als 300 Kabelgesellschaften in den USA. Der Konzentrationsprozess der letzten Jahre, bei dem viele regionale Netzbetreiber von den größeren Netzbetreibern aufgekauft wurden, hält allerdings an. Seinen spektakulären Höhepunkt fand dieser Prozess, als die Telefongesellschaft AT&T im Frühjahr 1999 den zweitgrößten Kabelbetreiber TCI sowie den drittgrößten MediaOne übernahm, die seither unter dem Namen AT&T Broadband and Internet betrieben werden. Inzwischen werden über 70 Prozent der Kabelfernsehabonnenten von den zehn größten Kabelgesellschaften versorgt (vgl. NCTA 1999, 13). Im Zuge des Konzentrationsprozesses vergrößerten sich auch die Gebiete, die von den Netzbetreibern als zusammenhängende Kabelinseln betrieben werden können. Unter den 50 größten zusammenhängenden Kabelgebieten gibt es keine Märkte mehr mit weniger als 160.000 Abonnenten. Der größte Kabelmarkt ist New York mit über einer Million Abonnenten, gefolgt von Long Island mit 630.000 Abonnenten und Orlando mit mehr als einer halben Million Abonnenten (vgl. NCTA 1999, 14). In einigen Ballungszentren (wie z.B. Los Angeles oder San Diego) gibt es unterschiedliche Kabelnetzbetreiber in verschiedenen Stadtgebieten, eine Konkurrenz zwischen den Gesellschaften gibt es jedoch – mit Ausnahme von Greater Washington – nicht.

Finanzierung – Interesse der Muttergesellschaft: Das etablierte Geschäftsmodell der amerikanischen Kabelnetzbetreiber basiert auf der Zusammenstellung und Vermarktung von TV-Unterhaltungs- und Informationsprogrammen, die als Basic oder Premium PayTV den Abonnenten angeboten werden. Im Unterschied zu deutschen Netzbetreibern sind die amerikanischen Kabelgesellschaften auch Medienunternehmen, die eine ganze Reihe eigener TV-Sender (cable networks) betreiben, bzw. an diesen substantiell beteiligt sind. Ursprünglich dazu gedacht, das Kabelangebot attraktiver zu machen, werden die Fernsehprogramme der

Cable Networks inzwischen auch über Satellit und teilweise weltweit vermarktet. Beispiele für Cable Networks sind der Discovery Channel, TBS, ESPN, CNN, TNN und der Weather Channel, die in den Vereinigten Staaten jeweils mehr als 70 Mio. Abonnenten haben (vgl. NCTA 1999, 16ff). Die Kabelfernsehsender verkaufen nationale Werbezeiten und stellen den Kabelnetzbetreibern das komplette Programm samt Werbung zur Verfügung.

Die meisten Cable Networks arbeiten hochprofitabel, 1998 betrugen ihre Werbeeinnahmen zusammen fast 7 Mrd. Dollar (NCTA 1999, 8). Die Cable Networks sind unternehmerisch unabhängig von den Netzbetreibern: Tatsächlich zahlen die Netzbetreiber den Cable Networks sog. Affiliate Fees für ihr Programm. Umgekehrt unterstützen die Kabelfernsehsender die Vermarktung des Kabelanschlusses durch die hohe Qualität ihres Programmangebots. Die größte Einnahmequelle für die Kabelnetzbetreiber sind die Abonnentengebühren, die 1998 insgesamt 33,5 Mrd. Dollar betrugen sowie die lokale werbetreibende Industrie, an die Werbefenster im Regionalprogramm und zwischen den Sendungen verkauft werden (Einnahmen der Netzbetreiber aus lokaler Werbung 1998: 2 Mrd. Dollar, vgl. NCTA 1999, 9). Die Programme im amerikanischen Kabelfernsehen werden komplett verschlüsselt. Die Abonennten müssen deshalb einen Decoder von ihrer lokalen Kabelgesellschaft mieten und das gewählte Programmpaket freischalten lassen, bevor sie Kabelfernsehen empfangen können.

Über viele Jahre hinweg konkurrenzlos, sieht sich die Kabelindustrie seit 1994/95 zunehmender Konkurrenz von DBS (Direct Broadcasting Satellite) Satellitenfernsehangeboten ausgesetzt. Die beiden großen SatellitenBetreiber DirecTV und Echostar verfügen heute mit ihren ausschließlich digital übertragenen PayTV-Angeboten über einen Marktanteil von knapp 9 Prozent. Dies entspricht ca. sieben Mio. Abonnenten, die die beiden Firmen in nur vier Jahren gewinnen konnten. Im digitalen Satellitenfernsehen werden bis zu 150 Kanäle ausgestrahlt, wobei die Kapazitätsgrenze mit 500 angegeben wird (vgl. www.dishnetwork.com). Dies setzt die Kabelnetzbetreiber zunehmend unter Zugzwang. Um noch mehr Programme auf ihren Netzen anbieten zu können, muss die technische Infrastruktur der Kabelnetze modernisiert werden, wobei leistungsfähige Glasfaser-Koax-Netze zum Einsatz kommen. Seit 1995 haben die Kabelnetzbetreiber verstärkt in den Ausbau ihrer Netze investiert, wobei es immer noch deutliche regionale Unterschiede gibt. Das Kabelnetz von Time Warner Cable, dem größten Kabelnetzbetreiber in Amerika, gilt derzeit als das am weitesten und konsequentesten ausgebaute Netz.

Die Bereitstellung der technischen Infrastruktur wird über die Einnahmen aus der Vermarktung der Inhalte ermöglicht. Seit Mitte der 1990er Jahre versuchen die amerikanischen Kabelnetzbetreiber, den kostenintensiven Ausbau ihrer NetzInfrastruktur nicht nur über PremiumTV-Programme, sondern zusätzlich über neuartige, interaktive Dienste zu refinanzieren. Zwischen 1994 und 1996 wurden dazu Milliarden von Dollar in Pilotprojekte gesteckt, die Video-on-demand und interaktive TV-Dienste realisieren sollten. (vgl. Fallstudiie FSN und

Rhodes 1996, Ruhrmann 1997, 96ff, Ziemer 1997, 376-381; Kubicek/Beckert/Sarkar 1998). Die meisten dieser Projekte konnten allerdings nicht die in sie gesetzten Erwartungen erfüllen und eine Realisierung interaktiver TV-Dienste über die jeweiligen Testgebiete hinaus fand nicht statt. Stattdessen hielt seit Mitte der 1990er Jahre das Internet Einzug in die Privathaushalte. Außerhalb des Einflussbereichs der Kabel und Mediengesellschaften verbreitete sich das World Wide Web in atemberaubendem Tempo und der PC mit Internetanschluss wurde zum neuen Inbegriff interaktiver Medien. Als zentrales Problem des neuen Mediums wurde zunehmend die geringe Bandbreite gesehen, die sich im langsamen Aufbau von Webseiten bemerkbar macht. Die Möglichkeit, Internet-Anwendungen über Kabel-TV-Netze mit sehr viel höherer Bandbreite zu realisieren, veranlasste die Kabelgesellschaften, sich im Online-Bereich zu engagieren, der bis dahin ausschließlich eine Domäne der Telefongesellschaften und der Internet Service Provider war.

Inzwischen gibt es neue Zugangstechnologien, die auch über herkömmliche Telefonleitungen (Twisted-Pair) Übertragungsgeschwindigkeiten von bis zu 2 Mbit/s ermöglichen, die sog. DSL (Digital Subscriber Line) Technologien. Außerdem können neue Funktechnologien und satellitengestützte Techniken (VSAT-Anlagen) eingesetzt werden, um das Bandbreitenproblem zu entschärfen. Private High-Speed-Internetzugänge sind momentan allerdings nur als Kabelmodem oder DSL-Angebote erschwinglich. @Home, aber auch Time Warners Road Runner stehen damit in direkter Konkurrenz zur DSL-Technologie der Telefongesellschaften. Tabelle 24 zeigt einen Überblick über die derzeit verfügbaren Angebote von Breitbandtechnologien in den USA. Der herkömmlichen Internetverbindung über ein 56k-Modem wurde ein Indexwert von 100 gegeben, um Performanzunterschiede zu verdeutlichen. Kabelmodem und DSL-Angebote wurden zur traditionellen Methode in Beziehung gesetzt, wobei sowohl die Kosten für das jeweilige Angebot als auch die effektive Übertragungsgeschwindigkeit in den Indexwert einflossen.

Tabelle 24: Breitbandige Internetangebote in USA (Quelle: Wired, May 1999, 72)

Zugangs-technologie	Angebot	Übertragungs-geschwindig-keit	Monatliche Kosten	Installation/ Hardware-kosten	Indexwert
Kabelmodem	Road Runner	3 Mbit/s	$ 39,95	$ 100	3.644
Kabelmodem	@Home	3 Mbit/s	$ 39,95	$ 140	3.409
DSL	Bell Atlantic Info Speed	7,1 Mbit/s	$ 109,95	$ 523	2.712
DSL	Pacific Bell FasTrak DSL	1,5 Mbit/s	$ 129,00	$ 198	605
Modem	Herkömmliches 56 k-Modem	53 Kbit/s	$ 27,00	$ 49	100

Neben der Möglichkeit, mit dem breitbandigen Internetzugang einen neuen Dienst auf ihren Netzen zu vermarkten, haben die Kabelnetzbetreiber auch ein Interesse daran, ihr Geschäftsmodell auf den Online-Bereich auszudehnen (vgl. Paikert 1999). Um allerdings Kontrolle über die Inhalte zu bekommen, müssen möglichst viele WebInhalte speziell für die Kabelmodemplattform entwickelt und in diesem System gehalten werden. Die Exklusivität der Anwendungen ist dabei z. Zt. relativ gut gesichert, weil andere breitbandige Zugangstechnologien noch wenig Nutzer haben. Die Entwicklung von breitbandigen Inhalten und Formaten, die in diesem Umfeld funktionieren und für die @Home-Abonnenten einen entsprechenden Mehrwert darstellen, ist dagegen schwieriger und befindet sich weitestgehend noch in der Experimentierphase.

Recht – Konkrete Regulierungsbestimmungen für das neue Angebot: Obwohl @Home ein Internet Service Provider ist, wird er zurzeit nicht als Telekommunikationsdienst reguliert. Weil der Internet-Service das Fernsehkabel als Zugangs und Übertragungsinfrastruktur nutzt, unterliegt er stattdessen der Rundfunkregulierung bzw. der Regulierung von Kabelfernsehnetzen. In diesem Bereich sieht der Telecommunications Act (TCA) von 1996, der in Amerika ebenfalls Grundlage für die Regulierung des Rundfunks ist, lediglich must-carry-Vorschriften für die Einspeisung der vier nationalen Fernseh-Networks sowie einer Reihe regionaler Sender vor. Für @Home greift aber weder eine mustcarry-Regelung noch der relativ strenge Vorschriftenkatalog für Telekommunikationsdienste. Auch die sogenannte „Unbundling Obligation", die in Title VI des TCA die Netzbetreiber dazu verpflichtet, die TV-Angebote fremder Anbieter auf ihren Kabelnetzen diskriminierungsfrei und zu fairen Preisen zuzulassen, greift im Falle von @Home nicht, da es sich bei dem Kabelmodemangebot um eine „nascent technology" handelt, die von dieser Regelung ausdrücklich ausgenommen ist. Dies hat in den Vereinigten Staaten zu einer Diskussion darüber geführt, ob die Kabelnetzbetreiber andere Online-Dienste von ihrer technischen Plattform ausschließen dürfen. Vor allem AOL und die Internet Service Provider der regionalen Telefongesellschaften, denen die Attraktivität der Kabelmodemplattform nicht entgangen war, forderten den offenen und diskriminierungsfreien Zugang zum Kabelnetz. Sie argumentierten, dass die Exklusivitätsverträge, die Excite@Home mit den Kabelnetzbetreibern geschlossen hat und die bis 2002 Gültigkeit haben, der Firma eine Monopolstellung verschaffen würden, die mit dem TCA nicht zu vereinbaren sei.

Tatsächlich hat sich der Telecommunications Act aber mit Entwicklungen im Breitbandbereich auseinandergesetzt und das Konzept des Infrastrukturwettbewerbs („facility-based competition") entwickelt, das davon ausgeht, dass keine neuen Regelungen im Bereich der „nascent technologies" nötig sind, solange Wettbewerb zwischen den verschiedenen Zugangstechnologien (Kabel, Telefon/DSL, Wireless, Satellit) möglich ist. In Abschnitt 706 des TCA wird die FCC damit beauftragt, einen jährlichen Bericht „concerning the deployment of advanced telecommunications capability to all Americans" zu verfassen, in dem die Wettbewerbssituation analysiert und „possible steps to accelerate such deployment" vorgeschlagen werden sollen. Der erste „Report on Advanced Telecommunications Capability" der FCC wurde im Februar 1999 vorgelegt. Der Bericht kam zu dem Schluss, dass sich die Verbreitung von Breitbandtechnologien „in a reasonable and timely fashion" vollzieht und Regulierungsmaßnahmen vorerst nicht zu treffen sind (vgl. FCC 1999c, 34).

Nach der Übernahme von TCI durch AT&T geriet @Home Anfang 1999 allerdings erneut unter Druck, weil die sog. „Franchise Agreements", die alle Kabelnetzbetreiber mit den lokalen Behörden auf Distriktebene aushandeln müssen, ausliefen. Durch den Eigentümerwechsel wurden die Franchise-Agreements, die für jeweils 3 bis 5 Jahre ausgehandelt werden, ungültig und mussten neu verhandelt werden. Einige lokale Behörden wie z.B. das City Council of Portland, Oregon, oder der District of San Francisco bestanden darauf, dass AT&T Broadband & Internet als neuer Eigentümer der lokalen Kabelnetze auch anderen ISPs Zugang zu ihren Netzen gewährleisten müssen, bevor sie eine Zulassung für den Betrieb des Netzes bekommen. AT&T Broadband ging daraufhin vor das Bundesgericht, das sich seither mit dieser Frage beschäftigt. Im November 1999 kündigte AT&T Broadband an, die Exklusivverträge mit Excite@Home im Jahr 2002 auslaufen zu lassen und ab dann auch andere ISPs und Online-Dienste über ihr Kabel-TV-Netz anbieten zu wollen.

5.5.2.6   Prognosen

Anfang 2000 hatte Excite@Home knapp 1 Mio. Abonnenten und war damit Marktführer für den breitbandigen Internetanschluss. Sowohl die Zahl der Haushaltsanschlüsse als auch der Umsatz verdreifachten sich von Jahr zu Jahr seit 1998. Dort, wo Excite@Home seit 18 Monaten angeboten wird, haben bereits fünf Prozent aller Haushalte den Dienst angenommen. In einigen regionalen Märkten sind bereits mehr als zehn Prozent und in vereinzelten Kabelknotenpunkten sogar mehr als 20 Prozent aller Haushalte Excite@Home Kunden (vgl. Dahlen 1999). Die Verbreitungschancen sind entsprechend gut. Bis zum Jahr 2005 rechnet der Betreiber mit über 6 Mio. Nutzern des Breitband-Dienstes.

5.5.2.7   Zur Bedeutung der verschiedenen Ebenen

Während die politische Ebene für die Entwicklung des @Home-Angebots nur von marginaler Bedeutung war, sind die beiden Ebenen „Lokaler Kontext" und „Rahmenbedingungen" entscheidend für den Erfolg des Projekts gewesen. Die Integration mit vorhandener Technik, der Aufbau eines eigenen Backbone und die Berücksichtigung inhaltlicher Aspekte beim Aufbau des Angebots haben zu einer positiven Resonanz bei den Nutzern geführt. @Home stellt ein klassisches Beispiel für ein Projekt dar, in dem der Aufbau neuer Produktionsstrukturen im technischen wie inhaltlichen Bereich geglückt ist. Dies wurde sicher dadurch erleichtert, dass es im Internetbereich bereits zahlreiche Technik und Con-

tentspezialisten gab, auf die zurückgegriffen werden konnte. Bei den Rahmenbedingungen ist der Wettbewerb mit den Telefongesellschaften anzuführen, welche
über ADSL ebenfalls breitbandige InternetDienste anbieten. Umgekehrt zur
deutschen Situation müssen die Kabelbetreiber aber nicht den Vorsprung der
Telefonangebote aufholen. In den Vereinigten Staaten ist High-Speed-Internet
über Kabel der Marktführer.

5.5.3   WebTV

5.5.3.1   Politischer Kontext: Auswirkungen der NII auf das Projekt

Das Aktionsprogramm der Clinton/Gore-Regierung zur Informationsgesellschaft
beginnt mit der Beschreibung eines Szenarios, das mit „The Promise of the NII"
überschrieben ist. Darin heißt es: „Imagine you had a device that combined a
telephone, a TV, a camcorder, and a personal computer." (NII 1993, 5). Die
technische Konvergenz von Telefon, Fernseher und PC führt in diesem Szenario
zu einer neuen Mediennutzung: „Imagine further the dramatic changes in your
life if [...] you could see the latest movies, play your favorite video games, or
bank and shop from the comfort of your home whenever you chose." (ebd.)

In der „Agenda for Action" werden jedoch weder dieser Konvergenzgedan-
ke noch die speziellen Voraussetzungen für interaktive Anwendungen oder die
besonderen Bedingungen und Barrieren der Medienentwicklung weiter konkretisiert. Es bleibt bei der Erwähnung des Zukunftsentwurfs, in dem interaktive
Abrufmedien und klassische Verteilmedien zusammenwachsen. Wie dieses Zusammenwachsen letztlich aussehen soll, welche Formen des interaktiven Fernsehens noch möglich sind und welche speziellen regulatorischen Vorgaben für
diesen neuen Bereich gelten sollen, wird nicht angesprochen. Auch gibt es im
amerikanischen Programm für die Informationsgesellschaft keine Verweise auf
bereits laufende oder geplante interaktive TV-Angebote oder Multimediaprojekte, und es werden – über das allgemeine Bekenntnis zu mehr Wettbewerb und
den Appell an die Privatwirtschaft zu mehr Engagement hinaus – keine speziellen Maßnahmen zur Föderung interaktiver Medien vorgeschlagen.

Tatsächlich dient das Szenario zur künftigen Mediennutzung am Anfang
des Programms lediglich zur Einstimmung und globalen Themensetzung. Sie
knüpft dabei an die bereits Anfang der 1990er Jahre verbreitete Vision einer
neuen Medienvielfalt sowie die Verheißungen einer Ära der digitalen interaktiven Medien an, in der sich die Mediennutzer von vorgegebenen Programmstruk-
turen emanzipieren und letzlich ihr eigenes Programm zusammenstellen und
verschiedene elektronische Dienstleistungen über das Fernsehgerät nutzen können. Die anschließenden Ausführungen, in denen die Maßnahmen des Staates
zur Ermöglichung einer nationalen Informations-Infrastruktur formuliert werden,
beziehen sich dann allerdings ausschließlich auf „staatsnahe" Bereiche, d.h. es
werden Aktionen vorgeschlagen, die sich auf die Verbreitung von I-
uK-Technologien im Bildungsbereich, in der öffentlichen Verwaltung und im

Gesundheitssystem beziehen. Neue Medienangebote für Privathaushalte, wie sie zu dieser Zeit von Kabelnetzbetreibern und Telefongesellschaften geplant waren und zu denen auch das seit 1995 angebotene WebTV gehört, werden dagegen dem Bereich des „private sector investments" (NII 1993, 3) zugeschrieben, für den es lediglich gelte, einen möglichst freien Wettbewerb zu gewährleisten. Auf der Grundlage dieser Überzeugung, nach der sich eine Informations-Infrastruktur am ehesten dort entwickelt, wo Wettbewerb im Kommunikations und Informationssektor und zwischen den verschiedenen Zugangstechnologien möglich ist, wurde 1996 der Telecommunications Act (TCA) verabschiedet. Im TCA wurden nicht nur Telekommunikations- sondern auch Rundfunkdienste (Broadcasting) neu geregelt. So wurde z.B. eine Reihe von Zugangsbeschrän-kungen aufgehoben und den Telefongesellschaften erlaubt, auch im Fernsehbe-reich tätig zu werden. Umgekehrt dürfen seither Kabelnetzbetreiber auch Tele-kommunikationsdienste anbieten. Für WebTV als klassischem Telekommunika-tionsdienst bedeutet dies, dass er prinzipiell auch von Kabelfersehbetreibern über rückkanalfähige TV-Kabelnetze als eigener Dienst angeboten werden könnte. Dass dies jedoch bisher nicht der Fall ist, liegt nicht an den Regulierungsvorga-ben, sondern ist auf die besonderen Marktstrukturen und die generellen Vorbe-halte der Kabelnetzbetreiber gegenüber Microsoft, seit 1997 Eigentümer von WebTV, zurückzuführen. Anstatt Microsofts WebTV über ihre Kabel-TV-Netze anzubieten, entwickeln sie in Kooperationen mit anderen Technik und Inhaltean-bietern eigene interaktive Dienste.

Es kann deshalb zunächst festgehalten werden, dass die NII keine direkten Auswirkungen auf die Entwicklung und Verbreitung von WebTV hatte. Zu vage sind die Aussagen, die das Programm im Hinblick auf die Entwicklung des TV-Bereichs macht und zu unspezifisch die Vorgaben für Anbieter und Netzbetrei-ber. Zudem handelt es sich bei WebTV um eine Internet-Firma, die grundsätzlich den gleichen Regulierungsvorschriften unterliegt wie jeder andere Internet Servi-ce Provider; spezielle Lizenzen oder Ausnahmeregelungen sind nicht notwendig, um den neuen Dienst betreiben zu können. Indirekt müssen allerdings die gene-relle Förderung der Internet-Verbreitung im Rahmen der NII und v.a. die Ent-scheidung der FCC zur Umstellung auf digitales Fernsehen als Faktoren für die Entwicklung von WebTV gesehen werden. Obwohl die Migrationsentscheidung der FCC zunächst auf die Einführung von hochauflösendem digitalem Fernsehen (HDTV) ausgelegt war (Brinkley 1997, 298 ff.), wurde schnell klar, dass die digitale TV-Plattform die Basis für interaktive Dienste und die Verknüpfung von Fernsehen und Internet darstellt. Eben diese Verknüpfung von Fernsehen und Internet verfolgt WebTV seit 1995 auf der analogen Plattform. Die Migration-sentscheidung zu digitalem Fernsehen, die die FCC 1997 traf, löste eine ganze Reihe von Aktivitäten unterschiedlicher Anbieter aus, die auf dieser neuen Platt-form mit eigenen Diensten, Inhalten und Programmen vertreten sein wollten. Auch WebTV gehört zu diesen Akteuren. Die gegenwärtigen Aktivitäten von WebTV im Bereich des digitalen Fernsehens können deshalb unmittelbar mit der politischen Entscheidung in Zusammenhang gebracht werden, den analogen TVÜbertragungsstandard durch den digitalen zu ersetzen. So kündigte Microsoft nur eine Woche nach der FCC-Entscheidung an, die bis dahin relativ unbekannte Firma WebTV zu übernehmen (Greenwald 1997). Seither versucht Microsoft, über WebTV im zukunftsträchtigen Markt des digitalen Fernsehens Fuß zu fassen und das vorhandene technische und inhaltliche Know-how auf die digitale TV-Plattform zu übertragen.

Die speziellen Vorgaben der FCC, wie diese digitale TV-Plattform schließlich auszusehen hat (Common Interface, Set-Top-Boxen von unterschiedlichen Herstellern, Decoder zum Verkauf statt zur Miete, diskriminierungsfreier Zugang usw.), betreffen auch auf einer konkreten Ebene die Entwicklungschancen von WebTV. Auf diesen Zusammenhang wird bei der Beschreibung der Rahmenbedingungen für das neue Angebot näher eingegangen. Bei der Beurteilung der Auswirkungen der politischen Initiative auf die Entwicklung von WebTV müssen demnach zwei Ebenen unterschieden werden: Zum einen ist dies die Ebene der Steuerung von Erwartungshaltungen im Hinblick auf die digitalen Medienzukunft. In diesem Sinne hatte die Initiative der Clinton/Gore-Administration zur Informationsgesellschaft Leitbildcharakter. Die andere Ebene ist die Ebene der konkreten Regulierungsvorgaben. Der aus der NII hervorgegangene TCA hatte keine Auswirkungen auf die Entwicklung von WebTV.

5.5.3.2 Projektbeschreibung Grunddaten

Die Firma WebTV Networks wurde 1995 in Palo Alto im Silicon Valley gegründet. Die Gründer Perlman, Leak und Goldman waren zuvor in den Entwicklungsabteilungen von Apple Computer und General Magic Inc. beschäftigt. Im Oktober 1996 brachte die Firma mit dem WebTV Service und dem WebTV Internet Terminal einen neuen Dienst und ein neues Gerät auf den Markt, für das es bis dahin keine Kategorie in der Unterhaltungselektronik gab: Eine Set-Top-Box, mit der die Besitzer nicht (verschlüsselte) Fernsehprogramme empfangen konnten, sondern Internet-Dienste auf dem Fernseher nutzen und im World Wide Web surfen konnten. Dazu besaß die als „Internet Terminal" bezeichnete Decoder-Box ein konventionelles Modem, entsprechende Rechner und Speicherkapazität, um die angeforderten Webseiten für die Darstellung auf dem TV-Bildschirm zu optimieren und eine Fernbedienung bzw. eine Infrarot-Tastatur zur Eingabe von Web-Adressen und E-Mails.

Dieser Dienst ist auch heute noch unter der Bezeichnung „WebTV Classic Internet" verfügbar und stellt die einfachste Variante von WebTV, nämlich Internet über den Fernseher dar. Dazu betreibt die Firma einen eigenen Online-Dienst, in dem eigenproduzierte und fremde Inhalte in den Rubriken „Community", „WebTV Today", „Entertainment", „News", „Sports", „Shopping" und „Money" zusammengestellt werden. Zur Nutzung des Online-Dienstes über den Fernseher müssen sich die Abonnenten die ca. 100 Dollar teure Set-Top-Box kaufen und eine monatliche Gebühr von 20 Dollar bezahlen. Dafür erhalten sie fünf E-Mail-Adressen, Speicherplatz auf dem WebTV-Server für eine eigene Homepage und zeitlich unbegrenzten Zugang zum Online-Dienst bzw. zum Internet. Hat der Abonnent bereits einen Vertrag mit einem lokalen Internet Service Provider, reduziert sich die monatliche Gebühr um zehn Dollar.

Seit Ende 1997 gibt es mit „WebTV Plus Interactive" eine erweiterte und entsprechend teurere Version des Dienstes, wobei die Set-Top-Boxen hier als „WebTV Internet Receiver" bezeichnet werden. Bei WebTV Plus Interactive steht weniger der einfache Internet-Zugang und die E-Mail-Funktionalität für die Fernsehzuschauer im Vordergrund, als vielmehr die Absicht, ein interaktives Programmangebot durch die Verschmelzung von Internet und Fernsehen zu verwirklichen. Ein erster Schritt zu dieser Verschmelzung ist die parallele Darstellung von Fernsehen und Webseiten im sog. Picture-in-Picture-Format. Den Abonnenten von „WebTV Plus Interactive" steht ein elektronischer Programmführer zur Verfügung, der seine Daten über das Internet bezieht. Darüber hinaus werden mit verschiedenen TV-Sendern interaktive Fernsehshows produziert, bei denen die WebTV-Nutzer mitraten oder abstimmen können. Zu den Nachrichtensendungen von NBC werden weiterhin vertiefende Infomationen online zur Verfügung gestellt, worauf sog. Crossover-Links (IIcons) im Fernsehbild hinweisen. Die Verknüpfung von TV-Inhalten mit dem Internet kommt weiterhin bei interaktiven Werbesendungen zum Tragen, bei denen die Nutzer per Knopfdruck auf die Webseite des Anbieters wechseln können und dort das angepriesene Produkt anklicken und bestellen können.

Technisch werden diese neuen Anwendungen hauptsächlich über den Telefonrückkanal realisiert. Obwohl verschiedene Push-Technologien im Einsatz sind, wird der Großteil der Web-Inhalte individuell abgerufen und nicht im BroadcastVerfahren an die Nutzer verteilt. Die TV-Sender übertragen zwar zusätzlich bestimmte technische Informationen in ihrem Fernsehsignal, das den WebTV-Nutzern signalisiert, dass es zu dieser Sendung weitere Informationen online gibt. Sobald die Nutzer aber auf das IIcon klicken, rufen sie Web-Inhalte aus dem Internet bzw. von den WebTV-Network-Servern ab, die über die Telefonleitung „eingespielt" werden.

Um „WebTV Plus Interactive" nutzen zu können, müssen sich die Abonnenten die ca. 200 Dollar teure Set-Top-Box kaufen und monatlich 25 Dollar bezahlen. Wie beim Basisangebot „WebTV Classic Internet" erhalten sie dafür fünf E-Mail Adressen, Speicherplatz für eine eigene Homepage und den zeitlich unbegrenzten Zugang zum Internet. Darüber hinaus können sie die verschiedenen interaktiven TV-Angebote nutzen, die nur über die technisch anspruchsvollere Box dargestellt werden können. Verfügen die WebTV-Abonnenten bereits über einen eigenen ISP, verringert sich die monatliche Abo-Gebühr auf 15 Dollar.

„WebTV Classic Internet" und „WebTV Plus Interactive" basieren auf dem herkömmlichen analogen TV-Übertragungsverfahren und haben mit digitalem

Fernsehen zunächst nichts zu tun. Im August 1997 übernahm die Softwarefirma Microsoft WebTV Networks für 425 Mio. Dollar und baute die inzwischen in Mountain View, Kalifornien installierte ServerInfrastruktur und die Marketing-aktivitäten für WebTV weiter aus. Mitte 2000 hat WebTV ca. 1 Mio. Abonnenten in den Vereinigten Staaten und Kanada und ist damit innerhalb von vier Jahren zum achtgrößten Internet Service Provider (ISP) in Nordamerika aufgestiegen. Die Einstufung als Internet Service Provider deutet bereits an, wofür WebTV bisher überwiegend genutzt wird, nämlich als Zugang zum Internet und zu E-Mail-Diensten. Lange Zeit wegen seiner Benutzerfreundlichkeit und der damit einhergehenden eingeschränkten Computerfunktionalität (d.h. keine Java-Unterstützung, keine Streaming Audio und Videounterstützung für den WebTV Basisidienst) als „senior citizens Internet service" apostrophiert (vgl. Lash 1999), bemüht sich WebTV seit 1997 verstärkt, die inhaltliche Verknüpfung von Internet und Fernsehen in den Vordergrund zu rücken und vom reinen Internet-Provider zu einem interaktiven TV-Dienst zu werden.

Für die Realisierung neuer, interaktiver TV-Dienste bietet sich besonders die digitale TV-Plattform an, auf der es technisch keinen Unterschied mehr macht, ob Fernsehbilder oder Webseiten übertragen werden. Dadurch wird die inhaltliche Integration beider Welten, die im WebTV Plus Interactive-Angebot bereits in Ansätzen existiert, einfacher. In Juni 1999 portierte WebTV Neworks sein Angebot erstmals auf die digitale TV-Plattform und bietet seither in Kooperation mit dem amerikanischen Satellitenbetreiber Echostar Communications „WebTV Plus for Satellite" an (siehe Tabelle 57).

Die stärkere Konzentration auf das Fernsehpublikum zeigt auch ein weiterer, im Dezember 1999 auf der EchostarPlattform eingeführter Dienst von WebTV. Die DISH-Player-Boxen der jüngsten Generation besitzen eine große Festplatte, auf der bis zu 40 Stunden digitales TV-Programm aufgezeichnet werden können. Das heißt, die Set-Top-Box kann auch als digitaler Videorecorder benutzt werden. WebTV hat dazu einen eigenen elektronischen Programmführer entwickelt, mit dem sich die TV-Programme von Echostar personalisieren lassen und die Programmierung der Aufnahme erleichtert wird. Dieser Dienst wird den EchostarAbonnenten als „WebTV Personal TV for Satellite" für zusätzlich 10 Dollar pro Monat angeboten. Das heutige WebTV-Angebot reicht damit vom elektronischen Programmführer zur Personalisierung des digitalen Satelliten-TV-Angebots und bedienerfreundlichen Programmierung des digitalen Videorekorders bis hin zum traditionellen Internet über das TV-Gerät. Dazwischen gibt es mit „WebTV Plus Interactive", das sowohl auf der analogen wie digitalen Platt-form angeboten wird, den Versuch, Fernsehsendungen mit WebInhalten zu verknüpfen, wobei verschiedene technische Verfahren (Push-Technologien, Web-casting und Streaming) und inhaltliche Formate (Zuschauerbeteiligungen, Zu-satzinformationen, Werbeverknüpfungen, e-Commerce usw.) ausprobiert werden.

Tabelle 25: Übersicht über die WebTV-Angebote (Quelle: www.WebTV.com)

	WebTV Classic Internet	WebTV Plus Interactive	WebTV Plus for Satellite
Beschreibung	Einfacher Internet-Zugang	Kombination von Fernsehen und Internet	Kombination von Satellitenfernsehen und Internet
Benötigte Hardware	einfache Set-Top-Box für den Fernseher („Internet Terminal")	bessere Set-Top-Box für den Fernseher („Internet Receiver")	Satellitenempfänger von Echostar („DISH-Player")
Herstellerpreise	$ 99	$ 199 ($ 249 von RCA mit Keyboard)	$ 199 für DISH Player 300 oder $ 299 für DISH-Player 500
Hardware-Hersteller	Philips, Magnavox, Sony	Philips, Magnavox, Sony, RCA	Echostar
Monatl. Abogebühr	$ 20 bzw. $ 10 bei eigenem ISP	$ 25 bzw. $ 15 bei eigenem ISP	$ 25 bzw. $ 15 bei eigenem ISP

Obwohl der Begriff „WebTV" zunächst nur das Angebot der Firma WebTV Networks bezeichnet, steht er inzwischen als Synonym für verschiedene Mediendienste, die Online-Inhalte auf den TV-Bildschirm bringen und auf die eine oder andere Weise das Internet mit Fernsehen verknüpfen. In erster Linie können hier die v.a. in den USA mit WebTV Networks konkurrierenden Anwendungen der Firmen WorldGate, OpenTV, Liberate Technologies und Wink Communications genannt werden. Als Gattungsbegriff steht WebTV einerseits für den Versuch der Fernsehsender, ihre Programme durch Internetbasierte interaktive Komponenten zu erweitern (Enhanced TV) und andererseits für den Versuch von Online-Dienste-Betreibern, ihre Inhalte dem Fernsehpublikum über eine neue Generation von Set-Top-Boxen verfügbar zu machen (Online TV).

5.5.3.3 Lokaler Handlungskontext: Betreiber und Content Provider

Obwohl Online-Dienste inzwischen etablierte Medienangebote sind, die von einer wachsenden Zahl von Nutzern in Anspruch genommen werden, müssen bei der Übertragung des Online-Konzepts auf die Fernsehwelt spezielle Aspekte beachtet werden. Eine eins-zu-eins-Übertragung funktioniert schon aus technischen Gründen nicht und entspricht darüber hinaus nicht den Nutzungsmustern von Fernsehzuschauern: „The experience of static Internet pages on the TV just does not play. It´s taken Silicon Valley a year or more to find that out", sagt z.B. Berman von OpenTV, einer Softwarefirma, die Betriebssysteme für digitale Set-Top-Boxen und interaktive TV-Anwendungen entwickelt. Mit Silicon Valley ist dabei WebTV gemeint. Das heutige, segmentierte Angebot von WebTV (drei, bzw. vier verschiedene Varianten des Dienstes) ist in diesem Sinne das Ergebnis von Lernerfahrungen, die die Firma seit 1995 mit Internet über TV gemacht hat. Die folgende Darstellung von WebTV bezieht sich v.a. auf die erweiterte Version von WebTV, auf „WebTV Plus Interactive", wie es Anfang des Jahres 2000 bestand. Hinweise auf spezielle Lernerfahrungen mit den anderen Angeboten von WebTV fließen dort ein, wo sie direkte Auswirkungen auf das WebTV-typische Konzept des interaktiven Fernsehens hatten. Wichtig für das Verständnis der Funktionsweise von WebTV und die Einschätzung des Potentials dieses neuen Dienstes ist die Darstellung der speziellen technischen Herausforderungen, der Kooperationsbeziehungen mit verschiedenen Inhalteanbietern sowie des komplexen Geschäftsmodells und der besonderen Voraussetzungen der Zielgruppe „online-interessiertes TV-Publikum".

Integration in vorhandene Technik: Zu den technischen Herausforderungen von WebTV gehört die Darstellung von Internetseiten auf dem Fernseher. Da die Internetseiten für hochauflösende Monitore gemacht sind und in der PC-Welt zudem eine Maus zum Navigieren zur Verfügung steht, müssen Internetseiten optisch und bedientechnisch umgesetzt werden, ehe sie TV-tauglich sind. Dazu müssen die Seiten horizontal komprimiert werden, die Farben entsättigt und die Schrift auf mindestens 18 Punkt vergrößert werden. Nur wenige Audio und Videoformate finden bisher bei WebTV Unterstützung. Auch JavaScripts und HTML-Tags müssen meistens unterdrückt werden, weil sie sich nicht ohne weiteres auf die technisch weniger flexiblere TV-Plattform umsetzen lassen.

Die Farb- und Formatanpassung geschieht bei WebTV über zentrale Server, die alle abgerufenen Internetseiten so bearbeiten, dass sie auf einem Fernsehschirm dennoch ein gutes Bild abgeben. Dazu werden alle Bildformate der unterschiedlichsten Internetseiten gleichermaßen umgewandelt. In der Zentrale von WebTV Networks in Mountain View wurde ein entsprechender Serverpark installiert, durch den jede Seite geht, die die WebTV-Abonnenten abrufen. Der WebTV-Nutzer merkt nichts von diesen Konversionsvorgängen, er wählt sich bei einem lokalen WebTV-Provider oder einem normalen ISP ein und wird von dort direkt weitergeschaltet zum Serverpark in Kalifornien. Zwischen den lokalen Internet Service Providern und WebTV Networks bestehen Kooperationsabkommen, d.h. WebTV Networks bezahlt die Provider für die Nutzung ihrer Dialup-Zugänge. Kooperationen bestehen mit den wichtigsten ISPs in den USA. Durch die Server-Infrastruktur in Mountain View wird erreicht, dass Internet-Inhalte den WebTV-Abonnenten schneller zur Verfügung stehen: Wenn der WebTV-Abonnent im Internet surft, surft er zunächst auf den Proxy-Servern von WebTV Networks. Sobald ein Link angeklickt wird, schickt die WebTV Box diese Anforderung an die WebTV-Zentrale, welche die entsprechende Seite zunächst auf den eigenen Severn sucht und, falls vorhanden, direkt zum Nutzer überträgt. Ist die entsprechende Seite nicht auf dem zentralen Proxy gespeichert, wird sie aus dem Netz heruntergeladen, analysiert, reformatiert und schließlich zum Nutzer geschickt. Auch die Verwaltung der E-Mails geschieht über die Zentrale von WebTV Networks.

Beim WebTV-Browser handelt es sich um ein proprietäres Programm, das auf der Basis von Microsofts Internet Explorer programmiert wurde. Konvertiert und dargestellt werden können alle Webseiten, die im gängigen HTMLFormat erstellt wurden. Bei der Frage, wie WebTV die Integration von vorhandener

Technik konkret realisiert hat, lässt sich feststellen, dass durchgehend Internet-Standards (TCP/IP, HTML, verbreitete Grafikformate, Internet-Browser usw.) eingesetzt werden. Dabei macht sich der neue Dienst die Tatsache zunutze, dass es inzwischen in fast allen amerikanischen Telefon-Ortsnetzbereichen lokale Internet Service Provider gibt, die einen Internet-Zugang für eine monatliche Gebühr von ca. 10 Dollar anbieten. Da es sich bei den Telefonverbindungen um Ortsgespräche handelt, die bereits über die monatliche Grundgebühr abgedeckt sind (Flatrate), fallen für die Datenverbindung der WebTV-Kunden keine weiteren Telefongebühren an. Das ausgebaute ISP-Netz und die Telefon-Flatrate sind wesentliche Voraussetzungen für die landesweite Verfügbarkeit und Verbreitung von WebTV. Neu entwickelt werden mussten dagegen Konversionsprogramme, Kompressionstechniken und das Betriebssystem für die Set-Top-Box. Seit 1997 kann WebTV dabei stark vom technischen Know-how der Muttergesellschaft Microsoft profitieren. Die technische Integration und die Kooperation mit anderen Technikanbietern ist aber nur die eine Seite. Wichtig ist weiterhin die Koordination von Technik und Inhalten, d.h. die medienadäquate Erstellung und Gestaltung von Inhalten, die Konversion und Einbindung von Angeboten kompetenter Inhalteproduzenten und die Ausrichtung auf die Interessen der Zielgruppe.

Organisation: WebTV Networks ist in erster Linie ein Online-Dienst, der ebenso wie Online-Dienste für PCs eigene Inhalte für die Abonnenten produziert und vorhandene Informationen aus dem World Wide Web in speziellen Rubriken zusammenstellt. Dazu ist ein ganzer Stab von Online-Redakteuren, Produzenten, Webdesignern und Spezialisten in den verschiedenen Themenbereichen (Lokales, Sport, News usw.) notwendig. WebTV Networks unterhält allein in der Unternehmenszentrale in Mountain View einen 60-köpfigen Redaktionsstab, der für die Inhalte zuständig ist. Darüber hinaus hat WebTV Networks Kooperationen mit einer Reihe von Contentprovidern geschlossen, die speziell für WebTV Inhalte produzieren. Hierbei handelt es sich v.a. um TV-Sender, die sowohl ihre Programmlistings als auch bestimmte Inhalte von ihren jeweiligen Online-Redaktionen für WebTV zusammenstellen und speziell aufbereiten. Mit folgenden TV-Sendern bestehen derzeit Kooperationsabkommen:

- E!. Der Kabelfernsehsender E! kündigt in der WebTV-Rubrik „Coming attractions" Konzerte und SportEvents an, für die die WebTV-Nutzer online Karten bestellen können. Darüber hinaus wird auf Highlights im eigenen Programm hingewiesen.
- NBC. Der überregionale Sender NBC stellt zusätzliche Text und Bildinformationen zu seinem laufenden Programm zur Verfügung (Nachrichten und Shows).
- The Weather Channel. Der Wetterkanal stellt für WebTV lokale Wetterinformationen in Textform und als lokale Wetterkarten zur Verfügung.
- The Discovery Channel. Der Natur- und Dokumentationssender Discovery beschickt die WebTV-Redaktionen ebenfalls mit zusätzlichen Online-Informationen zu verschiedenen Sendungen.

- MSNBC. Der Kabel-Nachrichtenkanal von NBC ist derzeit der aktivste Inhaltelieferant für WebTV. Er wird gemeinsam von Microsoft und NBC betrieben.

Bei den programmbegleitenden Zusatzinformationen, dem sog. „companion content", auf den die Zuschauer über die erwähnten Iicons aufmerksam gemacht werden, muss darauf geachtet werden, dass die Textinhalte nicht zu lang werden, damit die Nutzer nicht zu weit auf der Onlineseite scrollen müssen. Im Vergleich zu herkömmlichen PC-basierten Internetseiten muss bei WebTV deshalb stärker auf eine intelligente Unterteilung in Themenbereiche und Rubriken geachtet werden.

Der Nachrichtensender MSNBC ist der Hauptlieferant für aktuelle Nachrichten bei WebTV und produziert täglich 24 Stunden für den neuen Dienst. Die Inhalte für WebTV werden von der Website von MSNBC (www.msnbc.com) übernommen, speziell formatiert und schließlich mit dem Fernsehprogramm synchronisiert. Seit Oktober 1999 werden auch die Gameshows „Jeopardy" und „Wheel of Fortune" mit interaktiven Komponenten für die WebTV-Nutzer übertragen. Insgesamt produziert WebTV Networks nach eigenen Angaben gegenwärtig ca. 350 Stunden interaktive „Sendungen", wobei auch die interaktiven Werbungen hinzugezählt werden, bei denen die Nutzer aus der Werbung heraus auf eine Web-Bestellseite des angepriesenen Produkts gelangen können. WebTV Networks hat für Aufbau und Gestaltung solcher Webseiten („Interactive advertisement") eine eigene Abteilung aus Technikern und Marketingfachleuten eingerichtet, die die Werbeabteilungen der Unternehmen unterstützen, die eine solche Fernseh-Internet-Verknüpfung realisieren wollen.

e-Commerce-Anwendungen über WebTV können auch mit speziellen E-vents verknüpft werden, die im Fernsehen ausgestrahlt werden. So hatte z.B. der virtuelle CD-Laden Music Boulevard (www.musicboulevard.com) während der 1999er Grammy Award Preisverleihung interaktive Werbung geschaltet, bei der die WebTV-Nutzer die CDs von Musikern bestellen konnten, die für den Preis nominiert waren. Für die Bedeutung, die WebTV inzwischen auch in der Welt des Internets erreicht hat, spricht der Betrag, den Infoseek bereit war dafür zu bezahlen, als exklusive Suchmaschine in die Homepage von WebTV integriert zu werden: 26 Mio. Dollar zahlte Infoseek dem Unternehmen im Januar 1999 für diese Platzierung (vgl. Chuck 1999, 3).

Aufbau und Ablauf: Bei den Anwendungsbeispielen wurde bereits deutlich, dass WebTV Networks komplexe Kooperationen mit Inhalteprovidern aufbauen muss, um neue Anwendungen zu kreieren, die für die Abonnenten entsprechend attraktiv sind. Dies trifft in besonderem Maße auf jene Anwendungen zu, in denen Fernseh und Online-Inhalte verknüpft werden sollen, d.h. die über die Portierung reiner Internetanwendungen wie E-Mail, WWW und Chat auf die TV-Plattform hinausgehen. Neben den Internet Service Providern und den Inhalteprovidern (Fernsehsender, Online-Redaktionen und Werbeindustrie) ist

WebTV Networks zudem auf Kooperationen mit den Geräteherstellern angewiesen, die die Set-Top-Boxen herstellen. Die Firma hat dazu Lizenzen an die Unterhaltungselektronikfirmen Sony, Philips, Mitsubishi, Samsung, Matsushita, Pace Micro Technology und Thomson/RCA vergeben, die die verschiedenen WebTV-Boxen produzieren und vertreiben. Hinzu kam Ende 1999 der Satellitenbetreiber EchoStar, der seither die WebTV-Software in seine digitalen Receiver integriert.

Finanzierung: Prinzipiell stehen WebTV die gleichen Finanzierungsmöglichkeiten wie anderen Online-Diensten zur Verfügung, nämlich Abonnentengebühren und Werbung (Bannerwerbung, Sponsorships, Popup-Windows, Vertrieb von E-Mail Newslettern usw.). Eine weitere Einnahmequelle ist die Beteiligung an e-Commerce-Umsätzen, die über interaktive Werbung generiert werden. Die Inhalte der Online-Redaktionen von Fernsehsendern werden bisher unentgeltlich zur Verfügung gestellt. Die Fernsehsender versprechen sich durch die Beteiligung am WebTV-Angebot eine höhere Zuschauerbindung und sehen das Engagement bei WebTV als Möglichkeit, der prognostizierten Verlagerung von Nutzungszeiten auf Online-Medien zu begegnen. Das Kooperationsmodell mit den Sendern basiert deshalb auf dem Prinzip „Inhalte gegen Reichweite", d.h. WebTV Networks kann die redaktionellen Inhalte unentgeltlich verwenden, weil sich dadurch die Attraktivität des Senders und damit seine Einnahmen aus den Werbeschaltungen erhöhen.

5.5.3.4   Lokaler Handlungskontext: Nutzungsbedingungen und Zielgruppe

Trotz der vielfältigen Versuche von WebTV, Fernsehen mit interaktiven Komponenten zu versehen und Fernsehformate mit Web-Funktionalitäten anzureichern, bleibt der Hauptgrund für die Anschaffung eines WebTV-Terminals das klassische Internet. Die zunehmende Präsenz von WWW-Adressen in der Werbung und die ausführliche Berichterstattung über die Möglichkeiten des neuen Mediums in Presse und Fernsehen haben das Interesse am Internet auch bei einem Publikum geweckt, das bisher nichts mit Computern zu tun hatte. In einer Studie der Marktforschungsfirma Iacta, in der Anfang 1999 2.300 WebTV-Abonnenten über ihre Erfahrungen mit dem neuen Angebot befragt wurden, stellte sich u.a. heraus, dass über 80 Prozent der Befragten über keinen eigenen PC verfügen (vgl. Buddine/Norman/Young 1999). Die Nutzer von WebTV stellen in diesem Sinne das Online-Debüt einer besonders großen Zielgruppe dar: des computerabstinenten Mainstreams. Dieser „non-Net market" (Chuck 1999) besteht nicht aus Familien oder hochqualifizierten jungen Berufstätigen, sondern aus älteren Erwachsenen und Paaren, die keine Notwendigkeit sehen, sich einen PC anzuschaffen, die aber trotzdem E-Mails verschicken und im WWW surfen wollen. Die WebTV-Abonnenten, von denen 25 Prozent älter als 50 Jahre sind, sehen WebTV nicht als „a poor man's PC, but as a high-end TV" (Olenick 1998).

Etablierte Nutzungsstrukturen: Befragt nach den Gründen für die Anschaffung eines WebTV Internet-Terminals gaben die Abonnenten den im Vergleich zum PC günstigeren Preis für die Box, die Bedienerfreundlichkeit dieses PlugandPlayGeräts und die Vertrautheit mit der TV-Umgebung an. Die Bedienerfreundlichkeit kommt u.a. bei der Konfiguration der Online-Verbindung zum Ausdruck: Sobald der Nutzer die WebTV-Box an den Fernseher und die Telefonleitung angeschlossen hat und sie zum ersten Mal einschaltet, wählt das Modem automatisch eine spezielle WebTV-Servicenummer an. Ein spezieller Computer findet über die automatische Nummernidentifikation heraus, wo der neue Abonnent wohnt und stellt eine Liste mit lokalen Internet Service Providern zusammen, mit denen WebTV zusammenarbeitet. Nach der Übertragung dieser Nummern in die Box wird die teure Verbindung beendet und eine neue Verbindung zu einem lokalen Provider aufgebaut. Dieser Prozess läuft im Hintergrund ab; der Nutzer kann bereits ca. 5 Minuten nach dem ersten Einschalten der Box online gehen und E-Mails verschicken.

Interessante Ergebnisse liefert die Iacta-Studie hinsichtlich der Lernprozesse, die offenbar viele WebTV-Abonnenten durchmachen. Prinzipiell decken sich diese Beobachtungen mit der Einschätzung, dass es sich beim Internet um ein Erfahrungsgut handelt, dessen Wert erst mit dem persönlichen Gebrauch deutlich wird: Ein Großteil der Nutzer von WebTV hätte sich nach eigenen Angaben niemals einen eigenen Computer gekauft, weil sie ihn für zu kompliziert, zu schwer zu erlernen und für zu teuer im Verhältnis zum erwarteten Nutzen hielt. Die Mehrheit der Nutzer hatte auch beruflich nichts mit Computern zu tun. Außerdem gaben viele Befragte an, die WebTV-Box als Geschenk von Verwandten erhalten zu haben, damit sie über E-Mail erreichbar sind. Die Vorbehalte gegenüber dem neuen Medium und seinem Nutzen schwanden allerdings mit zunehmendem Gebrauch.

E-Mail, Recherchen im World Wide Web und Chat sind nach Iacta die wesentlichen Online-Beschäftigungen der WebTV-User, die inzwischen eine eigene Community mit speziellen Foren und Websites aufgebaut haben. Durchschnittlich sind WebTV-Nutzer monatlich 40 Stunden online, ein Wert, der 70 Prozent über der durchschnittlichen Nutzungsdauer typischer PC-Internet-Nutzer liegt (vgl. WebTV Developer 1999). Dieser hohe Wert dürfte u.a. darauf zurückzuführen sein, dass WebTV nicht nur von einem, sondern von mehreren Haushaltsangehörigen benutzt wird. WebTV Networks geht davon aus, dass jedes WebTV-Gerät von mindestens zwei Personen genutzt wird. Die Mehrheit der WebTV-Abonnenten hatten vor dem Kauf der WebTV-Box keine oder wenig Erfahrung mit dem Internet. Ein weiteres Ergebnis der Iacta-Studie ist, dass 52 Prozent der WebTV User nunmehr beabsichtigen, einen Computer zu kaufen. Trotzdem würden die meisten dieser Nutzer WebTV oder ein anderes Internet-TV-Gerät zusätzlich zum Internet-PC behalten wollen (Buddine/Norman/Young 1999, 3). Dieses Ergebnis deutet darauf hin, dass die Hälfte der WebTV-Nutzer zu ambitionierten Internet-Nutzern geworden ist und mit zunehmender Vertrautheit mit dem Internet die Beschränkungen der WebTV-Box immer deutlicher werden. So können keine Dateien aus dem Internet heruntergeladen und auf der Festplatte gespeichert werden. E-Mail-Anhänge können meist nicht geöffnet werden, weil die dazugehörenden Computerprogramme (Textprogramme, Grafikprogramme usw.) nicht auf der Box vorhanden sind. Das Einspielen von Attachments beschränkt sich bei WebTV auf Bilder, die von einer externen Quelle (Camcorder oder digitale Fotokamera) eingelesen werden können („Picture E-Mails"). Die Boxen verfügen über eine entsprechende Schnittstelle, allerdings werden nicht alle Fabrikate unterstützt. Ebenso beschränkt sich die Möglichkeit, Webseiten und E-Mails auszudrucken auf die HP Deskjet Serie. Andere Drucker können (noch) nicht an die Box angeschlossen werden. Weiterhin konnte die Box bis Anfang 2000 kein Java Script in Webseiten darstellen. Und es standen den WebTV-Nutzern keine RealAudio oder Video-Streaming-Anwendungen zu Verfügung. Die aktiven WebTV-Nutzer können nach Ansicht von Iacta nicht als typische „Couch Potatoes" bezeichnet werden:

> „Rather they are individuals who participate in and modify their experience. They are like computer users of the Internet (more so than they are like normal TV watchers), but there are some significant differences due to the TV environment" (Buddine/Norman/Young 1999, 5).

Durch die individuelle Nutzung des Internets haben die WebTV-Abonnenten die Möglichkeiten des neuen Mediums direkt vor Augen und sie bemerken schnell die Schwachstellen bei der technischen Umsetzung auf die TV-Plattform. Auf der anderen Seite werden die WebTV-Nutzer durch den Umgang mit dem Internet-TV aber auch nicht zu typischen PC-Nutzern. Diese Tatsache beschreibt der Marketingdirektor von WebTV, Schoeben, folgendermaßen: „Initially we looked at a TV set as an available monitor. But we realized that we missed a fundamental point. That monitor is a TV set and people want it to be a better TV, not an alternative to a PC" (Liebermann 2000). Tatsächlich handelt es sich laut Iacta-Studie bei der Zielgruppe von WebTV um eine neue Art von Fernsehzuschauern. Diese werden beschrieben als „unique, proactive, and strongly individual, not to be confused with the „mass market" of the past" (Buddine/Norman/Young 1999, 3).

Für Internet-TV-Anwendungen wie WebTV kommen prinzipiell alle TV-Haushalte ohne eigenen Computer in Frage. Das sind derzeit ca. 60 Prozent aller Haushalte in den USA. Hinsichtlich der Erfolgschancen von Internet-TV-Anwendungen in diesen Haushalten wird oft behauptet, dass sie kritisch zu beurteilen sind, weil eine Einbettung in etablierte Nutzungsstrukturen nicht gegeben sei. Einen weiteren Hinweis auf sich entwickelnde Nutzungsstrukturen, bei denen sich Online-Nutzung und Fernsehkonsum überschneiden, liefert eine Studie von Showtime Networks und Paul Kagan aus dem Jahr 1999. Bei einer Untersuchung von über 1.000 US Fernsehhaushalten stellte sich heraus, dass bereits in einem Fünftel aller Haushalte Fernsehen und Internet simultan genutzt werden:

„In these households people were simultaneously watching TV and working, shopping, or entertaining themselves online." Berechnet auf die Gesamtheit der amerikanischen Haushalte würde dieses Nutzungsmuster bereits in ca. 18 Mio. Haushalten anzutreffen sein (vgl. Showtime/Kagan 1999).

5.5.3.5 Rahmenbedingungen

Organisation – Marktstrukturen und Wettbewerbsumfeld: Anfang 1998 gab es in den Vereinigten Staaten neben WebTV noch acht weitere Anbieter, die Internet-TV über spezielle Set-Top-Boxen anboten oder einen ähnlichen Dienst für die nahe Zukunft in Aussicht stellten. Darunter waren neben kleineren Anbietern wie uniView, Source Media, ViewCall und WebSurfer auch die großen Player im Kabel und Computerbereich vertreten. NCI, Oracle und Netscape hatten mit NCTV ein WebTV-ähnliches Produkt eingeführt und dazu verschiedene Kooperationen mit den großen Fernsehsendern geschlossen. Sun Microelectronics plante die Einführung einer Sun Internet Set-Top-Box in ihrer Reihe mit Java-basierten Internetgeräten. Die Firma WorldGate Communications verfolgte die Idee eines Network Computers für Kabelkunden und hatte dazu die Unterstützung der Endgerätehersteller NextLevel und Scientific Atlanta sowie namhafter Kabelnetzbetreiber (vgl. Brown 1998, 19 f.).

Der größte Konkurrent von WebTV war allerdings bis zu seinem Ende im April 1998 der Internet-TV-Dienst NetChannel. NetChannel war ähnlich wie WebTV ein Fernseh-Online-Dienst, der über Set-Top-Boxen von RCA, NCI und Sanyo empfangen werden konnte. NetChannel war dazu ebenso wie WebTV Kooperationen mit verschiedenen ISPs eingegangen, darunter mit dem viertgrößten ISP Amerikas, dem Anbieter PSINet. Außerdem hatten sich mehr als 40 Kabelfernsehsender bereit erklärt, mit NetChannel zusammenzuarbeiten. Eine Besonderheit von NetChannel war es, Webseiten zu verschiedenen, von den Abonnenten ausgewählten Interessengebieten, über Nacht an die Nutzer zu „pushen". Dies geschah über eine nächliche Einwahlroutine der Box, bei der die Inhalte auf die Festplatte der Box überspielt wurden. Dieses Feature wurde später auch von WebTV realisiert. NetChannel stellte über die Internetanwendungen E-Mail, WWW und Chat hinaus einen interaktiven Programmführer zur Verfügung, scheiterte aber bei der Programmsynchronisierung (channel-linking). Der Dienst wurde im April 1998 aufgegeben, weil die Resonanz nicht den hohen Erwartungen entsprach (vgl. Wired News Report 29. April 1998). Ähnlich erging es den anderen InternetTV-Projekten; sie wurden entweder aufgegeben oder liefen spätestens seit Ende 1998 in kleinem Maßstab nur noch als Experimentier oder Referenzprojekte weiter.

Neben WebTV hat es kein anderer Anbieter geschafft, eine signifikante Anzahl von Abonnenten für seinen InternetTV-Dienst zu gewinnen. Dabei hatte auch WebTV anfangs erhebliche Schwierigkeiten, Abonnenten zu gewinnen. WebTV Networks hatte aber im Unterschied zu den anderen InternetTV-

Anbietern einen langen Atem und konnte sich besser auf die technischen Veränderungen und die Kundenbedürfnisse einstellen. Einer der Hauptgründe, warum Kabelnetzbetreiber, Hardware- und Endgerätehersteller, Inhalteproduzenten und Dienstebetreiber sich bisher mit eigenen Engagements im Bereich Internet über Fernsehen eher zurückgehalten und die angekündigten Angebote doch nicht realisiert haben oder sie vorzeitig beendeten, ist die Unsicherheit hinsichtlich der technischen Standards bei der Einführung des digitalen Fernsehens. Alle oben erwähnten Konkurrenzangebote von WebTV basierten ebenso wie WebTV selbst noch auf der analogen TV-Übertragung. Im digitalen Bereich gelten allerdings andere Gesetze, und die geplanten neuen Angebote erschienen vor diesem Hintergrund als Notlösungen oder wurden von Anfang an als Auslaufmodelle gesehen.

Nicht ohne Grund ist deshalb das Satellitenfernsehen, das in den Vereinigten Staaten bereits seit Jahren digital übertragen wird, für Anbieter von interaktiven Diensten besonders attraktiv. Während die Digitalisierung im Kabelmarkt und bei der terrestrischen Übertragung nur langsam vorankommt und von vielen unterschiedlichen Interessen geprägt ist, gibt es beim digitalen Satellitenfernsehen mit DirecTV und EchoStar (DISH) nur zwei große Anbieter in Amerika. DirecTV und Echostar sind innovativen Angeboten besonders aufgeschlossen, weil sie in direkter Konkurrenz zueinander stehen.

Der Online-Dienst AOL beteiligte sich 1999 mit 1,5 Mrd. Dollar an Hughes, dem Betreiber von DirecTV, um seine eigene Version des interaktiven Fernsehens zu realise-ren. Der neue Dienst, der als AOLTV Ende 2000 eingeführt wurde, nutzt ebenfalls das Telefon als Rückkanal und wird eine WebTV-ähnliche Variante von Internet über TV auf der digitalen Plattform darstellen. Mit der Übernahme von Time Warner Ende 1999 ist für AOL darüber hinaus die Realisierung von AOL-TV über die Kabelmodemplattform von RoadRunner denkbar geworden. RoadRunner ist der Kabelmodemdienst von Time Warner Cable, der mit ca. 800.000 Abonnenten auf Platz zwei nach Excite@Home liegt. Eine neue Generation von Set-Top-Boxen, in die ein Kabelmodem integriert ist, könnte deshalb neben dem digitalen Kabelfernsehen auch die breitbandigen Online-Inhalte von RoadRunner auf die TV-Plattform portieren (vgl Robinson 1999). AOL TV über Kabel könnte damit erstmals High-Speed-Internet mit konventionellem Programmfernsehen verknüpfen und so eine ganze Reihe neuer Anwendungen ermöglichen.

WebTV Networks hat dagegen bisher keinen Partner im Kabelbereich gefunden. Zwar wird seit Ende 1999 die WebTV Software in die neuen digitalen Settop Boxen der Firma Scientific Atlanta eingebaut (vgl. Shankland 1998). Diese Explorer 2000 Boxen werden u.a. von Time Warner Cable eingesetzt; aber zu einer Zusammenarbeit zwischen WebTV Networks und Kabelbetreibern selbst ist es bisher noch nicht gekommen. Tatsächlich besteht zwischen den Kabelnetzbetreibern und Microsoft als Eigner von WebTV Networks eine gewisse Abneigung, die eine längere Tradition hat. Bereits 1997, als Microsoft an einem hauseigenen Betriebssystem für Kabel-Set-Top-Boxen arbeitete (das sog. Tiger-Projekt), fürchteten die Netzbetreiber die technologische Vorherrschaft des Softwareunternehmens. Im September 1997 warnte John Malone, der damalige Chef von TCI, öffentlich vor einer Zusammenarbeit mit Bill Gates, der am Ende als Gatekeeper bestimmen könnte, welche Angebote in das Kabel kommen (vgl. o.V. 1997b). Microsoft entgegnet dieser Abneigung inzwischen mit dem Aufkauf von größeren Anteilen verschiedener Kabelnetzgesellschaften. Insgesamt gab das Unternehmen bis Anfang 2000 mehr als acht Mrd. Dollar aus, um im Kabelmarkt vertreten zu sein. Mit Excite@Home, dem Kabelmodemdienst von AT&T Broadband and Internet, gibt es bereits Verhandlungen, wie das technische und das Marketing-Know-how von WebTV Networks in das geplante neue Internet-TV-Angebot integriert werden kann. Im Satellitenbereich ging Microsoft eine strategische Allianz mit Echostar ein, um WebTV über Satellit anzubieten.

Finanzierung – Interesse der Muttergesellschaft: Bei der Darstellung der Marktstrukturen und des Wettbewerbsumfelds wurde bereits deutlich, dass WebTV auf die finanzielle und strategische Unterstützung von Microsoft angewiesen ist. Microsoft als Muttergesellschaft von WebTV Neworks verleiht dem Unternehmen den langen Atem, ohne den es das Angebot vermutlich heute nicht mehr geben würde. In diesem Sinne sind die strategischen Absichten von Microsoft eine Rahmenbedingung für WebTV, die nicht von WebTV Networks selbst beeinflusst werden kann. Deshalb sollen die strategischen Absichten von Microsoft im Bereich des interaktiven Fernsehens kurz angesprochen werden.

Tatsächlich verfolgt Microsoft mit WebTV eine größere Agenda, die des Öfteren als „Microsoft wants to be in the box" beschrieben wurde (vgl. z.B. Markoff 1999). Gemeint ist damit der Versuch des Softwareunternehmens, seinen Einflußbereich auf die künftige Unterhaltungs- und Kommunikationswelt des digitalen Fernsehens auszudehnen. Set-Top-Boxen für das digitale Fernsehen benötigen Betriebssysteme und neue interaktive TV-Dienste benötigen spezielles Know-how – eine Voraussetzung, über die die traditionellen Medienunternehmen meist nicht selbst verfügen. Hinter Microsofts Engagement bei WebTV steht die Erwartung, dass der digitale TV-Markt ein riesiges Potential darstellt. In diesem Zusammenhang muss auch die „Windows everywhere" Strategie angesprochen werden, mit der Microsoft versucht, für alle computerisierten Bereiche, d.h. von den klassischen Mainframes bis zu Kleinstcomputern, die in Autos, Waschmaschinen oder Kühlschränken eingebaut sind, entsprechend angepasste Betriebssysteme anbieten zu können.

Hinzu kommt, dass Microsoft die Internetentwicklung anfangs falsch eingeschätzt hat und den Kurs des unternehmenseigenen Online-Dienstes MSN 1996 drastisch korrigieren musste. Beim interaktiven Fernsehen sollen dem Unternehmen solche Fehler nicht mehr unterlaufen und es soll von Anfang an eine starke Position aufgebaut werden. Vorrangig hat Microsoft mit WebTV deshalb die Absicht, „to get an inside track in the new interactive television industry, which after years of delay appears to be showing some signs of life" (Markoff 1999). Auch die Beteiligung Microsofts an verschiedenen Kabelnetzgesellschaften, die mit über 60 Prozent über den größten Teil der TV-Haushalte in den Vereinigten Staaten verfügen und damit wichtige Akteure bei der Einführung des interaktiven Fernsehens sind, muss vor diesem Hintergrund gesehen werden.

Microsofts finanzielle Unterstützung von WebTV Networks ist eine entscheidende Rahmenbedingung, die für den Verlauf des WebTV-Projekts nicht unterschätzt werden darf. Die Verbindung von WebTV mit Microsoft hat besonders in der Anfangsphase die Vermarktung und die Koordination mit Content-Providern erleichtert. Die Erfahrungen, die Microsoft über WebTV mit interaktiven TV-Anwendungen sammelt, werden in den laufenden Standardisierungsprozess für das interaktive Fernsehen eingebracht. WebTV Networks ist ein Gründungsmitglied des Advanced Television Enhancement Forums (ATVEF), das 1997 gegründet wurde, um die Entwicklung von HTML-basierten TV-Anwendungen und Diensten zu beschleunigen und um eine gemeinsame Industrienorm für das sog. Enhanced Television zu kreieren. Die ATVEF-Gruppe verfasste eine erste Spezifikation, die es Inhalteanbietern erlaubt, erweiterte, interaktive Formate einmal zu produzieren und diese dann über alle Arten der TVÜbertragung (analog, digital, Kabel oder Satellit) und auf alle Endgeräte (Set-Top-Boxen, PCs) zu transportieren (vgl. www.ATVEF.com).

Recht – Konkrete Regulierungsbestimmungen für das neue Angebot: Für das bestehende WebTV-Angebot auf der analogen Kabel und der digitalen Satellitenplattform gibt es keine speziellen medienrechtlichen Bestimmungen. WebTV Networks unterliegt den gleichen gesetzlichen Bestimmungen wie andere Internet Service Provider. Auch die interaktiven TV-Komponenten von WebTV sind im engeren Sinne keine Rundfunkdienste, da sie individuell über Telefonleitung abgerufen werden. Es handelt sich nicht um eigene TV-Programme, für die zu überlegen wäre, inwiefern sie mit bestehenden Regulierungsvorschriften (Must-Carry-Rules im Kabel, Weiterverbreitungsvorgaben im Satellitenbereich) kollidieren. Die Regulierungsvorschriften, die im amerikanischen Kabel-TV-Bereich relativ umfangreich sind (Franchise-Verträge mit lokalen Autoritäten, Marktmachtbegrenzungen, Must-Carry-Auflagen usw.) und im Bereich des Satellitenfernsehens wegen der größeren Übertragungskapazität generell weniger zum Tragen kommen, stellen insgesamt keine relevante Größe für den Verlauf und die Verbreitung von WebTV in seiner jetzigen Form dar.

Wichtig für die digitale Zukunft von WebTV sind allerdings die Vorgaben der FCC, die im Zusammenhang mit der Migration zum digitalen Fernsehen gemacht wurden. Um abgeschlossene Märkte mit proprietären Technologien zu verhindern und gemeinsame Standards zu fördern, hat die FCC im Frühjahr 1999 beschlossen, dass digitale Set-Top-Boxen ab 2001 für die Konsumenten im Handel erhältlich sein müssen und nicht exklusiv von den Diensteanbietern vermietet werden dürfen. Damit soll die vertikale Konzentration bei den neuen Angeboten verhindert und Wettbewerb bei den Technikherstellern ermöglicht werden (vgl.

o.V. 1999s). Weiterhin wurden gesetzlich festgelegt, dass die Set-Top-Boxen über sog. Common Interface (CI) Module verfügen müssen (vgl. z.B. Mahnke 1999). Hintergrund ist, dass über eine proprietäre technische Plattform Dienste anderer Anbieter nicht dargestellt werden können. Die Nutzer müssten sich für jeden neuen Dienst, den sie abonnieren wollen, eine eigene Set-Top-Box kaufen. CI-Boxen können dagegen mit einer Steckkarte erweitert werden und sind so offen für alle potentiellen Dienste. Ziel dieser Regelung ist es, Monopole im Bereich des digitalen Fernsehens zu verhindern.

WebTV ist von diesen Regelungen insofern betroffen, als es im digitalen Fernsehen nicht mehr über eigene Boxen angeboten werden kann, sondern künftig als Zusatzdienst mit verschiedenen digitalen Dekoder empfangen werden können muss. Da Kabel und Satellitenbetreiber aber ohnehin Web-Anwendungen über ihre digitale Plattform anbieten wollen, ist es für Microsoft zur vordringlichen Aufgabe geworden, WebTV-Spezifikationen in die Grundfunktionalität der Box (Betriebssystem, API, HTML-Streaming usw.) zu integrieren. Generell ist WebTV Networks und damit Microsoft durch die FCC-Regelung noch stärker darauf angewiesen, sowohl mit Kabel und Satellitenbetreibern zusammenzuarbeiten als auch in branchenübergreifenden Standardisierungsgremien wie dem ATVEF zu versuchen, ihre Positionen durchzusetzen.

5.5.3.5   Prognosen

Das konzentrierte technische und inhaltliche Know-how, das Microsoft hinter den Kulissen bei WebTV einbringt, spricht ebenso wie das starke strategische Interesse des Softwareunternehmens am interaktiven Fernsehen dafür, dass sich der neue Dienst weiterhin erfolgreich entwickeln wird. Ab wann das „WebTV Classic" und das „WebTV Plus" Angebot auf der analogen Plattform zum Auslaufmodell wird, hängt davon ab, wie schnell die Migration zum digitalen Fernsehen in den Vereinigten Staaten dauern wird. Seit Jahren bereitet sich Microsoft auf diese Umstellung vor und kann nun mit den Erfahrungen aus dem WebTV-Projekt in diesem turbulenten Umfeld besser bestehen.

WebTV Networks selbst hat sich als äußerst experimentierfreudig und offen für neue technische Entwicklungen gezeigt. Ein aktuelles Beispiel hierfür ist die Integration eines digitalen Videorekorders, der in die DISH-Player 500 eingebaut wurde. Damit kopiert WebTV einen Ansatz, den die Firma Tivo im analogen Bereich angestoßen hat, nämlich die Personalisierung von TVInhalten mit Hilfe eines digitalen Videorekorders, der über einen bedienerfreundlichen, Internetbasierten Programmführer eine individuelle Zusammenstellung von Programmen erlaubt. Die Richtung der Entwicklung, die gleichzeitig die Lernkurve von WebTV repräsentiert, geht von einer reinen Internet-Portierung auf den Fernseher zu „Enhanced TV", d.h. zu einer um interaktive Komponenten angereicherten TV-Angebot:

WebTV Networks believes that the future of television lies in a simple vision of offering consumers "enhanced TV". Enhanced TV is made up of three categories, including Personalized TV, Interactive TV and Internet TV. Each offering provides consumers with new uses for their televisions, encourage deeper participation and allows for more control over the television viewing experience" (WebTV 1999). Damit rückt das Unternehmen in gewisser Weise von der Vorstellung ab, dass der Fernseher selbst zu einem Computer wird und letztlich beide Geräte austauschbar werden sollen. Die Prognose vom Zusammenwachsen von TV und PC wird inzwischen in diesem Sinne von den WebTV-Verantwortlichen als überholt betrachtet. Dabei scheint in der gesamten Branche die „all things to all people" Vorstellung der Überzeugung Platz zu machen, dass unterschiedliche Zielgruppen (z.B. PC-Internet-Nutzer und Enhanced-TV-Interessenten) unterschiedliche Geräte benötigen und deshalb unterschiedliche Anwendungen für die verschiedenen Plattformen kreiert werden müssen. Dies heißt allerdings nicht, dass Mehrfachverwertungen von Inhalten und Formaten nicht möglich sind. Im Gegenteil, obwohl auf den verschiedenen Plattformen unterschiedliche Regeln gelten, können interaktive Anwendungen und Inhalte wiederverwertet werden, wenn sie entsprechend konvertiert werden. Wie sich gezeigt hat, verfolgt auch WebTV die Strategie, interaktive Inhalte einmal zu produzieren und sie dann auf verschiedenen Endgeräten (TV/PC) und über technischen Plattformen (DSL, Kabel, Satellit) zu verbreiten (vgl. Kanellos 1998). Obwohl es noch wenig greifbare Ergebnisse gibt, setzt WebTV wie andere Anbieter auch konsequent auf diese Strategie. Dies drückt sich u.a. aus in der Fülle der eingegangenen oder angekündigten Kooperationen mit anderen Medienakteuren aus den Bereichen technische Infrastruktur, Inhalte und Geräteindustrie.

5.5.3.6 Zur Bedeutung der verschiedenen Ebenen

Bei der Untersuchung von WebTV in den Vereinigten Staaten hat sich gezeigt, dass das Zusammenspiel von technischem und inhaltlichem Know-how, Experimentierfreudigkeit, bewährten Technologien und die finanzielle Unterstützung der Muttergesellschaft von entscheidender Bedeutung sind. Für den Erfolg von WebTV ist sowohl der lokale Handlungskontext als auch die Rahmenbedingung „strategisches Interesse der Muttergesellschaft am Erfolg des Projekts" verantwortlich.

Den Einfluss, den die politische Ebene auf den Verlauf des Projekts ausgeübt hat, muss differenziert betrachtet werden. Wie in Abschnitt 3.1 beschrieben, hat die NII indirekt zur Verbreitung des Internets beigetragen, indem sie das Thema interaktive Medien thematisierte und damit auch bei jenen Bevölkerungsgruppen bekannt machte, die nicht zu den Early Adopters gezählt werden können. Einen Großteil eben jener Bevölkerungsgruppen versucht WebTV mit seinem Angebot anzusprechen. Jedoch lässt sich der politische Einfluß an dieser Stelle nicht quantifizieren.

Eine direkte Einflussnahme auf die Entwicklung des Angebots, z.B. über spezielle Regulierungsmaßnahmen oder Förderungen fand nicht statt. Aber man kann sagen, dass Beiträge der FCC zur Einführung des digitalen Fernsehens wichtig waren und letztlich so große Akteure wie Microsoft zu einem schnellen Handeln im Bereich des interaktiven Fernsehens animiert haben. Der Migrationsfahrplan der FCC kann als Auslöser gelten für vielfältige Aktivitäten verschiedenster Anbieter, mit interaktiven Diensten auf der neuen digitalen Plattform zu experimentieren. Dies gilt im Besonderen für die Firma Microsoft. Nach dem Scheitern von Microsofts Aktivitäten im Online-Konsumentenbereich (Stichwort: MSN) und dem fehlgeschlagenen Versuch, Microsoft Software zum Standard bei digitalen Kabeldekodern zu machen, sollte mit WebTV der Einstieg ins interaktive Fernsehen geprobt und herausgefunden werden, welche interaktiven Anwendungen für die TV-Zielgruppe überhaupt von Bedeutung sind. Damit hat das Unternehmen systematische Einblicke in die Marktgegebenheiten in diesem neuen Bereich gewonnen und sich Startvorteile verschafft, die zum Tragen kommen dürften, sobald das digitale Fernsehen eine größere Verbreitung erfährt.

5.6   Zusammenfassung USA

Auch für die amerikanische Initiative für die Informationsgesellschaft soll vor dem Hintergrund der dargestellten Projekte eine Beurteilung der Maßnahmen der Regierung versucht werden. Dabei geht es um die Beantwortung der Frage, inwiefern die Maßnahmen des Progamms geeignet waren, die Ziele zu erreichen, die darin formuliert wurden. Wurden die richtigen Rahmenbedingungen verändert? Hat das Programm tatsächlich die Medienentwicklung begünstigt? Wie hat es genau zur Medienförderung beigetragen und wo konnten Koordinationsleistungen zustande gebracht werden, die sich auf den positiven Verlauf der Projekte auswirkten? Diese Fragen sollen wie bei der Beurteilung der deutschen Initiative zunächst auf der Basis der Ergebnisse der Fallstudien beantwortet und dann in einem zweiten Schritt an den selbstgesteckten Zielen des Programms ausgeführt werden.

5.6.1   Full Service Network

Bei der Darstellung der Entstehungsbedingungen des Pilotprojekts des Kabel-TV-Netzbetreibers Time Warner Cable in Orlando, Florida hat sich gezeigt, dass die teilweise Lockerung von Cross-Ownership-Regelungen zu einer Dynamik bei der Entwicklung von neuen Diensten geführt hat. Durch eine Gerichtsentscheidung, die der Telefongesellschaft Bell Atlantic erlaubte, Video-on-demand zu testen und einzuführen, sah sich der zweitgrößte Kabelkonzern der Vereinigten Staaten motiviert, selbst die medientechnische Entwicklung für seine eigenen Zwecke zu nutzen und seinerseits in neue Dienste zu investieren, die bis dahin allein den Telefongesellschaften vorbehalten waren. Dabei machte sich Time Warner den Begriff des Information Highway zu Eigen, der in der Initiative der Clinton/Gore-Regierung entwickelt wurde. Interaktives Fernsehen sollte der Beitrag der Kabelnetzbetreiber zur nationalen Informations-Infrastrastruktur werden. Dass dies nicht gelang, wurde in der Beschreibung des Projekts auf technische und konzeptionelle Schwierigkeiten zurückgeführt. Dennoch wurde mit dem Pilotprojekt auch international eine Entwicklung angeschoben, die bis heute wirkt und zukünftig zu neuen Anwendungen auf der Kabel-TV-Infrastruktur führen wird.

5.6.2   @Home

Bei dem Kabelmodemdienst @Home konnte keine eindeutige Wirkung der NII auf den Verlauf des Projekts nachgewiesen werden. Der Erfolg des Projekts hat als Hintergrund vielmehr den allgemeinen Boom des Internets und die Beschränkungen, die herkömmliche Dial-up-Verbindungen mit sich bringen. Dennoch spielen auch hier Regulierungsvorgaben eine Rolle. So kann man das Konzept des Infrastrukturwettbewerbs nennen, das wesentlich zur Entstehung und Etablierung des neuen Dienstes beigetragen hat. Kabelfirmen konkurrieren im Bereich der Breitband-Zugangstechnologien direkt mit den ADSL-Angeboten der Telefonfirmen. Weiterhin hat die FCC sich in Auslegung des TCA, der die Förderung neuer breitbandiger Dienste ausdrücklich vorsieht, technisches und verfahrensbezogenes Know-how im Bereich Kabelmodemsysteme und DSL-Techniken angeeignet und beobachtet die Entwicklung dieses Bereiches genau. Sie behält sich ein flexibles Eingreifen vor, sobald erkennbar wird, dass die offene Regulierung von Kabelmodemsystemen eine Verlangsamung der Verbreitung zur Folge hat. Zum Erfolg von Kabelmodemsystemen in den Vereinigten Staaten trägt auch die Homogenität des dortigen Kabel-TV-Marktes und die relativ hohe Marktkonzentration bei, durch die die enormen Investitionen in die Aufrüstung erst ermöglicht werden.

5.6.3   WebTV

Obwohl Microsofts WebTV nach Auffassung amerikanischer Medienexperten nur ein eingeschränkt erfolgreiches Projekt ist, das mit rund eine Mio. Abonnenten nicht die hohen Erwartungen erfüllen konnte, ist die Bedeutung des Projekts für die digitale Zukunft nicht zu unterschätzen. Beigetragen zum Erfolg haben vor allem das Know-how der Muttergesellschaft Microsoft und das strategische Interesse der Firma, im neu entstandenen Markt des digitalen und interaktiven Fernsehens präsent zu sein. Dabei hat auch hier eher die allgemeine Interneteuphorie seit Mitte der 1990er Jahre einen entscheidenden Einfluss auf den Verlauf des Projektes gehabt als konkrete regulatorische Bestimmungen. Dennoch muss WebTV im Zusammenhang mit der Entscheidung der FCC gesehen werden, digitales Fernsehen bis 2006 verbindlich einzuführen. Diese Entscheidung, die im weiteren Sinne der NII zuzuordnen ist, hat eine hohe Dynamik in diesem Bereich entfacht. Für die dynamische Entwicklung in diesem Bereich ist weiterhin der Infrastrukturwettbewerb zwischen den klassischen TV-Übertragungsarten Antenne, Kabel-TV und Satellitendirektempfang verantwortlich.

5.6.4   Einschätzung der Zielerreichung der NII

5.6.4.1   Liberalisierung der Telekommunikation

In den USA hat sich gezeigt, dass die bereits in den 1980er Jahren durchgeführte Teilliberalisierung des Telekommunikationsmarktes zu relativ homogenen Märkten geführt hat (Ortsnetz, Fernnetz, Kabel-TV-Netz, Satelliteninfrastruktur, Terrestrische Netze), die inzwischen zunehmend untereinander um Kunden konkurrieren. Um Wettbewerbsvorteile zu erzielen, wurden von den jeweiligen Betreibern neue Anwendungen eingeführt. Der Infrastrukturwettbewerb wurde duch zahlreiche Einzelverordnungen der FCC auf der Basis des TCA regulativ begleitet und gefördert.

Die Lockerung von Cross-Ownership-Regelungen (Telefon/Kabel/Satellit) im TCA hat ebenfalls neue Anwendungen ermöglicht, indem ein Wettbewerb bei den Diensten über verschiedene Infrastrukturen möglich wurde. Hier muss man jedoch mit vorschnellen Bewertungen vorsichtig sein, denn gerade in diesem Bereich, in dem Kabelnetzbetreiber Telefonie und Telefongesellschaften Fernsehen anbieten wollten, sind die meisten Projekte gescheitert. Der Wettbewerb im Ortsnetzbereich funktioniert auch nach dem TCA nicht in der erhofften Form. Zwar hat AT&T mit dem Kauf von TCI und der Ankündigung, Kabeltelefonie im großen Stil einzuführen, dieses Ziel (scheinbar) in greifbare Nähe gerückt. Diese Entwicklung wurde aber erst möglich, nachdem die technische Entwicklung eine kosteneffiziente Lösung zur Verfügung stellte. Anfang der 1990er Jahre galt Kabeltelefonie als nicht realisierbar und viele Projekte wurden eingestellt. Darunter auch das Orlando-Projekt, das die geplanten Telefondienste als erste einstellte. Die offene Regulierung für Breitbandanwendungen hat sich als erfolgreich erwiesen. Im TCA wurden für diese Anwendungen lediglich die Überwachung der Entwicklung und eine mögliche spätere Regulierung (Interconnection-Regelungen) vorgesehen. Um die Investitionen nicht zu gefährden, sollten zunächst keine Interconnection-Regelungen für diese neue Anwendungen greifen. Dies war heftig umstritten, vor allem von jenen Akteuren, die keinen Zugang zur Breitbandkabelinfrastruktur hatten. Inzwischen hat die Übernahme von Time Warner durch AOL dieses Problem teilweise gelöst. Langfristig wird es Interconnection-Regelungen vermutlich auch für diesen Bereich geben.

5.6.4.2 Anpassung der rechtlichen Rahmenbedingungen

In den untersuchten Projekten haben sich die rechtlichen Rahmenbedingungen, die sich auf den Jugendschutz, Datenschutz, Verbraucherschutz, Universal Access und Copyrights beziehen und die an die neue Medienwelt angepasst werden sollten, nicht ausgewirkt. Entweder, weil die neuen Regelungen ohne Belang für die Projekte waren (Jugendschutz, z.b. V-Chip oder Internetregulierung), oder weil sie nicht angepasst wurden (Datenschutz). Hier wurde zum großen Teil dem Prinzip der Selbstregulierung vertraut. Tatsächlich hat dies z.b. im Falle von WebTV funktioniert.

5.6.4.3 Förderung des Aufbaus eines nahtlosen, interaktiven und anwendungsorientierten Netzes

Die Konzentration der NII auf das Internet und den Aufbau eines nahtlosen, interaktiven Netzes erweist sich im Nachhinein als Vorsatz, der zwar wenig Konkretes für den Bereich der privaten Mediennutzung oder der Förderung von interaktiven Diensten gebracht hat, der allerdings mit einer hohen Glaubwürdigkeit vorgetragen wurde und so zu einer Fokussierung der öffentlichen Diskussion auf das Internet und das digitale Zeitalter beigetragen hat. Clinton und Gore haben es verstanden, dieses Thema mit der NII in den Vordergrund zu rücken und ihm Bedeutung zu verleihen. Vieles in diesem Bereich kann als symbolische Politik bezeichnet werden, die nicht den ursprünglich erzeugten Erwartungen entsprechen konnte. Dennoch kann man hier unterstellen, dass die politische Aktion einen gewissen Beitrag zur Verbreitung neuer, interaktiver Medien geleistet hat.

5.6.4.4 Einführung des terrestrischen digitalen Fernsehens bis 2006

Die Migrationsentscheidung der FCC zum digitalen Fernsehen lässt sich in die Reihe als Höhepunkt bundesstaatlicher Maßnahmen zur Förderung des zukunftsträchtigen Bereichs des digitalen Fernsehens einreihen. Dies wurde duch den Standardisierungswettbewerb um das hochauflösende Fernsehen (HDTV) begonnen und mit der Vergabe einer zweiten Frequenz für digital sendende TV-Stationen gefördert. Darüber hinaus löste die Migrationsentscheidung eine Reihe von Aktivitäten verschiedener Anbieter aus, die bisher nicht im TV-Bereich aktiv waren, aber durch die Verknüpfung von Online und TV eine Chance sehen, sich diesen Bereich als neues Geschäftsfeld zu eröffnen. Die FCC hat den medientechnischen Konvergenzentwicklungen Rechnung getragen und versucht, eine möglichst große Vielfalt von Anwendungen zu ermöglichen. Dennoch konnten auch in den Vereinigten Staaten Machtstrukturen nicht gänzlich gebrochen werden: Zum Beispiel erhielten nur die etablierten TV-Sender eine freie terrestrische Frequenz. Damit wurde die bestehende TV-Landschaft in das digitale Zeitalter verlängert. Neue Anbieter erhielten innerhalb der terrestrischen Zuteilung keine Chance. Eine weitere Einschränkung der Bedeutung der Migrationsentscheidung ergibt sich, wenn man sich die begrenzte Reichweite der terrestrischen Verbreitung ansieht. Viel wichtiger für die digitale, interaktive Medienentwicklung ist im Zusammenhang mit dem digitalen Fernsehen der Kabel und Satellitenmarkt. Hier stellte die FCC keinen vergleichbaren Anreiz für die Einführung neuer Dienste bereit. Tatsächlich ist dies auch nicht nötig, weil es in den USA eine ausgeprägte Konkurrenz zwischen Kabel und Satellit gibt.

5.6.5   Fazit

Die Maßnahmen der Clinton/Gore-Administration und der FCC waren zum größten Teil an die Medienrealität angepasst und fanden entsprechende Anknüpfungspunkte. Hier muss man jedoch den bereits seit den 1980er Jahren teilliberalisierten Telekommunikationsmarkt, die vorhandenen Wettbewerbsbedingungen der anderen Infrastrukturbetreiber und die ohnehin rasante Entwicklung im IT-Bereich zur Relativierung der Bedeutung der NII nennen. Die Reichweite der Maßnahmen der NII war auch in den Vereinigten Staaten begrenzt.

Dennoch hat es die Clinton/Gore-Administration verstanden, das Thema Informationsgesellschaft, Infrastrukturen für neue Medienanwendungen und generell die Möglichkeiten des Internets in der öffentlichen Diskussion zu platzieren. Hinsichtlich der konkreten Maßnahmen hatten vor allem der TCA und die Einführung des digitalen Fernsehens Auswirkungen auf die strategischen Entscheidungen der großen Medienanbieter. Hier wurden große Summen investiert, obwohl nicht klar war, ob die Nutzer sich jemals dafür interessieren würden. Insgesamt kann man der Clinton-Initiative bescheinigen, dass sie besser auf die Bedürfnisse und Forderungen der IT- und Medienfirmen eingegangen ist. In Deutschland, wo die administrative und juristische Klärung von Zuständigkeiten (Bund-Länder) und Verantwortlichkeiten (Inhalte) im Vordergrund stand, wurde zwar auch eine Lösung gefunden. Diese hatte aber letztlich mehr mit der juristischadministrativen als mit der medienpolitischen Realität zu tun.

6 Ländervergleich USA und Deutschland

Die Fülle des mit den Fallstudien zusammengetragenen empirischen Materials kann nicht angemessen auf wenige und klare Verallgemeinerungen reduziert werden. Gleichwohl soll versucht werden, einige Schlussfolgerungen zu ziehen. In diesem Kapitel wird zunächst ein länderbezogener Vergleich vorgenommen. Die Ausgangsthese war ja, dass in den USA ein stärker und besser moderierender Politikstil dazu führt, die erforderlichen Abstimmungen zwischen den verschiedenen Handlungsebenen zu organisieren und auch zu bewältigen. Um diese These zu überprüfen, werden im Folgenden vier Aspekte hervorgehoben:

- Zunächst werden die mit den betrachteten Programmen erzielten Ergebnisse in jedem der drei Anwendungsbereiche für beide Länder vergleichend skizziert.

- Dann wird zusammengefasst, inwieweit die Programme, ihre Umsetzungsplanung und Organisation dem erforderlichen Abstimmungsaufwand Rechnung getragen haben. Dies kann man in Anlehnung an Witte (1973) die Problemlösungsumsicht in einem Innovationsprozess nennen.

- Danach wird auf die tatsächlich hergestellte und erreichte Koordination zwischen den Akteuren auf den drei hier unterschiedenen Ebenen eingegangen.

- Abschließend wird dann versucht, wesentliche Unterschiede zwischen den Ansätzen in Deutschland und den USA zu identifizieren und zu erklären.

6.1 Ergebnisse

6.1.1 Bildung

Ein wesentliches Resultat des Programms Info 2000 für den Bildungsbereich war der Start der Bundesinitiative „Schulen ans Netz", die zuerst 10.000 später allen 40.000 deutschen Schulen mit einem Anschluss an das Internet versorgte. Die Konstruktion der Initiative war in mehrfacher Hinsicht ungewöhnlich für ein Bundesprogramm nach den Erfahrungen aus 25 Jahren BLK-Modellversuchen. Zum einen bedeutete die Public-Private-Partnership mit der Deutschen Telekom AG und weiteren Sponsoren, die über einen Trägerverein abgewickelt wurde, einen zusätzlicher Koordinationsaufwand, auf der anderen Seite konnte so relativ schnell und „unbürokratisch" bis auf die Schule als Empfänger zugegriffen werden und die verschiedenen Wettbewerbe wurden gerne auch angenommen (besser als Schlüsselzuweisungen). Die Initiative war als reine Infrastrukturfördermaßnahme auf die Schulen ausgerichtet (weniger auf die Unterrichtsräume) und orientierte sich stark an den Interessen der Projektpartner (ISDN-Basisanschlüsse und Freieinheiten für „T-Online"). „Schulen ans Netz" kann als Initialzündung für die pädagogische Arbeit mit dem Internet in den meisten

Schulen angesehen werden, die lokalen Promotorinnen und Promotoren wurden gestärkt.

Aufgrund der Finanzierungsform als reines Investitionsprogramm wurden allerdings die laufenden Kosten für die Schulen nicht berücksichtigt und verursachte verärgerte Reaktionen bei den kommunalen Schulträgern. Die Finanzmittel für die fünf Jahre wurden zwar auf insgesamt 160 Mio. DM aufgestockt, diese 16 DM pro Schülerinnen bzw. Schülern (3,20 DM pro Jahr) waren allerdings bei weitem nicht ausreichend, um eine adäquate Ausstattung in den Schulen zu erreichen. Das politische Klima war lange Zeit nicht ausreichend gut, um höhere Investitionen in die Bildung von Seiten des Bundes zu legitimieren. „Schulen ans Netz" konnte überhaupt nur durch die fast 100 Mio. DM der Deutschen Telekom AG realisiert werden, eine Budgeterhöhung für den Bundesbildungsminister gab es nicht.

Als hervorragenden Anstoß für die Arbeit in den Schulen kann die Pflicht zur Bewerbung mit pädagogischen Projektideen angesehen werden, allerdings klagten viele Schulen über die schwierigen technischen Details bei der Antragstellung. Als Erfolg kann sicherlich gewertet werden, dass es dem Trägerverein gelungen ist, auf den jährlichen Tagungen (trotz starkem PR-Interesse der Sponsoren) viele Lehrkräfte und auch Schülerinnen und Schüler aus allen Bundesländern zusammen zu bringen und ihre Ideen auszutauschen. Die dazugehörige Internet-Plattform diente ebenfalls dem Versuch, die verschiedenen Angebote zu bündeln, was allerdings aufgrund der Vielfalt in den Bundesländern mit ihren jeweiligen Landesbildungsservern nicht wirklich gelang.

In den USA waren die Koordinationsprobleme ähnlich groß, das öffentliche Bewusstsein für eine Förderung der Bildung auch von Seiten des Bundes war wesentlich stärker, nicht zuletzt durch die „Schreckensmeldungen" über die Defizite im staatlichen Schulwesen und die Gefahr für die Wettbewerbsfähigkeit des Landes. Dies war gepaart mit der Hoffnung auf eine Verbesserung der Lehr- und Lernsituation durch den Einsatz neuer Medien wie es auch in der NII formuliert wurde und führte zu einer Erhöhung des Bildungsetats in substantieller Höhe und zur Verankerung eines Universaldienstfonds für Schulen, Bibliotheken und andere öffentliche Einrichtungen im Telecommunications Act. Insgesamt konnten so vom Department of Education über fünf Jahre 2 Mrd. US-$ für die „Technology Literacy Challenge" ausgegeben werden – insgesamt 8 US-$ pro Schülerinnen und Schüler im Jahr. Weitere 2,25 Mrd. standen und stehen pro Jahr für die E-Rate-Rabatte zur Verfügung. Die Vergabeform über Schlüsselzuweisungen an die Bundesstaaten mit der Pflicht zur Ergänzung und Weitergabe im Wettbewerb auf der einen Seite und bundesweiten Wettbewerben mit hohem Volumen auf der anderen Seite ermöglichte es dem Bund, indirekt Einfluss auf die Schulen und Distrikte auszuüben und dabei insbesondere die Förderung finanzschwacher Gebiete über Title 1 zu intensivieren. Die Startvoraussetzungen in den USA waren wesentlich besser als in Deutschland, der Ausstattungsgrad der Schulen lag deutlich höher und schon 1994 waren 50 Prozent aller Schulen am Internet – allerdings nur acht Prozent der Unterrichtsräume. Daher zielte die Initiative auch auf die integrierte Nutzung im den Unterrichtsräume ab, also weg von der Nutzung im Computerraum. Das Konzept der Initiative fußte auf den vier Säulen Hardware, Netzwerke, Fortbildung und Lernsoftware, war also umfassend gedacht, obwohl in den letzten beiden Bereichen erst durch Nachbesserungen erste Erfolge erzielt werden konnten. Immerhin wurde in den Regularien vorgeschrieben, dass mindestens 25 Prozent der Ausgaben in die Fortbildung investiert werden müssten. Adressaten des Bundesprogramms waren sowohl die Bundesstaaten als auch Distrikte, Schulen und Konsortien. Gerade mit den Bundesstaaten fand eine Abstimmung über ein Jahr statt. Allerdings bedurfte es für jeden Antrag eines Technologieplanes, in dem ausgehend von der pädagogischen Zielsetzung alle Investitionskosten und auch die laufenden Kosten aufgeschlüsselt werden mussten. die Vorlage eines Technologieplans erwies sich auf der Ebene der Bundesstaaten und der meisten Distrikte als geringes Problem, für viele Schulen gerade in benachteiligten Regionen war dies ein erhebliches Hindernis, was sie an der Beteiligung am Programm hinderte.

6.1.2   Verwaltung

Das Hauptergebnis des Programms Info 2000 im Bereich öffentliche Verwaltung ist der Aufbau des Informationsverbunds Berlin-Bonn (IVBB). Damit wurde das bestehende Bundesbehördennetz in Bonn erweitert, zunächst über ISDN-Verbindungen mit dem Standort Berlin, später als SDH-Hochgeschwindigkeitsnetz zwischen beiden Standorten. Der Bund hat damit die Konsequenzen aus dem Hauptstadtbeschluss gezogen, der den Umzug von Parlament, Regierung und großen Teilen der Ministerien von Bonn nach Berlin zum Gegenstand hatte. Diese besondere Herausforderung ist letztlich der deutschen Einhalt geschuldet. Programmatisch ist die Unterstützung der Verwaltungsmodernisierung durch den IVBB eines der Kernziele (KBSt, 1998, 6,7; Sachverständigenrat „Schlanker Staat", 1997, 168).

Zweifelsohne sind durch den IVBB der Einsatz von E-Mail und die Bereitstellung von Informationen im Intranet einfacher geworden, mit nicht unerheblichen Auswirkungen auf die Arbeitsformen der Beschäftigten in der Bundesverwaltung. Allerdings ist es trotz der POLIKOM-Projekte noch nicht zu einem weitverbreiteten Einsatz von Telekooperationsanwendungen wie z.B. Videokonferenzen gekommen. Auch bezüglich der Transaktionen mit den Bürgern bzw. Unternehmen hält sich der erreichte Stand der Technik in Grenzen. Die in Info 2000 erwähnte „Erteilung von Einfuhrgenehmigungen auf elektronischem Weg" war bereits 1996 realisiert. Info 2000 sah die Entwicklung eines Konzeptes für „Elektronische Ausschreibungsverfahren" noch im Jahr 1996 vor. Bezeichnend ist, dass die Nachfolgeregierung im November 1999 immer noch den Punkt „Öffentliche Auftragsvergabe per Internet" als Kernpriorität in ihrem „Aktionsprogramm" enthält. Im Rahmen dieser Zusammenfassung kann nicht auf die vielen

Einzelprojekte eingegangen werden, die in den letzten Jahren in den einzelnen Bundesministerien in Angriff genommen wurden. Sie lassen sich jedoch höchstens sehr indirekt auf das Programm Info 2000 zurückführen. Der Maßnahmenkatalog des neuen „Aktionsprogramms" enthält entsprechend eine neue, aktuelle Auflistung von Projekten, u.a. die elektronische Steuererklärung, unterscheidet sich in der Qualität aber im Prinzip nicht von dem aus Info 2000.

Das zweite wesentliche Ergebnis des Info 2000 Programms ist der Entwurf und die Verabschiedung des Signaturgesetzes im Rahmen des IuKDG. Damit schuf die Bundesregierung eine für wesentlich erachtete Rahmenbedingung – Rechtssicherheit für elektronische Signaturen. Das Problem daran war und ist jedoch die komplizierte technische Infrastruktur, die das SigG und die SigVO erfordert. So konnte das erste Trustcenter erst Anfang 1999, das zweite im Frühjahr 2000 seinen Betrieb aufnehmen. Hinzu kam die rechtliche Unsicherheit durch die Entwürfe zur Europäischen Signaturrichtlinie. Sie wurde erst im Herbst 1999 verabschiedet, und zwingt zu einer erheblichen Anpassung des deutschen Signaturgesetzes. Der Zeitvorsprung, den das SigG bedeutete, ist angesichts dieser Entwicklung verflogen.

Das dritte bemerkenswerte Ergebnis von Info 2000 ist der MEDIA@Komm-Wettbewerb. Dieser war ursprünglich gar nicht vorgesehen, und ist das Ergebnis der von Info 2000 eingerichteten Beratungsgremien, insbesondere der AG 6 des Forums Informationsgesellschaft. Der MEDIA@Komm-Wettbewerb trug der Tatsache Rechnung, dass die Kommunen schneller und innovativer die Möglichkeiten von Internet und World Wide Web ausnutzten, einerseits, und andererseits, dass die Hauptinteraktionen der Bürger mit der öffentlichen Verwaltung auf kommunaler Ebene stattfinden. Hierbei muss berücksichtigt werden, dass es sich bei diesem Wettbewerb um eine bis dahin eher untypische Maßnahme der Bundesregierung gehandelt hat. Sie bedeutete jedoch die logische Ergänzung der Ziele von Info 2000 und insbesondere des SigG, in dem Anwendungen gefördert werden sollten. Durch den zweistufigen Aufbau des Wettbewerbs und die Höhe der Fördersumme (insg. Bis zu 60 Mio. DM) wurde im Bereich Online-Verwaltungsleistungen damit auf kommunaler Ebene ein zweiter Schub für ihre Realisierung erreicht (wenn die Adaption des World Wide Web als erster Schub gewertet wird).

Im Vergleich zu Deutschland fällt in den USA vor allem die viel engere Verknüpfung von Informationstechnikeinsatz und Verwaltungsreform auf. Wo diese in Deutschland nur verbal erfolgt, ist in den USA diese Verbindung nachhaltig institutionalisiert. Dazu wurden entsprechende Stellen (die Chief Information Officer) und Koordinationsgremien (CIO Council, GIT-S Board) geschaffen. Auch in Gesetzen und Verordnungen wird der Einsatz von Informationstechnik vorgeschrieben, so z.B. im Rahmen des wichtigen Government Performance Results Act, des Paperwork Reduction Act u.a. Dies hat zu einer Reihe innovativer Konzepte geführt, mit Hilfe der Informationstechnik insbesondere die zentrale Schnittstelle zum Bürger zu unterstützen. Zu nennen sind dabei insbesondere die One-Stop-Government und Kiosk-Netzwerk-Konzepte des Customer Service Improvement Team der GIT-S Working Group, und die ziel-gruppenoptimierten Angebote von Access America. Sie versuchen, die funktio-nale Zersplitterung der Verwaltung und die sich daraus ergebenden Nachteile (Informationsdefizite, Mehrfachnennung, Shopping Around, ...) zu beheben. Es muss aber auch festgehalten werden, dass in der praktischen Durchführung die-ser Konzepte erhebliche Umsetzungsprobleme aufgetreten sind, so dass die Funktionalität vieler amerikanischer Internetangebote durchaus mit denen der deutschen Web-Angebote zu vergleichen ist.

In den USA gibt es wie in Deutschland vor allem Informationsseiten der einzelnen Behörden. Diese sind im Durchschnitt schneller und früher online geschaltet worden, was aber nicht auf strukturelle Unterschiede, sondern mit der auch allgemeinen zeitlichen Verzögerung der Internetverbreitung in Deutschland gegenüber den USA erklärt werden kann. In den USA ist es genauso wenig wie in Deutschland gelungen, eine PKI zu etablieren und die digitale Signatur im Geschäftsverkehr mit der öffentlichen Verwaltung auf breiter Basis einzuführen. Anders als in Deutschland, wo sich die Aktivitäten auf die Verabschiedung des SigG konzentrierten, wurden in den USA der Schwerpunkt vor allem auf die Durchführung praktischer Experimente und Piloten mit PKI gesetzt (vgl. den Beispielkatalog in FPKI, 1998). Eine grundlegende und umfassende Neugestal-tung der Interaktion mit den Bürgern durch die Einführung von Online-Verwaltungsleistungen steht damit in den USA wie in Deutschland noch aus.

6.1.3 Unterhaltung

Gemessen an ihren eigenen Zielen weisen die NII in den Vereinigten Staaten und Info 2000 in Deutschland sehr unterschiedliche Ergebnisse auf, obwohl sie über weite Strecken identische Themen adressierten. Hauptergebnisse sowohl von NII und Info 2000 waren die Ermöglichung von Wettbewerb im Telekommunikati-onssektor, die Anpassung der rechtlichen Rahmenbedingungen und die Digitali-sierung des Rundfunks. In allen drei Gebieten wurden mehr oder weniger um-fangreiche Aktionen gestartet, wobei die Erfordernisse und Gesetzmäßigkeiten der Medienentwicklung unterschiedlich berücksichtigt wurden.

In Deutschland wurde mit dem Telekommunikationsgesetz von 1996 haupt-sächlich der Ferngesprächsmarkt liberalisiert und zur Überwachung der weitern Liberalisierung die Regulierungsbehörde für Telekommunikation und Post (RegTP) gegründet. Die Deutsche Telekom wurde privatisiert, wobei über 60 Prozent des Unternehmens im Besitz des Bundes verblieben. Wettbewerb konnte sich im Fernsgesprächsbereich seit 1998 entwickeln, im Ortsbereich gilt de facto weiter das Monopol der Deutschen Telekom. Erst im Jahre 2001 sollen die letz-ten Hürden beim Wettbewerb im Ortsnetzbereich fallen. Mit dem Informations-und Kommunikationsdienstegesetz (IuKDG) und dem Mediendienstestaats-vertrag der Länder wurden in umfassender Weise Zuständigkeiten geregelt und

Bestimmungen hinsichtlich Zulassung und Verantworlichkeit von neuen, interaktiven Diensten formuliert. Damit wurde Rechtssicherheit für die Betreiber
neuer Dienste geschaffen. In der „Initiative Digitaler Rundfunk" wird seit 1998
an der koordinierten Einführung von digitalem Fernsehen in Deutschland gearbeitet. Es wurden Empfehlungen ausgesprochen und Zeitpläne vorgeschlagen,
die eine einheitliche digitale Fernsehtechnik bis 2010 vorsehen.

In den Vereinigten Staaten wurde mit dem Telecommunications Act (TCA)
von 1996 eine umfassende Neuregelung des Telekommunications und Mediensektors auf den Weg gebracht. Vor allem im Ortsbereich, der traditionell von den
regionalen Bells dominiert wird, sollte Wettbewerb möglich werden. Die Regelung bezog Anbieter alternativer Infrastrukturen wie z.b. Kabelfernsehnetze,
Mobilfunk oder Richtfunknetze ausdrücklich mit ein. Die Aufhebung von Wettbewerbsbeschränkungen zwischen verschiedenen Anbietern und Infrastrukturen
im Telekommunikations und Fernsehbereich war das vorrangige Ziel des TCA.
Bei den rechtlichen Rahmenbedingungen wurden zwar vereinzelt inhaltliche
Vorschriften angepasst, insgesamt wurde allerdings keine umfassende Neuregelung wie in Deutschland in Angriff genommen. Bei der Migrationsentscheidung
in bezug auf das digitale Fernsehen spielte vor allem die FCC eine entscheidende
Rolle. Bis 2006 soll vor allem die terrestrische Fernsehausstrahlung ausschließlich digital erfolgen. Mit dem Instrument der Vergabe einer zusätzlichen kostenlosen digitalen Frequenz an die TV-Networks sollte der Umstieg beschleunigt
werden. Von der ursprünglichen Konzeption, mit dem Umstieg auch die verbindliche Einführung von hochauflösendem Fernsehen (HDTV) zu verbinden, rückte
die FCC allerdings nach Protesten der Networks wieder ab.

Als besondere Ziele wurde in der NII der Aufbau eines nahtlosen, interaktiven Datennetzes und in Info 2000 die Koordination von Pilotprojekten zum interaktiven Fernsehen genannt. Während die amerikanische Regierung zum Aufbau dieses Netzes unterschiedliche Maßnahmen, wie z.B. die Weiterentwicklung
des Internets zu einem leistungsfähigeren Datennetz im Projekt „Internet II"
vorantrieb, wurde in Deutschland schnell klar, dass mit der Privatisierung der
Deutschen Telekom eine Koordination der Pilotprojekte nicht mehr möglich war.
Entsprechend wurde diese Maßnahme, die die Entwicklung interaktiver TV-
Dienste in Deutschland fördern sollte, fallengelassen.

6.2 Problemlösungsumsicht

6.2.1 Bildung

Die Initiative „Schulen ans Netz" hatte von Anfang an das Problem, dass zu
wenig Abstimmung mit den Ländern – manche Bundesländer verfolgten sogar
ihre eigenen Initiativen – und keinerlei Abstimmung mit den kommunalen
Schulträgern erfolgte. Aufgrund des erhofften schnellen Imagegewinns der Deutschen Telekom AG war die Initiative sehr hektisch begonnen worden, was zu
den vielen Startproblemen geführt hatte (Lieferengpässe, fehlende Homogenisie-

rung mit existierender Infrastruktur usw.). Dies hätte vorausgesehen werden
können. Mit etwas mehr Zeit hätte man möglicherweise in Abstimmung mit den
Ländern und den kommunalen Schulträgern ein gemeinsames Bund-Länder-
Programm erreichen können. Den Beteiligten war dies durchaus bewusst, sie
haben aus unterschiedlichen Interessen heraus auf dem schnelle Wege versucht
und sind bei der nachhaltigen Verankerung der Initiative gescheitert. Von Anfang an gab es zwar die Unterstützung durch den Bundesbildungsminister und
den Vorstandsvorsitzenden der Deutschen Telekom AG, eine breit angelegte
Werbung in den Schulen durch Bundeskanzler oder Bundespräsident erfolgte
nicht.

Bei der Gestaltung der Ausschreibungen wurde zwar auf pädagogische
Konzepte geachtet, eine Berücksichtigung der Folgekosten für Fortbildung,
technischen Support und Telekommunikation gab es allerdings nicht. In einigen
Schulen waren die Freieinheiten bereits nach einem halben Jahr verbraucht. Hier
mangelte es am Verständnis der Gesamtkosten der IT-Nutzung („Total Cost of
Ownership"). Neue Medien in Schulen müssen immer auch im Zusammenhang
mit veränderten Lehr- und Lernformen und neuen Inhalten gesehen werden. Hier
gab es keinerlei Bemühungen, die Länder in den Prozess mit einzubeziehen und
Reformen in der Lehrplan- und Unterrichtsgestaltung mit zu bewegen. Die Hoffnung lag auf den Lehrkräften an den Schulen und ihrer Multiplikatorwirkung.
Eine Verknüpfung zwischen pädagogischer und organisatorischer Reform
(Schulautonomie) wurde nicht gesehen, in jedem Fall aber nicht hergestellt.
Auch wenn dies außerhalb der Zuständigkeit des Trägervereins (und des Bundes)
lag, hätten Aktivitäten in dieser Richtung nachhaltigen Erfolg gehabt. Sp blieb
die Technikinitiative losgelöst von anderen Innovationsvorhaben im Bildungsbereich.

Die Lehrerfortbildung wurde immer wieder als Bestandteil der Initiative in
den Vordergrund geschoben, beschränkte sich aber auf eine minimale Förderung
der staatlichen Fortbildungseinrichtungen und der Bildstellen sowie der schulinternen Lehrerfortbildung. Einige Bundesländer haben sehr früh Fortbildungsmaßnahmen eingeleitet, bei anderen fehlte dieses Element vollständig. Eine
bundesweite Initiative hätte darauf achten müssen, dass ein bestimmter Teil der
Mittel für die Fortbildung festgeschrieben wird. Obwohl auch die Ausbildung
neuer Lehrkräfte in die Zuständigkeit der Länder fällt, hätte auch hier frühzeitig
darauf geachtet werden müssen, dass sich Universitäten und Studienseminare an
der Ausschreibung beteiligen.

Ebenfalls unberücksichtigt blieben die Probleme, die durch die Beteiligung
eines Hauptpartners und mehrerer Großsponsoren entstehen. Die mutige Wahl
einer PPP führte zu den schnellen gewünschten Ergebnissen, verhinderte aber im
Kleinen den Aufbau einer nachhaltigen Infrastruktur. So wurden in den Schulen
gespendete PCs umgebaut, Netzwerkkarten ersetzt und sehr viel Aufwand bei
der Anpassung an das lokale Netzwerk in den Schulen betrieben. Schuld daran
waren auch die fehlenden Informationen über den Ausstattungsstand der Schu-

len. Ein Problem, dass nicht der Bundesinitiative angelastet werden darf, da auch die Schulträger über keine Zahlen verfügten. Überschätzt wurde auch die Belastbarkeit der Kolleginnen und Kollegen vor Ort, die zum Teil in ihrer Freizeit (ohne Ermäßigungsstunden) für das Funktionieren der IT- und Netzinfrastruktur sorgten. Diese für eine nachhaltige Entwicklung entscheidenden Personen wurden regelrecht „ausgenutzt".

Zusammenfassend lässt sich sagen, dass die Planer der Bundesinitiative sicherlich einerseits davor zurückschreckten, sämtliche staatlichen Instanzen in die Konzeption mit einzubeziehen, um möglichst schnell und unbürokratisch den Schulen vor Ort zu helfen. Insofern wussten sie über die Schwierigkeiten und die relevanten Institutionen Bescheid. Andererseits gewinnt man aber auch den Eindruck, manche Aspekte wie der technische Support und andere laufenden Kosten wurden entweder nicht gesehen oder aber erkannt und völlig falsch eingeschätzt.

In den USA konnte stattdessen aufgrund der besseren Startvoraussetzungen ein ganzheitliches Programm gestartet werden, das zudem noch auf der höchsten politischen Ebene volle Unterstützung fand. Präsident und Vizepräsident haben sich beide über viele Jahre hinweg für die TLC eingesetzt, die E-Rate bekam bereits von den republikanischen Gegnern den Beinamen „Gore-Tax". Die Probleme in der Abstimmung mit den Bundesstaaten wurden nicht nur erkannt, sondern von Anfang an sehr viel Wert auf deren Beteiligung gelegt. Durch die Pflicht zur Erstellung eines Technologieplans für alle Bewerber konnte sichergestellt und auch überprüft werden, in wieweit die Folgekosten des IT-Einsatzes berücksichtigt wurden – ein großes Plus gegenüber der deutschen Initiative. Auf diese Weise konnten auch die Schulen zu einem Planungsprozess gezwungen werden, der auch die innerschulische Prioritätensetzung beschleunigte. Allerdings fehlte bei der E-Rate eine Abstimmung der Vergaberichtlinien mit der TLC. So mussten Schulen verschiedene Technologiepläne für verschiedene Programme einreichen.

Viel Wert wurde auf eine Anpassung der Curricula gelegt. Dabei muss allerdings auch beachtet werden, dass fast alle Bundesstaaten und auch der Bund bei den Reformen einen stärker zentral ausgerichteten Lehrplan wollten. Sie wollten mehr Macht und Kontrolle über die Schulen und Distrikte erhalten, mit der Begründung der Erreichung gleicher Voraussetzungen in allen Landesteilen. Dies wurde auf der Ebene der Distrikte bzw. Counties und auch bei den Schulen sehr unterschiedlich gesehen. Ohnehin wird in den USA sehr viel stärkerer Einfluß auf die einzelne Lehrkraft durch das Curriculum ausgeübt. Trotz aller Bemühung zur Kultivierung neuer Lehr- und Lernformen blieb allerdings die konkrete Unterrichtsgestaltung oft von den Reformen unberührt. Sehr früh wurde allerdings erkannt, dass für einen reibungslosen Betrieb der technischen Infrastruktur eine professionelle Systembetreuung vonnöten ist. Einerseits wurden für den pädagogischen Support IT-Koordinatoren vom Unterricht freigestellt (fünf bis 30 Stunden pro Woche, je nach Größe der Schule), andererseits sorgte der

Schuldistrikt zusammen mit externen Dienstleistern für die technische Betreuung des Netzes.

Die Qualifikation der Lehrkräfte wurde von Anfang an als großes Problem angesehen und daher auch ein Schwerpunkt der Initiativen darauf gelegt. Mindestens ein Viertel der eingesetzten Mittel sollten für die Fortbildung (intern wie extern) verwendet werden. Erfolge in diesem Bereich lassen sich allerdings nur schwer messen, da sie langfristig zu bewerten sind. In der Lehrerausbildung wurde lange Zeit keine Handlungsnotwendigkeit gesehen, da davon ausgegangen wurde, dass Studierende heute ohnehin selbstverständlich mit dem Medium Computer umgehen. Vergessen wurde dabei, dass ein fachintegrierter Einsatz im Unterricht mehr Kompetenzen verlangt, als die Erstellung eines Textes. Daher wurde im dritten Jahr der Initiative die TICG vollständig für Projekte im Ausbildungsbereich reserviert.

Insgesamt verdeutlicht die US-amerikanische Initiative, dass mit viel Geld, aber auch mit viel Geduld und der damit verbundenen Umsicht auch auf Bundesebene Initiativen erfolgreich gestartet werden können, die auch eine nachhaltige Wirkung im Handlungskontext der einzelnen Schule hat.

6.2.2 Verwaltung

In Deutschland wurde sich aus Bundessicht vor allem auf zwei Rahmenbedingungen konzentriert: einerseits der Schaffung einer angemessenen technischen Infrastruktur, insbesondere durch Aufbau des IVBB, und andererseits der Schaffung von Rechtssicherheit durch das digitale Signaturgesetz. Ergänzt wurde dies durch das POLIKOM-Projekt durch eine Berücksichtigung der organisatorischen Bedingungen des Informationstechnikeinsatzes im Arbeitskontext der Behörden und der dort anfallenden Aufgaben.

Nicht berücksichtigt wurden dabei jedoch die Anforderungen der Bürger und Mittler. Das MEDIA@Komm lässt sich als eine erste Einsicht interpretieren, dass letztere vor allem Kontakt mit kommunalen Behörden haben, und das eine Erreichung der Ziele von besserer Bürgerorientierung vornehmlich durch diese zu erreichen sind. Hier stößt der Bund jedoch an seine verfassungsmäßigen Grenzen, da die Organisation der Verwaltung nur insoweit in seiner Zuständigkeit liegt, in der Bundesbehörden betroffen sind. Landesverwaltungen liegen jedoch in der Souveränität der Länder, und auch die Kommunen haben eine Recht auf kommunale Selbstverfassung.

Das entscheidende Defizit des Bundesprogramms ist damit ein Vernachlässigen der regelsetzenden Ebene. Das Signaturgesetz als Rahmenbedingung reicht nicht aus, um elektronische Signaturen in der öffentlichen Verwaltung zu akzeptieren. Dazu sind auch die Änderungen in den Fachgesetzen nötig. Erst mit erheblicher zeitlicher Verzögerung gegenüber dem Signaturgesetz wurde z.B. die Zulässigkeit elektronischer Signaturen in die Überarbeitung der Vergaberichtlinien (1999) aufgenommen. In anderen Bereichen, wie z.B. dem Einwohnermeldewesen oder der Straßenverkehrszulassungsordnung steht sie noch aus, wie das MEDIA@Komm-Projekte zeigte. In den Projekten zeigt sich, dass Online-Verwaltungsleistungen innovativer PPP bedürfen, sei es als Entwicklungsverbünde von Behörden und ihren Kunden, wie z.b. den Autohäusern und Zulassungsdiensten in Gelsenkirchen, sei es als Realisierergemeinschaften zwischen IT-Firmen und kommunalen Rechenzentren (im Rhein-Sieg-Kreis), oder als Anbieter gemeinsamer Zahlungs und Authentifizierungsinfrastrukturen (wie in Bremen). Eine Moderation oder Unterstützung dieser Partnerschaften hat im Rahmen des Info 2000 Programms höchstens auf Ebene von Gremien und Arbeitskreisen stattgefunden, nicht aber in Bezug auf konkrete Projekte oder Anwendungsprobleme.

In den USA ist die regelsetzende Ebene dagegen stärker berücksichtigt worden. Dies gelang vor allem durch die Gesetze, die Verwaltungsreformen und Informationstechnikeinsatz miteinander verknüpften und die Schaffung entsprechender Gremien. Mit Hilfe der verschiedenen technischen und inhaltlichen Zugangskonzepte wurde auf Ebene des lokalen Handlungskontexts auch stärker auf die Interessen, die Organisation und den Technikeinsatz auf Ebene der Bürger bzw. Unternehmen eingegangen (z.b. im STAWRS-Projekt). Bezeichnend ist auch die starke Betonung auf das Durchrechnen von Geschäftsmodellen für die Online-Verwaltungsleistungen. Während in Deutschland im Rahmen des NPM das Kostenwesen eher mühsam und z.T. nur theoretisch auf Produkte umgestellt wird, wird in den USA bereits konkret Kosten und Nutzen der Anwendungen miteinander verglichen.

Die Entwicklung der technischen und rechtlichen Rahmenbedingungen im Bereich Authentifikation wird bzw. wurde fast vollständig dem freien Markt überlassen. Dieser hat allerdings bis heute nicht die entsprechenden Infrastrukturen entwickelt. Angesichts des vergleichbaren Ergebnisses in Deutschland bei unterschiedlichen rechtlichen Rahmenbedingungen muss vermutet werden, dass die Nutzungssituation und damit der lokale Handlungskontext von Dienstleistungen, die solche Mehrwertdienste benötigen, weit komplexer ist als gemeinhin gedacht und es entsprechend schwierig ist, geeignete Anwendungen zu entwickeln. Gegenüber Telefon und Brief muss das Internet noch seinen Nutzen demonstrieren.

6.2.3   Unterhaltung

Betrachtet man die konkrete Umsetzung der einzelnen Maßnahmen der Programme, so kann festgestellt werden, dass unterschiedliche Problemlösungsumsichten zu unterschiedlichen Ergebnissen hinsichtlich der Entwicklung interaktiver TV-Dienste geführt haben. In der deutschen Initiative wurden die Möglichkeiten und Auswirkungen der interaktiven Medienzukunft wenig thematisiert. Im Mittelpunkt des Programms standen vielmehr rechtliche Fragen, Abgrenzungsprobleme des Rundfunkbegriffs und Zuordnungsschwierigkeiten. Die Lösung verschiedener juristischer Fragen wurde als zentral für die Entwicklung des Multimediasektors angesehen. Es wurde davon ausgegangen, dass bestehende rechtliche Barrieren die Ursache dafür sind, dass die Entwicklung in Deutschland hinter den anderen Ländern zurückgeblieben war. In der deutschen MultimediaDiskussion spielte dabei vor allem die institutionelle Unterteilung von Bundes und Länderzuständigkeiten eine wichtige Rolle.

Tatsächlich ging diese Diskussion aber weitestgehend an der Medienrealität vorbei: Sie adressierte nicht die zentralen Probleme, es fand letztlich keine Auseinandersetzung mit den Zukunftschancen interaktiver Medien statt, der Zurückhaltung von Anbietern und Nutzern konnte nicht aufgebrochen werden und es gab keine flankierenden Maßnahmen, z.b. in der Bildungspolitik. Die Liberalisierung der Telekommunikation beschränkte sich in Deutschland hauptsächlich auf den Bereich der klassischen Sprachtelefonie. Dass im Telekommunikationsbereich neue Anwendungen möglich werden, die sich aus der Verknüpfung mit digitalen Medien ergeben, wurde lange Zeit weder vom Gesetzgeber noch von der Regulierungsbehörde wahrgenommen. Erst 1998 stellte die Regulierungsbehörde in einer Grundsatzentscheidung fest, dass sie auch für die Regulierung von Online-Diensten zuständig ist und nicht nur für die klassische Sprachtelefonie.

Weiterhin wurde von den Programmumsetzern nicht gesehen, dass die unvollständige Liberalisierung des Telekommunikationsmarktes und die nach wie vor bestehende Doppeleigentümerschaft der Deutschen Telekom bei Telefon und Kabel-TV-Netzen eine schnelle Entstehung neuer Dienste erschwert. Infrastrukturwettbewerb als Instrument zur Herstellung von Anbietervielfalt und zur Beschleunigung der Multimedia-Entwicklung wurde in der Diskussion um das Telekommunikationsgesetzt nicht thematisiert und fand folglich auch keinem Niedeschlag im Gesetz.

Weiterhin war den politischen Akteuren auf Bundesebene die Bedeutung technischer Details bei der Einführung des digitalen Fernsehens nicht bewusst. Durch die Unterstützung der Kirch Gruppe bei der Einführung von DF1 und später Premiere digital sowie durch die Intervention des Bundeskanzlers bei der Technikentscheidung der Deutschen Telekom zugunsten der dbox wurde eine Monopolbildung in diesem Bereich gefördert. Diese musste anschließend von der Europäischen Kommission und den Bundesländern wieder rückgängig gemacht werden. Dennoch besteht das Monopol weiter, so lange die Regionalisierung der Kabelnetze der Deutschen Telekom nicht abgeschlossen ist.

Die Maßnahmen der NII in den Vereinigten Staaten fanden dagegen mehr Anknüpfungspunkte an die Medienentwicklung, sie waren waren besser angepasst an Erfordernisse der Akteure vor Ort und sie konnten wichtige Impulse für die medienwirtschaftliche Entwicklung geben. Die Maßnahmen der Clinton/Gore-Administration konnten dabei auf vorhandene Wettbewerbsstrukturen im US-amerikanischen TK-Sektor aufbauen. Mit der Zerschlagung des AT&T-Monopols in den 1980er Jahren hatten sich relativ homogene Märkte im Fern und Ortsbereich gebildet, die zunächst voneinander abgeschottet waren und keine Konkurrenz anderer Infrastrukturanbieter zuließen. Wegen neuer technischer Möglichkeiten, wie z.b. der Videoübertragung über das Telefonnetz oder der Sprachtelefonie über das Kabel-TV-Netz wurden im TCA schließlich die Beschränkungen aufgehoben, die die Märkte der Infrastrukturbetreiber bisher voneinander trennten. Der Infrastrukturwettbewerb bewirkte zahlreiche Aktivitäten von Telefongesellschaften und Kabelnetzbetreibern im Bereich neuer, interaktiver Medien.

Die im Vergleich zu Deutschland günstigeren Marktstrukturen und die im Bereich der neuen Medien aktiveren US-Unternehmen relativieren den Erfolg des Telecommunication Acts von 1996 und der NII in gewisser Weise. Dennoch lässt sich die schnellere Verbreitung des Internets und die Entstehung vielfältiger neuer interaktiver TV-Angebote auch auf die NII zurückführen und die Maßnahmen des TCA.

Zur umsichtigen Umsetzung der Maßnahmen der Clinton/Gore-Regierung trug auch die Expertise der FCC bei. Die Regulierungsbehörde besitzt eine langjährige Erfahrung mit interaktiven Diensten und verfügt über konkretes Regulierungs-Know-how in diesem Bereich. Außerdem waren die Commissioner der Regulierungsbehörde in der Lage, eigene Themen auf die politische Tagesordnung zu setzen. So rangierte bei Hundt das Thema Wettbewerb („competition") ganz oben auf der Agenda und bei seinem Nachfolger im Amt des FCC-Präsidenten Kennard ist es seit 1998 das Thema breibandiger Internetzugang („broadband"). Die FCC kann so den Gesetztestext des TCA auf ihre Weise auslegen und eigene Prioritäten setzen.

Während die Aufhebung von Cross-Ownership-Regelungen und der Infrastrukturwettbewerb wichtige Faktoren für die Emntwicklung des Multimediasektors in den Vereinigten Staaten darstellten, erwiesen sich in der Untersuchung rahmensetzenden Faktoren, wie z.B. Regelungen zum Jugendschutz, Datenschutz, Verbraucherschutz und zu den Copyrights von untergeordneter Bedeutung. Sie tauchten in der Diskussion um die Verbreitungschancen neuer Dienste nur als untergeordnete Punkte auf und wurden von der Regierung nur punktuell den neuen Gegebenheiten angepasst.

Beim digitalen Fernsehen hatte die Clinton/Gore-Regierung, die sich in der NII hauptsächlich mit Datendiensten und Netzwerken beschäftigte, lange Zeit kein schlüssges Konzept (vgl. Robinson 1995). Die wichtigsten Impulse kamen hier von der FCC, die nach der Entwicklung des HDTV-Standards die Einführung von digitalem Fernsehen forcierte. Auch die Migrationsvorgabe, nach der bis zum Jahr 2006 alle TV-Geräte auf digitalen Empfang umgerüstet werden sollen, stammt aus der Regulierungsbehörde.

6.3 Koordination

6.3.1 *Bildung*

Das Koordinationsdefizit der deutschen Bundesinitiative war von Anfang an virluent und konnte auch später durch gemeinsame Treffen nur bedingt behoben werden. Dabei ging es zum einen um die vertikalen Abstimmungsprozesse entlang der Zuständigkeiten der Gebietskörperschaften. Außerdem wäre eine Koordination zwischen der Bundes und den diversen Länderinitiativen von Vorteil geweisen, um Doppelarbeit zu vermeiden und bei den Adressaten keine Frustration zu erzeugen. Zwischen Bund und Ländern konnten die existierenden Koordinationsgremien BLK und KMK nur bedingt genutzt werden, da sie weder frühzeitig eingebunden waren noch von ihrer Struktur her überhaupt für eine solche Aufgabe geeignet gewesen wären. Auf der Landesebene fanden erst sehr spät Gespräche zwischen den kommunalen Spitzenverbänden und den Kultusministerien statt. Dies wäre eine Koordinationsaufgabe der Bundesregierung gewesen. Zum zweiten musste auch eine innerorganisatorische horizontale Koordination erfolgen. So erfordert die Lehrerausbildung eine Abstimmung über Lehrplaninhalte zwischen Wissenschafts- und Kultusressorts, die nur in wenigen Fällen erfolgreich gestaltet werden konnte. Gleichermaßen waren die Bedingungen bei den kommunalen Schulträgern in der Abstimmung zwischen IT- und Schulabteilung sowie Hochbauamt sehr schwierig, da sie in diesem Umfang bislang nicht nötig gewesen war. Die Trennung zwischen Personal- und Sachaufwandsträger und damit verbunden zwischen Lehr- und Lernmitteln wird dem Computer als Medium nicht mehr gerecht und daran müssen auch die Koordinationsmechanismen angepasst werden. Noch nicht einmal auf der Schulebene wurden Abstimmungen im Kollegium in Form von langfristigen Planungen verlangt, was in einigen Fällen zu einer isolierten Promotion der Internetnutzung durch einzelne Lehrkräfte führte. Diese Belastung einzelner Mitglieder des Kollegiums, die sich in ihrer Freizeit um die IT-Ausstattung kümmerten, kann so nicht aufrechterhalten werden. Schwächen in der Koordination waren auch bei der Verknüpfung der Infrastrukturmaßnahmen der kommunalen Schulträger mit der Bundesinitiative zu erkennen. Während der Hauptpartner Interesse an Einzelanschlüssen in jeder Schule hatte, ging es den Schulträger um den Aufbau eigener Netze, an die auch die Schule angeschlossen werden können.

Die Berücksichtigung aller Akteure bei der US amerikanischen Bundesinitiative führte einerseits zu einem erhöhten Koordinationsaufwand, der insbesondere durch des U.S. Department of Education abgefangen wurde. Andererseits konnte auf diese Weise das Vorgehen der Bundesstaaten in ihren eigenen Initiativen und auch die Bedingungen in den Distrikten besser berücksichtigt werden. Durch die Nutzung der bekannten Verteilungswege bei den Schlüsselzuweisungen (Title 1) konnte zusätzlicher Aufwand vermieden werden. In den Bundesstaaten wurde die Mittelvergabe über regionale Instanzen sehr unterschiedlich koordiniert, was auch dazu führte, dass in manchen Schulen die eigentliche Herkunft der Mittel nicht mehr bekannt war. Das wesentliche Koordinationsinstrument zwischen Bund, Bundesstaaten, Distrikten und den Schulen war der Technologieplan. Entstanden aus den Vorgaben des GPRA für die Verwaltung wurde durch die Übertragung auf die Schulbehörden und Schulen ein Diskussionsprozess initiiert, der nach wie vor anhält. Auch wenn einige Schulen und Distrikte sich über die hohe Hürde beschwerten und andere vorgefertigte Dokumente einreichten, so hat doch der Technologieplan einen Schulentwicklungsprozess vorangetrieben. Die horizontale Abstimmung zwischen den Ministerien geht ebenso schleppend voran wie in Deutschland. So gibt es nur wenige Bundesstaaten, die ein durchgehendes bildungspolitisches Konzept vom Kindergarten bis zum Universitätsabschluss vorweisen können. Darunter leidet auch die Lehrerausbildung zumal in den beiden besuchten Bundesstaaten der Bedarf an neuen Lehrkräften so groß ist, dass zusätzliche Hürden wie die Fähigkeit zu fachintegrierten IT-Nutzung aus Sicht der Ministerien kontraproduktiv wären. Innerhalb der Distrikte, die ebenfalls eine IT- und eine Schulabteilung sowie den Baubereich beheimaten, wurden häufig Querschnittsabteilungen („Departments of Educational Technologies") gebildet, die für die Koordination von Technik und Pädagogik sorgen sollten. In der Regel wurden dafür wie auch an den Schulen eigene Koordinatorinnen bzw. Koordinatoren eingestellt. Sie hatten die Aufgabe, den Planungsprozess voranzutreiben, die schulinterne Fortbildung zu organisieren und auch die Verbindung zwischen Technik und Pädagogik auf der Schulebene herzustellen.

6.3.2   *Verwaltung*

Die Schaffung einer notwendigen Rahmenbedingung, nämlich dem grundsätzlichen Verständnis über die zentrale Bedeutung des IT-Einsatzes in allen Verwaltungsreformbereichen, wurde in den USA durch die „strong leadership" der Clinton/Gore-Regierung erreicht. Sie führte zu einem konstanten Innovationsklima, in denen in der amerikanischen Bundesverwaltung immer neue Projekte entwickelt und alte weitergeführt wurden. Durch die Etablierung einschlägiger Wettbewerbe, insbesondere der „Hammer Awards", wurde die Förderung der dezentralen Innovationsansätze verstärkt. Die Clinton/Gore-Leadership hat darüberhinaus weit auf die Länder und Kommunen gewirkt und weltweit eine Rolle gespielt. Demgegenüber stand in Deutschland eine „weak leadership". Die politische Spitze im Bund hat sich nicht für IT eingesetzt. In den Ländern, wie z.B. Nordrhein-Westfalen (Clement) oder Bayern (Stoiber) sah dies allerdings anders aus. Gegenüber den USA wurden in Deutschland jedoch mit deutlicher Präferenz Großprojekte, wie POLIKOM und MEDIA@Komm gefördert, in ersterem Fall mit einem typischen Schwerpunkt auf Industrieförderung.

Die starke Leadership in den USA und deutschen Ländern konnte jedoch nicht alle Projekte dauerhaft in notwendigerweise unterstützen. Typisch ist das Muster der „fallenden Flanke", in dem nach anfänglicher Begeisterung der Politik das Interesse rasch nachlässt und die zunächst ermutigten Projektrealisierer mit sich und ihren Problemen allein gelassen werden. In beiden Ländern ließ sich die Leadership auch nicht auf die zentrale Ebene der Regelsetzer übertragen. Während die Spitze und die Betroffenen sich für ein Projekt einsetzen, sind Gesetz und Verordnungsgeber und Genehmiger relativ immun gegen solche Innovationsbereitschaft und verfolgen konsequent ihren eigenen, gesetzlichen Auftrag.

In den USA ist aber erkannt worden, dass dort, wo Machtpromotoren fehlen, ein Moderationsansatz eingesetzt werden muss. Im STAWRS und WINGS-Projekt ist folglich diese Aufgabe der Schwerpunkt der Tätigkeiten. In Deutschland dagegen herrschte in den POLIKOM-Projekt, so jedenfalls der Eindruck im nachhinein, eher ein Einzelkämpfertum, in dem weder vertikal noch horizontal versucht wurde, Allianzen oder Vereinbarungen zu erreichen, die eine Fortführung bzw. Adaption der Projektergebnisse bewirkt hätten. Bezeichnend ist, dass im Bereich der Verwaltung erst im Aktionsprogramm der neuen Bundesregierung 1999 die Koordination mit Bund und Ländern im Rahmen von One-Stop-Government-Anwendungen konzeptionell aufgenommen wurde. Die aktuelle Diskussion um das gemeinsame Portal „deutschland.de" zeigt jedoch auch hier, dass der Bund vor allem an einer Entscheidungslösung interessiert ist, und der Aspekt der Moderation hier zu kurz gerät.

In den USA wurde eine Integration des IT-Einsatzes in die Verwaltungsreformbemühungen auch durch die Schaffung neuer Positionen (CIOs) und Koordinationsgremien geschaffen (CIO Council und GIT-S-Board). Damit entstand auf Ebene der Regelsetzer ein Austauschgremium, das so in Deutschland nicht vorhanden ist (vergleichbar ist am ehesten der IMKA oder die Expertenkommission zum IVBB). Hier wurden Technologierat und die Expertenkommission zum Schlanken Staat getrennt einberufen. In den USA ist das GIT-S Board darüber hinaus mit eigenen Mitteln ausgestattet wurde, die an innovative interorganisatorische Projekte vergeben werden. Freilich sind dies Mittel von geringem Umfang, aber es unterstreicht das Bemühen, hier Veränderungen zu bewirken. Getreu des Ansatzes, auch die organisatorischen Bedingungen des Informationstechnikansatzes am Arbeitsplatz in der öffentlichen Verwaltung zu berücksichtigen, wurde im Rahmen der deutschen POLIKOM-Projekte besonderer Wert auf die Beteiligung der Nutzer gelegt. Dies führte zwar zu aus Nutzersicht befriedigenden Ergebnissen, erzwang jedoch lange Entwicklungszeiten und führte auch nicht zu den erhofften, breit akzeptierten Produkten bzw. Lösungen für die öffentliche Verwaltung.

Während in Deutschland die Konzepte für Internet-Qualifizierung der verwaltungsspezifischen IT-Dienstleister kaum thematisiert wurde, jedenfalls nicht im Rahmen des Info 2000 Programmes, bildete die Internet-Qualifizierung der Mitarbeiter Kernpunkte der Agenden von CIO Council, GIT-S Board und der Re-engineering Government und Access America Berichte.

Zusammenfassend kann festgehalten werden, dass in den USA besser verstanden wurde, wie komplexe Innovationen im Bereich Online-Verwaltungsleistungen umzusetzen sind, weil der Ansatz zur Reform hier wesentlich breiter angelegt war bzw. ist. Deshalb ist es zunächst überraschend, dass es trotzdem zu keinen größeren Erfolg mit praktischen Projekten von Online-Verwaltungsleistungen gekommen ist, als dies auch in Deutschland der Fall war. Der Grund dafür ist darin zu sehen, dass die US-amerikanische Bundes- und Landesverwaltung funktional differenzierter und zersplitterter sind als in Deutschland. Die Bundesbehörden haben einen eigenen Verwaltungsunterbau bis auf die kommunale Ebene, und dies auf breiter Basis (IRS und SSA). Dazu kommen Doppelzuständigkeiten, die in Deutschland so nicht bekannt sind (Einkommenssteuer). Umgekehrt lässt dieses Ergebnis den Schluss zu, dass in Deutschland mit denselben politischen Mitteln wie in den USA Online-Verwaltungsleistungen schon erheblich schneller entwickelt hätten können.

6.3.3   Unterhaltung

Erfolgreiche Koordination wurde als Schlüsselelement bei der Entwicklung und Etablierung neuer Mediensysteme herausgestellt. Koordinationserfordernisse gibt es dabei sowohl auf den verschiedenen Ebenen, als auch zwischen ihnen, d.h. zwischen den Akteuren im lokalen Handlungskontext, den Regelsetzern und den Rahmenbedingungen. Inwiefern eine übergreifende politische Initiative erfolgreich sein kann, zeigt sich danach vor allem darin, wie gut sie Koordinationsprozesse anstoßen kann und wie gut sie die Erfordernisse der verschiedenen Ebenen aufnimmt. Als wesentliches Instrument der Koordination im Bereich der interaktiven Medien kann die Schaffung einer Vision gelten, die alle Ebenen miteinander verbindet, die verschiedenen Akteure integriert und sie auf eine einheitliche Zukunftsperspektive hin ausrichtet.

Dies ist in der deutschen Initiative Info 2000 nicht gelungen. Eine Zukunftsvision mit Verweischarakter konnte nicht entwickelt werden. Grund dafür war unter anderem die mangelnde Glaubwürdigkeit der politischen Führung, die es nicht geschafft hat, das Thema Multimedia glaubwürdig zu besetzen. Noch 1995 antwortete Bundeskanzler Kohl auf eine Frage zur Datenautobahn mit dem berühmten Satz: „Die Autobahnen unterstehen der Länderhoheit" (vgl. Glaser 1998, 173). Die politischen Eliten, die in Deutschland über die technologischen Weichenstellungen entschieden, waren mit dem Röhrenradio aufgewachsen. Im September 1995 beklagte sich z.B. der Präsident des Bundesverbandes der Deutschen Industrie (BDI) Henkel in einem Zeitungsinterview, „bisher kann ich nur Forschungsminister Rüttgers per Infonet erreichen." Henkel meinte das Internet.

Um Multimedia möglich zu machen, sollten vor allem die Zuständigkeiten von Bund und Ländern koordiniert und festgeschrieben werden. Bei der Untersuchung der konkreten Medienprojekte stellte sich jedoch heraus, dass Zuständigkeits und Abgrenzungsfragen keine Rolle für den Verlauf der Projekte spielten. Die Landesmedienanstalten waren immer in der Lage, Ausnahmegenehmigungen oder Sonderlizenzen zu erteilen und konnten den Anbietern damit die notwendige Rechtssicherheit gewährleisten. Die Ausnahmegenehmigungen erfolgten vor den Regelungen des Mediendienstestaatsvertrags und des IuKDG und waren in allen Fällen zu diesen kompatibel, d.h. es ergab sich keine neue rechtliche Situation durch neue Bundes und Landesgesetze. Für die begrenzte Reichweite des Medienstaatsvertrags und des IuKDG hinsichtlich der tatsächlichen Multimediaentwicklung spricht auch, dass sie keine Welle von Investitionen in neue Medien hervorgerufen haben, wie dies von den Gesetzgebern ursprünglich erwartet worden war.

Weiterhin wurden die Koordinationserfordernisse zwischen Bund und Ländern zwar juristisch-administrativ abgehandelt, die Gesetzgebung rührte aber nicht an der institutionellen des Verfasstheit des Multimediabereichs als Ganzem. Die Idee eines föderalen Kommunikationsrats, der nach amerikanischem Vorbild sowohl für die Regulierung der Telekommunikation als auch für die Medien verantwortlich sein sollte und damit eine adäquatere Multimediaregulierung ermöglichen sollte, konnte sich nicht durchsetzen.

Das Konzept der politischen Moderation der Interessen von Multimedia-Unternehmen zur Entwicklung neuer Angebote, wie sie auf landespolitischer Ebene versucht wurde, kann als gescheitert betrachtet werden. Ebenso das Konzept, für die Zeit eines Pilotprojektes Marktmechanismen und Konkurrenzsituationen außer Kraft zu setzen, wie dies im Stuttgarter Multimedia-Pilotprojekt versucht wurde. Auf der lokalen Ebene – dies zeigten sich deutlich bei allen untersuchten Projekten – ist der Markt der entscheidende Koordinationsmechanismus. Versuche der Politik, konkrete Medienentwicklungen anzustoßen, sei es über Pilotprojekte zur „Infrastrukturentwicklung", wie dies die Landesmedienanstalten versuchten oder über die Vorgabe eines Konzeptes wie dies im Stuttgarter Pilotprojekt versucht wurde, sind offenbar wenig geeignet, dauerhaft neue Anwendungen hervorzubringen. Dies heißt allerdings nicht, dass lokale Projekte generell zum Scheitern verurteilt sind, es weist lediglich auf die Bedeutung der Rahmenbedingungen hin, die in Deutschland von der Initiative Info 2000 nur teilweise in Angriff genommen wurden. Diese Rahmenbedingungen beziehen sich vor allem auf die Wettbewerbssituation im Telekommunikationssektor und auf die unvollständige Privatisierung der Deutschen Telekom. Ein Grund für die Nicht-Thematisierung der Doppeleigentümerschaft der Deutschen Telekom ist sicher, dass es im politischen Bereich keine Bündelung von Know-how und strategischem Verständnis für Konvergenz und Multimediaentwicklung gab, wie dies z.B. in der FCC in den Vereinigten Staaten der Fall ist.

Im Unterschied zu Info 2000 kann man bei der amerikanischen Initiative feststellen, dass sie von starkem „Leadership" der politischen Spitze getragen wurde. Clinton und Gore hatten es verstanden, das Thema Telekommunikationspoltik und neue Medien in der öffentlichen Diskussion so zu plazieren, dass es Aufmerksamkeit weit über Expertengruppen hinaus erlangte. Eine nationale

Informationsinfrastruktur, die direkt mit der Entwicklung und Verbreitung des Internets verknüpft war, wurde so zur vordringlichen nationalen Aufgabe, an der sich alle gesellschaftlichen Akteure beteiligen sollten. Die NII verstand es durch geschicktes Agenda-Setting, Aufmerksamkeit auf dieses Thema zu lenken und die politische Diskussion darauf auszurichten.

Bei der Umsetzung des Programms wurden dazu die Ressourcen von verschiedenen Ministerien und Abteilungen gebündelt und in verschiedenen Koordinationsgremien koordiniert. Die zentrale Anlaufstelle für die koordinierte Umsetzung der Maßnahmen befand sich im Wirtschaftsministerium und wurde von Clinton selbst beaufsichtigt. Bei der Untersuchung der Implementation der NII hat sich zwar herausgestellt, dass die Reichweite verschiedener Maßnahmen begrenzt war und die hoch gesteckten Ziele teilweise dem komplexen Gesetzgebungsprozess oder Budgetrestriktionen zum Opfer fielen. Dennoch wurde mit der NII eine Plattform geschaffen, auf der Möglichkeiten und Konsequenzen der informationstechnischen Revolution entsprechend diskutiert wurden. Die Glaubwürdigkeit der NII wurde vor allem durch Al Gore personalisiert. Dieser führte in den ersten Monaten im weißen Haus mit Vorliebe Journalisten die Vorzüge seiner E-Mail und Internet-Anbindung vor und thematisierte bei allen öffentlichen Gelegenheiten die Herausforderungen, denen sich die amerikanische Bevölkerung auf dem Weg in die Informationsgesellschaft stellen müsste (vgl. Brinkley 1997).

Tatsächlich bewegt sich ein Großteil der Aktionen in der NII auf einer Ebene der symbolischen Politik: Viele der vorgeschlagenen Maßnahmen waren in Wirklichkeit bereits schon auf den Weg gebracht worden, bevor die Clinton/Gore-Regierung ihre Amtszeit angetreten hatte. Die Reform des Telekommunikationsgesetzes wurde als längst überfällig betrachtet und viele Repräsentanten aus den Staaten nutzten die Gelegenheit, bereits ausgearbeitete Gesetzesvorschläge einzubringen, die dann tatsächlich aufgenommen wurden.

So war die Aufhebung von Cross-Ownership-Regelungen im TCA eine Forderung, die Telefongesellschaften wie Kabelnetzbetreiber seit 1994 vehement vertraten und die auch von den Gerichten und der FCC nahegelegt wurde. Der komplexe Aushandlungsprozess der Gesetzgebung im TK-Bereich und die eher technische Natur der Entscheidungen hatten in den Vereinigten Staaten allerdings nicht zu Folge, dass sich die Diskussion in juristischen oder technischen Details verlor. Clinton und Gore schafften es immer wieder, die komplexe Materie auf verständliche Visionen und dringliche Botschaften zu reduzieren.

Dabei wurden von staatlicher Seite keine konkreten Pilotprojekte gefördert – ein direkter Eingriff in die Medienentwicklung war nicht vorgesehen und wäre vor dem Hintergrund der eigenen Forderungen nach mehr Wettbewerb auch gar nicht durchsetzbar gewesen. Die amerikanische Regierung beschränkte sich vielmehr auf die Gestaltung von Rahmenbedingungen, die die neuen technischen Möglichkeiten in neue, adäquate Regulierungsstrukturen zu übersetzen versuchten.

6.4 Gesamtansatz

Der Vergleich der politischen Programme in Deutschland und den USA vor dem Hintergrund ihrer Ergebnisse zeigt, dass die eingangs geäußerten Hypothesen sich bestätigt haben. Danach zeichne sich die US-amerikanische Initiative aus durch

- eine moderierende Rolle von Politik,
- Anwendungsorientierung,
- Vielfalt und Breite der Projekte, und die
- Verkopplung mit anderen Reformvorhaben.

Vor allem drei Faktoren kennzeichnen das amerikanische Vorgehen. Die Fallstudien illustrieren die Bedeutung dieser drei Elemente eindrücklich.

(1) Hoher Legitimations und Abstimmungsbedarf von Technologiepolitik: Amerikanische Technologiepolitik steht unter einem hohen Rechtfertigungsdruck, selbst wenn sie in ihrer Grundausrichtung zwischen den beiden großen Parteien nicht umstritten ist. Dies ergibt sich zum einen aus den historischkulturellen Wurzeln, wonach die Regierenden – zumindest dem theoretischen Anspruch nach – erklärungspflichtiger sind als in der Alten Welt. Zum anderen beruht die politische Struktur der USA. auf einem System der „Powers, Checks, and Balances", das auf Absprachen und Kompromisse im politischen System selbst zielt. Gleichzeitig vereinigt der Präsident in einem Amt sowohl politische wie symbolische Funktionen, die in vielen Ländern Europas getrennt sind. Bedenkt man dann noch die strikt marktwirtschaftliche Verfassung und die Machtstellung konkurrierender wirtschaftlicher Akteure, wird deutlich, dass Politik, die nationale, ökonomische und soziale Interessen harmonisieren will, eine viel stärker moderierende, identitätsstiftende und visionenverkündende Rolle einnehmen muss.

Im Bereich öffentliche Verwaltung zeigt sich die Notwendigkeit einer moderierenden Politik besonders deutlich am Beispiel der Steuer und Sozialversicherung. Hier kann der Bund nicht alleine eine Verbesserung herbeiführen, sondern muss mit den Souveränen Einzelstaaten kooperieren. Auch im Bereich Bildung hat der Bund, der eigentlich keine Bildungszuständigkeit hat, nur über die Kriterien den Title 1, also eigentlich einem Umweg, die Möglichkeit der Einflussnahme. Dies muss er aber natürlich immer besonders rechtfertigen.

Für die Förderung von Multimediaangeboten in Privathaushalten fehlt dem Staat im Grunde jegliche Legitimationsgrundlage. Nur über den Umweg der nationalen Wettbewerbsfähigkeit und der umfassenden Teilhabe der Bürger an der technischen Entwicklung lässt sich das Eingreifen des Staates in diesem Bereich begründen. Tatsächlich beschränkte sich dieser Eingriff im Bereich der interaktiven TV-Dienste auf die Gestaltung von Wettbewerbsbedingungen und die herstellerunabhängigen Einführung des digitalen Fernsehens über verbindliche Standards. Technologiepolitik wurde dabei immer als Moderation von Interessen vorhandener Unternehmen in den Sektroen Telekommunikation, Fernsehen und Computer gesehen.

(2) Glaube an das soziale Problemlösungspotenzial der Technik: In relevanten gesellschaftlichen Bereichen stehen die USA unter einem massiven Problemdruck (z.B. Bildung, Gesundheit, öffentliche Verwaltung). Da traditionell der Technik ein hohes Maß an sozialem Problemlösungspotential zugeschrieben wird, liegt es in dieser Logik nahe, angesichts neuer technischer Entwicklungen wiederum das „Heil" in verstärktem Technikeinsatz zu suchen. Der vorhandene technologische Utopismus als Grundhaltung trifft sich mit aktuellen sozialreformerischen Ideen und wirtschaftlichen Interessen und kann Koalitionen hervorbringen, die in dieser Konstellation in Europa kaum vorstellbar sind. Aus diesen Verbindungen ergibt sich auch eine Dynamik und Aufbruchstimmung, das Gefühl gemeinsam geteilter Ziele, das so in Europa nicht zu beobachten ist.

Im Bereich Verwaltung trifft diese These zweifelsohne zu, wenn sie sich auch eher auf programmatischer Ebene belegen lässt. Bei der praktischen Umsetzung jedoch sind die USA trotz ihres Utopismus nicht weiter als die Deutschen. Im Bereich Bildung wurde früher als in Deutschland auf die Verbreitung von PCs und Internet in Schulen gesetzt, unbeschadet der auch in den USA geführten Diskussion um deren Sinnhaftigkeit. Das Bekenntnis zum technologischen Fortschritt ist hier deutlich stärker, auch wenn jetzt immer wieder Zweifel über die Wirkung der eingesetzten Mittel geäußert werden. Gerade die Eltern stützen den umfangreichen IT-Einsatz in den Schulen ihrer Kinder, weil sie daran glauben, dass ihnen dies den Weg in den Arbeitsmarkt verbessert.

Im Unterhaltungsbereich wurde die Verbreitung des Internets von vielen als Befreiung der Zuschauer von der Programmdiktatur der großen TV-Networks gesehen. Die nunmehr möglich gewordene eigenständige Zusammenstellung von Inhalten und Programmen sollte das Publikum mündiger machen und zu einem besseren Informationsstand führen. Für Europäer mit einem starken öffentlich-rechtlichen TV-Sektor schwer nachvollziehbar, besitzt das fast ausschließlich kommerzielle Fernsehen in Amerika ein relativ schlechtes Image. Die Einführung personalisierter TV-Dienste stellt für viele Amerikaner eine Chance dar, die Qualität des Angebots und die Selbstbestimmung beim Medienkonsum zu erhöhen.

(3) Pragmatismus und Praxisorientiertheit: Wenn man von einer „Nationalphilosophie" im Sinne einer weitverbreiteten Grundhaltung sprechen kann, dann ist dies in den USA der philosophische Pragmatismus, der im Kern darauf hinausläuft, die Bedeutung und Wahrheit eines Ideengebäudes nicht von ihrem praktischen Ergebnis zu trennen. Jede Idee, jedes Konzept wird nach dem „outcome" bewertet. Praktische Tests unter „real life" Bedingungen und die Förderung vielfältiger lokaler Experimente unter Einbeziehung des Vorhandenen sind denn auch Ziel des TIIAP-Programms. Wichtiger als ein bis ins Letzte ausgefeiltes Design mit Risikoabwägung und Antizipation aller eventuell eintretenden Probleme ist ein „hands-on approach", bei dem damit gearbeitet wird, was da ist,

um daraus etwas Neues zu schaffen, so unvollkommen es zunächst auch sein mag.

Dies lässt sich auch im Bereich öffentliche Verwaltung nachweisen. Wo das RMV schnell die neue Technik einsetzt, muss in Gelsenkirchen erst ein umfangreiches Sicherheitskonzept und nur ein für eine begrenzte Nutzergruppe konzipierter Test vorgenommen werden. Im POLIVEST-Projekt wurde über vier Jahre umfangreiche Anforderungsdefinitionen und -analysen gefördert, ohne dass sie eine Lösung oder ein Produkt zur Konsequenz hatten, das man nicht auch ohne sie hätte entwickeln können. Diese Einstellung hat sich etwas mit dem Projekt Bremen Online Services geändert. Hier gibt es einen pragmatischeren Ansatz – aber auch hier zeigte sich, freilich nur den Insidern im Projekt, ein äußerst bürokratisches Vorgehen in der Mittelbewegung, das nicht mit den geforderten Innovationszyklen und der markt und Einführungsorientierten Philosophie vereinbar war, weil der Projektträger im Prinzip nur R&D, am besten Grundlagenforschung, fördert. Nicht unterschätzen sollte man auch den bürokratischen Vorlauf der Projekte wie WINGS und STAWRS, die sich zwar nicht in der Beantragung, aber in dem Aufstellen und dem Nachweis von Geschäftsmodellen erschöpfen, die im Prinzip angesichts der Innovation der Projekte so nicht präzise aufstellbar sind.

Der „Hands-on approach" findet sich auch beim IT-Einsatz in den Schulen wieder. Es wird in den USA sehr viel eher experimentiert und sich an den praktischen Gegebenheiten in der Schule orientiert. Das hängt allerdings auch mit der stärkeren Eigenständigkeit der Distrikte und der Schulen und ihrer Schulleitungen zusammen. Zentralstaatliche Vorgaben lassen sich ohne die Unterstützung vor Ort ohnehin nicht durchsetzen. Im Gegenteil, es wird ihnen die Verwendung der Mittel freigestellt, sofern sie sich an die allgemeinen Richtlinien (IT-Plan und Mindestaufwand für Fortbildungen) halten. In Deutschland gibt es trotz aller Autonomiebestrebungen eine grundlegende Skepsis auf Seiten der Schulaufsicht und des Schulträgers bei der Überantwortung von Aufgaben an die Schulen. Es wurde zudem noch sehr lange über das „ob" des IT-Einsatzes in Schulen debattiert – die Schulträger warteten auf curriculare Vorgaben von ihren Fachministerien, um eine Ausstattung voranzutreiben. Experimente gab es nur an ausgewählten Schulen im Rahmen von BLK-Modellversuchen, ihre Breitenwirkung war allerdings nur selten zu erkennen.

Die Praxisorientierung der amerikanischen Telekommunikations und Mediengesetzgebung zeigte sich vor allem in der realistischen Einschätzung des Verhaltens der Marktakteure. Juristische Diskussionen über die Gestaltung der Rahmenbedingungen wurden zwar ebenfalls geführt, aber immer im Hinblick auf die Auswirkungen auf die tatsächliche Medienentwicklung und die Chancen von neuen Unternehmen, in die jeweiligen Bereichen aktiv zu werden. Dass keine rechtlichen Auseinandersetzungen über den Rundfunkbegriff und die Zuordnung der neuen Dienste notwendig waren, hängt damit zusammen, dass es in den Vereinigten Staaten keine getrennte Bund-Länder-Zuständigkeit für Telekommunikation und Rundfunk gibt. Dennoch bietet auch das amerikanische Regulierungssystem genügend Ansatzpunkte für eine komplexe institutionelle Diskussion, die allerdings bezeichnenderweise nicht geführt wurde.

7 Intersektoraler Vergleich

Der internationale Vergleich hat die zentrale Bedeutung der Koordination auf und zwischen den hier unterschiedenen Handlungsebenen für den Erfolg von Programmen für die Förderung der Diffusion technischer Innovationen deutlich gemacht. Dabei wurde auch die der Untersuchung zugrundeliegende Annahme bestätigt, dass diese Koordinationserfordernisse zwischen den drei betrachteten Anwendungsbereichen variieren. Mit Bezug auf die von Sabatier (1996) für die Implementierung politischer Programme herausgestellten Erfolgsfaktoren soll daher abschließend auf den je spezifischen Koordinationsbedarf in den drei Sektoren eingegangen werden. Für die Erfolgsfaktoren Organisation, Recht, Finanzierung, Qualifikation und Infrastruktur wird jeweils für die drei Bereiche zusammengefasst, welche Abstimmungsprobleme entstanden sind, ob und wie sie bewältigt werden und wo noch Handlungsbedarf besteht.

7.1 Organisation

Im Bereich der Schulen und ihres IT-Einsatzes bedeutet in Deutschland die schulrechtlich bedingte organisatorische Trennung zwischen Sach- und Personalaufwandsträger einen immensen Koordinationsbedarf, der auch aufgrund fehlender Zuständigkeit des Bundes kaum ausgeglichen werden kann. Auch in den USA hat der Bund keine originäre Zuständigkeit, kann aber über das Instrument der Armutsförderung (Title 1 des IASA) direkt auf die einzelnen Distrikte und Schulen zugreifen. Das ist ein Problem zwischen den Regelsetzern.

Daraus resultieren erhebliche Abstimmungsprobleme zwischen den Regelsetzern. Sobald für die Organisation staatlicher Programme neue Strukturen aufgebaut werden, erzeugt dies auch neue Koordinationsprobleme (Beispiel: Illinois). Gleichermaßen sind die Einbindung der bestehenden Institutionen und ihre Ausrichtung auf einen neuen Arbeitsbereich nur durch zusätzliche Abstimmung erreichbar. Für die Bildstellen in Deutschland oder die „Clearinghouses" in den USA, die traditionell mit den alten Medien verbunden waren, stellen sich jetzt neue Aufgaben, die mit den Schulen zu koordinieren sind.

Neben der vertikalen Koordination zwischen den Gebietskörperschaften bestehen in beiden Ländern auf jeder Ebene zusätzliche Abstimmungserfordernisse. So sind bei der Lehrerausbildung Kultus- und Wissenschaftsministerium (bzw. State School Board und State College Board) in die Entscheidung über die Ergänzung der Lehrpläne und praktischen Anteile durch neue Medien einzubeziehen. Auch innerhalb der Ministerien stehen IT und Curriculum häufig im Widerspruch, was durch Schaffung neuer Strukturen wie Abteilungen für „Educational Technologies" zu bewältigen versucht wird. Auf der Ebene der Distrikte und Kommunen gibt es in der Regel Abteilungen für die allgemeine Schulverwaltung, für IT und das Bauamt, die bei jeder Maßnahme in den Schulen (Vernetzung, Beschaffung, Wartung und Support, Aufsicht) miteinander koordiniert werden müssen. Im lokalen Handlungskontext innerhalb der Schulen existiert die Notwendigkeit zur horizontalen Koordination zwischen den Fachbereichen und ggf. zwischen Schularten und Schulstufen hinsichtlich des pädagogisch didaktischen IT-Einsatzes. Aufgrund der finanziellen Einschränkungen der öffentlichen Schulträger wird zunehmend Wert auf die Einbindung externer Partner gelegt. Auch dies verursacht Abstimmungsbedarf zwischen Regelsetzern und lokalem Handlungskontext, vor allem wenn es um die Zusammenarbeit zwischen Schulen, Behörden und Unternehmen geht (Public-Private-Partnership).

In den Bereichen Verwaltung und Bildung sind die organisatorischen Strukturen noch stärker in rechtlichen Regelungen kodifiziert. Die institutionellen Bedingungen bei den Online-Verwaltungsleistungen zeigen, dass gesetzgeberische und operative Zuständigkeiten in fast allen Verwaltungsbereichen vertikal und horizontal über föderale und kommunale Verwaltungsstrukturen verteilt sind (Beispiele: Gelsenkirchen, POLIVEST, BOS, STAWRS, WINGS). Daraus ergibt sich ein Abstimmungsaufwand zwischen Gesetz und Verordnungsgebern für den Verwaltungsaufbau und zwischen den Akteuren auf der lokalen Handlungsebene in den Verwaltungen, sobald innovative Anwendungen veränderte organisatorische Zuständigkeiten erfordern.

Ein zweites Abstimmungserfordernis liegt auf der Ebene des lokalen Handlungskontexts allein, da Online-Transaktionssysteme auf zum Teil vertikal differenzierten Märkten der Abwicklung mit den Behörden durch professionelle Dienstleister liegen, die eine Bestimmung des „problem-owner" erschweren (nur in den seltensten Fällen ist dies der Bürger. Beispiele: Gelsenkirchen, RMV, STAWRS). Wesentlich sind hier die Identifikation der handelnden Akteure und ihre Koordination untereinander.

Bei der Realisierung von interaktivem Fernsehen müssen auf der lokalen Handlungsebene die Aktivitäten von Technikfirmen, Content Providern und Betreibern koordiniert werden. Die Besonderheit bei der Realisierung von interaktiven TV-Angeboten besteht darin, dass Know-how aus verschiedenen Bereichen, Abteilungen und Organisationssparten neu strukturiert und auf die neuen technischen Möglichkeiten und Anwendungsziele angepasst werden muss. Es ist eine Abstimmung darüber zu erzielen wie auf der inhaltlichen Ebene die Konvertierung, Kopplung und Kombination mit bereits vorhandenen Ressourcen erfolgen soll. Das neue Angebot muss außerdem einen entsprechenden Zusatznutzen bereithalten, für den die Nutzer bereit sind, auch die Technik mit zu finanzieren. Dies ist abgesehen von der kreativen Dimension zunächst ein organisatorisches Problem, weil bei vielen der in den Pilotprojekten beteiligten Content Provider des Themas „interaktive Medien" noch keine organisatorische Entsprechung hatte. Damit stabile Produktionsketten und die entsprechende Logistik für das interaktive Angebot aufgebaut werden können, müssen Inhalteanbieter den Bereich „interaktive Medien" in ihrem jeweiligen Unternehmensaufbau und in ihren Produktionsstrukturen organisatorisch und personell verankern. Entsprechendes gilt für die Techniklieferanten. Auch hier bedarf es einer organisatorischen Einbettung, einer Neustrukturierung der Produktionsfelder und langfristig der Entwicklung eines neuen Geschäftsbereichs.

7.2   Recht

Beim Einsatz multimedialer Lehr- und Lernsysteme in Schulen ist eine grundlegende Abstimmung der rechtlichen Rahmenbedingungen immer dort zu finden, wo der Einsatz von Informations- und Kommunikationssystemen als Medien die strikte Trennung zwischen Lehr- und Lernmitteln bzw. Sachaufwand und Personalaufwand tangiert. In Deutschland waren die Zuständigkeiten bisher klar verteilt. Die Doppelfunktion von Computern und Internet als Lehrmittel und Lernmittel erfordert nun eine Neuordnung der schulrechtlichen Bestimmungen, die erheblichen Koordinationsaufwand zwischen den regelsetzenden Gesetz und Verordnungsgebern auf Landes und kommunaler Ebene mit sich bringt.

Aufgrund der kürzeren Innovationszyklen sind bei der Beschaffung von Informations- und Kommunikationstechnik die bestehenden Vergaberichtlinien (z.B. europaweite Ausschreibung) durch ihren Zeitverzug aus Kostengründen zu überdenken, was letztlich eine europaweite Abstimmung notwendig machen würde. Analog dazu ist auch der Koordinationsbedarf bei der Formulierung eines Universaldienstes in den Telekommunikationsgesetzen zu sehen. Beide Aspekte verursachen einen Koordinationsbedarf zwischen Regelsetzern und Rahmenbedingungen.

Die Stärkung der Verantwortung der Einzelschule in Deutschland über das Budget ist bislang nur ungenügend umgesetzt worden. Sobald es um die Beschaffung von hochpreisigen Gütern bzw. um die Einstellung von zusätzlichem Personal geht, sind die rechtlichen Rahmenbedingungen noch nicht adäquat angepasst worden (immer noch gelten sie als nachgeordnete Dienststellen des Schulträgers). In den USA waren die rechtlichen Rahmenbedingungen für die Verwendung von Bundesmitteln an Distrikte und Schulen im Rahmen von Title 1 neu abzustimmen. Die Frage war, ob sie auch für IT- und Netzinfrastruktur verwendet werden können, die letztlich allen und nicht nur den benachteiligten Schülerinnen und Schülern zur Verfügung steht. Hier besteht in beiden Nationen Abstimmungsbedarf zwischen Ländern bzw. Bundesstaaten, kommunalen Schulträgern und den Schulen.

In den USA wird versucht, über Lehrpläne neue Lehr- und Lernformen unter Einbeziehung von neuen Medien in den Unterricht zu bringen. Daher ist es entscheidend, wie die Ausgestaltung der verstärkt zentral formulierten Curricula und ihre Abstimmung mit den verschiedenen Akteuren realisiert werden kann. In Deutschland gilt die gleiche Abstimmungsnotwendigkeit. Die Bedeutung der Rahmenpläne ist aber geringer einzuschätzen, da auf der individuellen Unterrichtsebene die einzelne Lehrkräfte über einen hohen Autonomiegrad verfügen.

Sowohl in den USA als auch in Deutschland muss die Curriculumentwicklung zwischen Schulbehörde und Lehrkräften koordiniert werden.

In allen Fallstudien zu den Online-Transaktionssystemen in der öffentlichen Verwaltung zeigte sich das grundlegende Problem, dass formale Formvorschriften, insbesondere bezüglich der Dokumente, die von den Kunden vorzulegen sind, einer elektronischen Abwicklung zumeist noch entgegenstehen, daran bisher jedoch wenig geändert worden ist. Es fehlt bisher nicht nur an der Abstimmung zwischen den Regelsetzern und den Technikentwicklern sowie Organisatoren auf der lokalen Ebene, sondern auch an der Abstimmung zwischen den beiden regelsetzenden Bereichen für die digitalen Signaturen auf der einen und den Formvorschriften für die Anwendungen auf der anderen Seite.

Ein weiteres rechtliches Problem ist die Genehmigung von Online-Verwaltungsleistungen durch regelsetzende Akteure. Sie müssen z.B. prüfen, ob Datenschutzauflagen eingehalten sind. Oder sie erlauben ansonsten unzulässige Informationsweitergaben zwischen Behörden. Für ersteres ist die Überprüfung der vorverlagerten Stadtverwaltung in Gelsenkirchen durch den Landesdatenschutzbeauftragten, für das zweite die Disclosure-Regelung zwischen bundes und einzelstaatlichen Steuerbehörden in den USA (s. STAWRS-Fallstudie) ein Beispiel.

Ein weiterer wichtiger Punkt sind die Einflussmöglichkeiten der Mitarbeiter auf die Gestaltung des Projektes. In Deutschland gibt es dazu formale Mitbestimmungsregelungen. Ohne ihre Zustimmung können Online-Transaktionssysteme nicht eingeführt werden. Dies bedeutet einen Koordinationsbedarf innerhalb des lokalen Handlungskontextes (zwischen Mitarbeitervertretungen und Behördenleitungen), wie auch mit den Regelsetzern, wenn z.B. Gesamtpersonalräte oder Betriebsvereinbarungen berücksichtigt werden müssen. Die Fallstudien zeigen, dass bei dem erreichten Stand der Realisierung das Problem der Mitbestimmung, häufig von Behördenspitzen auch für Innovationsrückstände verantwortlich gemacht, keinen negativen Einfluss hatte.

Im Bereich der rechtlichen Voraussetzungen für interaktive Fernsehangebote gab es erheblichen Koordinationsbedarf zwischen dem Medien und dem Telekommunikationsrecht, also auf Ebene der Regelsetzer. Der Koordinationsbedarf ergibt sich aus der hybriden Form interaktiver TV-Angebote, bei der verschiedene Merkmale von Rundfunk und Telekommunikationsdiensten kombiniert werden.

Aus der Konvergenz von Medien, Telekommunikation und Computern wurde vielfach geschlossen, dass auch die bisher separate Regulierung dieser Bereiche zusammengelegt werden muss. Dabei wurde in Deutschland besonders darauf verwiesen, dass die Kompetenzverteilung zwischen Bund und Ländern hinderlich ist für die Entwicklung neuer Dienste. Bei der Untersuchung der Pilotprojekte fanden sich jedoch keine Anhaltspunkte dafür, dass die konkrete Regulierung der jeweiligen Angebote den Verlauf der Projekte negativ beeinflusst hat.

Ein hoher Abstimmungsbedarf wird auch bei den wettbewerbsrechtlichen Vorgaben in den Bereichen Telekommunikation und Medien gesehen, also auch auf Ebene der Regelsetzer. In den USA ging es hierbei einerseits um die Aufhebung von Regelungen zur „Cross-Ownership" und zum anderen um die weitere Liberalisierung des Telekommunikationsmarktes („Infrastrukturwettbewerb"). In Deutschland ist selbst nach dem Teilverkauf des Kabel-TV-Netzes der Deutschen Telekom im Frühjahr 2000 noch nicht vorstellbar, dass sich Kabelnetzbetreiber und Telefongesellschaften bei den gleichen Diensten (Telefonie, Internet-Zugang, digitale TV-Angebote) in intensive Konkurrenz zueinander begeben. Weder Info 2000 noch das Telekommunikationsgesetz von 1996 haben die Doppeleigentümerschaft problematisiert.

Ein weiterer Punkt, bei dem rechtliche Vorgaben Koordinationsprobleme zwischen lokalem Handlungskontext und Regelsetzern verursachen, ist der Bereich der Vorschriften für die Decoder-Box des digitalen Fernsehens. In den USA schreibt die FCC die sogenannte „Common-Interface-Technik" nach der ein Nutzer nur ein Endgerät (Set-Top-Box) kaufen oder mieten muss, in die er je nach Bedarf zusätzliche Module einsteckt. In Deutschland fehlte eine Abstimmung über entsprechende Regelung. Hier konnten Unternehmen einen proprietären Standard durchsetzen.

7.3   Finanzierung

Aufgrund der staatlichen Hoheit über die Schulen und deren fehlenden Einnahmemöglichkeiten sind die Schulen und Schulträger bei der Förderung eines umfangreichen IT-Einsatzes in Schulen auf zusätzliche Mittel angewiesen, die die Kosten aus ihrem Budget nicht alleine bestreiten können. Allerdings stellen die laufenden Betriebskosten vernetzter IT sowie ihre Wartung und Reparatur staatliche Investitionsprogramme vor schwerwiegende Probleme. Daher ist es erforderlich, langfristig ausgelegte Programme zu definieren, die auch die Folgekosten berücksichtigen. Damit ist aber eine Aufnahme der Betriebskosten für die IT-Ausstattung in den Schulen in den allgemeinen Haushalt der Schulträger bzw. Distrikte zu erreichen – es geht nicht mehr nur um einmalige Investitionen. Insbesondere wenn Drittmittelgeber involviert sind, ist eine Abstimmung zwischen Regelsetzern (Sachaufwandsträger) und lokalem Handlungskontext erforderlich. Gleichermaßen verursachen die zusätzlichen Mittel aus Bundes- oder Landesprogrammen sowie von privaten Institutionen einen Koordinationsaufwand, der insbesondere darin besteht, wie die Zielgruppe – in der Regel die Schulen – von den Mitteln profitieren können. Daher war eine Absprache darüber zu erzielen, ob die Mittel als Schlüsselzuweisung auf der Basis etablierter Vergabeformen („Königsteiner Schlüssel" bzw. „Title 1") an die Schulen und Schulträger gelangen und wie viele Komplementärmittel erforderlich sind oder ob die Mittel im Form von Wettbewerben mit welchen Kriterien vergeben werden. Da neben den direkt auf die Förderung der IT-Ausstattung ausgerichteten staatlichen Programme noch weitere Programme anderer Bundes- und Ländereinrichtungen sowie Stiftungen usw. existieren, war eine Abstimmung über die grundlegenden Anforderungen an die Bewerber zu erreichen.

Als notwendige Voraussetzungen für Projekte im Bereich der Online-Verwaltungsleistungen können zum einen die Fördermittel staatlicher Institutionen (POLIVEST, BOS, STAWRS) und zum anderen die strategischen Interessen kommerzieller Softwareanbieter oder Rechenzentren (Gelsenkirchen, POLIVEST, BOS, RMV, WINGS) angesehen werden. Dies erfordert die Abstimmung zwischen Ressourcen und Drittmittelgebern. Unmittelbar daran an schließt sich das Problem der Institutionalisierung der Finanzierung über den Projektzeitraum hinaus an, da die Programme, aus denen die Fördermittel gewonnen werden, irgendwann enden und sich Geschäftsinteressen der Unternehmen ändern (POLIVEST, STAWRS, WINGS). Dadurch wird eine Koordination auf Ebene der Regelsetzer notwendig. Dabei spielen auch die Rahmenbedingungen der zur Verfügung stehenden Einnahmen der öffentlichen Hand eine Rolle. Je mehr Geld grundsätzlich zur Verfügung steht, sei es durch höhere Staatsquoten oder Steuereinnahmen, umso größeren Handlungsspielraum gibt es auf Ebene der Regelsetzer und im lokalen Handlungskontext.

Auf der Ebene des lokalen Handlungskontextes ist die Kosten-Nutzen-Verteilung von Online-Transaktionen kritisch für die Akzeptanz bei den Beteiligten. Sie hat auch Auswirkungen auf die Finanzierung durch die Ressourcengeber auf der regelsetzenden Ebene. Diese müssen z.B. akzeptieren, dass eine ungleiche Kosten-Nutzen-Verteilung zwischen Bürgern und Behörden auch dann vertretbar ist, wenn der Nutzen weit überwiegend auf Bürgerseite, die Kosten aber auf Behördenseite anfallen. (BOS, STAWRS, WINGS).

Ein weiteres Koordinationsproblem zwischen lokalem Handlungskontext und Regelsetzern ist die Umsetzung des New Public Management, d.h. der Einführung produktbezogener Budgetierung. Besonders bei interorganisatorischen Verwaltungsleistungen (STAWRS, WINGS, BOS) entstehen Verrechnungsprobleme für die Erbringung gemeinsamer Leistungen, z.B. den Betrieb der Online-Plattform oder des Front-Office. Diese Abstimmungsleistungen sind auch unter Berücksichtigung Rahmenbedingung Verwaltungsmodernisierung und der hierin jeweils betonten Inhalte zu berücksichtigen. Diese sieht in beiden Ländern einen starken Druck auf die Behörden vor, produktbezogene Budgetierung und Planungsmethoden einzuführen, vor deren Hintergrund Online-Verwaltungsleistungen nachgesetzte Priorität haben. In den USA ist der Einsatz von Informationstechnologie allerdings auch in der Rhetorik der Reformer integraler Bestandteil der Verwaltungsmodernisierung.

Das finanzielle Risiko bei der Realisierung von interaktiven Angeboten besteht darin, dass es keine Nachfrage gibt, solange das Angebot nicht verfügbar ist, und dass es oft solange nicht verfügbar gemacht wird, wie keine Nachfrage erkennbar ist. Diese Tatsache wirkt oft als Investitionsblockade und zieht eher abwartendes Verhalten bei vielen Unternehmen nach sich. Deshalb ist bei der

Realisierung von interaktiven TV-Angeboten eine sogenannte „Pay-and-Pray-Einstellung" der Muttergesellschaft notwendig, um den notwendigen langen Atem für das Projekt zu haben. Hat die Muttergesellschaft ein strategisches Interesse an dem Projekt, das sich auch langfristig z.b. vor den Aktionären vertreten lässt, ist es wahrscheinlicher, dass entsprechende Ergebnisse produziert werden. Dies ist ein Problem der Koordination zwischen den Akteuren auf der lokalen Handlungsebene und der Konzernspitze. Dazu gehört auch das Bewusstsein, dass sich Mediennutzungen nur langsam verändern und dass interaktives Fernsehen kein Massen, sondern ein Nischenmarkt ist, der entsprechend sorgfältige Zielgruppenorientierung verlangt. Der langwierige und kostenintensive Aufbau von interaktiven Systemen kann nur von großen Medienunternehmen bewerkstelligt werden, die ein langfristiges Interesse daran haben, Inhalte auf diesem neuen Weg zu vertreiben. Dennoch ist es notwendig, dass das Angebot selbst ab einer gewissen Zeit rentabel wird oder sich zumindest selbst tragen kann. Dies war solange kein Problem, als der Weg zur Kapitalbeschaffung über die Börse reibungslos funktionierte. Inzwischen ist es für die Betreiber wichtiger geworden, „reale" Geschäftsmodelle zu besitzen, die auch kurz und mittelfristig erfolgversprechend sind. Das Koordinationsproblem besteht dabei darin, neue Einkommensströme zu generieren und vorhandene Einkommensströme zu kombinieren. Dies muss auf der lokalen Ebene geleistet werden.

Das generelle Problem, vor dem im Bereich der interaktiven Medien fast alle Anbieter stehen, ist, dass es nicht mehr die eine Einnahmequelle gibt, die das komplette Angebot finanzieren kann. Man ist deshalb auf eine Kombination aus Werbung, Sponsorship, e-Commerce, Lizenzgebühren usw. angewiesen. Das Know-how, einen interaktiven Dienst rentabel zu gestalten, wird allerdings erst aufgebaut. Die Betreiber können nicht ohne weiteres die bekannten und bewährten Modelle auf das neue Angebot übertragen.

7.4   Qualifizierung

Beim integrierten IT-Einsatz in Schulen sind zwei Gruppen von der Qualifizierungsproblematik betroffen, die eine Abstimmung zwischen den Akteuren auf dem lokalen Handlungskontext und den Regelsetzern (Aus- und Fortbildungseinrichtungen) erfordern. Auf der Hand liegt, dass Lehrkräfte nicht nur Basiskenntnisse im Umgang mit den Geräten und die entsprechende Medienkompetenz zu Beherrschung des Internet erhalten müssen, sondern eine fächerintegrierte Nutzung des IT bedeutet auch den Aufbau eines fachdidaktischen Wissens beim Einsatz neuer Medien. Hierbei sind die Ausbildungseinrichtungen (Universitäten, Colleges und der Bereich der Referendarsausbildung) untereinander und mit den Fortbildungseinrichtungen zu koordinieren. Ein Schwerpunkt liegt auf der schulinternen Fortbildung durch Multiplikatoren, um die Kollegien möglichst ortsnah und schnell fortbilden zu können. Dafür sind im lokalen Handlungskontext Strukturen aufzubauen, Personen zu gewinnen und Inhalte zu definieren, um eine flächendeckende Qualifizierung zu erreichen. Neben den Lehrerinnen und Lehrern in der Schule müssen aber auch die Schulleitungen sowie die Beschäftigten in den Schulbehörden auf kommunaler Ebene und auf Landesebene qualifiziert werden.

Handlungsbedarf besteht bei den Online-Verwaltungsleistungen einmal in der Förderung der IT-Kompetenz der Behördenmitarbeiter. Dies kann in der Regel durch bestehende Mechanismen, insbesondere Schulungen, erreicht werden. Sofern Online-Verwaltungsleistungen neue Aufgaben für die Mitarbeiter bedeuten, sind aber auch die Rahmenbedingungen der Laufbahngestaltung zu berücksichtigen, z.b. in Deutschland bestimmte Eingruppierungsfragen im Angestelltentarifvertrag, wenn neue beratende Aufgaben hinzukommen oder Routinetätigkeiten wegfallen, wie es die Einführung von Online-Verwaltungsleistungen in ihren Geschäftsmodellen grundsätzlich vorhaben. Die Fallbeispiele zeigten, dass die Mitarbeiter neuen Techniken gegenüber aufgeschlossen sind, solange sie sich im Rahmen inkrementeller Innovationen in ihre Arbeitsläufe eingliedern lassen. Radikale Wechsel, z.B. Videokonferenzen, sind dagegen schwerer einzuführen.

Kritisch ist die IT-Kompetenz der behördennahen IT-Realisierer zu sehen. Insbesondere die Betreiber der bisherigen Verfahren wie kommunale Rechenzentren haben Schwierigkeiten, die für Online-Transaktionen notwendige Kompetenz im Bereich der Internet-Technologien aufzubauen. Gleichzeitig ist die Aussicht auf Steigerung dieser Kompetenz einer der vordringlichsten Gründe, warum diese Institutionen sich an Online-Transaktionsprojekten beteiligen. Die Schulung dieser Mitarbeiter ist jedoch ein neues Problem, das im lokalen Handlungskontext (durch die Realisierer selber) oder in Abstimmung mit den öffentlichen oder privaten Aus und Weiterbildungseinrichtungen gelöst werden muss.

Mit Online-Transaktionssystemen muss auf der Seite der Bürgerinnen und Bürger auch deren Medienkompetenz sichergestellt werden. Hier gibt es nicht nur Anknüpfungspunkte an den Untersuchungsbereich Schule, sondern es geht um spezifische Fähigkeiten im Umgang mit dem Medium für alle Bevölkerungsgruppen. Dazu gehört die vorhandene Technikkompetenz wie auch subjektive Faktoren wie Sicherheit und Vertrauen für die jeweils eigene Hilfestellungen vorgeschlagen werden müssen (BOS, RMV, STAWRS, WINGS). Hier müssen lokaler Handlungskontext und Rahmenbedingungen, insbesondere auch das Vertrauen in e-Commerce, aufeinander abgestimmt werden.

Online-Transaktionssysteme verlangen aber auch eine Steigerung der „Verwaltungskompetenz" auf Bürgerseite, da sie jetzt größere Teile des Verwaltungsverfahrens beherrschen können müssen oder geeignete Strukturen aufgebaut werden müssen (z.B. öffentliche betreute Zugänge), die Unterstützung geben. Hier sind die Verwaltungskompetenzen und Online-Fähigkeiten der Bürger zu koordinieren. Sie können nicht nur im Rahmen des lokalen Handlungskontextes beeinflusst werden, sondern sind auch in kulturellen Fertigkeiten und Einstellungen begründet.

Für die Betreiber eines interaktiven TV-Dienstes ist die Zielgruppenorientierung auf dem lokalen Handlungskontext das entscheidende Koordinationsproblem. Denn die Unternehmen sind es gewohnt, in traditionellen Kategorien über ihre Zielgruppe zu denken. Die Zielgruppe von interaktiven Diensten ist aber eine andere als die des angestammten Geschäftsbereichs (z.b. Kabelfernseh-Abonnenten, Zeitschriftenpublikum oder Telefonkunden).

Oftmals wurden technische Erreichbarkeitskriterien über ZielgruppenErwägungen gestellt. o.tel.o z.b. versorgte im Pilotprojekt InfoCity seine Kabelkunden mit breitbandigen Internetanschlüssen vor allem dort, wo das Unternehmen über eigene Netzinseln verfügte. Dass sich in diesem Netzinseln hauptsächlich Seniorensiedlungen und Gebiete befanden in denen Bevölkerungsschichten mit relativ niedrigem Ausbildungsstand wohnten, wurde erst im Nachhinein festgestellt.

Sowohl für TV als auch für computerbasierte neue Medienangebote gilt, dass die Nutzerinnen und Nutzer über entsprechende Nutzungskompetenzen verfügen müssen, die sich aus den Eigenheiten des jeweiligen Angebots ergeben. Sie müssen die Bereitschaft mitbringen, eigene Nutzungsroutinen zu verändern und neue Verhaltensweisen zu erlernen. Medienkompetenz zu vermitteln, bzw. Anregungen zur Veränderung etablierter Nutzungsgewohnheiten zu geben, ist zum einen Aufgabe von staatlichen wie privaten Bildungseinrichtungen aber auch der Anbieter, die über Kompetenzzentren, Roadshows, Präsentationsräume, das Interesse an ihrem Angebot steigern können. Deshalb bedarf es hier der Koordination zwischen dem lokalen Handlungskontext, den Regelsetzern sowie der Rahmenbedingungen. Hier geht es darum, durch entsprechende Maßnahmen die Vertrautheit mit interaktiven Medien zu erhöhen, denn ihr Nutzen wird erst bei tatsächlicher Verwendung oder konkreter Anschauung deutlich. Für die Angebotsgestaltung selbst geht es darum, dass sie nicht radikal mit etablierten Nutzungsmustern brechen. Es stellte sich heraus, dass Video-on-demand sich zu sehr vom herkömmlichen Programmfernsehen unterscheidet. Pay per View Angebote werden dagegen besser akzeptiert, weil sie näher an der vertrauten Nutzungssituation der TV-Zuschauer sind. Trotzdem stellt Pay per View eine höhere Stufe der Interaktivität dar, die ebenfalls eine Veränderung des Nutzungsverhaltens voraussetzt. Neue interaktive Angebote sollten deshalb als Kombinationen konzipiert werden, in denen vorhandene Nutzungsmuster erweitert werden.

7.5 Infrastruktur

In den Schulen war die Infrastrukturförderung der Ausgangspunkt der Bemühungen sämtlicher staatlicher Förderprogramme. Der Zugang zum Internet sollte eine Welle des Enthusiasmus in den Schulen hervorbringen. Dabei kollidieren allerdings die lokalen Bemühungen der Schulen mit den Aktivitäten in den Großstädten bei Aufbau eines eigenen Verwaltungsnetzes, an das auch Schulen angeschlossen werden können, mit den Interessen der kommerziellen Netzbetreiber, die direkt für die Infrastruktur an den Schulen sorgen wollen. Hier bedarf es einer langfristigen Koordination zwischen Regelsetzern (Schulträger, Drittmittelgeber, Netzbetreiber, Techniklieferanten) und dem lokalen Handlungskontext, um benachteiligte Regionen, die über kein eigenes Netz verfügen den Zugang zu ermöglichen und gleichzeitig Städte oder ganze Bundesländern, die sich um den Aufbau einer eigenen Netzinfrastruktur bemühen, nicht zu bremsen. Ein bedeutsamer Abstimmungsbedarf zwischen den Regelsetzern (Schulträger und Techniklieferanten) und dem lokalen Handlungskontext Schule besteht darin, neue PCs und andere Komponenten in bestehende Hardware- und Netzwerklandschaften zu integrieren.

Neben der technischen Infrastruktur wird dem Aufbau von inhaltlichen Unterstützungssystemen (Bildungsserver) sehr viel Aufmerksamkeit geschenkt. Um keine redundanten Informationen auf 50 Servern der Bundesstaaten bzw. 16 Server der Bundesländer und zusätzlich auf Bundesebene und durch externe Anbieter bereit zu stellen, ist eine Abstimmung zwischen den Betreiber zwingend erforderlich. Hierbei geht es nicht nur um technisch organisatorische Vorgaben, sondern auch um inhaltliche Erfordernisse und Mindeststandards. Dies ist ein Abstimmungsproblem zwischen Ministerien und Inhalteanbietern.

Online-Verwaltungsleistungen setzen den Aufbau von Infrastrukturen voraus, die Authentifizierungsverfahren (z.B. Public Key) überhaupt erst ermöglichen. Hier müssen die Realisierer und sekundären Dienstleister die technische Interoperabilität zu den Trustcentern auf der regelsetzenden Ebene sicherstellen. Es kommt dabei auch zu Abstimmungsproblemen, die sich aus der gesetzlichen Regelung von PKI als Rahmenbedingung ergeben. Der Staat geht in beiden Ländern davon aus, dass die PKI von der Privatwirtschaft aufgebaut werden sollen. Dabei ist aber eine staatlich zu treffende Regelung zu finden, wie den PKI getraut werden können. Dazu sind verschiedene Modelle (Haftung, Zertifizierung) möglich. Auf der anderen Seite sind der Staat bzw. die Behörden im lokalen Handlungskontext einer der Hauptnutzer einer solchen PKI. So entsteht hier ein Abstimmungsbedarf über alle drei Ebenen hinweg, und zwar zwischen Bürgern, Mittlern, sekundären Dienstleistern, Behörden, Trustcentern und Signaturgesetzgeber hinweg (s. Beispiele in Gelsenkirchen, BOS, RMV, tlw. STAWRS, WINGS).

Ähnliche Abstimmungsprobleme gibt es auf der Ebene der Bezahlsysteme. Denn Online-Verwaltungsleistungen müssen eine effektive und effiziente Bezahlmöglichkeit integrieren. Dies erfordert die Koordination verschiedener Akteure, die bisher nicht in Verwaltungsverfahren überhaupt involviert waren. Dazu sind Kooperationen mit der Kreditwirtschaft erforderlich (Gelsenkirchen, BOS, RMV, WINGS). Deshalb hat auch die Rahmenbedingung der allgemein etablierten Bezahlsysteme (Giroverkehr, Checksysteme, Kreditkarten) einen bestimmenden Einfluss auf die Entwicklung von Online-Verwaltungsleistungen. Hier bedarf es der Abstimmung mit der Kreditwirtschaft.

Ein weiteres Koordinationsproblem auf Ebene der Rahmenbedingungen ist die Standardisierung von Datenaustauschprotokollen. Die technische Integration der Zentralrechner in den Behörden mit Netzwerktechnologie, die für Online-Transaktionssysteme eingesetzt werden (Internet, EDI usw.) ist praktisch schwierig und führt in der Regel zu erheblichen Performanzproblemen. Daher sind Abstimmungen mit Herstellern und den Rechenzentren über die Interoperabilität und Portabilität von Datenbanken usw. zu führen. Aus der Geschichte von EDI hat sich gezeigt, dass zwischen Unternehmen häufig eine Organisationslücke entsteht, die eine branchenübergreifende Standardisierung erschwert. Das gilt auch für die Verwaltung, trotz ihrer diverser Abstimmungs und Koordinationsgremien (KoopA-IT, IMKA auf Ebene der Bundesbehörden). Für Online-Transaktionen ist ebenfalls eine Standardisierung erforderlich. Dies gelingt aber höchstens im Rahmen einzelner Behörden oder Zuständigkeiten, wie z.B. in der deutschen Steuerverwaltung. In der amerikanischen, wo es zwei verschiedene Souveränitäten gibt, gibt es sie hingegen nicht.

Für den Bereich der interaktiven Medienangebote besteht das Koordinierungsproblem beim Aufbau einer geeigneten technischen Infrastruktur darin, dass vorhandene Komponenten und Systeme durch neuen Technologien aufgerüstet, erweitert und teilweise ersetzt werden müssen. Dies betrifft zum einen die Betreiber von Kabel-TV und Telefonnetzen als auch die Nutzer, deren Anschlüsse bzw. technischen Geräte ergänzt oder ausgetauscht werden müssen. Es handelt sich also um ein Abstimmungsproblem auf der lokalen Ebene. Die technische Infrastruktur für interaktive TV-Dienste funktioniert zwar problemlos in den Laboren der Hersteller. Im Regelbetrieb und bei gleichzeitigem Zugriff vieler Nutzer tauchen allerdings Probleme auf, die nicht vorhersehbar sind. Tatsächlich hat sich herausgestellt, dass die Realisierung einer funktionsfähigen breitbandigen und rückkanalfähigen Infrastruktur eine Herausforderung ist, an der viele Projekte gescheitert sind. Investitionen in die technische Infrastruktur hängen unmittelbar mit dem etablierten oder dem neuen Geschäftsmodell der Netzbetreiber zusammen. Fehlt die technische Möglichkeit, eigene Inhalte einspeisen zu können, weil nicht über alle Netzebenen verfügt werden kann, wird ein privater Kabel-TV-Betreiber wenig Interesse daran haben, neue Dienste anzubieten. Die Ausstattung der Haushalte mit Telefon, Kabel-TV bzw. Satellitenanschluss ist eine wesentliche Voraussetzung für die Nutzung von interaktiven TV-Diensten. Dies betrifft aber nur die Übertragung von Inhalten. Für die Darstellung der Inhalte sind darüber hinaus Geräte notwendig, die entweder bereits vorhanden sein müssen oder die neu angeschafft werden müssen. Hier ist es wichtig, dass neue Angebote auf den bestehenden Geräten aufbauen können und diese erweitert und ergänzt werden können.

8 Zusammenfassung und Ausblick

Es dürfte nicht verwundern, dass der internationale und der intersektorale Vergleich die Ausgangsthese im Wesentlichen bestätigt haben, dass die Einbettung in den jeweiligen Anwendungskontext ein entscheidender Erfolgsfaktor für Programme zur Förderung der Diffusion und Anwendung neuer Techniken ist. Wenig überraschend ist auch die Feststellung, dass einfache Verallgemeinerungen, wie sie als Ausgangshypothesen zur Strukturierung dieser Untersuchung formuliert wurden, sich in den konkreten empirischen Fällen so nicht halten lassen. Weder die Unterscheidung der Sektoren nach Governance-Strukturen noch die Gegenüberstellung von unterschiedlichen Politikstilen in den beiden betrachteten Ländern wird der hier geschilderten Realität gerecht. Dieses Problem unscharfer Grenzen ist sogar während des Untersuchungszeitraums durch Veränderungen der Realität noch größer geworden. So sind in der Praxis in die öffentliche Verwaltung und das Schulsystem mit der Einführung neuer Techniken auch neue Steuerungskonzepte eingeführt worden. Und in Bezug auf die Politikstile sind Anpassungen zu verzeichnen. Schlaglichtartig können die wichtigsten Befunde wie folgt zusammengefasst werden:

In den Bereichen *Bildung und öffentliche Verwaltung* könnten mit einem abgestimmten Vorgehen auf Bundesebene wichtige Rahmenbedingungen und Regelsetzungen vorgenommen werden, die Einführung von IT-Anwendungen (Online-Verwaltungsleistungen bzw. multimedial gestützte Lehr- und Lernsysteme) beschleunigen. Im *Verwaltungsbereich* gehören dazu insbesondere die Schaffung eines allgemeinen Innovationsklimas, die Regelung digitaler Signaturen und vor allem die entsprechende Anpassung der einzelnen Fachverfahren. Zur Verbreitung der Nutzung von Multimedia und Telekommunikation in den *Schulen* gilt es insbesondere, die Lehrkräfte so weit zu qualifizieren, dass sie mit den neuen Unterrichtsbedingungen durch neue Medien und neue Curricula zurecht kommen. Ein entsprechendes Reformklima in der Schule ist aber nur dann zu erreichen, wenn begleitende Maßnahmen in der Schulentwicklung begonnen werden und die Schule eigenverantwortlich die Planungen ihres integrierten Technikeinsatzes vornimmt. Hier ist bisher auf der Bundesebene noch keine breite „Aufbruchsstimmung" verbreitet worden, die auch den lokalen Promotorinnen und Promotoren ausreichend Rückenwind für ihre Initiativen gibt.

In beiden Sektoren muss allerdings berücksichtigt werden, dass derartige Maßnahmen in den Zuständigkeiten der einzelnen Ministerien liegen und zwischen Bund, Land bzw. Bundesstaat und Kommunen verteilt sind. Während in den USA Präsident Clinton diese Angelegenheit zur Chefsache erklärt und in Abstimmung mit den Fachministern die Ministerien zu einer entsprechenden Umsetzung ermutigt hat, war eine entsprechende Moderationsrolle der Bundespolitik nicht erkennbar.

Da die konkreten Projekte dann auf der kommunalen Ebene bzw. auf der Ebene der Bundesländer bzw. Bundesstaaten durchgeführt werden müssen, kann der Bund nur indirekt Einfluss nehmen. Durch die Konstruktion von Förderprogrammen als Wettbewerb lässt sich eine indirekte Steuerung erreichen und die Verteilung der Mittel optimieren. Neben den gesetzlich verankerten Schlüsselzuweisungen stellt dies eine weitere Option zu Einflussnahme dar.

Die Governance-Struktur im Bereich *Interaktives Fernsehen* ist weitgehend die des Marktes. Im Unterschied zu den Bereichen öffentliche Verwaltung und Schulen, in denen der Staat durch Verordnungen, Mittelzuweisungen und Personalpolitik die Entwicklung stark beeinflussen und über hierarchische Strukturen relativ souverän steuern kann, widersetzt sich der Multimediabereich einer derartigen Steuerung. Hier sind es vor allem die privaten Unternehmen, die die Entwicklung bestimmen und die für den Einsatz neuer Technologien und den Aufbau neuer Produktionsstrukturen verantwortlich sind.

Die Durchgriffsfähigkeit staatlicher Maßnahmen zur Entwicklung des Mediensektors ist deshalb äußerst begrenzt. Vor allem im Zeitalter von Globalisierung und Liberalisierung ist dekretive Medienpolitik schwer vorstellbar. Lediglich die Rahmenbedingungen, innerhalb derer sich neue Angebote entwickeln können, bleiben als Gestaltungsinstrumente des Staates erhalten.

Spätestens der missglückte Versuch, hochauflösendes Fernsehen in Europa Mitte der 1990er Jahre per Dekret einzuführen, hat deutlich gemacht, dass die Medienentwicklung zu komplex geworden ist für Formen der autoritativen staatlichen Steuerung (vgl. Kleinsteuber 1995 und Ziemer 1994). Auch die vergleichsweise schleppende Entwicklung des Internets in Frankreich, wo sich die Politik bereits in den 1980er Jahren auf Minitel als interaktives Medium festgelegt hatte, zeigt, dass weder die technische noch die medienwirtschaftliche Entwicklung adäquat vorausgesagt werden kann und sich direkte staatliche Vorgaben durchaus negativ auswirken können, vor allem wenn sich dadurch Entwicklungkorridore bilden, die nur schwer wieder verlassen werden können (vgl. Berne 1997).

In den jeweiligen staatlichen Programmen zur Informationsgesellschaft wird die mangelnde staatliche Gestaltungsmacht im Bereich der Medienentwicklung durchweg eingeräumt: Sowohl in der NII als auch in Info 2000 wird dem Markt die entsprechende Kompetenz zur Medienentwicklung zugesprochen. In den Vereinigten Staaten ist die Marktorientierung dabei noch stärker ausgeprägt als im deutschen Programm. Die NII sah keine staatlichen Mittel oder Projekte im Bereich für die Entwicklung interaktiver TV-Dienste vor. Diese wären von den Unternehmen als ungerechtfertigte Wettbewerbsverzerrung gesehen worden. In Deutschland gab es dagegen auf Landesebene verschiedene Projekte, in denen politische Akteure versuchten, Einfluss auf die Entwicklung zu nehmen und dadurch Vorteile beim Standortwettbewerb zu erzielen. Die eingesetzten Instrumente reichten dabei von Anschubfinanzierung über konzertierte Aktionen bis zur Moderation von Interessen der Unternehmen. Dass die deutschen Projekte durchweg gescheitert sind, lässt sowohl den Ansatz als auch die gewählten Instrumente in einem kritischen Licht erscheinen.

Zu den Schwierigkeiten, auf lokaler Ebene konkrete Medienprojekte erfolgreich durchführen zu können, kommt hinzu, dass die Infrastrukturversorgung, eine ehemals originär staatliche Aufgabe, im Zuge von Liberalisierung und Privatisierung des Telekommunikationssektors nunmehr privatwirtschaftlich organisiert wird. Der Staat hat damit ein wesentliches Instrument der Gestaltung aus der Hand gegeben. Auch hier ist die Entwicklung in den Vereinigten Staaten weiter fortgeschritten als in Deutschland. Während es in den USA darum ging, noch mehr Wettbewerb, vor allem im Ortsnetzbereich zu ermöglichen, wurde in Deutschland der Telekommunikationsmarkt erstmals mit dem TKG von 1996 für den Wettbewerb geöffnet.

Auch im Fernsehbereich wird es für die Politik immer schwerer, konkrete Vorgaben in Richtung neuer Dienste zu machen. In vielen Bereichen, wie z.b. bei der Anhebung der Konzentrationsobergrenzen, begnügten sich die Gesetzgeber damit, die faktische Marktentwicklung im Nachhinein zu sanktionieren. In Deutschland unterliegt der Fernsehbereich durch den starken öffentlichrechtlichen Rundfunk und das System der Landesmedienanstalten prinzipiell einer höheren politischen Einflussnahme. Obwohl sie die Diskussion über weite Strecken bestimmten, gingen von diesen Institutionen jedoch keine entscheidenden Impulse für neue Dienste aus.

Politische Gestaltungsmöglichkeiten im Multimediabereich gibt es vor allem bei den Rahmenbedingungen, der Regelsetzung, d.h. der Markt und Infrastrukturregulierung. Eine kluge Regulierung, die die Gesetzmäßigkeiten der Medienentwicklung entsprechend berücksichtigt, kann durchaus die Entstehung neuer Dienste bewirken. Doch die Telekommunikations- und Medienregulierung ist ein äußerst komplexer Bereich, er ist geprägt von unterschiedlichen Akteuren, die größtenteils gegensätzliche Positionen vertreten (siehe z.B. die Open Cable-Debatte in den USA) und eignet sich kaum als Profilierungsfeld für Politiker. Robinson (1995, 36) stellt in diesem Zusammenhang fest, dass US-Präsident Clinton der erste amerikanische Präsident war, der die Telekommunikationspolitik explizit zu einem bedeutenden Bestandteil seines politischen Programms machte. Traditionell galt dieses Thema als zu kompliziert und zu technisch für die Allgemeinheit. Clinton und Gore haben es verstanden, die nationale Informationsinfrastruktur auf die Tagesordnung zu setzen. Es stellte sich aber auch hier heraus, dass sie zu vielen Detailfragen, die im Laufe der Initiative aktuell wurden, keine eigene Position hatten und lediglich aufgriffen, was an Gesetzesvorhaben bereits im Kongress ausgehandelt wurde oder was ihnen die Experten in der Regulierungsbehörde FCC nahelegten (vgl. Robinson 1995, 38ff).

Im Hinblick auf das systematische Verständnis und den wissenschaftlichen Erkenntnisstand erscheint es besonders bemerkenswert, dass die stärker auf Moderation ausgerichtete und durch größere Problemlösungsumsicht gekennzeichnete Politikansatz in den USA weitestgehend auf die Phasen des Agenda Settings sowie der Programm und Projektformulierung beschränkt war und bei der konkreten Umsetzung vor Ort zumeist nicht mehr wirkungsvoll war. Dies man, wenn man den dafür häufig verwendeten Begriff der symbolischen Politik ernst nimmt, auch nicht verwundern. Zum Teil wird symbolische Politik in Verbindung mit dem Begriff Leitbild jedoch auch als modernes Politikkonzept positiv bewertet und empfohlen. Wenn das Erfolgskriterium die öffentliche Aufmerksamkeit, die Wählergunst oder sogar die Wiederwahl sind, waren Clinton und Gore mit den entsprechenden Aktivitäten in ihrer ersten Amtsperiode außerordentlich erfolgreich. Wenn es hingegen um die angekündigten Effekte und realen Veränderungen in den Anwendungsbereichen geht, fällt die Bilanz weniger eindeutig aus. Das Leitbild des Information Superhighway hat zwar in der Planungsphase beflügelt. Schon seit einigen Jahren hat dieses Leitbild jedoch seine Leuchtkraft und Leitwirkung verloren und längst anderen Schlagworten wie New Economy Platz gemacht. Der sektorale Vergleich hat darüber hinaus gezeigt, dass es in jedem Sektor gelingen kann, bereichsspezifische Ziele, Programme und Projekte unter Beteiligung vieler Akteure zu Papier zu bringen. Bei der Umsetzung, wenn Ressourcen bereitgestellt, Organisationsabläufe geändert, Personen qualifiziert werden müssen, ist die Wirkung der großen Leitbilder vor Ort relativ begrenzt. Vergleicht man die Entwicklungen im Bildungs- und Verwaltungsbereich der USA, so kann etwas vereinfacht festgehalten werden, dass im Bildungsbereich durch ein hochqualifiziertes und motiviertes Programmmanagement in Verbindung mit milliardenschweren finanziellen Anreizen die Bund-Länder-Koordinationsproblematik bewältigt und ein nachhaltiger Diffusionsprozess eingeleitet wurde. Dabei wurden vorhandene Koordinationsinstrumente und –traditionen für das spezielle Ziel genutzt oder leicht angepasst. Im Bereich der öffentlichen Verwaltung gab es solche Instrumente und Traditionen in wesentlich geringerem Umfang und weder vergleichbare finanzielle Anreize noch ein entsprechendes Programmmanagement.

Für die Bereitstellung von finanziellen Mittel auf der Bundesebene mögen die Leitbild und Leadership der Regierungsspitzen eine gewisse Rolle spielen. Ohne Zweifel war das Engagement von Präsident Clinton für die technische Modernisierung der Schulen und seine gemeinsamen Aktivitäten mit Spitzen der IT-Industrie mit dafür ausschlaggebend, dass der Kongress mehrere Jahre hintereinander den Haushalt des Department of Education für diese Zwecke aufgestockt hat. Aber auch Vizepräsident Gore hat sich auf vielfältige Weise für eine Verbindung von Verwaltungsreform und Electronic Government eingesetzt und konnte kaum eines der Koordinationsprobleme zwischen Bundesverwaltung und Verwaltung der Einzelstaaten lösen. Vielleicht trägt eine so allgemeine Metapher wie der Information Superhighway zur Mobilisierung von Haushaltsmitteln doch nicht so weit wie das Ziel, dass jede Schülerin und jeder Schüler in den USA den Umgang mit den neuen Techniken lernen soll und dazu in jeder Klasse ein Computer mit Internetzugang stehen soll. Dieses Leitbild oder Ziel berührt die Arbeitsmarkt und Wachstumsaspekte ebenso wie die Kongressmitglieder und Medienmacher in ihrer Rolle als Eltern.

Aus diesem konkreten Vergleich wird ersichtlich, dass auch symbolische Politik und Leitbilder an den realen Strukturen und Interessenlagen anknüpfen müssen, um nachhaltig wirkungsvoll zu sein, und dass bei der Umsetzung von noch so innovativen Programmen und Projekten andere Konzepte und Strategien für den Erfolg ausschlaggebend sind. Auch für das Management politischer Programme gilt die 1980 von Marr für betriebliche Innovationsprozesse identifiziertes „gewisses organisatorisches Dilemma, da sich für verschiedene Phasen des Innovationsprozesses unterschiedliche Gestaltungsstrategien als effizient zu erweisen scheinen. Das gilt vor allem bei Gegenüberstellung von Ideengenerierung und Innovationsdurchsetzung" (Marr 1980, Sp. 957).

Dies gilt ebenso für die Gegenüberstellung von Programmgenerierung und Programmdurchsetzung. Sowohl die politikwissenschaftliche Programm und Implementierungsforschung als auch die sozialwissenschaftliche Technikforschung sollten diese Differenzierung in Zukunft noch stärker vornehmen. Denn dies gilt auch für die in der jüngeren Forschung immer wieder empfohlenen Netzwerke und die Kontextsteuerung.

Die zweite verallgemeinerbare Erkenntnis betrifft das durchaus schon allgemein erkannte Problem der Abstimmung technischer und rechtlicher Innovation. Die tendenziell konservative und reaktive Grundhaltung des Rechts als wissenschaftlicher Disziplin wie auch als gesellschaftlicher Institution steht in prinzipiellem Gegensatz zu der Notwendigkeit von Experimenten für technische Innovationen und auch für deren Diffusion. Als Kompromiss dienten in der Vergangenheit Pilotprojekte mit Ausnahmegesetzen und Experimentierklauseln. Am Beispiel der digitalen Signaturen in der öffentlichen Verwaltung zeigt sich jedoch, dass auf Bundes und Landesebene gleichzeitig in verschiedenen Rechtsbereichen Anpassungen erforderlich werden, die über einen solchen Weg nicht mehr erreicht werden können.

Insgesamt gilt auch für den hier betrachteten Bereich, dass die Idee von abgegrenzten Experimenten und Pilotprojekten oder Modellvorhaben in einer immer komplexeren und dynamischeren Welt nicht mehr umgesetzt werden kann, sondern die Welt selbst zum Labor wird (Weyer/Schmidt/Kerner 1996). Wenn es um Programme für den Weg in die „Informationsgesellschaft" geht und nicht nur um die Verbreitung von Multimedia und Internet, ist auch diese Erkenntnis nicht überraschend. Sie wird allerdings in den Formulierungen der hier untersuchten Programme nicht konsequent beachtet. Und auch aktuelle Programme und Initiativen erwecken den Anspruch starker Durchsetzungsfähigkeit. Die hier zusammengetragenen Erfahrungen haben daher durchaus noch aktuelle und praktische Bedeutung.

9 Literatur

ACG Research Solutions (1996): United States Postal Service. Report for WINGS. Qualitative Market Research Study. Final Report. Missouri: ACG Research Solutions.

Ackermann, Heike (1992): Informationstechnische Bildung: Im Spannungsfeld von Politik, Bildungsverwaltung und Pädagogik. Opladen: Westdeutscher Verlag.

ACOT (1995): Changing the Conversation about Teaching, Learning and Technology. A Report on 10 Years of ACOT Research. Cupertino, CA: Apple Classrooms of Tomorrow (ACOT).

Advisory Council (1995): Common Grounds. Fundamental Principles for the NII. First Report. Washington, DC.

Advisory Council (1996a): Common Grounds. KickStart Initiative: Connecting America's Communities to the Information Superhighway. Washington, DC.

Advisory Council (1996b): Common Grounds. A Nation of Opportunity: Realizing the Promise of the Information Superhighway. Washington, DC.

Alcatel (2000): Kabelfernsehnetz = Multimedianetz. Alcatel 1570 BB Multiservice-Plattform für CATV. Pressemeldung vom 12. April, www.alcatel.de/pinfos/meld_2000/pi00_081.htm

Anderson, Ken (1999): The Impact of "Always On" High Speed Data Services: An Ethnographic Study; presented at the Internet Telephony Consortium Meeting, January 28th -29th.

Anweiler, Oskar (1996): Deutschland. In: Anweiler, Oskar et al. (Hrsg.): Bildungssysteme in Europa. Entwicklung und Struktur des Bildungswesens in zehn Ländern, 4. Auflage. Weinheim/Basel: Beltz, S. 31-56.

Assessment, Office of Technology (1994): The Social Security Administration's Decentralized Computer Strategy : Issues and Options. Washington, DC: OTA.

Aufenanger, Stefan (1997): Aspekte aus der medienpädagogischen Sicht. In: Dichanz, Horst (Hrsg.): Medienerziehung im Jahre 2010. Gütersloh: Verlag Verlag Bertelsmann Stiftung, S. 174-181.

Auletta, Ken (1997): The Highwaymen. Warriors of the Information Superhighway. New York: Random House.

Autzen, Horst (1996): Pilotprojekt „Multimedia Baden-Württemberg": Wegbereiter des interaktiven Fernsehens. In: Ulrich Killat, Ulrich (Hrsg.): ATM-Evolution der Telekommunikation, Datenautobahnen und Pilotprojekte. Online '96, Kongressband II, Velbert: Verlag Online.

Backhaus, Klaus/Markus Voeth (1997): Stadtinformationssysteme. Ergebnisse einer Akzeptanzuntersuchung bei Privathaushalten. Münster: LitVerlag.

Bangemann-Bericht (1994): Europa und die globale Informationsgesellschaft. Empfehllungen für den Europäischen Rat. Brüssel.

Bartosch, Andreas (1998): Das neue EG-Telekommunikationsrecht. Der Richtlinienentwurf zur rechtlichen Trennung der beiden großen Netzwerke In: Kommunikation & Recht, 8, S. 339-346.

Battis, Ulrich (1985): Allgemeines Verwaltungsrecht. Heidelberg: C.F. Müller.

Bauer, Antonie (1999): Schnelles Surfen zum Pauschalpreis. At Home lotet den deutschen Markt aus. In: Süddeutsche Zeitung vom 29. Mai 1999.

Bayerische Landesanstalt für neue Medien (1997): Pilotprojekt ITB Multimedia Bayern, www.blm.de/fernseh/dvb/pilot.htm.

Bayerische Staatskanzlei (Hrsg.) (1995): Bayern Online. Themenarbeitskreis Multimedia. „Multimedia-Pilotprojekt Bayern". Abschlussbericht. München/Augsburg, 2. Januar.

Bayers, Chip (1999): Over 17 Million Served. In: Wired, 7.10, October, www.wired.com.

Becker, Bernd (1989): Öffentliche Verwaltung. Lehrbuch für Wissenschaft und Praxis. Percha: R.S. Schulz.

Beckert, Bernd (1996): Forschungs und Technologiepolitik auf dem Weg in die Informationsgesellschaft. Veränderte Rahmenbedingungen zur Steuerung technologischer Innovationen im Politikfeld Multimedia. Eine Fallstudie zum baden-württembergischen Multimedia-Pilotprojekt. Magisterarbeit an der Universität Konstanz. Fakultät für Politik und Verwaltungswissenschaft.

Beckert, Bernd (2002): Medienpolitische Strategien für das interaktive Fernsehen. Wiesbaden: Westdeutscher Verlag.

Beckert, Bernd/Kubicek, Herbert (1999): Multimedia möglich machen: Vom Pilotprojekt zur Markteinführung. In: Media Perspektiven 3, S. 128-143.

Beckert, Bernd/Kubicek, Herbert (2000): Narrowcast: Die TV- und Online-Erweiterung. Anbieterstrategien und Erfolgsfaktoren für neue digitale Fernsehdienste und breitbandige Online-Angebote. Bremen: Schintz.

Behaghel, Katrin (1997): Datenschutz im interaktiven Fernsehen. Dokumentation eines Workshops. Stuttgart: Akademie für Technikfolgenabschätzung in Baden-Württemberg.

Bender, Gunnar (1998): Regulierungskonzepte zum digitalen Fernsehen der USA. In: Zeitschrift für Urheber und Medienrecht, 42 (1), S. 38-49.

Benton Foundation (1998): Losing Ground Bit by Bit: Low-Income Communities in the Information Age: Benton Foundation. Washington, DC

Berne, Michel (1997): French Lessons: The Minitel Case. In: Kubicek, Herbert/Dutton, William H./Williams, Robin (eds.): The Social Shaping of Information Superhighways. European and American Roads to the Information Society. Frankfurt/M., New York: Campus, S. 97-116.

Berner, Walter (1998): Die Initiative Digitaler Rundfunk. In: Funkschau 19, S. 34-35.

Bertelsmann Foundation (Hrsg.) (1997): Integrating Media into the Curriculum: Lessons from Athens Academy. Gütersloh: Verlag Bertelsmann Stiftung.

Bertelsmann Stiftung (Hrsg.) (1998): Computer, Internet, Multimedia – Potentiale für Schule und Unterricht. Ergebnisse einer Schul-Evaluation. Gütersloh: Verlag Bertelsmann Stiftung.

Bicknell, Craig/Sullivan, Jen (1998): Who Will Rule the Set-Top-Box? In: Wired News, 8. April, www.wired.com/news.

BLK (1987): Gesamtkonzept für die informationstechnische Bildung. Bonn: Bund-Länder-Kommission für Bildungsplanung und Forschungsförderung.

BLK (1995): Medienerziehung in der Schule – Orientierungsrahmen. Bonn: Bund-Länder-Kommission für Bildungsplanung und Forschungsförderung.

BMBF (1996): Schulen ans Netz: Rundschreiben an die Mitglieder des Deutschen Bundestages. Bonn: Bundesministerium für Bildung, Wissenschaft, Forschung und Technologie.

BMBF (1998): Delphi-Befragung 1996/1998. „Potentiale und Dimensionen der Wissensgesellschaft – Auswirkungen auf Bildungsprozesse und Bildungsstrukturen". Endbericht. Bonn: Bundesministerium für Bildung und Forschung.

BMBF (1998): MeDIA@Komm Ausschreibung. Bonn: Bundesministerium für Bildung, Wissenschaft, Forschung und Technologie

BMFT/BMBW (1984): Computer und Bildung. Eine Gemeinschaftsinitiative von Politik, Wirtschaft und Wissenschaft. Bericht einer Tagung „Kongreß Computer und Bildung". Bonn: Bundesminister für Forschung und Technologie und Bundesminister für Bildung und Wissenschaft.

BMI (1997): Modernisierung der Bundesverwaltung. Bonn: Bundesministerium des Innern.

BMWi (1996): Info 2000: Deutschlands Weg in die Informationsgesellschaft. Bonn: Bundesministerium für Wirtschaft.

BMWi (1997a): Elektronischer Geschäftsverkehr. Initiative der Bundesregierung. Bonn: Bundesministerium für Wirtschaft.

BMWi (1997b): Informationsgesellschaft in Deutschland. Daten und Fakten im internationalen Vergleich. Zwischenbericht der Prognos AG zum Benchmarking-Projekt. BMWi-Dokumentation Nr. 428, Bonn: Bundesministerium für Wirtschaft.

BMWi (1998): Telekooperation in der öffentlichen Verwaltung. Organisatorische Leitsätze für Anwender. Bonn: Bundesministerium für Wirtschaft.

BMWi/BMBF (1999): Innovation und Arbeitsplätze in der Informationsgesellschaft des 21. Jahrhunderts. Aktionsprogramm der Bundesregierung, 17. September 1999. Berlin.

Boehner, Kirsten/Patricia A. Langelier (1997): Technology Needs Assessment Project Report. Chapel Hill, NC: Institute of Government at The University of North Carolina.

Bohner, Otto (1996): Multimedia-Pilotprojekt Baden-Württemberg. Stand und technische Realisierung. Aktivitäten der Deutschen Telekom im Bereich Interactive Video Services (IVS). Vortrag auf dem Workshop der Messe digital + online am 7. Mai in Stuttgart.

Breiter, Andreas (2000): Informationstechnikmanagement in Schulen. Gestaltung eines integrierten Technikeinsatzes in Schulen: Diss., Universität Bremen.

Breiter, Andreas (2001): IT-Management in Schulen. Pädagogische Hintergründe, Planung, Finanzierung und Betreuung des Informationstechnikeinsatzes. Neuwied: Luchterhand.

Breitling, Markus et al. (1998): Service Engineering in der Ministerialverwaltung. In: Information Management & Consulting, 13, S. 91-98.

Brinckmann, Hans/Stefan Kuhlmann (1990): Computerbürokratie. Ergebnisse von 30 Jahren öffentlicher Verwaltung mit Informationstechnik. Opladen: Westdeutscher Verlag.

Brinkley, Joel (1997): Defining Vision. The Battle for the Future of Television. New York: Harcourt Brace.

Brown, Eric (1998): Interactive TV: The Sequel In: NewMedia, February 10th, http://newmedia.com

Brown, Eric (2000): Will AOL-Time Warner Bring Broadband to the Masses? In: Newmedia, January 20th.

Brown, Peter (1999): The Changing Face of WebTV. Microsofts Acquisition results in new business model. In: Electronic News, April 26th, 45 (17), p.14.

Brugger, Winfried (1993): Einführung in das öffentliche Recht der USA. München: C.H. Beck.

Bücken, Rainer (1999a): Am Kabel wird die dbox bockig. In: vdi nachrichten, 9. April 1999.

Bücken, Rainer (1999b): TV und Internet bleiben zwei Welten. Gerade zur IFA wird viel über Konvergenz geredet, so richtig funktionieren tut´s nirgendwo. Der Grund ist ganz simpel: Die Bildschirme sind zu unterschiedlich. In: Funkschau 18, S. 53-54.

Buddine, Laura/Norman, Paul/Young, Kate (1996): The TV Web: A Developing Market and Infrastructure. February. www.iacta.com/studies.htm.

Buddine, Laura/Norman, Paul/Young, Kate (1999): Lessons Learned from WebTV: Two Years of Internet TV. Study by iacta.

Buel, Stephen (1999): Spread of High-Speed-access expected to transform Internet usage. In: Mercury News, January 19th, www.mercurycenter.com.

Bundesministerium für das Post und Fernmeldewesen (Hrsg.) (1976): Telekommunikationsbericht (Bericht der Ktk), Bonn.

Burmeister, Klaus (1999): Die Förderung von Multimedia in Städten. Das Beispiel Nordrhein-Westfalen. In: Kubicek et al. (Hrsg.): Jahrbuch Telekommunikation und Gesellschaft. Multimedia @Verwaltung, Heidelberg: Hüthig, S. 100-103.

Bütow, Steffi/Holger Floeting (1999): Elektronische Stadt und Wirtschaftsinformationssysteme in den deutschen Städten. Stuttgart: Deutscher Sparkassen Verlag.

Cable Review (1998): Communication concerning the review under competition rules of the joint provision of telecommunications and cable TV networks by a single operator and the abolition of restrictions on the provision of cable TV capacity over telecommunications networks. Brussels: European Commission.

Canibol, Hans-Peter (1997): Start frei für InfoCity. In Düsseldorf beginnt das ambitionierteste und größte Multimedia-Projekt der Welt. In: Focus, 3. März 1997.

CARAT (1998): CARAT Guidelines: Certification Authority Rating and Trust Task Force Guidelines for Constructing Policies Governing the Use of Identity-Based Public Key Certificates (DRAFT): National Automated Clearing House Association (NACHA).

Caspar, Reinhard (1997): Computer an den Schulen 1996. In: Schulverwaltung Baden-Württemberg, 3, S. 55-61.

Chapman, Gary (1999): In Battle of the Internet Titans, Users Are Likely to Be the Losers. In: Los Angeles Times, February 11th.

Chapman, Gary (2000): Tech Policy Likely to Emerge as a Key Issue in Campign. In: Los Angeles Times, August 14th.

Chiddix, James/Baily, Wendall (1995): The Role of Cable Television In The NII. White Paper delivered for NII 2000 Steering Committee: The Unpredictable Certainty. Information Infrastructure Through 2000. Washington, DC: National Academy Press, www.nap.edu/readingroom/books/unpredictable/inde9.html.

Chuck, Lysbeth B. (1999): Confessions of an Infonesiac. In: Searcher, 7 (1), p. 10.

Clement, Wolfgang (1998a): Eröffnungsansprache auf dem 10. Medienforum Nordrhein-Westfalen in Köln am 14. Juni 1998, www.nrw.de/aktuell/reden/mskr980614.htm.

Clement, Wolfgang (1998b): Rede zum Abschluss der Beratungen zum Landesentwicklungsbericht: „Verläßliche Politik in einer Zeit des Umbruchs: Ziele, Perspektiven und Handlungsschwerpunkte in der 12. Legislaturperiode" vor dem Landtag NRW am 4. November, www.nrw.de/aktuell/reden/mskr981104a.htm.

Clinton, Bill/Al Gore (1997a): Blair House Papers. National Performance Review. Washington, DC: U.S. Government Printing Office.

Clinton, Bill/Al Gore (1997b): Putting Customers first '97. Standards for Serving the American People. Washington, DC.

Cloß, Wolfgang (1998): Rundfunkrecht kann nicht durch Kartellrecht ersetzt werden. Zur Gegenwart und Zukunft der Rundfunkordnung in Deutschland. In: tendenz 1/98, S. 16-17.

Colman, Price (1998): @Home gets warning bell. Glitch takes weeks to fix, but network is fundamentally okay, experts say. In: Broadcasting & Cable, December 21st, p. 31.

Cowie, Campbell/Marsden, Christopher T. (1998): Convergence, Competition and Regulation. In: International Journal of Communications Law and Policy, 1, www.digitallaw.net/IJCLP/1_1998/inde9.html.

Craig, Andrew (1998): TV-Net Devices To Struggle In Europe, Study Says. In: Techweb February 3rd. www.techweb.com.

Dahlen, Christian U. (1999): In: KabelNet 3/99, www.kabeltv.de.

Dean, Katie (1999): PBS, Digital-TV Pioneer. In: Wired News, June 24th, www.wired.com/news.

Department of Commerce (DoC) (1995): Falling Through the Net: A Survey of the "Have Nots" in Rural and Urban America. July, Washington, DC.

Department of Commerce (DoC) (1997): Annual Report 1997. National Telecommunications and Information Administration, Washington. DC

Desmond, Edward W. (1997): Set-top boxing. Microsoft and several other companies battle for control of the burgeoning market for interactive TV. In: Fortune, 136 (9), pp. 91-94.

Deutscher Bundestag (Hrsg.) (1997): Medienkompetenz im Informationszeitalter. Enquête-Kommission „Zukunft der Medien in Wirtschaft und Gesellschaft. Deutschlands Weg in die Informationsgesellschaft". Bonn: ZV Zeitungs-Verlag Service.

Deutscher Bundestag (Hrsg.) (1998): Deutschlands Weg in die Informationsgesellschaft. Enquête-Kommission „Zukunft der Medien in Wirtschaft und Gesellschaft. Deutschlands Weg in die Informationsgesellschaft". Bonn: ZV Zeitungs-Verlag Service.

Dichanz, Horst (1998): Schulprofil Medienerziehung. In: Pädagogische Führung, 9 (1), S. 12-16.

Dilk, Anja (1999): Unternehmensstiftungen in der Bildung: Heimliche Diktatoren oder Förderer. Süddeutsche Zeitung. München, S. 45.

Dittberner, Karl-Heinz (1996): Auszug aus dem Briefwechsel mit Rudolf Scharping und Hans Martin Bury zur Reform des Telekommunikationssektors, In: T-Offline, 19. Juni 1996, userpage.fuberlin.de/~dittbern/Telekom/Offline.html

DLR (1999): POLIKOM Konferenz : Verteilte Kooperation in der öffentlichen Verwaltung. Bonn: Projektträger Multimedia des BMWi beim Deutschen Zentrum für Luft- und Raumfahrt e.V.

DoE (1996): Getting America's Students Ready for the 21st Century. Meeting the Technology Literacy Challenge: U.S. Department of Education. Washington, DC.

Donahue, Sean (1998): FCC May Propose Rules for Bells. In: Wired News, July 17th, www.wired.com/news.

Dordick, Herbert S./Wang, Georgette (1993): The Information Society. A Retrospective View. Newbury Park u.a.: Sage.

Dörr, Dieter (1998): Die KEK – ein taugliches Instrument zur Bekämpfung der Medien-konzentration? Versuch einer ersten Bilanz der Arbeit der Kommission zur Ermitt-lung der Konzentration im Medienbereich. In: media perspektiven, 2, S. 54-60.

Drabe, Michael/Detlef Garbe (Hrsg.) (1997): Das „Schulen ans Netz" Handbuch. Ergän-zungswerk. Berlin: LogIn.

Drake, William J. (1995): The New Information Infrastructure. Strategies for U.S. Policy. New York: Twentieth Century Fund Press.

Dunn, Darrell (1997): Cable Modems Bring Back Excitement. In: Electronic Buyer´s Guide, 1045, February 17th.

Durndell, Alan/Peter Glissov/Gerda Siann (1995): Gender and Computing: Persisting Differences. In: Educational Research, 37 (3), pp. 219-227.

Dutton, William C. (ed.) (1996): Information and Communication Technologies. Visions and Realities. Oxford: Oxford University Press.

Dutton, William H. (ed.) (1999): Society on the Line. Information Politics in the Digital Age. Oxford: Oxford University Press.

ITB Multimedia Bayern (1996): Kurzfassung des Konzeptes für das Digital Broadcasting (ITB) Multimedia-Pilotprojekt in Bayern, München.

ITB Multimedia Bayern (1998): Jahresbericht 1998 zum ITB Multimedia Pilotprojekt in Bayern, München.

ITB Multimedia Bayern (1999): Modifiziertes Konzept für die Durchführung des Digital Video Broadcast /ITB Multimedia-Pilotprojektes in Bayern, München.

Eckstein, Eckhard (1997): Das größte Multimediaprojekt entsteht. In: Funkschau 18/97, S. 28-33.

Education Week (1997): Technology Counts '97: Schools and Reform in the Information Age: Education Week: Special Issue in Collaboration with The Milken Exchange on Education Technology.

Education Week (1998): Technology Counts' 98: Putting School Technology to the Test: Education Week: Special Issue.

EITO (1998): European Information Technology Observatory. Frankfurt/M.: ITO/EEIG.

Electronic Media (1999): Time Warner Testing Video-on-demand Equipment. August 16th.

Electronic Tax Administration (1999): A Strategy for Growth. Washington, DC: IRS (Internal Revenue Service).

epd medien, 1998: BLM hat 18 Bewerbungen für lokale ITB-Projekte. In: epd medien, 46, 17. Juni 1998, S. 18.

EU-Kommission (1999): eEurope – Eine Informationsgesellschaft für alle: Mitteilung über eine Initiative der Kommission für den Europäischen Sondergipfel von Lissa-bon am 23./24. März 2000. Brüssel: EU-Kommission.

Europäische Kommission (1994): Europas Weg zur Informationsgesellschaft. Luxem-burg: KOM (94) 347.

Europäische Kommission (1997): Eine Informationsgesellschaft für alle. Abschlussbericht der Gruppe hochrangiger Experten, Brüssel.

Europäische Kommission (1997a): Mitteilung der Kommission über die soziale und ar-beitsmarktspezifische Dimension der Informationsgesellschaft. Im Vordergrund der Mensch – Die nächsten Schritte. KOM (97) 390 endg., Brüssel.

Europäischer Rat (1994): Europa und die globale Informationsgesellschaft. Empfehlungen für den Europäischen Rat (Bangemann-Report). Brüssel.

Everschor, Franz (2000): Fernsehen zwischen Zuschauern und Aktionären. Die Krisensituation der US-amerikanischen Broadcast Networks. In: Funkkorresspondenz 23, S. 614.

Excite@Home (1999a): Excite@Home Introduces the Industry´s Fastest Native IP Optical Backbone in North America. Press Release November 3rd, www.home.net

Excite@Home (1999b): Excite@Home and PowerTV to Offer Local TV Interactive Services over ScientificAtlanta's Explorer 2000® SetTop Devices. Turnkey Solution to Speed the Deployment of Interactive Services on Currently Deployed and Future SetTop Devices, Excite@Home Press Release, Redwood City, CA, www.home.net.

Falke, Andreas (1998): Föderalismus und Kommunalpolitik. In: Adams, Willi Paul/Peter Lösche (Hrsg.): Länderbericht USA: Geschichte, Politik, Geographie, Wirtschaft, Gesellschaft, Kultur. Bonn: Bundeszentrale für politische Bildung, S. 263-279.

Farhi, Paul (1998): Competition in Cable TV Arrives. Starpower Becomes 2nd Service Provider in Gaithersburg. In: The Washington Post, September 24th, p. E03.

Favor, Lynn (2000): A Vision for a Connected Future: STAWRS Partners 2000 Workshop Las Vegas, NV: Intuit.

FCC (1997): Annual Assessment of the Status of Competition in the Markets for the Delivery of Video Programming: Fourth Annual Report. FCC No. 97423, Federal Communications Commission, Washington, DC.

FCC (1999): Report on the Development of Advanced Telecommunications Capability to All Americans, CC Docket No. 98146, Federal Communications Commission, Washington, DC.

Felsenberg, Alexander/Kind, Thomas/Schanze, Helmut, Tabeling, Petra (1995): Statusbericht zur Situation der deutschen Pilotprojekte zum „Interaktiven Fernsehen". Arbeitshefte Bildschirmmedien des DFG-Sonderforschungsbereichs 240, Siegen: Universität-GH Siegen.

Freie Hansestadt Bremen (1998): Bewerbung Bremens beim Städtewettbewerb Media@Komm des BMBF. Bremen: Freie Hansestadt Bremen.

Fineberg, Seth (1999): Convergence Time is NOW! In: ChannelSeven.com, Juni 29th, www.turboloads.com/broadband/stats

Fleck, Roland (1990): Technologieförderung: Schwachstellen, europäische Perspektiven und neue Ansätze. Wiesbaden: Deutscher Universitäts-Verlag.

Fleischhauer, Jan (1997): „Öl des 21. Jahrhunderts" In: Spiegel, 8, S. 96-106.

Fobe, Karin et al. (1998): Dezentralisierung im öffentlichen und privaten Dienstleistungssektor – Stand, Perspektiven und Handlungsleitlinien für die schaffung von multifunktionalen Nachbarschaftsläden und von kommunalen Bürgeramtsstrukturen in Deutschland. Bonn: Zentrum für Arbeits- und Organisationsforschung e.V.

Forum Info 2000 (1998): Multimedia in Kommunen und Regionen. Bonn: Forum Info 2000.

FPKI/GIT-S/OMB (1998): Access with Trust. Washington, DC: Federal Public Key Infrastructure Steering Committee / Goverment Information Technology Services Board /Office of Management and Budget.

Franke, Herbert W. (1994): Der neue Zuschauer – vom Zapper zum Regisseur. In: Ulrike Reinhard, Ulrike (Hrsg.): Interaktives Fernsehen. 2. Veranstaltung zum Thema „Rundfunk-Marketing" an der Universität Mannheim am 26. April 1994, S. 51-60.

Freie Hansestadt Bremen/Universität Bremen/Eutelis Consult (1999): Bremen Online Services – Konzept: Kundenorientierung durch Integration elektronischer Dienstleistungen für Bürger und Wirtschaft aus einer Hand. Bremen: Freie Hansestadt Bremen.

Fuchs, Gerhard/Wolf Hans-Georg (1996): Pilotprojekte zwischen Industriepolitik, Technikgestaltung und Akzeptanzbeschaffung: Der Feldversuch „Interaktive Videodienste Stuttgart" (IVSS). In: Büllingen, Franz (Hrsg.): Technikfolgenabschätzung und Technikgestaltung in der Telekommunikation. Chancen, Herausforderungen, neue Entwicklungen. Königswinter, S. 111-132.

Fuchs, Gerhard/Wolf, Hans-Georg (1997): „Multimedia-Land" Baden-Württemberg? In: Heidenreich, Martin (Hrsg.): Innovationen in Baden-Württemberg. Baden-Baden: Nomos, S. 41-59.

Fuchs, Gerhard/Renner, Thomas (1996): Multimedia – Füllhorn oder Büchse der Pandora? Vortrag im Workshop der Messe digital + online, 7. Mai 1996, Stuttgart.

Funken, Christiane/Kurt Hammerich/Britta Schinzel (1996): Geschlecht, Informatik und Schule: oder: wie Ungleichheit der Geschlechter durch Koedukation neu organisiert wird. Sankt Augustin: Academia.

Funkfenster (1999): Gemeinsam stark? Interview mit Lutz Mahnke. In: funkfenster März/April, S. 10.

Gangloff, Tilmann P. (2000): Aufteilen in Regionen und Hochrüsten. Wie sich die Telekom die Zukunft des TV-Kabels vorstellt. In: Frankfurter Rundschau, 20. März 2000.

Gapski, Harald (1997): Neue Medien in den Schulen. Entwicklungsstand in Europa und Nordamerika. In: Bertelsmann-Stiftung / Heinz-Nixdorf-Stiftung (Hrsg.): Bildungsinnovation durch neue Medien. Gütersloh: Verlag Bertelsmann Stiftung, S. 83-185.

Garfinkel, Simon (1996): As Seen on WebTV! Interactive TV may be dead and buried, but WebTV is on to something big – and doing it right. In: Wired 4.11, November 27th.

General Instrument (1999): Advanced Interactive Digital Consumer Terminal. Produktbeschreibung der digitalen Set-Top-Box „DCT5000+", www.gi.com.

Geppert, Martin/Roßnagel, Alexander (1998): Telemediarecht. Telekommunikations- und Multimediarecht, 1. Auflage, München: C.H. Beck.

Gerlach, Ekkehart (1996): InfoCity NRW: Multimedia zum Anfassen. Eines der größten europäischen Pilotprojekte für private und professionelle Nutzer. In: Killat, Ulrich (Hrsg.) 1996: Online '96 Kongressband II: ATM-Evolution der Telekommunikation, Datenautobahnen und Pilotprojekte. Velbert: Verlag Online.

Gerlach, Ekkehart (1997): InfoCity NRW – Homo Connectus, quo vadis? In: Eberspächer, Jörg/Vöge, KarlHinrich/Ziemer, Albrecht (Hrsg.): TeleHome interaktiv. Heidelberg: R.v.Decker, S. 111-120.

Gerlach, Ekkehart (1997): InfoCity: Die digitale Stadt. In: Media Guide, 1, S. 48-50.

Gerlach, Ekkehart (1998): InfoCity NRW. Was erwartet der Homo Connectus vom Netz. Ekkehart Gerlach im Gespräch mit Anja Gild. In: Leggewie, Claus/Maar, Christa (Hrsg.): Internet und Politik. Von der Zuschauer zur Beteiligungsdemokratie. Köln: Bollmann, S. 475-480.

Gerlach, Ekkehart (1999): Die InfoCity. Was will der Homo Connectus. In: Rutz, Michael (Hrsg.): Die Byte-Gesellschaft. Informationstechnologie verändert unser Leben. München: Olzog, S. 223-236.

Gersdorf, Hubertus (1997): Chancengleicher Zugang zum digitalen Fernsehen. Eine Untersuchung des verfassungsrechtlichen Regulierungsrahmens am Beispiel des Entwurfs zum Vierten Rundfunkänderungsstaatsvertrag vom 27. Februar 1998. DLM-Schriftenreihe Band 10, Vistas: Berlin.

GI (1995): Projekt „Schulen an das Netz" – Bildungsinitiative Informatik und Telekommunikation, Bonn: Gesellschaft für Informatik.

GI/VDE (2000): Electronic Government als Schlüssel zur Modernisierung von Staat und Verwaltung. Bonn/Frankfurt: Fachausschuss Verwaltungsinformatik der Gesellschaft für Informatik (GI) und der Fachbereich 1 der Informationstechnischen Gesellschaft im VDE.

Gilder, George (1994): Life after Television: The Coming Transformation of Media and American Life, New York: Norton.

GIT-S (1994): Action Plan. Washington, DC: Government Information Technology Services Working Group.

GIT-S (1996): Accomplishments Report. Washington, DC: Government Information Technology Services Working Group.

gkdel (o.J.): Bürgerservice Vorverlagerte Stadtverwaltung, Gelsenkirchen.

gkdel (o.J.): Vorverlagerte Stadtverwaltung: Baustein 2: Kfz-Zulassung via Intranet-/Internet-Verfahrensbeschreibung, Gelsenkirchen.

Glaser, Peter (1995): 24 Stunden im 21. Jahrhundert. Online-sein. Zu Besuch in der Neusten Welt. Frankfurt/M.: Zweitausendeins.

Glaser, Robert (2000): „Kunden sind nicht kriminell". In: Der Spiegel Nr. 8, S. 150-152.

GMD (1993): Forschungskonzept POLIKOM. Schloss Birlinghoven: , Gesellschaft für Mathematik und Datenverarbeitung.

Goedecke, Stefan (1999): Auf Biegen und Brechen – Alles wird verschlüsselt. In: InfoSat 9, S. 12-19.

Goedecke, Stefan (1999): Spinnt die dbox? In: InfoSat 7, S. 12-13.

Gore, Al (1997): Access America. Reengineering Through Information Technology. Washington, DC.

Grande, Edgar/Häusler, Jürgen (1994): Industrieforschung und Forschungspolitik: staatliche Steuerungspotentiale in der Informationstechnik. Frankfurt/M.: Campus.

Grebe, Andreas (1996): „Multimedia Gelsenkirchen" im Rahmen der Telekommunikationsaktivitäten des RWE-Konzerns. In: Gabriel, Roland (Hrsg.): Telekommunikation – Angebote und Nutzungsmöglichkeiten der Netze und Dienste im Ruhrgebiet. Beiträge zu einem Workshop. Institut für Unternehmensführung und Unternehmensforschung Arbeitsbericht Nr. 93, Bochum: Ruhr-Universität Bochum, S. 91-111.

Greenberg, Ian (1998): Can Big Tech and Telecos Get Along? In: Wired News, January 28th.

Greenwald, John (1997): Bill Gates´ new hardware agenda. Microsoft acquires WebTV. In: Time, April 21st, 147 (16), p. 92.

Grice, Corey (1999): @Home unit developing interactive TV. In: CNET NEWS.COM, February 8th, www.news.com.

Grunow, Dieter (1988): Bürgernahe Verwaltung: Theorie, Empirie, Praxismodelle. Frankfurt/M.: Campus.

Grunow, Dieter (1998): Leistungsverwaltung: Bürgernähe und Effizienz. In: Wollmann, Hellmut/Roland Roth (Hrsg.): Kommunalpolitik: Politisches Handeln in den Gemeinden. Bonn: Bundeszentrale für politische Bildung, S. 396-410.

Hack et al. (1991): Technikentwicklung als Institutionalisierungsprozess. Universität Frankfurt, Arbeitspapier 1/91.

Haefner, Klaus (1982): Die neue Bildungskrise. Herausforderung der Informationstechnik an Bildung und Ausbildung. Basel: Birkhäuser.

Hagen, Martin (2001): Ein Referenzmodell für Online-Transaktionssysteme im Electronic Government. München: Hampp.

Hagen, Martin/Herbert Kubicek (Hrsg.) (2000): One-Stop-Government in Europe: Results from 11 national surveys. Bremen: University of Bremen.

Haley, Kathy (1999): New Direction. Forget the superhighway; many roads lead to interactive TV. In: Broadcasting & Cable, September 3rd, pp. 18-22.

Hanf, Kenneth (1982): The Implementation of Regulatory Policy: Enforcement as Bargaining. In: European Journal of Political Research, 10, pp. 159-172.

Hansell, Saul (1999): A Hitch to Martial Web Bliss. Excite@Home Is Often at Odds With Its Cable Parents. In: New York Times, June 9th.

Harmon, Amy (1999): High-Speed-Access Begins to Alter the Role the Internet Plays in the Home. In: New York Times, April 28th.

Harnischfeger, Monika/Zoche, Peter (1996): Multimediale Dienste in Baden-Württemberg: Analysen zur Rolle von Akteuren und zur regionalwirtschaftlichen Bedeutung des Pilotprojekts. Teilprojekt im Rahmen der Begleitforschung; 1. und 2. Zwischenbericht. Karlsruhe: Fraunhofer Institut für Systemtechnik und Innovationsforschung.

Hauschildt, Jürgen (1992): Innovationsmanagement. In: E. Frese (Hrsg.): Handwörterbuch Organisation. Stuttgart: Poeschel, Sp. 1029-1041.

Hearn, Ted (1999): FCC likely to Punt On Web Unbundling. In: Multichannel Online, January 25th, www.multichannel.com.

Hege, Hans (1995): Offene Wege in die digitale Zukunft. Überlegungen zur Fortentwicklung des Medienrechts. Hrsg.: MABB Medienanstalt Berlin-Brandenburg, Berlin: Vistas.

Held, Thomas/Schulz, Wolfgang (1999): Überblick über die Gesetzgebung für elektronische Medien von 1994 bis 1998: Aufbau auf bestehenden Regelungsstrukturen. In: Rundfunk und Fernsehen 1 (47), S. 78-117.

Hesse, Joachim Jens/Thomas Ellwein (1992): Das Regierungssystem der Bundesrepublik Deutschland. Band 1. Opladen: Westdeutscher Verlag.

Higgins, John M. (1999): Exciting cable operators. Pushing rollouts of High-Speed-Web services is just part of new Excite@Home exec's job. In: Broadcasting & Cable, June 14th, p. 101.

Higgins, John M. (1999a): No worries on the @Home front. Execs strike confident pose on unbundling fight, consider backup plan unnecessary. In: Broadcasting & Cable July 5th, pp. 24-25.

Hill, Brad (1997): WebTV for Dummies. Foster City, MA: IDG Books.

HKM (1996): Informationstechnische Bildung in Hessen. Ergebnisse einer landesweiten Untersuchung. Wiesbaden: Hessisches Kultusministerium.

Hofmeir, Stefan (1999): Digital TV in der Offensive. In: Funkschau 17/99, S. 28-33.

Holznagel, Bernd (1998): New Challenges: Convergence of Markets, Divergence of the Laws? Questions Regarding the Future Communications Regulation. In: International Journal of Communications Law and Policy, 2, pp. 1-10.

Hou, Peihong/Frink, Holger (1998): Videoserver und ihr Einsatz in einer Web-Umgebung. In: Fernseh- und Kinotechnik, 51 (1+2), S. 38-42.

Hummel, Manfred (1999): „Laptop und Lederhose" hoch im Kurs. In: Süddeutsche Zeitung, 18. März 1999.

ICR Survey Research Group (1995): WINGS Study EXCEL Insert: Tabulation Report conducted for United States Postal Service. New York: ICR.

IDR (1998): Bericht der Initiative „Digitaler Rundfunk der Bundesregierung. In: Funk Korrespondenz, 36, 4. September 1998.

IIITF Task Force (1997): Roadmap to a Responsive Government. Using Technology to Create a Seamless Government. Des Moines, IA: Iowa Intergovernmental Information Technology & Telecommunications Task Force.

IITF (1993): The NII: Agenda for Action. Washington, DC: Information Infrastructure Task Force.

IITF (1994): The NII: Progress Report. Washington, DC: Information Infrastructure Task Force.

Infrastructure Task Force (IIT) (1993): The NII: Agenda for Action. Washington, DC.

Infrastructure Task Force (IIT) (1994): The NII: Progress Report September 1993-1994. Washington, DC.

Interactive Age (1994): Telephone and Cable Industry Interactive Scoreboard. September 26th, pp. 84-85.

Interagency Kiosk Committee (1995): The Kiosk Network Solution. An Electronic Gateway to Government Service. Washington, DC: GIT-S.

IRM (1995): NC CONTACT:The Citizen Information Service Stations along the North Carolina Information Highway. Raleigh, NC: North Carolina State Government.

IRS (1998): Reinventing Service at the IRS. Washington, DC: Internal Revenue Service.

IRS (2000): Modernizing America's Tax Agency. Washington, DC: Internal Revenue Service.

ITD (1997): Online Government and Electronic Commerce: The Proper Role of State Government. Boston, MA: Information Technology Division.

Jäckel, Michael (Hrsg.) (1991): Kabelfernsehen in Deutschland. Pilotprojekte, Programmvermehrung, private Konkurrenz. Ergebnisse und Perspektiven. München: Fischer.

Jacknis, Norman J. (1994): Regulation and the Cable environment. In: Westchester Alliance for Telecommunications and Public Access (WTPA) Newsletter No. 1, December, www.wtpa.org.

Jones, Christopher (1999): Profile: Milo Medin. In: Wired News, August 3rd.

Käding, Matthias (1994): Informationsverbund Berlin-Bonn. In: ne, Berlin, 44 (5), S. 17-19.

Kahin, Brian/James Keller (Hrsg.) (1995): Public Access to the Internet. Cambridge, MA: MIT Press.

Kahin, Brian/Wilson, Ernest (Hrsg.) (1997): NII Initiatives. Vision and Policy Design. Cambridge, MA: MIT Press.

Kanellos, Michael (1998): Gates: WebTV, PCs to get DSL. In: CNET News.com, January 28th, www.cnet.com.

KBSt (1998): Informationsverbund Berlin-Bonn – IVBB: Übersicht und Realisierungskonzept. Bonn: Koordinierungs- und Beratungsstelle der Bundesregierung für Informationstechnik in der Bundesverwaltung.

KBSt (1999): Abschlussbericht zum Projekt DOMEA: Dokumentenmanagement und elektronische Archivierung im IT-gestützten Geschäftsgang. Bonn: Koordinierungs

und Beratungsstelle der Bundesregierung für Informationstechnik in der Bundesverwaltung.

Keienburg, Rüdiger (2000): Interaktive Dienste über das Kabelnetz als „Moneymaker der
Zukunft." Präsentation auf der ANGA Cable 2000 in Berlin.

Kennedy, Caroline (1995): US West and the Sentinel Form Partnership. US West Press
Release, September 18th.

Kessler, R. (1997): Multifunktionale Endgeräte für digitale Dienste. In: Fernseh- und
Kino-Technik 51 (10), S. 643-647.

KGSt (1996): Das Verhältnis von Politik und Verwaltung im Neuen Steuerungsmodell.
Bericht 10/1996. Köln: Kommunale Gemeinschaftsstelle für die Verwaltungsvereinfachung.

KGSt (2000): Kommune und Internet : Strategische Überlegungen und Hilfe zur Umsetzung. Köln: Kommunale Gemeinschaftsstelle für die Verwaltungsvereinfachung.

Kißler, Leo et al. (1999): Im Schatten der Verwaltungsreform – Beschäftigtenbeteiligung
im Urteil der Personalräte: Ergebnisse einer bundesweiten Befragung in den Groß-
stadtverwaltungen. In: WSI Mitteilungen, 52 (11), S. 783-790.

Kißler, Leo/Jörg Bogumil/Elke Wiechmann (1994): Das kleine Rathaus. Kundenorientierung und Produktivitätssteigerung durch den Bürgerladen Hagen. Baden-Baden:
Nomos.

Klee-Kruse, Gudrun/Klaus Lenk (1995): Bürgerbüros als innovative kommunale Service-
agenturen. Qualitätssteigerung öffentlicher und kommerzieller dienste durch multimediale Telekooperation. Heidelberg: R.v.Decker.

Kleinsteuber, Hans J. (1995): Die Entwicklung von HDTV in der High-Tech-Triade
Japan-Europa-USA. Vortrag auf der Tagung „Technische Innovation und die Dynamik der Medienentwicklung" Universität-GH Siegen, 5./6. Oktober 1995.

Kleinsteuber, Hans J. (1996): Der „Information Superhighway". Opladen: Westdeutscher
Verlag.

Kleinsteuber, Hans J. (1996a): Regulierung des Rundfunks in den USA. Zur Kontrolle
wirtschaftlicher Macht am Beispiel der FCC. In: Rundfunk und Fernsehen, 44 (1),
S: 27-50.

Kleinsteuber, Hans, J. (1998): Von Daten-Highways und Einbahnstraßen. Digitale Konvergenzen und Divergenzen in Amerika und Deutschland. In: FIfF Kommunikation,
15 (4), S. 37-42.

Klumpp, Dieter/Schwemmle, Michael (2000): Wettlauf Informationsgesellschaft. Regierungsprogramme im internationalen Überblick. Bonn: Friedrich-Ebert-Stiftung.

Knill, Christoph/Lenschow, Andrea (1999): Neue Konzepte – alte Probleme? Die institutionellen Grenzen effektiver Implementation. In: Politische Vierteljahresschrift 40
(4), S. 591-617.

Koch, Andrew/Fuchs, Gerhard (2000): Economic globalization and regional penetration:
The failure of networks in Baden-Württemberg. In: European Journal of Political
Research 37, S. 57-75.

Kolbe, Lutz/Brenner, Walter (1997): German Infobahn Trials for the residential Customer: Technological and Conceptual Analysis. In: Telematics & Informatics, 14 (2).

KOM (1998): Kabelfernsehnetze – Gesamtbeurteilung. Mitteilung der Kommission
betreffend die Bereitstellung von Telekommunikations- und Kabelfernsehnetzen
durch ein und denselben Betreiber sowie die Aufhebung der Beschränkungen bei der
Nutzung von Telekommunikationsnetzen für die Bereitstellung von Kabelfernseh-

kapazität. Wettbewerbsrechtliche Gesamtbeurteilung. Amtsblatt C 71 der Europäischen Kommission vom 7. März 1998.

König, Klaus (1995): „Neue" Verwaltung oder Verwaltungsmodernisierung. Verwaltungspolitik in den 1990er Jahren. In: die öffentliche Verwaltung, 48 (9), S. 349-358.

Kopel, David B. (1999): Access to the Internet: Regulation or Market? September 24th, Heartland Policy Study No. 92, Chicago, IL: Heartland.

Kowol, Uli/Krohn, Wolfgang (1995): Innovationsnetzwerke. Ein Modell der Technikgenese. In: Bechmann, Günter/Werner Rammert (Hrsg.): Jahrbuch Technik und Gesellschaft, Frankfurt/M.: Campus, S. 77-105.

Kraemer, Kenneth L. (1995): Verwaltungsreform und Informationstechnologie. Von neuem betrachtet. In: Reinermann, Heinrich (Hrsg.): Neubau der Verwaltung. Heidelberg: R.v.Decker, S. 181-202.

Krasilovsky, Peter (1994): Interactive Television Testbeds. Telephone company and cable operator projects. Benton Foundation Communications Policy Working Paper No. 7, March, Wahington, DC: Benton.

Kröger, Gerfried (1997): Digitales Satellitenfernsehen in den USA. Entwicklungsgeschichte, Marktanalyse und Erfolgschancen von Direct Broadcasting by Satellite (DBS). Sternenfels: Wissenschaft & Praxis.

Kubicek, Herbert (1984): Kabel im Haus – Satellit überm Dach. Ein Informationsbuch zur aktuellen Mediendiskussion. Reinbek: Rowohlt.

Kubicek, Herbert et al. (Hrsg.) (1996): Jahrbuch Telekommunikation und Gesellschaft 1996. Öffnung der Telekommunikation: Neue Spieler – neue Regeln. Heidelberg: v. Decker.

Kubicek, Herbert et al. (1997): WWW.stadtinfo.de. Heidelberg: Hüthig.

Kubicek, Herbert (1998): Von der Angebots zur Nachfrageförderung. Die Medien und Kommunikationspolitik in und nach der Ära Kohl. In: Blätter für deutsche und internationale Politik, 9, S. 1093-1104.

Kubicek, Herbert/Peter Seeger (Hrsg.) (1993): Perspektive Techniksteuerung. Interdisziplinäre Sichtweisen eines Schlüsselproblems entwickelter Industriegesellschaften. Berlin: edition sigma.

Kubicek, Herbert/Wolfgang Taube (1994): Die gelegentlichen Nutzer als Herausforderung für die Systementwicklung. In: Informatik Spektrum, 17, S. 247-356.

Kubicek, Herbert/Ulrich Schmid (1996): Alltagsorientierte Informationssysteme als Medieninnovation: Konzeptionelle Überlegungen zur Erklärung der Schwierigkeiten, „Neue Medien" und „Multimedia" zu etablieren. In: Verbund Sozialwissenschaftliche Technikforschung (Hrsg.): Soziale und organisaotrische Entwicklungsprozesse von elektronischen Informations- und Kommunikationssystemen. Köln: Verbund Sozialwissenschaftliche Technikforschung, S. 6-44.

Kubicek, Herbert/William H. Dutton/Robin Williams (Hrsg.) (1997): The Social Shaping of Information Superhighways. Frankfurt/New York: Campus/St. Martin's Press.

Kubicek, Herbert/Beckert, Bernd/Sarkar, Ranjana (1998): Synopse nationaler und internationaler Multimedia-Pilotprojekte. Studie im Auftrag der Landesanstalt für Rundfunk NRW, Düsseldorf.

Kubicek, Herbert/Martin Hagen (1998): Von der Web-Seite zum „One-Stop-Government". Die öffentliche Verwaltung der USA auf dem Information Superhighway. In: Verwaltung & Management, Juli/August, S. 208-213.

Kubicek, Herbert et al. (1998): Interaktive Rathäuser in Deutschland. Eine Evaluation kommunaler Verwaltungsangebote im World Wide Web. Universität Bremen.

Kubicek, Herbert et al. (1999): Interaktive Rathäuser in Deutschland. In: Drossou, Olga et al. (Hrsg.): Machtfragen der Informationsgesellschaft. Marburg: BdWi-Verlag, S. 125-133.

Kubicek, Herbert/Martin Hagen (1999): Internet und Multimedia in der öffentlichen Verwaltung. Bonn: Friedrich-Ebert-Stiftung.

Kubicek, Herbert et al. (2000): The Social Shaping of Multimedia in an International Perspective. Bericht Nr. 3/00, Universität Bremen.

Kubicek, Herbert/Martin Hagen (2000): One-Stop-Government in Europe: An Overview. In: Hagen, Martin/Herbert Kubicek (Hrsg.): One-Stop-Government in Europe : Results from 11 national surveys. Bremen: University of Bremen, pp. 1-36.

Kunert, Del (2000): Today´s Video Servers: Key Technology Issues. White Paper of Concurrent Computer Corporation, Broadband Systems & Design, www.ccur.com.

Kürble, Peter (1995): Determinanten der Nachfrage nach multimedialen PayTV-Diensten in Deutschland. Diskussionsbeiträge Nr. 148. Bad Honnef: Wissenschaftliches Institut für Kommunikationsdienste.

Landers, Thomas J. (1981): The New Federal Department of Education – a Significant Change in American Educational Adminstration. In: Baumann, Ulrich/Volker Lenhart/Axel Zimmermann (Hrsg.): Vergleichende Erziehungswissenschaften. Wiesbaden: Wissenschaftliche Verlagsanstalt, S. 93-99.

Lang, Manfred/Renate Schulz-Zander (1994): Informationstechnische Grundbildung in allgemeinbildenden Schulen. Stand und Perspektiven. In: Rolff, Hans-Günter et al. (Hrsg.): Jahrbuch der Schulentwicklung. Band 8. Weinheim/München: Juventa, S. 309-353.

Lash, Alex (1996): Road clears for video systems. In: CNET News.com, August 8th, www.news.com.

Lash, Alex (1999): While You Weren´t Looking, WebTV Grew. In: The Industry Standard, March 5th, www.thestandard.com.

Lenatti, Chuck (1999): @Home´s Real Interest. In: Upside, January 20th, www.upside.com.

Lenk, Klaus (Hrsg.) (1990): Neue Informationsdienste im Verhältnis von Bürger und Verwaltung. Heidelberg: Decker & Müller.

Lenk, Klaus/Gudrun Klee-Kruse (2000): Multifunktionale Serviceläden. Bonn: Hans-Böckler-Stiftung.

Lenk, Klaus/Roland Traunmüller (Hrsg.) (1999): Öffentliche Verwaltung und Informationstechnik. Perspektiven einer radikalen Neugestaltung der öffentlichen Verwaltung mit Informationstechnik. Heidelberg: R.v.Decker.

Lessmann, Peter (2000): Kabel-TV-Poker: Interessengewirr um das TelekomNetz. In: Der Spiegel, Nr. 9, 29. Februar 2000.

Liebermann, David (2000): AOL angles for TV viewers, AOLTV marries NET, TV in first salvo of battle for interactive services. In: USA Today, February 24th.

Liedtke, Bernd H./August Tepper (1989): Sozialverträglicher Technikeinsatz in der Kommunalverwaltung. Erfahrungen mit einem kommunalen Bürgeramt. München: Oldenbourg.

Löffler, Elke (1997): The Modernization of the Public Sector in an International Comparative Perspective. Implementation Strategies in Germany, Great Britain and the United States. Speyer: Forschungsinstitut für öffentliche Verwaltung.

Lukat, Angelika/Hubert Große-Onnebrink (1996): Telekooperation und Intranet für den Bundesrat. In: ÖVD-Online, S. 70-72.

MacLeod, Vicky (Ed.) (1996): Media ownership and control in the age of convergence. London: International Institute of Communications.

Mahnke, Lutz, 1999: Gemeinsam stark? In: Funkfenster, März/April, S. 10.

Maloney, Janice (1999): Perlmania. For WebTV's hyperactive founder, never growing up is the best revenge. In: Wired 7.07, July, www.wired.com.

Maney, Kevin (1995): Megamedia shake-out. The inside story of the leaders and the losers in the exploding communications industry. New York: Wiley.

Margetts, Helen (1999): Information Technology in Government. Britain and America. London: Routledge.

Markoff, John (1999): Microsoft hunts its whale, the digital settop box. In: New York Times, May 10th.

Marsden, Christopher, T. (1997): The European Digital Convergence Paradigm: From Structural Pluralism to Behavioural Competition Law In: The Journal of Information, Law and Technology, 3.

Mason, Charles (1997): High Hopes Drowned In Dollars. Orlando´s Full Service Network Meets Marketplace Realities. In: America´s Network, November 15th, http://americasnetwork.com.

Massachusetts Online Government Task Force (1998): Online Government in Massachusetts. Boston, MA.

Massachusetts Registry of Motor Vehicles (1998): Strategic Plan Initiative Summary Document. Boston, MA: Registry of Motor Vehicles.

Mayntz, Renate (1980): Die Entwicklung des analytischen Paradigmas der Implementationsforschung. In: Mayntz, Renate (Hrsg.): Implementation politischer Programme. Empirische Forschungsberichte. Königstein: Verlagsgruppe Athenäum, S: 1-19.

Mayntz, Renate/Schneider, Volker (1995): Akteurzentrierter Institutionalismus in der Technikforschung. Fragestellungen und Erklärungsansätze. In: Bechmann, Günter/Werner Rammert (Hrsg.): Jahrbuch Technik und Gesellschaft, Frankfurt/M.: Campus, 107-130.

McConville, Jim (1995): News, sports, pizza from Time Warner: Interactive services added to Orlando trial. In: Broadcasting & Cable, 125 (49), p. 83.

McCuiston, Velma (1998): WINGS. Midlothian, VA: Human Systems, Inc.

McCullagh, Declan (1999): Strike Up Bandwidth. In: Wired News, January 29th.

McKinnon, John (1996): An expensive experiment. After two years of test marketing, Time Warner´s interactive TV system still has an uncertain future. In: Florida Trend, 39 (7), pp. 54-57.

McKinsey&Co. (1995): Connecting K12 Schools to the Information Superhighway. Palo Alto, CA: McKinsey & Company.

MDR (1997): Technology in U.S. Public Schools, Shelton, CT: Market Data Retrieval.

Means, Barbara/Kerry Olson (1995): Restructuring Schools with Technology: Challenges and Strategies. Menlo Park, CA: SRI International.

media NRW (1997): Projekte. Düsseldorf: Ministerium für Wirtschaft, Mittelstand, Technologie und Verkehr des Landes Nordrhein-Westfalen.

media NRW (1998): eICI – electronic Cities. Definition, Evaluation und Realisation kommmunaler Online-Dienste im Verbund mit NRW-Städten. Düsseldorf.

Medien Bulletin (1999): Kirch öffnet dBox für Anwender. In: Medien Bulletin 2/99, S. 14-16.

Medosch, Armin (2000): Sicherheitslücke bei WebTV. Mißbrauch fremder User-Accounts möglich. In: Telepolis, 5. Januar 2000, www.heise.de/tp

MFG (1999): Baden-Württemberg in der Informationsgesellschaft. Entwurf eines Leitbilds für den Medienstandort, Stuttgart: MFG Medien und Filmgesellschaft Baden-Württemberg mbH.

Ministerium für Wirtschaft und Mittelstand, Technologie und Verkehr des Landes Nordrhein-Westfalen (Hrsg.) (1995): Landesinitiative media NRW Band 1: media NRW: Visionen für eine künftige Medien und Informationsgesellschaft. Dokumentation. Düsseldorf: Landwirtschaftsverlag.

Ministerium für Wirtschaft und Mittelstand, Technologie und Verkehr des Landes Nordrhein-Westfalen (Hrsg.) (1997): Landesinitiative media NRW Band 5: Multimedia-Forschung. Düsseldorf: Landwirtschaftsverlag.

Ministerium für Wirtschaft und Mittelstand, Technologie und Verkehr des Landes Nordrhein-Westfalen (Hrsg.) (1997a): Landesinitiative media NRW Band 7: Telekommunikation und Multimedia. Rahmenbedingungen, Markt und Techniktrends. Düsseldorf: Landwirtschaftsverlag.

Ministerium für Wirtschaft und Mittelstand, Technologie und Verkehr des Landes Nordrhein-Westfalen (Hrsg.) (1997b): Landesinitiative media NRW Band 3: media NRW: Projekte. Düsseldorf: Landwirtschaftsverlag.

Mitchel, Kim (1999a): Federal – State Collaborative Intergovernmental Information Technology. The Simplified Tax and Wage Reporting System's W2 Demonstration Project. A Case Study of Factors Affecting State Support of a Federally Promoted Intergovernmental Information Technology Initiative. Woodlawn, MD.

Model, Otto et. al. (1995): Staatsbürger-Taschenbuch. 28. Auflage. München: C.H. Beck.

Moechel, Erich (1998): Microsofts WebTV spioniert die Benutzer aus. In: Telepolis, 13. Oktober 1998, www.heise.de/tp.

Müller, Günter/Strauß, Ralf E. et al. (1996): Medienstandort Freiburg. Chancen für Klein und Mittelstädte auf der Infobahn. In: MFG-Dokumentation des Workshops „Wie organisiert man regionale Medieninitiativen und mit welchem Ziel?" am 17. April in Freiburg.

Nake, Frieder (1993): Von der Interaktion. Über den instrumentalen und den medialen Charakter des Computers. In: Nake, Frieder (Hrsg.): Die erträgliche Leichtigkeit der Zeichen. Ästhetik, Semiotik, Informatik. Baden-Baden: Agis, S. 165-189.

Naschold, Frieder/Jörg Bogumil (1998): Modernisierung des Staates. New Public Management und Verwaltungsreform. Opladen: Leske + Budrich.

Naschold, Frieder/Maria Oppen/Alexander Wegener (1997): Innovative Kommunen. Internationale Trends und deutsche Erfahrungen. Stuttgart: W. Kohlhammer.

National Governors' Association (1997): Task One Report. Barriers to Intergovernmental Enterprise. Washington, DC.

NCES (1997a): Advanced Telecommunications in U.S. Public Elementary and Secondary Schools, Fall 1996. Washington, DC: National Center of Educational Statistics.

NCES (1997b): Back to School Report. Washington, DC: National Center of Educational Statistics.

NCTA (1999): Cable Television Developments. Washington, DC: National Cable Television Association.

Nefiodow, Leo A. (1990): Der fünfte Kondratieff: Strategien zum Strukturwandel in Wirtschaft und Gesellschaft. Frankfurt/M.: Springer.

Ness, Susan (1998): Consumers First. Speech Before the Consumer Federation of America Utility Conference. Washington, DC, October 1st, www.fcc.gov/Speeches /Ness/spsn816.html.

Niebel, Michael (1997): The Action Plan of the European Commission. In: Kubicek, Herbert/William H. Dutton/Robin Williams (Hrsg.) (1997): The Social Shaping of Information Superhighways. Frankfurt/New York: Campus/St. Martin's Press, S. 61-67.

NII (2000) Steering Committee, 1996: The Unpredictable Certainty. Information Infrastructure Through 2000. Washington, DC: National Academy Press, www.nap.edu/readingroom/books/unpredictable/inde9.html.

NIIAC (1995): First Report of the NII. Washington, DC: NII Advisory Council.

NIIAC (1996): KickStart Initiative. Connecting America's Communities to the Information Superhighway. Washington, DC: NII Advisory Council.

Noam, Eli M. (1996): CyberTV. Thesen zur dritten Fernsehrevolution. Gütersloh: Verlag Bertelsmann Stiftung.

Nohlen, Dieter (Hrsg.) (1987): Pipers Wörterbuch zur Politik. Frankfurt/M.: Suhrkamp.

o.V. (1995): Cybercitizen Kane is @Home: Will Hearst´s journey from newspaper publisher to Internet entrepreneur may change the future of multimedia? In: The Economist, 336 (7932), pp. 80-81.

o.V. (1997): Cable Eyes on Gates. In: Broadcasting & Cable, September 2nd.

o.V. (1999): The Evolution of Autoprovisioning. Road Runner and @Home Plan Solutions to Accelerate Cable Modem Subscriber Growth. In: Cable Datacom News, September 1st, www.cabledatacomnews.com.

o.V. (1999a): Consumers to get choice of settops. In: Reuters / ZDNN, May 13th, www.zdnet.com.

o.V. (1999b): The battle for the last mile. In: The Economist, May 1st, pp. 87-88.

Oakes, Chris, 1998: Microsoft slashes Data into TV´s Spectrum. In: Wired News, February 18th, www.wired.com/news.

OECD (1992): Public Management Profiles 1992: United States of America. Paris: OECD.

OECD (1998a): Education at a Glance. OECD Indicators 1998. Paris: OECD Centre for Educational Research and Innovation.

OECD (1998b): Cross-Ownership and Convergence: Policy Issues. Directorate for Science, Technology and Industry. Committee for Information, Computer and Communications Policy. Working Party on Telecommunications and Information Services Policies, www.oecd.org//dsti/sti/it/cm/prod/tisp983.htm.

OECD (1999): Communications Outlook 1999. Telecommunications: Regulatory Issues United States, www.oecd.org/dsti/sti/it/inde9.htm

Oettinger, Günther (1996): Zwischenbilanz: Das Multimedia-Pilotprojekt. Stellungnahme der CDU-Landtagsfaktion vom 2. Februar 1996. Landtag Baden-Württemberg: Stuttgart.

Olenick, Doug (1998): For Matzre Audiences – WebTV Attracts Older, Wealthier Users Who Dislike Computers. In: Computer Retail Week, October 19th, pp. 12-14.

OMB (2000): OMB Procedures and Guidance on Implementing the Government Paperwork Elimination Act. Washington, DC: Office of Management and Budget.

Omnitel (1998): Access to Broadband. Technical and Regulatory Requirement For Open Access to Broadband Telecommunications Networks and Services for Customers, Service   Providers   and   Content   Providers.   July,   Final   Report, www.ispo.cec.be/infosoc/telecompolicy/en/Studyen.htm.

Osborne, David/Ted Gaebler (1993): Reinventing Government. How the Entrepreneurial Spirit is Transforming the Public Sector. New York: Plume/Penguin.

Ott, Klaus (1999): EU-Kommission soll Deutscher Bank zum Einstieg ins TV-Kabel verhelfen. In: Süddeutsche Zeitung, 2. März 1999.

Ott, Klaus (2000): Mächtige Männerfreunde. Helmut Kohl, Leo Kirch und die dbox. In: Süddeutsche Zeitung 5. Februar 2000.

Ott, Klaus (2000a): Ein Freund, ein guter Freund. Kirch und Kohl – eine beiderseits fruchtbare Beziehungskiste. In: Süddeutsche Zeitung, 6. Februar 2000.

Ott, Klaus (2000b): Telekom und Kirch-Gruppe: Allianz für Kabelfernsehen und Internet. In: Süddeutsche Zeitung, 2. Februar 2000.

Ott, Klaus (2000c): Kirchs Zugriff auf das TV-Kabel. In: Süddeutsche Zeitung, 2. Februar 2000.

Paikert, Charles (1999): Cable and AOL: A Deal or a Duel? In: Cablevision March 22nd, pp. 18-22.

Pattay, Walter v. (1994): Der Einfluß der Deregulierung auf die Entwicklung neuer Massendienste. In: Kubicek, Herbert (Hrsg.): Jahrbuch Telekommunikation und Gesellschaft. Möglichkeiten der Technikgestaltung nach der Deregulierung. Heidelberg: R.v.Decker, S: 89-97.

Paulweber, Michael (1999): Regulierungszuständigkeiten in der Telekommunikation. Sektorspezifische Wettbewerbsaufsicht nach dem TKG durch die Regulierungsbehörde im Verhältnis zu den allgemeinen kartellrechtlichen Kompetenzen des Bundeskartellamts und der Europäischen Kommission. Baden-Baden: Nomos.

Pearce, Kevin (1998): @Home Network president and CEO plans digital TV services. In: Mediaweek, 8 (21), pp. 18-22.

Peters, Martin (1996): Sonderweg an Rhein und Ruhr. Nordrhein-Westfalen will nicht warten, bis Bund und Länder sich auf ein Multimediagesetz einigen. Eine Verordnung macht den Weg frei. In: Rheinischer Merkur, 22, 31. Mai 1996.

Pfeil, Thomas (1996): Die Zukunft scheitert an der Telekom. In: vdi nachrichten, 8. November, S. 2.

Platho, Rolf (1999): Fernsehen und Hörfunk transparent. Recht, Wirtschaft, Programm, Technik. München: Fischer.

Pregel, Bettina (1998): „Kindersicherung der dbox ohne praktische Relevanz". Studie zum Jugendschutz im digitalen (Bezahl-)Fernsehen. In: Tendenz, I/98, S. 26-27.

Prittwitz, Volker von (1994): Politikanalyse. Opladen: Leske + Budrich.

QED (1997): Technology in Public Schools, 16th Edition. Denver, CO: Quality Education Data.

Rafter, Michelle (1998): Telecom Power Play. In: The Industry Standard, June 24th.

Rammert, W. (1990): Telefon und Kommunikationskultur. Akzeptanz und Diffusion einer Technik im Vier-Länder-Vergleich. In: Kölner Zeitschrift für Soziologie und Sozialpsychologie, 42, S. 20-40.

Rammert, Werner (1994): Vom Nutzen der Technikgeneseforschung für die Technikfolgenabschätzung. In: Bechmann, Gotthard/Thomas Petermann (Hrsg.): Interdisziplinäre Technikforschung, Genese, Folgen, Diskurs. Frankfurt/Main: Campus, S. 15-31.

Rammert, Werner (1995): Technology within Society (Part II). Research Fields and Theoretical Differences in Germany in the 1990s. In: COST Similar Concerns, Different Styles? Technology Studies in Western Europe. Proceedings of the COST A4 Workshop in Ruvashlahte, Finland, 13./14.1.1994, pp. 201-238.

Rammert, Werner (1995): Regeln der technikgenetischen Methode. Die soziale Konstruktion der Technik und ihre evolutionäre Dynamik. In: Bechmann, Günter/Werner Rammert (Hrsg.): Jahrbuch Technik und Gesellschaft. Frankfurt/M.: Campus, S. 13-30.

Rammert, Werner (1998): Medien aus technikgenetischer und sozialpragmatischer Sicht. Tagungsband Neue Medien/IuK-Techniken und Gesellschaft. Bonn: Deutscher Bundestag.

Technologierat (1995): Informationsgesellschaft. Chancen, Innovationen und Herausforderungen. Feststellungen und Empfehlungen. Bonn: Der Rat für Forschung Technologie und Innovation.

Recke, Martin (1998): Medienpolitik im digitalen Zeitalter. Zur Regulierung der Medien und der Telekommunikation in Deutschland. Schriftenreihe der Medienanstalt Berlin-Brandenburg, Nr. 8, Berlin: Vistas.

Reisner, Robert A.F. (1999): The On Ramp to the Information Superhighway. Paper submitted for Workshop on One-Stop-Government in Bremen, Germany, Sept. 30th-Oct. 2nd, 1999.

Rhodes, Lucien (1996): The Race for more Bandwidth. In: Wired 4.01, January, www.wired.com.

Riehm, Ulrich/Bernd Wingert (1995): Multimedia – Mythen, Chancen und Herausforderungen. Abschlußbericht zur Vorstudie. Arbeitsbericht Nr. 33. Bonn: Büro für Technikfolgenabschätzung beim Deutschen Bundestag.

Rip, Ari/H. v. d. Belt (1988): Constructive Technology Assessment: Toward a Theory. Universität Amsterdam.

Robinson, Brian (1999): Calling all Couch Potatoes – will High-Speed- Connections And Interactive Services Finally Make Internet TV A Hit? In: tele.com, May 31st, 411, www.techweb.com.

Robinson, Kenneth (1995): Telekommunikationspolitik der Clinton-Administration: Die ersten Jahre. In: Kubicek, Herbert et. al. (Hrsg.): Jahrbuch Telekommunikation und Gesellschaft. Multimedia: Technik sucht Anwendung. Heidelberg: R.vonDecker, S. 36-53.

Rockman, Saul et al. (1995): Assessing the Growth: The Buddy Project Evaluation, 1994-95. San Francisco, CA: Rockman et al.

Rosenbach, Marcel (1998): US-Kommunikationspolitik zwischen Deregulierung und Reregulierung. Der Telecommunications Act von 1996. Diplomarbeit an der Fakultät für Politikwissenschaft der Universität Hamburg.

Roßnagel, Alexander (1999): Zur Evaluierung des Signaturgesetzes. In: Kubicek, Herbert et al. (Hrsg.): Jahrbuch Telekommunikation und Gesellschaft. Multimedia@Verwaltung, Heidelberg: Hüthig, S. 212-221.

Roth, Cliff (1998): Who Will Own the Settop? In: NewMedia, September.

Roth, Cliff (1999): Bad Reception. Will interactive TV suck viewers in, or will it just suck? In: NewMedia, May, Vol. 9.5.

Rubin, Ross/Jupiter Communications (1998): Reality Check: Broadband Will Take Time. In: NAB Multimedia World. Washington, DC: NAB, pp. 61-64.

Ruhrmann, Georg/Nieland, Jörg-Uwe (1997): Interaktives Fernsehen. Entwicklung, Dimensionen, Fragen, Thesen. Opladen: Westdeutscher Verlag.

Rule, Jeff (1999): Are settop boxes the wave of the future? In: developer.com Journal, June 8th, www.developer.com/journal/ITfocus/060899_settop.html.

Sabatier, Paul A. (1986): Top-Down and Bottom-Up Approaches to Implementation Research. A Critical Analysis and Suggested Synthesis. In: Journal of Public Policy, 6 (1), pp. 21-48.

Sabatier, Paul A./Mazmanian, Daniel A. (1981): The Implementation of Public Policy: A Framework of Analysis. In: Sabatier, Paul A./Mazmanian, Daniel A. (eds.): Effective Policy Implementation. Lexington, MA: Lexington Books.

Sachverständigenrat „Schlanker Staat" (1997): Abschlussbericht. Band 1. Bonn.

Schäfer, Josef (1997): Multimedia: Status und Perspektiven. Vortrag auf dem media NRW Forum am 10. Juni 1997 in Köln.

Schäfer, Josef (1996): Der offene Marktplatz für elektronische Dienste: Ein innovativer Ansatz für das Multimedia-Pilotprojekt Gelsenkirchen. In: Killat, Ulrich (Hrsg.) 1996: Online '96 Kongressband II: ATM-Evolution der Telekommunikation, Datenautobahnen und Pilotprojekte. Velbert: Verlag Online.

Scheithauer, Ingrid (1998): Probelauf für drei Decodertypen. In: Frankfurter Rundschau, 11. August 1998.

Schiesel, Seth (1999): AT&T-AOL Deal Would Rain on Excite@Home's Parade. In: New York Times, August 9th.

Schiller, Herbert (1996): United States (1), In: International Institute of Communication (IIC) (ed.): Media Ownership and Control in the age of convergence. London: IIC, Global Report Series, pp. 249-264.

Schmid, Ulrich/Kubicek, Herbert (1994): Von den „alten" Medien lernen. Organisatorischer und institutioneller Gestaltungsbedarf interaktiver Medien. In: Media Perspektiven, 8, S. 401-408.

Schmidbauer, Michael/Löhr, Paul (1983): Die Kabelpilotprojekte in der Bundesrepublik Deutschland. Ein Handbuch. München: Saur.

Schmidt, Manfred G. (1995): Wörterbuch zur Politik. Stuttgart: Kröner.

Schneider, Volker (1989): Technikentwicklung zwischen Politik und Markt: Der Fall Bildschirmtext. Frankfurt/M.: Campus.

Schneider, Volker (1997): Different Roads to the Information Society? Comparing U.S. and European Approaches from a Public Policy Perspective. In: Kubicek, Herbert/Dutton, William H./Williams, Robin (eds.), 1997: The Social Shaping of Information Superhighways. European and American Roads to the Information Society. Frankfurt/M.: Campus, pp. 339-358.

Schneider, Volker/Werle, R. (1991): Policy Networks in the German Telecommunications Domain. In: Marin, B. und Mayntz, R. (Hrsg.): Policy Networks. Empirical Evidence and Theoretical Considerations. Frankfurt/M.: Campus. pp. 97-136.

Schubert, Klaus (1991): Politikfeldanalyse. Eine Einführung. Opladen: Leske + Budrich.

Schuler, Thomas (1997): Die 100-Millionen-Dollar-Pleite. In Amerika wurde interaktives Fernsehen zum Flop, jetzt setzen die Konzerne auf das Internet. In: Süddeutsche Zeitung, 23. Mai 1997.

Schulz, Wolfgang (1997): Rechtsfragen des Datenschutzes bei der Online-Kommunikation. Expertise zum Datenschutz im Rahmen des Projektes InfoCity NRW. Expertise im Auftrag der Landesanstalt für Rundfunk Nordrhein-Westfalen.

Schulz-Zander, Renate (1998): Multimedia und Netze in Schulen – eine Chance für eine neue Lernkultur? In: Kubicek, Herbert et al. (Hrsg.): Jahrbuch Telekommunikation und Gesellschaft 1998. Lernort Multimedia. Heidelberg: v. Decker, S. 139-148.

Schwabe, Gerhard (2000): Telekooperation für den Gemeinderat. Stuttgart: Kohlhammer.

Scoblionkov, Deborah (1998): FCC Moves to Speed the Net. In: Wired News, August 6th.

Selzer & Company (1998): The State Public Policy Group: Survey of Government Employees. Des Moines, IA: Selzer & Company.

Shankland, Stephen (1998): WebTV coming to High-Speed-cable. In: CNET News.com, December 3rd, news.cnet.com.

Shell, Kurt L. (1998): Kongreß und Präsident. In: Adams, Willi Paul/Peter Lösche (Hrsg.): Länderbericht USA: Geschichte, Politik, Geographie, Wirtschaft, Gesellschaft, Kultur. Bonn: Bundeszentrale für politische Bildung, S. 207-248.

Shephard, H. A. (1967): Innovation-Resisting and Innovation-Producing Organizations. In: The Journal of Business, 40, pp. 470-477.

Showtime/Paul Kagan (1999): The Connected Household. www.pkbaseline.com

Siann, Gerda et al. (1990): The Effect of Computer Use on Gender Differences in Attitudes to Computers. In: Computers and Education, 14 (2), pp. 183-191.

Siemens (1999): POLIVEST Abschlussbericht: Vorgangsbearbeitung unter Einbeziehung synchroner Telekooperation. o.O.: Siemens.

Smith, Leslie F./Wright, John W. II/Ostroff, David H. (1998): Perspectives on Radio and Television. Telecommunications in the United States. Fourth Edition. Mahwah, NJ: Lawrence Erlbaum.

Spöri, Dieter (1995): Neue Wege der Technologie- und Strukturpolitik. Das Beispiel Baden-Württembergs. In: Jürgen Walter/Ulrich Steger (Hrsg.), Fortschritt kommt nicht von allein. Innovationsorientierte Strategien für eine intelligente Wirtschaftsordnung. Düsseldorf: Econ, S. 140-156.

SSA Historian's Office (2000): Early Automation Challenges at SSA. Washington, DC: Social Security Agency.

Staatsregierung Bayern (1994): Bayern Online. Datenhochgeschwindigkeitsnetz und neue Kommunikationstechnologien für Bayern. Programm „Offensive Zukunft Bayern", www.bayern.de/Zukunft/Konzept/welcome.html.

Stadt Gelsenkirchen et al. (1998): Bewerbung MEDIA@Komm. Gelsenkirchen: GMD.

Stammler, Dieter (1998): Nüchterner, ehlicher. Für eine ganzheitliche Kommunikationspolitik. In: epd medien, 62, 12. August 1998.

STAWRS (1998a): Program Plan. Washington, DC: Department of the Treasury, Internal Revenue Service, Simplified Tax and Wage Reporting System (STAWRS).

STAWRS (1998b): Project Plan for Iowa Electornic/Paper Filing Employers' Quarterly Returns. Washington, DC: Department of the Treasury, Internal Revenue Service, Simplified Tax and Wage Reporting System (STAWRS).

StBA (1998): Bildung im Zahlenspiegel, Wiesbaden: Statistisches Bundesamt.

Straubhaar, Joseph D./LaRose, Robert (1995): Communications Media in the Information Society. Belmont, CA: Wadsworth.

Stritzky, Regine von (1995): Informationstechnische Grundbildung in der Schule: Eine empirische Untersuchung zu Voraussetzungen und Wirkungen eines neuen Lernangebots für die Sekundarstufe I. Münster: Waxmann.

Swisher, Kara (1998): aol.com: How Steve Case Beat Bill Gates, Nailed the Netheads, and Made Millions in the War for the Web. New York: Random House.

Tabbara, Tarik (1996): Zur Verfassungsmäßigkeit der Errichtung einer Bundesmedienanstalt. In: Zeitschrift für Urheber und Medienrecht, 40 (5), S. 378-389.

Tedesco, Richard (1999): VOD: A sleeping giant. Proponents see powerful potential as costs drop, users repond to enhenced services. In: Broadcasting & Cable, June 21st, p. 41.

Tenzer, Gerd (1999): BK-Netze: Goldgrube oder Geldgrab. Statement anlässlich des Medienforums NRW am 15. Juni 1999 in Köln.

Tettenborn, Alexander (1999): Die Evaluierung des IuKDG. Erfahrungen, Erkenntnisse und Schlußfolgerungen. In: MultimediaRecht, 9, S. 516-522.

Thielmann, Bodo/Dowling, Michael (1999): Convergence and Innovation Strategy for Service Provision in Emerging WebTV Markets In: The International Journal on Media Management, 1 (1). www.electronicmarkets.org.

Thom, N. (1980): Grundlagen des betrieblichen Innovationsmanagements. Königstein: Hain.

Time Warner Cable (1997): PEGASUS PROGRAM. Request For Proposal and Functional Requirements Specification for Video-On-Demand (VOD) Systems, Version 2.0, Englewood, CO: Time Warner Cable Engineering & Technology.

Time Warner (1995): Annual Report 1994. New York: Time Warner Inc.

Traunmüller, Roland (1999): Systeme zur IT-Unterstützung. In: Lenk, Klaus/Roland Traunmüller (Hrsg.): Öffentliche Verwaltung und Informationstechnik. Perspektiven einer radikalen Neugestaltung der öffentlichen Verwaltung mit Informationstechnik. Heidelberg: R.v.Decker, S. 71-92.

Tristani, Gloria (1999): Deploying Broadband More Broadly: Working Together to Rollout Access in America's Small Cities and Rural Areas. Speech delivered to the New Mexico Communications Network Symposium, Albuquerque, NM, November 10th, www.fcc.gov/Speeches/Tristani/spgt919.html.

Tully, Claus J. (1994): Lernen in der Informationsgesellschaft. Informelle Bildung durch Computer und Medien. Opladen: Westdeutscher Verlag.

U.S. Postal Service (1995): WINGS – Web Interactive Network of Government Services. Washington, DC: United States Postal Service.

U.S. Postal Service (1996): Preliminary Business Plan. Washington, DC: United States Postal Service.

U.S. Postal Service (1998): Five-Year Strategic Plan FY 1998-2002. Washington, DC: United States Postal Service.

VDMA/ZVEI (1996): Wege in die Informationsgesellschaft. Status quo und Perspektiven Deutschlands im internationalen Vergleich. Frankfurt/M.: Fachverband Informationstechnik im VDMA/ZVEI.

VDMA/ZVEI/Fachverband Informationstechnik (1999): Wege in die Informationsgesellschaft. Status Quo und Perspektiven Deutschlands im internationalen Vergleich. Update 1999. www.fviteurobit.de/pages/fvit/INFOGES/Wege_99/Inhalt.html.

Veraldi, Dan (1996): Carpooling on the Information Superhighway: The Case for Newspaper-Television Cross-Ownership, In: St. Thomas Law Review, 8, pp. 349-366.

VPRT/TKLM (Hrsg.) (1999): Entwicklung der BK-Netze in Deutschland. Teil 2: Wirtschaftliche Situation und zukünftige Einflussfaktoren. Verband Privater Rundfunk und Telekommunikation e.V. (VPRT) und Technische Kommission der Landesmedienanstalten (TKLM), Berlin: Vistas.

Vesting, Thomas (2000): Ökonomie im Überfluß. Medienregulierung im Zeitalter der Vernetzung. In: epd medien Nr. 24, 25. März 2000.

Wagner, Christoph (1996): Rechtsfragen digitalen Kabelfernsehens. Gutachterliche Untersuchung im Zusammenhang mit der Einführung von Digital Video Broadcasting in Berlin-Brandenburg. Schriftenreihe der Medienanstalt Berlin-Brandenburg, Nr. 5, Berlin: Vistas.

Wallraf, Georg (1996): Der Rundfunkbegriff in der Differenzierung kommunikativer Dienste. In: Zeitschrift für Medien und Kommunikationsrecht, 27 (1), S: 41-44.

WebTV (1999): Microsoft WebTV Network Plus Service for Satellite, Echostar DISH-Player 500 Reviewers Guide. November. www.webtv.com.

WebTV Developer (1999): Introduction to WebTV for Developers. The WebTV Audience. http://developer.webtv.net/design/whydev/

Weishaupt, Horst (1992): Begleitforschung zu Modellversuchen im Bildungswesen. Erziehungswissenschaftliche und politischplanerische Bedingungen. Weinheim: Deutscher Studien Verlag.

Wenglinsky, Harold (1998): Does it compute? The relationship between educational technology and student achievement in Mathematics: Policy Information Center. Princeton, NJ: Education Testing Service..

Werbach, Kevin (1999): The Architecture of Internet 2.0. In: Release 1.0 Esther Dyson´s Montly Report, February, www.edventure.com/release1/cable.html.

Weyer, Johannes (Hrsg.) (1997): Technik, die Gesellschaft schafft. Soziale Netzwerke als Ort der Technikgenese. Berlin: Edition Sigma.

Weyer, Johannes/Schmidt, Johannes F.K./Kirchner, Ulrich (1996): Soziale Netzwerke und Technikgenese. Zur Entstehung, Stabilisierung und Durchsetzung technischer Innovationen. Endbericht des DFG-Projekts „Die soziale Eigendynamik von Technik. Studien zur Entstehung, Stabilisierung und Durchsetzung technischer Innovationen". Bielefeld.

Williams, Robin (1997): The Social Shaping of Information and Communication Technologies. In: Kubicek, Herbert/William H. Dutton/Robin Williams (Hrsg.): The Social Shaping of Information Superhighways. Frankfurt/New York: Campus/St. Martin's Press, pp. 299-338.

Willke, Helmut (1997): Supervision des Staates. Frankfurt/M.: Suhrkamp.

Wind, Martin (1999): Technisierte Behörden. Verwaltungsinformatisierung und -forschung im Zeitalter der Computernetze. Wiesbaden: Deutscher UniversitätsVerlag.

Windhoff-Héritier, Adrienne (1980): Politikimplementation. Ziel und Wirklichkeit politischer Entscheidungen. Königstein: Hain.

Wired News Report (1998): NetChannel to end Service. In: Wired News, April 29th, www.wired.com/news.

Wissinger, Jochen (1996): Perspektiven schulischen Führungshandelns. Eine Untersuchung über das Selbstverständnis von SchulleiterInnen. Weinheim: Juventa.

Woodward, Bob (1993): The Agenda. Inside the Clinton White House. New York: Simon and Schuster.

Yanosy, John/Leida, Brett (1995): Content Hosting in Full Service Broadband Delivery Infrastructures: Efficiencies, Architectures and Policy. Paper submitted to the 23rd Annual Telecommunications Policy Research Conference, September 30 – October 2, Solomons, MD.

ZDNet (1999): Consumers to get choice of set-tops. In: ZDNet, May 13th, www.zdnet.com.

Ziemer, Albrecht (Hrsg.) (1994): Digitales Fernsehen. Eine neue Dimension der Medienvielfalt. 2. Auflage, Heidelberg: R.v.Decker

Zollmann, Peter M. (1997): Interactive News: State of the Art, June, www.rtnda.org/ resources/ intnews/artsum.htm.

ZVEI/Fachverband Unterhaltungselekronik (1996): Vermarktung von Set-Top-Boxen. Positionspapier des Fachverbandes Unterhaltungselektronik im ZVEI vom 15. August 1996. Frankfurt/M.: Zentralverband Elektrotechnik und Elektronikindustrie.

ZVEI/VDMA (1995): Informationsgesellschaft – Herausforderungen für Politik, Wirtschaft und Gesellschaft. Ergebnisse der ZVEI/VDMA-Plattform. Frankfurt/M.: Zentralverband Elektrotechnik und Elektronikindustrie e.V. und Verband Deutscher Maschinen und Anlagenbau e.V.